GITOPANISHAD

Composed by Ratnakar
Sanskrit-English B/W Edition
अनुष्टुप्-छन्दसि रत्नाकररचितं

गीतोपनिषद्

The Expose of the Philosophy of Shrimad Bhagavad Gita wholly in Sanskrit Anushtubh Meter, Composed by Ratnakar Narale with English Purport.

Prof. Ratnakar Narale

Ratnakar
Pustak-Bharati
Books-India

Composed by :
Prof. Ratnakar Narale
B. Sc. (Nagpur), M. Sc. (Pune), Ph. D. (IIT), Ph. D. (Kalidas Sanskrit Univ.)
Prof. Hindi, Ryerson University, Toronto.
web : www.books-india.com   *   email : books.india.books@gmail.com   *   Mobile 001 416 666 9632

Scripture Title : Ratnakar-rachitam Gitopanishad गीरत्नाकर-रचितम् गीतोपनिषद्

This is the Sanskrit-English B/W Edition of **Gitopanishad** composed by Ratnakar. It is world's first Sanskrit rendering of the Gita, <u>wholly in *Anushtubh Shloka chhanda* of *Valmiki Ramayan*</u>. Its brand new 1500 sholks are in side-by-side union with the 700 verses of the Shrimad Bhagavad Gita. This work is neither a translation nor a commentary, but it is a devotional musical poetry on the **Shrimad Bhagavad Gita**. Its objective is to answer the unanswered questions and question the unquestioned answers, while defining each yogic term clearly, in sweet **musical** language. While doing so, the aim is to provide a proper background for the Gita and to remove the misconceptions, wrong notions and missing links that linger in the commentaries on the Gita. This critical aim has already been grammatically fulfilled in the footnotes of the *"Gita As She Is In Krishna's Own Words,"* by the same author. Hindi being the National Language of India and the most spoken Indian Language in the world, soft Hindi music is an interesting dimension of this work. For Research Scholars and Ph.D. Students it is a gold mine of Research Topics. For Sanskrit Scholars and the insightful Gita lovers, whether they know Sanskrit or not, this is ◉English translated ocean of knowledge. The Sanskrit-Hindi Edition is **ISBN** 978-1-897416-78-5.

Published by :
PUSTAK BHARATI (Books India), Toronto, Ontario, Canada, M2R 3E4
   email : books.india.books@gmail.com

For :
Sanskrit Hindi Research Institute, Toronto
Copyright ©2017
ISBN 978-1-897416-72-3 (Color Coded Edition)
ISBN 978-1-897416-85-3 (B/W Edition)

© All rights reserved. No part of this book may be copied, reproduced or utilised in any manner or by any means, computerised, e-mail, scanning, photocopying or by recording in any information storage and retrieval system, without the permission in writing from the author.

  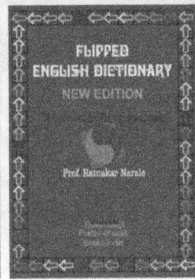 

ABOUT THE AUTHOR :

Dr. Ratnakar Narale has Ph.D. from IIT, Kharagpur and Ph.D. from Kalidas Sanskrit University, Nagpur, India. He is an author, lyricist and musician. Ratnakar is Prof. of Hindī at Ryerson University, Toronto, Canada.

He has studied **Sanskrit, Hindi, Marathi, Bengali, Punjabi, Urdu** and **Tamil** languages and has written books for learning these languages. He has written unique books on Gītā, Rāmāyaṇ, Shivājī and Music. His books are available at **amazon.com**.

His writings have been applauded by such organizations as the World Hindi Secretariat, Mauritius, Sangit Natak Akademi, New Delhi; Indian Council for Cultural relations (ICCR), New Delhi; Strings-N-Steps, New Delhi; ATN News Channel, OMNI News Channel, Hindi Times, The Hitwad, The Tarun Bharat, the Lokmat, The Sakal, Des Pardes, Nav Bharat Times, Sahitya Amrit, The Voice, The Indian Express, ... etc.

He has received citations from some of the most prominent people as, **Hon. Atal Vihari Vajpai,** *Prime Minister of India;* **Hon. Basdeo Panday,** *Prime Minister of Trinidad and Tobaggo;* **Dr. Murli Manohar Joshi,** *Federal HRD Minister of India;* **Ashok Singhal,** *President, VHP, New Delhi;* **Shri Mohan Bhagavat,** *Sarsanghachalak, Rashtriya Swayamsevak Sangh, Nagpur, India,* etc.

His music compositions are endorsed by such great Indian music Maestros as *Bharat Ratna* **Dr. Ustad Bismillah Khan Trust,** New Delhi; *Padma Vibhushan* **Amjad Ali Khan,** New Delhi; *Padmashri* **Ustad Ghulam Sadiq Khan,** New Delhi; *Music Maestro* **Rashid Mustafa Thirakwa,** New Delhi; *Padmabhushan* **Ustad Sabri Khan,** New Delhi; *Padmabhushan* **Pandit Debu Chaudhuri,** New Delhi; *Puṇḍit* **Birju Mahataj,** New Delhi; etc.

Dedicated to
My Caring Children
Dr. Meenal and Sunil
and my Loving Grandchildren
Samay, Sahas, Saanjh, Saaya, Naksh and Nayra Narale

Dr. Ratnakar Narale
Author Publisher : Copyright Printing Promotion & Sales
Prof. Hindi. Ryerson University, Torornto

416.739.8004

180 Torresdale Ave.,
Toronto, On. M2R 3E4
rnarale@yahoo.ca
books.india.books@gmail.com
www.books-india.com

www.amazon.com

अनुक्रम
INDEX

गीतोपनिषद्

	मंगलाचरणम्	1
	अवतरणिका	5
1.	श्री गणेश वन्दना Prayers to Lord Ganesh	6
2.	श्री सरस्वती वन्दना Prayers to Goddess Sarasvati	8
3.	श्री गुरु वन्दना Prayers to Guru	14
4.	देवर्षि मुनिवर श्री नारद वन्दना Prayers to sage Narad muni	16
5.	श्री लक्ष्मी नारायण स्तुति: Prayers to Lakshmi Nārāyana	17
6.	शान्ति पाठ: Prayers for Peace	19
7.	योगेश्वर वन्दना Prayers to Yogeshvara Krishna	23
8.	भारत वन्दना Prayers to Mother India	25
9.	रत्नाकरोऽहम् Me, Ratnakar	28

1.	गीताया: पार्श्वभूमे: कथा	The Background of the Gita	33
2.	पाण्डववंश:	Story of the Pandava Family	36
3.	वनवासगमनकथा	Story of the exile to forest	41
4.	अज्ञातवासकथा	Story of the Exile Incognito	45
5.	हठिनो दुर्योधनस्य कथा	Story of Stubborn Duryodhana	47
6.	अज्ञानिनो दुर्योधनस्य कथा	Duryodhana's Ignorance	57
7.	उपादिष्टानां कौरवाणां कथा	The advices given to the Kauravas	63
8.	धर्मयुद्धकथा	Story of the Righteous War	74
9.	धर्मक्षेत्रकथा	Story of the Sacred Battlefield	79

10.	महायुद्धकथा	Story of the Great War of Mahabharata	85
11.	अर्जुनविषादकथा	Story of Arjun's Despondency	91
12.	अर्जुनवल्गानाः	Story of Arjun's meaningless chatter	101
13.	साङ्ख्यनिरूपणम्	The Sankhya Yoga	108
14.	निष्कामबुद्धेर्निरूपणम्	The Buddhi Yoga	129
15.	कर्मयोगनिरूपणम्	The Karma Yoga	156
16.	गुरुशिष्यपरम्परानिरूपणम्	Story of the Guru-disciple succession	174
17.	ज्ञानयोगनिरूपणम्	The Jnana Yoga	180
18.	यज्ञविविधतानिरूपणम्	Diversity of the Yajnas	185
19.	कर्तृपदसंन्यासनिरूपणम्	Renunciation of Authorship of Karma	195
20.	ब्रह्मसम्पत्तिनिरूपणम्	The Divine Wealth	201
21.	आत्मसंयमनिरूपणम्	Self Restraint	209
22.	ज्ञानविज्ञाननिरूपणम्	Knowledge and Science	231
23.	द्वंद्वभावनिरूपणम्	The Duality	241
24.	ब्रह्मनिरूपणम्	The Brahma	250
25.	गीतारहस्यनिरूपणम्	The Secrets of the Gita	264
26.	दैवीविभूतिनिरूपणम्	The Divine Glory	282
27.	विश्वरूपदर्शनकथा	Display of the Universal Form	301
28.	भक्तियोगनिरूपणम्	The Bhakti Yoga	327
29.	क्षेत्रक्षेत्रज्ञनिरूपणम्	The Kshetra and Kshetrajna	347
30.	गुणत्रयनिरूपणम्	The Three Attributes	363
31.	संसारवृक्षनिरूपणम्	The Worldly Tree	375
32.	दैवीसम्पत्तिनिरूपणम्	The Divine Wealth	387
33.	श्रद्धानिरूपणम्	The Faith	402
34.	मोक्षनिरूपणम्	The Final Liberation	415
35.	301–हरिनामनिरूपणम्	Krishna's 301 Names	445-525

श्रीमद्भगवद्गीता अध्याय अनुक्रम

Shrimad Bhagavad Gita Chapters Index

1. प्रथमोऽध्यायः	विषादयोगः	Chapter 1 : Vishad Yoga	90
2. द्वितीयोऽध्यायः	सांख्ययोगः	Chapter 2 : Sankhya Yoga	106
3. तृतीयोऽध्यायः	कर्मयोगः	Chapter 3 : Karma Yoga	154
4. चतुर्थोऽध्यायः	ज्ञानकर्मसन्यासयोगः	Chapter 4 : Jnana-Karma-Sanyas Yoga	174
5. पञ्चमोऽध्यायः	कर्मसंन्यासयोगः	Chapter 5 : Karma-Sanyasa Yoga	193
6. षष्ठोऽध्यायः	आत्मसंयमयोगः	Chapter 6 : Atma-Samyama Yoga	208
7. सप्तमोऽध्यायः	ज्ञानविज्ञानयोगः	Chapter 7 : Jnana-Vigyana Yoga	229
8. अष्टमोऽध्यायः	अक्षरब्रह्मयोगः	Chapter 8 : Akshara-Brahma Yoga	249
9. नवमोऽध्यायः	राजविद्याराजगुह्ययोगः	Chapter 9 : Rajvidya-Rajguhya Yoga	263
10. दशमोऽध्यायः	विभूतियोगः	Chapter 10 : Vibhuti Yoga	281
11. एकादशोऽध्यायः	विश्वरूपदर्शनयोगः	Chapter 11 : Vishvarup-Darshan Yoga	300
12. द्वादशोऽध्यायः	भक्तियोगः	Chapter 12 : Bhakti Yoga	325
13. त्रयोदशोऽध्यायः	क्षेत्रक्षेत्रज्ञविभागयोगः	Chapter 13 : Kshetra-Kshetrajna-Vibhaga Yoga	344
14. चतुर्दशोऽध्यायः	गुणत्रयविभागयोगः	Chapter 14 : Guna-Traya-Vibhag Yoga	362
15. पञ्चदशोऽध्यायः	पुरुषोत्तमयोगः	Chapter 15 : Purushottama Yoga	374
16. षोडषोऽध्यायः	दैवासुरसम्पद्विभागयोगः	Chapter 16 : Daivasura-Sampad-Vibhaga Yoga	386
17. सप्तदशोऽध्यायः	श्रद्धात्रयविभागयोगः	Chapter 17 : Shraddhatraya-Vibhag Yoga	398
18. अष्टादशोऽध्यायः	मोक्षसंन्यासयोगः	Chapter 18 : Moksha-Sanyasa Yoga	414

गीतोपनिषद् गीतसूचिः
GITOPANISHAD SONGS INDEX

गीतोपनिषद्

1.	श्रीगणेशवन्दना	A Prayers to Ganesh शतवारमहं वन्दे	6
2.	श्रीसरस्वतीवन्दना	Prayers to Goddess Sarasvati देवी सरस्वती ज्ञान दो	8
3.	श्री गुरु वंदना	A Prayer to Guru गुरु ब्रह्मा शिव	15
4.	लक्ष्मीभजनम्	A Prayer to Lakshmi-Nārāyana ह्रीं क्लीं लक्ष्मीं	18
5.	वसुधैव कुटुम्बकम्	The World is one family सब लोग जहाँ के भाई है	20
6.	सत्यमेव जयते	The truth always wins सत्यमेवो हि जयते नानृतं	22
7.	योगेश्वर वंदना	A Prayer to Yogeshvara जन गण वंदन करते हैं तुमको	24
8.	भारत राष्ट्रगीत	A Prayer to Mother India कर्मभूमि ये भारत हमारा	25
9.	वंदे मातरम्	A Prayer to Bharat Mata वामे च दक्षिणे यस्या रत्नाकर:	27
10.	हे घनश्याम!	O Ghanashyam Shrī Krishna! राह में घनश्याम तेरी	31
11.	गुणलीला	The Gunas जगत ये, लीला गुणों की सारी	38
12.	धर्म	Dharma धरम बिन जीवन है बेकाम	40
13.	द्रौपदी	Draupadi हरि! अब, मेरी रखियो लाज	44
14.	शांति पाठ	Peace निश दिन तन में शांति हो	52
15.	धर्म का विलाप	Dharma crying सुनो रे सखे, धर्म का आर्त विलाप	55
16.	अज्ञानी दुर्योधन	Ignorant Duryodhan मैं ही एक सयाना	60
17.	दुष्ट लोग	Evil people कहाँ से लोग आते हैं, जहाँ में दुष्ट ये सारे	62
18.	राजा, काल का कारण	The king is responsible for the time जन गण मन को	65
19.	सच्चे वचन	Honest words सुन ले सच्चे बोल, रे बंदे!	71
20.	प्रेम से काम लो	Act peacefully प्रेम से लोगे काम अगर तुम	73

#				
21.	नीति युद्ध	Righteous war	धरम समर में, परम करम में	77
22.	अवतार	Avatar	अधर्म का संहार करने, प्रभु लेते अवतार हैं	81
23.	सांब शिवम्	Samb-Shiva	मन भजले सांब शिवम्	89
24.	गिरिधारी	Giridhari	तुम संकट मोचक गिरिधारी	90
25.	मेरी बिनती सुनो, अंबे!	O Mother Amba!	मेरी बिनती सुनो अंबे मैया	106
26.	कृष्ण के नाम	Krishna Bhajan	आज चलो हम सब मिल गाएँ	107
27.	आँखे खोल	Open your eyes	अंधी आँखे खोल, रे बंदे! बैठ मेरे कोल	113
28.	भज गोविंद	Worship Govind	रे दुखी मन, गोविंद गोविंद बोल	116
29.	आत्मा	Birth and death	क आत्मा परमात्मा को	119
30.	अक्षर आत्मा	Atma	अक्षर ये आत्मा है, देही अमर है जाना	121
31.	ब्रह्म आत्मा है	Brahma and Atma	अरे! ब्रह्म ही अव्ययी आत्मा है	123
32.	निष्काम बुद्धि	Nishkam	बिन माँगे ही मोती मिलते	129
33.	कर्मयोग	Karma yoga	तेरा, काम मात्र अधिकार, रे	133
34.	गीता सार	A Message of Gita	क्या लाया तू साथ अपने	138
35.	कर्म फल	Fruit of Karma	जैसा जो करता है, भरता है	139
36.	भव चक्र	Worldly cycle	ये भव चक्कर का फेरा है	141
37.	हरि नाम	Worship Hari	भज ले नाम हरि का बंदे	143
38.	आत्म निग्रह	Self control	रोक ले मन को सदा, सोहि करम निष्काम का	146
39.	शांति ओम्	Shanti Om	शांति सर्वदा, शांति सर्वथा	150
40.	निष्काम का निरूपण	Nishkam, slefless work	उपनिषदों का ये कहना है	153
41.	जै जै अंबे!	Jai Amba!	जै जै अंबे कृपा कारिणी, जगदंबे दया दायिनी	154
42.	भज हरि रामा	Chant Hari	भज हरि रामा, भज हरि कृष्णा	155
43.	प्रभु शरण	At His feet	जो आवे प्रभु जी! शरण तिहार	161
44.	जगत की माया	The Mystery of the world	जानियो, इस दुनिया की माया	165
45.	सनातन धर्म	Sanatan Dharma	आदि सनातन, धर्म चिरंतन	168
46.	आत्म दर्शन	Knowledge of self	आत्मा छूना सीखो	171

47.	ॐ नमः शिवाय	Om Namah Shivay जैजै जैजै भक्तों बोलो	172
48.	हरि दर्शन	Hari Darshan दरशन दीजो हरि मेरे सपनन में	173
49.	दीप जलाओ	Lamp of Knowledge एक से दूजा दीप जलाओ	176
50.	धर्म रक्षा	Protection of Dharma जब जब ग्लानि भयी धरम की	179
51.	योगी	Yogi बं-दा..., योगी वही है जाना...	183
52.	प्रभु तेरी माया	Lord's grace प्रभो! तेरी माया, ग्रहण करने में गहन है	187
53.	पार करो	Worldly ocean पार करो मेरी भव नैया	189
54.	पर हित	Servic to others अगर पथ ये तू अपना ले	191
55.	जय शिव गौरी नाथ	Jai Shiva! जय शिव गौरी नाथा जै जै	193
56.	राम कृष्ण शिव	Rama Krishna Shiva निस दिन राम कृष्ण शिव गाओ	194
57.	बुद्धियोग	Buddhi yoga आसमान से पानी बरसे	197
58.	ब्रह्म वैभव	Brahma's glory नर जो नित है, जन हित रत है	203
59.	असतो मा सद्गमय	From darkness to Righteousness असतो मा सद्गमय	205
60.	वन्दे दामोदरम्	Obeisance to Damodar वन्दे दामोदरं मुकुन्दम्	207
61.	जय अंबे	Jai Amba! काली कराली जै जै माँ, चंडी भवानी जै अंबा	208
62.	योग	Yoga तू, जान इसी को यो...ग, तू, जान इसी को योग	214
63.	अथ योगानुशासनम्	The discipline of yoga चित्तवृत्तिनिरोधो योगानुसाधनम्	217
64.	योगः	Yoga विद्धि त्वं, एतद्धि योगम्... त्वं, जानीहि योगम्	219
65.	जिंदगी	Life तू बखेड़े में ना दिल लगाना, जिंदगी का अकेला सफर है	220
66.	चंचल मन	Unsteady mind मन चंचल जस जल की धारा	224
67.	हरि प्रेम	Hari's love हरि के प्यार में अंधा है, अमर वो बंदा है	227
68.	आत्मसंयम	Self Control जब कर्तापन का त्याग किया	228
69.	माता भवानी	Mother Bhavani माता भवानी जै जय दुर्गे	229
70.	सत् चित आनंद	Internal peace प्रभु श्रद्धा- से- मिल जा-वे- - -	232
71.	प्रणव	Pranav मेरे प्रभु श्री प्रणवानंदा, कृपा तेरी शुभ सच्चिदानंदा	234

72.	हरिहर	Harihar Krishna	कण कण में जो भरी है माया	236
73.	ज्ञान विज्ञान	Knowledge and Science	अब ज्ञान सुनो विज्ञान, सखा!	240
74.	पूर्णमिदम्	Zero and One	पूर्ण ये भी है, वो भी पूर्ण है	243
75.	निर्गुण ब्रह्म	Nirgun Brahma	रे हरि तेरा निर्गुण ब्रह्म बसेरा	245
76.	हरि नाम जप ले	Chant Hari's name	जब जावेगा छोड़ बखेड़ा	246
77.	एक देह दो नाम	Two names, one body	राम मनोहर दशरथ नंदन	247
78.	दुर्गा माता	Mother Durga	जै जै माँ, दुर्गे माँ । जै जै माँ, अंबे माँ	249
79.	जप ले नाम	Chant	जप ले नाम तू निशदिन बंदे	253
80.	हरि हरि	Hari Hari!	मन में मूरत, मुख में ना – – म ।	255
81.	जीवनचक्र	Cycle of Life	ऐसी ये दासताँ है, जो ना कभी रुकी है	257
82.	मंगल हरि	O Hari!	मंगल हरि काम तेरा, परम धाम है – –	259
83.	नंद किशोर	Nand-Kishor	नंद किशोर को याद करले	262
84.	जै महेश	Jai Mahesh	जै महेश, निर्गम तेरी माया	263
85.	बोले सतनाम	Satnam says	ज्याहि विध होवे काम, ताहि विध धाम	267
86.	राम नाम	Rama's chant	कहि कहि राम नाम शत बारी	268
87.	बिभूति	Divinity	जानता जो चराचर बिभूति मेरी	271
88.	सूर्य नारायण वन्दना	A Prayer of Sun God	नमामि भास्करं चन्द्रं मङ्गलं च	273
89.	पाहि माम्	Please protect me!	रे हरि तुम, सबसे करुण जग माँही	278
90.	गीता रहस्य	The Secret of the Gita	प्रभु मातु पिता जग धाता मैं	280
91.	पिता महादेवा	Shiva, Parvati, Ganesh	पिता महादेवा, माता पार्वती	281
92.	प्रभु! तेरे उपकार	O Lord! your mercy	हरि रे तेरे, मंगल हैं उपकार	286
93.	प्रभु धाम	Where is your abode?	प्रभु जी! किसमें रहते तुम	288
94.	विभूति	Divinity	भँवर ये, तेरी विभूति ने घेरा, जहाँ भी जो अमर है	291
95.	हरि नाम	Chant, Hari!	कहो हरि का नाम, जीवन बीते रे	293
96.	नारी	Woman	नारी ममता की फुलवारी	295
97.	ऋतु बसंत	Basant Season	बिंदु बिंदु अंबु झरत, ऋतु बसंत आयी	296

98.	अद्भुत काम	Unique deeds अद्भुत जितने काम जगत के	297
99.	ओ बनवारी!	O Banwari! मोरी बिगड़ी बनादो बनवारी	299
100.	उमापति	O Shiva! अर्पण है अहिधारी, उमापति! दर्शन दो त्रिपुरारि	300
101.	प्रभु दर्शन	Seeing the Lord in person बरनन सुंदर जाको इतनौ	302
102.	आभा	Splendour यदि चमके गगन में सूर्य हजार, हरि!	306
103.	विराट रूप-1	The Supreme form दिव्य रूप प्रभु! आपका	309
104.	दैवी रूप	Divine form दैया रे दैया! रूप तेरा दैवी	311
105.	विराट रूप-2	Universal form प्रभु! रूप विराट अनंत किया	313
106.	उग्र रूप	Terrible form आज गजब हरि! तूने करा, उग्र रूप ये	314
107.	महाकाल	Destruction of the evil महाकाल की, लगी है आग	316
108.	भगत	Lord of the Universe तू स्वामी त्रिभुवन का	321
109.	हरि हरि बोल	Chant Hari Hari! हरि हरि बोल, हरि हरि बोल	323
110.	शिव शंभो	O Shiva! शिव शंभो उमापति, जय भोले भंडारी	325
111.	हरि भजन	Hari Bhajan हरि के बिन बिरथा जनम रे	326
112.	ओ कन्हैया!	O Kanhaiya! मोहे, आवाज देके बुलाना, मेरी नैया कन्हैया	328
113.	हरि सुमिरन	Hari's chant हरि सुमिरन दे, मन को धीर	329
114.	शिव ओम् हरि ओम्	Shiva Om! Hari Om! शिव ओम् हरि ओम् बोलो सदा	331
115.	हरि कृपा	Krishna's mercy कृपा कृष्ण चाही जिसने	332
116.	निष्कामना	Nishkamana, Selfless फल की आशा तज कर करना	334
117.	भक्ति भाव	Faith भक्ति भाव की जीवन कुंजी, भगत जन जिन पाई है	336
118.	प्रभु प्रेम	Love for the Lord प्रभु से प्रेम पाने का तरीका ये सुहाना है	337
119.	भूत दया	Kindness for all सबसे मेरा रहे प्रेम नाता	338
120.	वेद वाणी	The Words of Vedas जो काम सबका तुम्हें पियारा	339
121.	हरि भगत	Lord's Devotee हर दम जो नाम जपता प्यारा वही हरि का	340
122.	प्रिय भगत	Dear devotee भगत सदा संतुष्ट जो, जिसका निश्चय ढीठ	342

#				
123.	शिव पार्वती गणेश	Shiva, Parvati, Ganesh	शिव पार्वती गणेश, जय जय	344
124.	जगन्माता	Mother Goddess	वर दे माँ, जगत माता, वर दे माँ	345
125.	नारायण नारायण	Narayan	बोलो नारायण हरि, कृष्ण प्रभु को, हरि हरि!	345
126.	अहिंसा परमो धर्म:	Non-violence	अहिंसा, विधि का विधान है	350
127.	ब्रह्मज्ञान	Knowledge of Self	ब्रह्म ज्ञान की है जहाँ, अंतरंग में चाव	352
128.	तीन गुणों की माया	Three Gunas	तीन गुणों की माया सारी	355
129.	प्रकृति पुरुष	Prakriti and Purusha	चला चली का ये जग मेला	357
130.	अंबे माँ!	O Mother Amba!	अंबे माँ वरदान दो मैं, तेरे दुआरे	362
131.	सद्गुण	Sad-Guna	सद्गुरु, सद्गुण से मिल जावे	365
132.	याद करले	Remember Him	कभी तो याद कर ले तू	368
133.	हरि	Hari	हरि पुरुष है, हरि प्रकृति, हरि परमेश्वर, हरि की जै	371
134.	गणपति बाप्पा	Ganpati Bappa	गणपति बाप्पा गजानना, सिद्धि विनायक	374
135.	विश्ववृक्ष	The Worldly Tree	विश्ववृक्ष ये ब्रह्मरूप है, मायावी	375
136.	सीता प्रकृति है	Sita is Prakriti	सीता है प्रकृति माँ, ताता है पुरुष रामा	377
137.	अहंकार	Ego	अहंकार का यह पाप मेरा, मेरी, साँस साँस से, झरने दे	380
138.	देहि मां शरणम्	O Lord!	केशव माधव देहि शरणं, निरन्तरं मे हृदि स्मरणम्	382
139.	विष्णु	Vishnu	विष्णु स्वाहा है, विष्णु स्वधा है, वषट् विष्णु है	384
140.	जय अंबे!	O Amba!	जै जै जै माँ, जय अंबे, जय जय जय माँ जगदंबे	386
141.	नामजप:	Chant the Name	नाम जपो भवतु, हृदि च मुखे	388
142.	भद्रता	Virtue	भद्र सुनूँ मैं, भद्र देखूँ मैं, भद्र गहूँ मैं, भद्र कहूँ	394
143.	सुंदराष्टक	Sundarashtak	आरती सुंदर, कथा है सुंदर, भजन है सुंदर	395
144.	दैवी धन का निरूपण	Divine wealth	तन निर्भयता, चित शुद्धिऽ हो	397
145.	बाल गणेश	Baby Ganesh	बाल गणेशा, पायो गज का शीश	398
146.	हरि नारायण	Lord Narayan, Vishnu	हरि नारायण शिव ओम्	399
147.	श्रीकृष्ण स्मरणाष्टकम्	Shri-Krishn-ashtakam	पठेद्यः प्रातरुत्थाय स्तोत्रं कृष्णाष्टकं	400
148.	हरि बोल	Chant Hari!	सुख दुख में हरि बोल । रे, तोहे हरि उबारे	403

#			#
149. आर्यमति	Nobility जो करना है काम हमें वो, तेरे नाम से करना है		406
150. तस्मै नमः	Obeisance to the Lord हर सुख लमहा, हर दुख लमहा		410
151. सद्गुण	Righteousness काहे रिझावत नाहक तन मन		412
152. गोविंद नारायण वासुदेव	Govind Narayan Vadudeva! गोविंद नारायण वासुदेव		414
153. सोऽहं सोऽहम्	I am Shiva सोऽहं सोऽहं सांब शिवोऽहम्, सचिदानन्द		418
154. वसुधैव कुटुम्बकम्	The world is one family इस दुनिया में सारे हैं भाई		422
155. नाम जप	Chant the Name नाम जपन करले, तन मन से		426
156. वर्ण व्यवस्था	Varna system व्यवस्था गुण पर, की करतार		431
157. हरि धाम	Hari's abode हरि, जिसमें रहता है, वो तेरे दिल का कोना है		437
158. प्रभु जी तुम	O Lord! प्रभु जी तुम, दीनन पर किरपाल		438
159. चल अकेला	Walk alone! दूर डगर, पग चलना है		442
160. हे गिरिधारी	O Giridhari! हे गिरिधारी! कुंज विहारी! हरि बनवारी!		443
161. मोक्ष का निरूपण	Moksha जो वीतराग सम बुद्धि है, कर्मयोग की सिद्धि है		444
162. कृष्णः	Krishna कमलनयन! सरसिजमुख! त्वम्, रविशशिकुण्डल		446
163. कृष्ण का नाम	Govind कृष्ण का नाम मन का लुभाना, बड़ा मंगल है सुंदर		448
164. अर्जुन बोला	Arjun said बोला अर्जुन, हे गिरिधारी!		455
165. अविनाशी	Indestructible अजर अमर अविनाशी, अक्षर हरि व्रजवासी		460
166. तू ही हमारा	You are our Lord तू ही हमारा परम सहारा		470
167. भगत परलाद	Prahlada हरि हरि! रटिया भगत परलादा, नरसिंघ बना		485
168. काम निष्काम	Selfless work करले काम सखे! निष्काम । बोले, राधावर		496
169. वीर कन्हैया	Brave Kanhaiya वीर हमारा कृष्ण कन्हैया		502
170. भज गोविन्दम्	Chant Govind ब्रह्मा त्वमेव, विष्णुस्त्वमेव, शम्भुस्त्वमेव		513
171. निर्गुण दर्शन	Attributes निर्गुण का दर्शन मुश्किल है		516
172. केशिनिषूदन	Keshinishudana धेनु को बचाओ रे, भैया! आयो असुर		525

INTRODUCTION

Gitopanishad of Ratnakar Narale is world's first Sanskrit recension of the Gita, composed wholly in *Anushtubh Shlokas*. Its 1447 sholks are in side-by-side association with the 701 verses of the Bhagavad Gita. The Gitopanishad is neither a translation nor a commentary, but it is a devotional musical poetry on the **Shrimad Bhagavad Gita**. Its aim is to answer the unanswered questions and question the unquestioned answers while defining each yogic term clearly, in sweet **musical** language. While doing so, the core objective is to remove the misconceptions and the wrong notions that linger in the commentaries on the Gita. This critical objective has already been grammatically fulfilled in the footnotes of the *"Gita As She Is In Krishna's Own Words,"* by the same author.

From the light of knowledge revealed in the footnotes of the *Gita As She Is In Krishna's Own Words*, one can see how misunderstood are the popular yogic terms, for example, Karma yoga as yoga of "action," Buddhi as yoga of "intelligence," siddhi as "perfection," Brahman as "creator," Yajna as "sacrifice," Dharma as "religion," Jati as "the Varna," and so on. All such wrong notions are properly clarified and redefined in this book.

Because Hindi is the National Language of India and the most spoken Indian Language in the world, soft Hindi music is an interesting dimension of this work.

In order to suite the average Indian voice, ***D-flat-Major*** Scale (*Black-1-Middle-Octave*) is used for wtiting the music notations in this book. The tunes in this book are presented in their simple forms for the convenience of the average music lovers and music learners. The advanced music professionals may improvise them or change the scale to suite their own style and standard. The notations of each song are innovatively and conveniently given as music-words, for each word of the lyric, to use mininum space.

The original divine Shrimad Bhagavad Gita of Maha-muni Vyasa is a celestial poem (chapters 25-42) in the *Bhīshma parva* of Mahabharata. Here, the earlier chapters of Mahabharata provide the history and background for a sound understanding of the divine dialogue between Shrī Krishna and Arjun. However, in the stand alone Gita, without giving this important context, the first chapter stands abrupt and a bit incongruous with the Adhyatmaic philosophy of the other seventeen chapters. Reading the Gita without knowing the pertinent history and nature of the characters, is like walking blindly on a path without knowing the direction and nature of the path. Therefore, like the Mahabharata, the Gitopanishad begins with the vital background of the Gita and the nature of its characters. This essential addition provides a proper introduction and congruency to the first chapter and the philosophical teachings of the rest of the seventeen chapters of the Gita.

The sacred poem of Vyasa is written in such meters as Anushtubh, Upajati, Indravajra, Upendravajra, Viparitapurva, etc. which add a rhythmic flavor to the divine poem. The Bhagavad Gita is the most translated and commented scripture in the world. In order to impart melodic sweetness to the celestial poem of the Gita, the Gitopanishad utilizes magic of the *raagas* and *chhandas* through its 35 musical stories and 172 songs. Gitapanishad is a devotional chapter in the epic poem of "*Sangit-Shri-Krishna-Ramayama*," by Ratnakar.

The author expresses his humble gratitude to Narad muni, Sharada, Shiva, Parvati, Ganesh, Rama and Krishna for their kind blessings for the success of this work. He would like to recognize the tireless help and inspiration given by his caring wife Sunita during the long course of this divine project. He is grateful to Sangitacharya Shrī Dev Bansaraj, who awakened the music in him just when he needed it, as if pre-arranged. He would like to greatly appreciate Shrī Jagdish Chandra Sharda Shastriji for giving his pracious time in going over the Sanskrit part part of this work.

For the insightful Gita lovers, whether they know Sanskrit or not, this English translated work is a must. It will enlighten the Gita learners, new, average as well as the scholars.

Sanskrit is an ornate and poetic language. The immortal verses of its rich literature are composed by the ancient sages in *shlokas (and other chhandas) sūtras* an *mantras.* The best examples of the vast *shloka*-literature are the epics of *Rāmāyaṇa* of Vālmīki and *Mahābhārata* of Vyāsa. Similarly, the preeminent examples of *sūtra*-literature are the *brahma-sūtras* of Bādrāyaṇa and *yoga-sūtras* of Patañjali and the most common examples of the *mantras* are *bij mantras, mūla mantras* and *siddhi mantras.*

The m∘ word *'śloka'* comes from verb root *√ślok* (भ्वादि∘ आत्मने∘ सक∘ √श्लोक् + अच्) to praise, to compose in verse. The *anuṣṭubh* is one of the *chhandas* (meters). The *shloka-chhanda is* written in *anuṣṭubh* meter, according to the rules given in the following *shloka.*

'श्लोके' षष्ठं सदा दीर्घं लघु च पञ्चमं तथा ।
अक्षरं सप्तमं दीर्घं तृतीये प्रथमे पदे ।।

(The above definition is given by Ratnakar : in each *śloka*, there are four quartets *(pāda),*
each with eight syllables.
The fifth syllable of each quarter should be short,
the sixth long
and the seventh alternately long and short in the odd and even quarters).

Please note that, all *anuṣṭubh* verses are not shlokas. Only a verse written according to above definition is a shloka. Other five *anuṣṭubh* chhandas, namely : Gajagati, Pramanika, Manvak, Vidyunmala and Samanika, are described in the *Chaanda-shastra.*

The n◦ word *'sūtra'* comes from the verb root *√sūtr* (चुरादि◦ परस्मै◦ सक◦ √सूत्र् + अच्) to string, to thread together, to formulate, to equate, to write in short rule, to systematize. The *sūtras* are not composed in any meter, but are written in minimum words according to the rules given in the following *shloka.*

अल्पाक्षरमसंदिग्धं सारवद्विश्वतोमुखम् ।
अस्तोभमनवद्यं च सूत्रं सूत्रविदो विदुः ।।

(A formula written in minimum words, without any confusion,
which includes the complete summary of the thought,
which can not be criticized and which is all encompassing, is called *sūtra,* by the *sūtra*-knowers)

The n◦ word *'mantra'* comes from the verb root *√mantr* (चुरादि◦ आत्मने◦ सक◦ √मन्त्र् + अच् *or* घञ्) to deliberate, to take counsel. A *mantra* are not written as a meaningful verse, but it is simply a series of characters, each of which may not have a meaning, but if uttered in a proper string (even the *mantra/* which are to be whispered in ear), they have a secret power of achieving a desired fruit by arousing the inner energy of the receiver.

मकारो मननं प्राह त्रकारस्त्राणमुच्यते ।
मननत्राणसंयुक्तो मन्त्रमित्यभीधीयते ।।

(The character 'm' in the *man* (मन:) is meditation, character 'tr' in *trāṇ* (त्राणम्) is protection, together they form a *mantra* which is rightly called a union of concentration and protection)

Hari Om Tat sat

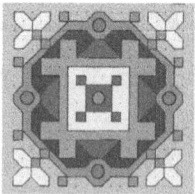

सत्यमेव जयते

डा. मुरली मनोहर जोशी

DR. MURLI MANOHAR JOSHI

मानव संसाधन विकास मंत्री
भारत
नई दिल्ली - ११० ००१
MINISTER OF
HUMAN RESOURCE DEVELOPMENT
INDIA
NEW DELHI-110 001

FOREWORD

Swami Madhusudan Saraswati has written nine beautiful verses entitled *'Gitadhyanam'*. The very first verse is illuminating and highlights the profundity of Gita. The sermon of Gita was delivered by Narayana Himself to his dear disciple Arjuna and this sermon has been made part of Mahabharat by the great Vedvyasa. Gita showers the nectar of philosophy of non-duality (Advaita) in 18 chapters and delivers those who meditate on it from the cycle of birth and death.

Parthaya pratibodhitam Bhagwata Narayanena Swayam
Vyasena grathitam puranmunina Madhye Mahabharatam
Advaitamritavarshinim Bhagawatim ashtadashadhyanim
Amb twamanusandhami Bhagwatgite Bhawadveshinim.

The essence of Indian philosophical thought is contained in the Brahmasutras, Upanishad and Bhagwadgita. However, Bhagwadgita is the single repository of Bhrahmavidya, Yogshastra and the Upanishads. Aldous Huxley says, *"The Gita is one of the clearest and most comprehensive summaries of the Perennial Philosophy ever to have been made. Hence its enduring value, not only for Indians, but for all mankind.....".*

Innumerable commentaries have been written on Bhagwadgita. The great masters like Adi Shankara, Anandgiri, Shridhara, Ramanuja and Madhwacharya etc. have explained Bhagwadgita in their own way. Many great men of our times Lokmanya Tilak and Gandhiji have been inspired by this great text. Millions all over the world read Bhagwadgita as a matter of discipline.

Gita teaches us to have faith in the Lord and oneself and engage in action without being obsessed of the result. In the course of life we are always in the midst of action. It is important to understand that the binding quality of action lies in the motive or the desire that prompts it. Gita shows us the path of detachment from desires along with devotion to our work. Action alone is our right but we have no control on the fruits of action because success and failure do not depend on individual but on many other factors. To accept happiness and sorrow, success and failure and continue to do ones duty with the evenness on mind is called Yoga. This is illustrated in a beautiful parable of Sri Ramakrishna *"Be in the world as a maid servant in a rich man's house. For all intents and purposes she claims her master's children and property as her own. But at the core of her heart she knows that they do not belong to her. As the maid servant can with ease relinquish her assumed ownership of the master's property, be prepared for separation from earthly possession".*

Gita teaches us to learn equanimity of mind to rid of selfishness and achieve devotion and excellence in our actions. Swami Vivekananda said, *"A Yogi seated in Himalayan cave allows his mind to wander on unwanted things. A Cobbler in a corner at the crossing of several busy streets of the city, is absorbed in mending a shoe, as an act of service. Of these two the latter is a better Yogi than the former".*

The rich nations and the people with all the resources at their command to fulfill their desire are ever striving for more and more but in the process have lost peace and happiness. In a situation like this all the world has to be aware that peace and happiness is not achieved by pursuing and satisfying desires. Peace is enjoyed by those in whom desires are merged even as rivers flow into the ocean which is full and unmoving.

"Apuryamanam acalapratistham samudramapah pravisanti yadvat tadvat kama yam pravisanti sarve sa santim apnoti na kama-kami"

In the context of modern problems I am deeply concerned about the quality of the human beings. The winds of change are devastating and in our present day situation people have hardly any time to think. It is a mad rush of materialism. Bhagwad Gita shows us the way out of the predicament and to be on the path of spirituality. One has to endear oneself to the Divine to be merged in Him.

Gita Darshan in 3 volumes is a profound study of Gita. In addition to normal explanation of each verse the author has explained each word and has analyzed each and every word grammatically. Thus the work is unique for those who wish to understand the nuances of Gita. The volumes are also useful for cross-reference.

I am deeply impressed by the scholarship of Dr. Ratnakar Narale, which shows his command on Sanskrit, English, Hindi, Marathi etc. Gita Darshan is in Hindi. The Foreword in English is to comply with the request of Dr. Narale.

In Bhagwatgita chapter 18 verses 68 & 69 Krishna says *"Those who teach this supreme mystery of the Gita to all who love me perform the greatest act of love; they will come to me without a doubt. No one can render me more devoted service; no one on earth can be more dear to me"*.

I feel that the grace of Lord Krishna is already on Dr. Narale.

(Dr. Murli Manohar Joshi)

New Delhi.

मङ्गलाचरणम् ।

मुक्तछन्दः

श्रीपरमात्मने नम आत्मने नमः । नमो ब्रह्मणे गायत्र्यै नमः ।। 1
प्रकृत्यै नमः पुरुषाय नमः । नमः शिवाय पार्वत्यै नमः ।। 2
नमो विष्णवे लक्ष्म्यै नमः । गणेशाय नमः सरस्वत्यै नमः ।। 3
रामाय नमः सीतायै नमः । नमः कृष्णाय राधायै नमः ।। 4

वसुदेवाय नमो वासुदेवाय नमः । भीमार्जुनयुधिष्ठिरेभ्यो नमः ।। 5
देवकीयशोदामातृभ्यां नमः । विश्ववृक्षाय विराटरूपिणे नमः ।। 6
देवेभ्यो नमो गुरुदेवेभ्यो नमः । मात्रे नमः पित्रे नमः ।। 7
इन्द्राय नमो वरुणाय नमः । वायवे नमो वायुपुत्राय नमः ।। 8

अग्नये नमो द्यवे नमः । पृथ्व्यै नमो नवग्रहेभ्यो नमः ।। 9
पञ्चभूतेभ्यो नमस्त्रिगुणेभ्यो नमः । सर्वभूतेभ्यो नमो वनस्पतये नमः ।। 10
नदीभ्यो नमः पर्वतेभ्यो नमः । सूर्याय नमश्चन्द्रमसे नमः ।। 11
वेदेभ्यो नमः सर्वोपनिषद्भ्यो नमः । नारदाय नमो ज्ञानाय नमः ।। 12

दत्तात्रयाय नमः स्कन्दाय नमः । प्रह्लादाय नमो ध्रुवाय नमः ।। 13
पाणिनिपतञ्जलिभ्यां नमः । यास्काय नमः पिङ्गलाय नमः ।। 14
वाल्मीकये नमो व्यासाय नमः । रामानन्दाय नमस्तुलसीदासाय नमः ।। 15
शिवाजीप्रताभ्यां नमो राज्ञीलक्ष्म्यै नमः । शङ्कराचार्याय रामानुजाय नमः ।। 16

वल्लभाचार्याय वरदाचार्याय नमः । यमुनाचार्याय माधवाय नमः ॥ 17
मीरायै नमो ब्रह्मानन्दाय नमः । सत्यानन्दाय नमो विवेकानन्दाय नमः ॥ 18
सर्वमुनिभ्यो नमः सर्वर्षिभ्यो नमः । सर्वज्ञानिध्यानियोगिभ्यो नमः ॥ 19
सर्वकविभ्यो नमः सर्वसुहृद्भ्यो नमः ॥ 20

◎ **Introductory Prayer**
Purport (भावार्थ)

*Obeisance to the Supreme Lord, the Creator, the Supreme Person, the Soul, the Mother Nature, the Worldly Tree, the Cosmos, the Five primal beings, the Three attributes, the Divine form, the Mother India, the Sanatana Dharma, the Mother Gayatri, the Gods, the Deities, Vasudeva, Lakshmi, Shiva, Parvati, Ganesh, Sarasvati, Rama, Sita, Krishna, Radha, Devaki, Yashoda, Yudhishthita, Bhima, Arjun, Hanumana, Mother, father, Gurus, Indra, Varuna, Fire, Sky, Wind, all beings, the vegetation, the Sun, the Moon, the Stars, the Rivers, the Mountains, the Mother Earth, the Three worlds, the Vedas, the Puranas,
the Upanishads, the Mahabharata, Ramayan, Sage Narad muni, Dattatraya, Saknda, Prahlada,
Dhruva, Panini, Patanjali, Yask, Pingala, Valmiki, Vyasa, Ramanand, Tulsidasa, Shivaji, Rana Pratap, Queen Lakshmibai, Shankaracharya, Ramanuja, Vallabhacharya, Varadacharya, Yamunacharya, Madhavacharya, Meera, Brahmananda, Satyananda, Vivekananda, all sages, all saints, all wise people, all Yogis, all Poets, all Noble souls, the Knowledge and the Learning.
Hari Om tat sat.*

चौपई-छन्दः
कृष्णं वन्दे
सौजन्यं मे दद्यात्कृष्णो, भवसागरतः पाताद्विष्णो ।
श्यामसुन्दरं कृष्णं जिष्णुं, वन्देऽहं राधावर-वृष्णिम् ॥

◎ **A Prayer to Lord Krishna :** *May Lord Shrī Krishna give me courtsey, may he save me from this worldly ocean. I salute Shyama-sundar (the beautiful brown coloured) Krishna, the Protector, the Radha-var (beloved of Radha).*

श्लोक छन्दः

रागः

♫ ग–ग– ग–ग–गरे–म– ग– ममम–म– पम–ग रे– ।

प–प–प–प–पध–प– म– गरे–म– प–गरे– ऩिसा– ।।

रागः संगीतसूत्रं यद् गुणजाती स्वरस्य हि ।

आरोहीचावरोही च करोति निश्चितं खलु ।।

◎ **Raaga :** *The pleasing musical formula of at least five ascending and descending tones that ascertain the melody of a song, is a Raaga. The Hindi notes of* **सा रे ग म प ध नि सा** *are English* ***Sa Re Ga Ma Pa Dha Ni Sa.*** *In order to match the average Indian voice,* ***D-flat-Major*** *Scale (Black-1-Madhya-Saptak) is used for wtiting the music notations in this book. The tunes given in this book are in their simple forms for the ease of the average music lovers and music learners. The advanced music professionals may improvise them or change the scale to suite their own style and standard.*

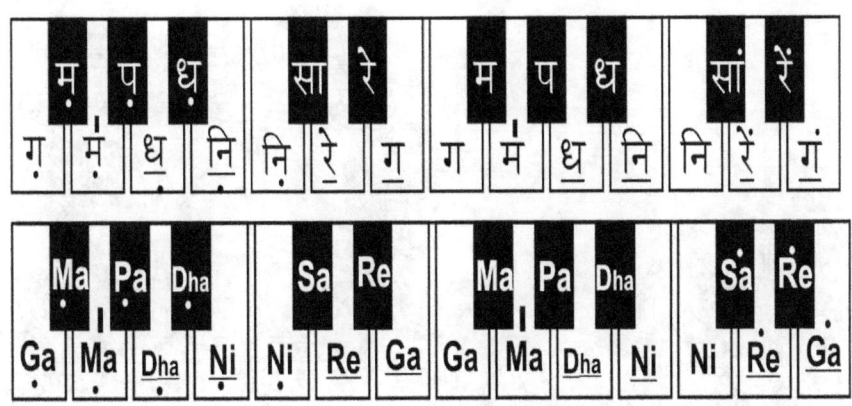

The D-flat-Major Scale

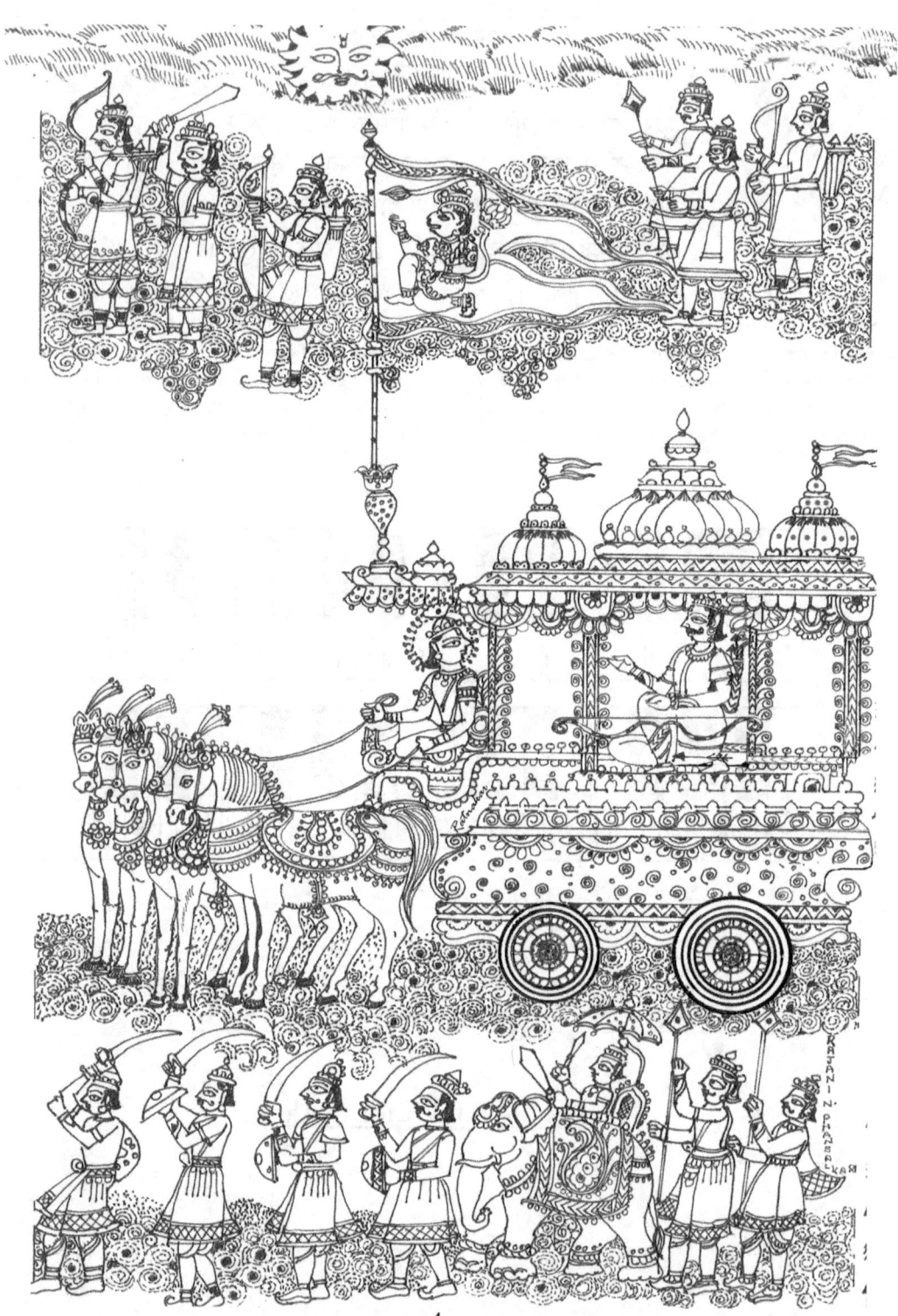

4
रत्नाकररचितं गीतोपनिषद्

अवतरणिका

OPENING

प्रीत्या च श्रद्धया वन्दे गणेशं स्वरदां गुरुम् ।
धियं प्राप्तुं स्वरं प्राप्तुं कृपामाप्तुं भजाम्यहम् ।।

◎ An opening prayer

I pray to Lord Ganesh, Sharda, Shiva, Krishna, Radha, Rama Sita and Hanumana with adoration and faith. May they bestow up on me their mercy and give me the skills of authorship and music.

मन्दारमाला–छन्दः

ऽ ऽ ।, ऽ ऽ ।, ऽ ऽ ।, ऽ ऽ ।, ऽ ऽ ।, ऽ ऽ ।, ऽ ऽ ।, ऽ

♫ सा–रे– गरे– प–मग–रे–म–ग– ध–पम–प– मग– म–गरे– ग–रेसा–

अवतरणिका

वन्दे शिवं पार्वतीवल्लभं नीलकण्ठं हरं मङ्गलं शङ्करम् ।। 1
लम्बोदरं पीतपीताम्बरं चण्डिकानन्दनं श्रीगणेशं शुभम् ।। 2
कादम्बरीं ज्ञानदेवीं भजे भारतीं वैखरीं शारदामातरम् ।। 3
राधावरं कृष्णगोवर्धनं माधवं केशवं श्यामलं सुन्दरम् ।। 4
सीतापतिं रामभद्रं हरिं रामचन्द्रं रघुं जानकीवल्लभम् ।। 5
वातात्मजं मारुतिं व्यङ्कटं रुद्ररूपं कपिं रामदूतं वरम् ।। 6

◎ An opening prayer

1. I pray to that auspicious Lord Shiva Shankara, the beloved of Parvati, the Nil-kantha (whose throat turned blue with poison) 2. I salute the auspicious Ganesh (Lord of the beings), Lambodara (the one with big belly), the Pitambara (wearing yellow garment), Chandika-nandana (son of Parvati) 3. I salute Goddess Kadambari (Sarasvati), Jnana-devi (Goddess of knowledge), Bharati (Goddess of speech), Vaikhari (Goddess of language), Mother Sharada 4. I salute Radha-vara (Beloved of Radha) Shrī Krishna, Govardhana (who picked up the Govardhan mountain), madhava (Husband of Lakshmi), Keshava (who is the God), Shyamala Sundara (the beautiful brown) 5. I pray to Sitapati (Husband of Sita) Shrī Rama, Hari, Raghu (son of king Raghu), Janakai-vallabha (beloved of Sita) 6. I pray Hanumana the Vatatmaja (son of wind), Matuti, Vyankata, Rudra-rupa (the great form), Kati (monkey God), the great Rama-duta (Messanger of Rama).

1. Prayer to Lord Ganesh
श्रीगणेशवन्दना

नन्दन-छन्दः

। । ।, । ऽ ।, ऽ । ।, । ऽ ।, ऽ । ऽ, ऽ । ऽ

♫ सारेगरे प- म॑ग- धपम॑ग- पम॑- गरे- ग-रे सा-

श्रीगणेश

शिवसुत! हे प्रभो! सफलतां गुणं यशो देहि माम् ।
गजमुख! धीपते! गणपते! विभो! विधे! पाहि माम् ।।
भव मम रक्षको गजपते! गणेश! विघ्नेश! त्वम् ।
अघहर सर्वदा करुणया हि सङ्कटात्त्राहि माम् ।।

◎ **Shrī Ganesh :** *O Lord Ganesh! O Son of Shiva! please give me virtues, skill and success. O Gajmukha (with elephant head)! O Dhi-pati (Lord of intelligence)! O Vibhu (O Lord)!, O Vidhi (O Brahma)! please protect me. O Gajpati (Elephant God)! O Ganesh (Lord of the people)! you are the Vighnesha (Remover of the obstacles). O Agha-hara (Remover of the sins)! please always save me from the obstacles.*

1. संस्कृतगीतम्, श्लोकछन्दः ।

श्रीगणेशवन्दना

शतवारमहं वन्दे लम्बतुण्डिं गणेश्वरम् ।
एकदन्तं च हेरम्बं चारुकर्णं गजाननम् ।।

♫ रेरेरे-रेरेग- प-म- प-पप-ध- पम-गरे- ।
रे-गम-प- म ग-रे-सा- ऩिसारे-म- पम-गरे- ।।

गं गं गं गं गणेशमोम्-चतुर्बाहुं महोदरम् ।
विश्वमूर्तिं महाबुद्धिं वरेण्यं गिरिजासुतम् ।।

गणपतिं परब्रह्म शूर्पकर्णं करीमुखम् ।
पशुपतिमुमापुत्रं लम्बोदरं गणाधिपम् ।।

हस्तिमुखं महाकायं ढुण्ढिं सिद्धिविनायकम् ।
वक्रतुण्डं चिदानन्दम्-आम्बिकेयं द्विमातृजम् ।।

महाहनुं विरूपाक्षं ह्रस्वनेत्रं शशिप्रभम् ।
पीताम्बरं शिवानन्दं देवदेवं शुभाननम् ।।

सर्वमङ्गलमाङ्गल्यं प्रभुं मूषकवाहनम् ।
ऋद्धिसिद्धिप्रदातारं विघ्नहरं विनायकम् ।।

जगदीशं शिवापुत्रम्-आदिनाथं क्षमाकरम् ।
अनन्तं निर्गुणं वन्द्यं यशस्करं परात्परम् ।।

गौरीपुत्रं गणाधीशं गजवक्त्रं कृपाकरम् ।
भालचन्द्रं शिवाऽऽनन्दं पार्वतीनन्दनं भजे ।।

आदिपूज्यं शुभारम्भं ज्ञानेशं मोदकप्रियम् ।
प्रातः सायमहं वन्दे गणेशं च सरस्वतीम् ।।

प्राप्तुं ज्ञानं युवाभ्याञ्च विद्यां भाग्यं शुभान्वरान् ।
नमस्कृत्य कृताञ्जलिः-रत्नाकरो भजाम्यहम् ।।

गजाननः कलादेवो नृत्यसंगीतशिल्पकः ।
ददाति स कलाधीशः ज्ञानं बुद्धिं च कौशलम् ।।

♪ मग-मप- धप-म-ग-, ग-मनि-सां-सां नि-धप- ।
गप-म प- धसांनि-ध-, म-म ध प-मग- ।।

7

रत्नाकररचितं गीतोपनिषद्

◎ **A Prayer to Ganesh :** *O Lord Ganesh (Lord of beings)! I pray to you hundred times. You are the Lord with elephant head, small eyes, snouted nose, one tooth, big chin, big belly, large body and auspicious face. You are wearing yellow garment and you are riding a mouse. You have a bright halo. You are the Joy of Shiva, God of the Gods, Beyond Brahma, the Giver of prosperity, the Giver of success, Giver of peace and happiness, Remover of the obstacles, the Lord of animals, the Lord of the three worlds, the Primal Lord, the One beyond supreme, all powerful, the Infinite, the merciful, the One adorned with Moon on the forehead. You are the One to be worshipped first. You are the God of learning, the Lover of Modak (sweets). You are without attributes. You are son of Parvati. At your feet I, Ratnakar, bow with my folded hands. I pray to you and sing your Bhajans, O Lord Ganapati! day and night for attaining knowledge, arts, wisdom, good fortune and auspicious boons. Shrī Ganesh is the God of arts, music and dance. He gives us skills, dexterity and intelligence.*

2. Prayer to Goddess Sarasvati
श्रीसरस्वतीवन्दना

2. हिंदी भजन : राग भैरवी, रूपक ताल 7 मात्रा

आलाप

♪ सां - रें सां - निध पम प - म ग -
गप निप रे - रे रे - ग प प - म म -

स्थायी

देवी सरस्वती ज्ञान दो, हमको परम स्वर गान दो ।
हमरा अमर अभिधान हो, माँ शारदे वरदान दो ।।

आलाप

♪ मग सा.ग म म म म - धप मप नि नि नि नि -
रें.गं सांनि ध - नि गं रें सां

अंतरा-1

तेरी करें हम आरती, तेरे ही सुत हम भारती ।
सब विश्व का कल्याण हो, माँ शारदे वरदान दो ।।

अंतरा-2

तुम ही हो बुद्धि दायिनी, तुम ही महा सुख कारिणी ।

तुम ही गुणों की खान हो, माँ शारदे वरदान दो ।।

अंतरा–3

तेरी कृपा से काम हो, जग में न हम नाकाम हों ।
हमको न कभी अभिमान हो, माँ शारदे वरदान दो ।।

अंतरा–4

तुम हो कला की देवता, देवी हमें दो योग्यता ।
हमको हुनर परिधान हो, माँ शारदे वरदान दो ।।
माँ शारदे वरदान दो, माँ शारदे वरदान दो, माँ शारदे वरदान दो ।।

◎ **A Prayer to Sarasvati :** *Sthāyī* : O Goddess Sarasvati, please give us knowledge and a divine voice. May our name be immortal. O Goddess Sharda! please give us blessings. **Antarā : 1.** We sing your Arti. We are your Children. We are from Bharat. May the whole world prosper. O Goddess Sharda! please give us blessings. **2.** You are the Giver of talent. You are the giver of great pleasures. You are the Treasure of virtues. O Goddess Sharda! please give us blessings. **3.** May our work be done with your mercy. May we not fail in the world. May we never have an ego. O Goddess Sharda! please give us blessings. **4.** You are the Goddess of Arts. O Goddess! please give us ability. May we be skillful. O Goddess Sharda! please give us blessings.

कवचम्

नाशयति गिराऽज्ञानं सङ्गीतं च ददाति सा ।
वाणीं कलाश्च ज्ञानं च तस्मात्सा ज्ञानदा मता ।।

♪ रे–रेरेरे– रेसा– ग–रे–, म–म–म– म– पमग रे– ।
प–प– पप–प ध–प– म– ग–म–म– प–मग– रेसा– ।।

सुगमं कथनं पुण्यं शुभञ्च सर्वज्ञानदम् ।
स्मर्तुं वाग्देवतायै यत्–सरस्वत्यै कृतं मया ।।

भगवतीं महाविद्यां वन्देऽहं परमेश्वरीम् ।
सरस्वतीं गिरादेवीं मातरं भक्तवत्सलाम् ।।

ब्राह्मि देवि नमस्तुभ्यं महाप्राज्ञे विशारदे ।
अज्ञं च मन्दबुद्धिं च पाहि मां शरणागतम् ।।

सरस्वति नमस्तुभ्यं देवि मे हर मूढताम् ।
अहर्निशं च मां पाहि कुरु मे सर्वमङ्गलम् ।।

रचितुं काव्यसङ्गीतं चरितं कृष्णरामयोः ।
बुद्धिं देहि च भाग्यं मे सिद्धिं मां देहि शारदे ।।

◎ **O Sarasvati! :** *Sarasvati removes ignorance. She gives knowledge, music, speech and arts. Therefore, she is called Jnanada, the Giver of knowledge. O Sharda! I worship you. Please protect me so that I may be able to write this musical poem beautifully and successfully. I wrote this sacred poem in simple and easy to understand language. O Goddess Sarasvati! O Girdevi (Goddess of speech)! O Maha-prajna (Goddess of knowledge)! O Visharda (O Excellent one)! O Brahmi Devi (Wife of Brahma), O Bhaktvasala (Merciful to the deveotees)! O Mother! I salute you. Please protect this ignorant and slow learning poet who is at your feet. O Goddess Sarasvati! obeisance to you. Please remove my ignorance. Please protect me day and night. Please give me ability to write the musical stories of Krishna and Rama. Please give me wisdom, good luck and success, O Sharda!*

Sarasvati Worship
सरस्वतीपूजनम् ।

♫ ग–गग–गगरे–म–ग– प–पप–पमग–पम– ।
रेरे–रे प–म–ग– रेसा– रे–गम– पमग–रेसा– ।।

ॐ (आसनम्)

स्वर्णरत्नसमायुक्तं केकिपक्षविभूषितम् ।
गृहाण शारदे मातः सुन्दरं कमलासनम् ।।
ॐ सरस्वत्यै नम आसनार्थे कुशदर्भं समर्पयामि ।

◎ **Sarasvati worship:** *O Mother Sharda! please be seated on the throne of lotus. Your throne is adorned with gold, jewels and peacock feathers.*

ॐ (पाद्यम्)

वीणावादिनि गिर्देवि स्वरदायिनि ज्ञानदे ।
गृहीतात्त्वं मया दत्तं पाद्यं गङ्गाजलं शुभम् ।।
ॐ सरस्वत्यै नमः पादयोः पाद्यं समर्पयामि ते ।

◎ *O Veenavadini (Player of Veena)! O Goddess of Speech! please accept the offering of the holy water from the river Ganges.*

ॐ (अर्घ्यम्)

विद्यादायिनि वागीशे गिरे गणपतिप्रिये ।
शब्दरूपेण त्वं देवि धनं भाग्यञ्च देहि माम् ।।
ॐ सरस्वत्यै नमोऽर्घं समर्पयामि ते ।

◎ *O Goddess of Learning! O Beloved of Ganesh! please give me the wealth of vocabulary and good luck.*

ॐ (आचमनम्)

सुरभीदुग्धयुक्तञ्च गङ्गानीरञ्च निर्मलम् ।
भाग्यदे तीर्थपानीयं स्वीकुरु देवि भारति ।।
ॐ सरस्वत्यै नम आचमनीयं नीरं समर्पयामि ।

◎ *O Mother Bharati (Goddess of speech)! O Giver of good fortune! please accept the offering of cow milk and water of Ganges.*

ॐ (स्नानम्)

ब्रह्मपुत्रि कलादेवि विद्ये गृहाण वाङ्मयि ।
तोयमेतद्धि स्नानार्थम्-अमृतं जाह्नवीजलम् ।।
ॐ सरस्वत्यै नमः स्नानीयं जलं समर्पयामि ।

◎ *O Goddess of the Arts! O Vidya (Goddess of Education)! O Daughter of Brahma! please accept the offering of the holy water from Ganges for your bath.*

ॐ (वस्त्रम्)

ददे गिरे नवं वस्त्रं शोभनं बहुसुन्दरम् ।
आच्छादनं मया दत्तं स्वीकुरु प्रियदर्शिनि ।।
ॐ सरस्वत्यै नमो वस्त्राभरणं समर्पयामि ।

◎ *O Goddess of Language! O Priyadarshini (lovely faced)! please accept the offering of the new garment.*

ॐ (चन्दनम्)

सर्वसुरप्रिये वाचे गृहीताद्देवि चन्दनम् ।
कस्तूरीं कुङ्कुमं रक्तं केशरञ्च सुगन्धितम् ।।
ॐ सरस्वत्यै नमश्चन्दनं समर्पयामि ।

◎ *O Goddess of Poetry! O Beloved of all Gods! please accept the aromatic offering of red sandalwood paste and saffron.*

ॐ (अक्षतम्)

गृहाण वाणि वाग्देवि शुचिं तन्डुलमक्षतम् ।
स्वरदे ज्ञानदे देवि प्रसीद भुवनेश्वरि ।।
ॐ सरस्वत्यै नमोऽक्षतं समर्पयामि ।

◎ *O Goddess of speech! O giver of Wisdom! O Giver of Music! please accept the offering of pure whole rice, O Goddess of the Universe!*

ॐ (पुष्पम्)

पद्मपुष्पं जपापुष्पं कर्णिकारञ्च पाटलम् ।
चम्पकं बकुलं कुन्दं स्वीकुरु देवि मालतीम् ।।
ॐ सरस्वत्यै नमः पुष्पमालां समर्पयामि ।

◎ *O Goddess Sarasvati! please accept the offering of the flowers of Lotus, Rose, Jasmine, Hibiscus and Marigold.*

ॐ (धूपम्)

सुगन्धितं प्रयच्छामि गोघृतेन समन्वितम् ।
धूपवर्त्तिञ्च कर्पूरं गृह्णीतान्मङ्गलं गिरे! ।।
ॐ सरस्वत्यै नमो धूपमाघ्रापयामि ।

◎ *O Goddess of Poetry! please accept the offerings of aromatic incense, camphor, clarified butter and cow milk.*

ॐ (दीपः)

वाचे विद्ये जगन्माते जगदानन्ददायिनि ।
गृह्णीष्व पावनं दीपं-ऋद्धिसिद्धी च कारिणि ।।
ॐ सरस्वत्यै नमो दीपं सन्दर्शयामि ।

◎ *O Goddess of speech! O Joy giver! O Mother of the World! O Giver of the Prosperity and success! I am lighting the lamp in front of you.*

(नैवेद्यम्)

नैवेद्यं पञ्चपक्वान्नं निवेदयामि श्रद्धया ।
रसयुक्तञ्च प्रत्यग्रं स्वायंभूव्यै सुधारसम् ।।
ॐ सरस्वत्यै नमो नैवेद्यं निवेदयामि ।

◎ *O Goddess Sharda! O Svayambhuvi (Daughter of Manu Svayambhu)! I am offering you five juicy foods, with all my faith and devotion.*

(आरात्रिकम्)

इडे भारति श्रीविद्ये हंसगामिनि पाहि माम् ।
स्वररूपेण त्वं देवि सङ्गीतं ननु देहि मे ।।
ॐ सरस्वत्यै नम आरत्रिकं समर्पयामि ।

◎ *O Goddess Ida (Daughter of Manu)! O Bharati (Goddess of speech)! O Hamsagamini (Rider on swan)! O Shrī Vidye (Goddess of education)! please protect me and give me sweet tunes of music.*

(पुष्पाञ्जलिः)

पिङ्गलां मङ्गलां मायां ब्रह्माणिं कमलासनाम् ।
कादम्बरीं कलां प्रज्ञां वन्देऽहं वरदायिनीम् ।।
ॐ सरस्वत्यै नमः पुष्पाञ्जलिं समर्पयामि ।

◎ *O Goddess of O Kadambari! O Pingala! O Mangala! O Kamla! O Brahmani! O Kala! O Prajna! I pray and salute you, O giver of the boons!*

3. Prayers to Guru
श्रीगुरुवन्दना

गुरुं विना न विद्वत्ता पाण्डित्यं न कलानिधिः ।
प्रज्ञा विद्या न ज्ञानं हि वैदुष्यं न विवेचना ।।

सुश्रीस्द्गुरुः स सद्बुद्धिं सद्विचारं सदा सुखम् ।
सन्दर्शयति सन्मार्गं सारासारविवेचनम् ।।
(तस्मात्)
परब्रह्म गुरुर्देवो गुरुश्च शिवशङ्करः ।
नहि गुरुं विना युक्तिः-तस्माच्छ्रीगुरवे नमः ।।

◎ **A Prayer to Guru :** *Without guru there is no erudition and learning of the skills, no knowledge, no wisdom, no right thinking and no righteous thinking. Guru gives the right thoughts and happiness. He shows the right path and discernment of right and wrong. Guru is Godly, he is Shiva. Obeisance to the Guru. In other words, guru is Brahma, he is Vishnu, he is Shiva. Without him, there is no learning. Salute to the Guru*

Prayer to Patanjali
गुरुवरो महर्षिः पतंजलिः

शरणोऽस्मि गुरो तुभ्यं नतशीर्षः कृताञ्जलिः ।
त्वत्तः प्राप्तुं दिशं मार्गं रत्नाकरः पदे पदे ।।

◎ **A Prayer to Guru Patanjali :** *The ancient yoga that Yogesha Krishna gave to Manu Vivasvan, the same yoga he gave to Arjun. Patanjali formulated the yoga-sutras. His yoga-sutras became the key to the world health. O Guru! I, Ratnakar, pray to you by bowing my head and folding my hands. May I find the righteous path and right direction at every step.*

3. हिंदी गीत : राग भैरवी, कहरवा ताल 8 मात्रा

श्री गुरु वंदना

पद

गुरु ब्रह्मा शिव, गुरु विष्णु है, गुरु चरणन में ज्ञान सही ।

गुरु चरणन में ज्ञान सही ।। गुरु०

♫ -सांसां रेंसांसां- सांसां-, सांसां रेंसांनि- नि-, -निनि निनिगंगं गंरें- रें.गंरें सांसां- - -।

-सांरें निधपप प- - निधनिप मम- ।। मप ध-ध०

स्थायी

गुरु राम है, गुरु श्याम है, श्री गणपति का अवतार वही ।

♫ मप ध-ध ध- -, पम प-प प- -, मगरे, -रे.रेगग म- धध-पधप मम ।

अंतरा-1

ज्ञान सिखावे, राह-दिखावे, गुरु के तले अंधःकार नहीं ।

♫ -सां-नि धसां-सां- -, सां-निपरें -रें-, -रें.रें रें रेंरें- रेंरें-रें.गंरें सांसां- - - ।।

अंतरा-2

भरम भगावे, भाग्य जगावे, गुरु से बड़ा अधिकार नहीं ।

अंतरा-3

छाँव गुरु है, नाव गुरु है, गुरु से बड़ी पतवार नहीं ।

अंतरा-4

गुरु गुण गावो, गुरु ऋण ध्यावो, गुरु किरपा का भार नहीं ।

◎ **A Prayer to Guru : *Pad*** *: Guru is Brahma, Guru is Vishnu. Right knowledge is at the feet of the Guru.* ***Sthāyī :*** *Guru is Rama, Guru is Krishna, Guru is the manifestation of Ganesh.* **Antarā : 1.** *Guru gives us knowledge. Guru shows us the right path, there is no darkness around Guru.* **2.** *Guru removes delusion. Guru gives good luck, there is no higher authority than Guru.* **3.** *Guru is shelter. Guru is boat. There is no better protector than Guru.* **4.** *Let's sing Guru's praises. Let's remember Guru's gift. Guru's mercy is not a burden.*

4. Prayer to Sage Narad muni
देवर्षिमुनिवरश्रीनारदवन्दना

वीणां तां शारदादत्तां गृहीत्वा हि स भ्राम्यति ।
जनहिताय त्रैलोक्यं नादब्रह्मविभूषिताम् ॥

◎ **A Prayer to Narad muni :** *Goddess Sarasvati gave Veena of Nad-Brahma to Narad muni. He moves in the three worlds holding it to his chest. O Narad muni! your Veena is the source of spiritual world knowledge. O Narad muni! Vishnu gave you the boon and you became eloquent. You move everywhere helping the oppressed people.*

मनुष्यं नारदो देवो दृष्टिक्षेपेण केवलम् ।
भस्मीकरोति तत्कालं यदि स कुपितो भवेत् ॥

♪ गग-ग- ग-गरे म-ग-, म-मम-प-म प-मग- ।
सा-सा-सासा-सा म-ग-रे-, सासा सा- गमग- रेसा- ॥

सर्वे पूजन्ति तस्मात्तं सर्वे बिभ्यति नारदात् ।
सर्वे मुनिं च स्निह्यन्ति नारदं हितकारकम् ॥

नारदः सर्वगो ज्ञातः सर्वज्ञो नारदस्तथा ।
शत्रुर्न कोऽपि मित्रं तं तटस्थो नारदो मुनिः ॥

◎ **Narad muni :** *If he becomes angry, Narad muni can burn down a person instantly merely by his vision. Therefore, wicked people are afraid of him and the wise people adore the charitable Narad muni. Narad muni is omnipresent and omniscient. Narad muni is impartial. He has no friends or foes. People worship Narad muni. The three worlds regard him and seek his blessings.*

5. Prayer to Lakshmi Nārāyana
श्रीलक्ष्मीनारायणस्तुतिः

दयावन्तौ जगत्पालौ लक्ष्मीनारायणावुभौ ।
सद्धर्मस्य हि रक्षायै संसृजतो युगे युगे ।।

♫ मममम-म- पध-प-म-, प-पपप-धनि-धप- ।
म-म-म-म प म-ग-रे-, ग-गगग- मग- रेसा- ।।

पापिनं रावणं हन्तुं सीतारामौ बभूवतुः ।
राधाकृष्णौ ततो भूत्वा दुष्टं कंसञ्च जघ्नतुः ।।

यस्य तु नाममात्रेण जन्मसंसारबन्धनात् ।
मुच्यते ना नमस्तस्मै लक्ष्मीनारायणाय नः ।।

◎ **A Prayer to Lakshmi-Nārāyana :** *Shrī Lakshmi and Shrī Nārāyana both are merciful protectors of the world. For the safeguard of the sat-dharma (righteousness) they appear on the earth in every epoch. They personified as Rama and Sita for the destruction of Ravana and then they came as Krishna and Radha for the removal of Kamsa. Obeisance to Lakshmi-Nārāyana. With the utterance of their name alone, man is freed from the bondage of the births in this mundane world.*

सत्त्वं विभूतिमद्यद्धि श्रीमदूर्जितमेव वा ।
तत्तदेवावगन्तव्यं हरेरेकांशसम्भवम् ।।

◎ **A Prayer to Lakshmi-Nārāyana :** *Whatever lofty and supreme there is in the three worlds, it arises from a fine particle of Hari only. This principle ought to be known. No one has understood the divine power of Lakshmi-Nārāyana. Whenever a difficult time arises, they appear on the earth in human form for the protection of good. This principle ought to be known.*

विष्णुभार्यां रमां लक्ष्मीम्-इन्दिरां श्रीधरप्रियाम् ।
धनदां वरदां देवीं नमामो हरिवल्लभाम् ।।

नारायणीं महालक्ष्मीं पद्मिनीं कमलासनाम् ।
ईश्वरीं सर्वभूतानां स्वर्णवर्णां च धीमहि ।।

◎ **A Prayer to Lakshmi-Nārāyana :** *We pray to Lakshmi, the wife of Vishnu. She is Indira, the beloved of Shridhara. She is the Giver of wealth and the Goddess of boons. She is beloved of Hari. Let us contemplate on Narayani. She is Maha-lakshmi and Padmini (Seated on lotus flower). She is seated on a red lotus. She is the Goddess of all beings. Her colour is golden. All devotees desire for Lakshmi's mercy on them. O Lakshmi! please dwell in my heart day and night. O Jagadamba (Mother of the Universe)! please protect us. O Amba (Mother)! please protect us. All beings depend on your grace.*

कन्या छन्दः

ऽ ऽ ऽ ऽ

विष्णु वन्दना

ईशं विष्णुं रुद्रं वन्दे । रामं कृष्णं देवांश्चाहम् ।
शान्ताकारं लक्ष्मीनाथं । विश्वाधारं जिष्णुं वन्दे ।।

◎ **A Prayer to Vishnu :** *I pay respect to Vishnu, Shiva, Rama, Krishna and the Gods. I pray to Lakshmipati, Vidyadhara, Shanta-kara and Vishnu.*

4. संस्कृतभजनम्

लक्ष्मीभजनम्

स्थायी

ह्रीं क्लीं लक्ष्मीं, गदा शंख पंकज कलश धन धारिणीम् ।
वंदे अहं पद्मिनीं, भव भय हारिणीं, नारायणीम् ।।

♫ प- ध- नि-सां-, निध- नि-ध प-मग पमग मग रे-मग- ।
सा-म- गरे- ध-पम-, गम पम प-मग- ग-रे-नि-सा- ।

अंतरा-1

मंगलां धन दायिनीं, सुख कारिणीं, विष्णुपत्नीम् ।
सुर पूजितां, त्रिभुवन धारिणीं, श्रीयं, भव जल तारिणीम् ।।

♫ सां-धसां- सांनि सां-रेंसां-, सांनि ध-पध- प-मगरे- ।
सारे ग-मप-, रेगमपध-निध-, नि-ध-, मग मग रे-ऩिसा- ।।

अंतरा-2

चंचलां, गरूडारूढां, अघ हारिणीं, परमेश्वरीम् ।

नाना अलंकार विभूषितां, देवीं, परम सुहासिनीम् ।।
अंतरा-3
सुंदरीं, वर दायिनीं, दु:ख हारिणीं, बुद्धिसिद्धिम् ।
सुरमातरं, विमलां, भगवतीं, शक्तिं, कलि मल दाहिनीम् ।।

◎ **A Prayer to Lakshmi-Nārāyana : Sthāyī** : *I pray to Goddess Lakshmi, the Bearer of mace, conch shell, lotus, water pitcher and wealth. I pray to Narayani (Wife of Vishnu Nārāyana), the Goddess seated on lotus, the Remover of worldly fears.* **Antarā : 1.** *I salute the Auspicious wife of Vishnu, the Giver of wealth and happiness, the One worshipped by Gods, the One who sustains three worlds, the Boat of worldly ocean.* **2.** *I pray to the Supreme joy giver Goddess Lakshmi, the Nirmala, the Goddess riding on eagle, the Remover of sins, the One adorned with various ornaments.* **3.** *I worship the Beautiful Goddess Lakshmi, the Giver of success and prosperity, the Mother of Gods, the Pure one, the Power of Gods, the Remover of impurities from the mundane world.*

6. Prayer for Peace
शान्तिपाठ:

श्लोकछन्द:

♪ सा-सा-सासासारे-ग-रे-, ग-गग-म- पम-ग-रे- ।
रे-रे-रे-रे-रेम-ग-रे-, म-मम- ग-रेग- रेसा- ।।

शान्तिर्विधिविधानञ्च वेदवाक्यं सनातनम् ।
यत्साक्षात्काररूपेण सुश्रुतं ब्रह्मणो मुखात् ।।

वदन्ति वेदशास्त्राणि गीतोपनिषदस्तथा ।
वदतो रामकृष्णौ च वदन्ति च महर्षय: ।।

व्यभिचारञ्च लोलुप्त्वं स्तेयं पापञ्च वर्जयेत् ।
योगं त्यागं परार्थञ्च व्रतं पुण्यं समाचरेत् ।।

सर्वविश्वे भवेच्छान्ति: सर्वभूतेषु सर्वदा ।
सर्वत्र प्राणिमात्रेषु पादपेषु च पक्षिषु ।।

अहिंसा परमो धर्मो वचसा मनसा तथा ।
कृत्वा कर्माणि शान्त्या हि विश्वं स्वर्ग: सुखं भवेत् ।।

◉ **A Prayer for Peace** : Peace is the commandment of the Lord and the tenet of the Vedic Scriptures. It says, one should abstain from adultery, transgression, greed and theft. One should observe yoga, sacrifice, austerity, merit and service for others. May there be peace in the whole world among all beings, plants, animals and birds. Non-violence is the greatest religion. The whole world should be a heaven. May there be peace in the words, action and thoughts of everyone.

5. हिंदी गीत : कहरवा ताल 8 मात्रा

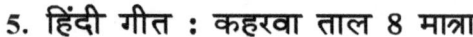

वसुधैव कुटुम्बकम्

सहचलेम सम्मिल्यागच्छत शांतिप्रेमिण: ।
सहजीवेम सर्वे च वर्धेमहि च वै वयम् ।।

♪ मममम–म ग़–प–म–प–मग़ रे–ग़म–पम– ।
ध़ध़प–म–ग़ रे–ग़ म–, ध़–प–मग़– रे ग़– रेसा– ।।

स्थायी

सब लोग जहाँ के भाई हैं, सब एक ही पथ के राही हैं,
"वसुधैव कुटुंब" सचाई है ।
सब एक जगत के वासी हैं, सब की ये वसुधा माई है,
सब एक ही कुल के सगाई हैं ।।

♪ सानि॒ सा–ग॒ रेसा– नि॒– सा–रेम ग॒–, ग़म मग़प म ग॒ग़ रेसा सा–रेम ग॒–,
"ग॒ग़ग़रेसासा सारे–ग॒" मग़रेसानि॒ सा– ।
सानि॒ सा–ग॒ रेसासा नि॒सा सा–रेग़सारे ग॒–, ग़म मग़ प मग़–रेसा सा–रेम ग॒–,
ग़ग़ ग़रेसासा सा सारे ग॒ मग़रेसानि॒ सा– ।।

अंतरा–1

सब वेदों की ये वाणी है, सब शुभ वचनों की ये राणी है ।

बस एक हमारी भूमि है, अरु एक हमारा स्वामी है ।

बस एक सभी का साँई है ।।

♫ पप मरेम– प– पम पनिधप प–, पप मग गसासाग म प गरेसानि़ सा– ।

सानि़ सा–ग रेसा–नि़– सा–रेम ग–, गम मगप मग–रेसा सा–रेम ग– ।

गग गरेसासा सारे– गम गरेसानि़ सा– ।।

अंतरा–2

सब जगत का एक ही ज्ञानी है, और एक ही अंतर्यामी है ।

बस एक हमारा दाता है, अरु एक हमारा विधाता है ।

बस एक सभी का सहाई है ।।

अंतरा–3

ऋषि मुनियों की ये बखानी है, और सबसे परम कहानी है ।

बस एक हमारा कर्ता है, जिसने जग रीत बनाई है ।

उसने भव प्रीत बसाई है ।।

◎ **The World is one family :** ***Shloka :*** *May we all walk together. O Peace lovers! please let us come together. Let us live together and let us grow and prosper together.* ***Sthāyī :*** *People of the world are all brothers. All are traders of One path. "The World is One Family," is the truth. We all are the dwellers of One world. This Earth is the Mother of Everyone. We all are relatives belonging to One World Family.* ***Antarā : 1.*** *This is the utterance of the Scriptures. It is the Queen of all righteous sayings. This is one land and only One common Landlord. There is only One God for all of us.* ***2.*** *There is only One knower of this Universe. There is only One who pervades everything. There is only One Giver and only One Protector. There is only One Shelter for all of us.* ***3.*** *This is the proclamation from Saints and Sages. This is the supreme story for the Mankind. There is only One Creator for all. He laid down the path of life and poured love in this world.*

शान्ति पाठः

सर्वत्र सर्वदा शान्तिः स्नेहः सत्त्वं सुखं भवेत् ।

अहिंसा न्यायनीतिश्च सर्वभूतेषु सन्ततम् ।।

♫ ग–गग ग–गरे– म–ग–, म–म– प–प– ध–प– मप– ।

गरे–ग– म–मध–प–म–, ग–गग–म–प म–रेग– ।।

◎ **A Prayer for Peace :** ***Shloka :*** *May there be peace, everywhere all the time. May there be non-violence, love, happiness, understanding, ethics and affection in all beings.*

6. संस्कृत भजनम् : राग आसावरी कहरवा ताल

सत्यमेव जयते

स्थायी

सत्यमेवो हि जयते नानृतं, सत्यं ऋतम् अमृतम् ।
सत्यं शिवं सुंदरम् ।।

♫ सा–रेग–म– प मगरे– ध–पम–, सां–नि– धप– ध–पम– ।
सां–नि– धप– ध–पम– ।।

अंतरा–1

सत्य ब्रह्म है, सत्य आत्म है, सत्यकर्म परम् ।
सत्यं शुभं मंगलम् ।।

♫ सा–सा रे–ग म–, प–म ग–रे सा–, सा–रेम–ग मप– ।
सां–नि– धप– ध–पम– ।।

अंतरा–2

सत्य अर्थ है, सत्य धर्म है, सत्य मोक्ष स्वयम् ।
सत्यं परं भूषणम् ।।

अंतरा–3

सत्य नित्य है, सत्य प्रीत्य है, सत्य कृत्य वरम् ।
सत्यं सदा वन्दितम् ।।

◎ **Satyameva jayate :** ***Sthāyī :*** *Truth always wins, not the untruth. Truth is beautiful and auspicious.* ***Antarā : 1.*** *Truth is Brahma. Truth is atma. Truth is Dharma. Truth is happiness. Truth is sacred.* **2.** *Truth is wealth. Truth is passion. Truth is liberation. Truth is holy. Truth is immortality.* **3.** *Truth is eternal. Truth is lovable. Truth is duty. Truth is supreme adornment.*

7. Prayer to Yogeshvara Krishna
योगेश्वरवन्दना

श्लोकछन्दः

कृष्णो माता पिता बन्धुर्गुरुर्ज्ञातः सखा तथा ।
कृष्णं योगेश्वरं पुण्यं पूज्यं वन्दे जगद्गुरुम् ।। 1
कृष्णेन ना समो दाता भूतो न च भविष्यति ।
कृष्णाय वासुदेवाय राधावराय वन्दना ।। 2
कृष्णात्-हि जायते सर्वं कृष्णात्सर्वं समाप्यते ।
कृष्णस्य करुणां प्राप्य श्रद्धालुर्न निमज्जति ।। 3
कृष्णे मनश्च चित्तञ्च बुद्धिर्निवेशिता हि स्यात् ।
कृष्ण! कृष्ण! नु कृष्णेति तस्माद्भज मनः सदा ।। 4

◎ **Krishna :** ***Krishna*** *is father, mother, brother, friend and guru. I bow* ***to Krishna****, the Yogeshvara (Lord of yoga), the Jagadguru (Teacher of the world), the Auspicious and the Venerable. There is none, was never and will never be a charitable giver* ***like Krishna****. This prayer is* ***for Krishna****, the Vaasudeva (son of Vasudeva), the Radhavara (Beloved of Radha). Everything arises* ***from Krishna*** *and attains liberation from Krishna. Having received the grace* ***of Krishna****, a devotee does not sink in the worldly ocean. May our mind and heart be focused* ***on Krishna****. O Devotee! always chant* ***O Krishna!*** *O Krishna!*

मन्दाक्रान्ता-छन्दः

ऽ ऽ ऽ, ऽ । ।, । । ।, ऽ ऽ ।, ऽ ऽ ।, ऽ ऽ

श्रीकृष्णवन्दनम्

♫ रे-गरेसा-रे- मगरेसारेग-, रे-गम-ग- रेग-रे- ।
ग-ग-ग-ग- ममममम- म-पम- प-मगरे- ।।
सा-सा-सा-सा- रेरेरेरेरे-, म-पम- प-मग-म- ।
गरेसा- रे-ग- मममगरेग-, रे-गम-प-मग-रेसा- ।।

गोपीनाथं कमलनयनं नन्दनन्दं मुकुन्दम् ।
लक्ष्मीकान्तं परमशरणं माधवं चक्रपाणिम् ।।

श्रीयोगेशं गरुडवहनं केशवं पद्मनाभम् ।
वन्दे कृष्णं कलुषदहनं विघ्नसंहारकारम् ।।

◎ **A Prayer to Shrī Krishna :** *I salute Shrī Krishna, the Gopinath (Lord of the cow maids), Kamala-nayan (whose eyes are like lotus), Nand-nand (Joy of Nanda), Mukund (Jewel), Lakshmikant (Husband of Lakshmi), Parama-sharana (Supreme shelter), Madhav (Husband of Lakshmi), Chakrapani (who has Sudarshan Chakra in his hand), Shrī Yogesh (Lord of the yogas), Garuda-vahana (whose vehicle is Garuda eagle), Keshav (he is a God), Padmanabh (from whose belly button lotus emerged), Kalusha-dahana (who burns the sins), Vighna-samharaka (Destroyer of the obstacles).*

जपतात्कृष्ण कृष्णेति वचसा मनसा तथा ।
एकाग्रेण हरिं ध्यात्वा तरसि भवसागरम् ।।

◎ **Krishna's chant :** *chant Krishna! Krishna! with one pointed faith.*

7. हिंदी भजन : राग यमन, कहरवा ताल
योगेश्वर वंदना
स्थायी

जन गण वंदन करते हैं तुमको, देवकी नंदन जय जय जय हो ।

♫ निनि पप रे–सासा गगग मं निधप–, गपगप पधमंप निध पप रेरे सा– ।

अंतरा–1

नाथ जगत के तारक तुम हो, विघ्न विनाशक, माधव जय हो ।

♫ प–ग गपप निध सां–सांसां निरें सां–, निरेंग रेंसांनिधप, गमंधप रेरे सा– ।

अंतरा–2

भक्ति योग तुम दीना जग को, भगत सखा प्रभु, मोहन जय हो ।

अंतरा–3

कर्मयोग योगेश्वर तुमसे, पार्थ सारथि, केशव जय हो ।

◎ **A Prayer to Yogeshvara :** ***Sthāyī :*** *O Devaki Nandana (Son of Devaki) Shrī Krishna! all people pay homage to you. O Krishna! victory be yours.* **Antarā : 1.** *You are the Lord of this world. You are the remover of obstacles.* **2.** *You gave the Bhakti-Yoga to the world. O Friend of the Devotees! O Mohana (charmer)! victory to you.* **3.** *O Yogeshvara (Lord of the yogas)! the Karma-Yoga (Yoga of duty without desire for its fruit) is from you. O Arjun's charioteer! victory be yours.*

8. Prayer to Mother India
भारतवंदना

8. हिंदी गीत
भारत राष्ट्रगौरव गीत

स्थायी

कर्मभूमि ये भारत हमारा, सारी दुनिया में हमको है प्यारा ।
इसका इतिहास सुंदर नियारा, दिव्य भारत हमारा जियारा ।।

♪ म-गम-म- म प-म- गम-प-, मप धधध- नि सां-नि- ध प-म- ।
म-प धधध-ध नि-ध- पम-प, म-प ध-ध- सांनि-ध- धप-म- ।।

अंतरा–1

इसकी धरती है सोने की माटी, इसके सिर पर हिमालय की चोटी ।
इसकी नदियाँ हैं अमृत की धारा, इसके पग में समुंदर किनारा ।।

♪ सां-सां नि-सां- नि ध-नि- ध प-म-, सां-सां नि- सां- निध-नि- ध प-म- ।
म-ग ममम- म ध-प- ग म-प-, ग-म पप प- पध-नि- धप-म- ।।

अंतरा–2

इसकी आभा है अंबर की ज्योति, चाँद सूरज हैं कुंडल के मोती ।
रम्य अनुपम है इसका दीदारा, विश्व का है ये उज्ज्वल सितारा ।।

अंतरा–3

इसकी वायु में सौरभ घनेरा, इसका मंगल है साँझ और सवेरा ।
इसमें आनंद है अद्भुत अपारा, ये है कुदरत का मनहर नज़ारा ।।

अंतरा–4

मोर कोयल पपीहे हैं गाते, टेर कुहू हैं मंजुल सुनाते ।
संग सावन का शीतल फुहारा, सारे वतनों में ये है दुलारा ।।

अंतरा-5

पर नारी यहाँ पर है माता, भाईचारे का सबमें है नाता ।
यहाँ इंसानियत का बसेरा, शुभ शांति अहिंसा का नारा ।।

अंतरा-6

इसकी संतानें हैं वीर ज्ञानी, संत योगी कलाकार दानी ।
स्नेह सेवा शराफत का डेरा, स्वर्ग से प्रिय है देश मेरा ।।
स्वर्ग से प्रिय है देश हमारा ।।

(कोरस)

जय हो जय हो तेरी जय हो जय हो, जय हो जय हो सदा जय हो जय हो ।
जय हो जय हो तेरी जय हो जय हो,
जय हो जय हो सदा जय हो जय हो ।।

♪ सां- सां नि- सां- निध- नि- ध प- ध-, सां- सां नि- सां- निध- नि- ध प- म-।
म- ग म- म- मप- म- ग म- प-, ध- ध नि- नि- निसां- नि- ध प- म-।।

◉ **A Prayer to Bharat : *Sthāyī* :** *Bharat is our realm of duty. It is most dear to us in the whole world. Its history is unique and fascinating. This divine nation is our heart.* **Antarā : 1.** *Its soil is made of gold. It has Himalaya as its crown. Its holy rivers are its streams of amrit nectar. Sea shore is at its feet.* **2.** *The splendor of the sky is its aura. The sun and the moon are its ornaments. Its charm is lovely and incomparable. It is the shining jewel of the Universe.* **3.** *The cool showers of the Monsoon season induce the Peacocks, Cuckoos and Black birds to sing their sweet tunes. Bharat is the shining star of the world. It makes the most beautiful sight in the world.* **4.** *Its air is fragrant. Its mornings and evenings are divine. It has joy in every corner. It is a darling among all the nations of the world.* **5.** *Here, the other women are respected as mothers, sisters or daughters. Relationship of brotherhood is in everyone. Humanity and humility dwells here. Everyone practices peace and non-violence. This nation is more dear to us than the heaven.* **6.** *Its children are saints, yogis, artists, scientists and brave people. Bharat is the abode of love, service and honesty. It is dear to us than the heaven. Victory to our Motherland, victory to our sacred land. May victory be yours always, O Bharat!*

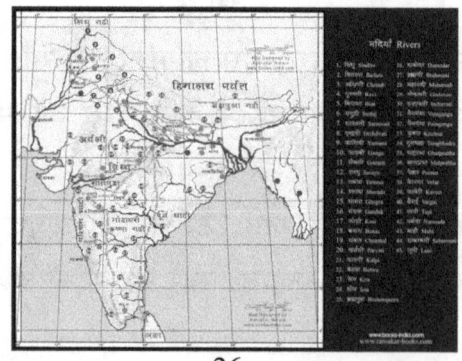

रत्नाकररचितं गीतोपनिषद्

9. संस्कृतगीतम्

वंदे मातरम्

स्थायी

वामे च दक्षिणे यस्या रत्नाकरः पदे तथा ।
हिमाद्रिर्मुकुटो शुभ्रो वन्दे भारतमातरम् ।।

♫ प–प– प– प–मप– ध–प–, प–प–पध– निध– पम– ।
गम–म–मम म– प–म–, ध–प– म–गमग–रेसा– ।।

अंतरा–1

राधा सीता सुकन्यासु कालिन्दी जाह्नवी तथा ।
नर्मदा ब्रह्मपुत्रा च वन्दे भारतमातरम् ।।

♫ रे–रे– रे–ग– गग–म–म–, प–प–प– ध–निध– पम– ।
म–गम– प–पप–ध– प–, ध–प– म–गमग–रेसा– ।।

अंतरा–2

रामकृष्णौ सुपुत्रेषु भीमोऽर्जुनश्च मारुतिः ।
वाल्मीकिः पाणिनिर्व्यासो वन्दे भारतमातरम् ।।

अंतरा–3

परस्त्री मातृवद्यत्र परकन्या स्वकन्यका ।
स्वसाऽपराऽऽत्मवद्यत्र वन्दे भारतमातरम् ।।

अंतरा–4

यस्या हि वाङ्मये वेदा रामायणं च भारतम् ।
पञ्चतन्त्रं निघण्टुश्च वन्दे भारतमातरम् ।।

अंतरा–5

भूमिः स्वर्णमयी यत्र जलममृतवत्तथा ।
वायोर्मध्ये च सौजन्यं वन्दे भारतमातरम् ।।

अंतरा–6

कर्मभूमिं धर्मभूमिं रणभूमिं तपोधराम् ।
पुण्यभूमिं मातृभूमिं वन्दे भारतमातरम् ।।

◎ **A Prayer to Bharat Mata :** ***Sthāyī :*** *I salute to that Bharat Mata, on the east, west and south side of whose is an ocean and whose tiara is the Himalaya mountain.* **Antarā : 1.** *Radha, Sita, Ganga, Yamuna, Narmada and Brahmaputra are her daughters. Salute to that Bharat Mata.* **2.** *Rama, Krishna, Bhīma, Arjun, Hanuman, Valmiki, Vyasa, Panini are her sons. I Salute to that Bharat Mata.* **3.** *Where, other woman is worshipped as one's own mother, sister or a daughter, salute to that Bharat Mata.* **4.** *Where Vedas, Ramayan, Mahabharata and Nighantu are the scriptures. I salute to that Bharat Mata.* **5.** *Where the soil is made of gold and water is sweet as amrit (divine nectar) and courtesy is in the air, salute to that Bharat Mata.* **6.** *I salute to that motherland which is my realm of Karma (duty), Dharma (righteousness) and austerity. I Salute to that Bharat Mata (Mother India).*

9. Me, Ratnakar

रत्नाकरोऽहम्

ज्ञानं दद्याद्गणेशो मां वाणीं दद्यात्सरस्वती ।
कथां च नारदो ब्रूयाद्-हरिर्रक्षेत्सदा हि माम् ।।

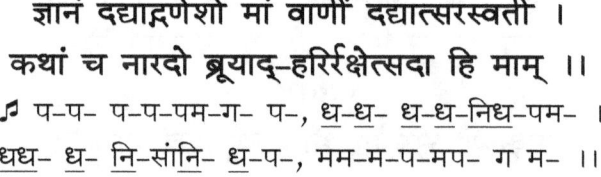

♫ प-प- प-प-पम-ग- प-, ध-ध- ध-ध-निध-पम- ।
धध- ध- नि-सांनि- ध-प-, मम-म-प-मप- ग म- ।।

सङ्गीतं भारती शैलीं वाल्मीकिस्तुलसीस्तथा ।
ब्रूयात्स गीतग्रन्थं मे पार्वतीं शिवशङ्करः ।।

अन्धः पश्यति, मूकश्च भणति, बधिरस्तथा ।
शृणोत्यटति, पङ्गुश्च यत्कृपया, स पातु माम् ।।

गीतारामायणे ज्ञात्वा मन्थित्वा ज्ञानसागरम् ।
मया रत्नमिदं प्राप्तं कृतकृत्योऽस्म्यहं जनाः! ।।

रामनाम स्मरन्वन्द्यं शुभारम्भं करोम्यहम् ।
सङ्गीतमयकाव्यस्य कृष्णरामायणस्य हि ।।

दद्यातामाशिषो मां तौ प्रेरणां प्रत्ययं तथा ।
ब्रह्मानन्दो महाभागो सत्यानन्दो महाकविः ।।

◉ **A Prayer :** *May Ganesh give me knowledge, Sarasvati give me literary ability, Narad muni tell me the first hand stories and Hari give me protection. May Bharati give me music, Valmiki and Tulsi give me writing skills. May Shiva give my poem to Parvati, may Narad muni play them Veena. May the grace - that makes the blind to be able to see, dumb to be able to speak, deaf to be able to hear, lame to be able to walk and dull able to think, - may that protect me from ignorance. Churning the ocean of the divine knowledge of Gita and Ramayana, I have obtained this jewel of poetry. I am truly contented, O People! I am now beginning my poem of Sangit-Shri-Krishna-Ramayana remembering the venerable name of Shrī Rama. May the great poets Satyananda and Brahmananda bless me and give me inspiration and faith to begin this work.*

इष्टं गौर्या यथा पूर्णम्-आदिष्टं च शिवेन यत् ।
हर्योश्च कृपया सर्वं रत्नाकरेण लिख्यते ।।

♪ प-प प-प- पध- प-म-, ग-म-प- ध- पम-ग रे- ।
ग-ग-म- पधप- म-ग-, म-प-धप-म ग-मरे- ।।

नारदेन यथोक्तं च स्वयं दृष्टं स्वयं श्रुतम् ।
प्रेरितं गिर्गणेशाभ्यां, रत्नाकरेण लिख्यते ।।

पिङ्गलेन यथाऽऽदिष्टं छन्दःशास्त्रे महर्षिणा ।
छन्दोयुक्तं रसप्रोतं रत्नाकरेण लिख्यते ।।

श्रीकृष्णरामयोर्वृत्तं श्लोकादिभ्यः सुमण्डितम् ।
सुसंगीतमयं गेयं रत्नाकरेण लिख्यते ।।

छन्दोरागसमायुक्तं भूतं न च भविष्यति ।
विद्यया रचितं काव्यं, रत्नाकरेण लिख्यते ।।

◉ **Written by me, Ratnakar :** *As desired by Parvati and requested by Shiva, the poem is being written by Ratnakar with the blessings from Rama and Krishna. As narrated by Narad muni, what he saw and heard personally, is being written by Ratnakar with inspiration from Ganesh and Sharda. As formulated by Maha-rishi Pingala in his Chhanda-shastra, the poem is being written by Ratnakar, that is ornate with meters and Raagas. Stories of Krishna and then Rama, embellished with shlokas and melodies are being written by Ratnakar, along with music notations. This poem, composed by Sarasvati, rich in meters and Raagas, like of whcih none was there in the past nor will be there in the future, is being written by Ratnakar.*

ब्रह्माणं शङ्करं विष्णुं सूर्यं चन्द्रं नवग्रहान् ।
प्रकृतिं पुरुषं चैव दिवं पृथ्वीं नमाम्यहम् ।।

♫ म–म–म– प–पप– धप–, नि–ध प–ध– निध–पम– ।
ग–गग– ममम– प–म–, पम– ग–म– पम–गरे– ।।

सरस्वतीं गणेशं च सीतां राधां च पार्वतीम् ।
मातरं पितरं चैव नारदं च नमाम्यहम् ।।

आकाशमण्डलं सृष्टिं नदीश्च सागरान्गिरीन् ।
वनवनस्पतींश्चैव प्राणिनश्च नमाम्यहम् ।।

शास्त्रविद्याकलातन्त्रान्–वाणीं व्याकरणं तथा ।
वर्णाञ्शब्दांश्च विज्ञानं योगञ्चैव नमाम्यहम् ।।

शुक्रं च सूक्तकर्तॄंश्च कुमारमश्विनौ मनून् ।
इन्द्रं शेषं कुबेरं च लक्ष्मीं देवीं नमाम्यहम् ।।

ज्ञानं ध्यानं च यज्ञं च वायुमग्निं जलं नभः ।
पुराणवेदशास्त्राणि पञ्चतन्त्रं नमाम्यहम् ।।

सिद्धानृषीन्मुनीन्साध्यान्–योगिनश्च तपस्विनः ।
आचार्यान्गुरुदेवांश्च यतींश्चैव नमाम्यहम् ।।

वाल्मीकिं पिङ्गलं व्यासं पाणिनिं च पतञ्जलिम् ।
यास्कं च कालिदासं च माघं बाणं नमाम्यहम् ।।

चाणक्यं विष्णुशर्माणं भासं भोजं च दण्डिनम् ।
कल्हणं बिल्हणं चैव भट्टोजीं च नमाम्यहम् ।।

जयदेवं जगन्नाथं भर्तृहरिञ्च भारविम् ।
तुलसीं वल्लभाचार्यं सत्यानन्दं नमाम्यहम् ।।

◎ **A Supplication :** *I pay my respect to Brahma, Shiva, Vishnu, the sun, the moon, the nine planets, Prakriti, Purusha, the earth, Sarasvati, Ganesh, Rama, Krishna, Sita, Radha, Parvati, mother, father, Narad muni, the space, the nature, the rivers, mountains, oceans, forests, vegetation, animal beings, scriptures, science, skills, language, grammar, alphabet, yoga, Vaidic rishis, Shukra, fourteen Manus, Indra, Shesha, Kubera, Lakshmi, meditation, yajnas, wind, fire, water, space, sky, the Vedas, puranas, yogis, ascetics, gurus, Valmiki, Vyasa, Pingala, Panini, Patanjali, Yask, Kalidasa, Magha, Bana, Chanakya, Bilhana, Bhattoji, Jayadeva, Jagannatha, Bhartrihari, Bharavi, Tulsidasa, Vallabhacharya and Satyananda.*

10. हिंदी गजल : कहरवा ताल 8 मात्रा

हे घनश्याम!

स्थायी

राह में घनश्याम तेरी, बैठे जमाना हो गया ।
रास में तू है लगा ये, टुक बहाना हो गया ।।

♫ सानि़सा रे– गग–मंगरे सा–नि़–, सासा सारे–ग– गमं रेसा– ।
ग–मं ध– पमं– प– मंगमं गरे, रेरे रेग–मं– गमंग रेसा ।।

अंतरा–1

पी गयी वो ज़हर का प्याला, तू योग में था खो गया ।
मत बता तू वो बहाना, अब पुराना हो गया ।
अरे! सुन चुके हम वो बहाना, अब पुराना हो गया ।।

♫ सां–धसां– रें– सांसांसां सां धनिध–, ध नि–सां नि– ध– पग मंग– ।
सा– रेग– मं प– मंग–रे–, सासा सारे–ग– मंग रेसा– ।
रेरे सा– रेग– मं प– मंग–रे–, सासा सारे–ग– मंग रेसा– ।।

अंतरा–2

बंसी तेरी है सुहानी, राधिका से है सुना ।
एक हमको सुर सुना दे, बस लुभाना हो गया ।।

अंतरा–3

माना तू भगवान् है, मगर कहाँ तू सो गया ।
कम से कम दीदार दे दे, बस रुलाना हो गया ।।

◎ **O Ghanashyam Shrī Krishna! : Sthāyī** : *An age has gone by awaiting for you, O Ghanashyam! You are busy in Ras Dance, is just an excuse.* **Antarā : 1.** *Meera drank the glass of poison, but you were busy in your yoga. This excuse is now old.* **2.** *We have heard from Radha that your flute is sweet. Let us hear at least one note.* **3.** *You are a God, but O Krishna! where are you sleeping? Please come in my dream, enough with waiting.*

यान्ति मद्याजिनोऽपि माम्।

गीतोपनिषद्
Gitopanishad
Composed by Ratnakar

अनुष्टुप्-श्लोक-छन्दसि गीतोपनिषद् ।

प्रथमस्तरंगः
Gitopanishad[1]
Fascicule 1

1. The Background of The Gita
गीताया: पार्श्वभूमे: कथा

अथ अनुष्टुप्-श्लोक-छन्दसि गीतोपनिषत्प्रारभ्यते

◎ **Gitopanishad** : Here begins Ratnakar's Gita Upanishad, solely composed in anushtubh shloka meter with 1477 verses.

गीताध्यानम्

धन्यवादा: प्रभो कृष्ण योगं दातुं सनातनम् ।
अज्ञानमोहहन्तारं ज्ञानशान्तिसुखप्रदम् ॥ 1/1447 (1 of 1447 Shlokas)

♪ रे-रेरे-रे- रेसा- ग-रे-, म-म- म-म- पम-ग-रे- ।
सा-सा-सारे-गम-ग-रे-, प-मग-रे-मग-रेसा- ॥

---

[1] NOTE : For a Comprehensive Critical and Scholarly study of the Gita, please refer to "Gita As She Is, In Krishna's Own Words." written by Ratnakar Narale, ISBN 978-1-897416-56-3. The hard cover edition is colour coaded and illustrated. It is available at amazon.com on the internet.

कृष्णद्वैपायनं व्यासं पराबुद्धिं महाकविम् ।
कृष्णदामोदरं विष्णुं गीताज्ञानं नमाम्यहम् ॥ 2/1447 (2 of 1447 etc.)

श्रीकृष्णं द्वारिकानाथं मोहनं नन्दनन्दनम् ।
गोवर्धनं हृषीकेशम्-ईशं.[2] वन्दे जगद्गुरुम् ॥ 3/1447

वासुदेवं च गोविन्दं योगेशं पार्थसारथिम् ।
यशोदादेवकीनन्दं वन्दे राधामनोहरम् ॥ 4/1447

हरिर्हरति दुःखानि सदा शान्तिं ददाति च ।
दहति पातकं सर्वं भक्तस्य जन्मजन्मनाम् ॥ 5/1447

कृष्णो हि वेत्ति श्रीकृष्णम्-उक्तं कृष्णेन तत्त्वतः ।
कृष्णाय देहि सर्वं तत्-कृष्णात्प्राप्तं हि यत्त्वया ॥ 6/1447

कृष्णस्य हि कृतं कृत्सं कृष्णे सर्वं विलीयते ।
कृष्ण कृष्णेति कृष्णेति भज कृष्णेति केशवम् ॥ 7/1447

◎ **A Contemplation :** *O Lord Krishna! I express my gratitude for your gift of the ancient yoga. I salute Damodar Krishna, Lord Vishnu and the Wisdom of the Gita. I salute Jagadguru (Guru of the world) Shrī Krishna, the Dwarka-nath (Lord of Dwarka), Mohan (Mind charmer), Nand-nandan (Son of Nanda), Govardhan (who picked up Govardhana mountain), Hrishikesh (Lord of the body organs), Partha-sarthi (Charioteer of Arjun), Yashoda-Devaki-nand (Son of Yoshosa and devaki), Radha-Manohar (Beloved of Radha). Hari removes sorrow and gives peace. He washes away our sins of all the lives. Only **Krishna** knows Krishna in principle. Everything belongs **to Krishna**, that is given to us **by Krishna**. Everything is **for Krishna** that comes **from Krishna**. It is gift **of Krishna**. It dissolves **in Krishna**. Therefore, chant **Krishna!** Krishna! Krishna!*

---

[2] 🔊 **PLEASE REMEMBER :** For the ease of singing the Sanskrit shlokas (verses) of this books, a breathing pause is purposefully provided with a hyphen after eight syllables. It is done only when and where the Anushtubh meter does not break with this hyphen. Please do not consider this innovation as a grammatical error. Example : हृषीकेशमीशम् = हृषीकेशम्-ईशम् ।

श्रीकृष्ण कृष्ण कृष्णेति भज नाम मनः शिवम् ।
सहस्रनाम यत्तुल्यं सुन्दरं सुखदायकम् ।। 8/1447

◎ **Yoga :** *O Lord! you brought to us the ancient yoga and did a great favor. You have removed the darkness of ignorance and showed us the path of world peace. O Yogeshvara (Lord of the yogas)! many thanks to you for the precious gift. A single chant of Krishna's name is equivalent to the thousand chants of any other name.*

अथ अनुष्टुप्-श्लोक-छन्दसि गीतोपनिषद्-इतिवृत्तम् ।

GITOPANISHAD
Composed by Ratnakar

(गीतायाः पार्श्वभूमिका)

दर्शयतीतिवृत्तं किं, कुत्र, केन, कदा कृतम् ।
नो चेदन्धो विना दण्डं स्खलति निर्बुधो यथा ।। 9/1447

◎ **The Background :** *The historical background makes us understand who did what, when and why. Without knowing this, one would walk like a blind person who stumbles at every step.*

इतिवृत्तं च गीताया लिखितमस्ति भारते ।
पात्रपरिचयोऽप्यस्ति व्यासेन तत्र वर्णितः ।। 10/1447

Ratnakar's
Anushtubh Shlokas
to explain the **Gita**

♫ गगग-ग- ग रे-म-ग- मममम-प म-गरे- ।
प-पपपप-ध-प- म-गरेम- प-ग रे-नि̣सा- ।।

Shloka #**10** of total1447

Harmonium
Music Notation

इतिहासः सदाऽस्माकं मार्गदीपो नियन्त्रकः ।
सुकर्मणां स निर्व्याजो दोषाणां च हि दर्शकः ।। 11/1447

◎ **The Background of Gita :** *The background reveals us who did what, when, where and why. Reading the Gita without understanding its background properly is like the learned blind fool who stumbles in the pitfalls. Without knowing historical background, he who reads the empty story is the dumb witted person who enjoys living on misunderstanding. The background of the Gita and the sketches of its characters are amply written by Vyasa muni in the Mahabharata. The lessons we learn from his writings are the guiding light for us to learn what is right and righteous and what is wrong and un-righteous.*

2. Story of the Pandava Family
पाण्डववंशः

अस्मिन्पुरुकुले जातो निष्कपटः कुरुर्नृपः ।
प्रपौत्रः शान्तनुस्तस्य पाण्डवानां पितामहः ।। **12**/1447

◎ **Kuru Dynasty :** *In this royal Puru dynasty, king Kuru was born. Kuru was a righteous and dharmic king. Shantanu was his great-grandson. Shantanu was great-grandfather of the Pandavas of Hastinapur.*

शान्तनोर्हि त्रयः पुत्राः प्रसिद्धा भूरिशः खलु ।
नृपो विचित्रवीर्यश्च भीष्मो व्यासो महामुनिः ।। **13**/1447

◎ **Kuru Dynasty :** *King Shantanu had three virtuous sons namely, Vichitravirya, Bhīshma and Vyasa. All three sons became well known in the history.*

विचित्रस्य त्रयः पुत्राः सर्वे भिन्नगुणान्विताः ।
पाण्डुर्ज्ञानी धृतः कूटो नीतिज्ञो विदुरो महान ।। **14**/1447

◎ **Pandu :** *Vichitravirya had three sons : Pandu, Dhritarashtra and Vidura. These three great men were different in nature from each other. Pandu was intelligent, Dhrita was blind from his birth and his mind was as blind as his eyes. Vidura was wise and dharmic (dutiful), but he was an illegitimate son.*

धृतराष्ट्रस्तु जन्मान्धोऽवैधश्च विदुरः सुतः ।
नृपतिरभवत्पाण्डुः–तस्माद्धि हस्तिनापुरे ।। **15**/1447

◎ **Dhritarashtra :** *As Dhritarashtra was blind and deceitful and Vidura was a son born of a palace maid, Pandu became the rightful king of Hastinapur.*

मथुरानन्दिनी कुन्ती शूरसेनस्य कन्यका ।
अग्रजा वसुदेवस्य कुन्तिभोजेन पालिता ।। **16**/1447

◎ **Kunti :** *Kunti was the daughter of Mathura king Shursena and elder sister of Vasudeva. She was raised by Kuntibhoja after the death of king Shursena. Kunti was truth loving, righteous and dharmic woman.*

युधिष्ठिरश्च भीमश्चार्जुनः कुन्त्याः सुतास्त्रयः ।
नकुलः सहदेवश्च च सुतौ माद्र्या हि युग्मजौ ।। **17**/1447

◎ **The five Pandavas :** *Pandu had five sons, all of them truth loving, righteous and dharmic (dutiful). Pandu had two wives, Kunti and Madri. Kunti had three sons : Yudhishthir, Bhīma and Arjun. Madri had twin sons : Nakul and Sahadev.*

अन्धस्य धृतराष्ट्रस्य पुत्रा दुष्टाः खलाः शतम् ।
धार्तराष्ट्राः सुताः सर्वे संज्ञिताः शतकौरवाः ।। **18**/1447

◎ **The Kaurava family :** *The blind king Dhrita had one hundred wicked sons. They were collectively known as Kauravas.*

आसीत्कर्णः सुतः कुन्त्याः किन्तु कौरवपक्षकः ।
राज्यमङ्गस्य देशस्य तेनतस्मादधिष्ठितम् ।। **19**/1447

◎ **Karna :** *Karna was Kunti's sixth son. He was born before she got married and therefore, given up at birth Karna joined the Kauravas, for he received the kingship of Anga from Kauravas.*

भीष्मद्रोणकृपाचार्याः शिक्षका हस्तिनापुरे ।
कौरवान्पाण्डवाञ्छात्रान्–अपाठयद्गुरुत्रयम् ।। **20**/1447

◎ **The Gurus :** *Bhīshma, Dronacharya and Kripacharya were the teachers employed to teach the royal princes. They taught them the scriptures and warfare.*

छात्रैर्गुणानुसारेण विद्या सर्वैरुपार्जिता ।
इच्छा यथा यथा यस्य लब्धं ज्ञानं तथा तथा ।। **21**/1447

◎ **The students :** *The Kaurava and Pandava brothers learnt under the three gurus. Every student learned as his inborn nature and liking.*

(वर्णाश्रमः)

द्रोणाचार्यो द्विजो जात्या क्षात्रस्तस्य सुतोऽभवत् ।
अश्वत्थामा गुणी पुत्रः क्षात्रधर्ममपालयत् ।। **22**/1447

◎ **Varnas :** *Dronacharya was Brahmana by birth, but his brave son Ashvatthama became a Kshatriya following his own inborn nature.*

ब्राह्मणे स कुले जातः स्वभावेन तु क्षत्रियः ।
क्षत्रियो गुणकर्मभ्यां विप्रो यद्यपि जन्मनः ।। **23**/1447

◎ **Therefore, :** *Even if Ashvatthama was born in a Brahmana family, he chose to be a Kshatriya, following his own inborn guna and karma.*

(सुभाषितम्)

गुणेभ्यो जायते वर्णो वर्णे कोऽपि न जायते ।

वर्णो नैसर्गिको ज्ञातः स्वार्थज्जातिस्तु निर्मिता ।। 24/1447

◎ **An aphorism :** *A Varna is born out of inborn nature. No one takes birth in a Varna. Varna is a natural gift. Jati is an artificial term coined to serve self interest and exploitation. It depends on one's birth and who are your parents.*

11. हिंदी गीत

गुणलीला

स्थायी

जगत ये, लीला गुणों की सारी, माया कण कण पर जिन डारी ।

गुण हैं चीज जनम से भारी, भजु मन नारायण अवतारी ।।

♫ पमग रेम- - -, प-म गरे- म- गरेसा-, रेगरे- गग मम पप धप ग-म- ।

गग म- प-प पधध नि- धपम-, रेरे गग प-म-गग पमगरेसा- ।।

अंतरा-1

जन्म स्थान हैं मेघ घनेरे, गर्जन शोर बतेरे ।

बादर कारे, घोर अंधेरे, मेचक भय दुस्तारे ।

फिर भी बिजुरी चम चम गोरी, जय जय, मधव कृष्ण मुरारि ।।

♫ सा-रे ग-ग ग- म-ग रेसा-रे-, ग-गग म-ग मप-म- ।

नि-धप म-प-, नि-ध पम-प-, प-मग मम ग-मरे-ग- ।

सासा रे- गगम- पम पम ग-म-, धनि धप, म-गग प-म गरे-सा- ।।

अंतरा-2

गगन मंडल में टिमटिम तारे, लाख हजार बिखेरे ।

दाग लगा है चाँद के मुखड़े, सुंदर शकल बिगाड़े ।

फिर भी प्यारी चाँद चकोरी, जय जय, दामोदर गिरिधारि ।।

अंतरा-3

जन्म गेह है कीचड़ गारा, कर्दम झील किनारा ।

पद्म पुष्प की पंकज क्यारी, दुर्गम दलदल भारी ।
फिर भी शोभा कमल की न्यारी, जय जय, पद्मनाभ मनहारी ।।

अंतरा–4

ग्वाल बाल कान्हा व्रज वासी, नटखट विपिन विहारी ।
रंग साँवला, माखन चोरी, हाथ रंग पिचकारी ।
फिर भी राधा श्याम दीवानी, जय जय, राधे श्याम! तिहारी ।।

◎ **The Gunas (the three attributes) : *Sthāyī* :** *The world is the play of the three gunas. Their influence is on every particle of the Universe. Gunas are beyond birth. Chant Krishna! Krishna! in your mind.* ***Antarā* : *1.*** *The birth place of a thunder is the dark, scary and noisy clouds, but the thunder is brilliant because of its guna. Victory to Hari Govind (Protector of the cows) Murari (Slayer of Demon Mura) who gave it such guna.* ***2.*** *There are millions of twinkling stars in the dark sky and the moon has a dark spot on its face. Even then, the moon light is attractive. Victory to Damodar Giridhari (who picked up the mountain) who gave it such guna.* ***3.*** *The lotus flower looks beautiful even though its place of birth is the mud in the lake. Victory to Padmanabha (who has lotus from his belly button) Manhari (Mind charmer) Krishna who gave it such guna.* ***4.*** *The naughty cowherd boy Shyama is dark in complexion, steals butter and sprays colour on Radha. Even then Radha is crazy after him for his guna. Victory to Radhe-Shyama.*

तेषु छात्रेषु प्रावीण्यं सर्वे हि पाण्डवा गताः ।
कौरवा ईर्षया पृक्ता रताः सर्वे कुकर्मसु ।। **25**/1447

◎ **Pandavas :** *Among the one hundred five students of Bhīshma, the five Pandavas progressed with their righteous guna. They became great warriors. But, the one hundred Kauravas, with their jealous nature lagged behind the Pandavas.*

उद्यताः पाण्डवान्हन्तुं मूढा ज्वलितमानसाः ।
रचिताः कपटास्तस्माद्–दुर्योधनेन छद्मना ।। **26**/1447

◎ **The Kauravas :** *Burnt in the fire of anger, the Kauravas made schemes to kill the Pandava brothers.*

(दुर्भाग्येन यदा)
पीडितो व्याधितो पाण्डुः–राज्याधिकारमत्यजत् ।
अन्धस्ततः समारोहद्–धृतराष्ट्रो नृपासनम् ।। **27**/1447

◎ **Pandu :** *Pandu abdicated the throne, for his acute sickness. He retired to forest giving the kingship to blind Dhritarashtra.*

(अन्धो धृतराष्ट्रः सिंहासनमारूढः)

ऐच्छद्दुर्योधनो राज्यं राज्ये च परिवर्तनम् ।

युवराजपदं किन्तु सोऽनुजो नहि प्राप्तवान् ।। 28/1447

◎ **Duryodhan :** *As Dhritarashtra became the king, Duryodhan desired to be the heir apparent prince and a change in the righteous rule of Pandu. But, as he was unrighteous and younger prince, he could not become the heir.*

(युधिष्ठिरस्य राज्याभिषेचनम्)

अधिकारः स धर्मस्य सर्वे चेच्छन्ति यं जनाः ।

अग्रजं ते पदं तस्माद्-दत्तवन्तो युधिष्ठिरम् ।। 29/1447

◎ **Yudhishthir :** *As an eldest prince and as the most popular person in the kingdom, Yudhishthir had the right to be anointed as heir.*

अभिषेचितवन्तस्ते युवराजं युधिष्ठिरम् ।

दुर्योधनः खलो दुष्टो राज्यपदं न प्राप्तवान् ।। 30/1447

◎ **Anointment :** *Yudhishthir was anointed as heir prince. Duryodhan did not receive that honour.*

12. हिंदी गीत

धर्म

स्थायी

धरम बिन जीवन है बेकाम ।

♫ मगम गरे- ध-पम ग- मगरे- ।

अंतरा-1

सदाचार है जीवन जिसका, धर्मपुत्र कहलाता है ।

आदर्श चरित उस धर्मवीर का, इतिहास निरंतर गाता है ।

करम बिन जीवन है नाकाम ।।

♫ सानि़-सा-ग रे- प-मग रेगम-, ध-पम-ग मपमगमग रे-रे ।

म-प-प पधध निध सां-निध-प ध-, सांसांनि-ध पध-पम पमगम रे-रे ।

मगम गरे- ध-पम ग- मगरे- ।।

अंतरा-2

धर्मक्षेत्र है जीवन जिसका, धर्मराज कहलाता है ।
धर्म दान उस धर्मशील का, याद चिरंतन आता है ।
परम इति जीवन है निष्काम ।।

अंतरा–3

दुराचार है जीवन जिसका, धर्मभ्रष्ट कहलाता है ।
बदनाम नाम उस धर्महीन का, इतिहास हमेशा रोता है ।
शरम बिन जीवन है बदनाम ।।

◎ **Dharma : *Sthāyī :*** *Without Dharma (righteousness), the life is meaningless.* ***Antarā : 1.*** *He whose life is righteous, is called a Dharma-putra. His life is a role model and the history sings his praises. The life is empty without righteous karma.* ***2.*** *He whose life is a Dharma-kshetra (domain of righteousness), he is called a Dharma Raja (king of righteousness). The charitable deeds of that person are remembered by the world for ever. The selfless life of such person is supreme.* ***3.*** *He whose life is un-righteous, he is called Dharma-bhrashta. History cries over his name and the life of such an evil person without humility is meaningless.*

गीतोपनिषद्
द्वितीयस्तरंग:
Gitopanishad
Fascicule 2

3. Story of the exile to forest
वनवासगमनकथा

(कौरवैर्दुष्टाचार:)

अरचच्छकुनिर्भिन्नान्–कपटाञ्छलनाटकान् ।
षड्यन्त्रान्स दिवानक्तं मारयितुं हि पाण्डवान् ।। **31**/1447

◎ **The evil deeds :** *Duryodhan made evil schemes day and night to kill all Pandavas, but he was not successful in any of his attempts.*

भीमे विषप्रयोगं च नित्यमाक्रममर्जुने ।
ज्वालिता पाण्डवास्तेन, सर्वमसफलं परम् ।। 32/1447

◎ **Duryodhan :** *Duryodhan tried to poison Bhīma. He attacked Arjun several times. He tried to burn all Pandavas in a flammable house. However, all his attempts failed.*

कोऽपि हन्तुं न शक्नोति तं यं रक्षति श्रीहरिः ।
व्यर्थं तत्र सदा सर्वं कुर्यात्कोऽपि यथा मतिः ।। 33/1447

◎ **Shrī Krishna :** *How can any one kill someone who is protected by Shrī Krishna. One can try all he wants, but he will only get a failure.*

(किन्तु)
द्वारिकां नगरीं दूरे कृष्ण आसीद्गतो यदा ।
अशठन्द्यूतक्रीडायां धर्ममाहूय कौरवाः ।। 34/1447

◎ **However :** *Once when Krishna was at Dwarka, the Kauravas availed an opportunity to destroy the Pandavas. They invited Pandavas to a deceitfully orchestrated game of dice and cheated Yudhishthir.*

भीष्माचार्यः कृपाचार्यो द्रोणाचार्यश्च धार्मिकाः ।
न कोऽपि शकुनिं किन्तु प्रत्यकरोद्धि प्रेक्षकाः ।। 35/1447

◎ **Gurus :** *The gurus Bhīshma, Drona and Kripacharya witnessed the cheating as silent spectators. They did not protest nor stop the misbehavior of Shakuni.*

कदा कं किं भवेत्कोऽपि नहि जानाति मानवः ।
पाण्डवानां तथा जातं ललाटे लिखितं यथा ।। 36/1447

◎ **Misfortune :** *No one knows what will happen to whom and when. It is the game of luck. Thus, Pandavas had to face what misfortune was in store for them.*

(यथा)
श्वानपुच्छं सदा वक्रम्-ऋजुं कर्तुं न शक्यते ।
गर्दभो ज्ञानशून्यो हि विद्वान्स न च जायते ।। 37/1447

◎ **Kauravas :** *As the tail of a dog can not be kept straight, as a donkey can not be taught words of wisdom;*

पयः पीत्वाऽपि नागस्य विषमेव हि वर्धते ।
तथा दुष्टस्य क्रोधोऽपि प्रेम्णा नहि निवर्तते ।। 38/1447

◎ **And :** *and, as feeding of milk to a cobra, only helps growing its poison, as a word of wisdom given to a wicked person makes him even more angry;*

(अत एव)

एवमेव स्थितिस्तेषां कौरवाणां हि सर्वथा ।
विघ्नं कर्तुं सुखं तेषां भद्रकार्ये व्यथा तथा ।। 39/1447

◎ **Similarly :** *So was the case with Kauravas. They could not be taught righteousness. They detested wisdom. They loved mischief.*

समे वृक्षे उभौ जातौ भिन्ने तु प्रकृती तयोः ।
एकं सुगन्धितं पुष्पम्–अन्यं तत्रैव कण्टकम् ।। 40/1447

◎ **Kauravas :** *Grown on the same tree, these two had different natures. One grew to be fragrant flowers while the others grew to be prickly thorns.*

(दुष्टाचारः)

लुण्ठितं देवनैर्धूर्तैः–तेषां राज्यमशेषतः ।
धृतराष्ट्रसमक्षं तैः पाण्डवानां नु कौरवैः ।। 41/1447

◎ **The sin :** *As the king-prince of Hastinapur, the entire kingdom belonged to Yudhishthir. By fixing the dice, the Kauravas robbed the kingdom from the Pandavas. They even forced the Pandavas to wager Draupadi. The Kauravas did not hesitate to try to undress Draupadi in public, while Dhritarashtra kept quiet.*

भीष्मद्रोणप्रमूखतो नग्नीकृता च द्रौपदी ।
सभायां रक्षिता लज्जा तस्याः कृष्णेन दूरतः ।। 42/1447

◎ **Krishna :** *In front of Bhīshma and Drona, Draupadi was being dishonored. But, Krishna saved her honour invisibly.*

13. हिंदी गीत

द्रौपदी

स्थायी

हरि! अब, मोरी रखियो लाज ।

♫ पम! गरे–, प–म– गरेम– ग–ग ।

अंतरा–1

दुर्योधन जन भाई सारे, भरी सभा में चीर उतारे ।
अब यहाँ, कौन सँवारे काज, तुम बिन, कौन बचावे आज ।।

♫ सा–नि़–रेरे गग प–मग रे–म–, पम– गरे– म– प–म गसा–रे– ।
सासा सारे–, म–ग रेसा–रे– ग–ग, पम– गरे–, प–म गरे–म– ग–ग ।।

अंतरा–2

पिता पुत्र पति से नहीं आशा, देख रहे चुपचाप तमाशा ।
रो रो, हार गयी मैं आज, प्रभु बिन, कौन सुने आवाज ।।

अंतरा–3

राजा अंधे, मंत्री गंदे, अनैतिऽक सब इनके धंधे ।
कितना, गिरा हुआ है राज, इन पर, कौन करेगा इलाज ।।

अंतरा–4

भागे आओ, कृष्ण कनाई! आन बचाओ लाज, गोसाई! ।
दुर्जन, कैसे आएँ बाज, हरि सिवा, कौन सुधारे समाज ।।

◎ **Draupadi : *Sthāyī*** : *Draupadi said, O Hari! please protect my honor now.* **Antarā : 1.** *Duryodhan and his brothers are removing my sari. There is no one to save my honor here. O Lord! without you, who will save me?* ***2.*** *I have no hope from the elders and the youngers. They are all silently watching the fun. I am helpless today. Without you, who will here my cry.* ***3.*** *The king is blind, the ministers are dirty minded. The morality has degraded. Without you, who will remedy the situation? O Gosai (Lord)! please rush and save me from this disgrace. Without you, who will improve the morality of the society.*

(त्रयोदशवर्षीयो वनवास:)

दुर्योधनस्ततो घोरं वनवासं च दत्तवान् ।
तेभ्यो द्वादशवर्षीयम्–एकं चाज्ञातरूपिणम् ।। 43/1447

◎ **Thirteen Years :** *Having lost at the game of dice, the Pandavas were given twelve years of exile in the forest and one more year of exile incognito.*

(निर्णयप्रतिज्ञा)

"त्रयोदशानि वर्षाणि यदि जीवन्ति ते वने" ।

राज्यार्धं पाण्डवानां स पाण्डवेभ्यो ददिष्यते ।। **44**/1447

◎ **The Agreement :** *The condition set for the exile was that : The Pandavas will stay in exile for 13 years and if they could finish the exile and return home alive,* ***the Kauravas will return them half of the kingdom they won from Pandavas*** *without any trouble.*

(अपितु)

तां ते वनेऽप्यचेष्टन्तो हन्तुं पाण्डवबान्धवान् ।

द्रौपदीमपहर्तुं स चाचेष्टत जयद्रथः ।। **45**/1447

◎ **Twelve years :** *During the first twelve years, the Kauravas made many attempts to kill the Pandavas in the forest. Jayadratha even tried to kidnap Draupadi.*

4. Story of the Exile Incognito
अज्ञातवासकथा

(एकवर्षस्याज्ञातवासः)

एवं द्वादशवर्षाणि भुक्त्वा ते सङ्कटं वने ।

ततश्चाज्ञातवासाय विराटपुरिमागताः ।। **46**/1447

◎ **One year :** *After spending twelve years in struggle, the Pandavas came secretly in disguises to the kingdom of king Virata.*

(युधिष्ठिरः)

कङ्क पुरोहिते रूपे युधिष्ठिरोऽभवद्द्विजः ।

भीमश्च बल्लवो भूत्वा राजप्रासादमागतः ।। **47**/1447

◎ **Yudhishthir :** *Yudhishthir dressed as a Brahmana priest named Kank. Bhīma became a cook. They took employment at the palace of King Virata.*

(अर्जुन:)

स्त्रीवेषमर्जुनो धृत्वा शालायां नृत्यशिक्षिका ।
वीर: स नर्तकी भूत्वा नृत्यगानानि चाकरोत् ।। 48/1447

◎ **Arjun** : Arjun dressed as a female dance-teacher and took the name Brihannada. She taught dance to the ladies in the palace.

(नकुल: सहदेवश्च)

नकुलो गजशालायां तुरङ्गगजधावने ।
सहदेवश्च गोपालो रतो धेन्वजपालने ।। 49/1447

◎ **Nakul and Sahadev** : Nakul took up the job of keeping the horses and elephants. Sahadev became a cowherd to keep cows and goats.

(द्रौपदी)

प्रासादे द्रौपदी चापि दासी भूत्वा समागता ।
राज्ञा: सेवां च स्नेहेन कृत्वा प्रासीदयच्च ताम् ।। 50/1447

◎ **Draupadi** : Draupadi became the maid servant named Sairandhri for Queen Sudeshna. She kept a close watch on the activities in the palace.

तथा च सेवकान्सर्वान्-कृतवती स्वपक्षिण: ।
एवं राज्यस्य सर्वं हि प्राविशत्खलु द्रौपदी ।। 51/1447

◎ **Thus** : In this manner, the Pandavas lived with peace and quiet for one year in hiding. Kauravas looked for them but could not trace them.

(तत:)

त्रयोदशे व्यतीते ते हस्तिनापुरमागता: ।
तदा दुर्योधनो भीत्या विस्मयेन च व्यावृत: ।। 52/1447

◎ **Then** : After the exile of thirteenth year was over, the Pandavas came to Hastinapur. That time, seeing them alive, Duryodhan got terrified.

यथोक्तं वचनं पूर्वं वनवासगमे तदा ।
राज्यमर्धमयाचंस्ते दुर्योधनं हि पाण्डवा: ।। 53/1447

◎ **Fulfillment of the Agreement** : <u>As agreed earlier</u>, the Pandavas demanded their share of half of the kingdom from Duryodhan.

गीतोपनिषद्
तृतीयस्तरंगः
Gitopanishad
Fascicule 3

5. Story of Stubborn Duryodhana
हठिनो दुर्योधनस्य कथा

(दुर्योधं च धृतं चोपदेशः)

दुर्योधनं च कर्णं च धृतराष्ट्रं महाजनाः ।
ददध्वं राज्यमर्धं तान्–ऐक्येनैतदुपादिशन् ॥ 54/1447

◎ **Advice :** *The senior people of the kingdom advised Dhritarashtra and Duryodhan to return Pandavas their half of the kingdom to them and keep your half for yourself.*

(भीष्म उवाच)

धृतराष्ट्रं नृपं भीष्म उवाच शृणु मे वचः ।
दुर्योधनस्य कर्णस्य शकुनेर्मा वचः शृणु ॥ 55/1447

◎ **Bhīshma :** *Bhīshma said, O King! please listen to me. Do not entertain Duryodhan, Karna and Shakuni.*

त्रयस्ते युवका धूर्ता अस्ति वृद्धो नृपो भवान् ।
नीतिमार्गे स्वयं स्थित्वा दर्शनीयः पथः स तान् ॥ 56/1447

◎ **And :** *All three of them are young juveniles. O Dhritarashtra! you are a senior man. Think with your own good sense and show everyone the right path.*

आह दुर्योधनं भीष्मो वैरेण कुरुतादलम् ।
छलेनानेन कीर्तिस्ते गतास्ति खलु पश्यतात् ।। **57**/1447

◎ **Reprimand :** *Bhīshma then reprimanded, O Duryodhan! enough with the enmity. Stay on the right course of Dharma and save yourself. The Pandavas are your brothers. Why are your steps in wrong direction.*

यत्किमप्यभवत्पूर्वम्–अलं वैरेण तैः सह ।
तेषां हि भद्रता युष्मान्–अरक्षत्कौरवान्सदा ।। **58**/1447

◎ **And :** *Let the bygone be byegone. Stop fighting with them. Remember, it is their goodness that has saved you so far.*

यावत्तवास्ति राज्यं भोः–तावद्युधिष्ठिरस्य च ।
वस्तुतस्त्वां खलं दुष्टं सिंहासनं न शोभते ।। **59**/1447

◎ **And :** *This kingdom is only so much yours as much it is theirs. In fact, you are not even qualified to sit on the throne.*

न त्यजसि कुमार्गं चेत्–फलं कटु भविष्यति ।
अधोगतिं च नीत्वा त्वां कुलं कृत्स्नं च धक्ष्यति ।। **60**/1447

◎ **In addition :** *If you do not leave the wrong path, the fruit will be bitter. O Duryodhan! you will get killed yourself and you will ruin your family.*

तावदेव हि नुः कीर्तिः–यावत्कर्म शुभं भवेत् ।
तस्मादस्त्यशुभं यस्मिन्–कर्म तन्नहि साध्नुयात् ।। **61**/1447

◎ **Remember! :** *Man is alive only as long as his name is good. He who has earned a bad name, is as good as dead.*

(द्रोण उवाच)

द्रोणो भीष्मं च स्वीकृत्योवाच दुर्योधनं ततः ।
अस्माकं परमां नित्यां पालयतां परम्पराम् ।। **62**/1447

◎ **Drona :** *Supporting Bhīshma, Dronacharya said, O Duryodhan! please follow the tradition of our sacred family and its righteous path.*

राज्यार्धं देहि तेषां त्वं राज्यमर्धं च भुङ्क्ष्व स्वम् ।
सुकृतस्य फलं मिष्टम्-आस्वादस्व च कौरव ॥ 63/1447

◉ **And** : *O Kaurava! give their half to them and keep your half. It will give you a sweet fruit of the wise action.*

(धृतं कर्ण उवाच)
तत: कर्णोऽब्रवीदन्धं ममैव वचने हितम् ।
एते गुरुजना: सर्वे पाण्डुपक्षसमर्थका: ॥ 64/1447

◉ **Karna** : *Karna said, O Dhritarashtra! all gurus appear to be dear to us and they profess to be your honest servants, but look! their true faith is with the Pandavas.*

अभक्ता गुरव: सर्वे शृणुताद्वचनं मम ।
वयं हि भवतो दासा वयमेव सहायका: ॥ 65/1447

◉ **And** : *Please do not listen to their advices. We are your true helpers. Please listen to what Shakuni and I say.*

(धृतं विदुर उवाच)
विदुर आह राजानं बन्धो शृणु वचो मम ।
कौरवास्ते यथा पुत्रा:-तथैव पाण्डवा: सुता: ॥ 66/1447

◉ **Vidur** : *Vidur said to Dhritarashtra, O Brother! please listen to my beneficial counsel. Pandavas are your children as much as the Kauravas are.*

कर्णशकुनिदुर्योधा मूर्खा मूढाश्च दुर्जना: ।
विपरीता मतिस्तेषां नास्ति सा हितदायिका ॥ 67/1447

◉ **And** : *Karna, Shakuni and Duryodhan are misguided by jealousy, deceit and anger. Listening to them will be your biggest mistake.*

(सञ्जय उवाच)
उवाच सञ्जय: स्वामिन्-कुरु कर्म तदेव त्वम् ।
जनैर्यत्सुकृतं ज्ञातं, कुकर्म परिवर्जयेत् ॥ 68/1447

◉ **Sanjay** : *Sanjay said to Dhritarashtra, O Master! please listen to me. Please stay away from the sin of deceit. It will give you good merit.*

लिखितं येन दुर्भाग्यं स्वललाटे कुकर्मभिः ।
ऋजुमार्गं शुभं त्यक्त्वा वाममार्गं स गच्छति ।। **69**/1447

◎ **Misfortune :** *And he said, when a straight path is ahead, only he takes a crooked path who has written misfortune in his luck.*

लब्ध्वाऽपि कृष्णसङ्गं वै शकुनिं हि वृणोति सः ।
दुर्जना बान्धवास्तस्य यो न वाञ्छति सज्जनान् ।। **70**/1447

◎ **And :** *When the mercy of Shrī Krishna is available at hand, only he seeks Shakuni's friendship who is related to scoundrels.*

स्वामिन्गदति सद्धर्मः कपटं कर्म वर्जयेत् ।
दुराचारं महापापं सर्वजनविनाशकम् ।। **71**/1447

◎ **Therefore :** *O King! Dharma (righteousness) says, abandon adharma (unrighteousness), because he who joins hands with sin, he kills himself and takes down others with him.*

(शकुनिं सनत्सुजात उवाच)

आह सनत्सुजातश्च शकुनिं वचनं शृणु ।
स्वं तु कुलमनश्यस्त्वम्-एतेषां मा विनाशय ।। **72**/1447

◎ **Sanatsujat :** *Sage Sanatsujat said, O Shakuni! you have destroyed your own family, why don't you leave alone this family from your deceits.*

दम्भो दर्पो मदो गर्वः-छद्म द्यूतं छलं बलम् ।
अत्याचारश्च कापट्यं कौरव स्तेयमुच्यते ।। **73**/1447

◎ **Because :** *O Dhritarashtra! deceit, hypocrisy, forgery and force are considered as theft.*

(सुभाषिते)

श्वः कार्यं कुरुतादद्य दीर्घसूत्री विनश्यति ।
यस्य नास्ति भयं कालात्-कथं राज्यं करिष्यति ।। **74**/1447

◎ **Two adages :** *Do it today what you can do tomorrow, the procrastinator ruins himself. He who does not read the need of today, how will he be able to rule tomorrow?*

पय: पीत्वाऽपि मर्त्य: स रक्तं यस्य विषं गतम् ।
लब्ध्वाऽपि स्वर्गराज्यं स मृत्युसंसारमिच्छति ।। 75/1447

◎ **And :** *He who grows poison in his mind, will not survive even after drinking amrit (divine nectar). He can not step into heaven, who walks fearlessly towards hell.*

(दुर्योधं विदुर उवाच)
उवाच विदुरो ज्ञानी दुर्योधन वच: शृणु ।
ईर्ष्यां मा कुरु पार्थाय युधिष्ठिराय त्वं सदा ।। 76/1447

◎ **Vidur :** *Uncle Vidur said, O Duryodhan! please listen to me. Yudhishthir is an incarnation of Truth and Dharma (righteousness). And, you already know that, truth always wins.*

स्वयं कृष्ण: सखा तस्य त्वमरिं मन्यसे हरिम् ।
अस्मिन्स्थितौ कथं पार्थं योत्स्यसे त्वं युधिष्ठिरम् ।। 77/1447

◎ **And :** *Yudhishthir is a friend of Krishna, but you act like Krishna's enemy. How anyone can save you from your suicide? In this situation, how can you win?*

शान्तिर्दद्याद्यदा सिद्धिम्-अशान्तिं तु वृणोति स: ।
आत्मघाते रुचिर्यस्य बुद्धिस्तस्य निरर्थका ।। 78/1447

◎ **Thus :** *When peace gives success, only he acts with violence whose good sense does not work and who has liking for suicide.*

सन्ध्या हितं नु ज्ञात्वाऽपि युद्धं कर्तुं स चेष्टते ।
कुलध्वंसस्य बीजं यो नाशस्तस्य सुनिश्चित: ।। 79/1447

◎ **Also :** *Even after knowing that peace gives success, he who wants to make war, is a seed for the ruin of the family. His own destruction is certain.*

14. हिंदी गीत

🕊️ शांति

🖋️ राग : रत्नाकर, 8 मात्रा

स्थायी

निश दिन तन में शांति हो, लड़ने का नहिं काम ।
जन गण मन में क्रांति हो, शांति जगत कल्याण ।।

🎵 सानि॒ सासा ग॒रे सानि॒ सा-रेम ग॒-, ग॒मम॒ग॒ पम ग॒रे सा-सा ।
सासा रेरे गग म- प-मग॒ रे-, प-म ग॒रेरे ग॒रेसा-सा ।।

अंतरा–1

ऋषि गुरु ज्ञानी लाये हैं, शांति का पैगाम ।
शांति ब्रह्म अरु सत्य है, शांति है भगवान ।।

🎵 रेरे ग॒ग म-प- म-ग॒ म-, प-म- ग॒- रे-ग॒- ।
प-म ग॒ग रेरे ग॒-रे म-, प-मग॒ रे- ग॒रेसा- ।।

अंतरा–2

शांति प्रेम है प्यार भी, शांति पुण्य का नाम ।
शांति स्नेह की सादगी, शांति है वरदान ।।

अंतरा–3

शांति कला अनिवार्य है, शांति चैन का धाम ।
शांति गुणों में श्रेष्ठ है, शांति आत्म का ज्ञान ।।

अंतरा–4

शांति धर्म का कर्म है, शांति है सत् नाम ।
शांति ध्येय का श्रेय है, शांति है अभियान ।।

अंतरा–5

शांति लाभ का बीज है, शांति सीताराम ।
शांति त्राण की चीज है, शांति राधेश्याम ।।

अंतरा–6

शांति शांति शांति हो, शांति चारों याम ।

शांति सर्वऽ शांति हो, शांति स्वर्ग का यान ।।

◎ **Peace :** ***Sthāyī :*** *May there be peace in your mind day and night. There is no need for war.* ***Antarā :*** ***1.*** *Sages and gurus and wise people have brought to us the message of peace. Peace is Brahma. Peace is truth. Peace is God.* ***2.*** *Peace is love and affection. Peace is sacred work. Peace is simplicity of adoration. Peace is a boon.* ***3.*** *Peace is the art that we must learn. Peace is the abode of happiness. Peace is the king of virtues. Peace is the knowledge of self.* ***4.*** *Peace is the Karma (deed) of Dharma (righteousness). Peace is the fruit of honest work. Peace is a movement.* ***5.*** *Peace is a seed of progress. Peace is Sita-Rama. Peace is the protector. Peace is Radhe-Shyam.* ***6.*** *May there be peace, peace, peace. Peace every second. Peace everywhere. Peace is the vehicle to heaven.*

(अपि च)

यस्मिन्मार्गे भवेत्सिद्धिः–मार्गमन्यं स गच्छति ।
अधर्मस्य वशे यस्तु धर्मस्तस्मिन्हि निर्बलः ।। 80/1447

◎ **And :** *When the aim is attainable through a right path, only he follows the wrong path who is taken over by adharma. For him, Dharma (righteousness) is meaningless.*

सर्व ऊचुर्यदा शान्तिं हिंसामेव स वाञ्छति ।
आत्मघाते सुखं यस्य सर्वघाती स उच्यते ।। 81/1447

◎ **And :** *When all wise people are suggesting peaceful means, only he follows the path of war who desires self destruction. He is a suicidal person.*

यदा सन्तस्तु शिक्षन्ते कर्णौ सुप्तौ करोति यः ।
शुभशब्दे घृणा तस्य सुखशान्त्योर्भयस्तथा ।। 82/1447

◎ **And :** *When the saints are teaching beneficial things, only he keeps his ears closed who desires evil. He rejects wisdom.*

सुरसङ्गं च त्यक्त्वा यो सदाऽसुरवदाचरेत् ।
अहङ्कारो महापापो हिंसाचारः स उच्यते ।। 83/1447

◎ **And :** *When the association of Gods is available, only he keeps company with the demons, who is egoistic, sinful and atrocious.*

(और भी)

क्रोधपृक्तं मनो यस्य सद्वाचायाः पराङ्मुखम् ।
रोचते यं न सत्कर्म मन्त्रणा तं न रोचते ।। 84/1447

◎ **Also :** *He whose mind is filled with anger and he who has turned away from reality, he detests aphorisms of true words.*

शिरसि प्रेङ्खते खड्गे दुर्मेधसा स तिष्ठति ।
पापफलैर्हि तृप्तः स पुण्यफलं च नेच्छति ।। 85/1447

◎ **And :** *When a sword is hanging over the head, only he sleeps unworried who has sins piled up over his head and who does not desire good merits.*

सख्यं शक्त्वाऽपि सम्भाव्यं क्रोधाग्नौ स ज्वलिष्यति ।
यस्य कायस्तमोयुक्तः–विषं पातुं न भेष्यति ।। 86/1447

◎ **And :** *When a cool mind does the job, he burns in the fire of hatred who has tamas guna (ignorance). He is not afraid of drinking poison.*

प्राप्य गङ्गापयः पातुं विषं पातुं स निर्भयः ।
पुण्यं न लिखितं भाग्ये पापे मृत्युः सुनिश्चितः ।। 87/1447

◎ **And :** *When the holy water from Ganges is available for drinking, only he likes to die with poison of a gutter who has written misfortune in his luck. He dies helplessly in the fire of sins.*

साधुसङ्गं परित्यज्य तस्मै दुष्टजना वराः ।
विघ्नचिह्नं न यो वेत्ति हितं न प्रतिपद्यते ।। 88/1447

◎ **And :** *When the friendship of sages and saints is available, only he makes partnership with evil people who can not see the imminent danger.*

विवृते स्वर्गद्वारेऽपि रसातलं स गच्छति ।
लयकाले वृथा बुद्धिः सुमतेर्मूर्ध्नि तिष्ठति ।। 89/1447

◎ **And :** *When the door to heaven is open, only he wants to enter the door to hell who thinks adversely at the crucial time. Right thoughts do not enter his mind.*

(श्रीकृष्णसञ्जययोः संवादः)

सञ्जयमाह श्रीकृष्णः शान्तिमार्गं वदामि त्वाम् ।
शान्तिं तामहमिच्छामि सम्मानं या च दास्यति ।। 90/1447

◎ **Shrī Krishna :** *Shrī Krishna said, O Sanjay! I am telling you the way of peace. In any compromise, peace must come with honour.*

प्रभो वदसि सत्यं त्वम्-उवाच सञ्जयस्ततः ।
अशान्तिदायकं निन्द्यं पुण्ये पापस्य शासनम् ।। **91**/1447

◎ **Sanjay :** *Sanjay said, O Lord Krishna! you are right. The rule of vice over virtue is reprehensible like the poison of a snake.*

15. हिंदी गीत

धर्म का विलाप

स्थायी

सुनो रे सखे, धर्म का आर्त विलाप ।

♫ सानि़ सा गरे-, गगग ग प-म गरे-रे ।

अंतरा-1

फूट-फूट कर रुदन ये इसका, दम घुटने का सुनो रे सिसका ।
पुण्य के सिर पर पाप चढ़ा है, दंभ से, अनीति का है मिलाप ।।

♫ सा-रे ग-ग गग रेगम प मगरे-, सासा रेरेग- म- पम- ग रेरेग- ।
ग-ग ग मम मम ध-प पग- म-, ध-प म-, गग-म- प- म गरे-रे ।।

अंतरा-2

अपमानित सम्मान झुका है, सदाचार का काम रुका है ।
अनाचार सब ओर बढ़ा है, जन गण तन मन में संताप ।।

अंतरा-3

सत् के माथे दाग लगा है, पग-पग पर दिन-रात दगा है ।
प्रश्न गहन अब आन पड़ा है, कैसे नष्ट करें ये पाप ।।

◎ **Dharma crying :** ***Sthāyī*** *: O Dear! Dharma (righteousness) is crying, please listen to its wail of distress.* ***Antarā : 1.*** *Listen to its sobs of suffocation. Sin is riding on the head of virtue. The deceit and injustice have joined hands.* ***2.*** *Honour is subjugated by insults, righteousness is suppressed by terror, dishonesty is everywhere, people are stricken with grief.* ***3.*** *Truth is blemished by false. There is danger at every step. Now there is a crucial question, how to remove this sin.*

(दुर्योधनं शकुनेर्मन्त्री कणिक उवाच)

कणिकेन स प्रोद्दीप्तो मूढो दुर्योधनस्ततः ।
छलं बलं किमर्थं ते प्रयोगं न करोषि चेत् ।। 92/1447

◎ **Kanik :** *Shakuni's minister Kanik said, O Duryodhan! how good is your stratagem and brutal power if you do not use it now for your own benefit? Do not relax.*

शल्यं सूक्ष्मं तनोर्ज्ञात्वा नोत्सारणं हि दोषवत् ।
पूतिर्भूत्वा तनुं व्याप्य तद्विषस्य हि कारणम् ।। 93/1447

◎ **And :** *Leaving a sliver in the body is a mistake. If left in the body, thinking it is benign, it develops into a harmful septic.*

अग्नेः सूक्ष्मः कणश्चापि दावाग्नेर्मूलमुच्यते ।
शत्रुपक्षे दया तद्वद्–आत्मघातस्य कारणम् ।। 94/1447

◎ **And :** *A tiny spark left alone develops into a conflagration. Showing mercy on an enemy is a suicidal act.*

दर्शयित्वा बलं शत्रुं गूहयित्वा छलं तथा ।
ध्येयसिद्धिं समाधातुं राज्यं सम्पादितं कुरु ।। 95/1447

◎ **And :** *Assuming disguise and deceit, we have to fight to achieve our aim.*

बलेन पाण्डवा वध्याः शठेन ह्यथवा सखे ।
नोचेत्स जीवितो भीमो राज्याय योत्स्यते तु श्वः ।। 96/1447

◎ **And :** *We have to kill the Pandavas by trickery or by war, otherwise Bhīma will march on us.*

अर्जुनादपि भीतिर्नो बलं तस्य भयङ्करम् ।
भीमस्तु रक्षकस्तस्य तस्माद्वध्यो वृकोदरः ।। 97/1447

◎ **And :** *Arjun is also our powerful enemy, but Bhīma is his protector. Therefore, we have to kill Bhīma first.*

(कर्णदुर्योधनयोः संवादः)

कर्णो दुर्योधनं शीघ्रं प्राबोधयच्च दारुणम् ।
अर्धं चतुर्थराज्यं वा बन्धो जातु न देहि तान् ।। 98/1447

◎ **Karna :** *Karna said, O Duryodhan! do not give half. Do not given even quarter kingdom to Yudhishthir.*

कुकर्म स्यादधर्मो वा दद्या भूं वा धनं न तम् ।
युधिष्ठिरं विनायुद्धं त्वं दुर्योधन भारतम् ।। 99/1447

◎ **And :** *May it be Dharma (righteousness), may it be adharma (unrighteousness), don't give any land to Yudhishthir, without war.*

(युधिष्ठिर उवाच)
अर्धराज्याधिकारो नो युद्धं नेच्छामि बान्धवाः! ।
दुःखेन पाण्डवानाह कुन्तीपुत्रो युधिष्ठिरः ।। 100/1447

◎ **Yudhishthir :** *Yudhishthir said, O Brothers! half of the kingdom is our right. We will swallow our pride and live without war.*

अर्धं नेच्छति दातुं चेद्-दद्याद्ग्रामान्स पञ्च नः ।
दुर्योधनो विना युद्धं, युद्धे सर्वं हि नश्यति ।। 101/1447

◎ **And :** *With a heavy heart, he then said, let's make a compromise. If they do not want to give us half of the kingdom, let us ask them for at least five villages.*

6. Duryodhana's Ignorance
अज्ञानिनो दुर्योधनस्य कथा

गाथछन्दः

ऽ । ऽ, । । ऽ, ऽ ऽ – ऽ ऽ ऽ, । । ऽ, । ऽ

दुर्योधन उवाच

नास्ति योग्यविचारी यो, धर्मे नास्ति च भावना ।
रागक्रोधघृणायुक्तो, निर्लज्जो हि सदा सुखी ।। 1

धर्मकर्मणि यं श्रद्धा, व्यर्थं तस्य हि जीवनम् ।
तस्य नास्ति सुखं सिद्धिः, निर्लज्जो हि सदा सुखी ।। 2

◎ **Duryodhan's ignorance :** *Duryodhan said, he who is ignorant, he who does not think properly, he who does not understand Dharma (righteousness), he who is full of anger, greed and hatred, that shameless person is always happy. He who acts with righteousness, his life is meaningless. He neither succeeds nor he gets happiness. A shameless person is always happy.*

(दुर्योधन उवाच)

श्रुत्वा तु धर्मराजं तम्-आह दुर्योधनस्तदा ।
राज्यं ममास्ति कृत्स्नं भोः पञ्चग्रामान्न प्राप्स्यसे ।। **102**/1447

◎ **Duryodhan's reply :** *Duryodhan then said to Yudhishthir, I will not give to you five villages. This entire kingdom is mine.*

सूक्ष्माऽणिर्भिद्यते यावत्-सूचेर्भूमिं युधिष्ठिर ।
तावदपि न दास्यामि भूमिकणं कदाऽपि त्वाम् ।। **103**/1447

◎ **Duryodhan's reply :** *O Yudhishthir! as much earth the tip of a needle pierces, even that much land I shall not give you without a battle. I will win the war and I will kill all Pandavas. I will not be defeated.*

हनिष्यामो वयं सर्वान्-नाशयिष्यामि पाण्डवान् ।
त्वं वा कोऽपि न शक्नोति रोद्धुमस्मान्युधिष्ठिर ।। **104**/1447

◎ **And :** *We Kauravas will destroy all Pandavas. O Yudhishthir! neither or anyone else can stop us now.*

योत्स्यसे वा न वा बन्धो मरणं निश्चितं तव ।
सूचनां स्पष्टशब्देभ्यः पूर्वमेव ददामि त्वाम् ।। **105**/1447

◎ **And :** *O Brother! whether you fight or not, your death is certain. Then later on they should not complain that I did not warn you. Therefore, this is a notice to you in clear words.*

(दुर्योधस्य कुमतिः)

अथ दूर्योधनो मूढो धर्मं वचनमब्रवीत् ।
श्रृणु ज्ञानं परं गुह्यं मम मुखाद्युधिष्ठिर ।। **106**/1447

◎ **Duryodhan's folly :** *Here is how Duryodhan exhibited his ignorance. He said, O Yudhishthir! now hear from my mouth the supreme secret to success :*

"अल्पं प्राप्य च तृप्तो यो न स प्राप्नोति वैभवम् ।
दया चिन्ता क्षमा शान्तिः-दास्यन्ति न यशस्सुखे ।। **107**/1447

◎ **Blah blah! :** *He who is happy with whatever he has, he will never become wealthy. He who has mercy, forgiveness, peace and fear, he can not earn honor. He will be a failure and he will die hungry.*

"मोदे सुखे च मत्तो यः प्रमादे च रतः सदा ।
ईर्ष्या क्रोधस्तमो यस्य, दुःखानि न कदाऽपि तम् ।। **108**/1447

◎ **And :** *He who is drowned in enjoyment, pleasures, luxury, ego and intoxication, he attains everlasting happiness.*

"धर्मकर्माणि मूर्खाणां सर्वे चैव मनोरथाः ।
हठी दुराग्रही धृष्टः पुरस्सरति सर्वदा ।। **109**/1447

◎ **And :** *Dharma (righteousness) and karma (duty) are all notions devised by fools. Those who are stubborn, daring and zealous, they always progress.*

"ज्ञानमेतन्मया प्रोक्तं स्मरणीयं च प्रेरकम् ।
खेदं भयं च हानिं च शोकं दुःखं च हन्ति तत् ।। **110**/1447

◎ **And :** *My teachings are inspirational and worthy of keeping in mind. They remove grief, fear, loss, pain and sadness.*

"मानं धनं च गर्वं च सुखं यशो हठं मदम् ।
छलं बलं हितं हर्षम्-अहङ्कारं च दास्यति ।। **111**/1447

◎ **And :** *This knowledge is powerful and useful. It gives name and fame. It gives you self-pride, strength, joy and ego.*

"चिन्ताङ्करोति सर्वेभ्यो दुःखी सदा नरो हि सः ।
निर्दयो निर्भयः स्वार्थी निर्लज्जो हि सदा सुखी" ।। **112**/1447

◎ **But :** *But, he who has pity for others, he tortures himself. A cruel, merciless, selfish and shameless person is always happy.*

16. हिंदी विडंबना गीत
अज्ञानी दुर्योधन

स्थायी

मैं ही एक सयाना, बाकी, दुनिया उल्लू की पट्ठी ।

♪ सा– रे– ग–ग मग–रे–, सा–सा, रेरेरे– ग–ग– प– म–म– ।

अंतरा–1

मैं बलशाली, सबसे जाली । मैं हूँ ज्ञानी, बड़ा तूफानी ।
दुनिया वालों की सत्ती पे, होगी मेरी अट्ठी ।।

♪ सा– सासारे–रे–, गमग– म–म– । प– ध– नि–ध–, निध– पमप– ।
मगरे– सा–रे– ग– म–म– म–, रे–ग– म–प– म–म– ।।

अंतरा–2

मुझमें बुद्धि, मुझमें सिद्धि । होगी मेरी, निश दिन वृद्धि ।
चोर फरेबों की है टोली, करली मैंने कट्ठी ।।

अंतरा–3

मैं हूँ नास्तिक, मन का मालिक । मुझको कुछ भी नहीं अनैतिक ।
कोई मेरा भेद न जाने, बंधी मेरी मुट्ठी ।।

अंतरा–4
(हे भगवान!)

दुष्ट बुद्धि ये क्यों हैं आते । भद्र जनों को जो तरसाते ।
या प्रभु! इसको दो सद्बुद्धि, या हो इनकी छुट्टी ।।

© **Ignorant Duryodhan** : *Sthāyī* : I am the only one who is wise, the rest of the world is stupid. **Antarā** : **1.** I am powerful. I am a cheat. I am wise. I am stormy. I will have one better over theirs. **2.** I am smart. I am successful. I progress day and night. Thieves, bobbers, guileful rogues are in my gang. No one knows my secret. **3.** O Lord! where these wicked people come from to oppress virtuous people? O Lord! either give them good sense or remove them from the face of the earth.

(धृतं गान्धार्युवाच)

दुर्योधनस्य ज्ञानस्य कौरवेषु स्तुतिर्बहुः ।
एकाक्षः पतिरन्धेषु वायसोऽवकरे सदा ।। 113/1447

◎ **Gandhari :** *Gandhari, wife of Dhritarashtra, said, O Swami! Duryodhan is respected highly by wicked people, like a squint eyed person is a king among the blind people. A crow always prefers sitting on the heap of garbage.*

पुत्रप्रेम्णा महाराज पापं पुत्रस्य शंससि ।

गान्धार्याहास्य पापस्य भवानेव हि कारणम् ।। 114/1447

◎ **And :** *O Maharaj! why you keep praising evil actions of your son Duryodhan. O Swami! In fact, you are the root cause of this sin.*

(अतो धृतराष्ट्रो नाटकं करोति)

नाहं राज्याधिकार्यासं राजपुत्रोऽपि त्वं नहि ।

सत्ता सा पाण्डुपुत्राणां सुत नीत्या च देहि तान् ।। 115/1447

◎ **Sham :** *Hearing the scolding from Gandhari, Dhritarashtra ostentatiously said in front of Gandhari, O Duryodhan! neither I had a right to become a king nor you are fit to be a king. Give Pandavas their half kingdom. This is righteousness.*

कुरुकुलस्य त्रातारो बान्धवाः खलु पाण्डवाः ।

पूर्णं वा राज्यमर्धं वा देहि तांस्त्वं विना युधम् ।। 116/1447

◎ **And :** *The Pandavas are the protectors of Kuru dynasty, give them the whole kingdom or at least half of it, without a war.*

(परन्तु)

द्विधावाची द्विधाजिह्वी मिथ्या पाण्डवरक्षकः ।

मधु वामे च जिह्वाग्रे दक्षिणे तु हलाहलम् ।। 117/1447

◎ **And :** *The fork-tongued snake Dhritarashtra was pretending to be Pandavas' well wisher, but in reality he was their enemy. On one tongue he displays sweet amrit (divine nectar) while on the other tongue he has deadly poison.*

नृपः स नाटकं कुर्वन्-दुःखेषु वत पाण्डवाः ।

यद्यपि स प्रजापालः प्रजायाः खलु घातकः ।। 118/1447

◎ **And :** *The crooked king was playing sham drama here while the Pandavas were suffering there. He was supposed to be protector of the subjects, but he was their real destroyer.*

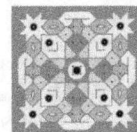

17. हिंदी गीत

दुष्ट लोग

स्थायी

कहाँ से लोग आते हैं, जहाँ में दुष्ट ये सारे ।
करें तो क्या करें इनका, यहाँ के लोग बेचारे ।।

♫ मग- रे- म-ग- रे-सारे ग-, पम- ग- प-म ग- रे-सा- ।
रेग- म- नि- धप- ममप-, मग- रे- म-ग रे-गरेसा- ।।

अंतरा–1

सताने साधु जन गण को, सयाने लोग पावन को ।
दीवाने कंस रावण से, असुर ये कुमति के मारे ।
जहाँ में क्यों कर आते हैं, ये पापी हृदय के कारे ।।

♫ सानि़सारे- म-ग रेसा रेग म-, पम-ग- म-ग रे-सासा रे- ।
सारे-ग- म-प ध-निध प-, सांनिध प- निधप म- प-ध- ।
पम- प- म- ग- रे-ग- म-, प म-ग- ममग रे- गरेसा- ।।

अंतरा–2

चुराने अनघ सीता को, भगाने जगत माता को ।
सभा में करुण द्रौपदी को, लजाने अपनी भाभी को ।
न जाने क्यों ये आते हैं, कलंकी कुल के ये सारे ।।

अंतरा–3

लड़ाने भाई भाई से, लुटाने घर तबाही से ।
शकुऽनिऽ की फरेबी से, मिटाने कुल खराबी से ।
बचा रे, ओ हरि प्यारे! हमारे नैन के तारे! ।।

◎ **Evil people :** ***Sthāyī :*** *O Lord! where do these wicked people come from in this world? How poor people should save themselves from this evil?* ***Antarā : 1.*** *Demons like Ravana and Kamsa are born to terrorize righteous people. Why do these stone hearted people come in this world.* ***2.*** *To abduct innocent Sita and to put to shame Draupadi, why do these block headed people come in the world.* ***3.*** *To make brothers fight with brothers, to destroy the righteous families, people like Shakuni came. O Lord! please save the world.*

गीतोपनिषद्
चतुर्थस्तरंग:
Gitopanishad
Fascicule 4

7. The advices given to the Kauravas
उपादिष्टानां कौरवाणां कथा

(सुतं गान्धार्युवाच)

दुर्योधनं च गान्धारी वचनमब्रवीदिदम् ।
सुत श्रृणूपदेशं मे नूनं हि शकुनेर्वरम् ।। **119**/1447

◎ **Gandhari :** *Gandhari said, O My son Duryodhan! please listen to me, unless you believe in Shakuni more than you believe in me.*

(सूक्ति:)

अलं स्वप्नेन राज्यस्य राज्यमेवं न लभ्यते ।
युद्धाऽपि च जयं तस्मात्–निश्चितं नास्ति पुत्रक ।। **120**/1447

◎ **And :** *You will not earn kingdom just by dreaming about it. Also, O Son! even if you fight for the kingdom, not necessarily you will win the war.*

निश्चयो यदि ते युद्धे युध्यस्व शत्रुनात्मकान् ।
देहे तिष्ठन्ति ते गुप्ता भ्रामयन्ये मतिं तव ।। **121**/1447

◎ **But :** *However, if you really want to fight, please fight the enemies that are hiding in your own body and are deluding you.*

जित्वा क्रोधं मदं कामम्-अहङ्कारं च वासनाम् ।
सुखं राज्यं धनं मानं यश: प्राप्नोषि कौरव ।। 122/1447

◎ **And** : *Please vanquish your ego, anger, intoxication, passion, deceit, desire, which are hiding in your body and mind. O Kaurava! then you will attain the kingdom, wealth, success and respect.*

इच्छसि यदि राज्यं त्वं भूमौ स्वर्गात्मकं सुत ।
सम्पदं देहि तेभ्यस्तान्-राज्यमर्धं गृहाण त्वम् ।। 123/1447

◎ **Thus** : *If you desire a heavenly kingdom on this earth, O Son! please give their kingdom to them and enjoy what is yours.*

अतीतं विस्मृतं कृत्वा जनन्या वचनं शृणु ।
सङ्गे हितं हि सर्वेषाम्-असङ्गे क्षीयते कुलम् ।। 124/1447

◎ **And** : *Please forget the past and listen to the words of your mother. The benefit is in peace. In war you will be ruined along with your family.*

(सुतं कुन्त्युवाच)

कुन्ती युधिष्ठिरं ब्रूते, स्वर्गे गच्छन्ति धार्मिका: ।
अधर्मचारिणां वासो निश्चितो नरके सदा ।। 125/1447

◎ **Kunti** : *Kunti said, O Yudhishthir! O Dharma! always do your duty. Righteous people attain heaven and the unrighteous go to hell.*

(सूक्ति:)

कालो वा कारणं राजा कलियुगस्य कारक: ।
जानीहि त्वं विना शङ्कां, "नृप: कालस्य कारणम्" ।। 126/1447

◎ **Dictum** : *Those who have a dilemma, "whether king is the reason for the good or bad time," O Son! know it for sure that, "the king is the reason for good and bad times."*

तस्मादस्य नृपान्धस्य कुनीति: कलिकारिका ।
अन्धनीतिं पदच्युत्य नीतेर्युगं पुन: कुरु ।। 127/1447

◎ **Therefore** : *O Yudhishthira! therefore, please put an end to this blindness of the Kauravas and establish the age of peace and righteousness again.*

रणे त्वं कौरवाञ्जित्वा सम्प्रति हस्तिनापुरे ।

सद्भावं रामराज्यं च स्थापिते कुरु पाण्डव ।। **128**/1447

◎ **And :** *Please defeat the Kauravas in the war and rule with incantation, shrewdness, retribution or guile, as necessary to bring peace.*

18. हिंदी गीत

राजा, काल का कारण है

स्थायी

जन गण मन को जागृत करना, निश दिन जग में सुकृत भरना ।

राजा का है काम, "काल है राजा का परिणाम" ।।

♫ निनि पप रेरे सा- ग-म॑म॑ निधप-, गप गप धध ध- नि-निनि सांरेंसां- ।

निरेंसां- नि- सांनि ध-ध, "गम॑ध प- गम॑धप म॑- गरेसा-सा" ।।

अंतरा-1

एक काल में, राम था राजा, काल वो सत् युग सब जग जाना ।

सदाचार आदर्श बना कर, नीति का, राम दियो वरदान ।।

♫ ग-म॑ प-प प-, म॑-ध प म॑-ग-, म॑-म॑ म॑ पप पप धनि सांनि ध-प- ।

गरे-ग-ग म॑-पप म॑प- पप, म॑-प ध-, नि-नि धप- रेरेसा-सा ।।

अंतरा-2

द्वापर गुजरा, कंस था आया, छल बल दल से प्रजा सताया ।

नीति नियम ने उसे हटाया, जगत का, कृष्ण कियो कल्याण ।।

अंतरा-3

कलियुग कारक, कौरव राजा, अंधनीति से खेल खिलाया ।

अधम करम को नीति बना कर, धरम का, नाम कियो बदनाम ।।

◎ **The king is responsible for time :** ***Sthāyī :*** *The duty of the king is to awaken the society to peace and to spread virtues in the kingdom. The good or bad time is the result of a good or bad ruler.* **Antarā : 1.** *One time Rama was a king and that time was called sat-yuga (the age of truth). He was the role model for righteousness. He gave us the rule of virtues.* **2.** *Kamsa came and the dwapar-yuga ended. He tortured his subjects with the rule of batten. The world was saved by Krishna.* **3.** *The blind king Dhritarashtra brought the Kali-yuga with Duryodhan. He ruled with adharma (unrighteousness) and gave a bad name to Dharma (righteousness).*

(युधिष्ठिरं द्रुपद उवाच)

उवाच द्रुपदो धर्मं शान्तिं नेच्छति कौरवः ।
आकर्णत्युपदेशान्स कर्णस्य शकुनेः सदा ।। 129/1447

◎ **Drupad :** *King Drupad said, O Yudhishthir! Dhritarashtra has rejected all overtures for peace. He has taken up the path of war.*

अन्धस्तिष्ठति मौनेन पुत्रस्य सहते वचः ।
भीष्मादयोऽर्थदासाश्च करिष्यन्ति यथा धृतः ।। 130/1447

◎ **And :** *The blind king listens to Shakuni and Karna only. Bhīshma, Drona and Kripacharya keep quiet in front of the King. The gurus will blindly follow Dhritarashtra, saying we are the paid servants of the blind king.*

(धृतं दुर्योधं च सात्यकिरुवाच)

अभणद्धृतराष्ट्रं च दुर्योधं सात्यकिस्ततः ।
अर्धं हि युवयोरस्ति तद्वत्तेषां च कौरवौ! ।। 131/1447

◎ **Satyaki :** *Satyaki said, O Kauravas! please give Pandavas their half.*

नोचेद्युद्धा रणे सर्वे यूयं तत्र मरिष्यथ ।
अलं दुराग्रहेणातः सन्धिः श्रेष्ठा मतिर्मम ।। 132/1447

◎ **Otherwise :** *If you go for war, you will be destroyed along with your family. Please keep aside your obstinacy and see where your good is.*

(दुर्योधमर्जुन उवाच)

पार्थ उवाच दुर्योधं शृणु मे वचनं सखे ।
सदाऽहं चिन्तयामि यत्-करोषि त्वं छलं कथम् ।। 133/1447

◎ **Arjun :** *Arjun said, O Duryodhan! please listen to what I say. I always think, why you do deceit all the time.*

जना वदन्ति त्वां "दुष्टो, दुरात्मा दुर्दमः खलः ।
अधर्मी कुमतिः पापी दुर्बुद्धिर्घातकस्तथा" ।। 134/1447

◎ **And :** *People call you a sinner, crazy, unjust, wicked, cruel, immoral, violent, deceitful, destructive, depraved, corrupt and villain.*

अहङ्कारं तु स्वं त्यक्त्वा शृणु सत्यं वचः सखे ।
वदन्ति गुरवः सर्वे श्रेष्ठानि वचनानि त्वाम् ॥ 135/1447

◉ **And** : O Dear brother! the wise men are telling you to behave, but your vices are coming in the way of peace.

श्रुत्वा तानुपदेशांस्त्वं चेच्छान्तिं स्वीकरोषि त्वम् ।
मन्यन्ते त्वां नृपं सर्वे बान्धवाः कुरुपाण्डवाः ॥ 136/1447

◉ **And** : Please listen to what they say. If you listen to them and come on the path of peace, we will make you king and we will work together with honour.

(धृतं भीम उवाच)
उवाच धृतराष्ट्रं स भीमसेनो महावपुः ।
कलियुगं त्वयाऽऽनीतं, पुत्रश्च कुलघातकः ॥ 137/1447

◉ **Bhīma** : Bhīma said to Dhritarashtra, O King! you are born to end the Dwapar-yuga (age of righteousness) and to bring the Kali-yuga (age of ruin). You brought an evil son, the destroyer of the family.

अष्टादश पुराऽतीताः कुलविनाशका यथा ।
कलियुगे भवानस्ति कुरुकुलस्य नाशकः ॥ 138/1447

◉ **And** : Since the old times, eighteen such evil sons were born. You brought the next one.

कलियुगं कृतं येन युगकर्ता नृपो भवान् ।
उद्विग्नाश्च जना भ्रान्ता, "राजा किं कलिकारकः" ॥ 139/1447

◉ **And** : People are confused, who brought this Kali-yuga, but it is none other than you.

(तस्मात्)
माता कुन्ती पुरोवाच, "राजा कालस्य कारणम्" ।
कुलध्वंसस्य मार्गेण मृत्युमिच्छन्ति कौरवाः ॥ 140/1447

◉ **Therefore** : Mother Kunti has told us rightly, king is the cause for the bad time.

(नकुल उवच)

ततः स नकुलो ब्रूते कृताञ्जलिः स पाण्डवः ।

धृतश्च धार्तराष्ट्रश्च सत्कुर्यातां स्पृहा मम ।। 141/1447

◎ **Nakul :** *Nakul said, I hope Dhritarashtra will listen to the gurus and the wise people.*

(सहदेव उवाच)

अहो वत महापापं सहदेव उवाच ह ।

दुःशासनेन द्रौपद्या लज्जा भग्ना सभान्तरे ।। 142/1447

◎ **Sahadev :** *Sahadev said, Duhshasana dishonored Draupadi in front of the assembly. I will teach him a lesson if he comes for a war.*

(कृष्णं द्रौपद्युवाच)

(सूक्तिः)

पापिनः सहनं पापं ज्ञातं शास्त्रेषु पातकम् ।

पापिनः सहते पापं पापं स कुरुते स्वयम् ।। 143/1447

◎ **Draupadi :** *Draupadi said, O Krishna! the scriptures say, it is sin to sympathize with a sinner. He who associates with a sinner, is a sinner himself.*

हत्वाऽहन्यं हि यत्पापं शास्त्रेषु विदितं हरे ।

हन्यं तदेव चाहत्वा कृष्णमुवाच द्रौपदी ।। 144/1447

◎ **And :** *Draupadi said, O Krishna! the sin that is mentioned in the scriptures for a person who kills a righteous person, one gets the same sin by not killing a sinful person.*

(धृतं परशुराम उवाच)

ततः परशुरामश्च धृतमुवाच शान्तये ।

पार्थकृष्णौ न युद्धार्हौ नरनारायणौ हि तौ ।। 145/1447

◎ **Parshuram :** *Parshuram Bhargava said, O Dhritarashtra! when there is benefit in peace, when Nārāyana Shrī Krishna is with us, why fight?*

यथा च सञ्जयेनोक्तं धृतराष्ट्र प्रभो पुरा ।

अजेयौ कृष्णपार्थौ द्वौ युद्धार्हौ तौ न जातु भोः ।। 146/1447

◎ **And :** *Sanjay has already warned you, where there is Krishna and Partha, victory is there, for sure.*

(दुर्योधं कण्वमुनिरुवाच)

कण्वो दुर्योधनं ब्रूते कृतं गर्वेण कौरव ।
पाण्डुपक्षेऽपि भूयिष्ठा वीराः सन्ति महाबलाः ।। 147/1447

◎ **Kanva :** *Kanva muni said, O Duryodhan! please drop your ego. There are more powerful warriors with the Pandavas than you have.*

अहङ्कारोऽस्ति व्यर्थस्ते दुर्जेयाः खलु पाण्डवाः ।
शान्तिरपरिहार्याऽस्ति शृणु त्वं वचनं मम ।। 148/1447

◎ **And :** *Your pride and deceit will not bear good fruit against the Pandavas. You have no better choice than accepting peace with Pandavas.*

(दुर्योधं नारद उवाच)

तत उवाच दुर्योधं नारदः कुरुनन्दन! ।
कुरु शान्तिं हठं त्यक्त्वा युद्धे हानिर्भविष्यति ।। 149/1447

◎ **Narad muni :** *Narad muni said, O Duryodhan! please act according to the consensus. O Kaurava! leave your stubbornness aside and listen to me. O Dear! stop your enmity and remove your delusion. Please accept peace.*

कुरु कर्म सुबुद्ध्या त्वं मनो निग्रहितं कुरु ।
अन्तकाले जडा बुद्धिः पुराणानि वदन्ति च ।। 150/1447

◎ **And :** *Please act with wisdom. Get hold of your evil mind. When the end comes near, one gets wrong thinking. Please do not do such thing.*

(दुर्योधं श्रीकृष्ण उवाच)

कृष्णो दुर्योधनं ब्रूते शृणुतात्कुरुनन्दन ।
शृणोषि चेद्वचस्त्वं मे वन्दिष्यन्ति प्रजाजनाः ।। 151/1447

◎ **Shrī Krishna :** *Shrī Krishna said, O Kurunandana (Son of Kuru) Duryodhan! please heed to my advice. If you do listen to me, everyone will salute you.*

(हे नरेश!)

अहो नरेश शीघ्रं त्वं निद्राया जागृतो भव ।

गुरून्बन्धून्सुतान्पौत्रान्-नाशात्संरक्ष कौरव ।। 152/1447

◎ **O Naresh! :** *Then Krishna said, O Naresh (king)! please wake up from your slumber in time and save your loved ones from annihilation in the war.*

(हे राजन!)

भद्राणामसदिष्ट्वा च नाशः कुलस्य निश्चितः ।

यथा दण्डः कुठारस्य काष्ठः काष्ठस्य घातकः ।। 153/1447

◎ **O Rajan! :** *O King! by thinking bad about good people, you will be walking on the path of ruin of your own family. Don't be the handle of an axe that helps destruction of its own race.*

(हे परन्तप!)

मदे मनो न नन्दित्वा गर्वं त्यज परन्तप ।

भूर्मा त्वं कुलघाती वै कुरुवंशः सनातनः ।। 154/1447

◎ **O Parantap :** *O Parantap (Scorcher of the bad people)! please do not entertain yourself in intoxication. Leave your empty pride. Please do not become destroyer of your own family. The Kuru family is ancient.*

(हे प्रजानाथ!)

स्नेहेन हि प्रजानाथ नाम नित्यं करिष्यसि ।

यौवराज्यपदं तुभ्यं दास्यन्ति पाण्डवाः सुखम् ।। 155/1447

(फिर कहा, हे प्रजानाथ!)

प्रजानाथ! तुम सही ध्यान से, काम अगर लो इतमिनान से ।

यौवराज्य पद तुमको देंगे, पांडव तुमको नमन करेंगे ।। **854**/5200

◎ **O Prajanath! :** *O Prajanath! you will then make your name good. Your brothers will give you kingship and they will salute you.*

स्वेच्छया राज्यमर्धं त्वं पाण्डवेभ्यो ददातु भोः ।

धनं मानं च कीर्तिं च भुङ्क्ष्वाल्लक्ष्मीकृपां ततः ।। 156/1447

◎ **And :** *Please give their half of the kingdom to them with your own hands and enjoy the other half that is coming to you. Please do not reject this Lakshmi's boon that is coming to you.*

(हे भूपते!)

सन्धिं शान्तिं सुखं कर्तुं समयः साम्प्रतं खलु ।
आह्वयति शुभं कर्तुं धर्मपुत्रो युधिष्ठिरः ।। 157/1447

◎ **O Bhu-pati! :** *O Bhupati! making peace now is your duty. War is not required. Yudhishthir is calling you to make peace. War with him will give you infinite pains.*

(हे नरेश्वर!)

विद्वांसो ज्ञानिनः सर्वे सद्वदन्ति नरेश्वर ।
माऽश्रौषीर्विपरीतानि शकुनेर्वचनानि त्वम् ।। 158/1447

◎ **O Nareshwar! :** *O Nareshwar (king)! all wise men are calling you to make peace. Shakuni is taking you on the path of war. Please do not listen to him.*

(हे भरतश्रेष्ठ!)
(सुभाषितम्।)

अरोचकं नु सद्वाक्यं नाकर्णं खलु पातकम् ।
मधुरमपि वाक्यं च दुर्जनस्य हि घातकम् ।। 159/1447

◎ **O Bharat-shreshtha! :** *O Bharat-shreshtha (Superior in the Bharat dynasty)! it is better to listen to the bitter words of a wise man. It is dangerous to listen to the sweet words of a dishonest man, which will give you a sin.*

19. हिंदी खयाल : राग पूर्वी, तीन ताल 16 मात्रा
सच्चे वचन
स्थायी

सुन ले सच्चे बोल, रे बंदे! मत हो डाँवा डोल ।
रे बंदे! सुन ले सच्चे बोल ।।

♫ सानि सा रे-ग- मं-मं, प मं-ग-! धप मं- गरेसानि सा-सा ।
मं गरेसा-! गग रे- सा-नि- सा-सा ।।

अंतरा-1

बोल हैं सच्चे प्रेम भाव के, सुन कर अखियाँ खोल ।

रे बंदे! सुन ले सच्चे बोल ।।

♫ ग–ग ग मं–मं– ध–प मं–ग रे–, निनि धप गमंप– मं–मं ।

मं गरेसा–! गगरे सा–नि– सा–सा ।।

अंतरा–2

बचनन मीठे झूठ रसन के, कर दे कौड़ी मोल ।

रे बंदे! सुन ले सच्चे बोल ।।

अंतरा–3

बैरी तेरे राह गलत पर, देंगे तुझको डोल ।

रे बंदे! सुन ले सच्चे बोल ।।

◎ **Honest words : *Sthāyī* :** *Please listen to the honest words. Don't delude yourself with the sweet words.* ***Antarā* : 1.** *Pay attention to the truth and open your eyes.* **2.** *The sweet words of a dishonest person are not worth a bit.* **3.** *The sweet talkers are your enemies, they will push you in danger.*

मैत्र्यामेव सुखं तुभ्यं यदाऽहमुपदिष्टवान् ।
विषं युद्धस्य व्यर्थं तु राज्ये प्रसारितं त्वया ।। **160**/1447

◎ **And :** *And then Krishna said, when we told you that your good is in friendship only, you unnecessarily spread the poison of war in the kingdom.*

(हे दुर्योधन!)
शान्त्या सर्वं हि प्राप्नोषि युद्धस्य किं प्रयोजनम् ।
शान्तिमार्गं च स्वीकृत्य रणे गन्तुं निरर्थकम् ।। **161**/1447

◎ **O Duryodhan! :** *And, O Duryodhan! with peace everything is possible, there is no need to fight. Accept the peace. Going to battlefield is meaningless.*

सुभाषितम्

स्तुतिं कुर्वन्ति ये नित्यं त एव तव वैरिणः ।
दर्शयन्ति तु दोषान्ये त एव हितकारिणः ।। **162**/1447

◎ **A maxim :** *Those who always praise your misbehavior are your real enemies. Those who show you your faults are your true well wishers.*

(प्रबोधनम्)

नीतिमार्गेण गन्तुं त्वां जना: सर्वे वदन्ति भो: ।
योत्स्यसे चेदत: पश्चाद्-दोष: सर्वस्तवैव हि ।। 163/1447

◎ **Last warning :** *Finally, Shrī Krishna warned, O Duryodhan! there is much to gain with peace. This is my opinion and everybody's suggestion to you. Now, after this, if you choose to go for war, you will be solely responsible for the outcome and the consequence.*

20. हिंदी गीत

प्रेम से काम लो

स्थायी

प्रेम से लोगे काम अगर तुम, नाम अमर जग में होगा ।
छल कपटों से बात चले ना, फल देगा तुमको सोगा ।।

♪ सा–सा सा रे–रे– ग–म गरेसा रे–, ध–प मगग मम प– मगरे– ।
निनि धपम– प– ग–म पम– ग–, धप म–ग– रेगम– गरेसा– ।।

अंतरा–1

ऋषि मुनि गुरु कह रहे हैं ज्ञानी, सब वेदों की यही है बानी ।
प्रेम से होगे नम्र अगर तुम, स्थान परम जग में होगा ।
नाम अमर जग में होगा ।।

♪ पम गम पप पप धनिसां नि ध–प–, पम गमप– प– धनिसां नि ध–प– ।
सा–सा सा रे–रे– ग–म गरेसा रे–, ध–प मगग मम प– मगरे– ।
ध प मगग रेरे म– गरेसा– ।।

अंतरा–2

जो करना है सो भरना है, इस भव सागर से तरना है ।
प्रेम का दोगे दान अगर तुम, साध्य सकल सुख में होगा ।
नाम अमर जग में होगा ।।

अंतरा–3

पाप पुण्य से धो लो, प्यारे! मधुर वचन को मन में धारे ।
प्रेम से लोगे नाम अगर तुम, काम सकल पल में होगा ।
नाम अमर जग में होगा ।।

◎ **Act peacefully : *Sthāyī* :** *If you act with compassion, your name will be immortal in the world. But, if you act with deceit, the fruit will give you pains.* **Antarā : 1.** *The wise people are telling, the gurus are telling and the Vedas are telling the same thing. If you become benevolent with compassion, you will have supreme peace in the world. Your name will be immortal in the world.* **2.** *You have to pay according to your deeds. You have to cross over the worldly ocean. If you do charity with open heart, you will achieve everything with ease. Your name will be immortal in the world.* **3.** *Wash your sins with virtuous deeds and by keeping honest thoughts in your mind. If you chant Krishna's name with love, you will achieve all in a moment. Your name will be immortal in the world.*

8. Story of the Righteous War
धर्मयुद्धकथा

(श्रीकृष्णं दुर्योधन उवाच)

भीष्मो द्रोणः कृपः कर्णो रणे यत्र जनार्दन ।

भेष्यन्ति देवतास्तत्र योस्त्यन्ते पाण्डवाः कथम् ।। **164**/1447

◎ **Duryodhan :** *In reply to Shrī Krishna's advice, Duryodhan said, O Janardan! I have Bhīshma, Drona, Kripacharya and Karna on my side. Even the gods are afraid to fight against them, how then the Pandavas will fight with me.*

ध्रुवो मे विजयः कृष्ण सन्धिस्तस्मान्निरर्थका ।

युद्ध्वा सर्वं हि प्राप्स्येऽहं शान्तिं कृत्वा कुतो हितम् ।। **165**/1447

◎ **And :** *In the war my victory is certain, then why should I do any compromise?*

(अतः)

नीतिं त्यक्त्वा नृपान्धेन दत्तहस्तश्च पुत्रकः ।

दुर्योधनश्च कर्णेन शकुनिना पुरस्कृतः ।। **166**/1447

◎ **Therefore :** *For this reason, Dhritarashtra supported Duryodhan in his fight against the Pandavas. Duryodhan had full support from Shakuni and Karna in his desire for a war against the Pandavas.*

(अपि च)

धार्तराष्ट्रस्य कर्णे च शकुनौ च दृढा मतिः ।
अनीतौ धृतराष्ट्रस्य स्नेहभावो विशेषतः ।। 167/1447

◎ **Also** : *Dhritarashtra had full faith in Shakuni and Karna. The king had special liking for injustice.*

(तस्मात्, श्रीकृष्णः)

साम दाम यदा तेन कृते व्यर्थे महाजनाः! ।
दण्डनीतिर्मुकुन्देन पाण्डवाननुमोदिता ।। 168/1447

◎ **Therefore, Krishna** : *When all attempts for a peaceful compromise failed, Krishna gave permission to Yudhishthir to accept the war Kauravas wanted.*

अपि चाज्ञापयत्सर्वान्-दण्डनीतिमुपासितुम् ।
नीतियुद्धस्य सूत्राणाम्-अनुष्ठानमुपादिशत् ।। 169/1447

◎ **And** : *While allowing them to go for war, Shrī Krishna ordered them to strictly observe the rules of a righteous war.*

(सामान्य-नीतियुद्धयोर्भेदः)

युद्धे चलति सामान्ये सर्वं न तु पराजयः ।
क्षात्रधर्मस्य रक्षायै क्षात्राय किं जयाजयौ ।। 170/1447

◎ **The Rules** : *Shrī Krishna said, in a regular war everything is acceptable other than defeat. But, in a righteous war neither there is victory nor there is defeat, nor there is enemy, not there is friend. The war is fought strictly as a duty.*

नीतिबद्धा वयं सर्वे मर्तुं मारयितुं तथा ।
एषा नीतिः सतो धर्मः क्षात्रस्य क्षात्रकर्म च ।। 171/1447

◎ **And** : *This ethics is called Niti (morality) or Dharma (righteousness). It is a karma (duty) for an ethical warrior. It is fought with a mind of equanimity. In such war, life and death are equal.*

(नीतियुद्धस्य नियमाः)

नीतिसूत्राणि श्रीकृष्णः सकलान्स्पष्टमब्रवीत् ।
उवाच नियमानेतान्-पालयन्तु हि सैनिकाः ।। 172/1447

◎ **Rules of righteous war** : *Krishna said, now listen carefully the rules for a righteous war. Everyone is bound by these rules. These rules are different than a regular war.*

सूर्योदयाच्च सूर्यास्तं युद्धाय वैधिको भवेत् ।
सूर्यास्तादुदयः कालो युद्धाय वर्जितो भवेत् ।। **173**/1447

◎ **And :** *In a righteous war a warrior is allowed to fight only from the sun rise to sun set.*

सन्ध्याकाले भवेयुश्च प्रेम्णा कौरवपाण्डवाः ।
बन्धुभावेन सर्वे हि सम्मिलेयुः परस्परम् ।। **174**/1447

◎ **And :** *After sun set to the sun rise, the Pandavas and Kauravas must mix together with brotherly love.*

घोषयित्वाऽऽह्वयेयुर्हि बलमिच्छां च योग्यताम् ।
न च हन्यादसज्जं च क्लान्तं भीतं बहिर्गतम् ।। **175**/1447

◎ **And :** *One may attack only after warning the opponent and telling him your strength and level of skill and then fight with an equal opponent. One may not strike a warrior who is weaker, tired, afraid or one who has left the battlefield.*

आहतं शरणाधीनं न कोऽपि सैनिकस्तुदेत् ।
भग्नं स्यादायुधं यस्य योद्धव्यो न स सैनिकः ।। **176**/1447

◎ **And :** *One may not strike a soldier who is wounded, who has surrendered or whose weapon is broken or fell from his hand.*

न च पलायिनो हत्या न घातो रणत्यागिनः ।
मृतदेहतिरस्कारो विखण्डनं च पातकम् ।। **177**/1447

◎ **And :** *A warrior may not strike one who has turned his back or who is dead. Dismembering or disrespecting a dead body is a sin.*

प्रबुद्धः शब्दयुद्धे यः शब्दयुद्धं स साध्नुयात् ।
रथी रथिभिरश्वोऽश्वैः–गजो गजैः पदः पदैः ।। **178**/1447

◎ **And :** *One who is expert in the war of words may fight with a pundit only. A charioteer may fight with a charioteer, a horse rider with a horse rider, an elephant rider with an elephant rider, a foot soldier with a foot soldier and so on.*

सविषं निभृतं शस्त्रम्–अवैधं नीतिविग्रहे ।
अग्निं क्षिप्त्वा समूहा च हत्या क्षात्रं न शोभते ।। **179**/1447

◎ **And :** *One may not cause a mass murder by firing a Weapon of Mass Destruction or a fire missile.*

धर्मक्षेत्रे समं सर्वं लाभालाभौ जयाजयौ ।
एवमाज्ञाऽस्ति शास्त्राणां पालयेयुर्दृढं भटाः ।। 180/1447

◎ **And :** *In a righteous war one must fight keeping victory and defeat, loss and gain same in his mind. Everyone must observe these rules. This is an order.*

आज्ञां प्राप्य च युद्धाय दलौ द्वौ रणमागतौ ।
कौरवा वाममार्गेण दक्षिणेन च पाण्डवाः ।। 181/1447

◎ **Thus :** *Taking the orders from Shrī Krishna, both armies entered the battlefield of Kurukshetra, Pandavas from the right side and Kauravas from the left.*

21. हिंदी गीत

नीति युद्ध

स्थायी

धरम समर में, परम करम में,
अमर हों प्राण तिहारे, ओऽऽऽ वीर जवान हमारे ।
नहीं भरम हो, कसी कमर हो, लड़ने नीतिनुसारे ।
ओऽऽऽ तीर कमान तुम्हारे ।।

♫ सानि़सा रेगरे सा–, रेगम गरेसा रे–,
पमग रे म–ग रेसा–रे–, निधपम ध–प मग–रे मग–रेसा ।
सारे– गमग रे–, गम– पमग रे–, गमप– नि–धपम–प– ।
निधपम ध–प मग–रे मग–रेसा ।।

अंतरा–1

यहाँ नहीं है जीत की बाजी, न हार में कोई नाराजी ।
लाभ हानि सब समान माने, बढ़ना आगे प्यारे ।
ओऽऽऽ वीर जवान हमारे ।।

♫ सारे– गम– ग– प–म ग म–प–, नि ध–प म– प–ध– निधप–म– ।
सा–रे ग–म गरे गम–प मगरे–, गमप– निधप– मपम– ।
निधपम ध–प मग–रे मग–रेसा ।।

अंतरा–2

यहाँ न शत्रु किसी का कोई, हम आपस में सभी हैं भाई ।

नीति अनीति की है लड़ाई, सुख दुख दोनों बिसारे ।

ओऽऽऽ वीर जवान हमारे ।।

अंतरा–3

किसी नियम को न कोई तोड़े, अनुशासन को न कोई छोड़े ।

त्याग तुम्हारा पथ दरसावे, जग में नाम उबारे ।

ओऽऽऽ वीर जवान हमारे ।।

अंतरा–4

नये जगत को राह दिखाओ, सदाचार की ज्योति जगाओ ।

भूमि पर आदर्श बसाके, बनो गगन में सितारे ।

ओऽऽ वीर जवान हमारे ।।

◎ **Righteous war :** ***Sthāyī :*** *O My Brave warrior! with the supreme sacrifice in the righteous war, may your life and name be immortal. May you not be under delusion, may you be all prepared to fight according to the rules of a righteous war.* **Antarā : 1.** *There is no competition to win, nor there is disappointment in defeat. March forward, treating loss and gain equal, O My Brave warrior!* **2.** *Nobody is enemy here. We are all brothers. The war is between right and wrong, not between you and them. Fight, leaving aside joy and sorrow. O My Brave warrior!* **3.** *No one may break any rule. No one may ignore his duty. Your sacrifice will show the way to the next generations and will make your name high, O My Brave warrior!* **4.** *Please show the path to the new generation. Light the lamp of righteousness. Become a role model in the world. Become the shining star in the sky, O My Brave warrior!*

गीतोपनिषद्
पञ्चमस्तरंगः
Gitopanishad
Fascicule 5

9. Story of the Sacred Battlefield
धर्मक्षेत्रकथा

(धर्मक्षेत्रम्)

सिक्ता पवित्रनीरेण सरस्वत्याः पुरातना ।
यज्ञानां कुरुभूमिर्या धर्मभूमीति विश्रुता ।। 182/1447

◎ **Dharma-kshetra :** *The land that is irrigated with the holy water of the river Sarasvati and which was renowned in the world because of the great kings of Kuru dynasty, became well known as Dharma-kshetra.*

योद्धारो देशदेशेभ्यः कुरुक्षेत्रे समागताः ।
अश्वारूढा गजारूढाः पत्तयश्च महारथाः ।। 183/1447

◎ **There :** *Warriors from various lands are assembled on the battlefield of Kurukshetra. They came by horses, elephants, chariots and by foot.*

(कौरवाः)

आगत्य वाममार्गेण रणभूमौ च कौरवाः ।
पङ्क्तिष्वरचयंस्तत्र शिबिरं पटवेश्मनाम् ।। 184/1447

◎ **The Kauravas :** *Coming from the left side on the battlefield, the Kauravas occupied the west side of Kuru-kshetra. They pitched their tents of canvas, row by row, with ample noise and commotion.*

घोरं द्वंद्वं हि कर्तुं ते कौरवा योद्धुमुत्सुकाः ।
व्यूहांस्तु रचयित्वा च चक्रुः सर्वे महारवम् ।। **185**/1447

◎ **And :** *In order to wage a terrible war, they arranged phalanx and were eager to fight.*

एकादशचमूवाहा नियुक्ताः कौरवा भटाः ।
मुख्यसेनापतिर्भीष्मः सर्वैः परमपूजितः ।। **186**/1447

◎ **Bhīshma :** *There were eleven armies with eleven commanders in the Kaurava army, with Bhīshma as the commander-in-chief, who was most senior and most respected person.*

द्रोणो जयद्रथः शल्यः शकुनिर्वाह्विकः कृपः ।
अश्वत्थामा च कम्बोजः सौमदतिः सुदक्षिणः ।। **187**/1447

◎ **Others :** *Other ten commanders under Bhīshma were : Dronacharya, Kripacharya, Ashvatthama, Jayadrath, Shalya, Sudakshin, Kamboj, Wanhik, Somadatti and Shakuni.*

(पाण्डवचमू)
रणे दक्षिणमार्गेण धर्मबद्धाः समागताः ।
श्रद्धायुक्ता महावीरा नीतियुक्ताश्च पाण्डवाः ।। **188**/1447

◎ **The Pandavas :** *The Pandavas entered the battlefield from the right side and put their tents up on the East side of Kurukshetra. They were bound by the pre-fixed rules and regulations as ordered by Shrī Krishna. They came with faith and determination to abide by the rules of a righteous war.*

तत्सप्ताक्षौहिणं सैन्यं धृष्टद्युम्नेन रक्षितम् ।
पाण्डवानामनीकं च भक्षकं हि कुकर्मिणाम् ।। **189**/1447
सेना उनकी सात अक्षणी, कुकर्मियों के गात भक्षिणी ।
सात पांडवी सेनाओं पर, धृष्टद्युम्न थे सेनापति वर ।। **887**/5200

◎ **And :** *Dhrishtadyumna was the commander-in-chief of the Pandava armies. The Pandava army was the destroyer of evil.*

षट्सेनापतयस्तस्य विराटश्च धनुर्धरः ।
शिखण्डी द्रुपदो भीमः-चेकितानश्च सात्यकिः ।। **190**/1447

◎ **And :** *Below him, other six commanders of the other six armies were : Drupad, Satyaki, Bhīma, Shikhandi, Chekitan and Virat.*

अन्ये च बहवो वीराः पाण्डुपक्षे महाबलाः ।
अवस्थिता रणे धीरा नियुक्ता यत्र यत्र ये ।। **191**/1447

◎ **And :** *There were Bhima, Arjuna and many other great warriors, all standing steady at their assigned locations.*

(सेनयोरुभयोर्मध्ये)

नीतिज्ञः पाण्डुपक्षस्य सेनानृपो युधिष्ठिरः ।
नृपः कौरवपक्षस्य दुर्योधनो महाखलः ।। **192**/1447

◎ **In both armies :** *The chief of this army was Yudhishthir and the chief of that army was Duryodhan. Yudhishthir was also known as Dharma-raja (king of righteousness) or Dharma (the righteousness), for he was most righteous person in the kingdom. Duryodhan had earned bad names for his wicked deeds.*

22. हिंदी गीत

अवतार

स्थायी

अधर्म का संहार करने, प्रभु लेते अवतार हैं ।

♫ नि़रे-ग प- ध-प-म॑ गरेग-, पध नि-ध- पम॑ग-रे सा- ।

अंतरा–1

एक तरफ ये पांडव सेना, हाथ नियम से बंधे हैं ।
ओर दूसरी कौरव बंदे, नीति नियम के अंधे हैं ।
सत् असत् के घोर समर में, असत् की निश्चित हार है ।।

♫ सा-नि़ सारेरे रे- ग-रेनि़ सा-रे-, रे-रे रेगम॑ ग- म॑पप- म॑- ।
ध-प म॑-गरे- ग-म॑प म॑-ग-, रे-रे रेगम॑ ग- म॑-प- म॑- ।
गग गगग रे- ग-म॑ म॑म॑म॑ म॑-, धधध नि ध-पम॑ ग-रे सा- ।।

अंतरा–2

दया क्षमा का कार्य इधर है, साथ किशन भगवान हैं ।
भोग हवस अधिकार उधर है, धरम नाम बदनाम है ।
छल कलिमल के दोष दंश से, व्याकुल जब संसार है ।।

अंतरा–3

सागर किरपा का इस बाजू, सूरज ज्ञान प्रकाश है ।

मृत्यु भरा सागर उस बाजू, सदाचार का नाश है ।
दुराचार जब छाता जग में, तमस् मय अंधःकार है ।।

◎ **Avatar : *Sthāyī* :** *The Lord personifies himself in order to remove adharma (unrighteousness).* ***Antarā* : 1.** *On one side is the army of the Pandavas, whose hands are bound by the rules of ethics. On the other side is the army of the Kauravas, who are blind to the rules and regulations. This is the battle between right and wrong. Defeat of the wrong side is certain.* **2.** *On Pandavas' side are mercy, forgiveness and duty. With them is Lord Krishna. On Kauravas' side are passion and greed. Dharma has no place there. The world is distressed with their deceits and intrigues.* **3.** *On this side is the ocean of mercy and wisdom. On that side are death and destruction. Virtues are oppressed. When adharma gets stronger, there is darkness of ignorance.*

(गुरवः)

यद्यपि गुरवः सर्वे युद्धे कौरवपक्षिणः ।
समीपं पाण्डुपक्षस्य द्रोणाचार्यस्य केणिका ।। **193**/1447

◎ **The Gurus :** *Even though the gurus Bhīshma, Kripa and Drona loved and respected the Pandavas very much for their righteous nature, they all sided with the Kauravas on the battlefield, as they regarded themselves to be the paid servants of Dhritarashtra.* ***The gurus considered themselves to be more of paid the servants than the upholders of righteousness*.**

(तदा)

योद्धुं सज्जे दले द्वेऽपि सम्मुखे च परस्परम् ।
सङ्केतस्य प्रतीक्षायां निश्चले च स्थिते रणे ।। **194**/1447

◎ **That time :** *The preparations were all done. The two opposing armies were standing steady face to face on the battlefield, awaiting for the signal to begin the war.*

युद्धारम्भं तदा कर्तुं शङ्खो भीष्मेन ध्मापितः ।
रणे भीष्मो हि सर्वेषु वृद्धतमः पितामहः ।। **195**/1447

◎ **Bhīshma :** *In order to give signal to the Kauravas, Bhīshma blew his conch shell. Bhīshma was the oldest man on the battlefield.*

सिंहवत्तारशब्देन भीष्मेण गर्जना कृता ।
सङ्केतः स महाघोरो जागृता येन कौरवाः ।। **196**/1447

◎ **And :** *In order to inspire Duryodhan, Bhīshma roared loudly like a lion. Hearing the roar, Kauravas got ready.*

(ततः)

कृष्णेन ध्मापितः शङ्खः कम्बुस्ततोऽर्जुनेन च ।
पाण्डवास्ते ध्वनी शृत्वा मुदिता मङ्गले शुभे ।। **197**/1447

◎ **Then :** *From Pandavas' side, Krishna blew his conch shell and then Arjun blew his conch shell. Hearing those two divine sounds, the joyful Pandavas became ready to march.*

समये शस्त्रपाते च पार्थो धृत्वा धनुः करे ।
अपश्यत्सुहृदः सर्वान्–योद्धुं तत्र समागतान् ।। **198**/1447

◎ **Arjun :** *Now, as the clash of weapons was about to happen, Arjun picked up his bow and looked at the people standing in front of him to shoot his first arrow;*

दृष्ट्वा तु बान्धवान्सर्वान्–पार्थः प्रियजनान्खलु ।
कृष्णं ब्रूते "न योत्स्येऽहं मां हनिष्यन्ति यद्यपि" ।। **199**/1447

◎ **At that moment :** *At that moment, looking at the loved ones in front of him, he said, "I shall not fight with them, even if they will kill me on the battlefield."*

निर्बलो धैर्यहीनः स पार्थो विमूढमानसः ।
धनुर्विसृज्य निःशस्त्रः रथमध्य उपाविशत् ।। **200**/1447

◎ **And :** *Arjun, being confused, deluded and power shattered, he put his bow down and sat down in the middle part of the chariot.*

खिन्नो विषादयुक्तः स हतबुद्धिः कपिध्वजः ।
व्याकुलो मोहितः पार्थो धर्मकर्म च व्यस्मरत् ।। **201**/1447

◎ **Delusion:** *The nervous and dejected, Arjun forgot his duty as a warrior standing on the battlefield.*

अधर्मं धर्मवन्मत्वा ज्ञात्वा स्वं पण्डितं तथा ।
दत्तवानुपदेशान्स केशवाय निरर्थकान् ।। **202**/1447

◎ **Thus :** *Thus, in delusion, getting mixed up in Dharma (righteousness) and adharma (unrighteousness), he thought himself to be a pundit and began giving meaningless advice to Shrī Krishna.*

(ततः)

दृष्ट्वा तु कातरं पार्थम्-अश्रुपूर्णाकुलेक्षणम् ।
प्रेम्णा च शान्तचित्तेन श्रीभगवानुवाच तम् ।। 203/1447

◎ **Therefore** : *Hearing Arjun's surprising words, Krishna said lovingly with a smiling face to that deluded Arjun;*

(अपि च)

क्षात्रधर्मस्य बीजञ्च कर्मयोगनिरूपणम् ।
भक्तियोगं च संन्यासं विश्वरूपस्य दर्शनम् ।। 204/1447

◎ **Krishna** : *Krishna said, O Arjun! please remember your duty as a warrior on the battlefield. He explained him the Karma-yoga (action without the desire for its fruit), Jnana-yoga (knowledge that you are not the doer) and the Buddhi-yoga (yoga of equanimity).*

(तस्मात्)

श्रुत्वा हि कृष्णवाक्यानि मनसो मूढतागतः ।
धर्मस्य ज्ञानज्योतिश्च तस्य प्रज्वलिता हृदि ।। 205/1447

◎ **Arjun** : *Having heard those words of wisdom, Arjun remembered his duty as a warrior on the battlefield. His delusion disappeared and light of enlightenment lit in his mind.*

रणयागत्य किं कार्यं ज्ञातं पार्थेन तद्यदा ।
युद्धं स स्व्यकरोत्पार्थः कृत्वा जयाजयौ समौ ।। 206/1447

◎ **And** : *He realized what is his duty as a warrior on the battlefield. He became ready to fight a righteous war with equanimity of mind.*

गीतोपनिषद्

षष्ठस्तरंग:

Gitopanishad

Fascicule 6

10. Story of the Great War of Mahabharata
महायुद्धकथा

(महायुद्धस्य प्रथमे दिने)

दृष्ट्वा सैन्यं बृहत्तेषां भीताः किञ्चिन्नु पाण्डवाः ।

कौरवाश्च जयं प्राप्ता युद्धस्य प्रथमे दिने ।। 207/1447

◎ **On the first day :** *On the first day of the war, the Kauravas won. Pandava army was awed with the army of the Kauravas that was two times bigger than theirs.*

पाण्डवानां दृढा नीतिः–धर्मराजे तथापि हि ।

गोप्तारौ कृष्णपार्थौ यान्–तेषां हि विजयो ध्रुवः ।। 208/1447

◎ **But :** *But, they had unshaken faith on the ethical power of their leader Yudhishthir. And, as Krishna and Arjun were on their side, they were sure of their moral victory in the righteous war.*

(द्वितीये दिने)

द्वितीये दिवसे भीष्मो द्रौपदेयं पराजयत् ।

द्रोणस्तु धृष्टद्युम्नेन रुद्धो भीष्मोऽर्जुनेन च ।। 209/1447

◎ **On the second day :** *On the second day, Abhimanyu fought with Bhīshma. Arjun stopped advance of Bhīshma. Dhrishtadyumna obstructed Dronacharya.*

(तृतीये दिने)

तृतीये दिवसे कृष्णः पाण्डवानादिशत्पुनः ।

यथा चाज्ञापितः पार्थो धार्तराष्ट्रानताडयत् ।। 210/1447

◎ **On the third day :** *On the third day, Krishna encouraged Pandavas. Arjun and Abhimanyu fought fiercely. Kauravas were pale in front of them.*

(चतुर्थे दिने)

चतुर्थे दिवसे भीमो दुर्योधनमताडयत् ।

भूरि कौरवसैन्यं च व्यनशच्च पराजयत् ।। 211/1447

◎ **On the fourth day :** *On the fourth day, Bhīma attacked Drona. He destroyed a large part of the Kaurava army.*

दृष्ट्वा कौरवहानिं तां भीष्म उवाच कौरवम् ।

शान्तिरेव पथस्तुभ्यं धर्मराजोऽपराजितः ।। 212/1447

◎ **And :** *Seeing the loss to the army on that day, Bhīshma suggested Duryodhan to make peace with Pandavas. He said, O Kaurava! your victory is not possible. Hearing it, Duryodhan scolded Bhīshma in bitter words. He said, "do your job."*

अमनुत न भीष्मं स न सोऽजानाद्धितं च स्वम् ।

ब्रूते दुर्योधनो भीष्मं हनिष्यामि हि पाण्डवान् ।। 213/1447

◎ **And :** *Not obeying Bhīshma and not knowing his own good, he said, I will kill all Pandavas. My victory is sure.*

(पञ्चमे दिने)

अर्जुनमाक्रमद्-द्रोणो युद्धस्य पञ्चमे दिने ।

पराजितः स पार्थेन रणादुपरतस्ततः ।। 214/1447

◎ **On the fifth day :** *On the fifth day, Drona attacked Arjun, but Arjun defeated Drona and drove him out of the battlefield.*

(षष्ठमे दिने)

पार्थः कौरवमक्षेणोद्-युद्धस्य षष्ठमे दिने ।

दुर्योधनेन रुष्ट्वा तु भीष्मोऽवमानितः पुनः ।। 215/1447

◎ **On the sixth day :** *On the sixth day, Arjun beat Duryodhan and wounded him severely. Irritated thus, Duryodhan again scolded Bhīshma.*

(सप्तमे दिने)

अभर्त्सयत भीष्मं स युद्धस्य सप्तमे दिने ।

द्रोणश्च कुत्सितस्तेन कृष्णपार्थौ च निन्दितौ ।। 216/1447

◎ **On the seventh day :** *On the seventh day also Duryodhan rebuked Bhīshma and Drona in harsh words. He also called bad names to Shrī Krishna and Arjun.*

आहतास्ताडिता भूरि पार्थेन कौरवाः पुनः ।

क्रुद्धो दुर्योधनस्तस्माद्-अगर्हत गुरून्पुनः ।। 217/1447

◎ **And :** *Then Arjun beat the Kaurava army and wounded Duryodhan. Duryodhan again scolded the gurus.*

(अष्टमे दिने)

कौरवास्ताडिता भूयः पार्थेन चाष्टमे दिने ।

दुर्योधनेन दुष्टेन भूरि भीष्मोऽपमानितः ।। 218/1447

◎ **On the eighth day :** *On the eighth day also Arjun hurt Kaurava army badly. Disappointed Duryodhan thus, scolded the Gurus again.*

श्रुत्वा कटु वचस्तस्य भीष्म उवाच तं शठम् ।

शृणु नृप प्रतिज्ञां मे श्वो हनिष्यामि पाण्डवान् ।। 219/1447

◎ **Bhīshma :** *Hearing the constant harsh insults from Duryodhan, Bhīshma vowed that tomorrow he will crush Pandavas.*

यथा यस्य भवेत्सङ्गो भाग्यं तस्य तथा हि वै ।

दुर्योधनस्य सङ्गो यं दुर्दैवं तस्य निश्चितम् ।। 220/1447

◎ ***And :*** *As you keep the company so you get the treatment. For keeping the bad company of Duryodhan, Bhīshma received humiliating treatment.*

(नवमे दिने)

अनशत्पाण्डवान्भीष्मो युद्धस्य नवमे दिने ।

ताडिताः पाण्डवाः सर्वे दूरे तस्मात्पलायिताः ।। 221/1447

◎ **On the ninth day :** *On the ninth day, Bhīshma beat Pandava army severely. The Pandavas got scared and retreated back.*

(तदा)

कृष्ण उवाच स्नेहेन मा बिभिहि युधिष्ठिर ।

शिखण्डी योत्स्यते भीष्मं, भीष्मं स एव जेष्यति ।। 222/1447

◎ **Krishna :** *Krishna then told the Pandavas not to worry. Shikhandi will fight with Bhīshma tomorrow and win.*

(दशमे दिने)

अयुध्यत शिखण्डी स कृष्णेन ज्ञापितो यथा ।

तं न प्रत्यकरोद्भीष्मो भूत्वाऽपीषुभिराहतः ।। 223/1447

◎ **On the tenth day :** *On the tenth day, Shikhandi showered arrows on Bhīshma. Bhīshma did not defend himself.*

अपतच्छरशय्यायां श्रीभीष्मो दशमे दिने ।

वीरा विरमिताः सर्वे सेनयोरुभयोरपि ।। 224/1447

◎ **At the end :** *At the end Bhīshma fell on the bed of arrows, but he did not break his promise.*

(इदानीम्)

भीष्मपतनवार्तां तां श्रुत्वाऽऽह धृतराष्ट्र उ ।

मन्ये दुर्योधनस्यापि समीपे मरणं खलु ।। 225/1447

◎ **Now :** *Now, hearing the sensational news of Bhīshma's fall, Dhritarashtra got scared. He thought, now Duryodhan's end also looks near.*

आश्चर्यचकितो भूत्वा नृप उवाच सञ्जयम् ।

दशदिनेषु किं वृत्तं ब्रूहि तन्मे सुनिश्चितम् ।। 226/1447

◎ **And :** *Shocked thus, Dhritarashtra called Sanjay and asked him to tell the complete account of what took place so far, in the last ten days.*

ततः फलतो महायुद्धस्य दशमे दिने यो धृतराष्ट्रसञ्जययोः संवादो जातः स व्यासशब्दैः श्रीमद्भगवद्गीता नाम्ना प्रसिद्धः ।

◎ **And** : *The dialogue that took place on the tenth day of the war, between Dhritarashtra and Sanjay, about the divine dialogue between Shrī Krishna and Arjun, written in the poetic words of Vyasa, is known as Shrimad-Bhagavad-Gita.*

गीतोपनिषद्
सप्तमस्तरंगः
Gitopanishad
Fascicule 7

23. हिंदी भजन : राग तिलंग, कहरवा ताल 8 मात्रा

सांब शिवम्

स्थायी

मन भजले सांब शिवम् । मनवा मंगल गान तू गा रे ।

वंदे शिवं सुंदरम्, सत्यं शिवं ।।

♪ गम पनिसां-निप निपग मग – – – । गमपनि सांसांसांसां निसांगं सां निसां निप ।

सां-निप निपम मग – – सागमप- ।।

अंतरा-1

गा कर प्यारा नाम शिवा का, करले तरास तू कम ।

साँस साँस में गौरी नाथ को, भज ले तू हर दम ।।

♪ म- गम प-नि- सां-सां सांसां- सां-, निनिनि- सांसां-सां नि निप-म-ग- ।

गमप निसांसां सां- निसांगं सांनिसां निप, निनि प- निप गम गग-ग-मपनिमप ।।

अंतरा-2

पा कर न्यारा प्यार शिवा का, हरले दरद सितम ।

बार बार नित वंदना करो, भोले नाथ शुभम् ।।

◎ **Samb-Shiva** : *Sthāyī* : O My mind! please worship Samb Shiva. O My mind! please sing the auspicious song. Salute the beautiful Shiva. *Antarā* : **1.** Singing of the lovely name of Shiva, removes your pains. In every breath we worship Gauri-natha (Shiva, the husband of Gauri) day and night. **2.** Having received the unique love from Shiva, we remove our sorrow and difficulties. Again and again ever and ever we pray Bhole Nath Shiva.

श्रीमद्-भगवद्-गीतायाः प्रथमोऽध्यायः ।
विषादयोगः ।

24. हिंदी गीत
गिरिधारी

स्थायी

तुम संकट मोचक गिरिधारी ।

♪ सारे ग-गग म-मम पमरे-ग- ।

अंतरा-1

मन चंचल पर तुम निगरानी, जग सागर तुम पानी ।
घट घट वासी विश्व विहारी, सुख कारी दुख हारी ।।

♪ सासा रे-गग मम पम गरेग-म-, पप म-गग रेग म-म- ।
निनि धध प-म- रे-ग मप-प-, सासा रे-ग- पम रे-ग- ।।

अंतरा-2

दीनन के रक्षक प्रतिहारी, राधा रमण बनवारी ।
मुरलीधर हरि कुंज बिहारी, लीला गजब तिहारी ।।

अंतरा-3

तुम ही नैया खेवन हारे, तुम हमरे रखवारे ।
गोवर्धन प्रभु कृष्ण मुरारे, हम तुमरे बलिहारी ।।

◎ **Giridhari** : *Sthāyī* : O Giridhari (Bearer of the mountain) Krishna! you are the remover of difficulties. **Antarā** : 1. O Protector of the distressed people! O Radha-Raman-Banvari (Radha's beloved who roams in the forest)! O Murlidhar (Bearer of the flute)! O Hari! O Kunj-Bihari (who roams in the village)! your magical deeds are wonderful. 2. O Lord! you are the controller of the restless mind. The world is an ocean, you are the water. You dwell in our hearts and watch over us. You are the Giver of happiness and Remover of sorrow. 3. You are our boat and our boatman. You are the savior. O Govardhan (who picked up Govardhan mountain)! O Lord! O Krishna Murari (slayer of the demon Mura)! we are devoted to you.

ॐ श्लोक-अनुप्रासः

भगवद्गीता

भणिता भगवद्गीता भद्रा भगवता भवे ।
भाविकी भास्वरा भूरि भारती भाग्यदायिनी ।।
भञ्जनाय भ्रमं भक्त भावेन भजनं भज ।
भेदभावो भयं भामो भ्रान्तिर्भूतेषु भिद्यते ।।

♫ गगग- ममम-प-म-, प-प- मगरेग- मप- ।
म-मम- प-पप- ध-प-, म-मम- प-मग-रेग- ।।
रे-रेरे-रे गम- ग-रे-, सा-सा-सा- रेगम- गरे- ।
सा-सासा-सा- रेग- रे-सा-, रे-ग-म-प-म ग-रेसा- ।।

◎ **Bhagavad-Gita :** *The divine Bhagavad Gita is told by Lord Krishna in this world. The Gita is Dharmic (righteous), radiant and the Giver of good luck. Gita is Giver of knowledge, like Sarasvati. O Devotee! sing the Bhajan with faith. Its glitter of knowledge removes your delusion, ignorance, fear, discrimination and wrong notions.*

Dhritarashtra Said to Sanjaya

11. Story of Arjun's Despondency
अर्जुनविषादकथा

अथ श्रीमद्भगवद्गीता - प्रथमोऽध्यायः ।

धृतराष्ट्र उवाच ।

धर्मक्षेत्रे कुरुक्षेत्रे समवेता युयुत्सवः ।
मामकाः पाण्डवाश्चैव किमकुर्वत सञ्जय ।।

GITOPANISHAD
Composed by Ratnakar

Original Verse of **the Bhagavad Gita**

ॐ अनुष्टुप्-श्लोक-छन्दसि गीतोपनिषद् ।

(रत्नाकर उवाच)

Ratnakar's Anushtubh Shlokas to explain **Gita Verses**

अन्धश्रीर्मन्दबुद्धिश्च मलिनो मनसा तथा ।
उवाच कौरवो मूढो दुःखेन सञ्जयं नृपः ।। 227/1447

Shloka #**227** of total 1447

♫ ग-ग-ग-ग-गरे-म-ग-, ममम- म-पम- गरे- ।
पप-प प-पध- प-म-, ग-रे-म- प-गरे- निसा- ।।

Harmonium Music Notation

◎ **Ratnakar :** *Ratnakar says, blind at mind and eyes, wicked at heart, the deluded king Dhritarashtra agonizingly said to Sanjay :*

(धृतराष्ट्र उवाच)

धर्मभूमिः कुरुक्षेत्रं विश्वे ज्ञातं हि पावनम् ।

सर्वे समागतास्तत्र युद्धं कर्तुं तु धार्मिकम् ।। 228/1447

◎ **The Battlefield :** *The Dharma Bhumi (land known for righteous deeds) of Kurukshetra, which is a well known sacred land in the world, there warriors are assembled for a righteous war.*

पाण्डवाः पञ्च वीरास्ते सुताश्च शत मामकाः ।

तत्राकुर्वत किं किं ते ब्रूहि तन्मे सविस्तरम् ।। 229/1447

◎ **Dhritarashtra :** *O Sanjay! five Pandavas and one hundred sons of mine, all brave warriors, what did they do there?*

सञ्जय उवाच ।

।। 1.2 ।।

दृष्ट्वा तु पाण्डवानीकं व्यूढं दुर्योधनस्तदा ।

आचार्यमुपसङ्गम्य राजा वचनमब्रवीत् ।।

(सञ्जय उवाच)

(पाण्डवसेना)

पाण्डवानां बलं दृष्ट्वा व्यूहबद्धं परन्तप[3] **।**

द्रोणाचार्यमुपागत्य दुर्योधनोऽब्रवीदिति ।। 230/1447

◎ **The Pandavas :** *O Parantap (Scorcher of the bad people) Dhritarashtra! seeing the army arranged in phalanx, Duryodhan went to guru Dronacharya and said :*

।। 1.3 ।।

पश्यैतां पाण्डुपुत्राणामाचार्य महतीं चमूम् ।

व्यूढां द्रुपदपुत्रेण तव शिष्येण धीमता ।।

चमूमेतां गुरो पश्य व्यूहयुक्तां महत्तमाम् ।

धृष्टद्युम्नोऽकरोद्धीमान्-शिष्यस्ते द्रुपदात्मजः ।। 231/1447

◎ **The army :** *O Guru! behold this great army of the Pandavas, commandeered by your intelligent disciple Dhrishtadyumna, the son of king Drupad.*

---

[3] **परन्तप** = पर √तप् + खच्, मुम् = परान् शत्रून तापयति यः सः धृतराष्ट्रः (महाभारते अर्जुनः कृष्णश्च) ।

|| 1.4 ||

अत्र शूरा महेष्वासा भीमार्जुनसमा युधि ।
युयुधानो विराटश्च द्रुपदश्च महारथः ॥

सेनामस्यां महावीरौ भीमार्जुनौ रणाङ्गणे ।
विराटसात्यकी शूरौ द्रुपदश्च महारथः ॥ **232**/1447

◎ **And :** *In this army there are brave men and powerful archers such as Bhima, Arjuna, king Virata, brave Drupad, Satyaki;*

|| 1.5 ||

धृष्टकेतुश्चेकितानः काशिराजश्च वीर्यवान् ।
पुरुजित्कुन्तिभोजश्च शैब्यश्च नरपुङ्गवः ॥

चेकितानः शिखण्डी च काशिराजो महाबली ।
पुरुजिद्धृष्टकेतुश्च कुन्तिभोजः शिबीनृपः ॥ **233**/1447

◎ **And :** *And powerful king of Kashi, King of Shibi, Shikhandi, Purujit, Kuntibhoj, Dhrishtaketu, Chekitan;*

|| 1.6 ||

युधामन्युश्च विक्रान्त उत्तमौजाश्च वीर्यवान् ।
सौभद्रो द्रौपदेयाश्च सर्व एव महारथाः ॥

युधामन्युर्महेष्वास उत्तमौजाः पराक्रमी ।
सौभद्रेयोऽभिमन्युश्च द्रौपदेयाश्च पञ्च ते ॥ **234**/1447

◎ **And :** *The great archer Yudhamanyu, brave Uttamauja, Subhadra's son Abhimanyu and five great sons of Draupadi.*

|| 1.7 ||

अस्माकं तु विशिष्टा ये तान्निबोध द्विजोत्तम ।
नायका मम सैन्यस्य संज्ञार्थं तान्ब्रवीमि ते ॥

एते पाण्डवनेतारो मयोक्ता भवतः कृते ।
अस्माकमपि नेतॄंश्च हे गुरुद्रोण मे शृणु ॥ **235**/1447

◎ **And :** *O Guru Drona! I have mentioned the names of these Pandava leaders for your information. Now hear the names of the leaders of our army too.*

|| 1.8 ||

भवान्भीष्मश्च कर्णश्च कृपश्च समितिञ्जयः ।

अश्वत्थामा विकर्णश्च सौमदत्तिस्तथैव च ।।

(कौरवसैन्यम्)

द्रोणाचार्य भवान्नत्र तत्र भीष्मः कृपस्तथा ।
अश्वत्थामा च कर्णश्च विकर्णः सोमदत्तजः ।। **236**/1447

◎ **The Kauravas :** *O Dronacharya! you are stationed here, near the Pandava-army. Bhīshma, Kripacharya, Ashvatthama, Karna, Vikarna and the son of Somadatta are there, stationed in my army.*

।। 1.9 ।।

अन्ये च बहवः शूरा मदर्थे त्यक्तजीविताः ।
नानाशस्त्रप्रहरणाः सर्वे युद्धविशारदाः ।।

अन्ये च बहवो वीरा मह्यं प्राणार्पिताः खलु ।
युक्ता विविधशस्त्रैस्ते युद्धे च कुशला हि ये ।। **237**/1447

◎ **And :** *And there are many skillful warriors who are equipped with various weapons and ready to fight and lay down their lives for my sake.*

।। 1.10 ।।

अपर्याप्तं तदस्माकं बलं भीष्माभिरक्षितम् ।
पर्याप्तं त्विदमेतेषां बलं भीमाभिरक्षितम् ।।

(युद्धसज्जता)

सप्तैवाक्षौहिणं सैन्यम्-एतद्भीमेन रक्षितम् ।
एकादशौक्षिणी सेना मे तद्भीष्मेन गोपिता ।। **238**/1447

◎ **Preparation :** *These seven divisions of the army of the Pandavas are protected by Bhīma. Those eleven divisions of our army are protected by Bhīshma.*

।। 1.11 ।।

अयनेषु च सर्वेषु यथाभागमवस्थिताः ।
भीष्ममेवाभिरक्षन्तु भवन्तः सर्व एव हि ।।

नियुक्तिर्यस्य यत्रास्ति दृढस्तिष्ठेद्धि तत्र सः ।
भीष्मत्राणाय सर्वे हि यतध्वं सर्वथा भटाः ।। **239**/1447

◎ **And :** *May everyone stand firmly where he is appointed. Let us all warriors protect Bhīshma.*

स एव रक्षकोऽस्माकम्-अस्माकं स हि तारकः ।
तस्य रक्षां हितं बुद्ध्वा लक्ष्यं तं करवामहै ।। **240**/1447

◎ **Because :** *Bhīshma is our protector, he is our savior. Let us make his protection our main priority.*

|| 1.12 || तस्य सञ्जनयन्हर्षं कुरुवृद्धः पितामहः ।
             सिंहनादं विनद्योच्चैः शङ्खं दध्मौ प्रतापवान् ॥

दुर्योधं मुदितं कर्तुं भीष्मोऽगर्जच्च सिंहवत् ।
शङ्खं दध्मौ च प्रोच्चैः स जागृयुर्येन कौरवाः ॥ 241/1447

◎ **And then :** *And then, in order to inspire Duryodhan, Bhīshma roared loudly like a lion and blew his conch shell so that all Kauravas may get prepared.*

ध्वनिं तां कर्कशां श्रुत्वा शङ्खस्य कर्णभेदिकाम् ।
कौरवाश्चोदिताः सर्वे बभूवुस्तत्परा द्रुतम् ॥ 242/1447

◎ **And :** *Hearing those deafening sounds, the Kauravas became ready to fight.*

|| 1.13 || ततः शङ्खाश्च भेर्यश्च पणवानकगोमुखाः ।
             सहसैवाभ्यहन्यन्त स शब्दस्तुमुलोऽभवत् ॥

शङ्खाश्च पणवा भेर्यो डिण्डिमा गोमुखास्तथा ।
प्रदध्मुस्तारशब्देन स रवः सङ्कुलोऽभवत् ॥ 243/1447

◎ **Then :** *Then, all of a sudden, the conch shells, trumpets, kettle drums, war horns and bugles blared forth all together. Their noise become tumultuous.*

|| 1.14 || ततः श्वेतैर्हयैर्युक्ते महति स्यन्दने स्थितौ ।
             माधवः पाण्डवश्चैव दिव्यौ शङ्खौ प्रदध्मतुः ॥

(तत्र)
अग्रे पाण्डुदले तत्र नन्दिघोषः कपिध्वजः ।
अश्वाश्च स्यन्दने श्वेताः सारथिर्यस्य माधवः ॥ 244/1447

◎ **Arjun :** *And then, at the front of Pandava army was standing Arjun's Nandighosh chariot, equipped with white horses and a standard of Hanuman. Arjun's chariot was driven by Madhava (Husband of Lakshmi) Shrī Krishna.*

स्थितौ बृहद्रथे तस्मिन्-नरनारायणौ ततः ।
प्रबुद्धान्पाण्डवान्कर्तुं शङ्खौ दिव्यौ प्रदध्मतुः ॥ 245/1447

◎ **Krishna :** *Seated in that grand chariot were Nara-Nārāyana Arjun-Shrī Krishna. They blew their celestial conch shells in order to inspire the Pandavas.*

|| 1.15 ||

पाञ्चजन्यं हृषीकेशो देवदत्तं धनञ्जय: ।
पौण्ड्रं दध्मौ महाशङ्खं भीमकर्मा वृकोदर: ॥

पाञ्चजन्यो मुकुन्देन पार्थेन देवदत्त उ ।
पौण्ड्रो नाम्नो महाशङ्ख: प्रोच्चैर्भीमेन ध्मापित: ॥ 246/1447

◎ **Conch shells :** *Mukunda Shrī Krishna blew the divine conch shell called Panchajanya and Parth Arjun blew his conch shell called Devadatta. Bhīma blew his giant conch shell called Paundra.*

|| 1.16 ||

अनन्तविजयं राजा कुन्तीपुत्रो युधिष्ठिर: ।
नकुल: सहदेवश्च सुघोषमणिपुष्पकौ ॥

नकुलसहदेवाभ्यां सुघोषमणिपुष्पकौ ।
अनन्तविजय: शङ्खो युधिष्ठिरेण प्रभृति ॥ 247/1447

◎ **And :** *Nakul and Sahadeva blew their conch shells called Sughosh and Manipushpak. Yudhishthir blew his conch shell called Anantavijay.*

योधवीरास्तत: सर्वे बभूवुराशु तत्परा: ।
स्वं स्वं शङ्खं ततो धृत्वा दध्मुस्ते विविधै: स्वरै: ॥ 248/1447

◎ **Also :** *Hearing those divine sounds, the Pandava warriors quickly became ready and they blew their conch shells in various sounds in reply.*

|| 1.17 ||

काश्यश्च परमेष्वास: शिखण्डी च महारथ: ।
धृष्टद्युम्नो विराटश्च सात्यकिश्चापराजित: ॥

काशिराजो धनुर्धारी शिखण्डी च महारथी ।
धृष्टद्युम्नश्चमूनाथो विराटो नृपकेसरी ॥ 249/1447

◎ **Warriors :** *The great bowman king of Kashi, the great charioteer Shikhandi, the army commander Dhrishtadyumna and King Virata, the lion among men;*

|| 1.18 || द्रुपदो द्रौपदेयाश्च सर्वशः पृथिवीपते ।
सौभद्रश्च महाबाहुः शङ्खान्दध्मुः पृथक्पृथक् ॥

द्रुपदोऽतिरथी ज्ञातः सात्यकिर्रणविक्रमी ।
उत्तमौजा महावीरो युधामन्युश्च नायकः ॥ 250/1447

◎ **And :** And the great charioteer King Drupad, is hero Satyaki, the very brave Uttamauja, the leader Yudhamanyu;

सौभद्रेयोऽभिमन्युश्च द्रौपदेयाश्च सैनिकाः ।
शङ्खान्पृथग्विधान्ध्मात्वा चक्रुः कर्कशगर्जनम् ॥ 251/1447

◎ **And :** And Subhadra's son Abhimanyu, Draupadi's five brave children and other army leaders blew their conch shells and made a roaring sound.

|| 1.19 || स घोषो धार्तराष्ट्राणां हृदयानि व्यदारयत् ।
नभश्च पृथिवीं चैव तुमुलो व्यनुनादयन् ॥

तीव्रेण तेन शब्देन निनादिते धरा नभः ।
तथैव धार्तराष्ट्राणां क्रूराणि हृदयानि च ॥ 252/1447

◎ **Thus :** With that piercing sound everything from the earth to the sky reverberated and it shattered the hearts of the Kauravas.

|| 1.20 || अथ व्यवस्थितान्दृष्ट्वा धार्तराष्ट्रान्कपिध्वजः ।
प्रवृत्ते शस्त्रसम्पाते धनुरुद्यम्य पाण्डवः ॥

नभोधरे यदा शान्ते पुनर्भूते शनैः शनैः ।
तदनु कुरुपुत्राणां चित्तं स्थिरं च पूर्ववत् ॥ 253/1447

◎ **Then :** When the earth and the sky became quiet slowly and the hearts of the Kauravas calmed down as before;

(अर्जुनविरतिः)
स्थिरांस्तान्कौरवान्दृष्ट्वा रणे तस्मिन्यदा पुनः ।
उत्थितः सशरः पार्थो युद्धं कर्तुं हि धार्मिकम् ॥ 254/1447

◎ **And :** When the sounds of the conch shells dissipated and the surrounding ambiance became quiet, Arjun picked his bow and arrow to initiate the righteous war.

|| 1.21 ||

हृषीकेशं तदा वाक्यमिदमाह महीपते ।
सेनयोरुभयोर्मध्ये रथं स्थापय मेऽच्युत ।।

उवाच स हृषीकेशम्-अर्जुनः शृणु केशव ।
सेनयोरुभयोर्मध्ये हरे स्थापय स्यन्दनम् ।। **255**/1447

◎ **Arjun :** *He said, O Hrishikesh! please place our chariot between the two facing armies.*

अर्जुन उवाच ।

|| 1.22 ||

यावदेतान्निरीक्षेऽहं योद्धुकामानवस्थितान् ।
कैर्मया सह योद्धव्यमस्मिन्रणसमुद्यमे ।।

(अर्जुन उवाच)
तत्पर्यन्तं निरीक्षेऽहं योद्धव्यं कैर्मया सह ।
योद्धुकामश्च कः कः स मर्तुमस्त्युद्यतो रणे ।। **256**/1447

◎ **Arjun's request :** *Arjuna said, O Krishna! meanwhile let me observe those whom I have to fight and those who came to die on this battlefield.*

|| 1.23 ||

योत्समानानवेक्षेऽहं य एतेऽत्र समागताः ।
धार्तराष्ट्रस्य दुर्बुद्धेर्युद्धे प्रियचिकीर्षवः ।।

योत्स्यमानाश्च के सन्ति धर्मयुद्धे समागताः ।
दुर्योधनस्य दुष्टस्य दुर्मतेश्च हिताय के ।। **257**/1447

◎ **And :** *Which warriors I have to fight in this righteous war. Who have come to help the wicked Duryodhan.*

सञ्जय उवाच ।

|| 1.24 ||

एवमुक्तो हृषीकेशो गुडाकेशेन भारत ।
सेनयोरुभयोर्मध्ये स्थापयित्वा रथोत्तमम् ।।

(सञ्जय उवाच)
पार्थस्य तद्वचः श्रुत्वा माधवेन परन्तप ।
अनीकयोर्द्वयोर्मध्ये स्थापितः स बृहद्रथः ।। **258**/1447

◎ **Sanjay :** *Sanjay then said to Dhritarashtra, O King! having heard the words of Arjun, Madhava (Husband of Lakshmi) drove the chariot and placed it between the two opposing armies on the battlefield.*

|| 1.25 ||

भीष्मद्रोणप्रमुखतः सर्वेषां च महीक्षिताम् ।
उवाच पार्थ पश्यैतान्समवेतान्कुरूनिति ॥

सर्वेषां च समक्षं हि तमुवाच जनार्दनः ।
“पश्य सर्वान्कुरून्पार्थ युद्धं कर्तुं समागतान्” ॥ **259**/1447

◎ **Krishna :** *Having placed the chariot between two opposing armies, in front of all warriors Janardan (Krishna, the remover of the evil people) said, O Arjun! behold all the Kauravas and Pandavas who have assembled here for the war.*

आज्ञया च तया तेन चम्वोर्मध्ये तयोस्तदा ।
विद्यमानाश्च पार्थेन दृष्टाः सम्बन्धिनो भटाः ॥ **260**/1447

◎ **Arjun :** *Hearing the instruction from Shrī Krishna, Arjun saw Bhīshma, Drona, Kripacharya and his dear ones standing in both the armies.*

|| 1.26 ||

तत्रापश्यत्स्थितान्पार्थः पितॄनथ पितामहान् ।
आचार्यान्मातुलान्भ्रातॄन्पुत्रान्पौत्रान्सखींस्तथा ।
श्वशुरान्सुहृदश्चैव सेनयोरुभयोरपि ॥

उभयसैन्ययोर्मध्ये भीष्मद्रोणादयस्तथा ।
दृष्टाः सम्बन्धिनः स्निग्धाः पुत्राः पौत्राश्च बान्धवाः ।
आचार्या मातुलाः श्यालाः श्वसुराः पितरस्तथा ॥ **261**/1447

◎ **And :** *And he saw his brothers, children, grandchildren, uncles, in-laws, grandfathers and other relatives in both the armies;*

|| 1.27 ||

तान्समीक्ष्य स कौन्तेयः सर्वान्बन्धूनवस्थितान् ।
कृपया परयाविष्टो विषीदन्निदमब्रवीत् ॥

गुरून्बन्धूंश्च सर्वान्स समक्षं समुपस्थितान् ।
कारुण्येनान्वितः क्रन्दन्–उवाच कुरुनन्दनः ॥ **262**/1447

◎ **Then :** *Having seen the gurus and all brothers in front of him, he was overwhelmed with grief. He thus cried on the battlefield and said :*

अर्जुन उवाच ।

|| 1.28 || दृष्ट्वेमं स्वजनं कृष्ण युयुत्सुं समुपस्थितम् ।।

(अर्जुन उवाच)

धर्मक्षेत्रे स्थितांस्तत्र क्षत्रियान्योद्धुमागतान् ।
दृष्ट्वा वै सुहृदः सर्वान्-दुःखेनोवाच सोऽर्जुनः ।। 263/1447

◎ **He said** : *Having seen these relatives on the battlefield ready for a war, I am taken over by grief.*

|| 1.29 || सीदन्ति मम गात्राणि मुखं च परिशुष्यति ।
वेपथुश्च शरीरे मे रोमहर्षश्च जायते ।।

मम गात्राणि सीदन्ति शुष्यति कृष्ण मे मुखम् ।
देहे च रोमहर्षोऽस्ति पीडायुक्तं वपुर्बहु ।। 264/1447

◎ **And** : *My body is trembling. My mouth is parched. I have goose bumps on my skin. My body is aching;*

|| 1.30 || गाण्डीवं स्रंसते हस्तात्त्वक्चैव परिदह्यते ।
न च शक्नोम्यवस्थातुं भ्रमतीव च मे मनः ।।

शक्तिहीनौ गतौ पादौ त्वग्मे च परिदह्यते ।
हस्तात्स्खलति गाण्डीवं मनश्च मम भ्राम्यति ।। 265/1447

◎ **And** : *My legs have become weak. My skin is horripilating. My bow is slipping from my hands and my mind is confused.*

तथा स व्याकुलः पार्थः क्षात्रधर्मं हि व्यस्मरत् ।
तस्मात्पण्डितमात्मानं मत्वा चक्रे स वल्गनाम् ।। 266/1447

◎ **And thus** : *And thus lamenting, Arjun forgot his duty as a warrior on a battlefield in a righteous war. He thought himself to be a pundit and began lecturing Shrī Krishna with a meaningless chatter.*

गीतोपनिषद्
अष्टमस्तरंगः
Gitopanishad
Fascicule 8

12. Story of Arjun's meaningless chatter
अर्जुनवल्गना:

अर्जुन उवाच ।

|| 1.31 || निमित्तानि च पश्यामि विपरीतानि केशव ।
न च श्रेयोऽनुपश्यामि हत्वा स्वजनमाहवे ।।

"विपरीतानि चिह्नानि पश्याम्यहं नु माधव ।
अस्मिन्न दृश्यते मह्यं लाभ: कोऽपि जनार्दन ।। 267/1447

◎ **And :** Arjun said, "O Madhav (Husband of lakshmi)! I see bad omens. O Janardan (Remover of the evil people)! I do not see any benefit from this righteous war."

|| 1.32 || न काङ्क्षे विजयं कृष्ण न च राज्यं सुखानि च ।
किं नो राज्येन गोविन्द किं भोगैर्जीवितेन वा ।।

(पुन: प्रजल्प:)

"नाहं विजयमिच्छामि न च राज्यं न वा सुखम् ।
राज्यभोगे सुखं किं मे जीविते किं प्रयोजनम् ।। 268/1447

◎ **And :** And he said, "I do not desire victory, nor the kingdom, nor happiness. What good is the kingship and what good is being alive?

|| 1.33 ||

येषामर्थे काङ्क्षितं नो राज्यं भोगाः सुखानि च ।
त इमेऽवस्थिता युद्धे प्राणांस्त्यक्त्वा धनानि च ।।

"येषां कृते सुखं राज्यम्-इच्छामो मनसा वयम् ।
तयेवात्रोद्यताः सर्वे त्यक्त्वा प्राणान्धनानि च ।। **269**/1447

◎ **And** : "*Those for whom we dreamed kingdom, pleasures and comforts of kingship, they all are standing here for the battle, giving up their lives and livelihood.*

|| 1.34 ||

आचार्याः पितरः पुत्रास्तथैव च पितामहाः ।
मातुलाः श्वशुराः पौत्राः श्यालाः सम्बन्धिनस्तथा ।।

"विद्यमानाः सुताः पौत्राः पितृबन्धुपितामहाः ।
श्वसुरा मातुलाः श्याला गुरवः सुहृदस्तथा ।। **270**/1447

◎ **And** : "*Standing on the battlefield are my children, grandchildren, fatherly people, grandfathers, in-laws, uncles, gurus and well wishers, in both the armies.*

|| 1.35 ||

एतान्न हन्तुमिच्छामि घ्नतोऽपि मधुसूदन ।
अपि त्रैलोक्यराज्यस्य हेतोः किं नु महीकृते ।।

"प्राप्तुं त्रैलोक्यराज्यं च हन्तुं नेच्छामि मामकान् ।
हतोऽहं तैर्हि यद्वाऽपि न वा राज्यं मिलेद्यदि ।। **271**/1447

◎ **And** : "*I shall not desire to kill them even for attainment of the kingdom of the three worlds. Therefore, I would rather be killed without attaining any kingdom.*

"कर्तुं न जातु शक्ष्येऽहं प्राप्तुमपीन्द्रवैभवम् ।
कथं तत्तु करिष्येऽहं भूमिराज्याय केशव ।। **272**/1447

◎ **And** : "*What I do not want to do even for gaining the kingdom of Indra, O Keshav! how may I do it for this kingdom on the earth?*

|| 1.36 ||

निहत्य धार्तराष्ट्रान्नः का प्रीतिः स्याज्जनार्दन ।
पापमेवाश्रयेदस्मान्हत्वैतानाततायिनः ।।

"अतो हत्वा शुभं किं वा कौरवान्मधुसूदन ।
प्राप्स्यामहे वयं पापं हत्वा युद्धेऽपि पापिनः ।। **273**/1447

◎ **Therefore :** "*Thus, O Madhusudan (slayer of the demon Madhu)! what good is it in killing Kaurava brothers? O Krishna! we may incur sin by killing these evil people.*

|| 1.37 ||

तस्मान्नार्हा वयं हन्तुं धार्तराष्ट्रान्स्वबान्धवान् ।
स्वजनं हि कथं हत्वा सुखिनः स्याम माधव ॥

"एतान्दुष्टान्वयं हत्वा भवेम सुखिनः कथम् ।
तस्मादेषा वृथा हत्या कर्तुमस्मान्न शोभते ॥ **274**/1447

◎ **And :** "*How can we be happy killing these evil brothers? Therefore, killing these insane people would not look good upon us.*

|| 1.38 ||

यद्यप्येते न पश्यन्ति लोभोपहतचेतसः ।
कुलक्षयकृतं दोषं मित्रद्रोहे च पातकम् ॥

"कुलघाते च को दोषो मित्रघाते च पातकम् ।
एतदेते न पश्यन्ति किङ्कर्तव्यविमूढिनः ॥ **275**/1447

◎ **And :** "*Even if these foolish Kauravas do not understand how much sin is there in treachery to their own people and subversion against their own family;*

|| 1.39 ||

कथं न ज्ञेयमस्माभिः पापादस्मान्निवर्तितुम् ।
कुलक्षयकृतं दोषं प्रपश्यद्भिर्जनार्दन ॥

"विमूढमानसाः सर्व एते च लोभिनस्तथा ।
अधर्माद्धटते पापं नश्यति च कुलं ततः ॥ **276**/1447

◎ **And :** "*These Kauravas are confused and deluded with greed and unrighteousness. They do not think that adharma (unrighteousness) gives sin and ruins their own family.*

|| 1.40 ||

कुलक्षये प्रणश्यन्ति कुलधर्माः सनातनाः ।
धर्मे नष्टे कुलं कृत्स्नमधर्मोऽभिभवत्युत ॥

"कुलक्षयाच्च नश्यन्ति कुलधर्माः सनातनाः ।
धर्मनाशात्कुलं कृत्स्नं नश्यत्येव न संशयः ॥ **277**/1447

◎ **And :** "*From the ruin of the family, the ancient traditions get ruined and from the ruin of the traditions the whole family gets destroyed, no doubt.*

|| 1.41 || अधर्माभिभवात्कृष्ण प्रदुष्यन्ति कुलस्त्रियः ।
स्त्रीषु दुष्टासु वार्ष्णेय जायते वर्णसङ्करः ॥

"ततः स्त्रियः कुलीनाश्च पतन्ति धर्मनाशनात् ।
पतिताभ्यश्च नारीभ्यो भवति सङ्करः कुले ॥ 278/1447

◉ **And :** "*And from that, downfall of the royal ladies occurs and from the corrupted ladies admixture in the family takes place.*

|| 1.42 || सङ्करो नरकायैव कुलघ्नानां कुलस्य च ।
पतन्ति पितरो ह्येषां लुप्तपिण्डोदकक्रियाः ॥

"नरके सङ्करादस्मात्-कुलघाती कुलं तथा ।
स्खलन्ति पितरस्तेषां लुम्पन्ति श्राद्धभावनाः ॥ 279/1447

◉ **And :** "*And then the family destroyer and his family both go to hell and thus being deprived of the post-death rituals, their ancestor meet downfall.*

|| 1.43 || दोषैरेतैः कुलघ्नानां वर्णसङ्करकारकैः ।
उत्साद्यन्ते जातिधर्माः कुलधर्माश्च शाश्वताः ॥

"कुले च सङ्करो भूत्वा लाञ्छनैः कुलघातिनः ।
पतन्ति कुलधर्माश्च जातिधर्माः पुरातनाः ॥ 280/1447

◉ **And :** "*And by causing admixture in the family, the ladies of the family become corrupt and ancient Jati (caste based on birth) traditions are corrupted.*

(अर्थात्)

"दोषेण सङ्करस्यास्य कुलस्य कुलघातिनः ।
नश्यन्ति जातिधर्माश्च तथा धर्माः सनातनाः ॥ 281/1447

◉ **In other words, Arjuna says :** "*With the fault of causing admixture, the ladies of the family become corrupt and the ancient Jati (caste) traditions get destroyed.*

|| 1.44 || उत्सन्नकुलधर्माणां मनुष्याणां जनार्दन ।
नरकेऽनियतं वासो भवतीत्यनुशुश्रुम ॥

"धर्मा अधोगता येषां वर्णसङ्करकारणात् ।
निवासो नरके तेषां भवतीत्यनुशुश्रव ॥ 282/1447

◎ **And :** *"With the admixture, those people whose traditions are destroyed, they abide in hell for ever, so we have heard.*

|| 1.45 ||
अहो वत महत्पापं कर्तुं व्यवसिता वयम् ।
यद्राज्यसुखलोभेन हन्तुं स्वजनमुद्यता: ॥

"कर्तुमिदं महत्पापं किमर्थमुद्यता वयम् ।
राज्यस्य सुखलोभेन कुलघाते रता: कथम् ॥ 283/1447

◎ **And :** *"This being the case, why are we engaged in the destruction of these evil Kauravas for the pleasures of kingship?"*

|| 1.46 ||
यदि मामप्रतीकारमशस्त्रं शस्त्रपाणय: ।
धार्तराष्ट्रा रणे हन्युस्तन्मे क्षेमतरं भवेत् ॥

(अज्ञानप्रदर्शनपश्चात्)
"रणे माम्यदि हन्येयु: कौरवा: शस्त्रधारिण: ।
क्षेमतरमहं मन्ये शस्त्रहीनं कृताञ्जलिम्" ॥ 284/1447

◎ **Then :** *Having exhibited the deluded state of his mind, Arjun then said, "it will be better if they kill me while I am unarmed with my hands folded."*

|| 1.47 ||
एवमुक्त्वार्जुन: सङ्ख्ये रथोपस्थ उपाविशत् ।
विसृज्य सशरं चापं शोकसंविग्नमानस: ॥

रणमध्यान्तरे पार्थ एवमुक्त्वा स केशवम् ।
विमूढमानस: खिन्न: क्रन्दनुपाविशद्रथे" ॥ 285/1447

◎ **Sanjay :** *O Dhritarashtra! having said this much to Shrī Krishna, the deluded Arjun cried. He put his bow down and sat in the middle part of the chariot.*

श्रीमद्-भगवद्-गीताया द्वितीयोऽध्यायः ।

सांख्ययोगः ।

25. हिंदी भजन : राग भैरवी

मेरी बिनती सुनो, अंबे!

स्थायी

मेरी बिनती सुनो अंबे मैया, मेरे अवगुन को मन ना धरो माँ ।
मेरी रक्षा करो दुर्गे माता, किसी दुख बात से मैं डरूँ ना ।।

♫ ऩिरे ग–ग– गमं– ग–रे ग–मं–, गमं पपप– प निनि ध– पमं– ग– ।
सारे ग–ग– गमं– ग–रे ग–मं–, गमं पप प–प नि– ध– पमं– ग– ।।

अंतरा–1

तेरी माया अपारा बड़ी है, तेरी लीला से दुनिया खड़ी है ।
मन मंदिर में मेरे रहो माँ, कभी नैनों से ना दूर होना ।।

♫ पध नि–नि– निसांनि– धप– ध–, पध नि–नि– नि सांनिध– पम– ग– ।
रेग मं–मंमं मं पध– पध– नि–, गमं प–प– प नि– ध–प मं–ग– ।।

अंतरा–2

मेरी नैया भँवर में अड़ी है, मझधारों में अटकी पड़ी है ।
मेरा बेड़ा किनारे करो माँ, आओ जल्दी कहीं देर हो ना ।।

अंतरा–3

मेरी दृष्टि तुझी पर गड़ी है, तेरी यादों में ही हर घड़ी है ।
बस तेरी ही सेवा करूँ माँ, कभी जीवन में चिंता धरूँ ना ।।

◎ **O Mother Amba! :** ***Sthāyī :*** *O Amba (Mother)! please listen to my request. Please forgive my vices. O Mother Durga! please protect me. May I not be afraid of any danger.* ***Antarā : 1.*** *O Kripa-karini (Merciful)! your grace is infinite. The world is running by your exploits. O Daya-dayini (Kind)! please dwell in the temple of my heart.* ***2.*** *O Kshama-karini (Forgiver)! my boat is stuck in the midst of the worldly ocean. O Maha-jogini (Great yogi)! please take my boat over to the other side. O Mother! please come without delay.* ***3.*** *O Jagat-tarini (Protector of the world)! my eyes are constantly at you. I remember you every moment. O Bhuja-dharini (Eight armed)! may I serve you without caring for anything else in my life.*

26. हिंदी गीत : राग बिलावल, तीन ताल 16 मात्रा

कृष्ण के नाम

स्थायी

आज चलो हम सब मिल गाएँ, कृष्ण के सुंदर नाम सुनाएं ।

♫ सां-ध पमग मरे गम पग मरेसा-, सागम रे गपनिनि सां-रें सांनिधप- ।

अंतरा-1

केशव माधव भाते सबको, देवकी नंदन मन भरमाए ।

♫ प-पप ध-निनि सां-सां- रेंरेंसां-, सांगंमंगं रेंसांधप गम पगमरेसा- ।

अंतरा-2

पावन गायन गाते तुमरो, गिरिधर हमको सब मिल जाए ।

◎ **Krishna Bhajan :** ***Sthāyī :*** *Let us chant Shrī Krishna's beautiful names today.* ***Antarā : 1.*** *The names Keshava, Madhava and Devaki-Nandana (Devaki's son) are pleasing to our mind.* ***2.*** *O Giridhara (Bearer of the mountain) Krishna! singing the auspicious names of yours, we achieve everything.*

गीतोपनिषद्
नवमस्तरंगः
Gitopanishad
Fascicule 9

13. The Sankhya Yoga
साङ्ख्यनिरूपणम्

श्रीमद्भगवद्गीता द्वितीयोऽध्यायः ।
संजय उवाच ।

|| 2.1 || तं तथा कृपयाविष्टमश्रुपूर्णाकुलेक्षणम् ।
विषीदन्तमिदं वाक्यमुवाच मधुसूदनः ॥

ॐ अनुष्टुप्-श्लोक-छन्दसि गीतोपनिषद्

(सञ्जय उवाच)

एतादृशे क्षणे सूक्ष्मे श्रुत्वा पार्थस्य वल्गनाम् ।
योगेश्वरो भ्रमं हर्तुं पार्थमुवाच मायया ॥ 286/1447

◎ **Sanjay :** *O Dhritarashtra! hearing Arjun's deluded chatter at that critical juncture, Shrī Krishna lovingly said :*

श्रीभगवानुवाच ।

|| 2.2 || कुतस्त्वा कश्मलमिदं विषमे समुपस्थितम् ।
अनार्यजुष्टमस्वर्ग्यमकीर्तिकरमर्जुन ॥

व्याकुलः कातरो भूत्वा शोकयुक्तो रणे च त्वम् ।
एवं दीनः कथं पार्थ रोदकः परिदेवकः ॥ 287/1447

◉ **Shri Krishna :** *O Arjun! at such crucial moment, how a warrior like you can get dejected and sit crying overwhelmed with excessive grief on the battlefield?*

|| 2.3 || क्लैब्यं मा स्म गमः पार्थ नैतत्त्वय्युपपद्यते ।
क्षुद्रं हृदयदौर्बल्यं त्यक्त्वोत्तिष्ठ परन्तप ॥

अनुचिते स्थले काले नीचा बुद्धिः कथं त्वयि ।
दास्यति न च कीर्तिं सा न या श्रेष्ठं च शोभते ॥ 288/1447

◉ **And :** *How this base thinking came to your mind at this wrong time and at this wrong place? It neither gives a good name nor it is heavenly.*

नास्त्येतस्यां किमप्यर्थः-त्यज दुर्बलतां सखे ।
त्यक्त्वा हृदयदौर्बल्यं सन्नद्धो भव भारत ॥ 289/1447

◉ **And :** *O Arjun! this cowardice does not befit you as a warrior standing on a battlefield. Shake off your timidity and stand up to perform your duty with courage.*

अर्जुन उवाच ।
|| 2.4 || कथं भीष्ममहं सङ्ख्ये द्रोणं च मधुसूदन ।
इषुभिः प्रतियोत्स्यामि पूजार्हवरिसूदन ॥

(अर्जुनस्य पुनः प्रजल्पः)
योगेश्वरस्य तच्छुत्वा कौन्तेयो वचनं ततः ।
पार्थः कृष्णं पुनर्ब्रूते ज्ञात्वाऽऽत्मानं स पण्डितम् ॥ 290/1447

◉ **Arjun :** *Even after hearing Krishna's words, Arjun again posed like a pundit and said :*

कथं शराँस्तु क्षेप्स्यामि मुरारे भीष्मद्रोणयोः ।
पावनौ तौ गुरू द्वौ हि कथय मां जनार्दन ॥ 291/1447

◉ **He said :** *O Janardan (Remover of the evil people)! how may I shoot arrows at Bhīshma and Drona? O Murari! they are my holy gurus.*

|| 2.5 || गुरूनहत्वा हि महानुभावाञ्श्रेयो भोक्तुं भैक्ष्यमपीह लोके ।
हत्वार्थकामांस्तु गुरूनिहैव भुञ्जीय भोगान्रुधिरप्रदिग्धान् ॥

ॐ अनुष्टुप्-श्लोक-छन्दसि गीतोपनिषद् ।

(नीतियुद्धस्य भेदं अर्जुनो विस्मृतवान्)

हत्या पूज्यगुरूणां तु भिक्षाया अपि पामरा ।

रक्तसिक्तांस्ततो भोगान्-भोक्ष्यामि खलु केशव ।। 292/1447

◎ **And :** *Killing the holy gurus, to attain victory in the war, is inferior than begging alms for living. O Keshava! by killing the gurus, I will have to live on the food that is tainted with their blood.*

जयपराजयोर्नास्ति नीतियुद्धे तु चिन्तनम् ।

तथाऽपि भ्रमयुक्तः स क्षात्रधर्मं हि व्यस्मरत् ।। 293/1447

◎ **But :** *But Arjun forgot, that in a righteous war there is no question of victory and defeat for a warrior.*

|| 2.6 || **न चैतद्विद्मः कतरन्नो गरीयो यद्वा जयेम यदि वा नो जयेयुः ।**
यानेव हत्वा न जिजीविषामस्तेऽवस्थिताः प्रमुखे धार्तराष्ट्राः ।।

(तथैव पार्थ उवाच)

एतदपि न जानीमः किमस्मभ्यं शुभं भवेत् ।

जेष्यन्ति वा जयेयुर्नो जेष्यामो वा जयेम तान् ।। 294/1447

◎ **And :** *And he said, O Krishna! we don't even know what is better for us, if they will win over us or if we will win them.*

नास्ति जेतुं जिगीषा नो हत्वा यान्यदुनन्दन ।

अवस्थिता भटास्ते हि युद्धाय पुरतो रणे ।। 295/1447

◎ **And :** *And, O Yadunandan (Son of Yadu) Shrī Krishna! by killing whom we do not even wish to live, those are the warriors standing in front of us for a war.*

(स्वगतम्)

अचेष्टन् ते गृहे तत्र हन्तुमस्मान्वने तथा ।

तत्र नैच्छमहं योद्धुं नेच्छाम्यत्रापि तैः सह ।। 296/1447

◎ **In his mind :** *Arjun is thinking in his mind, they tried to kill us at home and in the forest also for last twelve years, even there I did not wish to kill them and now also I do not wish to fight with them on the battlefield.*

तत्रात्र वा वयं स्याम योद्धुमिच्छन्ति ते सदा ।

इतो गच्छेम कुत्रापि प्रत्यागम्यं पुनो मया ।। 297/1447

◎ **And** : *May we be at home or on the battlefield or anywhere else, all they want is to annihilate us. Wherever we may go from here, we will have to come here again for a war, for sure.*

योद्धुमत्रागताः सर्वे गुरवो बान्धवास्तथा ।
शस्त्रयुक्ता रता योद्धुं मर्तुं मारयितुं तथा ।। 298/1447

◎ **And** : *All gurus and relatives equipped with weapons are assembled here for killing us or getting killed in the war.*

त्यक्त्वा धनानि प्राणाँश्च हन्तुमस्मान्यथा तथा ।
येनकेनप्रकारेण जनाः सर्वे युयुत्सवः ।। 299/1447

◎ **And** : *Renouncing their riches and lives they all have come here eager to kill us by any means possible.*

अचेष्टामहि सर्वं च सन्ध्या युद्धं निवर्तितुम् ।
विनश्य सन्धिमार्गान्-ते योद्धुमेव समागताः ।। 300/1447

◎ **And** : *We have made every attempt to bring them to peace and avert the war, but rejecting every suggestion of compromise they chose this war.*

हन्तुमस्मान्दृढाः सर्वे योद्धुमिच्छेम वा न वा ।
नाहं युध्येय तर्हि ते समुच्छेत्स्यन्ति पाण्डवान् ।। 301/1447

◎ **And** : *Even if we do not want to fight, they are bent up on fighting and annihilating all Pandavas.*

मयि सति कथं कृष्णैतज्जातु शक्यते प्रभो ।
वाञ्छामो तु वयं शान्तिं योद्धुमिच्छन्ति कौरवाः ।। 302/1447

◎ **And** : *When I am present on the battlefield, this will not be possible for them in my presence. We are willing or not, Kauravas want to fight.*

योद्धुं यद्यपि नेच्छामः कौरवास्तु युयुत्सवः ।
वद गच्छाम्यहं कुत्र नागन्तव्यं यतो रणे ।। 303/1447

◎ **And** : *We are not willing to fight, but Kauravas are eager for a battle. In this case, even if we leave the battlefield and go anywhere, we will have to again return back here for a war for sure.*

अर्जुन उवाच ।

।। 2.7 ।। कार्पण्यदोषोपहतस्वभावः पृच्छामि त्वां धर्मसम्मूढचेताः ।
यच्छ्रेयः स्यान्निश्चितं ब्रूहि तन्मे शिष्यस्तेऽहं शाधि मां त्वां प्रपन्नम् ।।

(अर्जुनः प्रश्नान् पृच्छति)

अधर्मः कश्च धर्मोऽपि कोऽस्मिन्स्थितौ नु ब्रूहि माम् ।
किं नु पापं च पुण्यं किं करणीयं च कर्म किम् ।। **304**/1447

◎ **Therefore :** *Therefore, O Krishna! please tell me in this situation what is righteous and what is unrighteous? What action will be a sin and what will not be a sin? What we ought to do and what we ought not do?*

रणयागत्य किं कार्यम्-अकार्यं किं च केशव ।
लाभालाभौ च कस्मिन्मे कृष्ण ब्रूहि सुनिश्चितम् ।। **305**/1447

◎ **And :** *Now that I am on the battlefield, what I ought to do and what I ought not do? What is right and what is wrong?*

अवशं मे मनो जातं भ्रमिता मे मतिस्तथा ।
शाधि शिष्यं प्रपन्नं मां धर्माधर्मौ च कौ हरे ।। **306**/1447

◎ **And :** *I am confused about right and wrong. My mind is deluded. I am a disciple at your feet, please show me the right path for certain.*

।। 2.8 ।। न हि प्रपश्यामि ममापनुद्याद्यच्छोकमुच्छोषणमिन्द्रियाणाम् ।
अवाप्य भूमावसपत्नमृद्धं राज्यं सुराणामपि चाधिपत्यम् ।।

ॐ अनुष्टुप्-श्लोक-छन्दसि गीतोपनिषद् ।

(पुनः प्रजल्पः)

असपत्नं च सम्पन्नं राज्यं भूमौ मिलेद्यदि ।
इन्द्रासनं च प्राप्याहं भवेयं द्युपतिस्तथा ।। **307**/1447

◎ **More chatter :** *Then Arjun continued with his chatter saying, even if I gain Indra's affluent kingdom and become a king of the heaven;*

राज्यं त्रिभुवनस्यापि लब्धं निष्कण्टकं मया ।
नाहं मन्ये विषादो मे गच्छेद्गात्रस्य शोषकः ।। **308**/1447

112
रत्नाकररचितं गीतोपनिषद्

◎ **And :** *Or even if I gain thornless and trouble free kingdom of the three worlds, I don't think this bone-drying pain of mine will ever go away.*

सञ्जय उवाच ।

।। 2.9 ।।

एवमुक्त्वा हृषीकेशं गुडाकेशः परन्तप ।
न योत्स्य इति गोविन्दमुक्त्वा तूष्णीं बभूव ह ।।

(सञ्जय उवाच)

इदमुक्त्वा हृषीकेशं विषण्णः स तदा रणे ।
भणित्वा च "न योत्स्येऽहं" तूष्णीं बभूव भारतः ।। 309/1447

◎ **Sanjay :** *Having chattered in front of Shrī Krishna, that dejected Arjun said, "I shall not fight," and he sat down quietly.*

।। 2.10 ।।

तमुवाच हृषीकेशः प्रहसन्निव भारत ।
सेनयोरुभयोर्मध्ये विषीदन्तमिदं वचः ।।

(तदा)

आकर्ण्य वचनं तत्स विलक्षणं हि माधवः ।
स्नेहेनोवाच पार्थं तं विस्मितः केशवस्ततः ।। 310/1447

◎ **Krishna :** *Hearing those surprising words of Arjun, Shrī Krishna lovingly and smilingly said to Arjun;*

27. हिंदी गीत

आँखे खोल

स्थायी

अंधी आँखे खोल, रे बंदे! मत हो डाँवाडोल ।
♫ नि-ध प-मं- ध-ध, प मं-ग-! पमं ग- मं-गरे सा-सा ।

अंतरा-1

कार्य कर्म का मेरु खड़ा है, बीच राह में ध्येय अड़ा है ।
कर्दम में मत रोल, रे बंदे! सुनले प्यारे बोल ।।
♫ सा-रे ग-ग ग- मं-प मंग- मं-, नि-ध प-मं प- ध-प मंग- रे- ।
सा-रेरे ग- मंमं प-प, ध पमंग-! पमंग रे-ग- सा-सा ।।

अंतरा–2

पंडित बन कर ज्ञान दे रहा, गलत बात पर ध्यान दे रहा ।
तेरी नाव है डाँवाडोल, रे बंदे! सुनियो न्यारे बोल ।।

अंतरा–3

सूरज नूतन देख चढ़ा है, आतप चारों ओर बढ़ा है ।
ये है घड़ी अनमोल, रे बंदे! सुनियो म्हारे बोल ।।

◎ **Open your eyes :** ***Sthāyī :*** *O Blind Arjun! please open your eyes andbe steady.* ***Antarā : 1.*** *A mountain of duties to be performed is ahead of you. Your aim is awaiting half way away for your action. Don't get off track in the mire of delusion. Listen to my beneficial words.* ***2.*** *You are talking like a pundit and you are worrying about the wrong things. Your boat is shaky. Listen to my beneficial words.* ***3.*** *Behold! new sun of knowledge has arisen. Its enlightenment is all over. This moment is priceless. Listen to my beneficial words.*

श्रीभगवानुवाच ।

।। 2.11 ।। अशोच्यानन्वशोचस्त्वं प्रज्ञावादांश्च भाषसे ।
गतासूनगतासूंश्च नानुशोचन्ति पण्डिताः ।।

(श्रीभगवानुवाच)

विषादो नोचितो येषां तेषां शोकं करोषि त्वम् ।
बाह्यतः पण्डितो भूत्वा ज्ञानप्रदर्शनं च माम् ।। **311**/1447

नैतत्स्थानं न कालोऽपि जल्पितुं न च क्रन्दितुम् ।
ज्ञानेनानुपयुक्तेन हितं लेशो न लभ्यते ।। **312**/1447

◎ **And :** *Battlefield is neither a place for meaningless chatter nor for crying. There is no benefit in either of them. Do your duty.*

जीविताँश्च मृताँश्चैव नानुशोचन्ति पण्डिताः ।
जीविताजीवितौ देहौ विद्वद्भ्यस्तु समावुभौ ।। **313**/1447

◎ **And :** *Wise people do not lament so much for those who are departed and those who are not gone. For them, life and death are two normal natural events.*

|| 2.12 ||

न त्वेवाहं जातु नासं न त्वं नेमे जनाधिपाः ।
न चैव न भविष्यामः सर्वे वयमतः परम् ।।

(किमुचितम्)

नाहं नासं न त्वं नासीः–न नासनितरे जनाः ।
नच नाहं भविष्यामि न त्वं नैते जनाः पुनः ।। 314/1447

◎ **And :** *Neither you were not there in the past, nor I was not there, nor these people were not ever there in the past. Neither you will not be there in the future, nor I will not be there nor these people and the things will not be there ever in the future.*

(अर्थात्)

अहमासं त्वमासीश्चासनेते सकला जनाः ।
भविष्यसि भविष्यामि भविष्यन्तीतरे सदा ।। 315/1447

◎ **In other words :** *In other words, you were always there in the past, I was there and these people were there always in the past. Also, you will always be there in the future, I will be there and these people and the things will also be always there in the future.*

|| 2.13 ||

देहिनोऽस्मिन्यथा देहे कौमारं यौवनं जरा ।
तथा देहान्तरप्राप्तिर्धीरस्तत्र न मुह्यति ।।

(अपि च)

प्राप्नुमश्च वयं बाल्यं तारुण्यं च जरां यथा ।
देही भुनक्ति देहे स तत्र धीरो न भ्राम्यति ।। 316/1447

◎ **Also :** *And, as we experience the childhood, youth and old age, so does the atma witnesses these three states of the body, the wise person does not get deluded with these events.*

|| 2.14 ||

मात्रास्पर्शास्तु कौन्तेय शीतोष्णसुखदुःखदाः ।
आगमापायिनोऽनित्यास्तांस्तितिक्षस्व भारत ।।

ते सुखदुःखदाः स्पर्शाः शैत्यौष्म्ययोश्च दायकाः ।
आगच्छन्ति च गच्छन्ति सहनीया हि पार्थ ते ।। 317/1447

◎ **And :** *Those pains and pleasures which give external sensations are temporary. They come and go. They need to be endured with indifference, O Arjun!*

सुखदुःखे समे दृष्ट्वा दृढस्तिष्ठति यो नरः ।
यत्किञ्चिदेव लब्ध्वाऽपि पयोवत्[4] तं नरं पयः[5] ॥ 318/1447

◎ **And** : *He who is not baffled by these sensations, for that person anything that comes to him is like amrit (divine nectar).*

॥ 2.15 ॥

यं हि न व्यथयन्त्येते पुरुषं पुरुषर्षभ ।
समदुःखसुखं धीरं सोऽमृतत्वाय कल्पते ॥

शीतोष्णेषु च स्पर्शेषु निर्बद्धो यो नरः सदा ।
समः स सुखदुःखेषु धीरोऽमृतादवञ्चितः ॥ 319/1447

◎ **And** : *He who is not attached to these sensations of pleasure and pain and he who is indifferent to happiness and sorrow, he enjoys amrit (divine nectar) in this life.*

28. हिंदी गीत
भज गोविंद

स्थायी

रे दुखी मन, गोविंद गोविंद बोल । अंदर, नाम का अमरित घोल ॥

♪ म गरे गम–, ध–पम ग–मग रे–रे । ध–पम–, ग–म प ममगरे सा–सा ॥

अंतरा–1

सुख दुख जग में आते जाते, शीत उष्ण संकेत लुभाते ।
लालच, कर दे कौड़ी मोल ॥

♪ मग रेसा रेरे ग– ध–पम ग–म–, सा–रे ग–ग म–ध–प मग–रे– ।
सा–रेग–, धप मग– म–गरे सा–सा ॥

अंतरा–2

जग माया में क्यों तू डूबा, द्वंद्व भाव से क्यों नहीं ऊबा ।
आखिर, अब तो आँखे खोल ॥

---

[4] पयः = दुग्ध अमृत ।

[5] पयः = जल ।

अंतरा–3

जाको तारे कृष्ण कन्हैया, पार लगे उसकी भव नैया ।

मत कर, बेड़ा डाँवाडोल ।।

◎ **Govind : *Sthāyī :*** *O My sad mind! chant Govind! Govind! and pour amrit (divine nectar) in your life.* ***Antarā : 1.*** *Pleasures and pains are enticing sensations. Treat the greed as dirt.* ***2.*** *Why are you lost in the glitter of the world. Why are you not fed up with the opposite attractions. At least now open your eyes.* ***3.*** *He whom Krishna Kanhaiya protects, his boat crosses over the worldly ocean. Don't rock your boat.*

।। 2.16 ।।

नासतो विद्यते भावो नाभावो विद्यते सतः ।

उभयोरपि दृष्टोऽन्तस्त्वनयोस्तत्त्वदर्शिभिः ।।

अनस्तित्वं न जात्वासीत्–नास्ति न च भविष्यति ।

नासीन्न जातु चास्तित्वम्–अस्ति नित्यं भविष्यति ।। **320**/1447

◎ **Existence :** *Non-existence did not ever exist, never exists and will never exist. Existence never not-existed, never not-exists and will never not-exist.*

तच्च सदसतः सत्यं सद्भिर्ज्ञातमशेषतः ।

अनस्तित्वं न जात्वस्त्यस्तित्वमेवास्ति शाश्वतम् ।। **321**/1447

◎ **And :** *The reality of the existence and non-existence has been understood by the wise men. They say, non-existence is a myth, because everything always existed and will exist. Existence is eternal truth.*

आत्मा सनातनो ज्ञातो ज्ञानिभिरमरस्तथा ।

द्विविधाऽऽत्मानमेवं तं स्पष्टं पश्यति बुद्धिमान् ।। **322**/1447

◎ **Atma :** *Atma is eternal and immortal. The wise people know atma with these two attributes.*

।। 2.17 ।।

अविनाशि तु तद्विद्धि येन सर्वमिदं ततम् ।

विनाशमव्ययस्यास्य न कश्चित्कर्तुमर्हति ।।

(आत्मनः अमरत्वम्)

विद्धि तमक्षरं यस्माद्–इदं कृत्स्नं हि निस्सृतम् ।

विनाशः शाश्वतस्यास्य कर्तुं केनाप्यसम्भवः ।। **323**/1447

◎ **And :** *Know that atma is indestructible. It is Brahma, from which the Universe* ***evolves****. Nobody can cause its destruction.*

|| 2.18 ||

अन्तवन्त इमे देहा नित्यस्योक्ताः शरीरिणः ।
अनाशिनोऽप्रमेयस्य तस्माद्युद्ध्यस्व भारत ।।

अस्मादनश्वरात्सृष्टा देहाः सर्वे हि नश्वराः ।
एवं बुद्ध्वा त्वमात्मानं, योधनीयं त्वया सखे ।। **324**/1447

◎ **And :** *The bodies borne by this immortal atma are perishable. Knowing this truth, you ought to fight the righteous war.*

|| 2.19 ||

य एनं वेत्ति हन्तारं यश्चैनं मन्यते हतम् ।
उभौ तौ न विजानीतो नायं हन्ति न हन्यते ।।

एनं हतं च हन्तारं मन्यते यो निरापदम् ।
एतत्स न विजानाति नात्मा हन्ति न हन्यते ।। **325**/1447

◎ **And :** *He who thinks this harmless atma to be slayer or slain, he does not know that the atma neither kills nor dies ever.*

|| 2.20 ||

न जायते म्रियते वा कदाचिन्नायं भूत्वा भविता वा न भूयः ।
अजो नित्यः शाश्वतोऽयं पुराणो न हन्यते हन्यमाने शरीरे ।।

ॐ अनुष्टुप्-श्लोक-छन्दसि गीतोपनिषद् ।

न भविता न भूत्वाऽयं म्रियते न च जायते ।
अमरः शाश्वतो नित्यो देहनाशे न नश्यति ।। **326**/1447

◎ **And :** *Atma neither takes birth nor it dies. This eternal and immortal atma does not perish, only the body perishes.*

भुजंगप्रयात छन्द (हिन्दी)

। ऽ ऽ, । ऽ ऽ, । ऽ ऽ, । ऽ ऽ

♪ सा रे-ग- म प-म-ग रे-म- गरे- सा-

(आत्मा)

न जन्मा, न आरंभ तेरा कहीं से ।
सदा साथ होते न, जाना किसी ने ।। 1
न आया कहीं से, न जाता कहीं है ।
निराधार आत्मा, जहाँ था वहीं है ।। 2

◎ **Atma :** *Atma is neither born nor it has a beginning. It is always with us but no one knows it properly. Neither it came from anywhere nor it goes anywhere. This atma is always there, where it always was.*

|| 2.21 ||

वेदाविनाशिनं नित्यं य एनमजमव्ययम् ।
कथं स पुरुषः पार्थ कं घातयति हन्ति कम् ।।

एवमात्मानमेनं योऽवगच्छत्यविनाशिनम् ।
आत्मनः कथञ्चिद्वाऽपि न स हन्ता न घातकः ।। 327/1447

◎ **Thus :** *He who knows this eternal atma this way, neither he kills the atma nor the atma is his killer.*

|| 2.22 ||

वासांसि जीर्णानि यथा विहाय नवानि गृह्णाति नरोऽपराणि ।
तथा शरीराणि विहाय जीर्णान्यन्यानि संयाति नवानि देही ।।

त्यक्त्वा त्याज्यं, यथा वस्त्रं धारयति नवं नरः ।
त्यक्त्वा त्याज्यं, नवं देहं देही स धरते तथा ।। 328/1447

◎ **As :** *As a person discards a discardable cloth and wears another one, so does the atma discards the discardable body and bears another body.*

|| 2.23 ||

नैनं छिन्दन्ति शस्त्राणि नैनं दहति पावकः ।
न चैनं क्लेदयन्त्यापो न शोषयति मारुतः ।।

छिद्यते नायुधैरात्मा नाग्निना दह्यते कदा ।
न क्लिद्यते जलेनैष न शुष्यति च वायुना ।। 329/1447

◎ **Atma :** *Atma can not be cut by any weapon, nor can be burnt by fire, nor can be dried by wind, nor could be soaked by water.*

29. संस्कृतगीतम्

आत्मा

क आत्मा परमात्मा को, जन्म किं मरणं च किम् ।
प्राग्जन्म का गतिः कृष्ण, गतिः का मरणोत्तरा ।।

♪ रे– ग–मप– धपम–गम प–, नि–ध प– मगरे– म ग– ।
ग–ग–ग म– पम–, ग–रे–! गग– रे– गमग–रेसा– ।।

आत्मा देहे तथा ज्ञेयो यथा बिम्बं हि दर्पणे ।
चुम्बके चुम्बकत्वं च यन्त्रे विद्युत्प्रवाहवत् ।।

गुरुत्वाकर्षणं भूमौ द्रवत्वं च जले यथा ।
सात्त्विकेषु सदाचार उपाधिर्व्यवसायिनाम् ।।

ब्रह्मैव परमात्मा स ईश्वरः परमेश्वरः ।
ईशः प्रभुर्जगद्धर्ता येन सृष्टमिदं जगत् ।।

देही ब्रह्मैव देहस्थः चिदात्मा पुरुषस्तथा ।
आत्मा स एव क्षेत्रज्ञो जीवः प्राणश्च चेतना ।।

देहेन देहिनो योगो भूतस्य जन्म कथ्यते ।
वियोगो देहिनस्तस्मात्–उच्यते मरणं तथा ।।

मृत्योरेकस्य भूतस्य जायते जन्म नूतनम् ।
देहादेहं सदा देही नूनं भ्रम्यति चक्रवत् ।।

मृत्युर्नास्ति विना जन्म विना मृत्युं न जन्म च ।
जन्ममृत्यू पृथक् ना हि द्वंद्वमेकं मतं बुधैः ।।

जन्ममरणयोर्द्वंद्वं पृष्ठद्वयस्य नाणकम् ।
रहस्यमात्मनः स्पष्टं यो जानाति स पण्डितः ।।

◎ **Birth and death :** *Arjun said, O Lord Krishna! what is atma and what is Paramatma. What is birth and what is death. What happens before the birth and what happens after the death? Lord Krishna said, Atma is like a reflection in the mirror, magnetism in the magnate, electric current in the circuit, gravitation in the earth, liquidity in the water, righteousness in the righteous, a the sun in the sky. Brahma is the Parmeshvara, Ishvara, Isha or Prabhu, from whom everything is evolves. The atma is Brahma associated with body. It is also called Dehi, Chidatma, Purusha, Kshetrajna, Jiva, Prana or Chetana. The union of atma with body is called the birth. Its disassociation from the body is called earthy death. Birth and death are just the two relative names for the same event, like the two sides of a coin. Because, death of a being takes place only to give birth of another being. Atma moves from body to* *enter another body. Without birth there is no death and without death there is no birth. Nothing comes out of nothing. Birth and death are not separate two actions but two names given to one and the same duality. It is like the two sides of a coin. He who knows this secret is a wise person.*

30. हिंदी गीत : राग यमन, कहरवा ताल 8 मात्रा

अक्षर आत्मा

स्थायी

अक्षर ये आतमा है, देही अमर है जाना ।
अक्षय अनादि अजर है, पावन ये आतमा है ।।

♫ ग–रेरे सा– ऩि–रेग– ग–, गम॑प– पम॑म॑ ग– रे–सा– ।
ऩि–रेरे रेग–ग म॑धप म॑–, प–म॑म॑ ग– प–म॑गरे सा– ।।

अंतरा–1

वस्त्रों को त्याज्य नित जैसे, मानव ये त्यागता है ।
देही भी देह नित वैसे, तजनीय को तजता है ।
इसमें भला क्यों रोना, जीवन की भंगिमा है ।।

♫ ग–म॑– प– निध– पप म॑–प–, ग–म॑म॑ प– ध–पम॑– ग– ।
ऩि–रे– ग– म॑–प धध म॑–प–, धपप–प म॑– धपम॑– ग– ।
सासारे– गम॑– प– म॑–ग–, प–म॑म॑ ग– प–म॑गरे सा– ।।

अंतरा–2

शस्त्रों से नहीं ये कटता, अग्नि से नहीं है जलता ।
पानी में नहीं ये गलता, वायु से नहीं है सूखता ।
अविनाशी सही है जाना, जैसा ये आसमाँ है ।।

♫ ग–म॑– प– निध– प– म॑म॑प–, ग–म॑– प– पम॑– ग– रेरेसा– ।
ऩि–रे– ग– म॑प– ध– म॑म॑प–, ध–प– म॑– गम॑– प– पम॑ग– ।
सासारे–ग– म॑म॑– प– म॑–ग–, प–म॑ग रे– प–म॑गरे सा– ।।

अंतरा–3

देही सभी में बसता, कण कण है इसीसे बनता ।
जीवन की ये है ज्योति, चेतन हैं इसीसे प्राणी ।
इसको ही ब्रह्म जाना, ये है परम परमात्मा ।।

◎ **Atma : *Sthāyī* :** *The atma is eternal, it is immortal. It is immutable. It is sacred.* ***Antarā* : *1.*** *As a person renounces the discardable clothes, so does the atma leave the body and takes up a new one again and again. What is the point in crying for this fact of life.* ***2.*** *Atma can not be cut by any weapon. It does not burn with fire. It does not become wet with water. It does not dry with air. It is indestructible, like the sky.* ***3.*** *It is in all hearts and in every particle of the body. It is the flame of life. It is the life of living being. It is Brahma associated with body. It is Supreme God.*

।। 2.24 ।।

अच्छेद्योऽयमदाह्योऽयमक्लेद्योऽशोष्य एव च ।
नित्यः सर्वगतः स्थाणुरचलोऽयं सनातनः ।।

अज्वाल्योऽयमवध्योऽयम्-अक्लेद्योऽशोष्य एव च ।
अनादिः सर्वगामी च स्थिरो नित्यः सनातनः ।। **330**/1447

◎ **And :** *This non-flammable, non-cleavable, non-dryable, non-wettable atma is beginningless, omnipresent, eternal, stable and ancient.*

भुजंगप्रयात छन्द (हिन्दी)

। ऽ ऽ, । ऽ ऽ, । ऽ ऽ, । ऽ ऽ

♪ सारे- ग-, मप- म-, गरे- म-, गरे- सा-

गेही

कटे ना, जले ना, गले ना, झुरे ना ।
वही आतमा है निराकार जाना ।। 1
सभी के दिलों में बसा एक देही ।
अनेकों घटों का कहा एक गेही ।। 2

◎ **Atma :** *Neither cleavable, nor flammable, nor wettable, nor dryable, this atma is formless. This single atma dwells in all hearts and all particles. It is in all bodies.*

।। 2.25 ।।

अव्यक्तोऽयमचिन्त्योऽयमविकार्योऽयमुच्यते ।
तस्मादेवं विदित्वैनं नानुशोचितुमर्हसि ।।

एवमेनममर्त्यं तम्-अचिन्त्यमविनाशिनम् ।
अव्यक्तमक्षरं ज्ञात्वा दुःखमेवं निरर्थकम् ।। **331**/1447

◎ **And :** *Knowing the immortal, eternal, unfathomable, indestructible atma, crying for it is meaningless.*

31. हिंदी गीत : राग यमन कल्याण

ब्रह्म आत्मा है

स्थायी

अरे! ब्रह्म ही अव्ययी आत्मा है ।

♫ निृरे–! ग–म॑ ग– प–म॑ग– म॑पम॑गरे सा– ।

अंतरा–1

किसी शस्त्र से ना कटे आत्मा ये, कभी आयु से ना घटे आतमा ये ।

सनातन अनादि, कहा आत्मा ये ।।

♫ निृसा– रे–सा रे– ग– रेसा– रे–गरे– ग–, धप– म॑–ग म॑– प– म॑ग– रे–गम॑– प– ।

सारे–ग– म॑प–ध–, पग– म॑पम॑गरे सा– ।।

अंतरा–2

किसी आग से ना जले आतमा ये, कभी पानी से ना गले आतमा ये ।

अनश्वर अजन्मा, अजर आतमा ये ।।

अंतरा–3

किसी दर्द से ना दुखे आतमा ये, कभी वायु से ना सूखे आतमा ये ।

करे ना मरे ये, अमर आतमा है ।।

अंतरा–4

किसी से नहीं है जुड़ा आतमा ये, किसी से नहीं है जुदा आतमा ये ।

न तेरा न मेरा, सर्वदम आतमा है ।।

◎ **Brahma is Atma :** ***Sthāyī :*** *Brahma is the eternal atma.* ***Antarā : 1.*** *It can not be cut with any weapon. With age it does not weather. It is said to have no beginning and no end.* ***2.*** *It does not burn with any fire. It does not become wet with water. Birthless and imperishable atma is indestructible.* ***3.*** *It does not get hurt with any pain. It does not become dry with wind. Neither it does anything nor it dies any time.* ***4.*** *The atma is neither attached with anything, nor it is detached from anything. It is neither yours nor it is mine. It belongs to every life, every being.*

भूते च वर्तमाने च नित्य आत्मा भविष्यति ।

अनन्तोऽयमिदं ज्ञात्वा नास्मैशोचितुमर्हसि ।। 332/1447

◎ **And :** *The atma is eternal. It was in the past and it will be in the future. Knowing this endless atma, you ought not cry.*

|| 2.26 ||

अथ चैनं नित्यजातं नित्यं वा मन्यसे मृतम् ।
तथापि त्वं महाबाहो नैवं शोचितुमर्हसि ।।

जन्ममृत्युयुतं वाऽपि देहिनं मन्यसे यदि ।
तथाऽपि तु महाबाहो त्वयि शोको न शोभते ।। 333/1447

◎ **And :** *And even if you think atma to be born or atma has death, O Arjun! still there is no reason to cry for it.*

|| 2.27 ||

जातस्य हि ध्रुवो मृत्युर्ध्रुवं जन्म मृतस्य च ।
तस्मादपरिहार्येऽर्थे न त्वं शोचितुमर्हसि ।।

(जन्ममरणयोः चक्रम्)

निश्चित उदितस्यास्तो म्लानो विकसितस्य च ।
आगताः प्रतिगच्छन्ति प्रत्यागच्छन्ति ये गताः ।। 334/1447

◎ **Birth and death :** *The sun that rises will set for sure and the sun that has set will rise for sure. The rise and setting of the sun are not two separate events, but one and the same. It appears to be rising to one people, while* ***the same sun*** *apperars to be setting to other people. These are not two suns, nor these are two different events. The sun rises and sets daily, without moving itself. It is always there where it is. It is the earth that spins (भ्रम). Similarly, the atma neither goes nor comes, it is always there where it is. It only changes states, "visible to non-visible (व्यक्त-अव्यक्त)." It is our confusion (भ्रम). The one who is born will depart and the one who has departed will take birth again for sure.*

जीवितो म्रियते नूनं मृतश्च जायते ध्रुवम् ।
विवशे विषये तस्माद्-दुःखमेवं निरर्थकम् ।। 335/1447

◎ **And :** *The living being dies and it then again takes birth in some form or other. In this matter, which is beyond our control, it is meaningless to cry.*

|| 2.28 ||

अव्यक्तादीनि भूतानि व्यक्तमध्यानि भारत ।
अव्यक्तनिधनान्येव तत्र का परिदेवना ।।

भूतान्यव्यक्तमूलानि व्यक्तमध्यानि ते ततः ।
अव्यक्तानि च भूयस्ते तेषु दुःखमिदं कथम् ।। 336/1447

◎ **Beings :** *The beings are un-manifest at first, then they become manifest in their intermediate transitional stage, then at the death they again become un-manifest. Then what is the point in crying in that matter?*

आदिरगोचरस्तेषां मध्यस्तु गोचरः खलु ।
अन्तोऽप्यगोचरः पार्थ तर्हि दुःखं कथं त्वयि ।। **337**/1447

◎ **And :** *The first state of everyone is un-manifest, the second state (at birth) is manifest and the third state (at death) is un-manifest which is actually the same as the first state. O Arjun! then what for is the lamentation?*

जन्ममरणयोर्मध्ये मध्यावस्थैव गोचरा ।
मध्या तु क्षणिकाऽवस्था मूलावस्था हि शाश्वता ।। **338**/1447

◎ **And :** *The state between the birth and death is the manifest state. This manifest state is impermanent. The un-manifest state is original state and it is eternal.*

गोचरागोचराः सर्वे भूयो भूयो हि प्राणिनः ।
आगच्छन्ति च गच्छन्ति नभसि तारका यथा ।। **339**/1447

◎ **Thus :** *Thus the beings become manifest and unmanifest again and again. They appear* ***as if*** *they come and they go, like the stars in the sky.*

अस्तं गतो यथा सूर्योऽदृष्टोऽव्यक्तोऽप्यविकृतः ।
तथा दिवंगतो देही निर्विकारो हि पूर्ववत् ।। **340**/1447

◎ **As :** *As the sun that has set is invisible to us, but is still existing in its original form. So is the departed soul non-personified, but it is still as it was in its original form.*

यथा जले तरङ्गोस्त्यलङ्कारेषु च काञ्चनम् ।
तथा देहे स देही च सर्वे ब्रुवन्ति पण्डिताः ।। **341**/1447

◎ **Also :** *Also, as the wave on the water or the gold in an ornament, so is the atma in the body, that is what the wise people say.*

सिन्धुर्हिमालयो मेघः–तिस्रोऽवस्था जलस्य हि ।
जन्म मृत्युश्च मध्यं च सर्वमेकं हि चक्रवत् ।। **342**/1447

◎ **And :** *And, as the water in the ocean, ice on the Himalaya or the vapor in the clouds are just three states of the cycle of the same water, so are the personified and non-personified states of the beings.*

।। 2.29 ।।

आश्चर्यवत्पश्यति कश्चिदेनमाश्चर्यवद्वदति तथैव चान्यः ।
आश्चर्यवच्चैनमन्यः शृणोति श्रुत्वाप्येनं वेद न चैव कश्चित् ।।

ॐ अनुष्टुप्-श्लोक-छन्दसि गीतोपनिषद्

(आत्मनः विस्मयाकुलता)

आत्मानं पश्यति कश्चिद्-विस्मयकारकं यथा ।
आश्चर्येण तथा कश्चित्-करोति वर्णनं महत् ॥ 343/1447

◎ **And :** Someone thinks atma is as if a wonderful thing, someone talks about atma in greatly flowery words;

आकर्णयति कश्चिच्च वर्णनं तं रहस्यवत् ।
श्रुत्वाऽपि महिमानं तु नैनं जानन्ति केचन ॥ 344/1447

◎ **And :** Someone hears its description as if it is a secret. Hearing its greatness also, no one knows atma properly.

|| 2.30 ||
देही नित्यमवध्योऽयं देहे सर्वस्य भारत ।
तस्मात्सर्वाणि भूतानि न त्वं शोचितुमर्हसि ॥

स्थितः सर्वेषु देहेष्ववध्यो देही सनातनः ।
तस्माद्धि सर्वलोकेभ्यः शोको नास्ति यथोचितः ॥ 345/1447

◎ **And :** Dwelling in everyone's body, this ancient atma is indestructible. Therefore, there is no reason to cry for it.

|| 2.31 ||
स्वधर्ममपि चावेक्ष्य न विकम्पितुमर्हसि ।
धर्म्याद्धि युद्धाच्छ्रेयोऽन्यत्क्षत्रियस्य न विद्यते ॥

बुद्ध्वा सम्यक्स्वधर्मं तु चिन्ताया नास्ति कारणम् ।
श्रेयो हि धर्मयुद्धात्किम्-अन्यत्क्षात्रस्य विद्यते ॥ 346/1447

◎ **Therefore :** Having understood what you ought to do on the battlefield, there is no reason to worry. For a warrior what is more righteous than a righteous war?

|| 2.32 ||
यदृच्छया चोपपन्नं स्वर्गद्वारमपावृतम् ।
सुखिनः क्षत्रियाः पार्थ लभन्ते युद्धमीदृशम् ॥

भवेद्भाग्यवशाद्द्वारं स्वर्गस्यापावृतं यदा ।
संयोगं धर्मयुद्धस्य क्षत्रियो लभते तदा ॥ 347/1447

◎ **And :** Only when by a lucky chance the door to heaven opens, only then an opportunity for such a righteous war comes to a warrior.

|| 2.33 ||

अथ चेत्त्वमिमं धर्म्यं सङ्ग्रामं न करिष्यसि ।
ततः स्वधर्मं कीर्तिं च हित्वा पापमवाप्स्यसि ॥

परन्तु धर्मयुद्धात्त्वं भवसि चेत्पराङ्मुखः ।
हित्वा कीर्तिं च धर्मं च पार्थ पापमवाप्स्यसि ॥ 348/1447

◎ **Now :** Now, even after hearing this, if you turn away from your righteous duty, O Arjun! you will incur sin and infamy.

|| 2.34 ||

अकीर्तिं चापि भूतानि कथयिष्यन्ति तेऽव्ययाम् ।
सम्भावितस्य चाकीर्तिर्मरणादतिरिच्यते ॥

अव्ययामपकीर्तिं ते गास्यन्ति तव वैरिणः ।
सज्जनेभ्योऽपकीर्तिस्तु मृत्योरधस्तरा हि सा ॥ 349/1447

◎ **And then :** And then, your enemies will sing the songs of your disgrace for ever. For a righteous person, earning a bad name is worse than the death.

|| 2.35 ||

भयाद्रणादुपरतं मंस्यन्ते त्वां महारथाः ।
येषां च त्वं बहुमतो भूत्वा यास्यसि लाघवम् ॥

रणात्पलायितं भीरुं मंस्यन्ते त्वां भटाः सखे ।
तुच्छेषु गणयिष्यन्ते यैर्गौरवान्वितोऽसि त्वम् ॥ 350/1447

◎ **And :** All warriors will say, Arjun ran away from the battlefield out of fear. Those who have a great esteem for you, even they will spit on your face.

|| 2.36 ||

अवाच्यवादांश्च बहून्वदिष्यन्ति तवाहिताः ।
निन्दन्तस्तव सामर्थ्यं ततो दुःखतरं नु किम् ॥

त्वां ते कापुरुषं मत्वा निन्दिष्यन्ति तवारयः ।
महाबाहो समर्थं त्वां ततो गर्ह्यतरं नु किम् ॥ 351/1447

◎ **And :** Your enemies will think that you are an un-manly person and they will criticize you. Then, O Brave Arjun! what will be more insulting than that.

कुत्रापीतोऽगमिष्यस्त्वं योद्धव्या एव तत्र ते ।
तर्हि किमर्थमत्रैव योद्धुं प्रतिकरोषि त्वम् ॥ 352/1447

◎ **And :** *And, does not matter where you go from here, you will have to return back here for a war any way, then why are you refusing to fight right now when there is no escape or alternative?*

।। 2.37 ।। हतो वा प्राप्स्यसि स्वर्गं जित्वा वा भोक्ष्यसे महीम् ।
तस्मादुत्तिष्ठ कौन्तेय युद्धाय कृतनिश्चयः ।।

हतः प्राप्स्यसि स्वर्गं त्वं जित्वा भूमिं च भोक्ष्यसे ।
अनेन हेतुना योद्धुं पूर्णसज्जो भवार्जुन ।। 353/1447

◎ **And :** *O Arjun! being killed in a righteous war, you will attain heaven and being victorious you will attain kingship here. Therefore, get ready for a righteous war.*

◎ **Equanimity :** *Treating pleasure and pain equal, you will not incur sin in a righteous war, O Arjun! being slain in the righteous war, you will attain heaven. O Brave man! being victorious, you will be a hero on the earth.*

।। 2.38 ।। सुखदुःखे समे कृत्वा लाभालाभौ जयाजयौ ।
ततो युद्धाय युज्यस्व नैवं पापमवाप्स्यसि ।।

(समबुद्धिः)

लाभं हानिं सुखं दुःखं समौ कृत्वा जयाजयौ ।
यशोऽयशः समे धृत्वा युद्धे पापं न वर्तते ।। 354/1447

◎ **And :** *Making profit and loss same, joy and sorrow same, victory and defeat same, there is no sin in war. This is Sankhya yoga of equanimity.*

त्यक्त्वा सुखं च दुःखं च पुरस्ताच्चल पाण्डव ।
नीतिबद्धं च धर्म्यं च युद्धं कर्तव्यमर्जुन ।। 355/1447

◎ **And :** *Leaving aside the pain and pleasure, march forward. O Arjun! right now, fighting a righteous war is your duty and only choice.*

।। 2.39 ।। एषा तेऽभिहिता साङ्ख्ये बुद्धिर्योगे त्विमां शृणु ।
बुद्ध्या युक्तो यया पार्थ कर्मबन्धं प्रहास्यसि ।।

साङ्ख्यत्वेन यदुक्तं त्वां कर्मयोगेन तच्छ्रुणु ।
कर्मयोगं पथं कृत्वा कर्मबन्धाद्विमोक्ष्यसे ।। 356/1447

◎ **And :** *So far whatever you have heard, was by the way of Sankhya yoga (of equanimity), O Arjun! now listen to it by the way of Karma yoga (duty withour the desire for its fruit), by which you will free yourself form the bondage of karma.*

गीतोपनिषद्
दशमस्तरंगः
Gitopanishad
Fascicule 10

14. The Buddhi Yoga
निष्कामबुद्धेर्निरूपणम्

32. हिंदी गीत
निष्काम बुद्धि

स्थायी

बिन माँगे ही मोती मिलते, माँगे मिले ना भीख रे ।
बिना कामना कर्म करना, अर्जुन प्यारे! सीख रे ।।

♫ गरे सारे- ग- ध-प मगरे-, गम पध- ध- प-म- ग- ।
गम- प-पप- ध-प मगम-, सा-सासा रे-ग-! प-म ग- ।।

अंतरा-1

जो करणीयं सो करना है, सुकर्म करते ही मरना है ।
सुख दुख दोनों एकसे धरे, सब कुछ सहना, ठीक रे ।।

♫ ग- मपध-ध- नि- धपम- प-, धप-म गगम- प- धपग म- ।
रेरे गग म-प- ध-पम- गम-, सासा रेरे गगम- प-म ग- ।।

अंतरा–2

कर्मभूमि ही धर्मभूमि है, समान करना लाभ हानि है ।
पवित्र ऐसी भावना लिये, हार में भी, जीत रे ॥

अंतरा–3

रण में जब क्षत्रिय खड़ा हो, धर्म युद्ध जब आन पड़ा हो ।
न कोई शत्रु, ना ही मीत है, यही नीति की, रीत रे ॥

◉ **Nishkam : Sthāyī** : Without wishing for gain, you may get pearls, but by begging for pearls you may not get alms even. **Antarā : 1.** A duty must be performed. One should die while performing good deeds. Making happiness and sorrow equal and enduring everything, is wisdom. **2.** The sphere of duty is the sphere of Dharma-amrit (righteousness). Loss and gain have to be treated equal. Keeping such auspicious thinking, there is victory in the loss also. **3.** When a warrior stands on a battlefield, where a righteous war comes up on him, no one is his enemy and no one is friend. This is the way of ethical conduct.

श्रीभगवानुवाच ।

॥ 2.40 ॥

नेहाभिक्रमनाशोऽस्ति प्रत्यवायो न विद्यते ।
स्वल्पमप्यस्य धर्मस्य त्रायते महतो भयात् ॥

ॐ अनुष्टुप्-श्लोक-छन्दसि गीतोपनिषद् ।

(श्रीभगवानुवाच)

अत्र बाधा न काप्यस्ति क्षयोऽपि न च कर्मणः ।
अल्पमेवास्य योगस्य दुःखं हरति सर्वथा ॥ 357/1447

◉ **Shri Krishna** : In this discipline, there is no hindrance and there is no loss of effort. Even a little practice of this yoga, avoids great obstacles in life.

(पञ्चयोगव्याख्या)

साङ्ख्ययोगो हि संन्यासो ज्ञानयोगस्तथा च सः ।
बुद्धियोगः समा बुद्धिः कर्मयोगो विनेप्सया ॥ 358/1447

◉ **The five yogas** : Sankhya yoga is Sanyasa yoga. It is Buddhi yoga. It is also the Karma yoga, without desire for the fruit. Buddhi yoga is of equanimity of mind and Karma yoga is duty performed without desire for a fruit.

(कतिपय व्याख्या:)

कृतं किमपि कर्तव्यं तनुषा मनसा तथा ।

कर्तृभावस्य त्यागो हि साङ्ख्योग: स्मृतो बुधै: ।। 359/1447

◎ **Sankhya :** *When a person performs his duty with body and mind, but does not claim the authorship for his duty, the* ***sacrifice*** *of the authorship is called* ***Sankhya*** *yoga or* ***Sanyasa*** *yoga (yoga of sacrifice) by the wise people.*

न च कर्मफलस्यापि न त्याग: कर्मणस्तथा ।

कर्तृत्वस्यैव त्यागस्तु संन्यास: परिकीर्तित: ।। 360/1447

◎ **And :** *Neither the renouncement of the fruit nor the renunciation of the karma (duty), but only the renunciation of the "authorship of the karma" is Sanyasa or Sankhya.*

◎ **The Deluded :** *He who is full of ego and who does not understand the Sankhya yoga, he says that I am the doer of the deeds. Such ignorant person is called a Mudh-buddhi.*

(बुद्धियोग: कर्मयोग: समबुद्धिश्च)

निर्वासना क्रिया काऽपि मनसा क्रियते यदा ।

निष्कामना समा बुद्धि:-निष्कामबुद्धिरुच्यते ।। 361/1447

◎ **Nish-kam :** *When one performs a duty with mind and body, without any desire for its fruit, that selfless act of equanimity is called Nishkam-buddhi (nish = not) + (kama = kamana = desire for the fruit).*

बुद्धियोग: समत्वस्य स्वल्पतो योग उच्यते ।

कृत: स वाञ्छया हीनो निष्कामकर्मयोग उत् ।। 362/1447

◎ **Buddhi yoga :** *The Buddhi yoga of equanimity is called yoga in short. The same deed if performed without desire for its fruit, it is called Nishkam-karma-yoga or Karma-yoga.*

(बुद्धियोग:)

बुद्धियोगे स्थिरा बुद्धि: स्मृता सा व्यवसायिका ।

समा निष्कामबुद्धिश्च मता सा निश्चयात्मिका ।। 363/1447

◎ **Buddhi yoga :** *The thinking that is fixed on Buddhi-yoga, is called Vyavasayika Buddhi. It is also called Sama-buddhi, Nishkama-buddhi and Nischyatmika-buddhi.*

।। 2.41 ।। **व्यवसायात्मिका बुद्धिरेकेह कुरुनन्दन ।**

बहुशाखा ह्यनन्ताश्च बुद्धयोऽव्यवसायिनाम् ।।

अव्यभिचारिणी बुद्धिः–निष्कामस्य हि योगिनः ।

बहुशाखा मता बुद्धिः सकामस्य नरस्य तु ।। **364**/1447

◎ **And :** *The focus of the thinking of the followers of Karma yoga is one pointed, while the thinking of those who work with the desire of fruit of karma (duty), is diverted multifold.*

।। 2.42 ।।

यामिमां पुष्पितां वाचं प्रवदन्त्यविपश्चितः ।

वेदवादरताः पार्थ नान्यदस्तीति वादिनः ।।

रतो यो वेदवादेषु भ्रान्तः स कर्मकारणैः ।

वदति मोहकैः शब्दैः–नास्ति किमप्यतः परम् ।। **365**/1447

◎ **And :** *Those who are engaged in arguing on the words of the Vedas and are deluded with the karma, they declare in flowery words, there is nothing else beyond this.*

।। 2.43 ।।

कामात्मनः स्वर्गपरा जन्मकर्मफलप्रदाम् ।

क्रियाविशेषबहुलां भोगैश्वर्यगतिं प्रति ।।

स्वर्गपरायणास्ते च भोगिनश्च विलासिनः ।

कथयन्ति विशेषं ते जन्मदं फलदं विधिम् ।। **366**/1447

◎ **And :** *Those people are full of desires. Attaining heaven is their ultimate goal. They suggest special rites that will result in rebirth.*

।। 2.44 ।।

भोगैश्वर्यप्रसक्तानां तयाऽपहृतचेतसाम् ।

व्यवसायात्मिका बुद्धिः समाधौ न विधीयते ।।

एताञ्शब्दाननुश्रुत्य जना भोगविलासिनः ।

न शक्नुवन्ति कर्तुं तु स्वमतिं निश्चयात्मिकाम् ।। **367**/1447

◎ **And :** *Hearing their fascinating words, the people who are attached to pleasure, they can not fix their mind on one aim and they are perplexed.*

।। 2.45 ।।

त्रैगुण्यविषया वेदा निस्त्रैगुण्यो भवार्जुन ।

निर्द्वन्द्वो नित्यसत्त्वस्थो निर्योगक्षेम आत्मवान् ।।

विषयस्तस्य वादस्य गुणत्रयसमर्थकः ।

गुणेषु त्वं च द्वन्द्वेषु तटस्थो नु भवार्जुन ।। 368/1447

◎ **And :** *The object of their discussion is influenced by the three gunas (the three attributes). O Arjun! you be indifferent to the influence of the gunas.*

|| 2.46 || यावानर्थ उदपाने सर्वत: सम्प्लुतोदके ।
तावान्सर्वेषु वेदेषु ब्राह्मणस्य विजानत: ।।

(ब्रह्मज्ञाम्)
यावज्जलप्लुते काले भवेत्कूपप्रयोजनम् ।
तावदन्येषु ज्ञानेषु भवति ब्रह्मज्ञानिन: ।। 369/1447

◎ **Knowledge of Brahma :** *As much importance is there to the pool of water when the earth is flooded, that much is the importance to the argument on the words of the Vedas for a person who has knowledge of Brahma (the Veda, the Supreme).*

|| 2.47 || कर्मण्येवाधिकारस्ते मा फलेषु कदाचन ।
मा कर्मफलहेतुर्भूर्मा ते सङ्गोऽस्त्वकर्मणि ।।

कार्यमात्राधिकारस्ते न स कर्मफले कदा ।
न कर्मफलहेतुस्त्वं न हि चाकर्मको भव ।। 370/1447

◎ **And :** *Doing your duty is your right, you have no right over its fruit. Do not be motivated by the result of your deed. Do not shrink away from your duty.*

33. हिंदी गीत
कर्मयोग
स्थायी

तेरा, काम मात्र अधिकार, रे ।

♪ साप–, सां–नि ध–नि मगपमगरे, सा– ।

अंतरा–1

फल हेतु को मन से तज के, सुख मय फिर संसार, रे ।

♪ सारे ग–म– म– निध प– मम प–, सांसां निध पप मगपमगरे, सा– ।

अंतरा–2

सुख दु:खन को तन से हटा के, दूर भगा अंधकार, रे ।

अंतरा–3

जीत हार को समान कर के, हलका कर मन भार, रे ।

अंतरा–4

जनम मरण के भव चक्कर से, कर ले बेड़ा पार, रे ।

◎ **Karma yoga :** ***Sthāyī :*** *Doing your duty is your only right.* ***Antarā : 1.*** *Without expecting a fruit for your action, the world is a happy place.* ***2.*** *Removing the expectation of happiness and removing the thought of unhappiness, dispel the darkness from your mind.* ***3.*** *Making loss and gain equal, take the burden off your chest.* ***4.*** *In the cycle of worldly birth and death, cross your boat over to the other side of the ocean.*

।। 2.48 ।।

योगस्थः कुरु कर्माणि सङ्गं त्यक्त्वा धनञ्जय ।
सिद्ध्यसिद्ध्योः समो भूत्वा समत्वं योग उच्यते ।।

(योगः)

निर्ममो बुद्धियोगेन कुरु निष्कामकर्म त्वम् ।
सिद्ध्यसिद्धी समे ज्ञात्वा समत्वं योग उच्यते ।। **371**/1447

◎ **And :** *Being unattached to the feeling of possession, be equipped with the Buddhi yoga (yoga of equanimity) and perform your duty with the spirit of Karma yoga (yoga of duty without desire for its fruit). Such equanimity of the selfless mind is called yoga.*

भुजंगप्रयात छन्द (हिन्दी)

। ऽ ऽ, । ऽ ऽ, । ऽ ऽ, । ऽ ऽ

♫ सारे– ग–मप– म– गरे– म–ग रे–सा–

(निष्काम)

बिना वासना जो करे काम सारे ।
जिसे मान निंदा नहीं हैं नियारे ।। 1
उसे ना सतावे कभी भी जमाना ।
वही कर्म योगी व निष्काम माना ।। 2

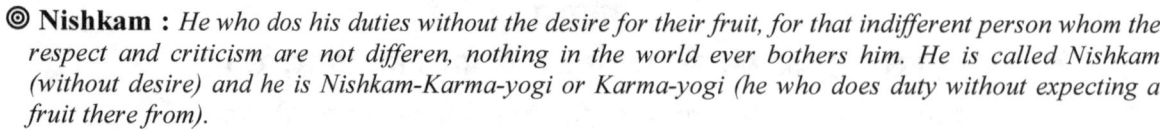

◎ **Nishkam :** *He who dos his duties without the desire for their fruit, for that indifferent person whom the respect and criticism are not differen, nothing in the world ever bothers him. He is called Nishkam (without desire) and he is Nishkam-Karma-yogi or Karma-yogi (he who does duty without expecting a fruit there from).*

मुक्ताफलं विनायाञ्छां, याचित्वा तु न भिक्षणम् ।
निष्कामकर्म कर्तव्यं त्वया पार्थ सदैव हि ।। **372**/1447

◎ **And** : *Without wishing for a fruit, one may get the wish-granting-jewel. One may not get alms even by begging. O Arjun! you ought to do your duty always without desire for its fruit.*

DEFINATIONS

(अर्जुनस्य पुन: कतिपय प्रश्ना:)

निष्कर्म किञ्च किं कर्म किमकर्म विकर्म किम् ।
को निष्काम: सकामश्च व्याख्यास्तेषां नु ख्याहि माम् ॥ 373/1447

◎ **Arjun's many questions** : *Arjun said, O Krishna! what is Karma and what is Akarma. What is Nishkarma and what is Vikarma. What is Sakama and what is Nishkama?*

धर्माधर्मौ च कौ कृष्ण कौ धर्मौ स्वपरौ तथा ।
अकार्यं किञ्च कार्यं किं सर्वं मे वदतात्प्रभो ॥ 374/1447

◎ **And** : *What is Dharma and what is Adharma. What is Sva-dharma and what is Para-dharma. What is Karya and what is Akarya?*

योनि: का भवनं किञ्च भोग: किं करणं च किम् ।
कानि फलानि सर्वेषाम्-एतेषां वदताद्धरे ॥ 375/1447

◎ **And** : *What is Yoni and what is Bhagyam (destiny). O Krishna! what fruit one gets for his actions (karma)?*

कर्मफलं च किं तस्मात्-कानि के प्राप्नुवन्ति च ।
फलं प्राप्स्यति क: स्वादु कटूनि च मिलन्ति कम् ॥ 376/1447

◎ **And** : *What is Karma-fala. Who gets the sweet fruits and who gets the bitter fruits of the karma?*

को जानाति फलं किं कं मिलतीह परत्र च ।
करोति निर्णयं चास्य कृष्ण कुत्र च क: कदा ॥ 377/1447

◎ **And** : *Who knows and who decides as to who gets what fruit in this life or in the next life?*

योगोऽस्ति कश्च योगी को भोगो भोगी च कौ सखे ।
त्यागस्त्यागी च कौ कृष्ण व्याख्या: श्रावय मां गुरो ॥ 378/1447

◎ **And** : *And, what is Yoga and what is Bhoga? who is a Yogi and who is a Bhogi? What is Tyaga and who is a Tyagi (Ascetic)? O Guru! please give me the definitions.*

(उत्तराणि - अकर्म कर्म कामश्च)

फलस्य कामना कामो विषयवासना तथा ।
कृतिर्यस्या: फलं शीघ्रं श्वो वा मिलति कर्म तत् ॥ 379/1447

◎ **Answers :** *The deed of which the doer will get fruit at present time or in the future, is Karma. The desire for the fruit of a karma is Kāma. Desire for passions is also Kāma.*

किमपि करणं कर्म न करणं च कर्म हि ।
कर्म चाकर्म यं स्पष्टं तथ्यं तमेव दृश्यते ॥ 380/1447

◎ **Karma :** *"Doing" any<u>thing</u> is Karma, therefore, "doing" no<u>thing</u> is also a karma. He who sees this clearly, only he knows what karma truly is.*

विना कर्म न जीवन्ति क्षणमेकं नरा इह ।
शून्यत्वं कर्मणस्तस्मात्-किञ्चिदपि न विद्यते ॥ 381/1447

◎ **And :** *A person does not live for even a moment "without doing" absolutely anything. Without karma nothing exists or sruvives. Therefore, there is no such thing as absence of karma.*

(कर्म च अकर्म च)

कृता कृतिर्मता कर्माकृता कृतिरकर्म च ।
यत: काऽपि कृति: कर्माकृतिरपि च कर्म हि ॥ 382/1447

◎ **And :** *<u>Doing</u> whatever action is a karma, therefore, action of not <u>doing</u> anything is also a karma. "Doning" is also karma, Not "doing" is also karma.*

(निष्कामकर्म च सकामकर्म च)

फलस्य हेतवे कर्म कृतं सकाम उच्यते ।
विना फलेच्छया कर्म निष्काम: कथ्यते बुधै: ॥ 383/1447

◎ **Sakam and Nishkam :** *Any Karma (duty) performed for the desire of its fruit is called sakam-karma. The same Karma (duty) performed without the desire for its fruit is called nishkam-karma.*

विषयवासनां धृत्वा फलेच्छया च यत्कृतम् ।
निकृष्टं हेतुयुक्तं तत्-सकामं कर्म संज्ञितम् ॥ 384/1447

◎ **And :** *Whatever is done with passion and desire for its fruit in mind, is the degraded Sakam-karma.*

(विहितकर्म)

शरीरपोषणायैव यत्कृतं नियतं स्मृतम् ।

तदेव धार्मिकं नित्यं सविधं विहितं मतम् ॥ 385/1447

◎ **Niyat Karma** : *The deed that is done for the maintenance of the body and daily life is Niyat-karma. The same is also called Dharmic karma, Nitya karma, Savidh karma and Vihit karma.*

(सुकर्म विकर्म कुकर्म च)

सुकर्म सुकृतं कार्यं, विकर्म विकृता कृति: ।
कुकर्म दुष्कृतं कृत्यम्-अकर्म चापि कर्म हि ॥ 386/1447

◎ **Sukarma** : *A good deed is called Sukarma. A deed done with a negative objective is Vikarma. A deed done with evil objective is Kukarma.* <u>Doing something which is the Dvandva (duality) of some other work is akarma of that work. Akarma is also a karma.</u>

(कर्मफलम्)

स्यादिष्टं स्यादनिष्टं वा स्याद्गोचरमगोचरम् ।
नास्ति कुत्रापि कर्मैवं यस्य नास्ति फलं खलु ॥ 387/1447

◎ **Fruit** : *The fruit of a karma may be desirable or it may be undesirable. It may be visible or it may be invisible. One may get it presently or in the future. But, there is no deed for which there is no fruit. Fruit is not optional or accidental, it is sure.*

कृत्वाऽपि कर्मवन्नास्ति तन्निष्कर्म मतं बुधै: ।
कर्मणोऽस्ति फलं यद्वत्-निष्कर्मणोऽपि निष्फलम् ॥ 388/1447

◎ **Nishkarma** : *Doing a karma that is as good as not doing it, is called Nishkarma. As a karma always has a fruit, the fruit of nishkarma is nishfala.*

(धर्म:)

यस्मिन्क्षणे स्थले कार्यं करणीयं च येन यत् ।
तस्मिन्काले च स्थाने च धर्मस्तस्य स एव हि ॥ 389/1447

◎ **Dharma** : *The righteous act that ought to be performed by a right person at right time at right place is the Dharma of that person, at that time and at that place. For other person or at wrong time or at wrong place, the same karma may be unrighteous act or an Adharma.*

एष[6] न सम्प्रदायोऽस्ति सदाचारस्य वर्त्म हि ।

---

[6] एष: = एष धर्म: ।

करणीयश्च कर्तव्य: कार्य: सत्कर्म भद्रता ।। 390/1447

◎ **And :** <u>Dharma is not a religion.</u> It is a righteous path. It is duty. It ought to be done. It is a virtue. It is ethics. It is morality.

(अधर्मश्च कर्म च कर्मफलं च)
योग्ये स्थाने च काले च कृतं तद्धार्मिकं मतम् ।
अनुचिते स्थले काले तदेवाधार्मिकं भवेत् ।। 391/1447

◎ **Adharma :** A deed that is unrighteous, or that is performed by wrong person, at wrong moment, at wrong place or with wrong motive, is adharma.

(सूक्ति:)
किं त्वयाऽऽनीतमस्तीह किमितस्त्वञ्च नेष्यसि ।
कर्मफलानि पूर्वाणि भुङ्क्षे च भोक्ष्यसे सदा ।। 392/1447

◎ **A Proverb :** What have you brought with you and what will you take with you? The fruits of your past deeds came with you and the fruits of your present deeds will go with you.

34. हिंदी गीत

गीता सार

स्थायी

क्या लाया तू साथ अपने, क्या ले जाना साथ है ।
नाम हरि का जप ले बंदे, चार दिनों की बात है ।।

♪ सां- धपगरे सारे ग- प गरेसा-, सा- रे- ग- प- ध-सां ध- ।
सां-ध पगरे सा- रेरे ग- प-प-, सां-ध पगप गरे सा-रे सा- ।।

अंतरा-1

नाम रस का पी ले प्याला, मन को तेरे भाएगा ।
रस में उसके डूब जा फिर, क्या है दिन क्या रात है ।।

♪ सा-सा रेरे ग- प-प ध-नि-, सांसां रें- गं-रें- सां-रें-सां- ।
धध प- गगरे- प-ग रे- सासा, रे- ग पप ग- सा-रे सा- ।।

अंतरा-2

आसमाँ से इस धरा तक, सब हरि का राज है ।

शरण उसकी आ चरण में, वो दयालु मात है ।।

अंतरा–3

त्याग सारा ये झमेला, छोड़ जाना विवश है ।

हाथ उसका थाम ले रे, तू अकेला तात! है ।।

◎ **A Message of Gita :** ***Sthāyī :*** *What have you brought with you, what will you carry with you? Chant Hari's name, you are here only for four days, then you have to depart back to where you came from and then go to somewhere else.* **Antarā : 1.** *Drink a glass of the juice of Rama's name, you will love it. Get intoxicated with that joy, then there is no day or night.* **2.** *Hari's kingdom is from the sky to the earth, surrender yourself to his wishes, he is merciful like mother.* **3.** *Leave aside the worldly affairs, one day you have to leave. Hold his hand, or else you are alone in this world.*

सञ्चितानि त्वया यानि पापपुण्यानि जीवने ।

तेषामेव फलान्यत्र भोक्ष्यसे जन्मजन्मनि ।। **393**/1447

◎ **Bank balance :** *The merit points you deposited with good deeds in your account in all your previous lives, you are enjoying them in this life. What you do in this life will last you in your coming lives.*

सुकृतानि च कर्माणि दास्यन्ते मधुराणि त्वाम् ।

दुकृतानि तु कर्माणि कटूनि च फलानि भो: ।। **394**/1447

◎ **And :** *Your good deeds give you merit points and your bad deeds give you sin points. The merit points give you sweet fruits and the sin points give you bitter fruits.*

35. हिंदी गीत

कर्म फल

स्थायी

जैसा जो करता है, भरता है ।

कोई हँस के, कोई रोते, रोते मरता है ।।

♫ सां–ध प गरेसारे प–, गरेगप ध– ।

गरे गग प–, धसां– धपध–, सां–ध–प धपगरे सा– ।।

अंतरा–1

नौ द्वारों का महल मिला है, बिन भाड़े से काम चला है ।

कोई निंदें भरता है, कोई सेवा करता है ।।

♪ सारे ग–प– प– गपध निधप ध–, सांसां निध– प– ग–प गरे– सा– ।
सारे ग–ग– पपध– सां–, सां–ध– पधप– धपगरे– सा– ।।

अंतरा–2
उच्च योनि में जनम मिला है, पहना नर नारी चोला है ।
कोई तस्करी करता है, कोई पाप से डरता है ।।

अंतरा–3
काम क्रोध मद मत्सर माया, पाप पुण्य सब देह ने पाया ।
कोई नास्तिक मरता है, कोई नाम सिमरता है ।।

◎ **Fruit of Karma : Sthāyī :** *You pay for what you do. Someone smiles in his life, while someone cries all his life.* **Antarā : 1.** *Everyone has a dwelling of nine gates. You don't pay rent to live in. Someone wastes his time just sleeping, while someone struggles to help other people.* **2.** *You got this human high birth and male or female skin to wear. Someone spends his time stealing from other people, while someone is afraid of doing anything bad.* **3.** *Passion, intoxication, jealousy, deceit are all around you. Someone enjoys these things and stays atheist all his life, while someone chants Hari's name and refrains from the enticements around him.*

(धर्म: अधर्म: स्वधर्म: परधर्म: त्याग: त्यागी च)
कर्तव्यं करणं धर्मो न करणमधर्म उत् ।
स्वधर्म: स्वगुणैर्युक्त: परधर्म: परार्थक: ।। 395/1447

◎ **Dharma :** *Doing your duty is Dharma. Not doing it is Adharma. Acting according to your inborn nature is Svadharma. Work suitable for other's nature is Paradharma. Paradharma serves other's purpose.*

फलत्यागो न निष्काम:–त्याज्या वाञ्छा फलस्य हि ।
वैकल्पिका फलापेक्षा फलं तु निश्चितं भवेत् ।। 396/1447

◎ **Renunciation :** *Renunciation of Karma is not a Nishkama. Renunciation of the fruit of karma is not a Renunciation. Renunciation of the desire for a fruit of karma is Nishkama. Renunciation of the desire for the fruit is optional, but the fruit itself is not optional. It is mandatory. One must accept the consequence of his actions.*

(त्याग:)
नित्यं कर्म मतं कार्यं तन्नियमितमाचरेत् ।
फलस्याशाञ्च सङ्गञ्च त्यजनं 'त्याग' उच्यते ।। 397/1447

◎ **And :** *Work required to stay alive and carry on daily life is* ***Nitya karma****. Nitya karma must be done without renunciation. Renunciation of the* ***desire*** *for the fruit of karma is Tyaga. Renunciation of Nitya karma is not a tyaga.*

(योगी च भोगी च)

यं सुखेषु न सङ्गोस्ति न क्लेशः क्लिष्टकर्मसु ।

स सङ्गं च फलाशां च त्यक्तस्त्यागी प्रकीर्तितः ।। 398/1447

◎ **Yogi :** *He who is not attached to happiness and to easy tasks, he who renounces desire and he who does not have attachment to the fruit, is an ascetic.*

(नियोगी च वियोगी च)

सकामकारको 'भोगी' 'योगी' निष्कामपालकः ।

निग्रही यो 'नियोगी' स 'वियोगी' परिव्राजकः ।। 399/1447

◎ **And :** *He who is attached to sakam-karma is a Bhogi. He who is devoted to nishkam-karma is a Yogi. He who has self control is a Niyogi. He who has renounced possessions is Viyogi, he is also called a Sanyasi.*

(यथा कर्म तथा फलम्)

कश्चित्स्वपिति निश्चिन्तः कश्चिज्जागर्ति वा निशौ ।

कस्यचिदुज्ज्वलं भाग्यं कश्चिद्दुर्भाग्यपीडितः ।। 400/1447

◎ **And :** *As you sow so you reap. Someone sleeps worry free. Someone is insomniac because of the worries. Someone's fate is bright, someone is riddled with bad luck.*

कस्यचिज्जीवने सौख्यं कश्चिद्दुःखेन विह्वलः ।

वपते पापबीजं यः पुण्यं तेन न प्राप्यते ।। 401/1447

◎ **And :** *Someone's life is filled with happiness, someone's life is filled with sorrow. He who sows the seeds of sin, does not reap merits.*

6. हिंदी गीत

भव चक्र

स्थायी

ये भव चक्कर का फेरा है । सब, कर्म फलों ने घेरा है ।।

♪ सानि़ सासा रे–गग म– प–मग रे– । गग, म–म मप– म– पमगरे सा– ।।

अंतरा–1

बीज बबूल के जब हों बोये, उगे न आम न केले ।

सब, तीन गुणों की माया है ।।

♫ सा–रे गमम म– गम प– मगरे–, सारे– ग म–ग रे सा–रे– ।

सासा, रे–ग मप– म– पमगरे सा– ।।

अंतरा–2

निंद चैन की कोई सोता, कहीं चिंता का डेरा ।

सब, तीन गुणों की माया है ।।

अंतरा–3

किसी का जीवन सुखों से भरा, कहीं दुखन का बसेरा ।

सब, तीन गुणों की माया है ।।

अंतरा–4

जो करता है, सो भरता है, ये कर्म फलों का खेला ।

सब, तीन गुणों की माया है ।।

◎ **Worldly cycle :** ***Sthāyī :*** *This is worldly cycle, it is powered by the force of karma and its fruit.* ***Antarā : 1.*** *He who sows the seeds of thorny bush does not get to reap mangos or bananas from his action.* ***2.*** *Someone sleeps a peaceful sleep at night, someone is worried all night.* ***3.*** *Someone's life is filled with happiness, someone's life is an abode for misery.* ***4.*** *As you do, so is the fruit. It is the rule of karma and its fruit.*

कृतं सत्कर्मभिः पुण्यं यान्ति सुखानि तं नरम् ।

दुष्कृतैरर्जितं पापं हन्ति दुःखानि तं जडम् ।। 402/1447

◎ **And :** *He who earns merits through his righteous deeds, he attains happiness. The fool who earns sin with his evil actions earns pains in his life.*

मधुरामधुरं वाऽपि साम्प्रतं वा भविष्यति ।

चक्रं कर्मफलस्यैवं जगति शाश्वतं स्मृतम् ।। 403/1447

◎ **And :** *The fruit of karma may be sweet or bitter. It may come presently or it may come in the future. This mechanism is eternal in the world.*

37. हिंदी भजन

हरि नाम

स्थायी

भज ले नाम हरि का बंदे, खाते में पुण्य जमाता है ।

जनम जनम के दुख बिसराता, सारे पाप जलाता है ।।

♬ सारे प- म-म पम- ग- म-प-, ग-म- म- प-प मपमगरे सा- ।

सारेग मपप म- गग ममप-प-, ग-म- प-प मपमगरे सा- ।।

अंतरा–1

किसी का जीवन सुखों से भरा, किसी को दुख तड़पाता है ।

जैसी जिसकी करनी होती, वैसा ही फल आता है ।।

♬ साप- प पधमप धनि- सां- निध-, पम- ग रेरे गम-ग-रे सा- ।

प-ध निधप- मगरे- ग-म-, ग-म- प- मम- मपमगरे सा- ।।

अंतरा–2

कोई रात की निंदिया खोता, कोई चैन से सोता है ।

बीज पाप के जो बोता है, पुण्य नहीं चख पाता है ।।

अंतरा–3

सत् कर्मों से पुण्य कमाता, सुख उस पर बरसाता है ।

पाप करम से पुण्य जलाता, उसको गम तरसाता है ।।

◎ **Worship Hari :** ***Sthāyī :*** *Chant Hari's name, it deposits merit in your account. It removes the pains accumulated through previous lives and burns the sins.* ***Antarā : 1.*** *Someone's life is filled with happiness, while the pains bother other person. As your deeds are, so is their result.* ***2.*** *Someone looses his sleep at night, while someone sleeps without a worry. He who sows seeds of sins does not get to enjoy happiness.* ***3.*** *He who earns merits through righteous deeds, happiness showers on him. He who burns merits through his sins, he is bewildered by the sorrows.*

श्रीभगवानुवाच ।

।। 2.49 ।।

दूरेण ह्यवरं कर्म बुद्धियोगाद्धनञ्जय ।
बुद्धौ शरणमन्विच्छ कृपणाः फलहेतवः ।।

(बुद्धियोगाचरणम्)

निष्कामबुद्धियोगः स सकामाद्धि विशिष्यते ।

तस्मात्त्वं कामनां त्यक्त्वा कर्मयोगं समाचर ।। 404/1447

◎ **And :** *Nishkam karma is superior than the sakam karma, therefore, O Arjun! you be a nishkam-karma-yogi.*

|| 2.50 ||
बुद्धियुक्तो जहातीह उभे सुकृतदुष्कृते ।
तस्माद्योगाय युज्यस्व योग: कर्मसु कौशलम् ।।

पापे पुण्ये तटस्थो हि बुद्धियोगाद्धनञ्जय ।
अस्मिन्योगयधिष्ठानं 'कौशल्यं कर्मण:' स्मृतम् ।। 405/1447

◎ **And :** *Be indifferent to sin and merits and observe buddhi yoga (yoga of equanimity), <u>staying engaged in this yoga is the skill of doing righteous karma</u>.*

|| 2.51 ||
कर्मजं बुद्धियुक्ता हि फलं त्यक्त्वा मनीषिण: ।
जन्मबन्धविनिर्मुक्ता: पदं गच्छन्त्यनामयम् ।।

(समबुद्धे: योगी)

त्यक्त्वा कर्मफलाशां हि ज्ञानिन: समबुद्धय: ।
जन्मबन्धाद्विनिर्मुक्ता भुञ्जन्तिपदमुत्तमम् ।। 606/1447

◎ **And :** *Renouncing the desire for fruit of karma, the yogis of equanimity attain release from bondage and attain supreme state.*

|| 2.52 ||
यदा ते मोहकलिलं बुद्धिर्व्यतितरिष्यति ।
तदा गन्तासि निर्वेदं श्रोतव्यस्य श्रुतस्य च ।।

अतीतं सा यदा गच्छेद्-बुद्धिस्ते मोहकर्दमम् ।
विरक्त: श्रुतशब्देभ्य: शान्तिं त्वं किल प्राप्स्यसि ।। 407/1447

◎ **And :** *When your thinking goes beyond the mire of delusion, then being detached from what you have heard elsewhere, you will attain peace of mind;*

|| 2.53 ||
श्रुतिविप्रतिपन्ना ते यदा स्थास्यति निश्चला ।
समाधावचला बुद्धिस्तदा योगमवाप्स्यसि ।।

विविधै: कारणैर्भ्रान्ता बुद्धिर्यदा शमिष्यति ।
सिद्धिञ्च प्राप्य शुद्धिञ्च योगमाप्स्यसि त्वं तदा ।। 408/1447

◎ **And :** When your mind disturbed by various reasons, attains tranquility this way, then you will attain purity and success in yoga.

(अर्जुन: पुन: पृष्टवान्)
उत्तराणि हरे: श्रुत्वा पार्थ: स विस्मयावृत: ।
कुतूहलेन कृष्णञ्च नवान्प्रश्नांश्च पृष्टवान् ॥ 409/1447

◎ **More questions :** Hearing Krishna's answers to his questions, Arjun became further curious to ask more questions.

अर्जुन उवाच ।

॥ 2.54 ॥
स्थितप्रज्ञस्य का भाषा समाधिस्थस्य केशव ।
स्थितधी: किं प्रभाषेत किमासीत व्रजेत किम् ॥

(अर्जुन: पुन: पृच्छति)
स्थिरमति: प्रशान्तश्च स्थितप्रज्ञ: क उच्यते ।
शीलं च वर्तनं तस्य माधव कीदृशं भवेत् ॥ 410/1447

◎ **Question :** Who is called a Sthitaprajna of tranquil and stable mind? How is his nature and behavior, O Krishna!

श्रीभगवानुवाच ।

॥ 2.55 ॥
प्रजहाति यदा कामान्सर्वान्पार्थ मनोगतान् ।
आत्मन्येवात्मना तुष्ट: स्थितप्रज्ञस्तदोच्यते ॥

(श्रीभगवानुवाच)
यो मनोवासनां त्यक्त्वा मनोनिग्रहमाचरेत् ।
आत्मनि पूर्णतृप्त: स स्थितप्रज्ञस्तदोच्यते ॥ 411/1447

◎ **Answer :** He who has set aside his desires and controlled his mind, that self satisfied person is called Sthitaprajna.

॥ 2.56 ॥
दु:खेष्वनुद्विग्नमना: सुखेषु विगतस्पृह: ।
वीतरागभयक्रोध: स्थितधीर्मुनिरुच्यते ॥

(मुनि: क:)
न भेद: सुखदु:खेषु रागक्रोधविवर्जित: ।

शान्तचित्तः स्थितप्रज्ञो योगी स हि मुनिर्मतः ।। **412**/1447

◎ **Muni :** *He who is indifferent to sorrow and happiness. He who is free from attachment and anger. That yogi of peaceful mind is called a Muni.*

।। 2.57 ।।

यः सर्वत्रानभिस्नेहस्तत्तत्प्राप्य शुभाशुभम् ।
नाभिनन्दति न द्वेष्टि तस्य प्रज्ञा प्रतिष्ठिता ।।

(स्थिरमतिः)

आकर्षति न स्नेहो यं न लिम्पन्ति सुखानि च ।
शोकहर्षौ गतौ यस्य स्थिरमतिर्विशिष्यते ।। **413**/1447

◎ **And :** *He whom the attachments do not attract. He whom happiness does not bind. He who is indifferent to joy and sadness. That person of steady mind excels.*

38. हिंदी गीत : राग भैरवी, कहरवा ताल

आत्म निग्रह

स्थायी

रोक ले मन को सदा, सोहि करम निष्काम का ।

♫ प–म प– गम ग– रेसा–, सारे गमप मगग–रे सा– ।

अंतरा–1

वासना मन से हटा कर, त्याग दे अभिमान को ।
त्याग बुद्धि के बिना, कृष्ण को नहीं भायगा ।।

♫ सा–रेग– मम ध– पम– मम, प–ध नि– सांनि–ध–प म– ।
म–प ध–नि– ध– पम–, रे–ग म– पम– ग–रेसा– ।।

अंतरा–2

मैल तन मन से सफा कर, सादगी से काम ले ।
मन का दर्पण साफ हो, तो प्रभु दिख जायगा ।।

अंतरा–3

स्वार्थ को कर के परे, कार्य कर परमार्थ का ।
कर्म गर निष्काम हो, तो प्रभु मिल पायगा ।।

◎ **Self control :** ***Sthāyī :*** *Keep your mind always under control. Then you will achieve the Nishkam-karma (deed without desire for its fruit).* ***Antarā : 1.*** *Remove the desires from mind, give up the ego. With such renunciation you will please the Lord.* ***2.*** *Cleanse your body and assume a simple living. When* *you clean the mirror of the mind, you will see the Lord.* **3.** *Keeping aside your self interest, do selfless service to others. If you do nishkam karma, you will attain the Lord.*

|| 2.58 ||

यदा संहरते चायं कूर्मोऽङ्गानीव सर्वशः ।
इन्द्रियाणीन्द्रियार्थेभ्यस्तस्य प्रज्ञा प्रतिष्ठिता ॥

(वासनाऽतीतः)

सङ्कुञ्चति स गात्राणि सर्वशः कच्छपो यथा ।
इन्द्रियाणीन्द्रियार्थेभ्यः स्थितप्रज्ञः प्रकर्षति ॥ 414/1447

◎ **Sthitaprajna :** *As the turtle withdraws his limbs from all sides at proper time, so does the Sthitaprajna withdraws his organs into himself, away from the passions.*

|| 2.59 ||

विषया विनिवर्तन्ते निराहारस्य देहिनः ।
रसवर्जं रसोऽप्यस्य परं दृष्ट्वा निवर्तते ॥

विषयत्यागमात्रेण सङ्गस्तस्मान्न गच्छति ।
निवर्तते तदा सङ्गो हृदि भक्तिर्यदा भवेत् ॥ 415/1447

◎ **And :** *Attachment to the passions does not go away merely by staying away from their objects. The attachment goes away when one has faith at his heart.*

|| 2.60 ||

यततो ह्यपि कौन्तेय पुरुषस्य विपश्चितः ।
इन्द्रियाणि प्रमाथीनि हरन्ति प्रसभं मनः ॥

यतन्तं योगिनं चापि सङ्क्षुभ्नन्तीन्द्रियाणि तम् ।
नियतान्यपि गात्राणि मोहयन्ति मनो बलात् ॥ 416/1447

◎ **And :** *The organs of the disciplined yogi also disturb him. Even the controlled organs delude the yogi forcefully.*

|| 2.61 ||

तानि सर्वाणि संयम्य युक्त आसीत मत्परः ।
वशे हि यस्येन्द्रियाणि तस्य प्रज्ञा प्रतिष्ठिता ॥

य इन्द्रियाणि संयम्य मनसा मयि मत्परः ।
इन्द्रियाणां वशी नित्यः स्थिरमतिः स तत्परः ॥ 417/1447

◎ **And :** *Having controlled his organs, he who is devoted to me with his mind, that self controlled person is of stable mind.*

|| 2.62 ||

ध्यायतो विषयान्पुंसः सङ्गस्तेषूपजायते ।
सङ्गात्सञ्जायते कामः कामात्क्रोधोऽभिजायते ।।

मनसि विषयो यो यः सङ्गस्तस्माद्धि जायते ।
सङ्गाद्धि जायते कामः कामात्क्रोधश्च जायते ।। **418**/1447

◎ **And :** *The object that dwells in mind, attachment develops for that object. With attachment grows passion and when the passion is not satisfied, grows anger.*

|| 2.63 ||

क्रोधाद्भवति सम्मोहः सम्मोहात्स्मृतिविभ्रमः ।
स्मृतिभ्रंशाद्बुद्धिनाशो बुद्धिनाशात्प्रणश्यति ।।

क्रोधात्तस्मान्मनोभ्रान्तिः-भ्रमात्स्मृतिश्च भ्राम्यति ।
भ्रष्टस्मृत्या जडाबुद्धिः-भ्रष्टबुद्धिर्विनश्यति ।। **419**/1447

◎ **And :** *With anger grows delusion and from delusion grows confusion in mind. With confused mind thinking gets distorted and with distorted mind, one becomes destroyed.*

|| 2.64 ||

रागद्वेषवियुक्तैस्तु विषयानिन्द्रियैश्चरन् ।
आत्मवश्यैर्विधेयात्मा प्रसादमधिगच्छति ।।

(निग्रहः)

रागं द्वेषं च बध्नाति देहे यो निग्रही नरः ।
विषयेऽपि ततः स्थित्वा शान्तचित्तो दृढः सदा ।। **420**/1447

◎ **Therefore :** *Therefore, he who keeps attachment and anger under his control, he removes his pains. With such peaceful mind the thinking become tranquil.*

|| 2.65 ||

प्रसादे सर्वदुःखानां हानिरस्योपजायते ।
प्रसन्नचेतसो ह्याशु बुद्धिः पर्यवतिष्ठते ।।

एति शान्तिर्यदा चित्ते दुःखानामन्त उच्यते ।
प्रशान्ते तादृशे चित्ते बुद्धिः सदा हि शाम्यति ।। **421**/1447

◎ **And :** *And when such peace comes to heart, the sorrow comes to an end. With such peaceful heart, thinking is always peaceful.*

|| 2.66 ||

नास्ति बुद्धिरयुक्तस्य न चायुक्तस्य भावना ।
न चाभावयतः शान्तिरशान्तस्य कुतः सुखम् ।।

मतिर्नास्ति स्थिरा यस्य तस्य नास्ति च भावना ।
न भावनां विना शान्तिः–तस्य नास्ति सुखं ततः ।। **422**/1447

◎ **And :** *He whose mind is not stable, he does not have sound thinking. Without sound thinking, there is no peace of mind. Without peace of mind, there is no happiness.*

|| 2.67 ||

इन्द्रियाणां हि चरतां यन्मनोऽनुविधीयते ।
तदस्य हरति प्रज्ञां वायुर्नावमिवाम्भसि ।।

विषयेषु रता यस्य मतिर्नरस्य सर्वदा ।
मतिर्भ्राम्यति सा तस्य नौर्वायुना यथाऽम्भसि ।। **423**/1447

◎ **And :** *He whose mind is always thinking of passions, his thinking is unstable like the boat on the water, that rocks with the wind.*

|| 2.68 ||

तस्माद्यस्य महाबाहो निगृहीतानि सर्वशः ।
इन्द्रियाणीन्द्रियार्थेभ्यस्तस्य प्रज्ञा प्रतिष्ठिता ।।

(स्थितप्रज्ञः)

निरासक्तानि गात्राणि विषयेषु मतिस्तथा ।
संज्ञा तस्य स्थितप्रज्ञ इति वदन्ति पण्डिताः ।। **424**/1447

◎ **Sthitaprajna :** *He whose organs and mind is not attached to passions, he is called Sthitaprajna by the wise men.*

|| 2.69 ||

या निशा सर्वभूतानां तस्यां जागर्ति संयमी ।
यस्यां जाग्रति भूतानि सा निशा पश्यतो मुनेः ।।

सन्ति सुप्ता जना यस्मिन्–तस्मिञ्जाग्रति योगिनः ।
यस्मिन्संसारिणो लग्ना मौनं तिष्ठन्ति योगिनः ।। **425**/1447

◎ **And :** *The state of which people are unaware, the yogi is aware of that state. The things in which people are engaged, the yogi abstains those things.*

|| 2.70 || आपूर्यमाणमचलप्रतिष्ठं समुद्रमापः प्रविशन्ति यद्वत् ।
तद्वत्कामा यं प्रविशन्ति सर्वे स शान्तिमाप्नोति न कामकामी ॥

नदीनाञ्च प्रवेशेभ्यः सिन्धुः शान्तो यथा सदा ।
भोगान्भुक्त्वाऽपि गम्भीरः स शान्तिमधिगच्छति ॥ 426/1447

◎ **And :** As the ocean is undisturbed while the rivers are pouring water into it, so is yogi undisturbed while the worldly affairs are flooding his ambiance.

मनुष्यः कामकामी यो विषयवासनायुतः ।
अशान्तं मानसं तस्य सरितासलिलं यथा ॥ 427/1447

◎ **But :** But, a person who is attached to passions and desires, his mind is as wavering as the rippling water of a river which follows the slope.

|| 2.71 || विहाय कामान्यः सर्वान्पुमांश्चरति निःस्पृहः ।
निर्ममो निरहङ्कारः स शान्तिमधिगच्छति ॥

विषयवासनां त्यक्त्वा सर्वदा यः सदाचरेत् ।
निर्ममश्चानहङ्कारी शान्तिमाप्नोति नैष्ठिकीम् ॥ 428/1447

◎ **And :** Free from passions and desires, the yogi who is selfless and without ego, he attains eternal peace. This is the Brahmi (Supreme) State.

|| 2.72 || एषा ब्राह्मी स्थितिः पार्थ नैनां प्राप्य विमुह्यति ।
स्थित्वास्यामन्तकालेऽपि ब्रह्मनिर्वाणमृच्छति ॥

एतां ब्राह्मीं गतिं प्राप्य नरः पार्थ न मुह्यति ।
अन्तकालेऽपि तां प्राप्य ब्रह्ममोक्षं स गच्छति ॥ 429/1447

◎ **Brahmi state :** Attaining this Brahmi (supreme) state even at last breath, a person does not get deluded and he attains eternal peace and liberation.

39. हिंदी गीत

शांति शांति शांति ओम्

पद

शांति सर्वदा, शांति सर्वथा, शांति सर्वगा, शांति ओम् ।
जन गण शांति, त्रिभुवन शांति, भूत चराचर, शांति ओम् ।।

♪ सा-रे ग-रेसा-, रे-ग म-गरे-, ग-म प-मग-, प-म ग- ।
गरे गम प-प-, धपमग म-म-, निध पम-मम, प-म ग- ।।

स्थायी

शांति शांति, शांति ओम् ।
मेरे मन में, तेरे मन में, सबके मन में, शांति हो ।
जग में शांति, नभ में शांति, शांति शांति, शांति ओम् ।।
शांति शांति, शांति ओम् ।

♪ म-प ध-प ध-प-म- ।
सांनि धप ध-, नि-ध पम प-, धधप मग म-, प-म ग- ।
रेरे ग- म-म-, धप म- प-प-, निध प-ध-, प-म ग- ।।
म-प ध-प-, ध-प- म- ।।

अंतरा-1

जो मिला है उसमें तृप्ति, मान लेना कर्म है ।
जिस किसी को ना मिला हो, बाँट लेना धर्म है ।।
जो भी दिन हो वो खुशी से, काट लेना वृत्ति हो ।
तन में शांति, मन में शांति, लब पे शांति शांति हो ।।
शांति शांति, शांति ओम् ।।

♪ सा- रेग- म- पमग रे-सा-, सा-रे ग-म- ध-प म- ।
पप पध- नि- सां- निध- प-, निध प-म- ग-रे सा- ।।
सा- रे गग म- प- मग- रे-, ग-म प-म ध-प म- ।
पप प ध-नि-, सांनि ध- प-ध-, पप म ग-म- ग-रे सा- ।।
म-प ध-प-, ध-प- म- ।।

अंतरा-2

स्त्री पुरुष या मूक प्राणी, पेड़ पत्ते फूल हों ।
जीव सारे, लिंग सारे, एक सभी का मूल है ।।
भूत सबके पँच ही हैं, गुण सभी के तीन ही ।
एक सबका ईश, चाहे, रूप भाँति भाँति हों ।।
शांति शांति, शांति ओम् ।।

अंतरा–3

भिन्न भाषा अगर जानी, मधुर मुख में वाणी हो ।
भीन्न चाहे वेश उसका, या अलादा देश हो ।।
एक दाना, एक पानी, एक धरती सबकी है ।
अखिल जग में एकता की, क्रांति क्रांति क्रांति हो ।।
शांति शांति, शांति ओम् ।।

◎ **Shanti Om :** *Pad : May peace be there always, May peace be there every which way, May peace be there everywhere. May peace be there, Om.* **Sthāyī : 1.** *May peace be there. May peace be there. May peace be there. Om. May peace be in my mind, in your mind, in everyone's mind. May peace be there on the earth and in the sky. May peace be there. May peace be there. May peace be there.* **Antarā : 1.** *Being satisfied with whatever you get, is righteousness. Sharing it with others is dharma. Spending the day in happiness is right attitude. May peace be there in your body, in your mind and on your lips. May peace be there.* **2.** *May there be a man, a woman, an animal, a plant, the root of everything is one. All are made up of five beings and three gunas (attributes). There is only one God for all, even if one's form, shape and colour may be different.* **3.** *You may know a different language, but the words should be sweet. May your dress be different or may your country be different. Your food is same, your water is same. your earth is same. May there be oneness among all. May there be a peace revolution in the world. May peace be there.*

दिव्यौ शंखौ प्रदध्मतुः ।

40. हिंदी गीत : राग भैरवी, कहरवा ताल 8 मात्रा
निष्काम का निरूपण

स्थायी

सुनो शारद मंजुल गाया है, मुनि नारद बीन बजाया है ।
रत्नाकर गीत रचाया है ।।

♪ सानि॒ सा-ग॒रे सा-नि॒नि॒ सा-रेम ग॒-, ग॒म मग॒पम ग॒-रे सासा-रेम ग॒- ।
ग॒ग॒रेसासासा रे-ग॒ मग॒रेसानि॒ सा- ।।

अंतरा-1

उपनिषदों का ये कहना है, सब फल की आशा तजना है ।
निरपेक्ष करम का परम महा, निष्काम करम का योग कहा ।
वह सुख शांतिऽ चिर लाया है ।।

♪ पपमरेम- प- पम प॒नि॒धप प-, पप मग॒ ग॒सा साग॒मप ग॒रेसानि॒ सा- ।
सानि॒सा-ग॒ रेसासा नि॒- सासारे मग॒-, सानि॒सा-ग॒ रेसासा नि॒- सा-रे मग॒- ।
ग॒ग॒ रेसा सा-रे- ग॒म ग॒रेसानि॒ सा- ।।

अंतरा-2

जो राग द्वेष को छोड़ परे, मन बस में कर जो कर्म करे ।
जो काम क्रोध को छोड़ परे, निष्काम भावना धर्म करे ।
योगी निष्काम कहाया है ।।

अंतरा-3

सब विषय मनोरथ छोड़ परे, नित निर्ममता से जो विचरे ।
नर ब्राह्मी स्थिति को अपनाके, यदि अंत्य काल में भी पाके ।
उसने निर्वाण मिलाया है ।।

◎ **Nishkam, selfless work** : ***Sthāyī*** : *Ratnakar composed the melody, Sarasvati sang it beautifully, while Narad muni played the Veena.* ***Antarā*** : **1.** *The Upanishads say that one must renounce the desire for the fruit of the karma. The yoga of selfless deeds is called Karmayoga. It brings peace and happiness.* **2.** *He who has kept aside anger and attachment, he who has kept control over his mind, he who does righteous deeds without desire for their fruit, he is called a Nishkam yogi.* **3.** *He who has kept his desires and passions away from his mind. He who has kept away I-ness and my-ness, he attains Brahmi (supreme) state, he attains liberation.*

श्रीमद्-भगवद्-गीतायास्तृतीयोऽध्यायः ।
कर्मयोगः ।

41. हिंदी आरती : राग भैरवी, कहरवा ताल, 8 मात्रा

जै जै अंबे!

स्थायी

जै जै अंबे कृपा कारिणी, जगदंबे दया दायिनी ।
जै महा जोगिनी, हे स्वधा भोगिनी, दे दे दे दे दुआ नंदिनी ।।

♫ सा सा ध-ध- धप- गमपप - - - -, पपम-ध- पम- पमगग - - - - ।
ऩि ऩिसा- ग-रेसा-, ऩि ऩिसा- ग-रेसा-, सा सा सा- ध- पम- पगमम - - - - ।।

अंतरा-1

भव पीड़ा घनी हारिणी, जग चिंता शनि सारिणी ।
काली कराली माँ, देवी भवानी माँ, महारानी जगत् वंदिनी ।।
जै महा जोगिनी ...

♫ सांसां नि-सां- नि-ध- निधमम - - - -, मध ग-म- धग- मगसासा - - - - ।
गम पसां-नि प-, गम पसां-नि प-, गमप-प- मग- म-गसा - - - - ।
ऩि ऩिसा- ग-रेसा-

अंतरा-2

शिवकांता उमा पार्वती, जै रमा अंबिका भगवती ।
महामाया सती, गौरी इरावती, महादेवी असुर मर्दिनी ।।

अंतरा-3

शेराँवाली दया दायिनी, जोताँवाली क्षमा कारिणी ।
शुभ हित कारिणी, जग उद्धारिणी, जै शिवानी व्यथा भंजनी ।।

◎ **Jai Amba! : *Sthāyī* :** *Victory to you, O Amba (Mother)! O Kripa-karini (Merciful)! O Jagadamba (Mother of the world)! O Daya-dayini (Merciful)! Victory to you, O Jogini (yogi)! O Svadha-bhogini (Enjoyer of the offerings)! O Nandini (Goddess)! please give us blessing.* **Antarā : 1.** *O Remover of the worldly pains! O Remover of the worries and obstacles! O Mother Kali-karali (Durga)! O Goddess Bhavani! O Maharani (Queen)! O Jagat-vandini (worshipped by the world)! O Maha-jogini!* **2.** *O Shivakanta (wife of Shiva)! O Uma! O Parvati! Victory to you, O Rama! O Ambika, O Bhagavati*

(Goddess)! O Mahamaya (Greatly magical)! O Sati! O Gauri! O Iravati! O Mahadevi! O Asur-mardini (Slayer of the demons)! O Maha-jogini! **3.** *O Sheravali (Rider of lion)! O Daya-dayini (Kind)! O Jotavali (Goddess of the lights)! O Kshama-karini (Merciful)! O Shubha-hita-karini (Giver of good things)! O Jag-uddharini (Protector of the world)! Victory to you, O Shivani (Wife of Shiva)! O Vyatha hanjini (Remover of the pains)! O Maha-jogini!*

42. हिंदी कीर्जन : राग खमाज, कहरवा ताल 8 मात्रा

भज हरि रामा

स्थायी

भज हरि रामा, भज हरि कृष्णा, जै जै भाग्य विधाता ।।

♫ सारे सानि़ सा–सा–, सारे सानि़ सासासा–, ग– ग– रे–सा नि़रे–सा– ।।

अंतरा–1

राजा राघव, कान्हा माधव, राजा राघव, कान्हा माधव ।

जै जै जै सुख दाता ।।

♫ प–नि– सां–सांसां, –निपमग म–मम, निपनि– सां–सांसां, –सां–सांनि निरेंसांनिधप ।

ग– ग– रे– सानि़ रे–सा– ।।

अंतरा–2

सीता वल्लभ, राधा सौरभ, जै जै जीवन त्राता ।।

अंतरा–3

कौसल नंदन, गोकुल वंदन, जै जै जै जगनाथा ।।

◎ **Chant Hare Rama :** ***Sthāyī :*** *Chant Hare Rama. Chant Hare Krishna. Victory to you, O Bhagya-vidhata (Lord of good fortune)!* ***Antarā :*** ***1.*** *King Rama is Raghava. Krishna is Madhava. Victory to you, O Sukha-data (Giver of happiness)!* **2.** *Rama is Sita's beloved. Krishna is Radha's beloved. Victory to you, O Jivan-trata (Protector)!* **3.** *Rama is Kausala-nandan (Son of Kausalya). Krishna is Gokul-nandan (Son from Gokul). Victory to you, O Jag-natha (Lord of the world)!*

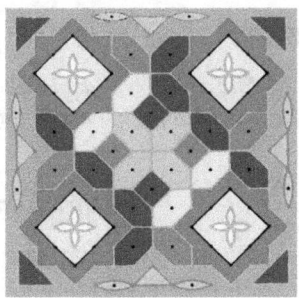

गीतोपनिषद्
एकादशस्तरंगः
Gitopanishad
Fascicule 11

15. The Karma Yoga
कर्मयोगनिरूपणम्

श्रीमद्भगवद्गीता तृतीयोऽध्यायः ।

अर्जुन उवाच ।

।। 3.1 ।। ज्यायसी चेत्कर्मणस्ते मता बुद्धिर्जनार्दन ।
तत्किं कर्मणि घोरे मां नियोजयसि केशव ।।

ॐ अनुष्टुप्-श्लोक-छन्दसि गीतोपनिषद् ।

कर्मन्यासस्य बुद्धेश्च श्रुत्वा पार्थो वचो हरेः ।
द्विधामतिः सशङ्कश्च पृष्टवान्प्रश्नमच्युतम् ।। **430**/1447

◎ **Arjun :** *Hearing Krishna's words on Karma yoga (yoga of righteous action without desire for its fruit) and Buddhi yoga (yoga of equanimity), Arjun became doubtful and confused. Thus he said :*

ज्यायसी कर्मणो बुद्धिः-मतं ते यदि केशव ।
नियोजयसि घोरे मां कथं त्वं तर्हि कर्मणि ।। **431**/1447

◎ **Question :** *O Krishna! if you think buddhi yoga (yoga of equanimity) is superior than Karma yoga (duty without desire for fruit), then why are you engaging me in this cruel act of this righteous war?*

।। 3.2 ।। व्यामिश्रेणेव वाक्येन बुद्धिं मोहयसीव मे ।
तदेकं वद निश्चित्य येन श्रेयोऽहमाप्नुयाम् ।।

द्वन्द्वभावमये वाक्ये भ्रामयतो हरे नु माम् ।
निश्चितं तर्हि मामेकं हितदं ब्रूहि माधव ।। **432**/1447

◎ **And :** *O Krishna! your conflicting words are confusing me. Therefore, please tell me just one thing that will be good for me.*

सन्देहं मे बहिष्कर्तुं दूरीकर्तुं च मे भ्रमम् ।
श्रुत्वा पार्थस्य शब्दं तम्-उवाच यदुनन्दनः ।। **433**/1447

◎ **And :** *Arjuna said, O Shri Krishna! for removing my dilemma and doubt, no one is better than you. Hearing Arjun's words, Krishna said :*

श्रीभगवानुवाच ।

|| 3.3 || लोकेऽस्मिन्द्विविधा निष्ठा पुरा प्रोक्ता मयानघ ।
ज्ञानयोगेन साङ्ख्यानां कर्मयोगेन योगिनाम् ।।

(श्रीभगवानुवाच)
(श्रीकृष्णः समाधनं करोति)

मया प्रोक्तौ पुरा पार्थ मार्गौ भिन्नौ समान्तरौ ।
मार्गो ज्ञानस्य साङ्ख्यानां निष्कामकर्म योगिनाम् ।। **434**/1447

◎ **Krishna :** *Krishna said, O Arjun! I had told Vivasvan two paths of yoga. Both give the same result. The first is the path of Jnana for the followers of Sankhya yoga and the second is the path of Nishkam for the followers of Karma yoga.*

|| 3.4 || न कर्मणामनारम्भान्नैष्कर्म्यं पुरुषोऽश्नुते ।
न च संन्यसनादेव सिद्धिं समधिगच्छति ।।

(संन्यासमार्गः च योगमार्गः च)

कर्मवर्जो न नैष्कर्म्यं न चैषा सुमतिर्मता ।
न च सिद्धिर्भवेत्त्यागात्-कर्मणो भ्रमकारणात् ।। **435**/1447

◎ **Sanyasa and Yoga :** *Avoiding your duty is not a Nishkam, nor it is a right thinking, nor one achieves success in yoga by renouncing karma.*

|| 3.5 || न हि कश्चित्क्षणमपि जातु तिष्ठत्यकर्मकृत् ।
कार्यते ह्यवशः कर्म सर्वः प्रकृतिजैर्गुणैः ।।

(कर्मशून्यता नास्ति)

गुणादेशेन कुर्वन्ति सर्वेऽपि विवशाः सदा ।

विना कर्म न जीवन्ति कदापीह नु प्राणिनः ।। 436/1447

◎ **Doing nothing :** *There is no such thing as doing nothing. No being lives without doing anything. All beings act according to their gunas (attributes/nature).*

|| 3.6 ||

कर्मेन्द्रियाणि संयम्य य आस्ते मनसा स्मरन् ।

इन्द्रियार्थान्विमूढात्मा मिथ्याचारः स उच्यते ।।

(मिथ्याचरी नरः)

कर्मेन्द्रियाणि संयम्य स्वैरज्ञानेन्द्रियैश्च यः ।

सर्वदा विषये लग्नो मिथ्याचारः स कथ्यते ।। 437/1447

◎ **Mithyachari :** *He whose organs of action are under control, but the sense organs are not under his control, he is called Mithyachari (Pretender).*

|| 3.7 ||

यस्त्विन्द्रियाणि मनसा नियम्यारभतेऽर्जुन ।

कर्मेन्द्रियैः कर्मयोगमसक्तः स विशिष्यते ।।

निग्रहे मनसा कृत्वा कर्मेन्द्रियाणि कर्मणि ।

त्यक्त्वा कर्मफलाशाञ्च कर्मयोगो हि प्राप्यते ।। 438/1447

◎ **And :** *Keeping sense organs and the organs of action under control, he who does his duty without desire for its fruit, he attains Karma yoga.*

|| 3.8 ||

नियतं कुरु कर्म त्वं कर्म ज्यायो ह्यकर्मणः ।

शरीरयात्रापि च ते न प्रसिद्ध्येदकर्मणः ।।

नियतं कर्म कर्तव्यं कर्म ह्यकर्मणो वरम् ।

मतं विकर्म चाधर्मो विना कर्म न जीवनम् ।। 439/1447

◎ **And :** *The duties required for maintenance of life must be performed. Doing your duty is better than not doing it. Not doing the duty is unrighteousness.*

|| 3.9 ||

यज्ञार्थात्कर्मणोऽन्यत्र लोकोऽयं कर्मबन्धनः ।

तदर्थं कर्म कौन्तेय मुक्तसङ्गः समाचर ।।

(यज्ञकर्म)

यज्ञेतराणि कर्माणि बन्धनकारकाणि भोः ।

सङ्गं त्यक्त्वा भवेत्कर्म पार्थ बन्धनभञ्जकम् ।। 440/1447

◎ Yajna : *Karmas done without the spirit of austerity cause attachment. Doing deeds in the spirit of austerity removes the bondage of attachment to the karma.*

।। 3.10 ।।

सहयज्ञाः प्रजाः सृष्ट्वा पुरोवाच प्रजापतिः ।
अनेन प्रसविष्यध्वमेष वोऽस्त्विष्टकामधुक

आदियज्ञात्प्रजाः सृष्ट्वा ब्रूते ब्रह्मा प्रजाजनान् ।

कामधेनुः क्रतुर्भूत्वा पूरयेद्वो मनोरथान् ।। 441/1447

◎ **Brahma :** *Creating the beings from the primordial yajna (austerity), Brahma said to the subjects, may this yajna be your wish granting cow to fulfill your wishes.*

।। 3.11 ।।

देवान्भावयतानेन ते देवा भावयन्तु वः ।
परस्परं भावयन्तः श्रेयः परमवाप्स्यथ ।।

देवा यज्ञेन तुष्येयुः-तुष्टास्तोक्ष्यन्ति ते च वः ।

अन्योन्यं तोषयित्वा नु लाभश्च भवतां भवेत् ।। 442/1447

◎ **And :** *May the Gods be pleased with your austerities and may they please you. Thus, mutually both be beneficial to each other.*

।। 3.12 ।।

इष्टान्भोगान्हि वो देवा दास्यन्ते यज्ञभाविताः ।
तैर्दत्तानप्रदायैभ्यो यो भुङ्क्ते स्तेन एव सः ।।

यज्ञैश्च मुदिता देवा दास्यन्ति वः प्रसादनम् ।

यो न तत्सहभुञ्जीत नरः स्वार्थी स तस्करः ।। 443/1447

◎ **Gods :** *The Gods, pleased with your austerities, will give you boons. He who does not share his earnings with others is a thief.*

।। 3.13 ।।

यज्ञशिष्टाशिनः सन्तो मुच्यते सर्वकिल्बिषैः ।
भुञ्जते ते त्वघं पापा ये पचन्त्यात्मकारणात् ।।

भुनक्ति यज्ञशेषं यः पापहीनो नरो हि सः ।

ये तु पचन्ति स्वार्थेन पापमश्नन्ति ते ततः ।। 444/1447

◎ **And :** *He who partakes the remainder of an austerity is a sinless person. But, he who performs austerity with selfish purpose, he earns sin.*

|| 3.14 || अन्नाद्भवन्ति भूतानि पर्जन्यादन्नसम्भवः ।
             यज्ञाद्भवति पर्जन्यो यज्ञः कर्मसमुद्भवः ॥

(सृष्टिचक्रम्)

अन्नाज्जीवन्ति भूतानि पर्जन्यादन्नसम्भवः ।
अग्नेः समुद्भवत्यापो यज्ञाग्निः कर्मकारणात् ॥ 445/1447

◎ **Cycle of Nature :** *The beings live on food. The food grows on rains. The rains are caused by the heat of the sun. The fire of austerity is born out of karma.*

|| 3.15 || कर्म ब्रह्मोद्भवं विद्धि ब्रह्माक्षरसमुद्भवम् ।
             तस्मात्सर्वगतं ब्रह्म नित्यं यज्ञे प्रतिष्ठितम् ॥

कर्म वेदाक्षराद्विद्धि वेदश्च ब्रह्मणो मुखात् ।
सर्वव्यापी स वेदेशः स्थितो यज्ञे निरन्तरम् ॥ 446/1447

◎ **And :** *Karma (righteous deed) comes from the words of the Veda. Yajnas arise out of the Veda. The Veda is uttered by Brahma. Thus, Brahma, the Lord of Vedas, is always present in the yajna.*

|| 3.16 || एवं प्रवर्तितं चक्रं नानुवर्तयतीह यः ।
             अघायुरिन्द्रियारामो मोघं पार्थ स जीवति ॥

ईदृशं भवचक्रं यो नानुसरति मानवः ।
अलसः कामुकः पापी व्यर्थं जीवति भूतले ॥ 447/1447

◎ **And :** *He who does not abide by the Cycle of Nature thus I set in motion, that passionate and lazy person lives on earth meaninglessly.*

|| 3.17 || यस्त्वात्मरतिरेव स्यादात्मतृप्तश्च मानवः ।
             आत्मन्येव च सन्तुष्टस्तस्य कार्यं न विद्यते ॥

(आत्मतृप्तः)

आत्मतृप्तो भवेत्तुष्ट आत्मा यस्य सदा सुखी ।
आत्मन्येवात्मनो हृष्टः-तस्मै कृत्स्नं कृतं भवेत् ॥ 448/1447

◎ **Self-content :** *The self possessed person who is always content within himself by himself, nothing more remains to be accomplished for him.*

॥ 3.18 ॥

नैव तस्य कृतेनार्थो नाकृतेनेह कश्चन ।
न चास्य सर्वभूतेषु कश्चिदर्थव्यपाश्रयः ॥

अकृतौ वा कृतौ चापि नास्ति तं काऽपि कामना ।
सर्वभूतेषु तं नास्ति स्वार्थस्य काऽपि वासना ॥ 449/1447

◎ **And :** *He has no desire to earn more, nor he has any selfish motive towards any being.*

43. हिंदी गीत

प्रभु शरण

स्थायी

जो आवे प्रभु जी! शरण तिहार, आतमा उसका बस में आवे ।
तुम अंरतर्यामी, कृष्ण हरि! ॥

♪ सानि़ सा–गरे सास नि़–! सासारे मग–ग, गममग पमग– रेसा सा– रेमग– ।
मग रे–सासारे–गम, गरेसा नि़सा–! ॥

अंतरा–1

जो पावे प्रभु चरन तिहार, उसे प्यार है प्राप्त तिहार ।
तुम सरबस ज्ञानी, कृष्ण हरि! ॥

♪ गम मगपम गरे सासारे गम–ग, गमम गपम गरे सा–रे मग–ग ।
गग रेसासासा रे–गम, गरेसा नि़सा–! ॥

अंतरा–2

जो गावे प्रभु! भजन तिहार, आश्रय हर दम उसे तिहार ।
तुम तन के स्वामी, कृष्ण हरि! ॥

◎ **At His feet :** ***Sthāyī :*** *O Lord! he who comes to your feet, he has control over himself. O Hari! you know our hearts.* ***Antarā : 1.*** *O Lord! he who attains your feet, he receives your love. O Hari! you are Omniscient.* ***2.*** *He who chants your name, he receives your help at every step. O Lord! you are the Master of our body.*

|| 3.19 || तस्मादसक्त: सततं कार्यं कर्म समाचर ।
असक्तो ह्याचरन्कर्म परमाप्नोति पूरुष: ॥

(करणीयम्)
करणीयमत: कार्यं सङ्गं त्यक्त्वा हि सर्वश: ।
एवं कृत्वा हि कौन्तेय प्राप्स्यसि परमं पदम् ॥ 450/1447

◉ **Duty** : O Arjun! do your duty without desire for its fruit. Doing karma this way, you will attain the supreme state.

|| 3.20 || कर्मणैव हि संसिद्धिमास्थिता जनकादय: ।
लोकसङ्ग्रहमेवापि सम्पश्यन्कर्तुमर्हसि ॥

कर्मैरेतैर्गता: सिद्धिं परमां जनकादय: ।
अनुसृत्य महन्तांस्तान्-कार्यं त्वं कर्तुमर्हसि ॥ 451/1447

◉ **Janak** : Doing karmas this way, Janak and others attained success in yoga. Following those great people, you ought to do karma this way.

|| 3.21 || यद्यदाचरति श्रेष्ठस्तत्तदेवेतरो जन: ।
स यत्प्रमाणं कुरुते लोकस्तदनुवर्तते ॥

जना: कुर्वन्ति कर्माणि कुर्वन्त्यार्या यथा यथा ।
यदादर्शं करोत्यार्य:-तत्कुर्वन्तीतरे जना: ॥ 452/1447

◉ **And** : As the great people do karmas (righteous deeds), so do the other people. As noble person sets standard, other people abide by that standard.

|| 3.22 || न मे पार्थास्ति कर्तव्यं त्रिषु लोकेषु किञ्चन ।
नानवाप्तमवाप्तव्यं वर्त एव च कर्मणि ॥

त्रिलोके नास्ति कुत्रापि यन्न सिद्धीकृतं मया ।
अबद्धस्तर्हि कौन्तेय कार्यं नित्यं करोम्यहम् ॥ 453/1447

◉ **Krishna** : There is nothing in the three worlds that I have not accomplished, even then, O Arjun! I keep doing my duty.

|| 3.23 ||

यदि ह्यहं न वर्तेयं जातु कर्मण्यतन्द्रितः ।
मम वर्त्मानुवर्तन्ते मनुष्याः पार्थ सर्वशः ॥

न कुर्यां कर्म पार्थाहं सर्वदा चेदतन्द्रितः ।
जना मामनुवर्तेयुः पथिका मम वर्त्मनि ॥ 454/1447

◉ **And :** O Arjun! if I do not do karmas (righteous deeds) non-stop tirelessly, my followers will follow me and will become idle.

|| 3.24 ||

उत्सीदेयुरिमे लोका न कुर्यां कर्म चेदहम् ।
सङ्करस्य च कर्ता स्यामुपहन्यामिमाः प्रजाः ॥

चेन्न कुर्यामहं कर्म लोके जायेत सङ्करः ।
भ्रंसेत च प्रजा तस्माद्-भवेयं हानिकारणम् ॥ 455/1447

◉ **And :** If I do not do karmas (righteous deeds) thus, there will be chaos. It will be harmful to the subjects.

|| 3.25 ||

सक्ताः कर्मण्यविद्वांसो यथा कुर्वन्ति भारत ।
कुर्याद्विद्वांस्तथाऽसक्तश्चिकीर्षुर्लोकसङ्ग्रहम् ॥

मूढः करोति कर्माणि मुग्धेन मनसा यथा ।
कुर्याज्ज्ञानी च कर्तव्यम्-असक्तमनसा तथा ॥ 456/1447

◉ **And :** As an ignorant person is devoted to selfish deeds, so should the wise person be devoted to selfless righteous deeds.

|| 3.26 ||

न बुद्धिभेदं जनयेदज्ञानां कर्मसङ्गिनाम् ।
जोषयेत्सर्वकर्माणि विद्वान्युक्तः समाचरन् ॥

अज्ञानं नाह्वयेज्ज्ञानी कामुकानां कुबुद्धिनाम् ।
प्रचोदयेत्स तान्मूढान्-योगयुक्तश्च पण्डितः ॥ 457/1447

◉ **And :** Wise person should not challenge the ignorance of an ignorant. He should set an example of righteous actions in front of him and encourage him to follow his example.

|| 3.27 ||

प्रकृतेः क्रियमाणानि गुणैः कर्माणि सर्वशः ।
अहङ्कारविमूढात्मा कर्ताऽहमिति मन्यते ॥

(गुण: कर्तार:)

करोति प्रकृति: सर्वं सर्वस्य सर्वथा सदा ।
एवं सत्यपि कर्ताऽहं विमूढो मन्यते भ्रमात् ॥ 458/1447

◎ **The doer of karma :** *Prakriti, with its gunas (the three attributes), is always the doer of everything in every way. In spite of such being the case, the ignorant person falsely claims the authorship of the karma (righteous deed).*

॥ 3.28 ॥   तत्त्ववित्तु महाबाहो गुणकर्मविभागयो: ।
गुणा गुणेषु वर्तन्त इति मत्वा न सज्जते ॥

यो जानाति यथार्थेन सम्बन्धो गुणकर्मणाम् ।
तेषां च नित्यतां दृष्ट्वा ज्ञानी तेभ्योर्न भ्राम्यति ॥ 459/1447

◎ **But :** *But, he who properly understands the relationship between the gunas (the three attributes) and karma (righteous deed), only he knows the truth.*

(गुणमाया)

॥ 3.29 ॥   प्रकृतेर्गुणसम्मूढा: सज्जन्ते गुणकर्मसु ।
तानकृत्स्नविदो मन्दान्कृत्स्नविन्न विचालयेत् ॥

गुणमायां न बुद्ध्वा हि मतिर्यस्य तु कर्मसु ।
न तं विचालयेज्ज्ञानी मूढं मन्दं च कामुकम् ॥ 460/1447

◎ **The magic of the Gunas :** *Not knowing the functioning of the gunas (the three attributes), the ignorant person thinks himself to be the doer of the karmas (deeds). A wise person should not try to disturb the thinking of that ignorant person, for he will not understand him.*

(गुणमाया, उपमा-अलंकार:)

मयूर: काश्यते रङ्गै: सूर्य: काशयते दिनम् ।
कोकिला कूजति कूहु: खादति तुरगस्तृणम् ॥ 461/1447

◎ **Guna-Karma examples :** *The peacock exhibits colours, the sun shines the day. The black bird chirps sweetly, the deer eats grass. Neither the tiger eats grass nor the horse eats meat. Everyone acts according to his gunas.*

अम्भसि जायते पद्म नभसि चन्द्रमा यथा ।
जले मीनो वने सिंहो मरावुष्ट्रो नृपस्तथा ॥ 462/1447

◎ **And** : *The lotus grows in water, the moon shines in the sky, The fish in the pond, lion in the forest, camel in the desert;*

(अत:)

यस्मिन्यस्य यथा तुष्टि:-तस्मिन्तस्य तथा गति: ।
एतत्सूत्रं स जानाति यो विज्ञो गुणकर्मणाम् ।। 463/1447

◎ **Thus** : *Everyone is the king within the domain of his gunas (the three attributes). He who knows this principle, he is the knower of the guna-karma relationship.*

44. हिंदी गीत
जगत की माया

स्थायी

जानियो, इस दुनिया की माया ।
♪ सा-रेग-, पम पमग- रे- गरेसा- ।

अंतरा-1

जैसा जिसने दर पाया है, वैसी उसकी काया ।
तीन गुणन का खेल ये सारा, देख के मन भरमाया ।।
♪ सा-रे- गगम- धध प-म- प-, सां-नि- धधप- म-प- ।
सा-रे रेगग म- प-म ग रे-सा-, ध-प म- गग रेरेगरेसा- ।।

अंतरा-2

मोर पंख से रंग सजाता, सूरज दिन चमकाता ।
पंछी कोयल कुहू गाता, अश्व घास है खाता ।।

अंतरा-3

फूल कमल का जल में खिलता, चाँद गगन में सुहाता ।
मीन अंभ में, खग अंबर में, वन में शेर है राजा ।।

अंतरा-4

ममता माँ को, राम जुबाँ को, शिशु गोद सुखाता ।
ऊँट रेत में, शस्य खेत में, बीज विश्व उगाया ।।

◎ **The Mystery of the world** : *Sthāyī* : *Understand the mystery of this world. As is one's constitution, so is his habitat. It is all the play of the three gunas (the three attributes) with which the world is deluded.* **Antarā** : **1.** *As one attains destiny according to his karmas, so is his character. It is the play of* *the three attributes, which deludes the mind.* ***2.*** *The peacock exhibits colours with his wings, the sun shines only duting day time. The black Koyal bird sings koohu koohu, and the horse eats grass.* ***3.*** *The lotus flower grows in lake, the moon shines in the sky, the fish in the water, birds fly in the sky and the lion is king in the forest.* ***4.*** *Love looks good on a mother, Rama's name on the lips and a child in the lap, camel in the desert and the crops in the field. From a seed the whole universe evolves.*

।। 3.30 ।।

मयि सर्वाणि कर्माणि संन्यस्याध्यात्मचेतसा ।
निराशीर्निर्ममो भूत्वा युद्धयस्व विगतज्वरः ।।

(मत्परः नरः)

मयि कर्माणि सर्वाणि मनसा निर्मलेन त्वम् ।
अर्पयित्वा हि युध्यस्व लिप्सां त्यक्त्वा च निर्व्यथः ।। 464/1447

◎ **My devotee :** *O Devotee Arjun! doing all your deeds in my name with pure heart, fight the righteous war without hesitation.*

। 3.31 ।।

ये मे मतमिदं नित्यमनुतिष्ठन्ति मानवाः ।
श्रद्धावन्तोऽनसूयन्तो मुच्यन्ते तेऽपि कर्मभिः ।।

ईर्ष्यां त्यक्त्वा च सश्रद्धः-तत्परो मत्परायणः ।
कौन्तय मामनुसृत्य कर्मबन्धात्प्रमुच्यसे ।। 465/1447

◎ **Because :** *Because, he who is devoted to me with complete faith and acts as I said, he is freed from the bondage of karma (deeds).*

।। 3.32 ।।

ये त्वेतदभ्यसूयन्तो नानुतिष्ठन्ति मे मतम् ।
सर्वज्ञानविमूढांस्तान्विद्धि नष्टानचेतसः ।।

मे तु मतमिदं स्पष्टं दुष्टो यो नानुतिष्ठति ।
नष्टबुद्धिर्विमूढः स न मां जानाति भारत ।। 466/1447

◎ **And :** *And, he who does not act as I said, that evil person of deluded mind does not know me.*

।। 3.33 ।।

सदृशं चेष्टते स्वस्याः प्रकृतेर्ज्ञानवानपि ।
प्रकृतिं यान्ति भूतानि निग्रहः किं करिष्यति ।।

यत्र गुणानुसारेण पण्डितोऽप्यनुवर्तते ।
कथं तत्र करिष्यन्ति निग्रहमितरे जनाः ।। 467/1447

◎ **And :** *Where even the wise men act according to their gunas (the three attributes), how an ordinary man can control himself against the influence of the gunas.*

|| 3.34 || इन्द्रियस्येन्द्रियस्यार्थे रागद्वेषौ व्यवस्थितौ ।
तयोर्न वशमागच्छेत्तौ ह्यस्य परिपन्थिनौ ।।

(रागः द्वेषः च)

विषयेच्छाऽनुसारेणेन्द्रियेषु वासनाक्रुधौ ।
वशे तयोर्न गन्तव्यं घातिन्यौ ते तनावुभे ।। **468**/1447

◎ **Attachment :** *As your attachment is for the passions, so are your desires and anger. One should not be victim to the desires and anger, for they are the two enemies that dwell in your body.*

|| 3.35 || श्रेयान्स्वधर्मो विगुणः परधर्मात्स्वनुष्ठितात् ।
स्वधर्मे निधनं श्रेयः परधर्मो भयावहः ।।

(स्वधर्मः स्वकर्म च)

यद्वा न्यूनो हि नो धर्मः परधर्मान्महत्तरः ।
स्वधर्मे मरणं श्रेयं परधर्मस्तु घातकः ।। **469**/1447

◎ **Dharma :** *However imperfect your own Dharma (tradition) may be, it is the best for you. Following other's Dharma, thinking it to be perfect, is a mistake.*

सदोषमपि यत्प्राप्तं तदेव हितकारकम् ।
जन्मजातं स्वधर्मस्य कर्म सत्यं सहायकम् ।। **470**/1447

◎ **And :** *Whatever God has given you is beneficial to you, even if you think it to be imperfect. The gift you received from God with your birth, is supreme for you.*

वदेत्स कोऽपि धर्मस्ते सर्वेभ्यो नास्ति पुङ्गवः ।
दत्तो भगवता प्रेम्णा सर्वोत्तमः स एव हि ।। **471**/1447

◎ **And :** *May anyone say your Dharma (tradition) is faulty and it is not the best. Tell him, whatever God has given me with love, is best for me.*

45. हिंदी गीत

सनातन धर्म

स्थायी

आदि सनातन, धर्म चिरंतन, सब दुनिया में, सच्चा है ।
परधर्मों में, भरी खामियाँ, एक हमारा, अच्छा है ।।

♫ सां–नि धप–धध, नि–ध पम–पप, मम गरेग– म–, ग–रे– सा– ।
सासारे–ग– म–, धप– म–गरे–, म–ग रेग–म– ग–रे– सा– ।।

अंतरा–1

अधूरा सही, जो पाया है, वही सहारा, अच्छा है ।
साथ जनम के, जो आया है, वही हमारा, सच्चा है ।।

♫ सारे–ग– रेसा–, ऩि– सा–रे– ग–, पम– गरे–सा–, रे–ग– म– ।
नि–ध पमम प–, नि– ध–प– म–, धप– मग–म–, ग–रे– सा– ।।

अंतरा–2

कोई कह दे, धर्म आपका, फलाँ फलाँ से, नीचा है ।
प्रभु ने दिया, जो है प्रेम से, वही तो असली, ऊँचा है ।।

अंतरा–3

चाहे न्यून हो, धर्म हमारा, पर धर्मों से, बढ़िया है ।
स्वधर्म में तो, मौत भी भली, धर्म पराया, नीचा है ।।

◎ **Sanatan Dharma : *Sthāyī*** *: Our Sanatan Dharma (ancient tradition) is primordial, eternal and unique in the world. Other Dharmas are full of faults, our's is the oldest and dearest of all.* ***Antarā : 1.*** *May ours be imperfect, whatever God has given is the best. Whatever came with the birth is our best help.* ***2.*** *May anyone say, some other Dharma is better than your's, tell him whatever God has given us is the highest for us.* ***3.*** *May you see faults in your Dharma, still it is better than other's. Death in your own dharma is better than life in other's inferior Dharma.*

पश्येद्धर्मं स्वकार्ये योऽधर्मं च परकर्मणि ।
नरो ज्ञानी स योगी च स स्वधर्मपरायणः ।। **472**/1447

◎ **And :** *He who sees Dharma (righteousness) in his own duty and Adharma in other's duty, he is a wise person and he is a yogi. He is devoted to his duty.*

धर्मो यस्मै न कर्तव्यं स्वकार्यं न च धर्मवत् ।
न स ज्ञानी न योगी च कार्याकार्ये न बोधति ।। **473**/1447

◎ **And :** *He who does not think his Dharma (tradition) to be his duty, neither he is wise nor he is a yogi. Neither he understands what dharma (righteousness) is nor what yoga is.*

अर्जुन उवाच ।

।। 3.36 ।। अथ केन प्रयुक्तोऽयं पापं चरति पूरुषः ।
अनिच्छन्नपि वार्ष्णेय बलादिव नियोजितः ।।

प्रेरणा कथमायाति तं कर्तुं कर्म पातकम् ।
कारयति विना स्वेच्छां शत्रुवद्यः स कः प्रभो ।। **474**/1447

◎ **Arjun :** *Arjun said, O Lord Krishna! from where does a person get the inspiration to comit sin, as if forcibly, even when he does not desire to do it?*

श्रीभगवानुवाच ।

।। 3.37 ।। काम एष क्रोध एष रजोगुणसमुद्भवः ।
महाशनो महापाप्मा विद्ध्येनमिह वैरिणम् ।।

(श्रीभगवानुवाच)

स हि कामः स क्रोधश्च जन्म तस्य रजोगुणात् ।
शत्रुः स हि महापापी सर्वथा क्षुधितः सदा ।। **475**/1447

◎ **Shri Krishna :** *O Arjun! that inspiration comes from desire, which transforms into anger, which arises out of rajo-guna (ego). Desire is the enemy which is always hungry like a bottomless pit.*

। 3.38 ।। धूमेनाव्रियते वह्निर्यथादर्शो मलेन च ।
यथोल्बेनावृतो गर्भस्तथा तेनेदमावृतम् ।।

(कामनाम्नः शत्रुः)

धूमेन चावृतो वह्निः–दर्पणो रजसा यथा ।
उल्बेन छादितो गर्भो ज्ञानं कामेन चावृतम् ।। **476**/1447

◎ **Desire :** *As the fire is covered with smoke, as the mirror is covered with dust, as the embryo is covered with placenta, so is Jnana (wisdom) covered with desires.*

|| 3.39 ||

आवृतं ज्ञानमेतेन ज्ञानिनो नित्यवैरिणा ।
कामरूपेण कौन्तेय दुष्पूरेणानलेन च ॥

अदृष्ट: स स्थितो देहे कामरूपी रिपुर्महान् ।
वह्निरिव सदाऽतृप्तो ज्ञानं दुष्यति ज्ञानिन: ॥ 477/1447

◎ **And** : This invincible enem,y in the form of desire, is hiding invisibly in the body. It is insatiable like fire. It burns the wisdom of a wise person.

|| 3.40 ||

इन्द्रियाणि मनो बुद्धिरस्याधिष्ठानमुच्यते ।
एतैर्विमोहयत्येष ज्ञानमावृत्य देहिनम् ॥

इन्द्रियाणि मनो बुद्धि:-अस्य सिंहासनं मतम् ।
राजयित्वा ततो ज्ञानं नरं दासं करोति स: ॥ 478/1447

◎ **And** : The organs and mind are its seats. The enemy in the form of desire, occupies these seats and rules over the body by making the man its slave.

|| 3.41 ||

तस्मात्त्वमिन्द्रियाण्यादौ नियम्य भरतर्षभ ।
पाप्मानं प्रजहि ह्येनं ज्ञानविज्ञाननाशनम् ॥

एष कामो महावैरी ज्ञानं बुद्धिं च वञ्चति ।
इन्द्रियाणि वशे कृत्वा कुरु नष्टमिमं रिपुम् ॥ 479/1447

◎ **And** : This desire is a formidable enemy. It deprives you of wisdom and righteous thinking, by controlling your senses and right thinking, O Arjun! defeat and destroy this enemy by controlling your organs.

|| 3.42 ||

इन्द्रियाणि पराण्याहुरिन्द्रियेभ्य: परं मन: ।
मनसस्तु परा बुद्धिर्यो बुद्धे: परतस्तु स: ॥

इन्द्रियाणि वराण्याहु:-वरं तेभ्यो मतं मन: ।
मनसश्च परा बुद्धि: स परमतमो मत: ॥ 480/1447

◎ **And** : The mind is superior to other ten organs. The thinking is superior to the mind. The atma is most superior.

|| 3.43 ||

एवं बुद्धे: परं बुद्ध्वा संस्तभ्यात्मानमात्मना ।
जहि शत्रुं महाबाहो कामरूपं दुरासदम् ॥

निगृह्य त्वं स्वमात्मानं बुद्धेः परतरश्च यः ।

कामरूपं महाशत्रुं पार्थ दुरासदं जहि ।। 481/1447

◎ **And :** *Having controlled the self, which is superior to thinking, destroy the enemy that is in the form of desire.*

46. हिंदी गीत

आत्म दर्शन

स्थायी

आतमा छूना सीखो– – –, उसे परमातमा में देखो ।

♫ सा–रेग– म–ग रे–सा– – –, सासा रेरेग–गम– ग रे–सा– ।

अंतरा–1

तन मन से वो परे है, नैनन से पट धरे है ।

प्राणी का प्राण वो है– – –, तुम हिरदय में उसको देखो ।।

♫ सासा रेरे ग म– गरे– सा–, प–मग रे मम गरे– सा– ।

रे–ग– म ध–प म– ग– – –, सासा रेरेग– ग– म–ग रे–सा– ।।

अंतरा–2

धूली जो मन चढ़ी है, झटको, घड़ी खड़ी है ।

भीतर स्वयं जली है, तुम ज्योति परम वो देखो ।।

अंतरा–3

ज्ञानी भी थक गये हैं, अनुसंधान अक गये हैं ।

मस्तिष्क रुक गये हैं, तुम उसे आइने में देखो ।।

◎ **Knowledge of self :** ***Sthāyī :*** *Learn to touch the atma. See the atma like a God.* **Antarā : 1.** *Atma is beyond the body and mind. It is invisible to the eyes. It is the life of the living beings. See it in your heart.* ***2.*** *The dirt that is covering your mind, shake it off right now. See the divine flame of knowledge that is lit in your inside.* ***3.*** *The wise people became tired, the researches are defeated, the thinkers have given up, but you can see it in the mirror.*

श्रीमद्‌-भगवद्‌-गीतायाश्चतुर्थोऽध्यायाय: ।
ज्ञान-कर्म-संन्यासयोग: ।

47. हिंदी भजन : राग भैरवी, कहरवा ताल 8 मात्रा

ॐ नम: शिवाय

स्थायी

जैजै जैजै भक्तों बोलो, ओम्‌ नम: शिवाय ।

ओम्‌ नम: शिवाय, ओम्‌ नम: शिवाय ।

ओम्‌ नम: शिवाय, ओम्‌ नम: शिवाय ।।

♫ सासा रेरे गग पप, प- मग- रेसा-सा-,

ग- गग गग-ग-, रे- रेनि निसा-सा- ।

म- मम मम-म-, ग- गरे निसा-सा- ।।

अंतरा-1

शिव ललाट पे चंदा साजे, जटा काली में गंग विराजे ।

डम डम डम डम डमरू बाजे, गूँजे नारा, नम: शिवाय ।

ओम्‌ नम: शिवाय, ओम्‌ नम: शिवाय, ओम्‌ नम: शिवाय ।।

♫ पसां सांसांरेंसां नि- निसांरेंसां रें-रें-, सांगरें सां-निध ध- नि-नि रेंसां-सां- ।

पसां सांसां सांरें सांनि निसांरें सां-रें - -, रेंगरेंसां ध-ध-, धनि- रेंसां-सां- ।

सां- - - निसां- निसां- - - सां- - -, रें- - - सांरें- सांरें- - - रें- - -,

गं- - सांध - - निरें- - - सां- - - ।।

अंतरा-2

नटवर तांडव थैया नाचे, डम डम डम डम डंका बाजे ।

त्रिशूल दाएँ हाथ विराजे, गूँजे नारा, नम: शिवाय ।

ओम्‌ नम: शिवाय, ओम्‌ नम: शिवाय, ओम्‌ नम: शिवाय ।।

◎ **Om Namah Shivay : *Sthāyī* :** *O Devotees! say Jai Jai Jai Jai, "Om Namah Shivaya! Om Namah Shivaya!"* ***Antarā* : 1.** *The Moon adorns Shiva's forehead. Shiva holds Ganga in his black hair. His Damru (Shiva's drum) is saying Dum Dum Dum Dum. Let's all say Om Namah Shivaya, Om Namah Shivaya! Om Namah Shivaya! Om Namah Shivaya!* **2.** *Shiva is making the Tandava dance. The Drum is* *saying Dum Dum Dum Dum. Shiva has Trishul (trident) in his right hand. Let's all say Namah Shivaya! Om Namah Shivaya! Om Namah Shivaya! Om Namah Shivaya!*

48. हिंदी गीत : राग जोगीया, कहरवा ताल 8 मात्रा

हरि दर्शन

स्थायी

दरशन दीजो हरि मेरे सपनन में ।

चरणों की दासी मैं उदासी मेरे मन में ।।

♫ पनीधप मध पम गप मगरेरे सा– ।

पनीध प मध प मगप मग रेरे सा– ।।

अंतरा–1

आकर कान्हा बंसी सुनाना, जौनसा सुर कहेगी बाँसुरिया ।

आन पडूँ मैं तुमरी शरणा, तन मन अरपण तुझे साँवरिया ।।

♫ सा–सारे म–म– मपग गमपप–, मधधधध– धध पमम धपममग– ।

म–प धसां–सां– निसांनि– धधप–, पनी धप मधपम मप मगरेरेसा ।।

अंतरा–2

ना तुम श्यामा देर लगाना, मैं तुमरे दरस बिन बाँवरिया ।

जाऊँ जब मैं जल को जमुना, आना फोड़न मेरी गगरिया ।।

अंतरा–3

पाकर तेरा नेह ललामा, गोपी करे तेरी चाकरिया ।

गाते सुनते तुमरे भजना, भगतन चाहत तेरी चदरिया ।।

◎ **Hari Darshan:** ***Sthāyī :*** *O Hari! please come to my dreams. I am your servant. I am at your feet.* ***Antarā : 1.*** *O Kanha! please come and play your flute. Your flute is charming. I will give you my mind and soul. I am at your feet, O Dear!* ***2.*** *O Shyama! please don't be late. I am sad without seeing you. When I go to river Yamuna to fetch water, please come and break my water pot.* ***3.*** *Receiving your beautiful love, the Gopi is your cow maid. Singing your Bhajans, the devotees desire your company.*

श्रीमद्-भगवद्-गीतायाश्चतुर्थोऽध्यायः ।
कर्म-संन्यास-योगः ।

गीतोपनिषद् द्वादशस्तरंगः
Gitopanishad
Fascicule 12

16. Story of the Guru-disciple succession
गुरुशिष्यपरम्परानिरूपणम्

रत्नाकर उवाच ।

ॐ अनुष्टुप्-श्लोक-छन्दसि गीतोपनिषद्

रत्नाकर उवाच ।

चक्रे स्वगात्रजान्ब्रह्मैकविंशति प्रजापतीन् ।
तेभ्यश्च भूतले सृष्टाः प्रजाः सर्वा यथा गतिः ॥ 482/1447

◎ **Prajapati :** *In ancient time Brahma created twenty-one Prajapatis from his body. From the Prajapatis, the progenies of the living beings originated one-by-one during the course of time.*

कश्यपः कर्दमोऽत्रिश्च वसिष्ठश्चाङ्गिरा यमः ।
मरीचिर्विकृतो हेतिः स्थाणुर्धर्मो भृगुः क्रतुः ॥ 483/1447

◎ **And :** *The twenty one Prajapatis are : Kashyap, Kardam, Yama, Sthanu, Angiras, Vasishtha, Marichi, Vikrit, Heti, Prachetas, Bhrigu, Praheti;*

(मनो: वंश:)

प्राचेता संस्त्रयो दक्षः पुलस्तः पुलहस्तथा ।

शेषो नेमी प्रहेतिश्च कुमारौ नारदो मनुः ।। 484/1447

◎ **And :** *Pracheta, Samsraya, Daksha, Pulasta, Pulaha, Shesha, Nemi, Praheti, two Ashvini Kumaras and Narad muni.*

सुपुत्रा द्वादशादित्या अदितेः कश्यपस्य च ।

तेषु मनुर्विवस्वान्स प्रसिद्धः सूर्यसंज्ञया ।। 485/1447

◎ **Manu Vivasvan :** *Kashyap and Aditi's twelve sons were Adityas (sons of Aditi). Among them Manu Vivasvan was known as Sun. The sun of Knowledge.*

संस्थापको हि योगस्य यज्ञस्य च प्रवर्तकः ।

वैवस्वतः सुतस्तस्य सूर्यवंशस्य दीपकः ।। 486/1447

◎ **And :** *He was the founder of the Sun Dynasty of Ayodhya. He was the foremost teacher of the Yoga. He was the sun of knowledge.*

मनुर्वैवस्वतो धर्म्यो राजनीतिप्रचालकः ।

सुतस्तस्य स इक्ष्वाकुः–अयोध्याया नृपो महान् ।। 487/1447

◎ **Ikshvaku :** *His son Vaivasvat was a righteous king of Ayodhya. Vaivasvata's son was Ikshavaku. Ikshavaku was the greatest king of Ayodhya.*

श्रीमद्भगवद्गीता <u>चतुर्थोऽध्यायः</u>

श्रीभगवानुवाच ।

।। 4.1 ।।

इमं विवस्वते योगं प्रोक्तवानहमव्ययम् ।

विवस्वान्मनवे प्राह मनुरिक्ष्वाकवेऽब्रवीत् ।।

(विवस्वत: आदियोगप्राप्ति:)

मया त्रेतायुगात्पूर्वं दत्तो योगो विवस्वते ।

योगं तमपठन्मूलं वैवस्वान्स विवस्वतः ।। 488/1447

◎ **Yoga :** *I told the yoga to Vivasvan before the commencement of the Treta yuga. Vivasvan told it to his son Vaivasvan.*

योगं विवस्वतः प्राप्तम्–अव्ययं तं सनातनम् ।

वैवस्वान्स च पुत्रायेक्ष्वाकवे स्वयमब्रवीत् ।। **489**/1447

◎ **And :** *Manu Vaivasvan told the ancient and eternal yoga to his son Ikshavaku.*

(गरुशिष्यपरम्परा)

इक्ष्वाकुश्चः प्रजायै स मुनिभ्यस्तमपाठयत् ।

गुरवश्च ततो योगं गुरुकुलेष्वपाठयन् ।। 490/1447

◎ **And :** *Ikshavaku taught the yoga to the royal sages, the royal sages taught it to the other sages and saints, The sages taught it to their students in their forest gurukul schools.*

।। 4.2 ।।

एवं परम्पराप्राप्तमिमं राजर्षयो विदुः ।

स कालेनेह महता योगो नष्टः परन्तप ।।

(आदियोग्स्य वृद्धिः)

ततस्ते गुरवो योगं तेषां छात्रानपाठयन् ।

गच्छन्परम्परामेवम्–अवर्धत्स युगे युगे ।। 491/1447

◎ **And :** *The students taught that supreme yoga to their students and so on. It thus grew vigorously from generation to generations.*

(आदियोग्स्य विस्मृतिः)

महता किन्तु कालेन योगः स भवसागरे ।

जननिरवधानेन शाश्वतो विस्मृतिं गतः ।। 492/1447

◎ **However :** *However, with the passage of long time, the eternal yoga got forgotten by the people because of their negligence.*

49. हिंदी गीत : राग खमाज, तीन ताल 16 मात्रा

ज्ञान दीप जलाओ

स्थायी

एक से दूजा दीप जलाओ, परंपरा की रीत चलाओ ।

♫ सांनिसां सां पधमग गमप धसांनिसां–, गंगं–मंगं– निसां पनिसां सांसांनिसांनिध ।

अंतरा–1

मन अंधियारा दूर भगाओ, चाँद जीवन में चार लगाओ ।

♫ मग मधनि–सां– पनिसां रेंनिसांनिध, सां–गं मंगंगं निसां पनिसां सांसांनिसांनिध ।

अंतरा–2
जगमग आभा तन में जगाओ, ज्ञान ज्योति मन से न बुझाओ ।

◉ **Lamp of Knowledge : Sthāyī** : Light one lamp with other lamp and continue the tradition of Guru Pupil succession. **Antarā** : 1. Remove the darkness from your mind. Make the life successful and prosperous. 2. Let the bright light shine in your heart. Let not the lamp of knowledge turn off.

|| 4.3 || स एवायं मया तेऽद्य योगः प्रोक्तः पुरातनः ।
भक्तोऽसि मे सखा चेति रहस्यं ह्येतदुत्तमम् ॥

(श्रीभगवानुवाच)
(तमेव योगं पुनः)

पुनर्वदामि योगं त्वाम् शाश्वतं तं सनातनम् ।
यतः सखा तथा स्नेही भक्तोऽसि मे त्वमर्जुन ॥ 493/1447

◉ **And** : O Arjun! today I am telling you the same eternal yoga, because you are my friend as well as a dear devotee.

योगो विवस्वते दत्तो गुह्यो दिव्यश्चिरन्तनः ।
अद्य ददाम्यहं तुभ्यं विश्वकल्याणकारणात् ॥ 494/1447

◉ **And** : The yoga Lord Krishna gave to Manu Vivasvan in the ancient time is being given to Arjun for the benefit of the people in today's world.

अर्जुन उवाच ।

|| 4.4 || अपरं भवतो जन्म परं जन्म विवस्वतः ।
कथमेतद्विजानीयां त्वमादौ प्रोक्तवानिति ॥

(अर्जुनस्य पुनः संदेहः)

बुद्ध्वा कालानुसारेण कृष्णवाक्यमसङ्गतम् ।
मूढो मोहं समाहर्तुं पार्थः कृष्णमुवाच सः ॥ 495/1447

◉ **And** : Thinking Krishna's words to be inconsistant with the time, Arjun said :

अद्यतनं हि ते जन्म पुराणं तु विवस्वतः ।
कथं विद्याम्यहं कृष्ण तस्मै त्वमददस्तदा ॥ 496/1447

◉ **Arjun** : O Krishna! Vivasvan was born in ancient time and you are born recently, then how may I believe that you told this yoga to Vivasvan then?

श्रीभगवानुवाच ।

|| 4.5 ||
बहूनि मे व्यतीतानि जन्मानि तव चार्जुन ।
तान्यहं वेद सर्वाणि न त्वं वेत्थ परन्तप ॥

(श्रीभगवानुवाच)
(पुनर्जन्म)

सुष्ठु भणसि त्वं मह्यं स्वाभाविकं च भारत ।
अज्ञानकारणात्पार्थ प्रश्न एष त्वया कृतः ॥ 497/1447

◉ **Krishna** : *Krishna said, O Arjun! your doubt is reasonable because you are unaware of the facts.*

जन्मानि पार्थ सर्वेषां व्यतीतानि पुनः पुनः ।
वेद्मि सर्वाणि सर्वेषां न त्वं वेत्सि तवापि भोः ॥ 498/1447

◉ **And** : *I have taken many births so have you. I know all the births of everyone, but you don't know even one of yours.*

|| 4.6 ||
अजोऽपि सन्नव्ययात्मा भूतानामीश्वरोऽपि सन् ।
प्रकृतिं स्वामधिष्ठाय सम्भवाम्यात्ममायया ॥

मायां स्वकामवष्टभ्य भूतले सम्भवामि च ।
परमात्माऽक्षरो भूत्वा भूतानि धारयाम्यहम् ॥ 499/1447

◉ **Divinity** : *With my divinity I appear on the earth and as a supreme soul, I bare all the beings of the earth.*

|| 4.7 ||
यदा यदा हि धर्मस्य ग्लानिर्भवति भारत ।
अभ्युत्थानमधर्मस्य तदात्मानं सृजाम्यहम् ॥

(अवतारस्य उद्देशः)

धर्मं हत्वा दृढोऽधर्मो भवेद्विघ्नो यदा यदा ।
सम्भवामि नरो भूत्वा पार्थ भूमौ तदा तदा ॥ 500/1447

◉ **The purpose** : *The purpose of my avatar (incarnation) on the earth is to remove adharma (unrighteousness) and re-establish Dharma, the righteous order on the earth.*

|| 4.8 ||
परित्राणाय साधूनां विनाशाय च दुष्कृताम् ।

धर्मसंस्थापनार्थाय सम्भवामि युगे युगे ।।

रक्षणाय च भद्राणां संहाराय दुरात्मनाम् ।
उत्थापनाय धर्मस्य सम्भवामि युगे युगे ।। 501/1447

◎ **And :** *I appear on the earth from time to time in order to protect the righteous people and to eradicate the evil.*

50. हिंदी गीत

धर्म रक्षा

स्थायी

जब जब ग्लानि भयी धरम की, युग युग हानि भयी करम की ।
प्रभु जी लेते तब अवतारा, फिर सुख मय करने संसारा ।।

♫ सासा रेरे ग-रे- गप- मगग रे-, गग मम धप- मप- निनिध प- ।
रेरे ग- म-प- मम गगरे-रे-, सासा रेरे गग ममप- मरेगरेसा- ।।

अंतरा–1

अंत दुष्ट जनन का कीना, संत जनों को रक्षण दीना ।
स्थापन कीना सत् आचारा, जब त्राहि त्राहि था जग सारा ।।

♫ सांसां सां-सां सांरेंरें सां- निधप-, नि-नि निनिनि सां- नि-धध प-म- ।
रे-रेरे ग-म- पप मगमगरे-, सासा रे-ग- म-ग- प- मग रे-सा- ।।

अंतरा–2

ध्रुव बालक अनुनय कीने, बाल प्रलाद सतायो असुर ने ।
द्रौपदी ने जब हरि पुकारा, दुखी भगत जब हाथ पसारा ।।

अंतरा–3

देव जनन को अमृत दीने, विष हलाहल शिवजी पीने ।
रावण ने कीना अविचारा, संकट से हरि जगत उबारा ।।

◎ **Protection of Dharma :** ***Sthāyī :*** *Whenever righteousness became diminished and unrighteousness became preponderant, the Lord has taken avatar and made the world a happy place to live in.* ***Antarā :*** ***1.*** *The Lord has removed the wicked people and protected the righteous people. He re-established the right order and protected Dharma.* ***2.*** *When the demon Hiranyakashap tortured boy Prahlada and also when the boy devotee Dhruva called for protection. When Draupadi was put to shame by the Kauravas and she called for protection, whenever a person in trouble called you, O Lord! you came running for his protection.* ***3.*** *Lord gave amrit (divine nectar) to the Gods. Shiva drank the Halahal poison. Rama removed Ravana. Hari protected the world order.*

गीतोपनिषद्
त्रयोदशस्तरंगः
Gitopanishad
Fascicule 13

17. The Jnana Yoga
ज्ञानयोगनिरूपणम्

श्रीभगवानुवाच ।

|| 4.9 || जन्म कर्म च मे दिव्यमेवं यो वेत्ति तत्त्वतः ।
त्यक्त्वा देहं पुनर्जन्म नैति मामेति सोऽर्जुन ॥

(भगवतः प्राप्तिः)

यो जानाति रहस्यं मे दिव्यानां जन्मकर्मणाम् ।
गमनागमनं मुक्त्वा पादौ स लभते मम ॥ 502/1447

◉ **Bhagavan** : *He who knows the secreat in my divine deeds, he is freed from the cycle of rebirth and comes to my feet.*

|| 4.10 || वीतरागभयक्रोधा मन्मया मामुपाश्रिताः ।
बहवो ज्ञानतपसा पूता मद्भावमागताः ॥

रागं क्रोधं भयं हित्वा भक्तः स मत्परायणः ।
ज्ञानेन तपसा पूतो मद्भावमधिगच्छति ॥ 503/1447

◉ **And** : *He who is free from attachment and anger and is devoted to me, that austere person understands me.*

|| 4.11 ||

ये यथा मां प्रपद्यन्ते तांस्तथैव भजाम्यहम् ।
मम वर्त्मानुवर्तन्ते मनुष्याः पार्थ सर्वशः ।।

योे भजति यथा मां स उपार्जति फलं तथा ।
अनुसरन्ति पन्थानं ममैव सर्वदा जनाः ।। **504**/1447

◎ **And :** *As one worships me, so he receives the fruit. People follow my path in every way.*

|| 4.12 ||

काङ्क्षन्तः कर्मणां सिद्धिं यजन्त इह देवताः ।
क्षिप्रं हि मानुषे लोके सिद्धिर्भवति कर्मजा ।।

स्पृहिणो ये च कुर्वन्ति यस्य देवस्य प्रार्थनाम् ।
प्राप्नुवन्ति जना अत्र कर्मणस्तस्य ते फलम् ।। **505**/1447

◎ **And :** *Whichever God people worship, they receive the fruit accordingly.*

|| 4.13 ||

चातुर्वर्ण्यं मया सृष्टं गुणकर्मविभागशः ।
तस्य कर्तारमपि मां विद्ध्यकर्तारमव्ययम् ।।

(वर्णाश्रमः)

गुणकर्मानुसारेण चतुर्वर्णा मया कृताः ।
तेषां मां विद्धि कर्तारं त्वमकर्तारमव्ययम्[7] ।। **506**/1447

◎ **Varna :** *The four <u>working classes</u> (Varnas) of people are created by me based on the gunas (the three attributes) and the duties. O Arjun! even though I am the creator of the varna system (the system of four clesses of working people), know me to be akarta (not the doer) because the gunas are the doers of everything.*

|| 4.14 ||

न मां कर्माणि लिम्पन्ति न मे कर्मफले स्पृहा ।
इति मां योऽभिजानाति कर्मभिर्न स बध्यते ।।

कर्माणि मां न लिम्पन्ति न मेऽस्ति कर्मणां स्पृहा ।
ज्ञातमेतद्रहस्यं मे तेन मुक्तिरवाप्यते ।। **507**/1447

◎ **And :** *Neither I have desire nor attachment with the karmas (deeds). He who knows this secret, attains liberation.*

---

[7] तेषां मां विद्धि कर्तारं त्वमकर्तारमव्ययम् = तेषां कर्तारं मां विद्धि त्वं अकर्तारम् अव्ययम्

|| 4.15 ||
एवं ज्ञात्वा कृतं कर्म पूर्वैरपि मुमुक्षुभिः ।
कुरु कर्मैव तस्मात्त्वं पूर्वैः पूर्वतरं कृतम् ॥

एतज्ज्ञात्वा हि कर्माणि कृतानि च मुमुक्षुभिः ।
तथैव कुरु कर्माणि यथा यथा कृतानि तैः ॥ 508/1447

◎ **And** : Knowing this secret, the wise men have done the karmas (duties) and attained heaven. O Arjun! do the karmas as they did in the past.

|| 4.16 ||
किं कर्म किमकर्मेति कवयोऽप्यत्र मोहिताः ।
तत्ते कर्म प्रवक्ष्यामि यज्ज्ञात्वा मोक्ष्यसेऽशुभात् ॥

ज्ञानिनोऽपि सखे भ्रान्ताः कर्म च किमकर्म किम् ।
धर्मं तं ते प्रवक्ष्यामि यज्ज्ञात्वा त्वं विमोक्ष्यसे ॥ 509/1447

◎ **And** : Even the wise men are confused about what karma (doing something) is and what akarma (not doing that thing) is. I shall explain you that wisdom, knowing which you will be free from ignorance.

|| 4.17 ||
कर्मणो ह्यपि बोद्धव्यं बोद्धव्यं च विकर्मणः ।
अकर्मणश्च बोद्धव्यं गहना कर्मणो गतिः ॥

(कर्म विकर्म अकर्म ज्ञानी योगी च)
कर्म विकर्म चाकर्म किं कृत्स्नं ज्ञातुमर्हसि ।
जानीहि त्वं गतिं पार्थ कर्मणो गहना हि या ॥ 510/1447

◎ **Krishna** : You must know what karma, akarma and vikarma is. O Arjun! the scope of karma is vast.

|| 4.18 ||
कर्मण्यकर्म यः पश्येदकर्मणि च कर्म यः ।
स बुद्धिमान्मनुष्येषु स युक्तः कृत्स्नकर्मकृत् ॥

यतः सर्वाः क्रियाः पार्थ कर्माणि भणितानि वै ।
अकर्मणः क्रिया चापि कर्मैव गदिता सदा ॥ 511/1447

◎ **Definations** : O Arjun! as every deed is called a karma, the deed of not doing it, is also a karma. Therefore, akarma is also a karma.

कर्मण्यकर्म पश्येद्यो तथाऽकर्मणि कर्म यः ।
स हि ज्ञानी, स योगी च कर्माकर्म च वेत्ति सः ॥ 512/1447

◉ **Thus** : *He who sees karma in akarma and akarma in karma, he is a wise person as well as a yogi. He understands what is karma and what akarma is.*

51. हिंदी गीत
योगी

स्थायी

बं-दा..., योगी वही है जाना... । अरे! ज्ञानी वही है माना... ।।

♪ पमग-, प-म गरे- सा- रे-ग- । सासा! ध-प मप- म- गरेसा- ।।

अंतरा-1

तैल समाना जब संसारी, अलिप्त भव-जल से, मझधारी ।

उसने, भव तर जाना ।।

♪ सां-नि धप-ध- धध प-म-प-, सांसां-नि धध पप नि, धपम-प- ।
सासाध-, पप मम गरेसा- ।।

अंतरा-2

इच्छा फल की जिसने त्यागी, काम वासना मन से भागी ।

उसने, योग है जाना ।।

अंतरा-3

कर्म में जिसने अकर्म देखा, अकर्म से ही कर्म को सीखा ।

उसने, जग पहिचाना ।।

◉ **Yogi : Sthāyī** : *That person is called yogi and that person is called wise.* **Antarā : 1.** *When a person is like an oil on the water, he is unattached to the mundane things in the midst of the worldly affairs. He can cross over the ocean.* **2.** *He who is free from the desire for fruit of his duty. He who is free from passions. He knows yoga.* **3.** *He who has seen akarma (not doing something) in karma (doing something) and learned karma (doing something) through akarma (not doing something), he has recognized the working principle of the world.*

(स्वकार्यम् अकार्यं स्वधर्म: अधर्म: च)

स्वकार्यं वेत्ति धर्मं यो धर्मं कार्यं च मन्यते ।
स हि ज्ञानी च योगी च स्वकर्म धर्मवद्धि तम् ।। 513/1447

◉ **And** : *He who considers his duty as his Dharma and the Dharma as his duty, he is a wise person and he is a yogi. He knows what duty is and what Dharma is.*

|| 4.19 ||

यस्य सर्वे समारम्भाः कामसङ्कल्पवर्जिताः ।
ज्ञानाग्निदग्धकर्माणं तमाहुः पण्डितं बुधाः ।।

उद्यमा निरपेक्षाश्च यस्य सङ्कल्पवर्जिताः ।
पण्डितमिति तं सर्वे वदन्ति योगिनं बुधाः ।। **514**/1447

◎ **And :** *He whose undertakings are without any desire for fruit. He who is without expectations. That person is called Pundit by the knower of yoga.*

|| 4.20 ||

त्यक्त्वा कर्मफलासङ्गं नित्यतृप्तो निराश्रयः ।
कर्मण्यभिप्रवृत्तोऽपि नैव किञ्चित्करोति सः ।।

निःस्पृहो नित्यतृप्तश्च निर्ममश्च निराश्रितः ।
कृत्वाऽपि सर्वकर्माणि सोऽकर्तृवद्धि शोभते ।। **515**/1447

◎ **And :** *He who is always non-covetous, contented, selfless and independent, that person appears as if he is not doing anything even when he does everything.*

|| 4.21 ||

निराशीर्यतचित्तात्मा त्यक्तसर्वपरिग्रहः ।
शारीरं केवलं कर्म कुर्वन्नाप्नोति किल्बिषम् ।।

निराशी च निराधारो वाञ्छां त्यक्त्वा करोति यः ।
कृत्वाऽपि देहमात्रेण निष्पापो वर्तते सदा ।। **516**/1447

◎ **And :** *He who is indifferent and self-dependent. He who acts without desire for its fruit. He acts only through body. He is sinless.*

|| 4.22 ||

यदृच्छालाभसन्तुष्टो द्वन्द्वातीतो विमत्सरः ।
समः सिद्धावसिद्धौ च कृत्वापि न निबद्ध्यते ।।

विरक्तो द्वन्द्वभावेभ्यो यत्प्राप्तं तत्सुखावहम् ।
लाभालाभौ समौ बुद्ध्वा निरासक्तः स कर्मसु ।। **517**/1447

◎ **And :** *He who is indifferent to the dualities. He who is happy with whatever comes to him. He who treats gain and loss same. He is unattached to the karmas.*

|| 4.23 ||

गतसङ्गस्य मुक्तस्य ज्ञानावस्थितचेतसः ।
यज्ञायाचरतः कर्म समग्रं प्रविलीयते ।।

(यज्ञविविधता)

सर्वस्पर्शेषु निस्सङ्गो ज्ञानयोगे सदा स्थितः ।
कृत्वा यागनिमित्तेन कर्म कृत्स्नं प्रलीयते ॥ 518/1447

◎ **And** : *He who is unaffected by external sensations. He who is engaged in Jnana yoga (yoga of the knowledge that gunas are the doer, I am not the doer). He who acts in the spirit of austerity. Being a non-doer, his karmas dissolve themselves.*

गीतोपनिषद्
चतुर्दशस्तरंगः
Gitopanishad
Fascicule 14

18. Diversity of the Yajnas
यज्ञविविधतानिरूपणम्

श्रीभगवानुवाच ।

॥ 4.24 ॥ ब्रह्मार्पणं ब्रह्म हविर्ब्रह्माग्नौ ब्रह्मणा हुतम् ।
ब्रह्मैव तेन गन्तव्यं ब्रह्मकर्मसमाधिना ॥

अग्निर्ब्रह्म क्रतुर्ब्रह्म चाहुतिर्ब्रह्म ब्रह्मणि ।
ब्रह्मैव यस्य कर्माणि ब्रह्म स ह्यधिगच्छति ॥ 519/1447

◎ **Brahma** : *The fire of yajna (austerity) is Brahma. The yajna is Brahma. The oblation is Brahma. He for whom the karma is Brahma, he attains Brahma.*

॥ 4.25 ॥ दैवमेवापरे यज्ञं योगिनः पर्युपासते ।
ब्रह्माग्नावपरे यज्ञं यज्ञेनैवोपजुह्वति ॥

केचिद्योगिजना यज्ञं कुर्वन्ति दैवरूपिणम् ।

जुह्वति यज्ञमन्ये च ब्रह्माग्नौ यज्ञपण्डिताः ।। **520**/1447

◎ **Yogi :** *For some yogis, the divinity is yajna. Some other learned yogis offer fire of yajna to Brahma.*

।। 4.26 ।।

श्रोत्रादीनीन्द्रियाण्यन्ये संयमाग्निषु जुह्वति ।

शब्दादीन्विषयानन्य इन्द्रियाग्निषु जुह्वति ।।

संयमाग्नौ च गात्राणि जुह्वति योगिनोऽपरे ।

विषयानिन्द्रियाग्नेस्ते यज्ञे जुह्वति योगिनः ।। **521**/1447

◎ **And :** *Some yogis offer their organs in the yajna (austerity) of self control. Some other yogis offer their passions in the yagna of self control.*

।। 4.27 ।।

सर्वाणीन्द्रियकर्माणि प्राणकर्माणि चापरे ।

आत्मसंयमयोगाग्नौ जुह्वति ज्ञानदीपिते ।।

नैके योगीजनाः प्राणं यज्ञे तपन्ति कर्मणा ।

मनः संयमितं कृत्वा ज्ञानज्योतिश्च जाग्रति ।। **522**/1447

◎ **And :** *Many yogis offer regulation of their breath in the yajna of self control. Some other yogis ignite flame of knowledge by controlling their mind.*

।। 4.28 ।।

द्रव्ययज्ञास्तपोयज्ञा योगयज्ञास्तथापरे ।

स्वाध्यायज्ञानयज्ञाश्च यतयः संशितव्रताः ।।

केचिच्च द्रव्यदानेन यज्ञं कुर्वन्ति दानिनः ।

स्वाध्यायप्रेमिणो यज्ञं व्रतैः कुर्वन्ति ज्ञानिनः ।। **523**/1447

◎ **And :** *Some yogis offer their possessions in the yagna (austerity) of self control. Other lovers of the scriptures take severe vows as yagna (austerity).*

।। 4.29 ।।

अपाने जुह्वति प्राणं प्राणेऽपानं तथापरे ।

प्राणापानगती रुद्ध्वा प्राणायामपरायणाः ।।

इतरे योगिनः प्राणम्–अपाने नाम जुह्वति ।

प्राणापानगती रुद्ध्वा प्राणायामे गता रताः ।। **524**/1447

◎ **And :** *Some other yogis regulate their in-breath and out-breath as a yoga (austerity).*

|| 4.30 ||

अपरे नियताहाराः प्राणान्प्राणेषु जुह्वति ।
सर्वेऽप्येते यज्ञविदो यज्ञक्षपितकल्मषाः ।।

कश्चिद्योगी मिताहारी प्राणं प्राणे युनाति च ।
अनघो यागज्ञाता स पापं यज्ञे जुहोति च ।। 525/1447

◎ **And :** *Some moderate eaters unite their breaths. Those pure knower of yajna offer their sins (akarmas) in the fire of yajna (austerity).*

52. हिंदी गीत

प्रभु तेरी माया

स्थायी

शिखरिणी छन्द

ISS, SSS, III, IIS, SII, IS

♫ सारे–! सानि॒सा– रेग॒रे–, रेरेरे ग॒पमग॒ रेग॒ रेग॒रे सा–

प्रभो! तेरी माया, ग्रहण करने में गहन है ।
मगर सच्चे मन से, स्मरण करके वो सुगम है ।।

अंतरा–1

पृथ्वी छन्द + शिखरिणी छन्द

ISI, IIS, ISI, IIS, ISS, IS
ISI, IIS, ISI, IIS, ISS, IS
ISS, SSS, III, IIS, SII, IS
ISS, SSS, III, IIS, SII, IS

♫ मप– ध॒पम ग॒–, ग॒म– पमग॒ रे–, सारे– मग॒रेसा–

कोई नमन से, कोई भजन से, तुझे पूजता ।
कोई धन तथा, कोई सुख सदा, तुझे माँगता ।।
प्रभो! तेरी लीला, बरन करने में कठिन है ।
मगर पक्के मन से, मनन करना ही यजन है ।।

अंतरा–2

सदा चरण में, रहो शरण तो हरि साथ है ।
सभी जगत का, अनाथ जन का, वही नाथ है ।।

हरे! तेरी सेवा परम करना धरम है ।
सतत सच्चे मन से, करम करना उद्धरण है ॥

◉ **Lord's grace : Sthāyī** : O Lord! your divinity is too deep to fathom. But, with a pure heart, it is easy to contemplate on your image. **Antarā** : **1.** Someone worships you with obeisance, someone with Bhajan, someone with oblation. Someone prays with honour, someone with charity. O Lord! your magic is difficult to be said in words, but meditating up on you with a resolute mind, is the true austerity. **2.** Hari is with you if you always stay at his feet. He is the Lord of all world and all people. He is the helper of the helpless. O Lord! being at your service is the supreme righteousness. Doing your duty with selfless mind is real uplifting.

॥ 4.31 ॥   यज्ञशिष्टामृतभुजो यान्ति ब्रह्म सनातनम् ।
नायं लोकोऽस्त्ययज्ञस्य कुतोऽन्य: कुरुसत्तम ॥

अश्नन्ति यज्ञशेषान्नं ब्रह्म गच्छन्ति ते जना: ।
अयज्ञा न तरन्तीह तर्हि परत्र ते कथम् ॥ 526/1447

◉ **And :** Those who prtake the left over of a yajna (austerity), they attain Brahma (the Supreme). Those who do not perform yajna or those who are not austere, they do not even fit in this world, then how would they fit in the next one.

॥ 4.32 ॥   एवं बहुविधा यज्ञा वितता ब्रह्मणो मुखे ।
कर्मजान्विद्धि तान्सर्वानेवं ज्ञात्वा विमोक्ष्यसे ॥

एवं ये विविधा यज्ञा: प्रचलिता: श्रुतेर्मुखात् ।
बुद्ध्वा तान्कर्मणां मूलं परन्तप विमोक्ष्यसे ॥ 527/1447

◉ **And :** Various yajnas (austerities) are classified in this manner in the Vedas. Knowing them to be the roots of karmas, O Arjun! you will be liberated.

॥ 4.33 ॥   श्रेयान्द्रव्यमयाद्यज्ञाज्ज्ञानयज्ञ: परन्तप ।
सर्वं कर्माखिलं पार्थ ज्ञाने परिसमाप्यते ॥

(ज्ञानर्जनम्)

ज्ञानयज्ञ: सदा श्रेयो द्रव्ययज्ञात्परन्तप ।
समग्रं कर्म ज्ञाने हि यथार्थेन समाप्यते ॥ 528/1447

◉ **And :** The charity of jnana (wisdom) is always superior to the charity of wealth. Because, all karmas (righteous deeds) in essence culminate into jnana.

॥ 4.34 ॥	तद्विद्धि प्रणिपातेन परिप्रश्नेन सेवया । उपदेक्ष्यन्ति ते ज्ञानं ज्ञानिनस्तत्त्वदर्शिनः ॥

साष्टाङ्गप्रणिपातेन प्रश्नान्पृष्ट्वा च सेवया ।

उपदेक्ष्यन्ति विद्वांसः–तुभ्यं ज्ञानस्य वार्तिकम् ॥ 529/1447

◎ **And :** *Sitting at the feet of the mentor and being at his service, if you ask the right questions, he will give you the proper advice. He will impart the right knowledge (wisdom) to you.*

॥ 4.35 ॥	यज्ज्ञात्वा न पुनर्मोहमेवं यास्यसि पाण्डव । येन भूतान्यशेषेण द्रक्ष्यस्यात्मन्यथो मयि ॥

(ज्ञानप्रभावः)

न यास्यसि पुनर्मोहम्–एवं ज्ञात्वा त्वमर्जुन ।

विशुद्धेन विवेकेन तटस्थः सर्वप्राणिषु ॥ 530/1447

◎ **And :** *Having earned that wisdom, you will not fall in delusion. O Arjun! you will be indifferent to all beings with your pure heart.*

॥ 4.36 ॥	अपि चेदसि पापेभ्यः सर्वेभ्यः पापकृत्तमः । सर्वं ज्ञानप्लवेनैव वृजिनं सन्तरिष्यसि ॥

असि चेत्त्वं महापापः सर्वपापेषु भारत ।

आदाय ज्ञाननावं त्वं भवसिन्धुं तरिष्यसि ॥ 531/1447

◎ **And :** *O Arjun! even if you think you are the most sinful person, even then, having earned this wisdom, you will cross over the worldly ocean safely.*

53. हिंदी खयाल : राग पूरिया, तीन ताल 16 मात्रा

भव सागर

स्थायी

पार करो मेरी भव नैया,

तार करो मेरा अंबे मैया ।

♫ गमंधमंगरेगमंग रेसा– निसारेसा नि ध निरेसा–,

मं–ग मंगरे सासा निरेंनिध मंधमंग ।

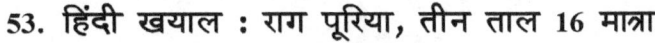

अंतरा–1

लुट गयी मेरी प्रेम की नगरी, नाथ न आये दैया दैया! ।

♫ मंमं गग मं–ध– मंधसांसां सां निरेंसां–, निरेंनि ध मंधमंग मंरेगमं गमंधमंगरेसा– ।

अंतरा–2

लगती सूनी गाँव की डगरी, राह तकूँ मैं आवे सैंया ।

◎ **Worldly ocean :** ***Sthāyī :*** *O Amba Mata (Mother Amba, Durga)! please cross me over the worldly ocean. Please protect me.* ***Antarā : 1.*** *My love has gone sour. My beloved has not returned home.* ***2.*** *The road to my town looks deserted, as I await his arrival.*

।। 4.37 ।।

यथैधांसि समिद्धोऽग्निर्भस्मसात्कुरुतेऽर्जुन ।
ज्ञानाग्निः सर्वकर्माणि भस्मसात्कुरुते तथा ।।

(ज्ञानस्य परमपूज्यता)

यथा हि पावको दीप्तो भस्मसात्कुरुते वनम् ।
अज्ञानं भस्मसात्पार्थ ज्ञानाग्निः कुरुते तथा ।। 532/1447

◎ **Wisdom :** *Just as the blazing fire burns down a forest to ashes, so does the fire of knowledge burns down the jungle of ignorance.*

।। 4.38 ।।

न हि ज्ञानेन सदृशं पवित्रमिह विद्यते ।
तत्स्वयं योगसंसिद्धः कालेनात्मनि विन्दति ।।

साधनं नास्ति कुत्रापि ज्ञानाच्छ्रेष्ठं सहायकम् ।
स्वयं प्राप्नोति तज्ज्ञानं योगी तस्माद्यथा गतिः ।। 533/1447

◎ **And :** *There is no better helper than the knowledge. The Jnana yogi attains this knowledge in due course.*

।। 4.39 ।।

श्रद्धावाँल्लभते ज्ञानं तत्परः संयतेन्द्रियः ।
ज्ञानं लब्ध्वा परां शान्तिमचिरेणाधिगच्छति ।।

(अज्ञानप्रभावः)

ज्ञानं विन्दति भक्तः स यः श्रद्धालुश्च संयतः ।
ज्ञानी ज्ञानमिदं प्राप्य शान्तिमृच्छति नैष्ठिकीम् ।। 534/1447

◎ **And :** *This knowledge comes to that sincere devotee who is faithful and self controlled. Having acquired this knowledge, the yogi attains ever lasting peace.*

।। 4.40 ।। अज्ञश्चाश्रद्दधानश्च संशयात्मा विनश्यति ।
नायं लोकोऽस्ति न परो न सुखं संशयात्मनः ।।

संशयी नास्तिको मूढो नरो नश्यति निश्चितम् ।
हित्वाऽयं च परं लोकं प्रसादेभ्यश्च वञ्चितः ।। **535**/1447

◎ **And :** *A skeptical, atheist and deluded person perishes certainly. He has no place in this world nor in the next world.*

।। 4.41 ।। योगसंन्यस्तकर्माणं ज्ञानसञ्छिन्नसंशयम् ।
आत्मवन्तं न कर्माणि निबध्नन्ति धनञ्जय ।।

योगशक्त्या त्यजेत्कामं तथा ज्ञानेन संशयम् ।
आत्मपरायणो योगी कर्मपाशैर्न बध्यते ।। **536**/1447

◎ **And :** *He who relinquishes desires with yogic power and removes doubt with wisdom, that self dependent person does not get bound by karma.*

।। 4.42 ।। तस्मादज्ञानसम्भूतं हृत्स्थं ज्ञानासिनात्मनः ।
छित्त्वैनं संशयं योगमातिष्ठोत्तिष्ठ भारत ।।

ज्ञानशस्त्रेण युक्तस्त्वं मनसा गतसंशयः ।
उत्तिष्ठ पार्थ सन्नद्धो भूत्वा योगाश्रयी सखे ।। **537**/1447

◎ **And :** *Equipped with the weapon of wisdom, removing the doubt from your mind, O Arjun! get up and be prepared to abide by yoga.*

54. हिंदी गीत
पर हित
स्थायी

अगर पथ ये तू अपना ले, तो ऋण अपने चुका देगा ।
अहम अपना नवा दे तो, तू दुनिया को झुका देगा ।।

♫ सासासा रेरे ग– प मगरे– सा–, ध धध पमप– गम– प–ध– ।
सांसांरें सांनिध– निध– पम ग–, सा सासारे– ग– पमग रेगसा– ।।

अंतरा–1

पर हित में हि भलाई है, सेवा धर्म कहाई है ।
करम तेरा अमर होगा, जगत में तू सुहावेगा ।।

♪ मम पप ध॒– ध॒ सां॒निधपध॒ म–, ध॒–प– म–म मग॒रे–गरे सा– ।
सासासा रेग॒– पमग॒ रेग॒सा–, ध॒ध॒ध॒ प– म– पमग॒रेग॒सा– ।।

अंतरा–2

जग माया का मेला है, तीन गुणों का खेला है ।
अगर मन को तू रोक सका, तो अघ सारे रुका देगा ।।

अंतरा–3

प्रभु चरणों में सहारा ले, सहज भव का किनारा है ।
अगर दुख तू मिटा देगा, तो सुख सारे लुटावेगा ।।

◎ **Service to others : *Sthāyī* :** *If you follow the path of this yoga, you will fulfill your obligations. If you remove your ego, you will conquer the world.* ***Antarā* : 1.** *There is goodness in service for others. Service is supreme righteousness. Your deeds will be immortal and you will give happiness to the world.* **2.** *The world is a fair of illusions. It is a play of the three gunas. If you can control your mind, you will be able to conquer the sins.* **3.** *Come to the feet of the Lord. It is the easiest support. If you become indifferent to the pains, you will be able to enjoy the happiness.*

शोक संविग्नमानसः ।
रत्नाकररचितं गीतोपनिषद्

श्रीमद्-भगवद्-गीतायाः पञ्चमोऽध्यायः।
कर्म-संन्यासयोगः ।

55. हिंदी कीर्तन
जय शिव गौरी नाथ!

स्थायी

जय शिव गौरी नाथा जै जै, भोले भंडारी की, जै जै ।

♫ मम मम म–पम ग–ग– रे– सा–, सापप– पमपधम– – रे, म– म– ।

अंतरा–1

भोलेनाथा दिगंबरा, शिव शिव शिव शिव सदाशिवा ओम् ।

शिव शिव शिव शिव सदाशिवा ।।

♫ ध–ध–ध–ध– पध–सांनिधपम, गग पप धध सांसां पप–मम– म– ।

गग पप धध सांसां पप–मम– – – ।।

अंतरा–2

गौरीनाथा निरंजना, जय जय जय जय जटाधरा ओम् ।

जय जय जय जय जटाधरा ।।

अंतरा–3

शंभूनाथा प्रभंजना, भव भव भव भव जनार्दना ओम् ।

भव भव भव भव जनार्दना ।।

अंतरा–4

चंडीनाथा पुरंदरा, हर हर हर हर त्रिलोचना ओम् ।

हर हर हर हर त्रलोचना ।।

◎ **Jai Shiva! :** ***Sthāyī :*** *Victory to you, O Shiva and Parvati! victory to you, O Bhole Bhandari (Shiva).* ***Antarā : 1.*** *Victory to you, O Bhole-natha (Shiva)! O Digambara (Shiva), O Sadashiva (Shiva)!* ***2.*** *Victory to you, O Gaurinatha (Shiva, Husband of Gauri)! O Jatadhara (Shiva)!* ***3.*** *Victory to you, O Shambhunatha (Shiva)! O Janardana (Shiva)!* ***4.*** *Victory to you, O Chandi-natha (Shiva, Husband of Chandi)! O Trilochana (Shiva, the Three eyed)!*

56. हिंदी आरती : कहरवा ताल 8 मात्रा

राम कृष्ण शिव

निस दिन राम कृष्ण शिव गाओ,
राम कृष्ण शिव राम कृष्ण शिव,
राम कृष्ण शिव गाओ, निस दिन ।

♫ सागु मप धु–म प–म गुसा गु–म–,
ध–ध ध–ध निनि धु–धु प–धु मप,
धु–म प–म गुसा गु–म–, सागु मप ।

अंतरा–1

रघुपति राघव राजा राम, जानकी जीवन सीता राम राम ।
राम राम हरे राम, हरे कृष्ण हरे राम ।।

♫ सांसांसांसां निसांधनि सां–सां सांगं सां–, नि–निनि नि–धम नि–नि– नि– नि–।
ध– धम पम पग, साग मध पप म– ।।

अंतरा–2

भजु मन मेरे, राधे श्याम, अह निश गा रे, राधे श्याम ।
राधे श्याम राधे श्याम, हरे कृष्ण हरे राम ।।

अंतरा–3

भोले शंकर हरि घनश्याम, सांब सदाशिव भज सियाराम ।
शिव नाम शिव नाम, हरे कृष्ण हरे राम ।।

◎ **Rama Krishna Shiv :** ***Sthāyī :*** *Day and night chant Rama Krishna Shiva! Say Rama, Krishna Shiva! Rama Krishna Shiva! day and night.* ***Antarā : 1.*** *Raghava is the King of Raghu Dynasty; Rama, is the Husband of Sita. Ram Ram Hare Ram! Hare Krishna Hare Ram!* ***2.*** *O My mind! chant Radhe Sham! day and ningt. Chant the name, Hare Krishna Hare Ram! Chant Hare Krishna Hare Ram!* ***3.*** *Say Bhole Shankar! O Beautiful Ghanshyam (Shrī Krishna)! O Samb Shiva! O Siyaram! Shiva Om Shiva Om! Hare Krishna Hare Ram!*

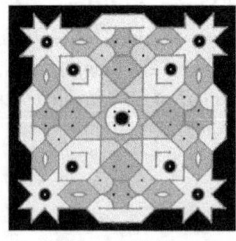

गीतोपनिषद्
पञ्चदशस्तरंगः
Gitopanishad
Fascicule 15

19. Renunciation of Authorship of Karma
कर्तृपदसंन्यासनिरूपणम्

श्रीमद्भगवद्गीता पञ्चमोऽध्यायः ।

अर्जुन उवाच ।

|| 5.1 ||

संन्यासं कर्मणां कृष्ण पुनर्योगं च शंससि ।
यच्छ्रेय एतयोरेकं तन्मे ब्रूहि सुनिश्चितम् ।।

ॐ अनुष्टुप्-श्लोक-छन्दसि गीतोपनिषद् ।

(अर्जुनस्य पुनस्सन्देहः)

शंससि कर्मन्यासं त्वं कर्मयोगं ततः प्रभो ।
एकमेवैतयोः श्रेयो यत्स्याद्ब्रूहि सुनिश्चितम् ।। **538**/1447

◎ **Arjun :** *Arjun said, O Krishna! you say Karma yoga is superior then you say Jnana yoga is superior. Could you please tell me just one that is better for me.*

श्रीभगवानुवाच ।

|| 5.2 ||

संन्यासः कर्मयोगाश्च निःश्रेयसकरावुभौ ।
तयोस्तु कर्मसंन्यासात्कर्मयोगो विशिष्यते ।।

(योगः संन्यासात् श्रैष्ठः)

ज्ञानमार्गो महाबाहो योगश्च हितकारकः ।

उभयोर्हि समौ लाभौ कर्मयोगो वरो मत: ॥ 539/1447

◎ **Krishna** : *Krishna said, O Arjun! the Jnana yoga is certainly beneficial, but Karma yoga is better. You get the same result by following either of the two yogas.*

यद्ध्येयं ज्ञानमार्गस्य बुद्धिमार्गस्य चैव तत् ।
जानाति कर्मयोगं यो चिन्ता विघ्नो न तस्य वै ॥ 540/1447

◎ **And** : *The aim of Jnana yoga (see the footnote)*[8] *is same as that of Buddhi yoga. But the Nishkam Karma yoga is the best. He who knows Karma yoga, he has no worry nor any obstacle.*

(ज्ञानबुद्धिकर्मयोगत्रयम्)
एकं हि मूलरूपेण बिल्वपत्रत्रयं यथा ।
एकश्च ध्येयरूपेण तथा योगपथत्रयम् ॥ 541/1447

◎ **And** : *The aim of the Jnana yoga is same as the Buddhi yoga. Doing the Karma yoga, you earn the benefits of all the three yogas. As the tri-lobed leaf of the Elephant-apple (Bel) tree is actually a single leaf, so the aims of Jnana yoga, Buddhi yoga and Karma yoga are all one and the same yoga.*

॥ 5.3 ॥ ज्ञेय: स नित्यसंन्यासी यो न द्वेष्टि न काङ्क्षति ।
निर्द्वन्द्वो हि महाबाहो सुखं बन्धात्प्रमुच्यते ॥

(नित्यसंन्यासी)
ज्ञात: स 'नित्यसंन्यासी' द्वेषो वाञ्छा न वा क्षति: ।
द्वन्द्वभावादतीत: स कर्मबन्धात्प्रमुच्यते ॥ 542/1447

◎ **Nitya-sanyasi** : *He is called a Nitya-sanyasi, who is free from jealousy, desires and anger. Being indifferent to the dualities, he is not bound by karma.*

॥ 5.4 ॥ साङ्ख्ययोगौ पृथग्बाला: प्रवदन्ति न पण्डिता: ।
एकमप्यास्थित: सम्यगुभयोर्विन्दते फलम् ॥

(अपृथक् सांख्ययोगौ)

---

[8] **The Six Yogas of the Gita** : *When you perform a duty without expecting its fruit, you are doing* **Karma yoga**. *When you do the same duty without expecting its authorship, you are doing* **Jnana yoga**. *Knowing that atma is immutable and body is mutable is* **Sankhya yoga**. *Performing a duty with equanimity of mind, being indifferent to loss or gain, is* **Buddhi yoga**. *Doing a duty with faith in the name of the Lord is* **Bhakti yoga**. *The one pointed practice of attaining the aim is* **Abhyasa yoga**.

साङ्ख्ययोगौ पथौ भिन्नौ ब्रूते मूढो न पण्डितः ।

पथमेकतरं गत्वा स प्राप्नोत्युभयोः फलम् ।। 543/1447

◎ **Sankhya and Karma Yoga :** *The ignorant people say Sankhya yoga and Karma yoga are two different yogas, but not the wise people. Because, the wise people know that following either path, you achieve the fruits of the both yogas.*

।। 5.5 ।।

यत्साङ्ख्यैः प्राप्यते स्थानं तद्योगैरपि गम्यते ।

एकं साङ्ख्यं च योगं च यः पश्यति स पश्यति ।।

स्थानं प्राप्नोति यज्ज्ञानी योगिना लभ्यते च तत् ।

सांख्ययोगौ समौ यस्मै तथ्यं जानाति सर्वथा ।। 544/1447

◎ **And :** *The place attained by the followers of the Sankhya yoga is attained by the followers of Karma yoga also. He who thinks these two yogas are indifferent, he knows the truth.*

57. हिंदी गीत

बुद्धियोग

स्थायी

आसमान से पानी बरसे, बहता जावे भिन्न पथों से ।

धार नदी की बन कर, आखिर, सागर में हि समाए ।।

♫ रे–गम–म म– प–म– गगरे–, सासासा– रे–ग– प–म गरे– ग– ।

धि–ध पम– म– गग मम, प–मम, प–मग रे– ग मगरेसा– ।।

अंतरा–1

ज्ञान मार्ग से, कर्म योग से, भक्ति मार्ग से, बुद्धि योग से ।

एक ही श्रेय कमाए, आखिर, एक ही ध्येय सधाए ।।

♫ सा–रे ग–रे ग–, प–म ग–रे ग–, म–प ध–प म–, प–म ग–रे सा– ।

सा–सा सा रे–रे रेग–म–, प–मम, प–म ग म–ग मगरेसा– ।।

अंतरा–2

नाम राम का, जाप श्याम का, जाना सुमिरन परम काम का ।

राह परम मिल जाए, आखिर, हरि चरणन में आए ।।

अंतरा–3

नाम कमाया, मान मिलाया, दान धरम कर पाप घटाया ।

राजा रंक भिकारी, आखिर, गोद भूमि की पाए ।।

◎ **Buddhi yoga : *Sthāyī :*** *The rain falls from the sky. It flows in many directions and joins a river. Eventually it reaches the ocean.* ***Antarā : 1.*** *Living with the Jnana yoga or with Karma yoga, you get the same result.* ***2.*** *Chanting the name of Rama or Krishna, both names give good result. At the end you are at Hari's feet.* ***3.*** *You earned name, you earned fame, you gave charity and you earn merit. May you be a king or a pauper, either way you end up in the same earth.*

।। 5.6 ।।

संन्यासस्तु महाबाहो दुःखमाप्तुमयोगतः ।
योगयुक्तो मुनिर्ब्रह्म नचिरेणाधिगच्छति ।।

(योगाचरणम्)

सिद्धिः क्लिष्टा विनायोगं संन्यसनस्य ज्ञानिने ।
अक्लिष्टा ब्रह्मसिद्धिश्च कर्मयोगस्य ध्यानिने ।। **545**/1447

◎ **Practice of Yoga :** *Without discipline it is difficult for a yogi to attain success in yoga. It is easier to attain Brahma (the Supreme) for a Karma yogi.*

।। 5.7 ।।

योगयुक्तो विशुद्धात्मा विजितात्मा जितेन्द्रियः ।
सर्वभूतात्मभूतात्मा कुर्वन्नपि न लिप्यते ।।

योगयुक्तं मनो यस्य विशुद्धा च मतिस्तथा ।
भूतमात्रेषु सम्बद्धः स कर्मसु न बद्धते ।। **546**/1447

◎ **And :** *He whose mind is pure and thinking is cleansed, he who has equanimity for all beings, he is not bound by karma.*

।। 5.8 ।।

नैव किञ्चित्करोमीति युक्तो मन्येत तत्त्ववित् ।
पश्यञ्शृण्वन्स्पृशञ्जिघ्रन्नश्नन्गच्छन्स्वपञ्श्वसन् ।।

(कर्तृपदन्यासः साङ्ख्यः)

नहि किञ्चित्करोमीति मया च कर्म कार्यते ।
पश्यति तत्त्वमेवं यो योगं सम्यक्स बोधति ।। **547**/1447

◎ **Jnana yogi :** ***He who thinks that I am not the doer of anything but the things are done by me, (through my gunas) he understands the Jnana yoga*** *properly.*

।। 5.9 ।।

प्रलपन्विसृजन्गृह्णन्नुन्मिषन्निमिषन्नपि ।
इन्द्रियाणीन्द्रियार्थेषु वर्तन्त इति धारयन् ।।

इत्थं तदनुसारं यः पश्यन्गच्छन्स्वपन्श्वसन् ।
अश्ननन्पिबन्स्पृशञ्जिघ्रन्–सर्वं कुर्वन्स वर्तते ।। **548**/1447

◎ **And :** *While seeing, walking, sleeping, breathing, eating, drinking, touching and smelling, he thinks that, " these are done by me bodily through my gunas (three attributes)."*

कुर्वन्स सर्वमेवापि तत्त्वविन्मन्यते सदा ।
करोम्यहं न कर्माणि देहेनैव कृतानि वै ।। **549**/1447

◎ **And :** *While doing everything the wise person thinks that everything is done by my body, not by me.*

।। 5.10 ।। याधाय कर्माणि सङ्गं त्यक्त्वा करोति यः ।
लिप्यते न स पापेन पद्मपत्रमिवाम्भसा ।।

ब्रह्मार्पणं सदा तस्य निष्कामकर्म वर्तते ।
पापानि तं न लिम्पन्ति नीरजं न जलं यथा ।। **550**/1447

◎ **And :** *He whose everything is offered to Brahma (the Supreme) and he who does everything selflessly. To him the sins do not touch, as the water does not touch the lotus leaf.*

।। 5.11 ।। कायेन मनसा बुद्ध्या केवलैरिन्द्रियैरपि ।
योगिनः कर्म कुर्वन्ति सङ्गं त्यक्त्वात्मशुद्धये ।।

(युक्तयोगी च अयुक्तयोगी च)
योगी सर्वाणि कर्माणि केवलैरिन्द्रियैः सदा ।
आत्मनः शुद्धये सर्वं सङ्गं त्यक्त्वा करोति वै ।। **551**/1447

◎ **And :** *The yogi does everything by body, without any attachment to karma. He acts for the purification of himself.*

।। 5.12 ।। युक्तः कर्मफलं त्यक्त्वा शान्तिमाप्नोति नैष्ठिकीम् ।
अयुक्तः कामकारेण फले सक्तो निबद्ध्यते ।।

युक्तः स शान्तिमाप्नोति फलाशारहितो यतिः ।
अयुक्तो बध्यते धृत्वा मनसि फलकामनाम् ।। **552**/1447

◎ **And :** *The yogi attains peace, by keeping aside desire in the fruit of karma. The person who is not a yogi, he does things for the fruit of his karma.*

|| 5.13 ||　　　　　　सर्वकर्माणि मनसा संन्यस्यास्ते सुखं वशी ।
　　　　　　　　　नवद्वारे पुरे देही नैव कुर्वन्न कारयन् ।।

जितेन्द्रियस्य साक्षी च देही स देहधारिण: ।
नवद्वारान्विते देहे निवसति सुखेन हि ।। 553/1447

◎ **And** : The atma of the self-controlled person is just a witness. The atma lives happily in the house called the body which has nine gates.

|| 5.14 ||　　　　　　न कर्तृत्वं न कर्माणि लोकस्य सृजति प्रभु: ।
　　　　　　　　　न कर्मफलसंयोगं स्वभावस्तु प्रवर्तते ।।

(गुणा: कर्तार:)

न करोतीश्वर: कर्म न कर्तृत्वं न वा फलम् ।
कर्माण्येतानि सर्वाणि कारयन्ते गुणै: सदा ।। 554/1447

◎ **Gunas are the doers** : God does not do your karmas (deeds), nor the doer-ship nor the fruit thereof. The three gunas (the three attributes) of the nature make you do all these things.

|| 5.15 ||　　　　　　नादत्ते कस्यचित्पापं न चैव सुकृतं विभु: ।
　　　　　　　　　अज्ञानेनावृतं ज्ञानं तेन मुह्यन्ति जन्तव: ।।

(ज्ञानप्रभाव:)

न जातु कारणं देव: कस्यचित्पापपुण्ययो: ।
अज्ञानेनावृता बुद्धि: प्राणिन: पापकारणम् ।। 555/1447

◎ **Wisdom** : God is not the reason for sin nor for the merit for anyone. The thinking covered with ignorance causes you to commit the sins.

|| 5.16 ||　　　　　　ज्ञानेन तु तदज्ञानं येषां नाशितमात्मन: ।
　　　　　　　　　तेषामादित्यवज्ज्ञानं प्रकाशयति तत्परम् ।।

अज्ञानं निर्गतं यस्य ज्ञानेन तमसात्मकम् ।
प्रदीप्तं तस्य तज्ज्ञानं ददाति तत्त्वदर्शनम् ।। 556/1447

◎ **And** : He whose darkness of ignorance is removed with the lamp of knowledge, the bright wisdom of that person reveals him the Brahma.

गीतोपनिषद्
षोडशस्तरंगः
Gitopanishad
Fascicule 16

20. The Divine Wealth
ब्रह्मसम्पन्निरूपणम्

श्रीभगवानुवाच ।

|| 5.17 || तद्बुद्धयस्तदात्मानस्तन्निष्ठास्तत्परायणाः ।
गच्छन्त्यपुनरावृत्तिं ज्ञाननिर्धूतकल्मषाः ।।

ब्रह्मैव जीवनं यस्य प्रतिभा ब्रह्मरूपिणी ।
ब्रह्मणि यस्य ध्यानञ्च ब्रह्मनिष्ठा च भावना ।। 557/1447

◎ **And :** *He whose life is Brahma. He whose halo is like Brahma. He who meditates on Brahma. He who has faith in Brahma;*

ब्रह्मज्ञानं स प्राप्नोति ब्रह्मयुक्तेन चेतसा ।
ज्ञानेनैतेन निष्पापो भवबन्धाद्विमुच्यते ।। 558/1447

◎ **And :** *With his mind focused on Brahma (the Supreme), he attains Brahma. Thus cleansed with this knowledge and freed from all sins, he is freed from the worldly bondages.*

|| 5.18 || विद्याविनयसम्पन्ने ब्राह्मणे गवि हस्तिनि ।
शुनि चैव श्वपाके च पण्डिताः समदर्शिनः ।।

(बुद्धेः प्रभावः)

विद्याविनयसम्पन्नं द्विजं शूद्रं गजं शुनिम् ।

ज्ञानी समं सदा पश्येत्-नरं नारीं च सर्वथा ।। **559**/1447

◎ **And :** *He who is equipped with wisdom and humility, he treats Brahmana, Shudra, elephant, dog, man and woman with equanimity.*

।। 5.19 ।।

इहैव तैर्जितः सर्गो येषां साम्ये स्थितं मनः ।
निर्दोषं हि समं ब्रह्म तस्माद्ब्रह्मणि ते स्थिताः ।।

विजितं जन्म तेनेह साम्ये स्थिरेण चेतसा ।
अकलुषे समे तस्य स्थानं ब्रह्मणि सर्वदा ।। **560**/1447

◎ **And :** *By keeping equanimity of mind, he has won the purpose of his life in this world. He has earned a place in the pure and spotless Brahma for ever.*

।। 5.20 ।।

न प्रहृष्येत्प्रियं प्राप्य नोद्विजेत्प्राप्य चाप्रियम् ।
स्थिरबुद्धिरसम्मूढो ब्रह्मविद्ब्रह्मणि स्थितः ।।

(स्थिरमतेः सिद्धिप्राप्तिः)

न च हर्षः प्रिये यस्य दुःखं खेदो न चाप्रिये ।
स्थिरबुद्धिर्मतो योगी ब्रह्मज्ञाने रतः सदा ।। **561**/1447

◎ **Success :** *He who is not excited with something that is pleasant and who is not sad with the things unpleasant. That person of stable mind is always engaged in knowing Brahma (the Supreme).*

।। 5.21 ।।

बाह्यस्पर्शेष्वसक्तात्मा विन्दत्यात्मनि यत्सुखम् ।
स ब्रह्मयोगयुक्तात्मा सुखमक्षयमश्नुते ।।

बाह्यसुखेषु निर्लिप्तः शान्तियुक्तः स चेतसा ।
बह्मयुक्तो महात्मा स परमं सुखमश्नुते ।। **562**/1447

◎ **And :** *He who is unaffected with the external contacts. He whose mind is peaceful, he who is united with Brahma (the Supreme), he enjoys ever lasting peace.*

।। 5.22 ।।

ये हि संस्पर्शजा भोगा दुःखयोनय एव ते ।
आद्यन्तवन्तः कौन्तेय न तेषु रमते बुधः ।।

भोगा मूलं हि दुःखानां बाह्यस्पर्शैर्भवन्ति ते ।
आगच्छन्ति च गच्छन्ति विद्वान्न जुषते ततः ।। **563**/1447

◎ **And :** *The pleasures are the root of sorrow that comes through external contacts. These senses come and they go. The wise person does not get indulged in them.*

|| 5.23 || **शक्नोतीहैव यः सोढुं प्राक्शरीरविमोक्षणात् ।**
कामक्रोधोद्भवं वेगं स युक्तः स सुखी नरः ।।

कामक्रोधोद्भवं वेगं सोढुं शक्नोति यो नरः ।

युक्तः स एव मन्तव्यो, नरश्चिरसुखे हि सः ।। 564/1447

◎ **And :** *The stable minded person who can endure the emotions of passion and anger, he ought to be called a Yukta (equipped with yoga) person. He has everlasting peace.*

|| 5.24 || **योऽन्तःसुखोऽन्तरारामस्तथान्तर्ज्योतिरेव यः ।**
स योगी ब्रह्मनिर्वाणं ब्रह्मभूतोऽधिगच्छति ।।

अन्तर्ज्योतिः स्वधा यस्य योऽन्तस्सुखी च सर्वथा ।

ब्रह्मयुक्तस्तदाकारः प्राप्नोति सद्गतिं ततः ।। 565/1447

58. हिंदी गीत

ब्रह्म वैभव

अनघा यं समाबुद्धिः-रतो जनहिते सदा ।
निर्द्वन्द्वो समबुद्धिर्यो ब्रह्म तस्यैव वैभवम् ।।
नर जो नित है, जन हित रत है, द्वंद्व विरहित है सर्वदा ।
सम मति युत है, अघ पुनीत है, ब्रह्म उसी की है संपदा ।
ब्रह्म उसी का वैभव है ।। 1

♫ रेरेरे- ग- मग-रे-ग-, मप- मगरेग- मप- ।
ध-प-म- धपम-ग-म-, रे-ग म-प-म ग-रेसा- ।
रेरे रे- मग रे-, गग गग पम ग-, म-म मममम प म-गरे- ।
मम पप धध प-, मम मप-म ग-, रे-रे रेग- म- प म-गरे- ।
रे-रे रेग- म- पमगरे सा- ।।

संयतः शान्तियुक्तश्च रागक्रोधविवर्जितः ।
मनो मय्यर्पितं यस्य ब्रह्म तस्यैव वैभवम् ॥

नर जो नित है, क्रोध रहित है, शांति सहित है जो सर्वदा ।
मन अर्पित है, चित संयत है, ब्रह्म उसी की है संपदा ॥
ब्रह्म उसी का वैभव है ॥ 2

कामद्वेषौ गतौ यस्य ज्ञानी दानी व यो नरः ।
ज्ञानार्जितश्च यो ध्यानी ब्रह्म तस्यैव वैभवम् ॥

नर जो नित है, राग रहित है, काम विवर्जित है सर्वदा ।
ज्ञानार्जित है, ध्यानांकित है, ब्रह्म उसी की है संपदा ॥
ब्रह्म उसी का वैभव है ॥ 3

◎ **Brahma's Glory : 1.** *He who is sinless, he who is equanimous and he who is engrossed in others' service, Brahma (the Supreme) is his wealth.* **2.** *He who is self-controlled, he who is peaceful, he who is free from attachment and anger and he who is devoted to me, Brahma is his wealth.* **3.** *He who is free from passions, he who is knowledgeable and who is charitable, Brahma is his wealth.*

|| 5.25 || लभन्ते ब्रह्मनिर्वाणमृषयः क्षीणकल्मषाः ।
            छिन्नद्वैधा यतात्मानः सर्वभूतहिते रताः ॥

जनहिते रतो नित्यो द्वन्द्वविरहितः सदा ।
अनघः समबुद्धिर्यो ब्रह्म तस्यैव वैभवम् ॥ 566/1447

◎ **Divine wealth :** *He who is engaged in service to others. He who is indifferent to dualities. He who has equanimity and purity. Brahma (the Supreme) is his divine wealth.*

|| 5.26 || कामक्रोधवियुक्तानां यतीनां यतचेतसाम् ।
            अभितो ब्रह्मनिर्वाणं वर्तते विदितात्मनाम् ॥

(नित्यनरः)
क्रोधविरहितो नित्यो शान्तियुक्तश्च संयतः ।
मय्यर्पितं मनो यस्य ब्रह्म तस्यैव वैभवम् ॥ 567/1447

◎ **And :** *He who is free from anger. He who is disciplined. He who is peaceful. He who is self-controlled. He who has devoted his mind to me. Brahma (the Supreme) is his divine wealth.*

रागविरहितो नित्यः कामविवर्जितश्च यः ।
ज्ञानार्जितश्च ध्यानी यो ब्रह्म तस्यैव वैभवम् ।। **568**/1447

◎ **And :** *He who is free from attachments and passions. He who is wise. He who meditates. Brahma (the Supreme) is his divine wealth.*

59. हिंदी गीत

असतो मा सद्गमय

स्थायी

असतो मा सद्गमय, तमसो मा ज्योतिर्गमय ।
यहि हमारी प्रार्थना, प्रभो! हमारी याचना ।।

♫ सासासा– रे– ग–गगग–, रेरेग– म– ध–प–मगरे– ।
धप– मग–रे– ग–रेम–, धप–! मग–रे– ग–रेसा– ।।

अंतरा–1

मन नियमित हो, क्रोध रहित हो, शांति सहित हो, आतमा – – – ।
अघ विरहित हो, राग विवर्जित रहे हमारी साधना – – – – ।।

♫ सासा रेरेगग म–, ध–प मगग म–, प–प पधप म–, ग–रेसा– – – ।
सासा रेरेगम म–, ध–प मग–मम रेग– मप–म– ग–रेसा– ।।

अंतरा–2

ज्ञानार्जित हो, ध्यानांकित हो, प्रिय परम परमातमा ।
जन हित रत हो, द्वंद्व विवर्जित हो हमारी भावना ।।

अंतरा–3

मल निर्गत हो, मन निर्मल हो, सर्व दुखों का खातमा ।
सम मति युत हो, पाप विवर्जित हो हमारी कामना ।।

◎ **From Darkness to Righteousness :** ***Sthāyī :*** *O Lord! please take us from the darkness of ignorance to the light of wisdom. This is our request. This is our prayer.* ***Antarā : 1.*** *May our mind be disciplined, free from anger and our soul be peaceful. May we be sinless, free from attachments. May this be our accomplishment.* ***2.*** *O Dear Lord! may we be knowledgeable and meditative. May we be engaged in others benefit, may our thinking be indifferent to dualities.* ***3.*** *May our impurities be washed away, mind be pure and sorrows be departed. May we be righteous. This is our desire.*

|| 5.27 ||
स्पर्शान्कृत्वा बहिर्बाह्यांश्चक्षुश्चैवान्तरे भ्रुवो: ।
प्राणापानौ समौ कृत्वा नासाभ्यन्तरचारिणौ ।।

(मुक्ते: उपाय:)

बाह्यस्पर्शान्बहिष्कृत्वा चक्षुषी च भ्रुवो: स्थिरे ।
प्राणापानौ समौ धृत्वा नासिकयो: समान्तरौ ।। 569/1447

◎ **And :** *Keeping the external contacts away. Keeping the focus between the two eyebrows. Making the in-breath and the out-breath equal in the two nostrils;*

|| 5.28 ||
यतेन्द्रियमनोबुद्धिर्मुनिर्मोक्षपरायण: ।
विगतेच्छाभयक्रोधो य: सदा मुक्त एव स: ।।

इन्द्रियाणि मनो बुद्धिं वशे कृत्वा यतिर्मुनि: ।
वीतरागो भयातीत: सिद्धिं याति परायण: ।। 570/1447

◎ **And :** *The yogi should keep his ten organs and mind under his control. He should be fearless and self-controlled. Such yogi attains success.*

|| 5.29 ||
भोक्तारं यज्ञतपसां सर्वलोकमहेश्वरम् ।
सुहृदं सर्वभूतानां ज्ञात्वा मां शान्तिमृच्छति ।।

यो मां जानाति युक्तात्मा भोक्तारं तपयज्ञयो: ।
धातारं सर्वभूतानां मुक्तिं गच्छति मत्पर: ।। 571/1447

◎ **And :** *The equipped person who knows me, the enjoyer of austerities and meditation and bearer of all beings, he attains liberation.*

60. संस्कृतभजनम्

वन्दे दामोदरम्

स्थायी

वन्दे दामोदरं मुकुन्दम्, आनन्दकन्दं करुणाकरम् ।
नन्दनन्दनं चित्तरञ्जनं, वन्दे रत्नाकरम् ।।

♪ ऩि–सा– रे–सा–ऩिसा– रेग–रे–, रे–ग–मप–म– गमग–रेसा– ।
सा–रेग–गग– ध–पम–गरे–, ग–ग– रे–सा–ऩिसा– ।।

अंतरा–1

सागरतरणं भवभयहरणं, अविरतस्मरणं चिरसुखकरणम् ।
सदयं हृदयं सच्चिदानन्दं, वन्दे पद्माकरम् ।।

♪ सा–सासारेरेग– रेरेगगपमग–, धपमगरेगम– पमगरेगरेसा– ।
रेरेरे– गगग– धपम–ग–म–, म–ग– रे–सा–ऩिसा– ।।

अंतरा–2

मंगलवदनं सुन्दरनयनं, मयूरमुकुटं कमलचरणम् ।
अमलं विमलं शशिरविनेत्रं, वन्दे मुरलीधरम् ।।

अंतरा–3

नन्दकिशोरं राधारमणं, श्याममाधवं हरिहरकृष्णम् ।
परमं पुरुषं विश्वतोमुखं, वन्दे योगेश्वरम् ।।

◎ **Obeisance to Damodar :** ***Sthāyī :*** *I pray to Shrī Krishna, the Damodara, Mukunda (a jewel), Anandkanda (Joy giver), Karunakara (Giver of Mervy), Nand-nandana (Son of Nanda), Chittaranjana (who pleases the mind), Ratnakar (Ocean of jewels).* **Antarā : 1.** *I pray to Sagara-tarana (the Boat), Bhava-bhaya-harana (Remover of the worldly fears), Avirata-smarana (Worth always remembering), Chira-sukha-karana (Giver of the everlasting peace), Sadaya-hridaya (Merciful hearted), Sachchidananda (Giver of pece and joy to the heart), Padmakara (Bearer of the lotus).* **2.** *I pray to Mangala-vadana (Auspicious face), Sundara-nayana (with beautiful eyes), Mayura-mukuta (wearing peacock crown), Kamala-charana (with feet like lotus), Amala (Pure), Vimala (Spotless), Shashi-ravi-netra (with eyes like sun and moom), Murlidhara (Bearer of the flute).* **3.** *I pray to Nand-kishora (Nanda's lad), Radha-ramana (Joy of Radha), Shyama (with brown complexion), Madhava (Husband of Lakshmi), Harihara (Vishnu), parama-purusha (Supreme Person), Vishvatomukha (Omniscient), Yogeshvara (Lord of the yoga).*

श्रीमद्-भगवद्-गीतायाः षष्ठोऽध्यायः ।
आत्म-संयमयोगः ।

61. हिंदी कीर्तन : राग दुर्गा, कहरवा ताश्र 8 मात्रा

जय अंबे!

स्थायी

काली कराली जै जै माँ, चंडी भवानी जै अंबा ।

♫ सा-सा- रेम-म रे- म- प-, ध-प- मप-प रे- प-म- ।

अंतरा-1

परमेश्वरी तू, भुवनेश्वरी तू, जननी मेरी तू, जगदंबा ।
ज्योतिर्मयी तू, भाग्योदयी तू, सबकी माई तू, जय रंभा ।।

♫ सारेम-मम- म, रेमप-पप- प, मपध- धध- ध, पमरे-प- ।
सां-ध-पप- प, ध-प-मम- म, प-म- रे-रे- रे, सारे प-म- ।।

अंतरा-2

शेराँवाली तू, ज्योताँवाली तू, लाटाँवाली तू, हर गंगा ।
सुर नंदिनी तू, असुर मर्दिनी तू, दुखभंजिनी तू, माँ नंदा ।।

अंतरा-3

शिव शक्ति तू, शिव भक्ति तू, अघ भक्षी तू, शिवगंधा ।
कंकालिनी तू, सिंहारिणी तू, मंदाकिनी तू, चामुंडा ।।

◎ **Jai Amba! :** ***Sthāyī :*** *Victory to you, O Kali-karali! O Mother! O Chandi, O Bhavani! O Amba!* ***Antarā : 1.*** *Victory to you O Rambha! you are Parmeshvari, Bhuvaneshvari (Goddess of the Universe), Jagadamba (Mother of the world), Jyotirmayi (Splendid), Bhagyodayi (Giver of good fortune), you are everyone's mother.* ***2.*** *O Mother Amba! you are Sheravali (Rider of the lion), Jyotavali, Latavali, Ganga, Sur-nandini (Joy of the Gods), Asura-mardini (Destroyer of the demons), Dukh-bhanjani (Remover of the pains).* ***3.*** *O Chmanda! you are Shiva-shakti (Power of the Shiva), Shiva-bhakti (Faith of Shiva), Agha-bhakshi (Remover of the sins), Shiva-gandha (Joy of Shiva), Kankalini (who wears a necklace of the skulls), Dakshayani (Daughter of Daksha muni), Mandakini (Ganga).*

गीतोपनिषद्
सप्तदशस्तरंगः
Gitopanishad
Fascicule 17

21. Self Restraint
आत्मसंयमनिरूपणम्

श्रीमद्भगवद्गीता षष्ठमोऽध्यायः ।

श्रीभगवानुवाच ।

|| 6.1 || अनाश्रितः कर्मफलं कार्यं कर्म करोति यः ।
स संन्यासी च योगी च न निरग्निर्न चाक्रियः ।।

अनुष्टुप्-श्लोक-छन्दसि गीतोपनिषद् ।

(संन्यासयोगयोः साम्यत्वम्)

आशां फलस्य त्यक्त्वा हि करणं नियतस्य यत् ।
व्याख्या सा कर्मयोगस्य संन्यासस्य च वर्णनम् ।। **572**/1447

◎ **Sanyasa-yoga :** *Doing your prescribed duty without the desire for its fruit or its doership/authorship is Sanyasa. It is also Karma yoga.*

अक्रियो निष्क्रियश्चैव निर्यज्ञश्च फलेच्छुकः ।
न स ज्ञानी न योगी च सोऽज्ञानी साङ्ख्ययोगयोः ।। **573**/1447

◎ **And :** *He who does not do his duty, who is inactive, who desires fruit for his deeds, he is neither a wise person nor a yogi. He neither knows Jnana yoga, nor Sankhya yoga, nor Karma yoga.*

|| 6.2 || यं संन्यासमिति प्राहुर्योगं तं विद्धि पाण्डव ।
न ह्यसंन्यस्तसङ्कल्पो योगी भवति कश्चन ।।

संन्यास इति यो ज्ञातो योगः स एव भारत ।
विना संन्याससङ्कल्पं कृतो योगो निरर्थकः ॥ 574/1447

◎ **And :** *O Arjun! the yoga that is called Sanyasa yoga, is Jnana yoga also. Without the resolve of sacrifice, the yoga is meaningless.*

विलासिता-छन्दः

ऽ ऽ ऽ, ऽ । ।, । । ऽ, ऽ

संन्यासयोगौ

यं सन्यासं वदति स ज्ञानी ।
योगः कार्यः स च समबुद्ध्या ॥ 1
कुर्वन्कर्मापि भवति योगः ।
त्यक्त्वा सर्वं न चलति यात्रा ॥ 2

◎ **Sanyasa and Yoga :** *What is called as Sanyasa by the wise men, must be performed with equanimity of mind. While carrying on your daily life you can perform yoga. Without doing karma (prescribed duty) the journey of your life will not be successful.*

भुजङ्गप्रयात-छन्दः

। ऽ ऽ, । ऽ ऽ, । ऽ ऽ, । ऽ ऽ

♫ सारे- ग-मप- म-ग रे-म- ग रे-सा-

कर्मबुद्धियोगौ

विना कामनां कर्म सर्वञ्च कृत्वा ।
सदा लाभहानी समाने च मत्वा ॥ 1
स निष्कामकार्यैर्भवेत्कर्मयोगः ।
स एवास्ति ज्ञातो बुधैर्बुद्धियोगः ॥ 2

◎ **Karma and Buddhi Yogas :** *Doing duty without any desire for benefit from it, while being indifferent to loss or gain, is Nishkam Karma yoga (Selfless yoga). Performed with equanimity of mind, it is also called Buddhi yoga (of equanimous thinking) by the wise men.*

॥ 6.3 ॥

आरुरुक्षोर्मुनेर्योगं कर्म कारणमुच्यते ।
योगारुढस्य तस्यैव शमः कारणमुच्यते ॥

(श्रीभगवानुवाच)

(योगसाधनायाः साधनं च कारणं च)

उच्यते साधनं कर्म कर्तुं योगस्य साधनाम् ।

योगिनो योगसिद्धस्य चित्तशान्तिश्च कारणम् ।। 575/1447

◎ **Krishna :** *Karma (righteous deed) is the means to accomplish success in yoga. Peace of mind is the reason for the success of the yogi in performing yoga (of equanimous thinking).*

।। 6.4 ।। **यदा हि नेन्द्रियार्थेषु न कर्मस्वनुषज्जते ।**
सर्वसङ्कल्पसंन्यासी योगारुढस्तदोच्यते ।।

(योगारूढः योगी)

कर्मसु यो निरासक्तो विषयेभ्यस्तटस्थता ।

सङ्कल्पेभ्यो विमुक्तो यो 'योगारूढः' स उच्यते ।। 576/1447

(योगारूढ़ योगी)

◎ **Accomplished yogi :** *The yogi who is not attached to his karmas and who is indifferent to passions, he who is freed from vows, is an "accomplished" yogi.*

।। 6.5 ।। **उद्धरेदात्मनात्मानं नात्मानमवसादयेत् ।**
आत्मैव ह्यात्मनो बन्धुरात्मैव रिपुरात्मनः ।।

उद्धरेत्स्वयमात्मानं न चात्मानं स्वयं हतात् ।

मनुष्व मित्रमात्मानं नोचेदात्मा भवद्रिपुः ।। 577/1447

◎ **Self uplift :** *One should uplift himself. One should not obstruct his own progress. Think yourself as your own friend or else you will be your own enemy.*

।। 6.6 ।। **बन्धुरात्मात्मनस्तस्य येनात्मैवात्मना जितः ।**
अनात्मनस्तु शत्रुत्वे वर्तेतात्मैव शत्रुवत् ।।

(आत्मोद्धारः)

(अनुप्रासः)

आरक्षेदात्मनाऽऽत्मानमात्मैवात्मानमात्मकः ।

आत्माऽऽत्मनाऽवसन्नोऽप्यपकृतात्माऽरिरात्मनः ।। 578/1447

◎ **And :** *One should protect himself. You alone can do your self-control. One who can not control himself is the enemy of himself.*

|| 6.7 || जितात्मन: प्रशान्तस्य परमात्मा समाहित: ।
शीतोष्णसुखदु:खेषु तथा मानापमानयो: ।।

(समबुद्धि:)

सुखे दु:खे तटस्थो य:–तथा मानापमानयो: ।
शान्तचेतो मनोजेता समबुद्धिश्च सर्वथा ।। **579**/1447

◎ **And :** *He who is indifferent to happiness and sorrow as well as praise and criticism. That person of peaceful mind and winner of his own heart, is always equanimous.*

|| 6.8 || ज्ञानविज्ञानतृप्तात्मा कूटस्थो विजितेन्द्रिय: ।
युक्त इत्युच्यते योगी समलोष्टाश्मकाञ्चन: ।।

(युक्त:)

शास्त्रयुक्तश्च ज्ञानेन शान्तमनो जितेन्द्रिय: ।
अश्मस्वर्णे समे यस्मै योगी 'युक्त:' स उच्यते ।। **580**/1447

◎ **United :** *He who is equipped with knowledge of scriptures. He who is peaceful and self-controlled. He who is indifferent to gold and a rock, is of supreme nature.*

|| 6.9 || सुहृन्मित्रार्युदासीनमध्यस्थद्वेष्यबन्धुषु ।
साधुष्वपि च पापेषु समबुद्धिर्विशिष्यते ।।

स्नेहिवैरितटस्थेषु पातकिसाधुबन्धुषु ।
सर्वभूतेषु यो योगी समबुद्धिर्विशिष्यते ।। **581**/1447

◎ **And :** *He who is indifferent to one who calls him a friend or an enemy, he who is indifferent to sinner, saint, relative and all beings, that person excels.*

|| 6.10 || योगी युञ्जीत सततमात्मानं रहसि स्थित: ।
एकाकी यतचित्तात्मा निराशीरपरिग्रह: ।।

(योगोपासना)

सर्वेन्द्रियाणि संयम्य लिप्सानां न वशी भवेत् ।
योगी रहसि मौनेन सुचिन्तयेन्निरन्तरम् ।। **582**/1447

◎ **And :** *Keeping body and mind under control. Keeping desires away from mind. The yogi should sit quietly alone and focus on a good thought.*

|| 6.11 ||

शुचौ देशे प्रतिष्ठाप्य स्थिरमासनमात्मनः ।
नात्युच्छ्रितं नातिनीचं चैलाजिनकुशोत्तरम् ॥

अवेक्ष्य च शुचिं स्थानं नातिनीचं न चोच्छ्रितम् ।
कुशदर्भं च विस्तीर्य तत ऊर्ध्वं मृगत्वचाम् ॥ **583**/1447

◎ **And :** *Choosing a clean place, neither too high nor too low. Spreading Kush grass and deer skin over it;*

|| 6.12 ||

तत्रैकाग्रं मनः कृत्वा यतचित्तेन्द्रियक्रियः ।
उपविश्यासने युञ्ज्याद्योगमात्मविशुद्धये ॥

शुभ्रं वस्त्रं ततः स्तृत्वा पीठं योगाय स्थापयेत् ।
उपविश्यासने तस्मिन्-ध्यायेत्प्रशान्तचेतसा ॥ **584**/1447

◎ **And :** *And then covering the deer skin with a clean white cloth, prepare a steady seat. Sitting on that seat, the yogi should meditate with tranquil mind.*

|| 6.13 ||

समं कायशिरोग्रीवं धारयन्नचलं स्थिरः ।
सम्प्रेक्ष्य नासिकाग्रं स्वं दिशश्चानवलोकयन् ॥

ध्यायन्नेकाग्रचित्तेन योगी मनो वशे नयेत् ।
पूतेन हृदयेनैवं स कुर्यादात्मशोधनम् ॥ **585**/1447

◎ **And :** *With one pointed focus, the yogi should concentrate and keep his mind under his control. With pure heart, then he should meditate on himself.*

|| 6.14 ||

प्रशान्तात्मा विगतभीर्ब्रह्मचारिव्रते स्थितः ।
मनः संयम्य मच्चित्तो युक्त आसीत मत्परः ॥

(युक्तयोगिनः आचरणम्)

ब्रह्मचर्ये मनो नित्यं निर्भयं निर्मलं तथा ।
संयतं सम्मतं मुग्धं मत्परं च युतं मयि ॥ **586**/1447

◎ **And :** *With chastity, fearlessness, purity and self control he should engross himself in me alone.*

|| 6.15 ||

युञ्जन्नेवं सदात्मानं योगी नियतमानसः ।
शान्तिं निर्वाणपरमां मत्संस्थामधिगच्छति ॥

एवं नियमितं चित्तं योगिनो यस्य सर्वदा ।
योगी प्राप्नोति शान्तिं तां दैवीं चिरां स्थिरां मयि ।। **587**/1447

◎ **And :** *Always meditating in this manner, the yogi attains supreme peace that is everlasting in me.*

62. हिंदी गीत

योग

स्थायी

है, नाम इसी का यो...ग, है, नाम इसी का योग ।

♫ सानि़, सा–रे रेग– म– पमगरेसा, रेसा, रे–रे गमग रेसा रे– – – – रे ।

अंतरा–1

तन निर्मल हो, मन निश्चल हो,
दूर हों सुख के भो...ग । तू, जान इसी को योग ।।

♫ सानि़ सा–रेरे ग–, रेग म–गरे सा–,
म–म म पम गरे सा– – सा, रे–, रे–रे गपम गरे सा– ।।

अंतरा–2

नर निर्भय हो, दृढ़ निश्चय हो,
संयम का उपयोग । तू, जान इसी को योग ।।

अंतरा–3

स्थल प्रशांत हो, चित नितांत हो,
सत् जन का संजोग । तू, जान इसी को योग ।।

अंतरा–4

कोई न अपना, ना हि पराया,
सम जाने सब लोग । तू, जान इसी को योग ।।

अंतरा–5

पूर्ण अहिंसा, तन मन वच से,
कोह रहे ना सोग । तू, जान इसी को योग ।।

अंतरा–6

फल की कामना, विषय वासना,

ना हों ये सब रोग । तू, जान इसी को योग ।।

◉ **Yoga : Sthāyī :** Know this to be yoga. **Antarā : 1.** May the body be clean. May the mind be steady. May the pleasures stay away from your mind. Know this to be yoga. **2.** May you be fearless. May your resolve be firm. May your senses be under control. Know this to be yoga. **3.** May the place be quiet. May the heart be tranquil. May you be in the company of righteous people. Know this to be yoga. **4.** May you be indifferent to your own people and the strangers. May you think everyone to be equal. Know this to be yoga. **5.** May there be non-violence in your actions, speech and thoughts. May there be no anger and no despair. Know this to be yoga. **6.** May you have no desire for the fruit of karma. May you stay away from passions. May all these kinds of diseases be away from you. Know this to be yoga.

।। 6.16 ।।

नात्यश्नतस्तु योगोऽस्ति न चैकान्तमनश्नतः ।
न चाति स्वप्नशीलस्य जाग्रतो नैव चार्जुन ।।

(योगी कः)

नरो मतो न योगी यो घस्मरः क्षुधितः सदा ।
पेचक इव जागर्ति निद्रालुः कुम्भकर्णवत् ।। 588/1447

◉ **Yogi :** He is not a yogi who eats too much or who stays hungry, or who sleeps all day like the Kumbhakarna or who stays up all night like an owl.

।। 6.17 ।।

युक्ताहारविहारस्य युक्तचेष्टस्य कर्मसु ।
युक्तस्वप्नावबोधस्य योगो भवति दुःखहा ।।

योगी स यो मिताहारी मितनिद्रश्च जागृकः ।
मितो यस्य विहारश्च योगस्तस्य हि दुःखहा ।। 589/1447

◉ **And :** He is a yogi who eats moderately, sleeps moderately, moves about moderately.

।। 6.18 ।।

यदा विनियतं चित्तमात्मन्येवावतिष्ठते ।
निःस्पृहः सर्वकामेभ्यो युक्त इत्युच्यते तदा ।।

जितेन्द्रियो यतात्मा च वासनाभ्यो विवर्जितः ।
योगी नियतचित्तः स 'युक्त' इत्युच्यते बुधैः ।। 590/1447

◉ **Equipped :** He whose eleven organs are under control, desires are under control and who is disciplined in yoga, is an "Equipped" person.

।। 6.19 ।।

यथा दीपो निवातस्थो नेङ्गते सोपमा स्मृता ।
योगिनो यतचित्तस्य युञ्जतो योगमात्मनः ।।

(दृष्टान्तः)

निर्वाते नेङ्गते ज्योतिः-यथा दीपस्य निश्चला ।
उपमा शोभते सा च योगिनं शान्तचेतसम् ।। **591**/1447

◎ **A simile :** *As the lamp burns calmly where the air is quiet, that simile befits a yogi of tranquil mind.*

।। 6.20 ।। यत्रोपरमते चित्तं निरुद्धं योगसेवया ।
यत्र चैवात्मनात्मानं पश्यन्नात्मनि तुष्यति ।।

(योगस्थितिः)

योगे विलीयते चित्तं विषयाभिमुखं यदा ।
आत्माऽऽत्मनि प्रसन्नः स आत्माऽऽत्मन्येव तिष्ठति ।। **592**/1447

◎ **Yogi :** *When the mind is engaged in yoga, away from passions, then that happy soul stays steady within himself.*

।। 6.21 ।। सुखमात्यन्तिकं यत्तद्बुद्धिग्राह्यमतीन्द्रियम् ।
वेत्ति यत्र न चैवायं स्थितश्चलति तत्त्वतः ।।

आनन्दो बुद्धिगम्यो यो देहातीतश्च यो मतः ।
रममाणश्च तस्मिन्स न पतति पुनस्ततः ।। **593**/1447

◎ **And :** *The joy that is achievable by mind, that is beyond the physical body, being engaged in that, the person does not have downfall.*

।। 6.22 ।। यं लब्ध्वा चापरं लाभं मन्यते नाधिकं ततः ।
यस्मिन्स्थितो न दुःखेन गुरुणापि विचाल्यते ।।

यस्मिन्स्थितौ स दुःखानि सहते निर्भयो नरः ।
तां स्थितिं प्राप्य तस्माद्धि श्रेयस्तरं न विद्यते ।। **594**/1447

◎ **Yoga :** *The state in which a person faces sorrows with courage, attaining that state there remains no superior state.*

|| 6.23 || तं विद्याद्दुःखसंयोगवियोगं योगसंज्ञितम् ।
स निश्चयेन योक्तव्यो योगोऽनिर्विण्णचेतसा ॥

स्थैर्येण वर्तनीया सा तटस्थतां ददाति या ।
दुःखहीना च स्वाधीना स्थितिः सा 'योग' उच्यते ॥ 595/1447

◎ **And :** *One must achieve that state with courage. That painless and independent state is called yoga.*

63. संस्कृतगीतम्
अथ योगानुशासनम्
स्थायी

चित्तवृत्तिनिरोधो हि ज्ञातं योगानुसाधनम् ।
स्वरूपसमवस्थानम् । अथ योगानुशासनम् ॥ 870/1447

♪ ग-गग-ग-गरे-म- ग-, म-म- म-म-पम-गरे- ।
मप-पपधप-म-प- । मग रे-सा-रेग-मग- ॥

अंतरा–1

निर्ममता च निष्कामो निग्रहश्च तटस्थता ।
क्लेशो न क्लिष्टकार्येषु न प्रीतिः प्रियकर्मसु ॥ 871/1447
इति योगस्य पालनम् । मतं योगानुशासनम् ॥

♪ म-ममम- ग म-प-म-, प-मगम- निधपम- ।
प-म- ग रे-सारे-म-ग-, नि ध-प- मगम-पम- ॥
मग म-प-ध प-मप- । मग- रे-सा-रेग-मग- ॥

अंतरा–2

समं सुखञ्च दुःखञ्च लाभालाभौ जयाजयौ ।
समत्वं शत्रुमित्रेषु तथा मानापमानयोः ॥ 872/1447
इति योगस्य लक्षणम् । मतं योगानुशासनम् ॥

अंतरा–3

प्रीतिदयाक्षमायुक्तः क्रोधलोभविवर्जितः ।
यस्मान्नोद्विजते कोऽपि किञ्चिन्नोद्विजते च यम् ॥ 873/1447

इति योगस्य धारणम् । मतं योगानुशासनम् ॥

अंतरा–4

निस्स्पृहो निर्ममो युक्तो निर्विषादो निरामय: ।
विहीन: कर्तृभावेन निष्ठो भक्तो विना रज: ॥ 874/1447

इति योगस्य साधनम् । मतं योगानुशासनम् ॥

अंतरा–5

निर्मलो निरहङ्कार: शोकदोषविवर्जित: ।
आत्मयुक्त: घृणामुक्त: स्थिरमतिर्मनोबल: ॥ 875/1447

इति योगस्य चालनम् । मतं योगानुशासनम् ॥

अंतरा–6

अनिकेतो ब्रह्मचारी निरासक्तो निरङ्कुश: ।
संयतात्मा मिताहारी निर्दु:ख: शान्तमानस: ॥ 876/1447

इति योगस्य वाहनम् । मतं योगानुशासनम् ॥

◉ **The discipline of yoga : Sthāyī** : Keeping control over the inclinations of mind and being one with yourself, is the means of attaining yoga. **Antarā : 1.** Being free from attachment. Being free from the desire for fruit of karma. Being self-controlled. Being indifferent to likes and dislikes. Not having liking for easy tasks and dislike for hard tasks. This is the practice of yoga. **2.** Being neutral to pain and pleasures, profit and loss, victory and defeat, friend and foe, praise and criticism. This is the sign of yoga. **3.** Being equipped with love, forgiveness and mercy. Being free from anger and greed. Being unaffected by anguish. Not being bothersome to others. This is the aptitude for yoga. **4.** Being free from desires, I-ness and my-ness. Being free from melancholy and weakness. Not having desire to claim authorship of karma. Being faithful. Being devoted. This is the accomplishment of yoga. Being pure. Being free from ego. Being free from anguish and faults. Being self-possessed. Being free from detestation. Keeping mind stable. This is the observance of yoga. **6.** Being unattached to possessions and property. Being chaste. Being free from bondages. Being free and independent. This is the vehicle of yoga.

(रत्नाकर उवाच)

साम्येन वासनात्यागं मनसा देहनिग्रहम् ।
चित्तवृत्तेर्निरोधञ्च ब्रूते योगं पतञ्जलि: ॥ 596/1447

◉ **Patanjali** : Keeping away the desires. Being self-controlled with equanimity of mind and discipline of mental faculties, is called yoga by Patanjali

64. संस्कृतगीतम्

योगः

स्थायी

विद्धि त्वं, एतद्धि योगम्... । त्वं, जानीहि योगम् ।।

♫ रे–म ग–, प–म–ग– रे–ग– । म–, प–मग– रे–सा– ।।

अंतरा–1

निर्मलतनुषा, निश्चलमनसा ।

विग्रहनिग्रहणम्... । त्वं, जानीहि योगम्... ।।

♫ रे–सासारेरेग–, प–ममगगरे– ।
सा–रेगम–गरेसा– । म–, प–मग– रे–सा– ।।

अंतरा–2

निर्भयभवनं, निश्चयकरणम् ।

सुखबन्धनत्यजनम् । त्वं, जानीहि योगम्... ।।

अंतरा–3

प्रशान्तस्थानं, नितान्तध्यानम् ।

सज्जनसंयोगम् । त्वं–, जानी–हि यो–गम्... ।।

अंतरा–4

परजनभजनं, यद्वत् स्वजनम् ।

जनगणपरिचरणम् । त्वं–, जानी–हि यो–गम्... ।।

अंतरा–5

न विषयग्रहणं, धनसंग्रहणम् ।

न क्रोधरागमदम् । त्वं–, जानी–हि यो–गम्... ।।

◎ **Yoga : *Sthāyī* :** *Please know this to be yoga.* ***Antarā* : 1.** *With clean body and steady mind, control of your organs is yoga.* **2.** *Being fearless and resolute, breaking the bondages of pleasures is yoga.* **3.** *Being in quiet place, doing undisturbed meditation and being in the company of righteous people is yoga.* **4.** *Serving others like your own people. Know this to be yoga.* **5.** *Being free from passions, possessions, anger, attachment and intoxication is yoga.*

|| 6.24 ||

सङ्कल्पप्रभवान्कामांस्त्यक्त्वा सर्वानशेषतः ।
मनसैवेन्द्रियग्रामं विनियम्य समन्ततः ॥

(युक्तयोगी)

सङ्कल्पजनितां सर्वां त्यक्त्वा विषयवासनाम् ।
सर्वेन्द्रियाणि संयम्य मनो नियुज्य सर्वथा ॥ 597/1447

◎ **Equipped yogi :** *Keeping aside all desires that arise out of external contacts. Being collected and controlling organs from all sides;*

|| 6.25 ||

शनैः शनैरुपरमेद्बुद्ध्या धृतिगृहीतया ।
आत्मसंस्थं मनः कृत्वा न किञ्चिदपि चिन्तयेत् ॥

धैर्ययुक्तेन चित्तेन शान्तेन मनसा तथा ।
विषयाभिमुखो भूत्वा योगी सदाऽनुचिन्तयेत् ॥ 598/1447

धैर्य जोड़ कर धीरे धीरे, चित्त शांत कर मन बलबीरे ।
विषयों को सब छोड़ कर परे, चिंतन उनका कबहु ना करे ॥ **1298**/5200

◎ **And :** *With bold resolve and tranquil mind, being away from passions, the yogi should meditate.*

65. हिंदी गीत : दादरा ताल

जिंदगी

स्थायी

तू बखेड़े में ना दिल लगाना, जिंदगी का अकेला सफर है ।

♫ ध़- निसा-रे- सा नि़- ध़- नि़सा-रे-, सा-रेग- म- पम-ग- मगरे सा- ।

अंतरा–1

रात दिन वो है तेरा सहारा, एक वो ही तेरा है किनारा ।
ये जीवन सफर है सुहाना, तू हरि का दीवाना अगर है ॥

♫ सां-नि ध- नि- धप- नि- धप-म-, सां-नि ध- नि- धप- नि- धप-म- ।
रे ग-म- पम- ग- रेग-म-, सा- रेग- म- पम-ग- मगरे सा- ॥

अंतरा–2

नाम, पापों को तेरे जलाता, पुण्य भागों में तेरे लगाता ।
ये तरीका सदियों पुराना, हरि ने बताया अमर है ॥

अंतरा–3

लोग सारे हैं मतलब के भाई, प्रीत में है न कोई सचाई ।

ये जहर से भरा है जमाना, किसी की न कोई कदर है ।।

◎ **Life :** ***Sthāyī :*** *Please do not indulge your mind in worldly affairs, the journey of life is solitary.* ***Antarā :*** ***1.*** *The Lord is your support day and night. He is your only helper. This life is a beautiful journey, if you are crazy after Hari.* ***2.*** *Chanting his name will burn your sins. It will give you merits. Hari has told us this age old eternal trick.* ***3.*** *People are selfish. There is no reality in their love. It is filled with poison, no one cares for other person.*

।। 6.26 ।।

यतो यतो निश्चरति मनश्चञ्चलमस्थिरम् ।

ततस्ततो नियम्यैतदात्मन्येव वशं नयेत् ।।

(मनस्संयमः)

नियन्त्रितं हि योगेन यत्रोपरमते मनः ।

तस्मादात्मनि संरुद्ध्य वशं नयेत्तदात्मनः ।। **599**/1447

◎ **Self-control :** *Wherever the mind wanders, controlling it from there with the discipline of yoga, one should bring it under control.*

।। 6.27 ।।

प्रशान्तमनसं ह्येनं योगिनं सुखमुत्तमम् ।

उपैति शान्तरजसं ब्रह्मभूतमकल्मषम् ।।

अनघं च रजोहीनं प्रशान्तं च मनो यदा ।

ब्रह्मभूतो नरस्तस्मात्–शाश्वतं सुखमश्नुते ।। **600**/1447

◎ **And :** *When the mind is innocent, devoid of rajo-guna (ego), peaceful and in unison with Brahma (the Supreme), it enjoys eternal peace.*

।। 6.28 ।।

युञ्जन्नेवं सदात्मानं योगी विगतकल्मषः ।

सुखेन ब्रह्मसंस्पर्शमत्यन्तं सुखमश्नुते ।।

ईदृशो धौतपापो यो नरो योगे रतः सदा ।

युक्तः स सर्वथा योगी नन्दति सुखसागरे ।। **601**/1447

◎ **And :** *When the yogi is purified from his sins in this manner, that equipped yogi lives happily in the ocean of happiness.*

|| 6.29 || सर्वभूतस्थमात्मानं सर्वभूतानि चात्मनि ।
ईक्षते योगयुक्तात्मा सर्वत्र समदर्शनः ॥

एवं यदा मनो युक्तं दृष्टिश्च सर्वदा समा ।
सर्वेषु स्वं च सर्वं तम्-आत्मनि दृश्यते तदा ॥ 602/1447

◎ **And** : When the mind is equipped thus and the vision is equanimous, then the yogi sees himself in everything and everything in himself.

|| 6.30 || यो मां पश्यति सर्वत्र सर्वं च मयि पश्यति ।
तस्याहं न प्रणश्यामि स च मे न प्रणश्यति ॥

(समदर्शी योगी)

मां यो पश्यति सर्वेषु मयि सर्वं च पश्यति ।
नाहमगोचरस्तस्य न च सोऽगोचरो मम ॥ 603/1447

◎ **Equanimity** : He who sees me in all beings and all beings in me. I am not invisible to that person and he is not away from my sight.

|| 6.31 || सर्वभूतस्थितं यो मां भजत्येकत्वमास्थितः ।
सर्वथा वर्तमानोऽपि स योगी मयि वर्तते ॥

ज्ञात्वैवं विश्वरूपं मां नित्यं भजति यो नरः ।
कुर्वन्नपि स सर्वं हि सर्वथा मयि वर्तते ॥ 604/1447

◎ **And** : Knowing me thus universal, he who worships me, that person dwells in me while carrying on his daily life.

|| 6.32 || आत्मौपम्येन सर्वत्र समं पश्यति योऽर्जुन ।
सुखं वा यदि वा दुःखं स योगी परमो मतः ॥

यथा स्वस्य सुखं दुःखं यस्मै च सर्वप्राणिनाम् ।
सर्वथा समदर्शी स सर्वश्रेष्ठो मतो मया ॥ 605/1447

◎ **And** : He, for whom other's pain is same as his own pain, that person of equanimity is most superior in my eyes.

(पुनः संदेहः)

ज्ञानं श्रुत्वाऽपि कृष्णात्स पार्थो भ्रान्तो हि पूर्ववत् ।

अपृच्छच्च नवान्प्रश्नान्-ज्ञापितः सोऽप्यनेकधा ॥ 606/1447

◉ **Arjun** : *Even after hearing words of wisdom from Shrī Krishna, Arjun had few doubts still remaining. Thus he asked few more questions to Krishna.*

अर्जुन उवाच ।

॥ 6.33 ॥ योऽयं योगस्त्वया प्रोक्तः साम्येन मधुसूदन ।
एतस्याहं न पश्यामि चञ्चलत्वात्स्थितिं स्थिराम् ॥

॥ 6.34 ॥ चञ्चलं हि मनः कृष्ण प्रमाथि बलवद्दृढम् ।
तस्याहं निग्रहं मन्ये वायोरिव सुदुष्करम् ॥

बुद्धियोगमहं मन्ये पार्थः कृष्णमुवाच वै ।
अस्थिरो दुष्करोऽस्थायी मनो विचलितं यतः ॥ 607/1848

◉ **And** : *O Krishna! I think the Buddhi yoga (of equanimity) you just mentioned, is difficult to be achieved because the fickle mind is hard to be controlled, like the wind.*

श्रीभगवानुवाच ।

॥ 6.35 ॥ असंशयं महाबाहो मनो दुर्निग्रहं चलम् ।
अभ्यासेन तु कौन्तेय वैराग्येण च गृह्यते ॥

(श्रीभगवानुवाच)
उत्तेजकं मनः पार्थ चञ्चलं क्षोभकं हठि ।
असंशयं दृढं स्वैरं वायोरिव निरङ्कुशम् ॥ 608/1447

◉ **Krishna** : *Krishna said, O Arjun! yes, the mind is unstable like the wind and no doubt it is difficult to be controlled.*

॥ 6.36 ॥ असंयतात्मना योगो दुष्प्राप इति मे मतिः ।
वश्यात्मना तु यतता शक्योऽवाप्तुमुपायतः ॥

निर्बन्धं च मनो मन्ये निग्रहितुं च दुर्घटम् ।
अभ्यासेन च त्यागेन मनोवशस्तु शक्यते ॥ 609/1447

◉ **And** : *O Arjun! I agree with you. Yes, the uncontrolled mind is difficult to be tamed, but O Arjun! its control is possible with practice (abhyasa yoga).*

अर्जुन उवाच ।

|| 6.37 ||

अयतिः श्रद्धयोपेतो योगाच्चलितमानसः ।
अप्राप्य योगसंसिद्धिं कां गतिं कृष्ण गच्छति ।।

अनियतं मनो यस्य योगस्तस्य न सिद्ध्यते ।
नियन्त्रितं मनो यस्य योगो तेनैव साधितः ।। 610/1447

◎ **And :** *He whose mind is not disciplined, he can not achieve yoga. He who can control his mind, only he can accomplish yoga.*

66. हिंदी गीत

चंचल मन

स्थायी

मन चंचल जस जल की धारा, बही बही जावे जिधर उतारा ।

♫ रेरे ग–मम पप मग रे– ग–म–, पध पध मगरे– ममम गरे–सा– ।

अंतरा–1

पहल करे ना उचित विचारा, फिर पछतावे सतत बिचारा ।

♫ ममप धनि– ध– सांसांनि धप–ध–, पध निधपमप– ममम गरे–सा– ।

अंतरा–2

रोका तिन जितना बहुतेरा, अड़ियल सा उतना ही बतेरा ।

अंतरा–3

पवन समाना अधीर अपारा, भटके यूँ जस मेघ अवारा ।

◎ **Unsteady mind :** ***Sthāyī :*** *The mind is unsteady like the moving water. It keeps flowing as the slope is.* ***Antarā : 1.*** *First it doesn't think properly and then it repents.* ***2.*** *As much you try to control it, so much stubborn it is.* ***3.*** *It is impatient like the wind. It wanders from here to there like a cloud.*

|| 6.38 ||

कच्चिन्नोभयविभ्रष्टश्छिन्नाभ्रमिव नश्यति ।
अप्रतिष्ठो महाबाहो विमूढो ब्रह्मणः पथि ।।

(अर्नुनस्य पुनः प्रश्नौ)

यस्य योगो न यत्नोऽपि परं श्रद्धालुरस्ति यः ।
ब्रूहि कृष्ण गतिं कां स सिद्धिं न प्राप्य गच्छति ।। 611/1447

◎ **More questions :** *O Krishna! he who is faithful but does not put efforts, what fate does he have?*

पतितो ब्रह्ममार्गात्स निमज्जो भवसागरे ।
भ्रष्टः किं द्विविधः कृष्ण छिन्नाभ्रवत्स नश्यति ॥ 612/1447

◎ **And :** Distracted from the divine path, does he get drowned in the worldly oecan or does he get destroyed like a broken up cloud?

|| 6.39 ||
एतन्मे संशयं कृष्ण छेत्तुमर्हस्यशेषतः ।
त्वदन्यः संशयस्यास्य छेत्ता न ह्युपपद्यते ॥

एष मम भ्रमो गूढो मन्मनसोऽपसारितुम् ।
छेत्ता तु संशयस्यास्य त्वदन्यो नोपपद्यते ॥ 613/1447

◎ **And :** O Krishna! there is no one better than you to remove these doubts from my mind.

श्रीभगवानुवाच ।

|| 6.40 ||
पार्थ नैवेह नामुत्र विनाशस्तस्य विद्यते ।
न हि कल्याणकृत्कश्चिद्दुर्गतिं तात गच्छति ॥

विनाशः पुण्यकर्तुर्हि नेह नामुत्र विद्यते ।
न पतति सदाचारी न च गच्छति दुर्गतिम् ॥ 614/1447

◎ **Krishna :** O Arjun! there is no downfall for that faithful person, not in this world nor in the next world. Please remember that a righteous person never gets destroyed.

|| 6.41 ||
प्राप्य पुण्यकृतां लोकानुषित्वा शाश्वतीः समाः ।
शुचीनां श्रीमतां गेहे योगभ्रष्टोऽभिजायते ॥

(योगपतितेभ्यश्च सिद्धिः)
पुण्यलोके पदं योगी पथभ्रष्टोऽपि विन्दति ।
लभते दीर्घकालेन जन्म वेश्मनि धीमताम् ॥ 615/1447

◎ **Success :** Even the person who has wandered away from the path of yoga can take birth in the house of a wise person after passing through many lives

|| 6.42 ||
अथवा योगिनामेव कुले भवति धीमताम् ।
एतद्धि दुर्लभतरं लोके जन्म यदीदृशम् ॥

अथवा प्राप्यते योगी जन्म स ज्ञानिनः कुले ।

ईदृशं जन्म लोके तु यदि हि, दुर्लभं खलु ।। **616**/1447

◎ **Or :** *Or he gets birth in the house of a learned person, but such birth is difficult, if at all possible.*

।। 6.43 ।।

तत्र तं बुद्धिसंयोगं लभते पौर्वदेहिकम् ।
यतते च ततो भूयः संसिद्धौ कुरुनन्दन ।।

पूर्वां सङ्ग्रहितां बुद्धिं गृहीत्वा जन्मजन्मनाम् ।
योगी सिद्धिं ततः प्राप्तुं यतते स पुनः पुनः ।। **617**/1447

◎ **And :** *With the help of accumulated wisdom from many lives, such person may make an effort again and again to achieve success in yoga.*

।। 6.44 ।।

पूर्वाभ्यासेन तेनैव ह्रियते ह्यवशोऽपि सः ।
जिज्ञासुरपि योगस्य शब्दब्रह्मातिवर्तते ।।

।। 6.45 ।।

प्रयत्नाद्यतमानस्तु योगी संशुद्धकिल्बिषः ।
अनेकजन्मसंसिद्धस्ततो याति परां गतिम् ।।

पापं प्रक्षाल्य योगेन साधनया च जन्मनाम् ।
अतीतं स स्वयं योगी गच्छति शब्दब्रह्मणः ।। **618**/1447

◎ **And :** *Washing away the sins of all lives with the accomplishment of yoga, the yogi goes beyond the study of the Veda.*

।। 6.46 ।।

तपस्विभ्योऽधिको योगी ज्ञानिभ्योऽपि मतोऽधिकः ।
कर्मिभ्यश्चाधिको योगी तस्माद्योगी भवार्जुन ।।

(योगी श्रैष्ठतमः)

भोगिभ्यः कर्मठेभ्यश्च तपस्विभ्यश्च ज्ञानिषु ।
योगी श्रेष्ठतमो ज्ञातो योगी तस्माद्भवार्जुन ।। **619**/1447

◎ **Superior yogi :** *He who is knowledgable, he who is yogi and he who is auster person, among these three, the yogi is the best. Therefore, O Arjun! please be a Karma yogi.*

।। 6.47 ।।

योगिनामपि सर्वेषां मद्गतेनान्तरात्मना ।
श्रद्धावान्भजते यो मां स मे युक्ततमो मतः ।।

स हि योगिषु सर्वेषु मतः श्रेष्ठतमो मया ।

यः पूजयति मां भक्त्या श्रद्धायुक्तश्च मत्परः ।। **920**/1447

◎ **And :** *And, among all the yogis, I consider him to be most superior, who worships me with full faith.*

67. हिंदी गीत

हरि प्रेम

स्थायी

हरि के प्यार में अंधा है, अमर वो मर के बंदा है ।
हरिऽ पर सौंप दें सारा, वो, कच्चे धागे बंधा है ।।

♬ सारे- ग- प-म ग रे-ग- म-, पपध म- पध प म-गरे सा- ।
सारे- गग- प-म ग- म-प-, ध, प-म- प-म ग-रे- सा- ।।

अंतरा–1

प्यार हरि का जो पाता है, आप ही खींचा जाता है ।
हरि नयनन का बन कर तारा, वो, गुलशन में मकरंदा है ।।

♬ सा-रे गरे- म- प- मगरे- म-, ध-प म प-ध- प-म प- ।
पप ममगग म- पप मग- रे-म-, रे, पपमम ग ममग-रे- सा- ।।

अंतरा–2

नाम हरि का जो गाता है, भगत हरि को भाता है ।
रस मय उसकी जीवन धारा, वो, अमृत पी कर जिंदा है ।।

अंतरा–3

हरि चरणन में जो आता है, भव तारण का ज्ञाता है ।
सुख मय उसका है जग सारा, वो, हर जन गण का नंदा है ।।

अंतरा–4

साबुन मल मल खूब नहाया, तीरथ चारों फिर कर आया ।
हरि शरणन में जो नहीं आया, वो, गंगा नहाय गंदा है ।।

◎ **Hari's love :** ***Sthāyī :*** *He who is blind in the love for Hari, he is immortal even after his death. He who entrusts his everything to Hari, his obstacles melt away.* ***Antarā : 1.*** *He who earns Hari's favor, he gets attracted to Hari automatically. He is loved by Hari. He is the Rose flower in the garden.* ***2.*** *He who chants Hari's name, he is dear to Hari. His life is full of joy. He is immortal.* ***3.*** *He who surrenders to Hari, he knows how to cross the worldly ocean. His life is full of happiness. He is loved by everyone.* ***4.*** *He who does not come to Hari's feet, he is unclean even after bathing with soap in the Ganges river.*

68. हिंदी गीत : राग भैरवी, कहरवा ताल 8 मात्रा

आत्मसंयम का निरूपण

स्थायी

सुनो शारद मंजुल गाया है, मुनि नारद बीन बजाया है ।
रत्नाकर गीत रचाया है ।।

♫ सानि़ सा–गरे सा–नि़नि़ सा–रेम ग–, गम मगपम ग–रे सासा–रेम ग– ।
गगरेसासासा रे–ग मगरेसानि़ सा– ।।

अंतरा–1

जब कर्तापन का त्याग किया, तब नाम उसे संन्यास दिया ।
जो अति खाता अति सोता है, अति जागे भूखा मरता है ।
उसके बस योग न आया है ।।

♫ पप मरेम–पप पम पनिध पप–, पप मगग सासाग मपगरेसा निसा– ।
सानि़ सासा गरेसा– नि़नि़ सा–रेम ग–, सानि़ सा–गरे सा–नि़– सासारेम ग– ।
गगरेसा सासा रे–ग म गरेसानि़ सा– ।।

अंतरा–2

सब गात्रों को संयत करके, सब लिप्सा को बस में धरके ।
जो सब भूतों का गम जाने, जो शत्रु मित्र को सम माने ।
वह समबुद्धिऽ कहलाया है ।।

अंतरा–3

सुख दुख में जो नित तटस्थ है, अपमान मान सम समस्त हैं ।
जो शांत चित्त मन जीता है, जिन राग क्रोध सब बीता है ।
वह समबुद्धिऽ बतलाया है ।।

◎ **Self Control :** ***Sthāyī :*** *Ratnakar composed the melody, Sarasvati sang it beautifully, while Narad muni played the Veena.* ***Antarā : 1.*** *Doing karma renouncing the expectation of its credit, is called Sanyasa yoga. He who eats too much or eats too little or he who sleeps too much or too little, yoga can not be accomplished by him.* ***2.*** *Controlling all his organs, keeping his desires under his control, he who treats them equal who think him as his friend or his enemy, he is called a sama-buddhi (equanimous) person.* ***3.*** *He who is indifferent to pain and pleasure, he who is tranquil, he whose anger and attachments have melted away, he is a Sama-buddhi.*

श्रीमद्-भगवद्-गीतायाः सप्तमोऽध्यायः ।

ज्ञान-विज्ञानयोगः ।

69. हिंदी भजन

माता भवानी

स्थायी

माता भवानी जै जय दुर्गे, काली कराली जय अंबे ।

देवी शारदे शुभ वर दे ।।

♫ -ग-ग परे-सा - - निप रेरे गरेसा-, -पगप पनिसांरेसां -पग गप रे-सा ।

-ग-ग परे- सासा निप रेरेगरेसा ।।

अंतरा-1

अखिल जगत की, पावन जननी । भव सागर भय भार हारिणी ।

तेरी कृपा हो जगदंबे ।।

♫ -पगप पसांसां सां- -, नि-निरें निध-प, -पग प-सांसां सांसां नि-नि निरेंनिध-प ।

-ग-ग परे- सा- निपरेरेगरेसा ।।

अंतरा-2

चारों दिशा में तेरी महति । सबके दिल में तू है रहती ।

सद्गुण से मम मन भर दे ।।

अंतरा-3

ज्ञान मान का दान दायिनी । स्वर सुंदर का गान दायिनी ।

सारे जग में सुख भर दे ।।

◎ **Mother Bhavani : *Sthāyī :*** *O Mother Bhavani! victory to you. O Durga! O Kali-karali! victory to you. O Goddess Sharada! please give me an auspicious boon.* ***Antarā : 1.*** *You are the holy mother of the whole world. You take us across the worldly ocean. May your mercy be upon us.* ***2.*** *Your fame is in all four directions. You dwell in everyone's heart. Please fill my mind with virtues.* ***3.*** *You are the giver of knowledge and honour. You are the giver of beautiful melodies. Please fill the world with happiness.*

गीतोपनिषद्
अष्टादशस्तरंगः
Gitopanishad
Fascicule 18

66. हिंदी खयाल : राग बिहाग, तीन ताल 16 मात्रा

सुमिरन

स्थायी

नैनन में तुमरी मूरतिया, मन में डोले तव सूरतिया ।
सुमिरन में बीते दिन रतिया ।।

♫ सा-गम प- निनिसां- निधनिपमंगमग, गमप गम गरेसा- नि़प़ नि़-सासासा- ।
सानि़साम गम पनिपमं गम गरेसा- ।।

अंतरा-1

कछु न शोरबा ना कटु बतिया, भव सागर हो अमृत पनिया ।

♫ मग म प-पनि- सां- सांसां निरेंसां-, पनि सांगंगरें सांनि पमंगम गरेसा- ।

अंतरा-2

स्नेह प्यार में गुजरें सदियाँ, गंगा जल सी बहती नदिया ।

◎ **Chant : *Sthāyī* : *1.*** *In my eyes is your image. In my mind is your thought. Thinking of you passes my night.* ***Antarā :*** *May there be no complaint. May there be no bitterness. May the world be filled with nectar.* ***2.*** *May the decades be spent in love. May there be purity like the holy waters of the river Ganga.*

22. Knowledge and Science
ज्ञानविज्ञाननिरूपणम्

श्रीमद्भगवद्गीता सप्तमोऽध्यायः ।

श्रीभगवानुवाच ।

।। 7.1 ।। मय्यासक्तमनाः पार्थ योगं युञ्जन्मदाश्रयः ।
असंशयं समग्रं मां यथा ज्ञास्यसि तच्छृणु ।।

ॐ अनुष्टुप्-श्लोक-छन्दसि गीतोपनिषद् ।

(श्रीभगवानुवाच)

(भगवत्प्राप्तिः)

मयि युक्तं मनः कृत्वा लीनो भूत्वा च भारत ।
अवाप्स्यसि कथं मां त्वं शृणु मामेकचेतसा ।। 621/1447

◎ **Attaining God :** *O Arjun! listen carefully how you will attain me by uniting your mind in me and being devoted to me.*

।। 7.2 ।। ज्ञानं तेऽहं सविज्ञानमिदं वक्ष्याम्यशेषतः ।
यज्ज्ञात्वा नेह भूयोऽन्यज्ज्ञातव्यमवशिष्यते ।।

ज्ञानं शृणु सविज्ञानं वदामि त्वां सविस्तरम् ।
नास्त्यस्मात्परमं ज्ञानम्-अन्यत्कुत्रापि पाण्डव ।। 622/1447

◎ **And :** *Listen to that knowledge, together with science. There is no superior knowledge anywhere than this knowledge.*

70. हिंदी गीत

सत् चित आनंद

स्थायी

प्रभु, श्रद्धा से मिल जा-वे- - - ।

♫ सारे-, प-म- ग- रेम गरेसा- - - ।

अंतरा–1

कोना कोना जब हिरदय का, कण कण अंकुर बने विनय का ।

सत् चित, आनंद आनंद पावे ।।

♫ सा-रे- ग-म- पप ममगरे म-, निनि धध प-मम गम- पमम ग- ।

सासा रेरे, प-मग रे-मग रे-सा- ।।

अंतरा–2

गंगा धारा निर्मल मन की, स्नेह सरिता शुभ सद् गुन की ।

भव जल, जब अम्रित बन जावे ।।

अंतरा–3

भक्ति भावना ज्योति जगा के, एक चित्त मन, कछु न सतावे ।

तन में मन, मंदिर बन जावे ।।

◎ **Internal peace : *Sthāyī* :** *God is attained with pure faith.* ***Antarā* : 1.** *When every corner of the heart becomes filled with humility, then you get internal peace.* **2.** *The flow of purity of the mind and the river of virtues, then become the flow of amrit (divine nectar).* **3.** *Lightening the lamp of pure faith in the heart, when nothing disturbs the peaceful mind, the body becomes a temple.*

।। 7.3 ।।

मनुष्याणां सहस्त्रेषु कश्चिद्यतति सिद्धये ।
यततामपि सिद्धानां कश्चिन्मां वेत्ति तत्त्वतः ।।

(अपराप्रकृतिः)

शतेषु कश्चिदेको हि ज्ञातुं मां यतते नरः ।
तेष्वपि कश्चिदेकश्च जानाति मां यथार्थतः ।। 623/1447

◎ **My Divine Nature :** *In hundreds of people only one tries to know me. Among hundreds of them, one may know me in reality.*

।। 7.4 ।।

भूमिरापोऽनलो वायुः खं मनो बुद्धिरेव च ।

अहङ्कार इतीयं मे भिन्ना प्रकृतिरष्टधा ।।

मनो बुद्धिरहङ्कारो भूर्द्यौर्वायुर्ज्वलो जलम् ।
एवमष्टगुणी पार्थ प्रकृतिर्मम विद्यते ।। **624**/1447

◎ **Components :** *The mind, the thinking, the beingness, the five beings of the earth, the sky, the air, the fire and the water are the eight components of my nature by which I bare all living and non-living beings.*

।। 7.5 ।। अपरेयमितस्त्वन्यां प्रकृतिं विद्धि मे पराम् ।
जीवभूतां महाबाहो ययेदं धार्यते जगत् ।।

(पराऽपरे प्रकृती)

प्रकृतिमपरामन्यां त्वमिदानीं परां शृणु ।
यस्या गत्या धरा पार्थ चरा सर्वा सचेतना ।। **625**/1447

◎ **And :** *Different than this eight-fold nature, I also have another Divine nature, by which I bare all living beings.*

।। 7.6 ।। एतद्योनीनि भूतानि सर्वाणीत्युपधारय ।
अहं कृत्स्नस्य जगतः प्रभवः प्रलयस्तथा ।।

एवं पराऽपराभ्यां हि जायन्ते प्राणिनः सदा ।
प्राणिनां प्राणदाताऽहं प्रलीयन्ते च ते मयि ।। **626**/1447

◎ **And :** *In this manner, with these two natures of nine folds, the beings evolve. Thus I give them life and then they dissolve in me.*

।। 7.7 ।। मत्तः परतरं नान्यत्किञ्चिदस्ति धनञ्जय ।
मयि सर्वमिदं प्रोतं सूत्रे मणिगणा इव ।।

(विभूतिविस्तरः)

नास्ति किञ्चिदतीतं मे सर्वं सन्धारयाम्यहम् ।
मौक्तिका इव प्रोतानि सर्वभूतानि भोः मयि ।। **627**/1447

◎ **Divinity :** *There is nothing that is not borne by me. They are all strung in me like the pearls in a necklace.*

।। 7.8 ।। रसोऽहमप्सु कौन्तेय प्रभास्मि शशिसूर्ययोः ।

प्रणवः सर्ववेदेषु शब्दः खे पौरुषं नृषु ।।

अम्भसोऽहं द्रवः पार्थ भाः शशिसूर्ययोरहम् ।
प्रणवोऽहं च वेदानाम्–ओङ्कारोऽहं ध्वनिश्च खे ।। **628**/1447

◎ **And :** *I am the liquidity of the water, the light in the sun and moon. I am the Pranav (Om) of the Vedas and the Om-sound in the sky.*

71. हिंदी भजन : राग दरबारी कान्हड़ा, कहरवा ताल 8 मात्रा

प्रणव

पद

गुरुदेव! गुरुदेव! गुरुदेव !

♫ सानि़सा–! रेगरे–! गगम–!

स्थायी

मेरे प्रभु श्री प्रणवानंदा, कृपा तेरी शुभ सच्चिदानंदा ।

♫ सानि़सारे साध़– ध़नि़ नि़रेरेसा सा–सा–, मम– मप– पप पमपनिपग मरेसा ।

अंतरा–1

रूप सुमंगल त्रिशूल धारी, छवि निरंजन सुंदर सारी ।
उबारियो, बचाइयो, दुआ दीजो, शिव जगदानंदा ।।

♫ म–प पनिध–निनि सांसां–सां रें निसां–, निनिसांरें रेंरें–सांसां सांनिरेंसां ध–निप ।
परें–रेंरें– – –, रेंरेंसांरेंमंगं– – –, मपसां सांसां– पप पमपनिपगमरेसा ।।

अंतरा–2

अरुण वसन तव शुचि नारंगी, गल माला रुद्राक्ष की लंबी ।
उबारियो, बचाइयो, दुआ दीजो, गुरु परमानंदा ।।

अंतरा–3

मृग छाला पर बैठा जोगी, राह दिखावे जग उपयोगी ।
उबारियो, बचाइयो, दुआ दीजो, प्रभु आनंदकंदा ।।

◎ **Pranav :** ***Pad*** *: O Godly Guru! O Godly Guru! O Godly Guru!* ***Sthāyī*** *: O My Guru Shrī Pranava (O Lord Shiva, the Joy of Om)! O Sachinanda (O Peace and joy of the heart)! your grace is auspicious.* ***Antarā*** *:* ***1.*** *O Lord Shiva! your figure with Trishul (trident) in your hand is beautiful and spotless pure. O Lord! please protect me, please help me. Please bless me, O Jagadananda (Joy of the world)!* ***2.*** *O Guru! you are wearing a pure orange robe and a long Rudraksh mala (rosery) around your neck, O*

Lord! please protect me, please help me. Please bless me, O Paramananda (Supreme joy)! **3.** O Prabhu (Lord)! you are sitting on the seat of deer hide and showing us the right path. O Lord! please protect me, please help me. Please bless me, O Anandkanda (Bundle of joy)!

|| 7.9 ||

पुण्यो गन्ध: पृथिव्यां च तेजश्चास्मि विभावसौ ।
जीवनं सर्वभूतेषु तपश्चास्मि तपस्विषु ॥

विभावसौ च भासोऽहं तपोऽहं च तपस्विषु ।
सुगन्धोऽहं शुभो भूमौ तेजो वैश्वानरस्य च ॥ **629**/1447

◉ **And :** I am the radiance in the fire, austerity in the austere, fragrance in the earth and the brilliance in the fire.

|| 7.10 ||

बीजं मां सर्वभूतानां विद्धि पार्थ सनातनम् ।
बुद्धिर्बुद्धिमतामस्मि तेजस्तेजस्विनामहम् ॥

बीजोऽहं सर्वभूतानां चेतनानां च चेतना ।
बुद्धिश्च ज्ञानिनामस्मि मनुष्यत्वमहं नृषु ॥ **630**/1447

◉ **And :** Krishna is the seed of all beings, life of the living being, wisdom of the wise and the manliness of the man.

|| 7.11 ||

बलं बलवतामस्मि कामरागविवर्जितम् ।
धर्माविरुद्धो भूतेषु कामोऽस्मि भरतर्षभ ॥

बलं च बलिनामस्मि कामरागविवर्जितम् ।
धार्मिको कर्मभावश्च सर्वेषां प्राणिनामहम् ॥ **631**/1447

◉ **And :** Krishna is the strength of the strong without the lust and passion. He is the faith of the faithful.

|| 7.12 ||

ये चैव सात्त्विका भावा राजसास्तामसाश्च ये ।
मत्त एवेति तान्विद्धि न त्वहं तेषु ते मयि ॥

(गुणत्रय:)

त्रिगुणाश्च मया विद्धि सद्रजश्च तमस्तथा ।
नाहं तेषु गुणेष्वस्मि सगुणोऽहं तु ते मयि ॥ **632**/1447

◉ **Three Gunas (the three attributes)** : Know that the three gunas (the three attributes) of the prakriti (nature) are from me. I am not in them, but they are in me.

|| 7.13 || त्रिभिर्गुणमयैर्भावैरेभिः सर्वमिदं जगत् ।
मोहितं नाभिजानाति मामेभ्यः परमव्ययम् ॥

त्रिषु गुणेषु सम्मूढं सर्वं विश्वमिदं यतः ।
न वेत्ति त्रिगुणातीतं स्वरूपं मम दैविनम् ॥ 633/1447

◎ **And :** The world, deluded by these three gunas, does not understand me who is beyond everything.

|| 7.14 || दैवी ह्येषा गुणमयी मम माया दुरत्यया ।
मामेव ये प्रपद्यन्ते मायामेतां तरन्ति ते ॥

दैविनीमपरां मायां मे सगुणामगोचराम् ।
भक्तः स एव जानाति याति यः शरणं मम ॥ 634/1447

◎ **Divinity :** The devotee who understands my divinity alongwith the gunas (the three attributes), he surrenders at my feet.

72. हिंदी गीत

हरिहर

स्थायी

कण कण में जो भरी है माया, जग जिसमें भरमाया ।
जानो उसको कौन है करता, हरिहर नाम है उसका ॥

♪ सासा रेरे ग- प- गम- ग रे-सा-, रेरे गमप- मगरे-म- ।
प-सां- निनिध- नि-ध प ममप-, गगगग म-प म गरेसा- ॥

अंतरा-1

सूरज में जो भरी रोशनी, चाँद में जो चाँदनी ।
ओम् प्रणव का ध्वनि अंबर में; बना तरल है पानी ।
बोलो, ये सब काम है किसका, हरिहर नाम है उसका ॥

♪ प-पप ध- नि- सांनि- ध-पम-, प-प ध- नि- सांनिधप- ।
सां-नि धपप म- पध नि-धप म-, गम- पपप ध- प-म- ।
सा-रे, ग- मम प-म ग रेरेम-, गगगग म-प म गरेसा- ॥

अंतरा-2

जाप ताप से बने तपस्वी, बल वाले बलशाली ।

तेज चमक से जलती अग्नी; बने ज्ञान से ज्ञानी ।

बोलो, ये सब काम है किसका, हरिहर नाम है उसका ।।

अंतरा–3

बने धर्म से नर धर्मात्मा, कर्म योग से योगी ।

सदाचार से बने सयाना, नर जग में उपयोगी ।

बोलो, ये सब देन है किसकी, हरिहर नाम है उसका ।।

◎ **Harihar Krishna :** ***Sthāyī*** *: The divinity that is embedded in each particle of the Universe and by the magic of which the world is mesmerized, do you know who creates it? His name is Hari.* **Antarā : 1.** *The brilliance that is in the sun, the glow that is in the moon, the sound that wanders in the sky, the fluidity that is in the water, do you know whose creation it is? His name is Hari.* **2.** *With austerity becomes a yogi, with strength becomes a strong man, with heat becomes fire, with wisdom becomes wise. Do you know who creates these attributes? His name is Hari.* **3.** *With righteousness man becomes a righteous soul, with selflessness he becomes a karma-yogi. With wisdom he becomes wise and useful in the world. Do you know whose gift is it? He is none other than Hari Shrī Krishna.*

।। 7.15 ।।

न मां दुष्कृतिनो मूढाः प्रपद्यन्ते नराधमाः ।
माययाऽपहृतज्ञाना आसुरं भावमाश्रिताः ।।

(अज्ञानी च ज्ञानी च)

शठा नराधमा दुष्टा ये न पार्थ भजन्ति माम् ।
आसुराः पापिनो मूढाः सद्विवेकं त्यजन्ति ते ।। **635**/1447

◎ **But :** *The evil people who do not worship me, O Arjun! those demonic people are devoid of righteous thinking.*

।। 7.16 ।।

चतुर्विधा भजन्ते मां जनाः सुकृतिनोऽर्जुन ।
आर्त्तो जिज्ञासुरर्थार्थी ज्ञानी च भरतर्षभ ।।

(चत्वारः भक्ताः)

भजन्ते ये तु कौन्तेय सुकृतिनश्चतुर्विधाः ।
ज्ञानिनो दुःखिनो लुब्धाः सुखार्थिनश्च मानवाः ।। **636**/1447

◎ **The Devotee :** *There are four kinds of devotees of mine : the wisdom seekers, the wealth seekers, the pleasure seekers and the happiness seekers.*

|| 7.17 ||

तेषां ज्ञानी नित्ययुक्त एकभक्तिर्विशिष्यते ।
प्रियो हि ज्ञानिनोऽत्यर्थमहं स च मम प्रियः ।।

तेषां विशिष्यते ज्ञानी युक्तो नित्यपरायणः ।
मन्यते मां प्रियं ज्ञानी स च भक्तः प्रियो मम ।। **637**/1447

◉ **And** : Among them, the wisdom seeker who is devoted to me is the most superior. He is my dear devotee.

|| 7.18 ||

उदाराः सर्व एवैते ज्ञानी त्वात्मैव मे मतम् ।
आस्थितः स हि युक्तात्मा मामेवानुत्तमां गतिम् ।।

आत्मैव भासते ज्ञानी भक्ताः सर्वे हि मे यदि ।
स्थितो मयि स मुक्तात्मा तस्याहं परमा गतिः ।। **638**/1447

◉ **And** : Among all four types of my devotees, the wise person is like an atma to me. That free soul is seated in me and I am seated in him

|| 7.19 ||

बहूनां जन्मनामन्ते ज्ञानवान्मां प्रपद्यते ।
वासुदेवः सर्वमिति स महात्मा सुदुर्लभः ।।

(अनन्या च अन्या च भक्तिः)
जानाति परमं मां यो महात्मा दुर्लभो हि सः ।
भजते वासुदेवं मां ज्ञात्वा जन्मनि जन्मनि ।। **639**/1447

◉ **Faith** : Rare is the devotee who knows me in reality, that rare devotee worships me life after life, knowing that I am Vasudeva.

|| 7.20 ||

कामैस्तैस्तैर्हृतज्ञानाः प्रपद्यन्तेऽन्यदेवताः ।
तं तं नियममास्थाय प्रकृत्या नियताः स्वया ।।

(अभक्तः)
अन्ये तु ये गुणासक्ताः कामनालोलुपा जनाः ।
पार्थ विनष्टज्ञानास्ते भिन्ना भजन्ति देवताः ।। **640**/1447

◉ **Not a devotee** : Those who are deluded by the three gunas and are overpowered with desires, they worship other Gods.

|| 7.21 ||
यो यो यां यां तनुं भक्तः श्रद्धयार्चितुमिच्छति ।
तस्य तस्याचलां श्रद्धां तामेव विदधाम्यहम् ॥

यं यं भजन्ति देवं ते जनाश्च तत्परायणाः ।
श्रद्धां तेषां तथा पार्थ तत्रैव विदधाम्यहम् ॥ 641/1447

|| 7.22 ||
स तया श्रद्धया युक्तस्तस्याराधनमीहते ।
लभते च ततः कामान्मयैव विहितान्हि तान् ॥

(श्रद्धायुक्तः)
श्रद्धायुक्तस्य भक्तस्य मनसि देवता तु या ।
तस्मै ददामि भक्ताय यथाभक्तिः फलं तथा ॥ 642/1447

◎ **And :** The God that is in the mind of a person, to that devotee I give result as his faith is.

|| 7.23 ||
अन्तवत्तु फलं तेषां तद्भवत्यल्पमेधसाम् ।
देवान्देवयजो यान्ति मद्भक्ता यान्ति मामपि ॥

(अज्ञानी)
सुरार्चकाश्च निर्बुद्धाः प्राप्नुवन्ति फलं लघु ।
सुरभक्ताः सुरान्यान्ति मद्भक्ताः प्राप्नुवन्ति माम् ॥ 643/1447

◎ **And :** The devotees of other Gods earn short lived result. The devotees who worship me, they attain me and achieve everlasting result.

|| 7.24 ||
अव्यक्तं व्यक्तिमापन्नं मन्यन्ते मामबुद्धयः ।
परं भावमजानन्तो ममाव्ययमनुत्तमम् ॥

अव्यक्तमुत्तमं रूपं न जानन्ति जडा मम ।
अक्षयं दैविनं तं ते मन्यन्ते व्यक्तमानुषम् ॥ 644/1447

◎ **And :** The ignorant worshippers of other Gods do not understand my eternal and unpersonified form. They look at my personified figure and they assume that I am a person.

|| 7.25 ||
नाहं प्रकाशः सर्वस्य योगमायासमावृतः ।
मूढोऽयं नाभिजानाति लोको मामजमव्ययम् ॥

योगमायाऽऽवृतं रूपं सर्वैर्नेत्रैर्न दृश्यते ।

मामजमव्ययं मूढा नाभिजानन्ति सर्वथा ।। 645/1447

◎ **And :** *My unpersonified form is covered with yoga Maya (divinity). That divine form is not visible to all eyes. They do not understand that I do not take worldly birth.*

।। 7.26 ।। **वेदाहं समतीतानि वर्तमानानि चार्जुन ।**

भविष्याणि च भूतानि मां तु वेद न कश्चन ।।

वर्तमानानि भूतानि भविष्याणि च प्राणिनः ।

सर्वान्सर्वत्र जानामि न ते जानन्ति मां परम् ।। 646/1447

◎ **And :** *I know everything about all the beings of the present, past and future everywhere, but none of them knows me.*

73. हिंदी गीत : राग भैरवी, कहरवा ताल 8 मात्रा

ज्ञान विज्ञान का निरूपण

स्थायी

सुनो शारद मंजुल गाया है, मुनि नारद बीन बजाया है ।

रत्नाकर गीत रचाया है ।।

♫ सानि़ सा–गरे सा–नि़नि़ सा–रेम ग–, गम मगपम ग–रे सासा–रेम ग– ।

गगरेसासासा रे–ग मगरेसानि़ सा– ।।

अंतरा–1

अब ज्ञान सुनो विज्ञान, सखा! जिसके आगे अरु कछु न रखा ।

जन शत कोटी इसमें उलझे, पर बिरला ही इसमें सुलझे ।

वह ज्ञान यहाँ बतलाया है ।।

♫ पप मरेम मप– पमपनिध, पप–! पपमग गसासाग मप गरे सा निं़सा– ।

सानि़ सासा गरेसा– नि़नि़सा– रेमग–, सानि़ सासागरे सा– नि़नि़सा– रेमग– ।

गग रेसासा सारे– गमगरेसानि़ सा– ।।

अंतरा–2

गुण तीन भूत कुल पाँच कहे, भव प्रकृति जिसका नाम रहे ।

मैं अपरा गति हूँ इनसे परे, लय उद्गम जिसमें से विचरे ।

वह दैवी मेरी माया है ।।

अंतरा–3

मैं बीज आदि सब भूतों का, मैं मात पिता सब पूतों का ।

मैं जानूँ सब विध भूत सभी, पर कोई न समझा मुझे कभी ।

यह अगम्य मेरी माया है ।।

◎ **Knowledge and Science :** ***Sthāyī :*** *Ratnakar composed the melody, Sarasvati sang it beautifully, while Narad muni played the Veena.* **Antarā : 1.** *O Dear Arjun! now listen to the knowledge with science, beyond which there is nothing worth knowing. Millions of people are captivated with it, but hardly anyone understands it. That wisdom is being told here.* **2.** *There are five primary elements (bhutas) and three attributes (gunas). All eight together make the nature (prakriti). I am the Divine state beyond it, from which everything evolves and in which everything dissolves back. This is my divine power.* **3.** *I am the primordial seed of every being. I am their mother and father. I know them all, but they do not know me. This is my un-fathomable secret.*

23. The Duality
द्वंद्वभावनिरूपणम्

श्रीभगवानुवाच ।

।। 7.27 ।।

इच्छाद्वेषसमुत्थेन द्वन्द्वमोहेन भारत ।

सर्वभूतानि सम्मोहं सर्गे यान्ति परन्तप ।।

(श्रीभगवानुवाच)

सर्वस्थो द्वन्द्वभावः स सर्वगो रागद्वेषयोः ।

विमोहयति भूतानि लोलुप्तानि परन्तप ।। **647**/1447

◎ **Krishna :** *The duality is in everything and everywhere. O Arjun! the duality of attaraction and repulsion deludes the ignorant beings.*

रत्नाकर उवाच

(द्वन्द्वं किम्, कतिपय उदाहरणानि)

शीतोष्णे शुक्लकृष्णे च युग्मौ जयाजयौ तथा ।
अङ्गे हि द्वे च द्वन्द्वस्य लाभालाभौ गतागतौ ।। 648/1447

◉ **And :** Hot and cold; black and white; victory and defeat; profit and loss; going and coming are all two sides of one duality.

जन्ममृत्यू जराबाल्ये सुखदु:खे च चक्रवत् ।
सन्ध्या प्रातर्निजापरौ सर्वे द्वन्द्वे समागता: ।। 649/1447

◉ **And :** Birth and death; young and old; happiness and sorrow; morning and evening; our and their are all a cycle of duality.

मित्रारी रागद्वेषौ च मोदखेदौ विषामृते ।
हर्षशोकौ दिवा नक्तं द्वन्द्वे सर्वं व्यवस्थितम् ।। 650/1447

◉ **And :** Friend and enemy; liking and disliking; joy and disgust; man and woman, pleasure and pain are the two aspects of one and the same thing.

सत्यासत्ये स्थिरो लोल: कृत्याकृत्ये शुभाशुभे ।
सिद्ध्यसिद्धी सखा शत्रु: क्रोधाक्रोधौ बुधाबुधौ ।। 651/1447

◉ **And :** True and false; steady and unsteady; ought to be and ought not to be; auspicious and unauspicious; success and failure; friend and enemy; anger and calmness; intelligent and unintelligent are all dualities.

धर्माधर्मौ हितं हानि:-भद्राभद्रे कृपाऽकृपे ।
पूर्णशून्ये च द्वन्द्वानि सुकृतदुष्कृते तथा ।। 652/1447

◉ **And :** Moral and immoral; profit and loss; honest and dishonest; mercy and wrath; whole and zero; sin and merit are all dualities.

74. हिंदी गीत
पूर्णमिदम्

श्लोक:

इदं पूर्णं च तत्पूर्णं पूर्णे पूर्णं विलीयते ।
पूर्णात्पूर्णमृणं कृत्वा शेषं पूर्णैव विद्यते ।। 934/1447

♪ सांनि- धनि- सां नि-ध-प-, ध-प- म-प- गम-पम- ।
रे-ग-म-ग- पम- ग-रे-, ग-म- प-म-ग रे-गसा- ।।

स्थायी

पूर्ण ये भी है, वो भी पूर्ण है, पूर्ण से मिलता सो पूर्ण है ।
पूर्ण से निकला यदि पूर्ण तो, बाकी बचेगा सो पूर्ण है ।।

♪ रे-रे रेग रे सा-, रेग रे गमग रे-, सा-सा सा रेरेग- प म-ग रे- ।
म-म म पपप- धनि- ध-प म-, म-प धप-म- ग रे-ग सा- ।।

अंतरा-1

मूल शून्य ही ब्रह्म खर्व है, शून्य से निकला ये सर्व है ।
शून्य नाम ही व्योम पूर्ण है, शून्य से मिल कर वो शून्य है ।।

♪ सां-नि ध-नि ध- सां-नि ध-प म-, ध-ध ध पपम- ध प-म ग- ।
रे-ग म-म म- प-म ग-रे ग-, रे-रे रे गग मम ग रे-ग सा- ।।

अंतरा-2

भूत पाँच गुण तीन हैं कहे, अष्ट वर्ग से ये पूर्ण है ।
पूर्ण ऊर्ध्व अरु मध्य पूर्ण है, अंत में जाकर वो शून्य है ।।

अंतरा-3

आत्म पूर्ण है परमात्म वही, पूर्ण से मिल कर ये पूर्ण है ।
ये भी पूर्ण और पूर्ण वही है, शून्य से मिल कर वो शून्य है ।।

अंतरा-4

प्राण प्राणियों में सब जिसने, डाली धड़कन हर दिल में ।
साँस साँस में पूर्ण रहे वो, बिन जिसके सब अपूर्ण है ।।

अंतरा-5

कण कण में है एक ईश सना है, शून्य से बढ़ कर विश्व बना ।

जड़ चेतन सब भव्य सृष्टि में, अगम्य होकर भी गम्य है ।।

श्लोकः।

इदं शून्यं च तच्छून्यं शून्याच्छुन्यं हि जायते ।

शून्ये शून्यं समायुज्य पूर्णं शून्यं हि वर्तते ।। **935**/1447

♫ रेग- म-म- प म-ग-रे-, प-म-ग-रे- म ग-रेसा- ।

रे-रे- ग-ग- मप-म-ग-, प-म- ग-रे- म रे-गसा- ।।

◎ **Zero and One :** ***Shloka :*** *This (world) is whole, that (Brahma) is whole, this whole merges into that whole and becomes whole. This whole taken out from that whole, what remains is also whole.* ***Sthāyī :*** *This is whole, that is also whole. This whole merges into that whole and becomes whole. This whole coming out of that whole, what remains is also whole.* ***Antarā : 1.*** *The origin Brahma is zero. The evolotion is infinite. From zero evolves everything. What merges into zero is whole. Whole merges into zero and becomes zero.* ***2.*** *The beings are five and attributes are three. With eight becomes the whole being. The sky is whole. The earth is whole. In between is whole. All three together are zero.* ***3.*** *The atma is whole. The Parmatma is whole. Atma and Parmatma together are (Brahma) whole. This whole merges into zero Brahma and becomes zero (the Brahma).* ***4.*** *He puts life into beings. He put the beats into hearts. He put breath into life breath and made it whole. This whole when merges into that zero, it returns back to zero.* ***5.*** *The God dwells in each particle. From these particles becomes the Universe. In this moving and nonmoving world, the unfathomable becomes fathomable.*

अन्तर्बाह्ये तलं मूर्धा प्रागूर्ध्वं पूर्वपश्चिमे ।

यदा तदा तथा श्वो ह्यो द्वन्द्वञ्च वामदक्षिणे ।। **653**/1447

◎ **Duality :** *In and out; above and below; up and down; east and west; now and then; today and tomorrow, right and left are all dualities.*

शुद्धाशुद्धे गुरुह्रस्वौ क्षुद्राक्षुद्रे दृढादृढे ।

आदिरन्तो लघुर्दीर्घो शीघ्रमन्दौ जडाजडौ ।। **654**/1447

◎ **And :** *pure and impure; short and long; small and big; strong and weak; beginning and end; fast and slow, being and non-being all are dualities.*

निद्राऽनिद्रे शिला स्वर्णं हसनं परिदेवनम् ।

आर्द्रशुष्कौ नरो नारी मर्त्यामर्त्ये सुरासुरौ ।। **655**/1447

◎ **And :** *Slumber and awakening; rock and gold; cry and laugh; wet and dry; male and female, mortal and immortal, divine and evil all are dualities.*

छायाऽऽतपः स्तुतिर्निन्दा क्षयाक्षये क्षराक्षरे ।

इहामुत्र च तत्रात्र शान्त्यशान्ती यदा कदा ।। **656**/1447

◎ **And :** *Light and shadow; praise and criticism; eternal and perishable; mutable and immutable; earth and heaven; here and there; violence and non-violence, when and when? are dualities.*

घनं द्रवश्च द्वन्द्वो हि नीचतुङ्गे नृतानृते ।

स्मृतिश्च विस्मृतिर्द्वन्द्वं पुरुषः प्रकृतिस्तथा ।। **657**/1447

◎ **And :** *solid and liquid; tall and dwarf; remembering and forgetting, Purusha and Prakriti are all dualities.*

75. हिंदी गीत
निर्गुण ब्रह्म
स्थायी

रे हरि तेरा निर्गुण ब्रह्म बसेरा ।

♫ सा नि़सा ध़नि़- रे-सानि़ सा-ग रेनि़-सा- ।

अंतरा-1

तीन रंग के पँच अंग में, चलाचली के द्वंद्व भाव से ।
भरमाया जग सारा । रे हरि सखे! झेल बखेड़ा मेरा ।।

♫ ध़-नि़ रे-नि़ सा- ग-रे नि़-रे सा-, रे-गपम- ग- प-प म-ग रे- ।
गगम-ग- रेसा नि़-रे- । सा नि़सा ध़नि़! रे-सा नि़सा-गरे नि़-सा- ।।

अंतरा-2

सुख दुःखन के राग द्वेष में, जरा यवन के नित्य दोष से ।
भगत तेरा नहीं हारा । रे हरि, तूही आज अकेला मेरा ।।

अंतरा-3

पाप पुण्य के महा युद्ध में, हिरस हवस के घोर भँवर से ।
तूने जगत उबारा । रे हरि, तूही एक सहारा मेरा ।।

◎ **Nirgun Brahma :** ***Sthāyī** : O Hari! you are the formless and eternal Brahma (The Supreme).* **Antarā : 1.** *I am deluded by this world of five beings (Bhuta) and three attributes (Gunas), that is covered with the illusion of duality (Dvandva). O Hari! please save me.* **2.** *Struggling with the dualities of attachment and sorrow, youth and old age, this devotee is yet not defeated. O Hari! you are my only support.* **3.** *In this great war of sin and merits, in the whirlpool of jealousy and passion, you have uplifted us. O Hari! you are my only shelter.*

श्रीभगवानुवाच ।

|| 7.28 ||

येषां त्वन्तगतं पापं जनानां पुण्यकर्मणाम् ।
ते द्वन्द्वमोहनिर्मुक्ता भजन्ते मां दृढव्रताः ।।

(श्रीभगवानुवाच)

(ज्ञानी)

एषु द्वन्द्वेषु ये धीराः-तटस्थाश्चानघास्तथा ।
पुण्यशीला महाभाग्या मद्भक्ता मत्परायणाः ।। 658/1447

◎ **Krishna :** *He who is indifferent to these dualities, that meritorious and fortunate soul is my firm devotee.*

|| 7.29 ||

जरामरणमोक्षाय मामाश्रित्य यतन्ति ये ।
ते ब्रह्म तद्विदुः कृत्स्नमध्यात्मं कर्म चाखिलम् ।।

येन प्राप्तास्ति छाया मे जरामरणवर्जिता ।
स एव ब्रह्मकर्मज्ञः स आत्मज्ञश्च सात्त्विकः ।। 659/1447

◎ **And :** *The devotee who is beyond the fears of old age and death, he who has taken me for his shelter, he knows Brahma (The Supreme) and karma (duty). He is self realized and righteous.*

76. हिंदी गीत

हरि नाम जप ले

स्थायी

जब जावेगा छोड़ बखेड़, साथ न होगा हाथी घोड़ा ।

♫ सासा रे-ग-ग- प-म गम-रे-, सा-रे रे ग-ग- प-मग रे-सा- ।

अंतरा-1

चल तू लुटाता प्रेम खजाना, रटता चल तू राघव नामा ।
जग को कहने दे दीवाना, राम नाम तू जप ले थोड़ा ।।

♫ मम म- पप-प- नि-ध पम-प-, सांसांनि- धध प- नि-धप म-प- ।
मप म- पपप- नि- धपम-प-, सा-रे ग-ग ग- पम ग- रे-सा- ।।

अंतरा-2

जन सेवा का उठाय बीड़ा, मिट जावेगी तेरी पीड़ा ।

हरि किरपालु नाथ हमारा, आयेगा वो, भागा दौड़ा ॥

अंतरा–3

फेर न ले तू, अपना मुखड़ा, मत कर तू मुख, उखड़ा उखड़ा ।
हरि हर लेंगे तेरा दुखड़ा, मिट जायेगा, सारा झगड़ा ॥

अंतरा–4

भज ले तू श्री राम रमैया, जप ले निश दिन कृष्ण कन्हैया ।
भव से पार करेंगे नैया, विश्वास रहे, मन में जोड़ा ॥

◎ **Chant Hari's name : *Sthāyī* :** You have to go alone, without any horse or an elephant, leaving all your attachments and possessions behind. ***Antarā* : 1.** Keep giving love to every one, keep chanting Rama's name. Let the world call you crazy, just chant Hari's name. **2.** Serve other people happily and you will forget your own pains. Hari is merciful, he is our Master. He will rush to help you. **3.** Do not turn your face away. Chant Krishna's name every day. He will cross your boat of life to the other side of the worldly ocean. Have a faith in him.

॥ 7.30 ॥   साधिभूताधिदैवं मां साधियज्ञं च ये विदुः ।
             प्रयाणकालेऽपि च मां ते विदुर्युक्तचेतसः ॥

अधिभूताधियज्ञौ च अधिदैवं च मामकम् ।
रूपं जानाति धीमान्यो मद्भावमधिगच्छति ॥ 660/1447

◎ **And :** The wise person who knows my forms as the Adhibhuta (Lord of beings), Adhiyajna (Lord of austerities) and the Adhidaiva (Lord of destiny), he attains me.

77. हिंदी गीत
एक देह दो नाम

स्थायी

राम मनोहर दशरथ नंदन, गोकुल वाला हरि घनश्याम ।
एक देह के दो दो नाम ॥

♪ सा–सा सारे–रेरे गरेगग म–गरे, ग–गग म–म– गपमग म– ।
सा–सा रे–रे ग– प– मग रे–रे ॥

अंतरा–1

नर अवतारा देवकी नंदन, साधु रक्षक, दुष्ट निकंदन ।
नर–नारायण वो भगवान, एक रूप में दो दो काम ॥

♪ सासा रेरेग–ग– म–पध नि–धप, नि–ध– प–पप, सां–नि धप–मम ।
पप–म–ग–रेरे म– गगरे–रे, सा–सा रे–रे ग– प– मग रे–रे ।।

अंतरा–2

कर्म योग जो कहे जमाना, सांख्य योग उसको ही माना ।
राह वही दो हैं अंजाम, एक योग में दो दो ज्ञान ।।

अंतरा–3

बेटी किसी की कही है माता, किसी का बेटा किसी का पिता ।
उसी धूप से बनती छाँव, एक द्वंद्व में दो दो भाव ।।

अंतरा–4

राम रमैया कृष्ण कन्हैया, उभय उबारे भव से नैया ।
श्याम कहो हरि बोलो राम, एक शब्द में दो दो नाम ।।

◎ **Two names, one body : *Sthāyī* :** *Rama is the delightful son of Dasharath. Ghanashyama is the Dweller of Goku. Bboth are one, but in two different bodies.* **Antarā :** *Devaki Nandan (Son of Devaki) Shrī Krishna in human form is the Remover of evil and the Protector of righteousness, the two deeds in one action. In Nara-Nārāyana duality, he is the Nārāyana. (the Lord). The yoga that is called Karma yoga by the world is also known as Sankhya yoga. The two fold path is same with same result. Same yoga has two fold wisdom.* **3.** *The same woman is someone's daughter and someone else's mother. The same man is someone's son and someone else's father. The same sun light that produces shine also produces shadow. Each duality has two aspects.* **4.** *Rama and Krishna both are the saviors of the boat. Say Rama or say Krishna, it will address both.*

श्रीमद्-भगवद्-गीताया अष्टमोऽध्यायः ।
अक्षर-ब्रह्मयोगः ।

78. हिंदी भजन : राग दुर्गा, कहरवा ताल 8 मात्रा

दुर्गा माता

आलाप

जै जै माँ, दुर्गे माँ । जै जै माँ, अंबे माँ ।।

♫ सा सा रे - - - - - -, मरे सा - - - - - - ।

सा रे प - - - - - -, मरे म - - - - - - ।।

स्थायी

मोहे, भव से तारो दुर्गे माँ । मोरे, विघ्न उतारो अंबे माँ ।

तुम बिन कोई राह नहीं है, भवसागर में चाह नहीं ।।

♫ मप, धसां धप म-रेसा रेरेप- प-। मप, धसांध पम-रेसा रे-प- म- ।

मम पध सां-सां- धसांरें सांधप म-, पपप-धम पध पधम रेंसा- ।।

अंतरा-1

माता तुम हो काली कराली, देवी भवानी शेरोंवाली ।

लीला तुमरी सब जग जानत, नारद शारद बरनत माँ ।।

♫ म-म- पपध- सां-सां सांरेंधसां-, ध-ध धसां-सां- धसांरेंसां धपम- ।

प-प- धमपध पध मम रे-सासा, सां-सांसां रें-सांसां धधमम प- ।।

अंतरा-2

नाता तुमरा आदि जनम का, जय जगदंबे जोताँवाली ।

दे दो दरशन सपनन आकर, सुंदर मंगल सज धज माँ ।।

अंतरा-3

माया तुमरी न्यारी निराली, जय जगवंदे लाटाँवाली ।

जै जै करते महिमा गाकर, शंकर किन्नर भगतन माँ ।।

◎ **Moher Durga : *Sthāyī* :** *O Mother Durga! please save me from the worldly affairs, O Mother Amba! please remove my obstacles. Without you I have no other way. I have no desire in this world.* ***Antarā* : 1.** *O Mother Kali! Devi Bhavani! Sheravali (Rider of lion)! world knows your Leela (magic). Narad muni and Sharada sing you prayers. O Goddess! please brighten up my fortune.* **2.** *I am your* son/daughter from my previous lives. Victory to you, O Jagadamba (Mother of the world)! Jotavali (Goddess of light)! please come in my dreams with nice attire and appear before me. Please brighten up my fortune. **3.** *Your grace is unique and different, O Latan wali (Durga)! the world worships you. Shiva, Kinnaras (celestial musicians) and devotees sing your greatness and your victory prayers, O Goddess!*

गीतोपनिषद्
नवदशस्तरंगः
Gitopanishad
Fascicule 19

24. The Brahma
ब्रह्मनिरूपणम्

रत्नाकर उवाच ।

अनुष्टुभ्-छन्दसि गीतोपनिषद् ।

(रत्नाकर उवाच)

श्रुत्वा ज्ञानोपदेशं तं जिज्ञासुः सोऽभवत्तदा ।
ततोऽपृच्छन्नवान्प्रश्नान्-जिज्ञासया पुनः हरिम् ॥ 661/1447

◎ **And :** *Hearing the advice of wisdom, Arjun became curious to know more things. And thus, he asked more questions to Shrī Krishna.*

निर्गतश्च भ्रमस्तस्य तृषितस्य शनैः शनैः ।
आत्मज्ञानस्य दीपश्चाभ्यन्तरे जागृतोऽभवत् ॥ 662/1447

◎ **And :** *The confusion from his mind disappeared and slowly he became normal. The lamp of self realization became illuminated in his heart.*

श्रीमद्भगवद्गीता अष्टमोऽध्यायः ।
अर्जुन उवाच ।

|| 8.1 ||
किं तद्ब्रह्म किमध्यात्मं किं कर्म पुरुषोत्तम ।
अधिभूतं च किं प्रोक्तमधिदैवं किमुच्यते ॥

(अर्जुनप्रश्नाः)

ब्रह्म किमधिभूतं किम्-अध्यात्मं किं च कर्म किम् ।
ब्रूहि मां तत्समासेन श्रोतुमिच्छामि माधव ॥ 663/1447

◉ **More questions** : *Arjun said, O Madhava (Husband of Lakshmi)! what is Brahma? What is Adhibhuta? What is Adhyatma? Please tell me.*

|| 8.2 ||
अधियज्ञः कथं कोऽत्र देहेऽस्मिन्मधुसूदन ।
प्रयाणकाले च कथं ज्ञेयोऽसि नियतात्मभिः ॥

अधिभूतश्च को देहे जानीयां वै कथं च तम् ।
अन्तकाले कथं त्वां च ज्ञास्यामि युक्तचेतसा ॥ 664/1447

◉ **And** : *Who is the Adhibhuta in this body and how may I recognize him in my mind at my last breath.*

श्रीभगवानुवाच ।

|| 8.3 ||
अक्षरं ब्रह्म परमं स्वभावोऽध्यात्ममुच्यते ।
भूतभावोद्भवकरो विसर्गः कर्मसंज्ञितः ॥

(श्रीभगवानुवाच)
(व्याख्या:)

अध्यात्ममात्मज्ञानं हि ब्रह्म परममक्षरम् ।
सृजति भूतभावं यो विसर्गः 'कर्म' संज्ञितः ॥ 665/1447

◉ **Answers** : *Krishna said, Adhyatma is the knowledge of self. Brahma is the supreme principle that is eternal. Karma is the act that causes a being to take rebirth.*

|| 8.4 ||
अधिभूतं क्षरो भावः पुरुषश्चाधिदैवतम् ।
अधियज्ञोऽहमेवात्र देहे देहभृतां वर ॥

अधिभूतं चिरं तत्त्वं, विद्ध्यधिदैवमीश्वरम् ।
अधियज्ञं च देहे मां विद्धि सत्तत्त्वमक्षरम् ॥ 666/1447

251

◎ **And :** *Adhibhuta is the timeless principle. Adhidaiva is the God. I am Adhiyajna, the immutable atma in the body.*

|| 8.5 ||

अन्तकाले च मामेव स्मरन्मुक्त्वा कलेवरम् ।
यः प्रयाति स मद्भावं याति नास्त्यत्र संशयः ।।

(श्रीभगवतः स्मरणप्रभावः)

स्मरन्प्रयाणकाले मां देहं त्यजति यो नरः ।
मामेव याति ध्यायन्स मद्भक्तः पार्थ निश्चितम् ।। 667/1447

|| 8.6 ||

यं यं वाऽपि स्मरन्भावं त्यजत्यन्ते कलेवरम् ।
तं तमेवैति कौन्तेय सदा तद्भावभावितः ।।

अन्ते च समये यं हि भावं धृत्वा स गच्छति ।
स तदेवाप्स्यते देहं भावं तं मनसा स्मरन् ।। 668/1447

◎ **And :** *With whichever thought in his mind when a person departs this world, he attains the object of his thought.*

|| 8.7 ||

तस्मात्सर्वेषु कालेषु मामनुस्मर युध्य च ।
मय्यर्पितमनोबुद्धिर्मामेवैष्यस्यसंशयम् ।।

(अतः)

स्मरन्मां पार्थ तस्माद्धि कर्तव्यं कुरु त्वं रणे ।
एवं परायणो भूत्वा नूनं मामेव यास्यसि ।। 669/1447

◎ **And :** *Therefore, O Arjun! keeping me in your mind, do your duty on the battlefield and you will attain me.*

को जानाति कदा कस्य कुत्र मृत्युर्भविष्यति ।
मुक्तिं प्राप्तुमतो नाम निरन्तरं मुखे भवेत् ।। 670/1447

◎ **Thus :** *Who knows when and what will happen to anyone. Therefore, to attain liberation, always keep me in your thoughts.*

79. हिंदी गीत

जप ले नाम

स्थायी

जप ले नाम तू निशदिन बंदे, छोड़ बखेड़ा जाना है ।
अरे, बुलावा कब आजावे, कल को किसने जाना है ।।

♫ सासा रे- ग-म म पमगरे म-म-, रे-ग मप-मग ध-प- म- ।
निध-, पम-ग- मम ग-रे-म-, पप मग रेगम- पमगरे सा- ।।

अंतरा-1

हर दम नाम हो जिसके मुख में, अंत न उसका होगा दुख में ।
जीवन उसका सदा हि सुख में, बंदा वो ही सयाना है ।।

♫ सासा रेरे ग-म ग- ममप- मग रे-, ध-प म गगम- ग-म- पप म- ।
नि-धप ममप- गम- प मग रे-, प-मग रे- म पम-गरे सा- ।।

अंतरा-2

अंतकाल जिसका सुमिरण में, जीता उसने स्वर्ग मरण में ।
हरि चरणों में, वो जीता है, योगी वो ही महाना है ।।

अंतरा-3

काम करे जा हरि नाम से, निष्काम कर्म करो तन मन से ।
योग सदीयों पुराना है, राग अमर का तराना है ।।

◎ **Chant the Name :** ***Sthāyī :*** *Chant Hari's name day and night, one day you have to leave this world. You don't know when you will be called back, who knows what happens tomorrow?* **Antarā : 1.** *He who chants name every moment, his end will not occur in pains. His life will be filled with happiness. He is a wise person.* **2.** *He who is chanting until his last breath, he wins the heaven at his death. He lives at the feet of Hari. He is a great yogi.* **3.** *He who does his duties in the name of Hari, he who acts without the desire for its fruit, he is practicing the age old yoga. It is the song of immortal melody.*

।। 8.8 ।।

अभ्यासयोगयुक्तेन चेतसा नान्यगामिना ।
परमं पुरुषं दिव्यं याति पार्थानुचिन्तयन् ।।

(पुरुषोत्तमप्राप्तिः)

अभ्यासे रतो भूत्वा करोति चित्तसाधनाम् ।
युक्त्वा चिन्तने नित्यं स प्राप्नोति पुरुषोत्तमम् ।। **671**/1447

◎ **Supreme Person :** *Doing the practice of controlling the mind and doing meditation, he attains the Supreme Person.*

।। 8.9 ।।

कविं पुराणमनुशासितारमणोरणीयांसमनुस्मरेद्यः ।
सर्वस्य धातारमचिन्त्यरूपमादित्यवर्णं तमसः परस्तात् ।।

ॐ अनुष्टुप्-श्लोक-छन्दसि गीतोपनिषद् ।

सदा भजति सर्वज्ञम्-ईशं यो विश्वपालकम् ।
कविं सर्वस्य धातारं सूक्ष्मतमं सनातनम् ।। **672**/1447

◎ **And :** *He who always worships the Protector of the world who is omniscient, invisible and ancient nourisher of the world;*

।। 8.10 ।।

प्रयाणकाले मनसाऽचलेन भक्त्या युक्तो योगबलेन चैव ।
भ्रुवोर्मध्ये प्राणमावेश्य सम्यक्स तं परं पुरुषमुपैति दिव्यम् ।।

प्राणं मूर्ध्नि स्थिरं कृत्वा भक्तियुक्तेन चेतसा ।
अन्तकाले रतो योगी लभते पुरुषं परम् ।। **673**/1447

◎ **And :** *Holding the breath steady between the two eyes with a faithful heart, at the last breath, the yogi attains the Supreme person.*

।। 8.11 ।।

यदक्षरं वेदविदो वदन्ति विशन्ति यद्यतयो वीतरागाः ।
यदिच्छन्तो ब्रह्मचर्यं चरन्ति तत्ते पदं सङ्ग्रहेण प्रवक्ष्ये ।।

(परमधाम)

अक्षरमिति यत्प्राहुः-ज्ञानिनो वेदपण्डिताः ।
यान्ति संन्यासिनो यत्र परमं तत्पदं शृणु ।। **674**/1447

◎ **And :** *I shall tell you about the place, that the people learned in the Vedas call eternal abode and the place that the austere people attain after their death.*

।। 8.12 ।।

सर्वद्वाराणि संयम्य मनो हृदि निरुध्य च ।
मूर्ध्न्याधायात्मनः प्राणमास्थितो योगधारणाम् ।।

नवद्वाराणि संयम्य मनो पूर्णं वशी कृतम् ।
प्राणं च मूर्ध्नि संहृत्य करोति योगधारणाम् ।। **675**/1447

◎ **And :** *Having controlled the nine input output gates of the body and keeping the mind restrained, keeping the breath steady in the forehead, one should sit for yoga.*

|| 8.13 || ओमित्येकाक्षरं ब्रह्म व्याहरन्मामनुस्मरन् ।
यः प्रयाति त्यजन्देहं स याति परमां गतिम् ॥

ओमोम्मुखे सदा यस्य मनसि चिन्तनं मम ।
त्यक्त्वा देहं स प्राप्नोति मद्धाम च परां गतिम् ॥ 676/1447

◎ **And :** *Uttering Om! Om! by mouth and thinking of me at the last breath, he who leaves the body, he attains supreme state at my abode.*

|| 8.14 || अनन्यचेताः सततं यो मां स्मरति नित्यशः ।
तस्याहं सुलभः पार्थ नित्ययुक्तस्य योगिनः ॥

अनन्यमनसा यो मां प्रीत्या भजति सर्वदा ।
प्राप्तो भवामि तेनाहं सुगमः सुलभः सदा ॥ 677/1447

◎ **And :** *He who worships me with love and one pointed focus, by him I become easy to be attained.*

80. हिंदी भजन
हरि हरि
स्थायी

मन में मूरत, मुख में ना – – म ।

♪ सासा रे– ग–रेसा, मम गरे सा– – सा ।

अंतरा–1

चंचल मन पे बंधन दीना, तन के अंदर संयम कीना ।

निश दिन हरि जप चारों या – – म ।

सुंदर सूरत हरि घनश्या – – म ॥

♪ सा–सासा रेरे ग– प–मग रे–म–, मम गरे म–मम प–मग म–प– ।

धध पप मम गग प–मग रे– – रे ।

सा–रेरे ग–रेसा मम गरेसा– – सा ॥

अंतरा–2

संत जनन के संग मुकामा, अंग बिभूति चंदन माला ।

मुख में घड़ी घड़ी हरि गुण गा – – न ।

अंत में मिलता स्वर्ग का धा – – म ।।

अंतरा–3

अंबर से भूमि पर आया, नंद का नंदन मंगल काया ।

वंदन शिर सष्टांग प्रणा – – म ।

तुझ पर अर्पण हमरे प्रा – – ण ।।

◎ **Hari Hari! :** ***Sthāyī :*** *Keep Hari's image in the mind and Hari's name in the mouth.* ***Antarā : 1.*** *Having controlled the unstable mind and keeping the organs under control, chant the beautiful names of Hari Shrī Krishna all day.* ***2.*** *Keep company of righteous people. Wear holy signs on your body. Remember and Chant the Hari's good deeds all the time. At the end you will attain a place in the heaven.* ***3.*** *He came from the heaven to the earth. He grew at Nanda's house. Obeisance to him. O Lord! I surrender to you.*

|| 8.15 ||

मामुपेत्य पुनर्जन्म दुःखालयमशाश्वतम् ।
नाप्नुवन्ति महात्मानः संसिद्धिं परमां गताः ।।

गच्छति शरणं यो मां सिद्धो महाजनो नरः ।
नश्वरं दुःखदं तस्य पुनर्जन्म न विद्यते ।। **678**/1447

◎ **And :** *The righteous person who surrenders to me, he does not receive the perishable and sorrowful birth on the earth again.*

|| 8.16 ||

आब्रह्मभुवनाल्लोकाः पुनरावर्तिनोऽर्जुन ।
मामुपेत्य तु कौन्तेय पुनर्जन्म न विद्यते ।।

(पुनर्जन्म)

यातायातस्य चक्रं यं ब्रह्मलोकं स गच्छति ।
जन्ममृत्योर्विमुक्तः स यो याति शरणं मम ।। **679**/1447

◎ **Rebirth :** *He who goes to Brahma's realm after his death, he returns back on the earth with a new birth. He who comes to my abode, does not get stuck in the wheel of death and new birth.*

|| 8.17 ||

सहस्त्रयुगपर्यन्तमहर्यद्ब्रह्मणो विदुः ।
रात्रिं युगसहस्त्रान्तां तेऽहोरात्रविदो जनाः ।।

(अहोरात्रज्ञाता)

निशा शतयुगा दीर्घा तावद्दिनं च ब्रह्मण: ।
गती ज्ञाते तयोर्येन स जानाति निशां दिनम् ॥ 680/1447

◎ **Night and day** : The night of Brahma is hundred yugas (ages) long and the day is also equally long. He who knows these two states, he knows what the night and day truly are.

॥ 8.18 ॥   अव्यक्ताद्व्यक्तय: सर्वा: प्रभवन्त्यहरागमे ।
           रात्र्यागमे प्रलीयन्ते तत्रैवाव्यक्तसंज्ञके ॥

प्रभाते ब्रह्मणो जीवा व्यक्ता भवन्ति गोचरा: ।
सन्ध्यायां च पुन: सर्वे ते पूर्ववदगोचरा: ॥ 681/1447

◎ **And** : At the dawn of the Brahma's day, the beings take animate births and at the night of Brahma they depart back to their inanimate states.

॥ 8.19 ॥   भूतग्राम: स एवायं भूत्वा भूत्वा प्रलीयते ।
           रात्र्यागमेऽवश: पार्थ प्रभवत्यहरागमे ॥

गमनागमनं तेषां चक्राकारं निरन्तरम् ।
आगमनं दिवा तेषां नक्तं च गमनं तथा ॥ 682/1447

◎ **And** : In this fashion, the beings come and go in a cyclic manner for ever, day and night.

81. हिंदी गीत
जीवन चक्र

स्थायी

ऐसी ये दासताँ है, जो ना कभी रुकी है ।
जानी जहाँ खतम है, होती शुरू वहीं है ॥

♪ म-प- म ग-मप- ध-, प- नि- धप- धप- म- ।
गम- पध- पधध नि-, ध-प- मप- मगरे सा- ॥

अंतरा-1

लंबी सहस्र जुग की, ब्रह्मा की रात जानी ।
उतनी ही दिन की लंबी, यात्रा पुन: कही है ॥

♪ सा-रे- गग-ग मम प-, नि-ध- प ध-प म-प- ।

पपम- ग रेरे ग म-प-, ध-प- मप- मगरे सा- ।।

अंतरा-2

दिन में ये भूत प्यारे, होते हैं व्यक्त सारे ।

अव्यक्त फिर निशा में, जीवन मरण यही है ।।

अंतरा-3

ब्रह्मा है प्राण दाता, वो ही है मुक्ति देता ।

"भगवन्! तू हमको पाहि," ये प्रार्थना सही है ।।

◎ **Cycle of Life : *Sthāyī* :** *The story of the cycle of life is such that it never stops. Where we think it ends, the new cycle starts there.* ***Antarā : 1.*** *One Brahma's night is of a thousand eras and his day is equal long and the cycle of day and night continues for ever.* ***2.*** *At Brahma's day time the beings personify on the earth in visible forms, and then at his night time they dissolve back unpersonified in their original invisible forms. They keep on revolving in this cycle.* ***3.*** *Brahma is the life giver. He is the one whi takes it away. We pray to you O Lord! please protect us.*

।। 8.20 ।।

परस्तस्मात्तु भावोऽन्योऽव्यक्तोऽव्यक्तात्सनातनः ।
यः स सर्वेषु भूतेषु नश्यत्सु न विनश्यति ।।

(परमगतिः)

उच्चतमैतयोर्भिन्ना गतिः पार्थ सनातना ।

न गच्छति न चायाति विनाशे न विनश्यति ।। 683/1447

◎ **Supreme Person :** *Different than these tow Mundane states of life and death, O Arjun! there is third Supreme State which having attained, one does not return back to the cycle of life and death.*

।। 8.21 ।।

अव्यक्तोऽक्षर इत्युक्तस्तमाहुः परमां गतिम् ।
यं प्राप्य न निवर्तन्ते तद्धाम परमं मम ।।

(परमगतिप्राप्तिः)

गति सा परमा पार्थ मम धामापि कथ्यते ।

यत्रागत्य न गन्तव्यं परमं धाम तन्मम ।। 684/1447

◎ **And :** *O Arjun! that Supreme State is also called my abode. Having come to my abode, one does not have to go back to the perishable world.*

|| 8.22 ||

पुरुषः स परः पार्थ भक्त्या लभ्यस्त्वनन्यया ।
यस्यान्तःस्थानि भूतानि येन सर्वमिदं ततम् ।।

उद्गमः पञ्चभूतानां सृष्टं यस्मादिदं जगत् ।
सर्वैर्हि प्राप्यते भक्त्या परमात्मा स श्रद्धया ।। **685**/1447

◎ **And :** *The Supreme Person from whom the five beings and the whole Universe emerges, can be seen by anyone who has unshaken faith in him.*

82. हिंदी भजन

ओ हरि!

स्थायी

मंगल हरि काम तेरा, परम धाम है – – ।

♫ प–मग रे.ग म–ग रे.ग–, पमग रे–ग सा– ।

अंतरा–1

सुंदर शुभ शांत सुभग छवि, तेरी सुखारी ।
कोटि कोटि संत करें, वंदना तिहा – – – री ।
गिरिधर गोविंद तेरा, मधुर नाम है – – ।।

♫ म–गरे गग प–म गगग गरे–, प–म गरे–म– ।
नि–ध प–ध नि–ध पम–, प–मग– रे ग– – म– ।
पपपप प–म–ग रे ग–, पमग रे–ग सा– – ।।

अंतरा–2

स्वर्ग से बढ़ के पवित्र प्रभु! तेरा ठिकाना ।
भक्ति भाव से हि मिले, अमर ऐसा मुका – – – मा ।
चरणन में आके तेरे–, सब ललाम है – – ।।

अंतरा–3

हिरदय का एक छोटा कोना, तेरा है धामा ।
भगतन के मन में ए–क बसा, तेरा है ना – – – मा ।
लाख लाख कृष्ण तुझे, शत शत प्रणाम हैं – – ।।

◎ **O Hari! :** ***Sthāyī :*** *O Hari! your deeds and your abode are auspicious.* **Antarā : 1.** *Your peaceful and beautiful image is pleasure giving. Millions up on Millions of your devotee saints are doing obeisance to you. O Krishna! your names Giridhara (bearer of the mountain) and Govind (Protector of* *the cows) are sweet.* ***2.*** *O Lord! your abode is holier and superior than the heaven. One gets entrance in your abode by supreme faith. Having come to your feet, everything is beautiful.* ***3.*** *A small corner in our hearts is your abode. And, in the minds of your devotees dwells your name. O Krishna! we salute you hundreds of thousands of times.*

।। 8.23 ।।

यत्र काले त्वनावृत्तिमावृत्तिं चैव योगिनः ।
प्रयाता यान्ति तं कालं वक्ष्यामि भरतर्षभ ।।

(कृष्णशुक्लौ पथौ)

श्रृणु पार्थ क्षणे द्वेऽपि प्रत्यागमोऽस्ति वा न वा ।
एकस्मिन्नास्ति यात्रा त्वन्यस्मिन्प्रत्यागमो भवेत् ।। **686**/1447

◎ **Two paths :** *O Arjun! now listen to the two separate paths, by one of which a person comes back to the Mundane world and the other takes him to the realm of no return (final liberation).*

।। 8.24 ।।

अग्निर्ज्योतिरहः शुक्लः षण्मासा उत्तरायणम् ।
तत्र प्रयाता गच्छन्ति ब्रह्म ब्रह्मविदो जनाः ।।

अग्निज्योतेः क्षणे यद्वा प्रकाशदिवसक्षणे ।
अवधौ शुक्लपक्षस्य षण्मासे उत्तरायणे ।। **687**/1447

◎ **And :** *The knower of Brahma (the Supreme), who departs during the presence of the Sun, brightness of the sky, the day time, the bright lunar fortnight and in the the six months of northward travel of the sun, he goes to Brahma.*

ब्रह्मज्ञानी त्यजेद्देहम्-एतेषु समयेषु यः ।
परं ब्रह्मपदं प्राप्य योगी तदात्मको हि सः ।। **688**/1447

◎ **And :** *That knower of Brahma (the Supreme), having died in these periods, joins Brahma and becomes one with Brahma.*

।। 8.25 ।।

धूमो रात्रिस्तथा कृष्णः षण्मासा दक्षिणायनम् ।
तत्र चान्द्रमसं ज्योतिर्योगी प्राप्य निवर्तते ।।

कृष्णपक्षे निशाकाले षण्मासे दक्षिणायने ।
चन्द्रकिरणमारुह्य प्रत्यागच्छति भूतले ।। **689**/1447

◎ **And :** *A person who departs during a cloudy day, at the night time, in the dark lunar fortnight and during the six months of the southward travel of the sun, he returns back to the earth with the beam of the moon.*

।। 8.26 ।।

शुक्लकृष्णे गती ह्येते जगतः शाश्वते मते ।
एकया यात्यनावृत्तिमन्ययावर्तते पुनः ।।

(पथौ ज्ञातव्यौ)

शुक्लकृष्णौ पथौ द्वौ च जगति शाश्वतौ मतौ ।
एको ददाति मुक्तिं तु द्वितीयो भवसागरम् ।। 690/1447

◎ **And :** *These two eternal paths are known in this world. One gives you final liberation and the other puts you in the worldly cycle of life and death.*

।। 8.27 ।।

नैते सृती पार्थ जानन्योगी मुह्यति कश्चन ।
तस्मात्सर्वेषु कालेषु योगयुक्तो भवार्जुन ।।

यो जानाति पथौ योगी मोहातीतः सदा हि सः ।
तस्मात्त्वं सर्वदा पार्थ ज्ञानयोगं समाचर ।। 691/1447

◎ **And :** *O Arjun! he who knows these two paths, he is not deluded. Therefore, O Arjun! always be a Jnana yogi.*

।। 8.28 ।।

वेदेषु यज्ञेषु तपःसु चैव दानेषु यत्पुण्यफलं प्रदिष्टम् ।
अत्येति तत्सर्वमिदं विदित्वा योगी परं स्थानमुपैति चाद्यम् ।।

ॐ अनुष्टुप्-श्लोक-छन्दसि गीतोपनिषद् ।

यज्ञेन तपसा दानैः श्रुतिर्वदति यत्फलम् ।
तस्मात्पुण्यतरं पार्थ ज्ञानेन प्राप्यते वरम् ।। 692/1447

◎ **And :** *O Arjun! one can achieve even better result through the Jnana yoga than the fruits the Vedas prescribe by charity and austerity.*

83. हिंदी गीत : राग वृंदावनी सारंग, कहरवा ताल 8 मात्रा

नंद किशोर

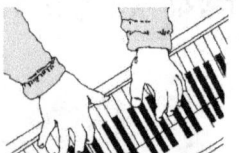

स्थायी

नंद किशोर को याद करले,

सुख दुख चिंता उस पर छोड़ दे ।

♫ सां-नि पमरेनि़ सा रे - - रे मरेनि़सा,

नि़नि़ सासा रे-सा- रेरे पम रे-सा सा ।

अंतरा–1

प्रभु बिन अब तेरा, कौन है कौन है ।

जरा दिल की सुन, हरि बिन दुखिया ।।

♫ मम पप निप निनि, सां-सां सां रें-सां सां ।

निसां रेंरें रें- सांसां, निसां रेंसां निसांनिप ।।

अंतरा–2

अरज बिना प्रभु, मौन है मौन है ।

याद करे तो, जीवन उजियारा ।।

अंतरा–3

हरि बिन क्या कुछ, और है और है ।

अरु कछु हो न हो, उस बिन नहीं चारा ।।

◎ **Nand-Kishor : *Sthāyī*** : *Always remember Nand-Kishor (The boy of Nanda) Krishna. Leave your worries and sadness to Him.* **Antarā : 1.** *Without Hari, now who is yours? Just listen your heart, without Hari it is sad.* **2.** *Without prayers, Hari is quiet. If you pray to him, your life will be enlightened.* **3.** *Is there anything other than Hari? Anything else may be or may not be, but without him, there is no other way.*

श्रीमद्-भगवद्-गीताया नवमोऽध्यायः ।
राजविद्या-राजगुह्ययोगः ।

84. हिंदी खयाल : राग भैरव, तीन ताल 16 मात्रा

जै महेश!

जै महेश, निर्गम तेरी माया, लीला से जगत तू भरमाया ।
धूप कहीं पर है कहीं है छाया ।।

♪ मपध॒ पमपध॒प, ममगग मम रे॒-सा-, नि॒ध॒नि॒सा रे॒- सासा गम पमरे॒-सा- ।
नि॒साग मपध॒ पप मध॒ सांनि ध॒निसांनिध॒पमप ।।

अंतरा-1

साँप गले में डाला तूने, गंगा मैया तेरी जटा में ।
आँख तीसरी विनाश लाने, नारी नटेश्वर अनुपम काया ।।

♪ म-प पध॒- नि- सां-सां- निरें॒सां-, ध॒-ध॒- निसांसां- निसांरें॒सां सांनिसां ध॒प ।
गमप ध॒सांनिध॒प मगमम रे॒-सा-, नि॒साग मपध॒पप मध॒सांनि ध॒निसांनिध॒पमप ।।

अंतरा-2

छाला हिरन की तेरी कटी पे, चंदा साजे तेरी जटा में ।
पाहि पाहि रे कृपालु प्यारे, दास तुम्हारी शरण में आया ।।

© **Jai Mahesh :** *Sthāyī : Victory to you, O Mahesha! your grace is formless. With your magic the whole world is confused. Some place there is light and at other place there is darkness.* **Antarā : 1.** *You are wearing a snake around your neck Ganga is flowing from your black hair. You open the third eye to dissolve the world. Half-man half-woman is your unique form.* **2.** *Deer-hide is around your waist. The moon is shining on your forehead. Please save us! O Merciful dear Lord! this devotee has surrendered at your feet.*

गीतोपनिषद्
विंशस्तरंग
Gitopanishad
Fascicule 20

25. The Secrets of the Gita
गीतारहस्यनिरूपणम्

श्रीमद्भगवद्गीता नवमोऽध्यायः ।
श्रीभगवानुवाच ।

|| 9.1 ||
इदं तु ते गुह्यतमं प्रवक्ष्याम्यनसूयवे ।
ज्ञानं विज्ञानसहितं यज्ज्ञात्वा मोक्ष्यसेऽशुभात् ॥

ॐ अनुष्टुप्-श्लोक-छन्दसि गीतोपनिषद्

(श्रीभगवानुवाच)

(राजविद्या च राजगुह्यं च)

गुह्यं हितकरं ज्ञानम्-अवदमहमुत्तमम् ।
पुनः शृणु सविज्ञानं गुडाकेश वदामि त्वाम् ॥ 693/1447

◎ **And :** O Arjun! the secret knowledge which I gave you so far, I shall tell it to you again, with its science.

सन्तरिष्यसि ज्ञानेन सहजं भवसागरम् ।
प्राप्स्यसि निश्चितं मुक्तिम्-इदं ज्ञात्वा यथार्थतः ॥ 694/1447

◎ **And :** With this knowledge you will cross over the worldly ocean and attain liberation.

|| 9.2 ||

राजविद्या राजगुह्यं पवित्रमिदमुत्तमम् ।
प्रत्यक्षावगमं धर्म्यं सुसुखं कर्तुमव्ययम् ।।

राज्ञी सा सर्वविद्यानां सूर्यवज्ज्ञानदीपिका ।
अव्ययिनी च विद्या सा गूढा श्रेष्ठा च पावना ।। 695/1447

◎ **And :** This knowledge is the king of all learning. It is bright like the sun. It is eternal, holy and most superior.

|| 9.3 ||

अश्रद्दधाना: पुरुषा धर्मस्यास्य परन्तप ।
अप्राप्य मां निवर्तन्ते मृत्युसंसारवर्त्मनि ।।

सद्धर्मे नास्ति विश्वासो यस्य नरस्य पाण्डव ।
पतति स न मां प्राप्य मृत्युसंसारसागरे ।। 696/1447

◎ **And :** But, O Arjun! he who does not have faith in this knowledge, he falls in the worldly ocean that is filled with death and destruction.

|| 9.4 ||

मया ततमिदं सर्वं जगदव्यक्तमूर्तिना ।
मत्स्थानि सर्वभूतानि न चाहं तेष्ववस्थित: ।।

(नाहं तेषु)

सर्वगोऽहं निराकार: सर्वभूतेषु भारत ।
मयि तिष्ठन्ति सर्वाणि नाहं तेषु धनञ्जय ।। 697/1447

◎ **Lord's abode :** I am omnipresent and formless. I am the support of all beings. All beings dwell in me, but I do not dwell in them.

|| 9.5 ||

न च मत्स्थानि भूतानि पश्य मे योगमैश्वरम्[9] ।
भूतभृन्न च भूतस्थो ममात्मा भूतभावन: ।।

(नाहं तेषु)

न पश्य मयि भूतानि; पश्य मे योगमैश्वरम् ।
अहं तेषां समुद्धर्ता कर्ता धाता च सर्वथा ।। 698/1447

◎ **And :** O Arjun! do not look at the beings dwelling in me. See my divine yoga. I am the seed, support and nourisher of all the beings.

---

[9] न च मत्स्थानि भूतानि पश्य मे योगमैश्वरम् = "पश्य मे योगमैश्वरम् न च मत्स्थानि भूतानि" इति ज्ञातव्यम् ।

|| 9.6 ||
यथाकाशस्थितो नित्यं वायु: सर्वत्रगो महान् ।
तथा सर्वाणि भूतानि मत्स्थानीत्युपधारय ॥

(पुनर्जन्म)

आकाशे मुक्तवायु: स विशाले सर्वगो यथा ।
प्राणोऽपि सर्वभूतानां विशति निश्चितं मयि ॥ 699/1447

◎ **And :** As the wind is freely moving in the sky, so do the beings freely come in and go out from me. My abode is eternal.

|| 9.7 ||
सर्वभूतानि कौन्तेय प्रकृतिं यान्ति मामिकाम् ।
कल्पक्षये पुनस्तानि कल्पादौ विसृजाम्यहम् ॥

मयि तिष्ठन्ति जीवास्ते कल्पान्ते लयमागता: ।
निवर्तन्ते पुन: सर्वे कल्पादौ गोचरां गतिम् ॥ 700/1447

◎ **And :** The beings which depart at the end of the Brahma's day, rest in Brahma for the night. And then, as the day breaks, they again personify on the earth.

|| 9.8 ||
प्रकृतिं स्वामवष्टभ्य विसृजामि पुन: पुन: ।
भूतग्राममिमं कृत्स्नमवशं प्रकृतेर्वशात् ॥

प्रकृतेर्विवशा: सर्वे जीवा ममाश्रिता: खलु ।
मायया मे हि जायन्ते भिन्नाकारा यथा गति: ॥ 701/1447

◎ **And :** All beings resting in Brahma, under the control of their Prakriti (nature), they take birth in different forms accoording to the fruit of their karmas.

|| 9.9 ||
न च मां तानि कर्माणि निबध्नन्ति धनञ्जय ।
उदासीनवदासीनमसक्तं तेषु कर्मसु ॥

कृत्वाऽपि सर्वकर्माणि तटस्थोऽहं तु कर्मसु ।
अनासक्तश्च निर्बद्ध: सदा कर्म करोम्यहम् ॥ 702/1447

◎ **And :** Having done all these karmas (deeds) of evolution and dissolution, I am still unattached to them. I keep doing all these deeds for ever, keeping myself unbound and unattached to them.

(कर्म-फल-होनी-योनि-सिद्धान्तः)

यस्य यस्य यथा कर्म मिलेद्योनिस्तथा तथा ।

सा पूर्वकर्मणां लीला भाग्यमित्युच्यते जनैः ।। 703/1447

◎ **The Karma theory :** *As one's deeds are, so are their fruits. Accordingly is his rebirth. In the world, people call it as destiny.*

दुष्कृतो जायते पापी पुण्यवान्सुकृतस्तु यः ।

कृतं कर्म यथा येन जन्म तस्य तथैव हि ।। 704/1447

◎ **And :** *The sinful person takes birth as a sinner. The holy person takes birth as a saint. As he has done the karmas in this life, so is his birth in the next life.*

85. हिंदी गीत

बोले सत्‌नाम

स्थायी

ज्याहि विध होवे काम, ताहि विध धाम ।

♫ पप मम गम प-प, पम गरे सा-सा ।

अंतरा-1

सद्‌गुण देता मन की शुद्धि, पुण्य करन की सात्त्विक बुद्धि ।

ऋद्धि सिद्धि दे, बोले सत्‌नाम ।।

♫ ऩिऩिध़ऩि सा-सा- रेरे ग- म-म-, प-म गरेग म- ध-पम ग-म- ।

नि-ध प-ध म-, पम गरेसा-सा ।।

अंतरा-2

गुण राजस में शान सुहानी, अहंकार हठ मान खुमारी ।

दंभ दर्प अरु, आत्मगुमान ।।

अंतरा-3

तामस गुण में भरा अंधेरा, काम क्रोध मद मत्सर माया ।

अज्ञानी को, नरक में स्थान ।।

अंतरा-4

पाप ताप सब भार हराने, भवसागर दुख पार कराने ।

निश दिन जपियो, हरि! हरि! नाम ।।

◎ **Satnam says :** ***Sthāyī*** *: As is one's karma, so is his dwelling.* **Antarā : 1.** *The good virtues give purity of mind and natural inclination of doing good deeds. It also gives prosperity and success, says Satnam (Shrī Krishna).* **2.** *The rajas-guna (ego) gives pomp and show. It gives stubbornness, superiority complex and intoxication. It also gives deceit, pride and arrogance.* **3.** *The tamas-guna (ignorance) gives darkness of mindlessness, and then passions, anger, intoxication, jealousy and delusion take control of the mind.* **4.** *In order to destroy your sins and sickness of mind and to live happily in the world, chant Hari's name.*

यथा कर्म तथा योनिः धर्मोऽस्ति प्रकृतेर्ध्रुवः ।
धर्मं ज्ञात्वा कृतिर्यस्य भाग्यं तेन स्वयं कृतम् ।। 705/1447

◎ **And :** *As are your deeds, so is your next birth. It is the rule of nature. He who acts righteously, he writes his own destiny with his own hands.*

86. हिंदी गीत : राग रत्नाकर, कहरवा ताल 8 मात्रा

राम नाम

स्थायी चौपाई, अंतरा दोहा

स्थायी

कहि कहि राम नाम शत बारी, पार सरत भव सागर तोय ।

♫ सानि़ सारे ग–रे प–म गरे सा–रे–, प–म गरेरे गम गरेसानि़ सा–सा ।

अंतरा–1

काम विषय मल धोय के, राम राम कहि कोय ।
मन सुमिरन बिच खोय के, नाम काम का होय ।।

♫ सा–रे रेगग मम प–म प–, म–प म–ग रेग म–म ।
पप ममगग रेसा रे–ग रे–, म–ग रे–सा नि़– सा–सा ।।

अंतरा–2

देना दिल को खोल के, बिन भीतर से रोय ।
सद् बुद्धि का दान वो, काम ज्ञान का होय ।।

अंतरा–3

जपन तपन मन मोड़ के, चार दिशा से तोड़ ।
एक चित्त को जोड़ के, जाप ध्यान का होय ।।

◎ **Rama's chant : *Sthāyī* :** *Chanting Rama's name a hundred times, you can trade the water of the worldly ocean.* ***Antarā* : *1.*** *Washing away desires and passions from the mind, he who chants Ram! Ram! keeping his mind in Rama's thoughts, his chant of the name becomes fruitful.* ***2.*** *Give charity opening your heart, without any hesitation, that righteous charity is a right thinking.* ***3.*** *Detaching your mind from everywhere else, concentrate on meditation and contemplation. With such one focus of mind, yoga of concentration is successful.*

कर्मफलस्य सम्बन्धः सह दैवेन वेत्ति यः ।

दैवं स्वस्य नरो ज्ञानी लिखति स यथेच्छया ।। 706/1447

◎ **And :** *He who understands such relationship between karma (deed) and its fruit, he is able to write (decide) his own destiny by acting accordingly.*

सत्कार्ये कर्मयोगेन युञ्जाते यो नरः सदा ।

मुञ्चते योनिचक्रात्स पण्डितो मत्परायणः ।। 707/1447

◎ **And :** *He who engages himself in righteous deeds by equipping himself in Karma yoga (performing duty without desire for its fruit), that wise person releases himself from the cycle of birth and death, by devoting himself to me.*

कर्ताऽहं कर्मणां तेषां तेष्वबद्धस्तथाप्यहम् ।

उदासीनो निरासक्तः कर्मस्वहं धनञ्जय ।। 708/1447

◎ **Me :** *O Arjun! I do all the deeds for all the beings, but being unattached to all of them, I stay indifferent and unattached to everything.*

।। 9.10 ।।

मयाध्यक्षेण प्रकृतिः सूयते सचराचरम् ।

हेतुनानेन कौन्तेय जगद्विपरिवर्तते ।।

ममाज्ञया जगत्सर्वं विकसितं चराचरम् ।

तस्मादिदं जगत्कृत्स्नं नित्यशः परिवर्तते ।। 709/1447

◎ **And :** *And, O Arjun! this eternal cycle of evolution and dissolution of the world takes place with my order.*

।। 9.11 ।।

अवजानन्ति मां मूढा मानुषीं तनुमाश्रितम् ।

परं भावमजानन्तो मम भूतमहेश्वरम् ।।

(आस्तिक: च दैत्य: च)

ईशोऽहं सर्वभूतानां यो न जानाति तत्त्वत: ।
कृत्वा तेनावमानो मे तेनाहं मानवो मत: ।। 710/1447

◉ **The unfaithful :** He who does not know that I am the Lord of all beings, he insults me by thinking that I am a human being.

|| 9.12 || मोघाशा मोघकर्माणो मोघज्ञाना विचेतस: ।
राक्षसीमासुरीं चैव प्रकृतिं मोहिनीं श्रिता: ।।

संयुक्तो दैत्यभावेन बुद्धिहीनो नराधम: ।
वृथेच्छुको वृथाकर्मी मोघज्ञानी कुचिन्तक: ।। 711/1447

◉ **And :** That mindless sinful person of demonic nature is ignorant and foolish with false hopes.

|| 9.13 || महात्मानस्तु मां पार्थ दैवीं प्रकृतिमाश्रिता: ।
भजन्त्यनन्यमनसो ज्ञात्वा भूतादिमव्ययम् ।।

(दैवीप्रकृति:)

एकभक्तास्तु कौन्तेय दैवीजना: सुबुद्धय: ।
आदिं मां सर्वभूतानां विदुर्बीजं सनातनम् ।। 712/1447

◉ **The faithful :** But, O Arjun! a faithful person who is righteous, ascetic and focused, he knows that I am the primordial and ancient seed of this evolution.

|| 9.14 || सततं कीर्तयन्तो मां यतन्तश्च दृढव्रता: ।
नमस्यन्तश्च मां भक्त्या नित्ययुक्ता उपासते ।।

जानन्ति महिमानं मे यत्नशीला दृढव्रता: ।
पूजका मम ते दासा मद्भक्ता: शरणागता: ।। 713/1447

◉ **And :** That resolute and righteous person knows my divinity. He comes to my feet.

|| 9.15 || ज्ञानयज्ञेन चाप्यन्ये यजन्तो मामुपासते ।
एकत्वेन पृथक्त्वेन बहुधा विश्वतोमुखम् ।।

(अन्यजना:)

अपरे पूजका भक्ता विश्वरूपं नमन्ति मे ।

एकाग्रं ज्ञानयज्ञेन पृथक्त्वेन पुनः पुनः ।। 714/1447

◎ **And :** *Other devotees of mine worship my Universal form variously with Jnana-yajna (austerity of knowing my divinity).*

।। 9.16 ।। **अहं क्रतुरहं यज्ञः स्वधाहमहमौषधम् ।**
मन्त्रोऽहमहमेवाज्यमहमग्निरहं हुतम् ।।

(भगवत: विभूतय:)

यज्ञाहुतिर्घृतं पार्थ स्वधा वनस्पतिस्तथा ।

क्रतुरहं च यज्ञश्च यज्ञमन्त्रश्च पावकः ।। 715/1447

◎ **Divinity :** *O Arjun! I am the offering of the yajna (austerity), I am the chants, I am the fire and I am the yajna (sacrifice).*

।। 9.17 ।। **पिताहमस्य जगतो माता धाता पितामहः ।**
वेद्यं पवित्रमोङ्कारऋक्साम यजुरेव च ।।

माताऽहं च पिता धाता जगतश्च पितामहः ।

ऋक्सामयजुषां कर्ता पूज्योऽहं प्रणवस्तथा ।। 716/1447

◎ **And :** *I am the mother, I am the father, I am the nourisher, I am the ancestor, I am the creator of the Vedas, I am the auspicious Om of the Vedas.*

87. हिंदी गीत

बिभूति

स्थायी

जानता जो चराचर बिभूति मेरी, सच्चिदानंद निष्ठा उसी की खरी ।

♫ सा–ऩिसा– सा– गरे–ग– गरे–ग– मप–, सां–निध–प–म प–ध– पम– ग– रेसा– ।

अंतरा–1

यज्ञ की आहुति मैं स्वधा अर्चना, चार वेदों में गायी प्रणव मंत्रणा ।

योगीभिर्ध्यानगम्या मैं आराधना, चक्रधारी कनाई मुरारी हरि ।।

♫ सा–सा रे– ग–मग– रे– गम– प–मग–, नि–ध प–म– ग म–प– मपम ग–रेसा– ।

सा–रेग–ग–गम–ग– रे ग–म–पम–, सां–निध–प– मप–ध– पम–ग– रेसा– ॥

अंतरा–2
बंधु भाई सखा स्नेही माता पिता, जन्म मृत्यु अमरता का मैं देवता ।
चाँद सूरज सितारों में तेजस्विता, चेतना प्रकृति में है मैंने भरी ॥

अंतरा–3
आसमाँ से धरा तक भुवन तीन में, जो भी दैवी है शक्ति मेरी देन है ।
जो भी मेरे धरम का रजामंद है, मेरे बिभूति की परखन उसी ने करी ॥

◎ **Divinity : Sthāyī** : *He who knows my animate and inanimate divinities, his faith gives him peace and joy at his heart.* **Antarā : 1.** *I am the oblation of the yajna (austerity), I am the prayer, I am the Om of the four Vedas. I am his contemplation, I am his meditation, I am his Krishna, the Chakradhari (bearer of Sudarshan wheel) and Murari (Slayer of the demon Mura).* **2.** *I am his mother, father, friend, tutor and the well wisher. I am his birth, death and the Goddess of immortality. I am the splendor of the sun and the brightness of the moon and the stars. I am the life of the living beings in the nature.* **3.** *I am the divine power that is spread from the sky to the earth. He who understands and accepts my rules of nature, he understands my divinity.*

॥ 9.18 ॥   गतिर्भर्ता प्रभुः साक्षी निवासः शरणं सुहृत् ।
प्रभवः प्रलयः स्थानं निधानं बीजमव्ययम् ॥

भर्ता साक्षी गतिः स्नेही निवासोऽहं प्रभुस्तथा ।
सर्वेषां मूलबीजोऽहं प्रलयश्च सनातनः ॥ 717/1447

◎ **And** : *I am the witness and the protector. I am the fate and the fortune. I am the Lord and the dwelling. I am the evolution and the dissolution of everything.*

॥ 9.19 ॥   तपाम्यहमहं वर्षं निगृह्णाम्युत्सृजामि च ।
अमृतं चैव मृत्युश्च सदसच्चाहमर्जुन ॥

तेजस्वी दिवि सूर्योऽहं पर्जन्यकारकस्तथा ।
मृत्युदोऽमरतादश्च सदसच्चाहमर्जुन ॥ 718/1447

◎ **And** : *I am the sun in the sky. I am the rain. I am the birth and death giver, existence and the non-existence, O Arjun!*

88. संस्कृतगीतम् : राग बिलावल : कहरवा ताल 8 मात्रा
सूर्य नारायण वन्दना

स्थायी

नमामि भास्करं चन्द्रं मङ्गलं च बुधं गुरुम् ।
शुक्रं शनिं च राहुं च केतुयुक्तान्नवग्रहान् ।।

♪ सा ग– ग– ग–गरे– म–ग–, रे–गरे– ग– पम– गरे– ।
रे–ग– रेग– म पम– ग–, रे–गरे–ग–मग–रेसा– ।।

अंतरा–1

आदित्यं भास्वरं भानुं रविं सूर्यं प्रभाकरम् ।
अरुणं मिहिरं मित्रं पूर्णभक्त्या नमाम्यहम् ।।

♪ प–प–प– ध–पम– ग–प–, गम– प–म– गरे–गम– ।
सासासा– रेरेरे– ग–म–, ग–मग–रे– मग–रेसा– ।।

अंतरा–2

तमोरिं तारकानाथं पापघ्नं रात्रिभूषणम् ।
इन्दुं चन्द्रं विधुं सोमं दण्डवत्प्रणमाम्यहम् ।।

अंतरा–3

मङ्गलाङ्गं महाकायं ग्रहराजं ग्रहाधिपम् ।
अङ्गारकं महाभागं साष्टाङ्गः प्रणमाम्यहम् ।।

अंतरा–4

बुद्धिमतां बुधं श्रेष्ठं नक्षत्रेशं मनोहरम् ।
बुद्धिदं पुण्डरीकाक्षं कृताञ्जलिर्नमाम्यहम् ।।

अंतरा–5

सौम्यमूर्तिं ग्रहाधीशं पीताम्बरं बृहस्पतिम् ।
तारापतिं सुराचार्यं प्रणिपातो नमाम्यहम् ।।

अंतरा–6

भार्गवं वृष्टिकर्तारं स्वभासाभासिताम्बरम् ।
प्रकाशं शङ्करं शुक्रं सायं प्रातो नमाम्यहम् ।।

अंतरा–7

विघ्नराजं यमं रौद्रं सर्वपापविनाशकम् ।
शनीश्वरं शिवं शुभ्रं शतशः प्रणमाम्यहम् ।।

अंतरा–8

विप्रचित्तिसुतं राहुं रक्ताक्षमर्धविग्रहम् ।।
सिंहिकानन्दनं दैत्यं पुनः पुनो नमाम्यहम् ।।

अंतरा–9

रुद्रप्रियग्रहं कालं धूम्रकेतुं विवर्णकम् ।
लोककेतुं महाकेतुं मुहुर्मुहुर्नमाम्यहम् ।।

◎ **A Prayer of Sun God : *Sthāyī* :** *I pray to the Light giving Sun God along with the other planets of Moon, Mangala (Mars), Budha (Mercury), Guru (Jupiter), Shukra (Venus), Shani (Saturn), Rahu and Ketu (the two Comets).* ***Antarā* :** *Respectful obeisance to the Aditya (son of Aditi), Bhasvara (the Brilliant), Bhanu (the Effulgent), Ravi (the one that arises everyday), Surya (the Heavenly), Prabhakara (the Light giver), Aruna (the Orange coloured), Mihira (The Rain giver), Mitra (the Loving) God.* **2.** *I prostrate and pray to the Moon God, the Tamori (the Destroyer of the darkness), Tarakanatha (Master of the stars), Papaghna (the Remover of the sins), Ratri-bhushana (the Ornament of the night), Indu (who moisturizes the dry night with his soft light), Chandra (the Pleasing one), Vidhu (the Remorse causer for your bad deeds), Soma (the Nectar of the delightful rays).* **3.** *I pray to the planet Mars, the Mangalang (the one with auspicious body), Mahakaya (the Great one), Graharaj (the King of the planets), Grahadhip (the Chief of the planets), Angarak (the Sparkling one), Mahabhag (the Good luck giver).* **4.** *With folded hands I pray to the planet Budha (Mercury), the Buddhiman (Intelligence giver), Shreshtha (Superior), Nakshatresha (Lord of the planets), Manohara (the Beautiful), Buddhida (Giver of wisdom), Pundarikaksha (whose eyes are like lotus).* **5.** *I pray to Brihaspati (Jupiter), the Saumya-murti (the Mild one), Grahadhisha (the Chief of the planets), Pitambara (the Yellow coloured), Tarapati (Master of the stars), Suracharya (the Teacher of the Gods).* **6.** *I pray at evening and morning to the planet Shukra (Venus), the Bhargava (Son of Bhrigu), Vrishti-kartar (the Rain giver), Sva-bhasa-bhasita-ambar (who shines the sky with his own light), Prakasham (the Light),* **7.** *I pray to the planet Shani (Saturn), Vighna-raj (the Remover of obstacles), Yama (the God of death) Raudra (the Terrible one), Sarva-pap-vinashak (the Remover of the sins), Shubhra (Bright), Shiva (the auspicious).* **8.** *I pray again and again to the comet Rahu, the Vipra-chitti-sut (Son of Sarasvati), Raktaksha (with red eye), Ardha-vigraha (with half-body), Simhikanand (son of Simhika), Daitya (son of Diti),* **9.** *I pray over and over to the comet Ketu, the Rudra-priya-graha (the planet dear to Shiva), Kala (the Lord of dissolution), Dhumra (Smoke coloured), Vivarnaka (the Colourless), Loka-ketu-maha-ketu (the Great comet).*

।। 9.20 ।।

त्रैविद्या मां सोमपाः पूतपापा यज्ञैरिष्ट्वा स्वर्गतिं प्रार्थयन्ते ।
ते पुण्यमासाद्य सुरेन्द्रलोकमश्नन्ति दिव्यान्दिवि देवभोगान् ।।

ॐ अनुष्टुप्-श्लोक-छन्दसि गीतोपनिषद् ।

(कर्मफलं यत्प्राप्यते श्व:)

वेदत्रयस्य ज्ञातार: पूतपापाश्च सोमपा: ।
अनघा यागकर्तार: स्मरन्ति मम नाम ये ।। 719/1447

◉ **The fruits** : *The knowers of the three Vedas, those who have washed away their sins with the nectar of Vedas, the austere sinless people chant my name.*

|| 9.21 || ते तं भुक्त्वा स्वर्गलोकं विशालं क्षीणे पुण्ये मर्त्यलोकं विशन्ति ।
एवं त्रयीधर्ममनुप्रपन्ना: गतागतं कामकामा लभन्ते ।।

सुकर्म सुकृतं कृत्वा स्वर्गलोकं विशन्ति ते ।
स्वर्गभोगांश्च भुञ्जन्ति शक्रलोके ततो दिवि ।। 720/1447

◉ **The Heaven seekers** : *Those seekers of heaven, having done righteous deeds, enter heaven and enjoy the heavenly pleasures at the abode of Lord Indra.*

स्वर्गलोके सुखं भुक्त्वा बहुलं परमात्मकम् ।
क्षीणे पुण्ये निवर्तन्ते भूमौ पुनश्च ते जना: ।। 721/1447

◉ **And** : *Having enjoyed the pleasures in the heaven and having used up their merit points, they return back to the earth again.*

त्रयीधर्मस्य कौन्तेय लीना: कर्मफलेषु ये ।
पतन्ति मृत्युचक्रे ते जना: स्वर्गपरायणा: ।। 722/1447

◉ **And** : *Those seekers of the heaven, devoted to the fruits of the karmas, again fall in the cycle of birth and death.*

|| 9.22 || अनन्याश्चिन्तयन्तो मां ये जना: पर्युपासते ।
तेषां नित्याभियुक्तानां योगक्षेमं वहाम्यहम् ।।

(एकनिष्ठा)

भक्तिरेकशिखा यस्य पूजनं चिन्तनं तथा ।
नित्ययुक्तस्य तस्याहं योगक्षेमं वहाम्यहम् ।। 723/1447

◉ **My devotees** : *Those who are my unshaken devotees, I protect their faith and welfare.*

|| 9.23 || येऽप्यन्यदेवताभक्ता यजन्ते श्रद्धयान्विता: ।

तेऽपि मामेव कौन्तेय यजन्त्यविधिपूर्वकम् ।।

राध्नोति देवता भिन्नाः पूजको यस्तु श्रद्धया ।
स पूजयति मामेव भ्रमादविधिपूर्वकम् ।। **724**/1447

◎ **But :** *Those who worship other Gods, they are also my worshippers, but indirectly.*

।। 9.24 ।।
अहं हि सर्वयज्ञानां भोक्ता च प्रभुरेव च ।
न तु मामभिजानन्ति तत्त्वेनातश्च्यवन्ति ते ।।

भोक्ताऽहं सर्वयज्ञानां भूतानां प्रभुरेव च ।
यो न जानाति मां सत्यम्-अधोगतिं स गच्छति ।। **725**/1447

◎ **And :** *I enjoy all austerities. I am the Lord of all beings. He who does not know this truth, they cause their own downfall.*

।। 9.25 ।।
यान्ति देवव्रता देवान्पितॄन्यान्ति पितृव्रताः ।
भूतानि यान्ति भूतेज्या यान्ति मद्याजिनोऽपि माम् ।।

सुरभक्तः सुरं यात्यसुरभक्तोऽसुरं तथा ।
पितरं पितृनिष्ठश्च मद्भक्तो याति मां सखे ।। **726**/1447

◎ **And :** *The worshippers of other Gods go to other Gods. Worshippers of the other beings go to the other beings. Worshippers of the forefathers go to forefathers. My devotees come to me, O Arjun!*

।। 9.26 ।।
पत्रं पुष्पं फलं तोयं यो मे भक्त्या प्रयच्छति ।
तदहं भक्त्युपहृतमश्नामि प्रयतात्मनः ।।

सच्चित्तो भक्तिभावेन यत्किमपि प्रयच्छति ।
प्रेम्णा तदहमश्नामि पुष्पं पर्णं फलं जलम् ।। **727**/1447

◎ **And :** *He who has pure faith in me, whatever food, flower, leaf or water he offers me from his heart, I accept it with love.*

।। 9.27 ।।
यत्करोषि यदश्नासि यज्जुहोषि ददासि यत् ।
यत्तपस्यसि कौन्तेय तत्कुरुष्व मदर्पणम् ।।

दानकर्म तपो यज्ञं यत्कृतं तर्पणं तथा ।
अशनं ग्रहणं पानं सर्वं मदर्पणं कुरु ।। **728**/1447

◎ **And :** *O Arjun! whatever charity, austerity or righteous deed you do, do it in my name.*

|| 9.28 ||

शुभाशुभफलैरेवं मोक्ष्यसे कर्मबन्धनै: ।
संन्यासयोगयुक्तात्मा विमुक्तो मामुपैष्यसि ।।

मुक्त: शुभाशुभाभ्यां च योऽबद्ध: कर्मबन्धनै: ।
युक्त: स ज्ञानयोगेन कौन्तेय मामुपैष्यति ।। 729/1447

◎ **Devotee :** *That devotee of mine, being freed from all bondages of karma, having followed Jnana yoga, attains me.*

|| 9.29 ||

समोऽहं सर्वभूतेषु न मे द्वेष्योऽस्ति न प्रिय: ।
ये भजन्ति तु मां भक्त्या मयि ते तेषु चाप्यहम् ।।

शत्रुर्मित्रं न मे कोऽप्यहं सर्वै: पूजित: सम: ।
अहं स्नेहेन सर्वेषाम्-आश्रिता ये जना मयि ।। 730/1447

◎ **And :** *I have no enemy or friend. I am worshipped by all equally. Those devotees of mine who seek my shelter, I accept them with love.*

|| 9.30 ||

अपि चेत्सुदुराचारो भजते मामनन्यभाक् ।
साधुरेव स मन्तव्य: सम्यग्व्यवसितो हि स: ।।

य: पूजयति मामेव यदि हि कोऽपि दुर्जन: ।
योग्यवर्त्मनि भक्त: स प्रियो मम धनञ्जय ।। 731/1447

◎ **And :** *Even if someone was a bad person, but if he worships me with unshaken faith, he is also dear to me, as he is trying to come to the right path.*

89. हिंदी भजन : राग रत्नाकर, कहरवा ताल 8 मात्रा

पाहि माम्!

स्थायी

रे हरि तुम, सबसे करुण जग माँही ।

♫ सा नि़ध़ नि़सा–, रेरेरे गमग रेसा नि़–सा– ।

अंतरा–1

ना कोई अपना, ना ही पराया, सभी जगत पर तेरा साया ।

साधु संतन, अरु दुखी दीनन, तेरे चरणन माँही ।

रे हरि हम, तेरे भगत, पाहि पाहि ।।

♫ रे– सारे गगम–, प– म गरे–म–, पम– गमम पप सां–निध प–ध– ।

सां–नि– ध–पप, मम पप ध–पप, ध–प– ममगग रे–सा– ।

सा नि़ध़ नि़सा–, रे–रे गमग, रेसा नि़–सा– ।।

अंतरा–2

नारी नर हम बालक बूढ़े, सामने खड़े हाथ को जोड़े ।

आस लगाये, प्यास बुझाने, तेरा दरशन चाही ।

रे हरि अब, कोई हमें डर नाही ।।

अंतरा–3

नैया भव जल पार करायो, दासन की तू इक छन माँही ।

लीला तेरी, सबसे न्यारी, तूने जगको दिखायी ।

रे हरि हम, तेरी डगर के राही ।।

◎ **Please protect me! :** ***Sthāyī*** *: O Hari! please protect me. You are most merciful in the world.* ***Antarā : 1.*** *No one is closer or distant to you. You have mercy on all devotees. All saints, helpless souls and righteous people are at your feet.* ***2.*** *All men, women, young and old are praying to you and hoping for your mercy and would like to see you. O Lord! now we do not have any fear.* ***3.*** *You have protected your devotees. You run to their help in a split second. Your grace in unique. O Lord! we are on the path to you.*

।। 9.31 ।।

क्षिप्रं भवति धर्मात्मा शश्वच्छान्तिं निगच्छति ।
कौन्तेय प्रतिजानीहि न मे भक्तः प्रणश्यति ।।

(शीघ्रमुपैति धर्मात्मा)

शीघ्रमुपैति धर्मात्मा चिरां शान्तिं पदे पदे ।
भक्तो मे न कदापीह विनश्यति परन्तप ।। 732/1447

◎ **And :** *A righteous person receives everlasting peace. O Lord! you do not let your devotees go down for any reason.*

|| 9.32 || मां हि पार्थ व्यपाश्रित्य येऽपि स्युः पापयोनयः ।
स्त्रियो वैश्यास्तथा शूद्रास्तेऽपि यान्ति परां गतिम् ।।

वैश्यः शूद्रो नरो नारी साधुः पापी च स्याद्यदि ।
गृह्णाति शरणं यो मे तस्याहं परमा गतिः ।। 733/1447

◎ **And :** *May he be a merchant, worker, man, woman, saint, sinner or whoever seeks my shelter, I become his savior;*

|| 9.33 || किं पुनर्ब्राह्मणाः पुण्या भक्ता राजर्षयस्तथा ।
अनित्यमसुखं लोकमिमं प्राप्य भजस्व माम् ।।

तत्र साधुद्विजानां च पावनानां च का कथा ।
दुःखमये भवे तस्मात्-कौन्तेय भज मां सखे ।। 734/1447

◎ **And :** *And then, in that case, what to speak of those who are righteous? No doubt they receive my protection. Therefore, O Arjun! be my devotee.*

|| 9.34 || मन्मना भव मद्भक्तो मद्याजी मां नमस्कुरु ।
मामेवैष्यसि युक्त्वैवमात्मानारायणः ।।

पूजनं साधनां भक्तिं युज्यस्व हृदये तव ।
एवं परायणो भूत्वा पार्थ त्वं मामुपैष्यसि ।। 735/1447

◎ **And :** *O Arjun! keep one pointed devotion to me at your heart. Being devoted to me in this manner, you will no doubt attain me.*

90. हिंदी गीत : राग भैरवी, कहरवा ताल 8 मात्रा
गीता रहस्य का निरूपण

स्थायी

सुनो शारद मंजुल गाया है, मुनि नारद बीन बजाया है ।
रत्नाकर गीत रचाया है ।।

♪ सानि॒ सा-ग॒रे सा-नि॒नि॒ सा-रेम ग॒-, ग॒म मग॒पम ग॒-रे सासा-रेम ग॒- ।
गग॒रेसासासा रे-ग॒ मग॒रेसानि॒ सा- ।।

अंतरा–1

प्रभु मातु पिता जग धाता मैं, ऋक् साम यजुस् का ज्ञाता मैं ।
मैं मृत्यु अमरता का दाता, ओंकार प्रणव का मैं सोता ।
त्रिभुवन ये मेरी माया है ।।

♪ पप मरेम मप- पम पनि॒धप प-, पप मग॒ग॒ सासाग॒ मप ग॒रेसानि॒ सा- ।
सानि॒ सा-ग॒ रेसासानि॒- सा- रेमग॒-, सानि॒सा-ग॒ रेसासा नि॒- सा- रेमग॒- ।
गग॒रेसा सा- रे-ग॒म ग॒रेसानि॒ सा- ।।

अंतरा–2

जप यज्ञ दान तप तर्पण जो, जल पुष्प पर्ण फल अर्पण जो ।
जो खाया पीया लिया दिया, जो भक्ति भाव से हवन किया ।
वह मैंने प्रेम से पाया है ।।

अंतरा–3

जो नारी नर मुझको ध्याता, वो भगत मेरा मुझको भाता ।
वह धर्मात्मा शांतिऽ पाता, जो मेरी शरणन में है आता ।
यह रहस्य सबसे सवाया है ।।

◎ **The Secret of the Gita :** *Sthāyī* : Ratnakar composed the melody, Sarasvati sang it beautifully, while Narad muni played the Veena. *Antarā* : **1.** I am the Lord, Mother, Father and Nourisher of the world. I am the Knower of the Vedas. I am the Giver of birth, death and immortality. I am the Om. The three worlds are my divine sport. **2.** Whatever austerity, righteous deed or charity you perform, whatever offering you give to me, whatever you eat, drink, take or give, O Arjun! do it in my name. **3.** Whoever man or woman worships me with one pointed faith. That devotee of mine receives my shelter. This is the supreme secret.

श्रीमद्-भगवद्-गीताया दशमोऽध्यायः ।
विभूतियोगः ।

91. हिंदी कीर्तन : कहरवा ताल 8 मात्रा

पिता महादेवा

स्थायी

पिता महादेवा, माता पार्वती, पावन पुत्र गणेशा ।

♪ गसा गगम–म–, गसाग गममम–, पसांसांसां निपम गप– – –म– – – ।

अंतरा–1

शंभो शंकर, हे मन भावन, तेरा कीर्तन सब से पावन ।

जय जय जय गण नाथा ।।

♪ निपनि– सां–सांसां, नि– सांगं रें–सांसां, निपनि– सां–सांसां निसां गंरें सां–सांसां ।

पसां सांसां निप मग प– – –म– – – ।।

अंतरा–2

दुर्गे देवी, गौरी भवानी, तेरी माया है जग जानी ।

जय जय जय जग माता ।।

अंतरा–3

बुद्धि दायक, सिद्धि विनायक, तेरी किरपा है सुख दायक ।

जय जय जय गुण दाता ।।

◎ **Shiva, Parvati, Ganesh : Sthāyī** : Mahadev is father, Parvati is Mother and their holy son is Ganesh. **Antarā** : 1. Victory to you, O Gana Natha (Lord of the people)! Shambho Shankar! Samb Sadashiv (Shiva)! 2. Victory to you, O Goddess Durga! Gauri Bhavani! your magic is world known. 3. Victory to you, O Knowledge Giver! O Success Giver Lord Ganesh!

गीतोपनिषद्

एकविंशस्तरंग

Gitopanishad

Fascicule 21

26. The Divine Glory
दैवीविभूतिनिरूपणम्

श्रीमद्भगवद्गीता दशमोऽध्यायः ।

श्रीभगवानुवाच ।

।। 10.1 ।।

भूय एव महाबाहो शृणु मे परमं वचः ।
यत्तेऽहं प्रीयमाणाय वक्ष्यामि हितकाम्यया ।।

ॐ अनुष्टुप्-श्लोक-छन्दसि गीतोपनिषद् ।

(श्रीभगवानुवाच)

पुनर्वदामि योगं त्वां वचनं शृणु भारत ।
सखा मे त्वं प्रियः पार्थ तस्माद्वदामि त्वां हितम् ।। 736/1447

◎ **Again :** *O Arjun! again I shall tell you my buddhi-yoga. You are my devotee as well as a friend. So, please listen to me for your benefit.*

।। 10.2 ।।

न मे विदुः सुरगणाः प्रभवं न महर्षयः ।
अहमादिर्हि देवानां महर्षीणां च सर्वशः ।।

नावगच्छन्ति देवाश्च विभूतिं विस्तरेण मे ।
यद्यप्यहं पिता तेषां कर्ता धाता च सर्वथा ।। 737/1447

◎ **And :** *Even the Gods do not understand my divinity, as its expanse is immense. Even then, I am their father and protector in every which way.*

| 10.3 ||

यो मामजमनादिं च वेत्ति लोकमहेश्वरम् ।
असम्मूढः स मर्त्येषु सर्वपापैः प्रमुच्यते ।।

(ज्ञानी)

यो जानाति यथार्थेन मामजं परमेश्वरम् ।
पापात्स मुञ्च्यते ज्ञानी निर्भ्रमो निर्ममो नरः ।। **738**/1447

◎ **And :** *I am eternal and unborn Lord of all. He who knows me in principle, that undeluded wise person is freed from all his sins.*

|| 10.4 ||

बुद्धिर्ज्ञानमसम्मोहः क्षमा सत्यं दमः शमः ।
सुखं दुःखं भवोऽभावो भयं चाभयमेव च ।।

|| 10.5 ||

अहिंसा समता तुष्टिस्तपो दानं यशोऽयशः ।
भवन्ति भावा भूतानां मत्त एव पृथग्विधाः ।।

बुद्धिर्ज्ञानं क्षमा शान्तिः–निर्मोहता सुखं च स्यात् ।
अहिंसा समता सत्यं निर्ममता च साहसम् ।। **739**/1447

90. हिंदी भजन : राग रत्नाकर, कहरवा ताल 8 मात्रा

प्रभु! तेरी लीला

स्थायी

रे प्रभु! तूने, लीला है जग में भरी ।

♫ रे सारे! गरे–, प–म ग रेरे– ग रेसा– ।

अंतरा–1

सत्य अहिंसा मन वाणी में, दया क्षमा शांति प्राणी में ।
जगत पे, किरपा तेरी है बड़ी ।।

♫ म–ग रेग–म– धप म–ग– म–, सांनि– धप– म–गरे ग–म– म– ।
पपप म–, गगरे गम– ग रेसा– ।।

अंतरा–2

कीर्ति मेधा ह्री नारी में, आग चमक चिनगारी में ।
जगत का, कण कण तू है, हरि! ।।

अंतरा-3

सदाचार का मार्ग दिखायो, निर्ममता निर्मोह सिखायो ।
चरणन में तेरे, मुक्ति खरी ।।

◉ **Grace : Sthāyī** : *O Lord! you have filled your grace in this world.* **Antarā : 1.** *You gave us truth and non-violence in our action and speech. You put peace, forgiveness and kindness in our hearts. O Lord! it is all your mercy on the world.* **2.** *You put intelligence and greatness in the women. You put fire in the sparkle. O Lord! you are each particle of the world.* **3.** *You showed us the path of righteousness. You taught us non attachment. O Lord! real freedom is for those who come to your feet.*

|| 10.6 ||

महर्षय: सप्त पूर्वे चत्वारो मनवस्तथा ।
मद्भावा मानसा जाता येषां लोक इमा: प्रजा: ।।

(प्रजानिर्मिति:)

सप्त महर्षय: पूर्वे मनवश्च चतुर्दश ।
द्वौ कुमारौ च, सर्वे हि मनोजास्ते प्रजाकरा: ।। 740/1447

◉ **Progenies** : *The ancient seven great saints, the fourteen Manus, the two Ashvins, are all Prajapatis (progenitors) of this world. O Brahma! you created the Prajapatis from your mind.*

|| 10.7 ||

एतां विभूतिं योगं च मम यो वेत्ति तत्त्वत: ।
सोऽविकम्पेन योगेन युज्यते नात्र संशय: ।।

(विभूतिज्ञानम्)

मम योगं विभूतिं च जानाति यो यथार्थत: ।
असंशयं हि ज्ञानी स योगेन युज्यते सदा ।। 741/1447

◉ **Divinities** : *He who understands my divinity properly, that wise person is no doubt equipped with yoga.*

|| 10.8 ||

अहं सर्वस्य प्रभवो मत्त: सर्वं प्रवर्तते ।
इति मत्वा भजन्ते मां बुधा भावसमन्विता: ।।

सर्वेषामुद्गमो मत्त:-तेषामभ्युदयोऽप्यहम् ।
एवं ज्ञात्वा प्रबुद्धास्ते रमन्ते विलसन्ति च ।। 742/1447

◉ **And** : *Everyone's origin is from me. Their dissolution is also in me. Knowing this, the wise people enjoy the discussions.*

|| 10.9 ||
मच्चित्ता मद्गतप्राणा बोधयन्तः परस्परम् ।
कथयन्तश्च मां नित्यं तुष्यन्ति च रमन्ति च ॥

जना मोदेन ते सर्वे चर्चायां च रता मम ।
ध्यानमग्नास्ततो भूत्वा मयि ते मत्परायणाः ॥ 743/1447

◎ **And :** Those devotees of mine enjoy themselves in the discussions about my divinities.

|| 10.10 ||
तेषां सततयुक्तानां भजतां प्रीतिपूर्वकम् ।
ददामि बुद्धियोगं तं येन मामुपयान्ति ते ॥

एवं विधं च ध्यानेन पूजयन्ति प्रणेन ये ।
ददामि बुद्धियोगं तान्-लीयन्ते येन ते मयि ॥ 744/1447

◎ **And :** In this manner those who worship me with firm resolve, to them I give Jnana yoga so that they remain immersed in me.

|| 10.11 ||
तेषामेवानुकम्पार्थमहमज्ञानजं तमः ।
नाशयाम्यात्मभावस्थो ज्ञानदीपेन भास्वता ॥

तेषामहं मनो भूत्वा स्नेहेन दयया तथा ।
प्रज्ज्वालयाम्यहं पार्थ ज्ञानदीपं तमोहरम् ॥ 745/1447

◎ **And :** Becoming their mind, with love and kindness, I enlighten the lamp of knowledge in their heart.

अर्जुन उवाच ।
|| 10.12 ||
परं ब्रह्म परं धाम पवित्रं परमं भवान् ।
पुरुषं शाश्वतं दिव्यमादिदेवमजं विभुम् ॥

(अर्जुन उक्तवान्)
पूज्यतमो मनोहारी पुण्यदाता भवान्हरे ।
सुखकर्ता व्यथाहर्ता पापहन्ता च त्वं प्रभो ॥ 746/1447

◎ **Arjun :** Arjun said, O Hari! you are the Supreme Person. You are the giver of righteousness. You are the joy to the mind. You are the giver of happiness. You are the remover of pains. You are the cleanser of the sins.

परब्रह्मोत्तमं धाम पूजनीय: सनातन: ।
सर्वेषां च पिता कृष्ण त्वमजोऽनादिरव्यय: ।। 747/1447
पुण्य सनातन आप परम हैं, पूज्य ब्रह्म हैं धाम चरम हैं ।
बिना जनम के आदि आप हैं, आप सभी के अमर बाप हैं ।। 1436/5200

◎ **And** : *O Shrī Krishna! you are superior than the Para Brahma (The Supreme). You are worship worthy. You are ancient. You are the father and the Lord of everyone. You are unborn. You are beginingless.*

92. हिंदी भजन : राग रत्नाकर, कहरवा ताल 8 मात्रा

प्रभु! तेरे उपकार

स्थायी

हरि रे तेरे, मंगल हैं उपकार ।

♪ गम प मग–, ध–पम ग– मगरे–रे ।

अंतरा–1

सबसे पावन, मन के भावन, पुण्य लगावन आप हैं ।
सुख के आवन, दुख के जावन । तुम ही हो आधार ।।

♪ सासासा रे–रेरे–, गग ग– प–मग–, प–प धनि–धप सां–नि ध– ।
पप प म–गग–, रेरे रे ग–मम– । धप म प– मगरे–रे ।।

अंतरा–2

ब्रह्म परम हैं, धाम चरम हैं, पूज्य सनातन आप हैं ।
निर्मल पायस, प्रेम सुधारस । गंगा की तुम धार ।।

अंतरा–3

नारद शारद, गान स्तुति के, गाते मुनिवर व्यास हैं ।
भजत जनन सब, सिमरत निश दिन । तेरे ही आभार ।।

◎ **O Lord! your mercy** : ***Sthāyī*** : *O Lord! your mercy is auspicious.* **Antarā** : *1. You are holy, you are lovable, you are the giver of merits. You are the Giver of happiness and the Remover of pains. We have your support. 2. You are the Supreme Brahma. You are the supreme abode. You are ancient and venerable. You are the pure divine nectar. You are the flow of love. You are the holy Ganges. 3. Narad muni, Vyasa and Sarasvati sing your prayers. The devotees sing your songs day and night and thank you for your kindness up on them.*

|| 10.13 ||

आहुस्त्वामृषय: सर्वे देवर्षिर्नारदस्तथा ।
असितो देवलो व्यास: स्वयं चैव ब्रवीषि मे ॥

यत्त्वं भणसि रूपं ते तस्यैव दर्शनाय च ।
देवलश्चासितो व्यास: स्तवीति त्वां च नारद: ॥ 748/1447

◎ **And :** O Lord! your form is as divine as you have said. Narada, Asita, Devala and Vyasa worship you.

|| 10.14 ||

सर्वमेतदृतं मन्ये यन्मां वदसि केशव ।
न हि ते भगवन्व्यक्तिं विदुर्देवा न दानवा: ॥

यन्मां त्वमगद: पूर्वं मन्ये सर्वमृतं प्रभो ।
नहि जानन्ति देवाश्च मायां ते दानवास्तथा ॥ 749/1447

◎ **And :** O Lord! I agree whatever you have said to me. Neither the Gods nor the men know your divinity.

|| 10.15 ||

स्वयमेवात्मनात्मानं वेत्थ त्वं पुरुषोत्तम ।
भूतभावन भूतेश देवदेव जगत्पते ॥

पुरुषोत्तम देवेश प्राणदस्त्वं प्रभुर्महान् ।
त्वमेव तव ज्ञाताऽसि देवदेव जगत्पिता ॥ 750/1447

◎ **And :** O Supreme Person! O Lord of the Lords! you are the life giving Great God. You are the only one worth knowing in the world.

|| 10.16 ||

वक्तुमर्हस्यशेषेण दिव्या ह्यात्मविभूतय: ।
याभिर्विभूतिभिर्लोकानिमांस्त्वं व्याप्य तिष्ठसि ॥

विभूतेस्तव गोविन्द यया सर्वमिदं ततम् ।
गौरवं श्रोतुमिच्छामि तव मुखाज्जनार्दन ॥ 751/1447

◎ **And :** O Lord! the world is filled with your divinity. I would like to hear about it from your mouth.

|| 10.17 ||

कथं विद्यामहं योगिंस्त्वां सदा परिचिन्तयन् ।
केषु केषु च भावेषु चिन्त्योऽसि भगवन्मया ॥

केषु रूपेषु योगेश ज्ञास्यामि त्वां मनोहर ।
कथं विद्यामहं त्वां नु ध्यानयोगे रत: सदा ॥ 752/1447

◎ **And :** *O Lord! O Yogesha (Lord of the yoga)! in which forms shall I recognize you, while being engaged in the yoga?*

|| 10.18 ||

विस्तरेणात्मनो योगं विभूतिं च जनार्दन ।
भूयः कथय तृप्तिर्हि शृण्वतो नास्ति मेऽमृतम् ।।

शृण्वतो नास्ति तृप्तिर्मे त्वत्तस्ते कथनामृतम् ।
विभूतिं ते च योगं च कथय विस्तरेण माम् ।। 753/1447

◎ **And :** *Listening your nectar filled words my thirst does not get quenched. Please tell me about your divinities in details.*

93. हिंदी भजन

प्रभु का धाम

स्थायी

प्रभु जी! किसमें रहते तुम, बताओ श्रवण प्यासे हम ।
प्रभोः भोः! कुत्र तिष्ठसि त्वं, वदतु मां, ज्ञातुमिच्छामि ।।

♫ मगम रे–! धपम गगम प–, सांनिधप– मगरे ग–म– रे– ।
सानि़सा रे–! प–म ग–रेग म–, पमग रे–, प–मग–रे– सा– ।।

अंतरा–1

जहाँ पर नाद ब्रह्मा का, जहाँ पर राग सरगम का ।
वहाँ पर स्थान है मेरा, अरे! हम, “तत्र तिष्ठामि” ।।

♫ धप– मग– रे–ग म–ग– प–, मग– रेरे– ग–म पपमग रे– ।
सानि़ सासा– म–ग रे– ग–म–, निध–! प–, “ग–ग म–रे–सा–” ।।

अंतरा–2

जहाँ पर है दिलों में गम, जहाँ पर बेदिली है कम ।
वहाँ पर वास है मेरा, सुनो! हम, “तत्र विष्ठामि” ।।

अंतरा–3

जहाँ पर पाप का नहीं दम, जहाँ पर पुण्य है हरदम ।
वहाँ आधार है मेरा, सखे! हम, “भद्र रक्षामि” ।।

अंतरा–4

कहीं ना धाम है ऐसा, कोई ना नाम है ऐसा ।

जहाँ ना वास है मेरा, सदा "सर्वत्र गच्छामि" ।।

◎ **O Lord! where is your abode? :** ***Sthāyī :*** *O Lord! where is your abode? Please tell me, I am eager to know.* ***Antarā : 1.*** *Where there is sound of Om, where there is melody of Raagas, there I dwell.* ***2.*** *Where there is ache in the hearts. Where heartlessness is absent. There I live.* ***3.*** *Where there is no sin. Where righteousness prevails. There I stay.* ***4.*** *There is no place in the Universe, there is nothing in the world, where I do not exist. O Arjun! I am Omnipresent.*

श्रीभगवानुवाच ।

।। 10.19 ।।

हन्त ते कथयिष्यामि दिव्या ह्यात्मविभूतयः ।

प्राधान्यतः कुरुश्रेष्ठ नास्त्यन्तो विस्तरस्य मे ।।

(विभूतिविस्तरः)

साधु पृष्टं त्वया पार्थ शृणु वदामि त्वां सखे ।

विभूतयस्तु दिव्यैव विस्तृताः प्रसृता यतः ।। **754**/1447

◎ **Krishna :** *O Arjun! you have asked me a good question. But, the expanse of my divinity is immense. Therefore, keeping in mind the place and situation we are in right now (on the battle field), I shall give you just a few examples.*

।। 10.20 ।।

अहमात्मा गुडाकेश सर्वभूताशयस्थितः ।

अहमादिश्च मध्यं च भूतानामन्त एव च ।।

आत्मा यो हृदि सर्वस्य स्थितो नित्योऽहमर्जुन ।

आदिर्मध्यश्च भूतानाम्–अहमन्तश्च भारत ।। **755**/1447

◎ **And :** *O Arjun! I am the soul that exists in the hearts of all beings. I am the beginning, middle and the end of everyone.*

।। 10.21 ।।

आदित्यानामहं विष्णुर्ज्योतिषां रविरंशुमान् ।

मरीचिर्मरुतामस्मि नक्षत्राणामहं शशी ।।

विद्ध्यादित्येषु मां विष्णुं मरीचिं मरुतेषु च ।

ज्योतिर्मयेषु सूर्योऽहं नक्षत्रेषु च चन्द्रमा ।। **756**/1447

◎ **And :** *Know me to be Vishnu among the sons of Aditi, Marichi among the Maruts, the Sun among the stars and Moon among the planets.*

|| 10.22 ||

वेदानां सामवेदोऽस्मि देवानामस्मि वासवः ।
इन्द्रियाणां मनश्चास्मि भूतानामस्मि चेतना ॥

सामवेदोस्मि वेदेषु देवेष्विन्द्रोऽहमर्जुन ।
मनोऽहमिन्द्रियाणाञ्च भूतानां चेतना तथा ॥ **757**/1447

◎ **And :** *I am the Sama Veda among the four Vedas. I am Lord Indra among the Gods. I am mind among the eleven body organs. I am life of the beings.*

|| 10.23 ||

रुद्राणां शङ्करश्चास्मि वित्तेशो यक्षरक्षसाम् ।
वसूनां पावकश्चास्मि मेरुः शिखरिणामहम् ॥

रुद्रेषु च महेशोऽहं कुबेरो यक्षरक्षसाम् ।
मेरुरहं गिरीणाञ्च वसूनां पावकस्तथा ॥ **758**/1447

◎ **And :** *I am the Shiva among the Rudras. I am Kubera among the Yaksha deities. I am Meru among the mountains. I am Pavan among the Vasus.*

|| 10.24 ||

पुरोधसां च मुख्यं मां विद्धि पार्थ बृहस्पतिम् ।
सेनानीनामहं स्कन्दः सरसामस्मि सागरः ॥

सुरसेनापतिः स्कन्दः सागरः सरसामहम् ।
बृहस्पतिं च मां विद्धि देवानां च पुरोहितम् ॥ **759**/1447

◎ **And :** *I am Skanda, the commander-in-chief of the Gods. I am the ocean among the bodies of water. I am Brihaspati among the physicians of the Gods.*

|| 10.25 ||

महर्षीणां भृगुरहं गिरामस्म्येकमक्षरम् ।
यज्ञानां जपयज्ञोऽस्मि स्थावराणां हिमालयः ॥

शब्दानामहमोङ्कारो महर्षीणां भृगुस्तथा ।
यज्ञेषु जपयज्ञोऽहं स्थावरेषु हिमालयः ॥ **760**/1447

◎ **And :** *I am Om among the sounds. I am Bhrigu among the saints. I am Japa (chant) yajna among the austerities. I am Himalaya among the stable things.*

94. हिंदी भजन : राग बिलावल, कहरवा ताल 8 मात्रा

विभूति विस्तार

स्थायी

भँवर ये, तेरी विभूति ने घेरा, जहाँ भी जो अमर है, वो तेरा ।

♫ गरेग म–, ध–प मग–म ग रेम–, धप– म– ध– पमग म–, ग रेम– ।

अंतरा–1

सब हृदयों में बसा आतमा, आदि अंत और मध्य जीवों का ।
आदित्यों में महाविष्णु तू, चाँद गगन में सूर्य सितारा ।
जगत में, जो भी अजब है, वो तेरा ।।

♫ रेरे गगम– म– धप– म–गरे–, सा–रे ग–ग गग प–म गरे– सा– ।
सा–रे–ग– ग– पम–ग–रे ग–, ध–प मगग म– ग–म गरे–सा– ।
गरेग म–, ध–प मगग म, ग रेम– ।।

अंतरा–2

तू रुद्रों में शिव शंकर है, यक्ष गणों में धन कुबेर है ।
सेनापति तू स्कंद सुरों का, बृहस्पति तू बैद अपारा ।
भुवन में, जो भी अलग है, वो तेरा ।।

अंतरा–3

व्यास मनीषी मुनिजनों में, महर्षियों में भृगु तुझे कहा ।
तपस्वी नारद देवर्षि तू, अर्जुन तू है पांडव प्यारा ।
भगतों में, जो भी परम है, वो तेरा ।।

◎ **Krishna's Divinity** : ***Sthāyī*** *: This Universe is filled with your divinity. Wherever there is anything immortal and divine, it is because of me.* ***Antarā : 1.*** *You are the atma that dwells in the hearts. You are the beginning to the end of the beings. You are Vishnu. You are the Moon, the Sun. Whatever is unique in the world, it is because of you.* ***2.*** *You are Shiva among the twelve Rudras. You are Kubera among the Yakshas. You are Skanda among the commanders. You are Brihaspati among the physicians. Whatever is different in the world, it is because of you.* ***3.*** *You are Vyasa among sages, Bhrigu among the saints. You are Narad muni among the Asetics. You are Arjun among the Pandavas. Whoever is supreme among the devotees, you are him.*

।। 10.26 ।।

अश्वत्थः सर्ववृक्षाणां देवर्षीणां च नारदः ।
गन्धर्वाणां चित्ररथः सिद्धानां कपिलो मुनिः ।।

चित्ररथश्च गन्धर्वः सिद्धानां कपिलो मुनिः ।
वृक्षाणामहमश्वत्थो देवर्षिषु च नारदः ।। **761**/1447

◎ **And :** *I am the Chitraratha among the heavenly musicians. I am Kapila among the sages. I am the Ficus (Banyan) tree among the trees. I am Narad muni among the celestial sages.*

।। 10.27 ।।

उच्चैःश्रवसमश्वानां विद्धि माममृतोद्भवम् ।
ऐरावतं गजेन्द्राणां नराणां च नराधिपम् ।।

उच्चैश्रवोऽहमश्वानां गुडाकेशामृतोद्भुतः ।
नृषु नराधिपश्चाहम्-ऐरावतो गजेषु च ।। **762**/1447

।। 10.28 ।।

आयुधानामहं वज्रं धेनूनामस्मि कामधुक् ।
प्रजनश्चास्मि कन्दर्पः सर्पाणामस्मि वासुकिः ।।

कन्दर्पश्च प्रजाकारो महासर्पेषु वासुकिः ।
अस्त्राणां च महावज्रं कामधेनुर्गवामहम् ।। **763**/1447

◎ **And :** *I am Kandarpa among the procreators. I am Vasuki (the snake that stays on the neck of Shiva) among the snakes. I am Kamdhenu (the wish granting cow) among the cows.*

।। 10.29 ।।

अनन्तश्चास्मि नागानां वरुणो यादसामहम् ।
पितॄणामर्यमा चास्मि यमः संयमतामहम् ।।

सर्पाणां शेषनागोऽहं पितॄणामहमर्यमा ।
यमो नियन्त्रकाणां च वरुणो जलदेवता ।। **764**/1447

◎ **And :** *I am the Shesha (Vishnu's snake) among the great snakes, Aryama among the forefathers, Yama (God of Death) among the regulators, Varuna, the deity of waters.*

।। 10.30 ।।

प्रह्लादश्चास्मि दैत्यानां कालः कलयतामहम् ।
मृगाणां च मृगेन्द्रोऽहं वैनतेयश्च पक्षिणाम् ।।

दितिसुतेषु प्रह्लादो वैनतेयः खगेषु च ।
सिंहराजो मृगाणां च कालोऽहं गणनाकरः ।। **765**/1447

◎ **And :** *I am the devotee Prahlad among the sons of Diti. I am the kingly Vainateya among the eagles and I am the lion among the beasts.*

|| 10.31 || पवनः पवतामस्मि रामः शस्त्रभृतामहम् ।
            झषाणां मकरश्चास्मि स्रोतसामस्मि जाह्नवी ।।

पवतामस्मि वायुश्च गङ्गा च स्रोतसामहम् ।
जलचरेषु नक्रोऽहं रामोऽहं शस्त्रधारिणाम् ।। 766/1447

◎ **And** : *I am the wind among the fluids, Ganges among the rivers, alligator among the aquatic animals and Rama among the warriors.*

95. हिंदी भजन : राग रत्नाकर, कहरवा ताल 8 मात्रा

हरि नाम

स्थायी

कहो हरि का नाम, जीवन बीते रे ।

♪ गम– पध– प– म–ग, रे–गम प–मग रे– – – ।

अंतरा–1

शस्त्रधारी जब राम हरि हैं, वहाँ दुखों का नाम नहीं है ।
छोड़ हरि पर भार, रक्षक हैं तेरे ।।

♪ सा–रेग–ग गग ध–प मग– म–, सांनि– धप ध– नि–ध पम– प– ।
ग–म पध– पप म–ग, रे–गम प– मगरे– ।।

अंतरा–2

जिस कण में रोशनी भरी है, उस कण की चेतना हरि हैं ।
जोड़ हरि से प्यार, ईश्वर हैं तेरे ।।

अंतरा–3

भव सागर के बीच खड़ा है, घिर घिर संकट आन पड़ा है ।
सौंप हरि को नाव, केवट हैं तेरे ।।

◎ **Chant, Hari!** : **Sthāyī** : *Chant Hari! Hari! the life is getting shorter and shorter.* **Antarā** : *1. When Rama bears arms, there remains no misery. Leave your affairs to Hari. He is your protector. 2. Any particle of the Universe that is divine, it is because of Hari. Have love for Hari, he is your Lord. 3. You are standing in the midst of the worldly ocean. Difficulties are all around you. Let Hari take care of you. He is the right boatman in the worldly ocean.*

|| 10.32 || सर्गाणामादिरन्तश्च मध्यं चैवाहमर्जुन ।
अध्यात्मविद्या विद्यानां वादः प्रवदतामहम् ।।

आदिमन्तं तथा मध्यं सृष्टेर्मां विद्धि पाण्डव ।
विद्यानां ब्रह्मविद्याऽहं तर्कः प्रवदतामहम् ।। **767**/1447

◎ **And :** *O Arjun! I am the beginning, middle and the end of all beings. I am the originator of the Universe. I am the Brahma-vidya (Supreme knowledge) among all knowledges. I am the logic in the debates.*

|| 10.33 || अक्षराणामकारोऽस्मि द्वन्द्वः सामासिकस्य च ।
अहमेवाक्षयः कालो धाताहं विश्वतोमुखः ।।

अक्षराणामकारोऽहं द्वंद्वः सामासिकेषु च ।
अक्षयः शाश्वतः कालो ब्रह्मा विष्णुः शिवस्तथा ।। **768**/1447

◎ **And :** *I am letter-A among the alphabet, I am the eternal time. I am Brahma, Vishnu and Shiva, the guardians of the mankind.*

|| 10.34 || मृत्युः सर्वहरश्चाहमुद्भवश्च भविष्यताम् ।
कीर्तिः श्रीर्वाक्च नारीणां स्मृतिर्मेधा धृतिः क्षमा ।।

भविष्यतामहं जन्म मृत्युश्चैवाहमर्जुन ।
अहं कर्ता च हर्ता च धाता त्राता तथा सखा ।। **769**/1447

◎ **And :** *I am the life of the living beings. I am their birth and death. I am the creator, dissolver, nourisher, protector and the friend.*

वाणी मेधा क्षमा कीर्तिः-लक्ष्मी प्रीतिर्धृतिस्स्मृतिः ।
अष्टैतानि हि नारीणां लक्षणान्यहमर्जुन ।। **770**/1447

◎ **And :** *I am the eight virtues of speech, intelligence, forgiveness, fame, nobility, love, courage and remembrance of the women*

96. हिंदी गीत : राग रत्नाकर, कहरवा ताल 8 मात्रा

नारी

स्थायी

नारी ममता की फुलवारी, हर माँ बेटी प्यारी है ।

♫ रेगम- धधप- म- गगम-प-, मम प- निधप- मगमग रे- ।

अंतरा–1

क्षमा तितिक्षा, अमृत वाणी । मेधा कीर्ति, देवी भवानी ।

हर, माता विश्व दुलारी है ।।

♫ रेग- मम-प-, नि-धप म-प-, सांनिध- प-ध-, नि-ध पम-प- ।

मम, प-प- नि-ध पमगमग रे- ।।

अंतरा–2

तारा द्रौपदी, झाँसी रानी । राधा सीता, मीरा दीवानी ।

हर, कन्या राजकुमारी है ।।

अंतरा–3

गंगा जमुना, पावन पानी । सेवा नेहा, प्रेम कहानी ।

हर, नारी जन हितकारी है ।।

अंतरा–4

भाभी बहिना, बहू दरानी । मौसी दादी, नानी सयानी ।

सुंदर हिरदय, सारी हैं ।।

◎ **Woman :** ***Sthāyī :*** *The woman is the flower garden of love. Every woman is a daughter, mother or a loving sister.* **Antarā : 1.** *Woman is a symbol of forgiveness, forbearance, sweet words, intelligence, fame and Goodenss. Every mother is dear to everyone in the world.* **2.** *Tara, Draupadi, Queen of Jhansi, Radha, Sita, Meera, each one is a beautiful princess.* **3.** *Ganga, Yamuna are the love stories of holy waters in the history. Each woman is beneficial to the mankind.* **4.** *Sister-in-law, sister, daughter-in-law, aunty, grandmother, all are wonderful at their harts.*

।। 10.35 ।। बृहत्साम तथा साम्नां गायत्री छन्दसामहम् ।
मासानां मार्गशीर्षोऽहमृतूनां कुसुमाकरः ।।

मार्गशीर्षञ्च मासानाम्-ऋतुराट्कुसुमाकरम् ।
मां बृहत्साम साम्नां च गायत्रीं विद्धि छन्दसाम् ।। **771**/1447

◎ **And :** *O Arjun! I am the month of Margashirsh (November-December) among the months, Basant (Spring) among the seasons, Brihat-sama in the Sama-veda and I am Gayatri among the poetic meters.*

97. हिंदी खयाल : राग बहार, एक ताल 12 मात्रा

ऋतु बसंत

स्थायी

बिंदु बिंदु अंबु झरत, ऋतु बसंत आयी ।

शीतल पवन पुरवाई, मन में उमँग है लायी ।।

♫ नि सां रेंसांनि सांनिधनिप पपप, मप निपग–म मनिधनि–सां ।

निधनिपप मपग गमरे–सा, साम म पगमनि धनि–सां– ।।

अंतरा–1

रंग रंग मंजरियाँ, फूल फूल चंचरीक ।

पपैया की मधुर तान, मोरे मन भायी ।।

♫ मगम निधनि सां–सांनिसां–, नि– नि निसांसां निसांरेंसांनिधध ।

सांमंगंमंरेंगं रें निसांरेंसां निधध, धधसांरेंसांसांधनिसांसांनिप मपनिनिपम गमरेसानिसा ।।

◎ **Basant Season :** ***Sthāyī :*** *The Basant (spring) season has come. Rain is drizzling. The easterly cool breeze has given inspiration to my mind.* ***Antarā :*** *The colourful pinnacles are on the plants, the Bumble bees swarming on the flowers. The sweet chirping of the Koyal (black bird) pleased my mind.*

|| 10.36 ||

द्यूतं छलयतामस्मि तेजस्तेजस्विनामहम् ।

जयोऽस्मि व्यवसायोऽस्मि सत्त्वं सत्त्ववतामहम् ।।

छलं छलयतां विद्धि द्यूतकारस्य कैतवम् ।

व्यवसायं च मां पार्थ दृढानां व्यवसायिनाम् ।। 772/1447

विजयोऽहं विजेतॄणां निर्धारिणां च निश्चयः ।

सात्त्विका सत्त्वशीलानां सद्बुद्धिश्च धनञ्जय ।। 773/1447

◎ **And :** *I am the victory of the victorious, resolve of the resolute and truth of the truthful.*

|| 10.37 ||

वृष्णीनां वासुदेवोऽस्मि पाण्डवानां धनञ्जयः ।

मुनीनामप्यहं व्यासः कवीनामुशना कविः ।।

वृष्णीनां वसुदेवोऽहं पाण्डवेष्वहमर्जुनः ।
कवीनामुशना पार्थ व्यासदेवो मुनीश्वरः ।। 774/1447

◎ **And :** *I am Vasudeva in the Vrishni clan. I am Arjun in the Pandavas. I am Ushna in the learned and Vyasa in the saint poets.*

|| 10.38 ||
दण्डो दमयतामस्मि नीतिरस्मि जिगीषताम् ।
मौनं चैवास्मि गुह्यानां ज्ञानं ज्ञानवतामहम् ।।

राजनीतिर्नृपाणां च दण्डोऽहं शासनस्य च ।
गोपनीयेषु मौनं च ज्ञानं च ज्ञानिनामहम् ।। 775/1447

◎ **And :** *I am the kingship of the king, the rule of the ruler, secrecy of the secrets and the knowledge of the knowledgeable.*

|| 10.39 ||
यच्चापि सर्वभूतानां बीजं तदहमर्जुन ।
न तदस्ति विना यत्स्यान्मया भूतं चराचरम् ।।

पार्थ गतागतानां च भूतानां विद्धि मां गतिम् ।
अत्र ये येऽपि जायन्ते बीजं तेषां च प्राक्तनम् ।। 776/1447

◎ **And :** *O Arjun! know me to be the destiny of the departed. I am the seed of the beings that take birth in the Universe.*

98. हिंदी भजन : राग रत्नाकर, कहरवा ताल 8 मात्रा

अद्भुत काम

स्थायी

अद्भुत जितने काम जगत के, मंगल उतने नाम तिहारे ।
♪ ग-रेरे गगम- ध-प मगग म-, नि-धप ममप- ध-प मग-म- ।

अंतरा –1

कोई कहे गोविंद, कंस निकंदन । कोई कहे मोहन, कालियामर्दन ।
दीन दयाला, हे जगपाला! पाहि हमको, हरे मुरारे! ।।
♪ गरे सारे ग-म-म, ध-प मग-मम । निध पम प-धध, सां-निधप-धध ।
प-म गरे-ग-, प- मगरे-ग-! सा-रे- गगम-, ध-प मग-म-! ।।

अंतरा –2

मुकुंद माधव, मुरली मनोहर । कोई कहे यादव, गोवर्धन–धर ।

श्यामल सुंदर, हे योगेश्वर! भगत जन भये शरण तिहारे ।।

अंतरा –3

देवकी नंदन, कृष्ण दमोदर । मीरा के प्रभु, गिरिधर नागर ।

कोई कहे केशव, हे दुख भंजन! निश दिन करना काज हमारे ।।

◎ **Unique deeds :** ***Sthāyī :*** *O Lord! as many unique things are there in the Universe, so many are your unique deeds and names.* ***Antarā : 1.*** *Someone calls you Giridhara (who picked up mountain), Keshi-nishudan (Slayer of Keshi), Kaliya-mardan (Punisher of Kaliya snake), Kamsa-nikandana (Slayer of Kamsa). O Son of Nanda! O Worshipped by the world! O Murari (Slayer of the demon Mura)! please protect us.* ***2.*** *O Mukund (Jewel)! O Madhava (Husband of Lakshmi)! O Krishna Damodara! O Mohana! O Keshava! O Murli Manohara (who plays charming flute)! O Govind (Protector of the cows)! O Yadava (Son of Yadu), O Govardhana (who picked Goverdhan mountain)! the devotees surrenderto you.* ***3.*** *O Meera's Lord Girighar-nagar! Radha Ramana (Joy of Radha)! O Shyamala Sundara (of beautiful brown complexion)! O Devaki-nandana (Son of Devaki)! O Ocean of mercy! please make our life easy.*

|| 10.40 ||

नान्तोऽस्ति मम दिव्यानां विभूतीनां परन्तप ।

एष तूद्देशतः प्रोक्तो विभूतेर्विस्तरो मया ।।

दैविनां हि विभूतीनां नास्त्यन्तो मे यतः सखे ।

अवदमत्र स्वल्पेन व्याप्तिं तेषां तु भारत ।। **777**/1447

◎ **And :** *There is no end to my divinities, therefore, O Dear Arjun! I have given you just a few examples, on this battlefield.*

|| 10.41 ||

यद्यद्विभूतिमत्सत्त्वं श्रीमदूर्जितमेव वा ।

तत्तदेवावगच्छ त्वं मम तेजोंऽशसम्भवम् ।।

श्रीयुक्तं च प्रभावी च यदप्यस्त्यत्र तत्र वा ।

तदस्ति पार्थ जानीहि मम तेजोंऽशसम्भवम् ।। **778**/1447

◎ **And :** *O Arjun! whatever divine and noble is there anywhere in the Universe, know it to be a minute fraction of my divinity.*

|| 10.42 ||

अथवा बहुनैतेन किं ज्ञातेन तवार्जुन ।

विष्टभ्याहमिदं कृत्स्नमेकांशेन स्थितो जगत् ।।

ज्ञात्वा सूक्ष्मेन किं पार्थ जानीहि यावदेव त्वम् ।
ब्रह्माण्डमंशमात्रेण सम्भूतं मम तेजसः ।। 779/1447

◎ **And :** *But, O Arjun! rather than knowing all about my divinity here on the battlefield, just know this much that this Universe is evolved from a fraction of mine.*

99. हिंदी भजन

ओ बनवारी!

स्थायी

मोरी बिगड़ी बनादो बनवारी, तोरी किरपा अनूठी, गिरिधारी! ।

♫ सारे- ममम पम-प- सांधपमप-, मप सांधप मप-ध-, धपमगम-! ।

अंतरा-1

दाता तुम हो कृष्ण मुरारी, गोविंद माधव कुंज विहारी ।
लीला तुमरी सब जग जानत, शंकर किन्नर, गात हरि! ।।

♫ म-प- धध नि- सां-सां सांनि-सां-, नि-निनि सां-सांसां निसांरें सांनिधप- ।
सा-रे- ममम- पप मप सां-धप, म-पप ध-पम, प-म गम-! ।।

अंतरा-2

राधा रमण हरि, बिरज बिहारी, दुष्ट दमन को तू अवतारी ।
तू सुखकारी भद्र जनन का, दीन दयाला राम हरि ।।

◎ **O Banwari! : *Sthāyī* :** *O Banwari (who wears garland of wild flowers)! please keep my life in order. O Giridhari (Bearer of the mountain)! please make my life easy. I am your devotee, please have mercy upon me. O Lord! your kindness is unique.* ***Antarā*** *: O Krishna Murari (Slayer of Mura)! O Govind (Protector of the cows)! O Madhava (Husband of Lakshmi)! O Vipina-vihari (who roams in the forest)! the world knows your magic. Shiva and Kinnara are singing your praises.* **2.** *O Joy of Radha! O Biraj-bihari (Dweller of the Vraj village)! you take personification to remove evil. You are the Giver of happiness, helper of the helpless, O Rama!*

श्रीमद्-भगवद्-गीताया एकादशोऽध्यायः ।
विश्वरूप-दर्शनयोगः ।

100. हिंदी भजन : राग अहीर भैरव, कहरवा ताल 8 मात्रा

उमापति!

स्थायी

अर्पण है अहिधारी, उमापति! दर्शन दो त्रिपुरारि ।

नाथ हमारे भोले भाले, हम हैं तेरी बलिहारी ।

हम हैं तेरी बलिहारी ।।

♫ -मगरेसा निप -निरे सा-सा, साम-गग! -मगरेसा निप -निरेसा-सा- - - - - ।
- मगरे निरे-रे - - सारेमग म-म-, -मध ध धधनि -सांरेंसां-सां-निधपम ।।
-गप ग रेसानि -निरेसा-सा सानिपरेरे ।।

अंतरा-1

आस लगाये साँझ सकारे, दया दिखा दो शेखर प्यारे ।

शिव शंकर जी लीला दिखा दो, भाल चंद्र शशिधारी ।

उमापति! अर्पण है अहिधारी ।।

♫ -मध निसां-सांनि- रें-रें सांनिरेंसां-, -मध निसां-सांनि- रें-रेंसां निरेंसां- ।
-सांरें गंरेंसांसां निधपध- निधप मम- पग, -गपग रेसानि निरे सा-सा ।
सानिपरेरे! -मगरेसा निप -निरेसा-सा- - - - - ।।

अंतरा-2

सांब सदाशिव खेवन हारे, तुम्हें मनाते भगतन सारे ।

भव सागर को पार कराओ, गंगाधर हितकारी ।

उमापति! अर्पण है अहिधारी ।।

◎ **O Shiva! : *Sthāyī* :** *O Shiva! O Umapati (Husband of Parvati)! I surrender to you. Please appear. O Shiva! we are your devotees.* ***Antarā* : 1.** *Day and night we wait for you. O Dear Shekhara (Shiva)! please have mercy on us. O Shiva Shankar! please show us your charm, O Shashidhari (Bearer of the Moon on his forehead)!* **2.** *O Samb Sadashiva (Shiva)! O Khevanahare (Boatman)! all devotees are* *requesting you to be merciful. Please take us beyond the worldly ocean, O Gangadhara (from whose head Ganga emerges)! O Hitakari (Benefactor)!*

गीतोपनिषद्
द्वाविंशस्तरंगः
Gitopanishad
Fascicule 22

27. Display of the Universal Form
विश्वरूपदर्शनकथा

रत्नाकर उवाच ।

ॐ अनुष्टुप्-श्लोक-छन्दसि गीतोपनिषद् ।

रत्नाकर उवाच

दातुमृतं प्रमाणं तं श्रीभगवान्धनञ्जयम् ।

विभूतिविस्तरस्यैकम्-अंशमात्रमवर्णयत् ।। **780**/1447

◎ **Ratnakar :** *For giving an idea of his infinite divinity to Arjun, Shrī Krishna gave him just few examples.*

श्रुत्वा तमर्जुनोऽजानाद्-दैवी भावः कथं च कः ।

यद्यद्विभूतिमत्तत्त्वं विश्वे तेजो हरेर्हि तत् ।। **781**/1447

◎ **And :** *Having heard Shrī Krishna's words, Arjun knew what and how infinite Shrī Krishna's divinity is. He understood that anything that is divine anywhere in the Universe, it is a fraction of Krishna's glory.*

गतभ्रमश्च निःशङ्कोऽचिन्तयत्कुरुनन्दनः ।

यस्येयत्सुन्दरं चित्रं रूपं स्यात्सुन्दरं कियत् ।। **782**/1447

◎ **And :** *Arjun became free of doubts and he thought if the description of Shrī Krishna's divinity is so fascinating, how wonderful will be the actual display of his divine Universal form?*

मङ्गलं मे भवेद्भूरि दर्शनं मां मिलेद्यदि ।

इति बुद्ध्वा स धैर्येण श्रीभगवन्तमब्रवीत् ।। 7835/1447

◎ **And :** *It will be so nice if I could get a glimpse at Shrī Krishna's divine Universal form. Thinking thus, without hesitation he asked Shrī Krishna.*

101 हिंदी भजन : राग रत्नाकर, कहरवा ताल 8 मात्रा

प्रभु दर्शन

स्थायी

बरनन सुंदर जाको इतनौ, रूप परम होहौ कितनौ ।

♫ रेरेरेरे ग-रेसा रेरे गगम-, ध-प मगग म-प- मगरे- ।

अंतरा -1

किरती जाकी जग तीनि माहीं, प्रीति बिखरी दुखी दीनि माहीं ।

बरतन जाको मंगल इतनौ, दरसन सुभ होहौ कितनौ ।।

♫ ममम- प-प- मग रेग म-म-, प-प- धपम- पध निध प-म- ।

रेरेरेरे गग रेसारेरे गगम-, धधपप मग म-प- मगरे- ।।

अंतरा -2

सुमिरन जाको पुन्य लगावै, सान्ति दैके पाप भगावै ।

सपनन में निर्मल इतनौ, अपनन में होहौ कितनौ ।।

अंतरा -3

निराकार निर्गुन सुभ काया, कन कन में जाकी है माया ।

रूप अलख न्यारौ इतनौ, गोचर प्यारो होहौ कितनौ ।।

◎ **Seeing the Lord in person :** ***Sthāyī :*** *If the description of Krishna's divinity is so beautiful, how wonderful its actual display would be?* ***Antarā : 1.*** *How auspicious would the display of it would be whose fame is spread in the three worlds. Whose love is among the helpless and suffering people. Whose description is so fascinating?* ***2.*** *The thought of whose name alone is so auspicious, which gives peace of mind and removes the sins. W\and who is so holy in the dreams, how he would be in real person?* ***3.*** *His Maya (magic) exists in each particle of the world. If the unpersonified form is so interesting, how lovely be his actual personified form?*

श्रीमद्भगवद्गीता एकादशोऽध्यायः ।
अर्जुन उवाच ।

|| 11.1 ||
मदनुग्रहाय परमं गुह्यमध्यात्मसंज्ञितम् ।
यत्त्वयोक्तं वचस्तेन मोहोऽयं विगतो मम ॥

प्रसादो भवता दत्तः कृपया मे प्रभो त्वया ।
मनसश्च गतः शोको ज्वलिताज्ज्ञानदीपकात् ॥ 784/1447

◉ **Arjun** : *O Lord! the gift of kindness you gave me, has removed my delusion and a lamp of wisdom is enlightened in my heart.*

|| 11.2 ||
भवाप्ययौ हि भूतानां श्रुतौ विस्तरशो मया ।
त्वत्तः कमलपत्राक्ष माहात्म्यमपि चाव्ययम् ॥

श्रुतवान्वर्णनं त्वत्तो भूतप्रलयसर्गयोः ।
अव्ययं महिमन्तं च भवतः शाश्वतं चिरम् ॥ 785/1447

◉ **And** : *From you I heard the description of the begining and end of the beings in the nature as well as I heard the infinite expanse of your eternal divinity.*

|| 11.3 ||
एवमेतद्यथात्थ त्वमात्मानं परमेश्वर ।
द्रष्टुमिच्छामि ते रूपमैश्वरं पुरुषोत्तम ॥

इदानीं वेद्मि रूपं ते त्वया प्रोक्तं तथा हि तत् ।
दर्शय मां वपुर्दिव्यं तव तत्पुरुषोत्तम ॥ 786/1447

◉ **And** : *And he said, O Lord! now I understand that your form is as divine as you said. O Shrī Krishna! please give me a glimpse of that Universal divine form.*

|| 11.4 ||
मन्यसे यदि तच्छक्यं मया द्रष्टुमिति प्रभो ।
योगेश्वर ततो मे त्वं दर्शयात्मानमव्ययम् ॥

मन्यसे यदि मां पात्रं द्रष्टुं रूपं जनार्दन ।
विस्मयकारि रूपं ते मां योगेश्वर दर्शय ॥ 787/1447

◉ **And** : *If you think me worthy of seeing your Universal display, O Lord! please show it to me.*

श्रीभगवानुवाच ।

|| 11.5 ||

पश्य मे पार्थ रूपाणि शतशोऽथ सहस्रशः ।
नानाविधानि दिव्यानि नानावर्णाकृतीनि च ।।

(श्रीभगवानुवाच)

दिव्यानि पश्य मे पार्थ रङ्गरूपाणि विस्मितः ।
आकारैश्च प्रकारैश्च सहस्रैर्विविधैस्तथा ।। 788/1447

◎ **Shrī Krishna :** *O Arjun! behold my wonderful Universal form in its infinite sizes, shapes and colours.*

|| 11.6 ||

पश्यादित्यान्वसून्रुद्रानश्विनौ मरुतस्तथा ।
बहून्यदृष्टपूर्वाणि पश्याश्चर्याणि भारत ।।

विस्मयान्पश्य ये दृष्टाः केनापि न कदाऽपि च ।
आदित्यानश्विनौ पश्य रुद्रान्वसून्मरुद्गणान् ।। 789/1447

◎ **And :** *See the wonders that no one has witnessed ever before. In it there are Rudras, Maruts, Ashvins and the Vasus.*

|| 11.7 ||

इहैकस्थं जगत्कृत्स्नं पश्याद्य सचराचरम् ।
मम देहे गुडाकेश यच्चान्यद्द्रष्टुमिच्छसि ।।

पश्य त्वं सकलां सृष्टिम्-अत्राद्यैकत्रितां सखे ।
वा यदिच्छसि द्रष्टुं त्वं मनसि वा यदस्ति ते ।। 790/1447

◎ **And :** *O Arjun! behold, here the entire evolution of nature, assembled in one place. Here you will see whatever you wish to see or whatever you think in your mind.*

|| 11.8 ||

न तु मां शक्यसे द्रष्टुमनेनैव स्वचक्षुषा ।
दिव्यं ददामि ते चक्षुः पश्य मे योगमैश्वरम् ।।

एताभ्यां तव नेत्राभ्यां नृणां द्रष्टुं न शक्ष्यसि ।
दृष्टिं ददामि दैवीं त्वां द्रष्टुं मे योगमैश्वरम् ।। 791/1447

◎ **And :** *But, O Arjun! you will not be able to see the Universal display with your human vision, therefore, I am giving you a divine vision to see my Supreme yoga.*

सञ्जय उवाच ।

|| 11.9 ||

एवमुक्त्वा ततो राजन्महायोगेश्वरो हरिः ।
दर्शयामास पार्थाय परमं रूपमैश्वरम् ।।

(सञ्जय उवाच)

योगेश्वरस्तदा पार्थम्-एतदुक्त्वा महाजनम् ।
रूपं स्वस्य तदाकारं कान्तियुक्तमदर्शयत् ।। **792**/1447

◎ **Sanjaya :** *Sanjaya said, O Dhritarashtra! Shrī Krishna then showed his splendid Universal form to Arjun.*

|| 11.10 ||

अनेकवक्त्रनयनमनेकाद्भुतदर्शनम् ।
अनेकदिव्याभरणं दिव्यानेकोद्यतायुधम् ।।

स्मयमयानि दिव्यानि करनेत्रमुखाणि च ।
आभरणानि शस्त्राणि हस्तेषु पुष्कलानि च ।। **793**/1447

◎ **And :** *There Arjun saw the Supreme form of the Lord which had many divine wonders, many hands, eyes, faces and wearing many garments and weapons.*

|| 11.11 ||

दिव्यमाल्याम्बरधरं दिव्यगन्धानुलेपनम् ।
सर्वाश्चर्यमयं देवमनन्तं विश्वतोमुखम् ।।

अनन्तञ्च विराटञ्च रूपं भव्यं तदैश्वरम् ।
सुगन्धितैश्च पुष्पैश्चोत्तमैर्वस्त्रैः सुशोभितम् ।। **794**/1447

◎ **And :** *The divine form was infinitely large and decorated with many scents, flowers and garments.*

|| 11.12 ||

दिवि सूर्यसहस्रस्य भवेद्युगपदुत्थिता ।
यदि भाः सदृशी सा स्याद्भासस्तस्य महात्मनः ।।

सहस्रा गगने सूर्या एकत्रं काशिता यदि ।
कान्त्युज्ज्वलतरा तेभ्यो दृष्टा पार्थेन तत्र सा ।। **795**/1447

◎ **And :** *The form was so bright that even if a thousand suns arose in the sky at one time, their glitter would not be as much as the glitter of this form.*

102. हिंदी भजन : राग रत्नाकर, कहरवा ताक्ष 8 मात्रा

आभा

स्थायी

यदि, चमके गगन में सूर्य हजार, हरि! उज्ज्वल उनसे, रूप तिहार ।

♬ रेसा, गगग- ममम प- ध-प मग-ग, सासा! रे-रेरे गगम-, प-म गरे-रे ।

अंतरा–1

प्राण प्राण में ज्योत तिहारी, तेज भरी है सृष्टि सारी ।

बचा न कोई जग अंधियार, हरि! अनुपम तेरा रूप निखार ।।

♬ रे-ग म-म म- ध-प मप-ध-, सांनि धप- ध- निधप मप- ।

सांग- ग म-प- धप मगरे-रे, सासा! रेरेरेरे ग-म- प-म गरे-रे ।।

अंतरा–2

विश्वरूप ये देह तिहारा, अद्‌भुत दैवी साक्षात्कारा ।

देख के उसका परम दीदार, हरि! चकाचौंध हैं नयन हमार ।।

अंतरा–3

आभा तेरी गजब निराली, शोभा तेरी जग उजियारी ।

चाँद सितारे शरण तिहार, हरि! गदगद दुनिया दृश्य निहार ।।

अंतरा–4

किरपा हो प्रभु, हे बनवारी, राधा रमण हरि, कुंज बिहारी! ।

कृष्ण मुरारि, सुख करतार! हरि! तुझ पर भगतन हम बलिहार ।।

◎ **Splendour : *Sthāyī*** *: O Hari! your splendor is brighter than a thousand suns shining in the sky.* ***Antarā* : 1.** *Your life force is in every being. The entire nature is filled with your glory. There is no dark spot anywhere, O Hari! wonderful is your splendour.* **2.** *Your form is Universal. It is a divine exposition. Having seen its supreme display, my eyes are dazzled.* **3.** *Your aura is unique. Your radiance is enlightening the world. The sun, moon and stars are pale in front of you. O Hari! having seen this show, we are ecstatic.* **4.** *O Lord Banvari (who wears garland of wild flowers)! O Radha-Raman (Joy of Radha)! O Kunj Bihari (dweller of the Vraj village)! O Krishna Murari (Slayer of the Demon Mura)! O Giver of happiness! O Hari! we are devoted to you.*

।। 11.13 ।।

तत्रैकस्थं जगत्कृत्स्नं प्रविभक्तमनेकधा ।
अपश्यद्देवदेवस्य शरीरे पाण्डवस्तदा ।।

(दिव्यदृष्ट्या)
पार्थोऽपश्यत्प्रभौ विश्वं कृत्स्नमेकस्थितं तदा ।
शरीरे तत्र देवस्य नानाविधं समाहितम् ।। 796/1447

◎ **With the Divine vision :** *With the divine vision, Arjun saw the verious aspects of the entire Universe assembled in unison.*

|| 11.14 || तत: स विस्मयाविष्टो हृष्टरोमा धनञ्जय: ।
प्रणम्य शिरसा देवं कृताञ्जलिरभाषत ।।

विस्मयेन समापन्नो रोमाञ्चितो धनञ्जय: ।
अवदद्भयभीत: स नतशीर्ष: कृताञ्जलि: ।। 797/1447

◎ **And :** *Awed with the wondrous sight, Arjun was thrilled. Thus, with fear, respect and folded hands he said :*

अर्जुन उवाच ।
|| 11.15 || पश्यामि देवांस्तव देव देहे सर्वांस्तथा भूतविशेषसङ्घान् ।
ब्रह्माणमीशं कमलासनस्थमृषींश्च सर्वानुरगांश्च दिव्यान् ।।

ॐ अनुष्टुप्-श्लोक-छन्दसि गीतोपनिषद्

हे योगेश्वर पश्यामि शरीरे तव दैविके ।
विष्णुं शिवञ्च ब्रह्माणं देवांश्च कमलासने ।। 798/1447

◎ **Arjun :** *O Yogeshvara (Lord of yoga)! in your divine body I see Vishnu, Shiva, Brahma and other Gods seated on the throne of lotus.*

|| 11.16 || अनेकबाहूदरवक्त्रनेत्रं पश्यामि त्वां सर्वतोऽनन्तरूपम् ।
नान्तं न मध्यं न पुनस्तवादिं पश्यामि विश्वेश्वर विश्वरूप ।।

अनेकानि च देहे ते नेत्राणि च मुखानि च ।
अनादिर्विश्वरूपस्त्वम्–अनन्त परमेश्वर ।। 799/1447

◎ **And :** *And, O Lord! in your body there are many eyes and mouths. O Supreme Lord! your form is infinite and Universal.*

|| 11.17 || किरीटिनं गदिनं चक्रिणं च तेजोराशिं सर्वतो दीप्तिमन्तम् ।
पश्यामि त्वां दुर्निरीक्ष्यं समन्ताद्दीप्तानलार्कद्युतिमप्रमेयम् ।।

किरीटिनं गदायुक्तं पश्यामि त्वाञ्च चक्रिणम् ।
तेजस्विनं प्रदीप्तं च दुर्निरीक्ष्यं च सर्वतः ।। **800**/1447

◎ **And :** *You are wearing a crown, mace and the Sudarshan wheel. Your form is brilliantly blazing and difficult to be seen.*

|| 11.18 || वमक्षरं परमं वेदितव्यं त्वमस्य विश्वस्य परं निधानम् ।
त्वमव्ययः शाश्वतधर्मगोप्ता सनातनस्त्वं पुरुषो मतो मे ।।

निधानं त्वं च विश्वस्य वेद्योऽक्षरः सनातनः ।
अव्ययो धर्मगोप्ताऽसि मन्येऽहं यदुनन्दन ।। **801**/1447

◎ **And :** *You are the supreme abode for the beings of the Universe. You ought to be understood. You are the knower of righteousness, I believe, O Yadu-nandana (Son of Yadu) Krishna!*

|| 11.19 || अनादिमध्यान्तमनन्तवीर्यमनन्तबाहुं शशिसूर्यनेत्रम् ।
पश्यामि त्वां दीप्तहुताशवक्त्रं स्वतेजसा विश्वमिदं तपन्तम् ।।

न चादिर्न च मध्योऽपि नान्तोऽस्ति तव केशव ।
प्रभो सहस्त्रबाहो त्वं तेजपुञ्जो जनार्दन ।। **802**/1447

◎ **And :** *I do not see any beginning or any end to your form. O Lord! you have hundreds of arms and your body is blazing.*

प्रज्वलितानि वक्त्राणि नेत्राणि चन्द्रसूर्यवत् ।
विश्वं सर्वं त्वया तप्तं प्रभो ज्वालामुखीसमम् ।। **803**/1447

◎ **And :** *Your mouths are blazing and your eyes are like the moon and sun. You have occupied the whole Universe. You are like a volcano.*

|| 11.20 || द्यावापृथिव्योरिदमन्तरं हि व्याप्तं त्वयैकेन दिशश्च सर्वाः ।
दृष्ट्वाऽद्भुतं रूपमुग्रं तवेदं लोकत्रयं प्रव्यथितं महात्मन् ।।

अन्तरिक्षं नभः पृथ्वी स्वर्गोऽपि पूरितस्त्वया ।
तप्तं विश्वमिदं सर्वं पश्यामि तव तेजसा ।। **804**/1447

◎ **And :** *The earth, sky and heaven are all occupied by you. O Lord! I see the whole world on fire because of you.*

|| 11.21 ||

अमी हि त्वां सुरसङ्घा विशन्ति केचिद्भीताः प्राञ्जलयो गृणन्ति ।
स्वस्तीत्युक्त्वा महर्षिसिद्धसङ्घा स्तुवन्ति त्वां स्तुतिभिः पुष्कलाभिः ।।

विशन्ति सुरसङ्घास्ते प्रभो मुखेषु सत्वरम् ।
सिद्धवृन्दश्च देहे ते गायन्स्वस्ति हरे हरे ।। **805**/1447

◎ **And :** *The hoards of Gods and sages are entering your mouths. They are singing the prayers for peace and chanting Hari! Hari!*

|| 11.22 ||

रुद्रादित्या वसवो ये च साध्या विश्वेऽश्विनौ मरुतश्चोष्मपाश्च ।
गन्धर्वयक्षासुरसिद्धसङ्घा वीक्षन्ते त्वां विस्मिताश्चैव सर्वे ।।

रुद्रा मरुद्गणाः सिद्धा अश्विनौ पितरस्तथा ।
वसवो विश्वदेवाश्च गन्धर्वा विस्मिताः प्रभो ।। **806**/1447

◎ **And :** *Seeing it, O Lord! surprised are Rudras, Maruts, Saints, Ashvins, Pitaras (forefathers), Vasus, Vishva-devas (deities of the world) and Gandharvas (celestial musicians).*

|| 11.23 ||

रूपं महत्ते बहुवक्त्रनेत्रं महाबहो बहुबाहूरुपादम् ।
बहूदरं बहुदंष्ट्राकरालं दृष्ट्वा लोकाः प्रव्यथितास्तथाऽहम् ।।

दृष्ट्वा दंष्ट्राकरालानि विशालानि मुखानि च ।
हस्तपादोरुनेत्राणि भीतोऽहं च त्रिलोकिनः ।। **807**/1447

◎ **And :** *O Lord! seeing your big jaws, teeth, mouths, arms, stomach, legs and eyes, I am scared and so are the beings of the three worlds.*

103. हिंदी भजन : राग रत्नाकर, कहरवा ताल 8 मात्रा

विराट रूप

छन्द दोहा

स्थायी

दिव्य रूप प्रभु! आपका, विस्मय पूर्ण अपार ।
दै के दरसन कीजियो, जीवन सफल हमार ।।

♫ रे-ग म-म मम प-मप-, नि-धप ध-नि धप-प ।
नि- ध पपमम प-मग-, रे-रेरे गगम पम-म ।।

अंतरा –1

गल में माला दिव्य हैं, कंचन मोतीयन हार ।

रवि शशि कुंडल कान में, सिर पर मुकुट तिहार ।।

♫ रेरे ग- म-म- प-म प-, नि-धप ध-निध प-प ।

निनि धध प-मम प-म ग-, रेरे रेरे गगम पम-म ।।

अंतरा –2

नाना कर पद नेत्र हैं, मुख में दाँत विशाल ।

गदा चक्र धनु हाथ में, शंख पद्म तलवार ।।

अंतरा –3

अंग वस्त्र जरी तार के, जिनमें रंग हजार ।

कटि पीतांबर धारिके, सोहे रूप निखार ।।

अंतरा –4

दिव्य देव के देह में, त्रिभुवन का दीदार ।

प्रभा आपकी की प्रखर है, सूर्य सहस्त्र समान ।।

अंतरा –5

न आदि न मध्य न अंत है, अद्भुत सुर करतार ।

हरि को लाख प्रणाम हैं, नत सिर बारंबार ।।

अंतरा –6

ऋषि मुनि सुर सब नेह में, विस्मित दृश्य निहार ।

ब्रह्म विष्णु शिव काय में, रूप विराट तिहार ।।

◎ **The Supreme form : *Sthāyī* :** *O Lord! your Universal form is immense. It is wouderful. Please show it to us and make our life fulfilled.* ***Antarā* : 1.** *You are wearing a divine gold and pearl necklaces on your neck. Sun and the moon are your ear-rings. You have a crown on your head.* **2.** *You have many feet, hands and eyes. The teeth in your mouths are huge. You are holding conch shell, lotus, mace, the Sudarshan wheel and bow in your hands.* **3.** *Your colourful garments have gold threads, you have a yellow garment on your waist. Your form looks beautiful.* **4.** *Display of the three worlds is in your body. Your brilliance is bright like a thousand suns.* **5.** *There is no beginning and no end to your form. It is unique, O Lord of the Lords! I salute you thousands of times, bowing my head again and again.* **6.** *Brahma, Vishnu and Shiva are seated in your body. The sages and saints are surprised to see your Universal form.*

|| 11.24 || नभःस्पृशं दीप्तमनेकवर्णं व्यात्ताननं दीप्तविशालनेत्रम् ।
दृष्ट्वा हि त्वां प्रव्यथितअन्तरात्मा धृतिं न विन्दामि शमं च विष्णो ।।

(अर्जुनः पुनरुवाच)

अग्नियुक्तं मुखं दीप्तं यस्मिञ्ज्वाला नभस्स्पृशाः ।
रक्त वर्णानि नेत्राणि दीर्घं व्यात्तं मुखञ्च ते ।। 808/1447

◎ **And :** *From your blazing mouth, the flames are touching the sky. Your eyes are red and mouths are open.*

|| 11.25 || दंष्ट्राकरालानि च ते मुखानि दृष्ट्वैव कालानलसन्निभानि ।
दिशो न जाने न लभे च शर्म प्रसीद देवेश जगन्निवास ।।

करालानि च घोराणि दंष्ट्राणि भ्राम्ययन्ति माम् ।
भयङ्करं हि रूपं ते यथा वदसि त्वं तथा ।। 809/1447

◎ **And :** *Your sharp teeth and scary Jaws are puzzling me. O Lord! your form is as you said it is.*

104. हिंदी भजन : राग रत्नाकर, कहरवा ताल 8 मात्रा

दैवी रूप

स्थायी

दैया रे दैया! रूप तेरा दैवी, देखो रे भैया! विश्वरूप हरि ।

♪ रे-रे रे ग-म-! प-म गरे- ग-म- - -, धप- म गरे-! ग-मप-म गरे- - - - ।

अंतरा–1

महा काल सा देह धरा है, प्रलय आग सा घोर करा है ।
तेरी, रंग भरी दीप्ति, देखो रे भैया! उग्र भयो है हरि ।।

♪ मग- रे-ग म- ध-प मग- म-, पपप सां-नि ध- सांनि धप- ध- ।
मप, ध-प मग- रे-ग-, धप- म गरे-! म-ग मप- म गरे- - - ।।

अंतरा–2

संत जनन का त्राण करेगा, दुष्ट जनन के प्राण हरेगा ।
तेरे, अंग परम शक्ति, देखो रे भैया! रुद्र भयो है हरि ।।

अंतरा–3

पाप करम का ध्वांत पड़ा है, विष्णु ने अवतार धरा है ।

तेरी, रण में जै पक्की, बोलो रे भैया! धन्यवाद! हरि ॥

◎ **Divine form** : My God! your form is divine. Behold! Hari has assumed Universal form. **Antarā : 1.** He has taken the body of a Great destroyer. It is like the fire of extinction. Look at this colourful glitter, Hari has assumed a terrible form. **2.** He will protect the righteous people and destroy the evil. He has supreme power. Behold! Hari has assumed a terrible form. 3. There is darkness of sins, therefore, Vishnu has taken an avatar (incarnation). His victory is sure on the battlefield. Behold! Hari has assumed a terrible form.

॥ 11.26 ॥

अमी च त्वां धृतराष्ट्रस्य पुत्राः सर्वे सहैवावनिपालसङ्घैः ।
भीष्मो द्रोणः सूतपुत्रस्तथासौ सहास्मदीयैरपि योधमुख्यैः ॥

भीष्मो द्रोणः कृपः कर्णो नृपा भटा जयद्रथः ।
योद्धारो बहवो वीरा अस्माकं सैनिकास्तथा ॥ 810/1447

◎ **And** : Bhīshma, Drona, Kripa, Karna, Jayadratha and other warriors from both sides;

॥ 11.27 ॥

वक्त्राणि ते त्वरमाणा विशन्ति दंष्ट्राकरालानि भयानकानि ।
केचिद्विलग्ना दशनान्तरेषु सन्दृश्यन्ते चूर्णितैरुत्तमाङ्गैः ॥

शीघ्रेण कृष्ण वेगेन विशन्तस्ते मुखे तव ।
केचन चूर्णिता दन्तैः-बद्धा दन्तान्तरेषु वा ॥ 811/1447

◎ **And** : They are entering your mouths with fast speed. Some of them are crushed under your teeth, some are stuck between the gaps of the teeth.

॥ 11.28 ॥

यथा नदीनां बहवोऽम्बुवेगाः समुद्रमेवाभिमुखा द्रवन्ति ।
तथा तवामी नरलोकवीरा विशन्ति वक्त्राण्यभिविज्वलन्ति ॥

प्रविशन्ति यथा सर्वाः सरितः सागरे प्रभो ।
यथा च शलभा दग्धुं विशन्ति पावके द्रुतम् ॥ 812/1447

◎ **And** : As the rivers rush to the ocean or as the moths jump in the fire;

॥ 11.29 ॥

यथा प्रदीप्तं ज्वलनं पतङ्गा विशन्ति नाशाय समृद्धवेगाः ।
तथैव नाशाय विशन्ति लोकास्तवापि वक्त्राणि समृद्धवेगाः ॥

तथा च सर्वयोद्धारः कूर्दयन्तो मुखे तव ।
आत्मसमर्पणं कर्तुं ज्वालयितुमघानि च ॥ 813/1447

◎ **And** : so are these warriors jumping in your mouths to destroy themselves and to burn their sins.

| 11.30 ||

लेलिह्यसे ग्रसमानः समन्ताल्लोकान्समग्रान्वदनैर्ज्वलद्भिः ।
तेजोभिरापूर्य जगत्समग्रं भासस्तवोग्राः प्रतपन्ति विष्णो ।।

लेलिह्यसे च जिह्वाभिः-त्वं सर्वान्ग्रससे भटान् ।
उग्रया प्रभया विश्वं ज्वालयसि परन्तप ।। **814**/1447

◎ **And :** *O Lord! you are licking and swallowing them with your tongues. You are burning the whole evil world with your fire.*

|| 11.31 ||

आख्याहि मे को भवानुग्ररूपो नमोऽस्तु ते देववर प्रसीद ।
विज्ञातुमिच्छामि भवन्तमाद्यं न हि प्रजानामि तव प्रवृत्तिम् ।।

उग्ररूपो भवान्कोऽस्ति रहस्यं वदतात्प्रभो ।
वन्देऽहं शतवारं त्वां प्रसीद करुणाकर ।। **815**/1447

◎ **And :** *O Lord! please tell me, who are you in this terrible form? O Merciful Lord! please be peaceful and come back to your regular form.*

105. हिंदी भजन : तोटक छन्द

। । ऽ, । । ऽ, । । ऽ, । । ऽ

विराट रूप

स्थायी

प्रभु! रूप विराट अनंत किया, किस कारण से यह धारण है ।
यह रूप लखे सब विश्व डरा, अति विस्मय का यह दर्शन है ।।

♪ सानि! सा-ग रेसा-नि निसा-रे मग-, गग रेसासासा रे- गम गरेसानि सा- ।
सानि सा-ग रेसा- निनि सा-रे मग-, गग रेसासासा रे- गम गरेसानि सा- ।।

अंतरा-1

तुमने गल में मणि कांचन के, पहने शुभ हार सुगंध भरे ।
तुम वस्त्र पितांबर सुंदर से, कर चक्र गदा असि शंख धरे ।।

♪ पपमरे मम प- पम पनिधप प-, पपमग गसा सागम पगरेसा निसा- ।
सानि सा-ग रेसा-निनि सा-रेम ग-, गग रेसासा सारे- गम गरेसा निसा- ।।

अंतरा-2

तव आग भरा यह देह सखे! जिसमें बहु आनन दंत दिखे ।
कर पाद अनेक विशाल जिसे, हरि! रूप बड़े विकराल दिसे ।।

अंतरा–3

तुमरे मुख में कटते नर हैं, कुछ दंतन में अटके सर हैं ।
सब वीरों को तुम काट रहे, उनका तुम शोणित चाट रहे ।।

अंतरा–4

भगवान! मुझे तव रूप बड़ा, लगता धरती नभ तेज भरा ।
तुमने रत्नाकर! आज धरा, महिमा मय विष्वक रूप खरा ।।

◎ **Universal form : *Sthāyī* :** *O Lord! why have you made your Universal form infinite? Having seen it, the world is scareed. It is a wonderful display.* ***Antarā* : 1.** *You are wearing pearl necklaces on your neck. The flower garlands are fragrant. Your yellow garments are beautiful. You are holding conch shell, mace, Sudarshan wheel and sword.* **2.** *O Dear! your body is blazing. It has many large teeth, hands and feet. O Hari! your jaws are terrible.* **3.** *O Lord! the warriors are getting chewed in your mouths. Some are stuck in the gaps of teeth. You are chopping and eating them and licking their blood.* **4.** *O Lord! your divine form looks large from the earth to the sky. O Ratnakar (Ocean of jewels)! you have assumed a true Universal form.*

106. हिंदी भजन

उग्र रूप

स्थायी

आज गजब हरि! तूने करा, उग्र रूप ये, क्यों है धरा ।

♫ सा–सा रेगग मम! प–म गरे–, ध–प म–ग रे–, म– ग रेसा– ।

अंतरा–1

दुनिया से न्यारा हरि! तेरा ये हिसाब ।
मायावी है काम तेरा, लीला बेहिसाब ।
आज इरादा हरि! क्या है तेरा, विश्व रूप ये, क्यों है धरा ।।

♫ रेरेरे रे गम गरे! पप– म गरे–रे,
मम‍म ग रे–ग मप–, ध–प म–गरे–रे ।
सासा रेगरे गम–! प– म गरे– – –, ध–प म–ग रे–, म– ग रेसा– ।।

अंतरा–2

दैवी ये दीदार प्रभु! तेरा लाजवाब ।

जादू का ये तेरी कोई, नहीं है जवाब ।
आज जगत हरि! तूने भरा, विराट तन ये, क्यों है धरा ।।

अंतरा–3

जो भी तेरा हेतु हरि! तू है कामयाब ।
पापियों का काम तूने, किया है खराब ।
आज कहर हरि! तूने करा, घोर रूप ये, क्यों है धरा ।।

◎ **Terrible form :** ***Sthāyī*** *: O Hari! you have performed an extreme feat today. Why have you assumed this terrible form?* ***Antarā : 1.*** *O Hari! your display is unique in the world. Your deed is magical and infinite. O Hari! what is your intension today, why have you assumed this Universal form?* ***2.*** *O Lord! your divine form is incomparable. Your magic is beyond comprehension. You have occupied this world with your fearful form. O Hari! why have you taken such a body?* ***3.*** *Whatever is your aim, O Hari! it is successful. You have destroyed the evil today. You have taken a wonderous form, but why have you taken such a form?*

श्रीभगवानुवाच ।

।। 11.32 ।। कालोऽस्मि लोकक्षयकृत्प्रवृद्धो लोकान्समाहर्तुमिह प्रवृत्तः ।
ऋतेऽपि त्वां न भविष्यन्ति सर्वे येऽवस्थिताः प्रत्यनीकेषु योधाः ।।

ॐ अनुष्टुप्–श्लोक–छन्दसि गीतोपनिषद् ।

(श्रीभगवानुवाच)

उग्ररूपो महाकालोऽद्याभवमात्ममायया ।
विनाशोऽपरिहार्योऽस्ति तेषां, त्वं योत्स्यसे न वा ।। **816**/1447

◎ **Krishna :** *Shrī Krishna said, O Arjuna! I have taken this terrible Universal form because with this form, destruction of the evil people is certain, even if you fight or not.*

।। 11.33 ।। तस्मात्त्वमुत्तिष्ठ यशो लभस्व जित्वा शत्रून्भुङ्क्ष्व राज्यं समृद्धम् ।
मयैवैते निहताः पूर्वमेव निमित्तमात्रं भव सव्यसाचिन् ।।

तस्मादुत्तिष्ठ त्वं पार्थ जित्वा राज्यञ्च त्वं कुरु ।
यशो च वैभवं प्राप्य धर्मं स्थापय त्वं पुनः ।। **817**/1447

◎ **And :** *Therefore, O Arjun! please stand up and do your duty. Win and rule the kingdom righteously and re-establish the order of peace.*

107. हिंदी गीत : राग रत्नाकर, कहरवा ताल 8 मात्रा

महाकाल

स्थायी

महाकाल की, लगी है आग ।

♫ रेग-प-म ग-, पम- ग रे-रे ।

अंतरा -1

रूप भयानक, धरा हुआ है, उग्र गुणों से, भरा हुआ है ।

विशाल आँखे, लंबे हाथ, असुर न कोई जावे भाग ।।

♫ रे-रे रेग-गग, पध- पम- ग-, म-म मप- प-, निध- पध- म- ।

रेरे-रे ग-म-, ध-पम ग-ग, रेरेरे ग म-ग- प-मग रे-रे ।।

अंतरा -2

महाचंडी का, ये अवतारा, अरियन का, करने संघारा ।

यम का फंदा, यहाँ गिरा है, आज डसें जहरीले नाग ।।

अंतरा -3

रुद्र रूप ये, शिव शंकर का, तांडव नाचे, ध्वनि अंबर का ।

प्रचंड गर्जन, हिरदय भंजक, प्रलय काल का, छिड़ा है राग ।।

◎ **Destruction of the evil :** ***Sthāyī :*** *There is a fire of destruction.* ***Antarā : 1.*** *O Krishna! you have assumed a terrible form. It is equipped with fierce attributes. You have big eyes, long hands, mouths are open and the teeth are sharp. Today the evil people will burn in this fire. No demon will be able to escape.* ***2.*** *This fearful form of Mahachandi (Durga Devi) is for annihilating the enemies of peace. The noose of the Yama (God of death) is hanging, the four directions are filled with Kalkut (poison). Today the poisonous cobras will bite these evil people.* ***3.*** *This fierce form of Shiva is dancing with the thunder from the sky. The tumultuous noise is renting hearts of the Kauravas. Today there is uproar in a severe tune.*

।। 11.34 ।।

द्रोणं च भीष्मं च जयद्रथं च कर्णं तथाऽन्यानपि योधवीरान् ।

मया हतांस्त्वं जहि मा व्यथिष्ठा युद्ध्यस्व जेतासि रणे सपत्नान् ।।

पूर्वमेव हताः सन्ति योधवीरास्तवाहिताः ।

भूत्वा निमित्तमात्रं त्वं युद्धायोत्तिष्ठ पाण्डव ।। **818**/1447

◎ **And :** *O Arjun! I have already killed the evil enemy internally, you just have to be an instrument to make it externally real. Thus, O Arjun! stand up.*

योधवीरा हताः कर्णो भीष्मो द्रोणो जयद्रथः ।
तेषामर्थे व्यथिष्ठा मा युध्यस्व त्वं धनुर्धर ॥ 819/1447

◉ **And** : Karna, Bhīshma, Drona, Jayadratha and all other warriors are already slain. O Arjun! don't fear and don't worry. Just stand up and fight.

सञ्जय उवाच ।

॥ 11.35 ॥ एतच्छ्रुत्वा वचनं केशवस्य कृताञ्जलिर्वेपमानः किरीटी ।
नमस्कृत्वा भूय एवाह कृष्णं सगद्गदं भीतभीतः प्रणम्य ॥

(सञ्जय उवाच)

कृष्णस्य कथनं श्रुत्वा वेपमानः कृताञ्जलिः ।
सगद्गदं नमस्कृत्य कृष्णमाह स्मयावृतः ॥ 820/1447

◉ **Sanjay** : Sanjaya said, O Dhritarashtra! having heard these words of Shrī Krishna, the trembling Arjun sat with his hands folded. Saluting Shrī Krishna, he respectfully said :

अर्जुन उवाच ।

॥ 11.36 ॥ स्थाने हृषीकेश तव प्रकीर्त्या जगत्प्रहृष्यत्यनुरज्यते च ।
रक्षांसि भीतानि दिशो द्रवन्ति सर्वे नमस्यन्ति च सिद्धसङ्घाः ॥

स्थाने केशव कीर्तिस्ते विश्वं चाह्लादते सदा ।
पलायन्त्यधमा भीता दर्शमिच्छन्ति योगिनः ॥ 821/1447

◉ **Arjun** : Arjun said, alright then, O Krishna! the world becomes joyful hearing about your righteous deeds and the evil people run away with fear. The saints wish to see your feats.

॥ 11.37 ॥ कस्माच्च ते न नमेरन्महात्मन् गरीयसे ब्रह्मणोऽप्यादिकर्त्रे ।
अनन्त देवेश जगन्निवास त्वमक्षरं सदसत्तत्परं यत् ॥

सिद्धाः कथं न वन्देरन्-सर्वेषु परमो भवान् ।
आदिकर्ता भवान्ब्रह्मा सदसद्भ्यां परः प्रभो! ॥ 822/1447

◉ **And** : O Lord! why would the sages not salute you, who is the Supreme God, above Brahma and beyond the right and wrong.

॥ 11.38 ॥ त्वमादिदेवः पुरुषः पुराणस्त्वमस्य विश्वस्य परं निधानम् ।
वेत्तासि वेद्यं च परं च धाम त्वया ततं विश्वमनन्तरूप ॥

वेत्ता वेद्यश्च सर्वज्ञो विधाता जगतो हरे ।

भवान्सर्वस्य दाता च परमं धाम शाश्वतम् ।। **823**/1447

◎ **And :** *O Lord! you are Omniscient, the Lord of the world, worth knowing, giver of life to everyone, the supreme and eternal abode for all.*

भवाननन्तरूपोऽस्ति ज्ञेयो ज्ञाता जगत्प्रियः ।

अहो जगत्पितः स्वामिन्–विश्वं पूर्णं कृतं त्वया ।। **824**/1447

◎ **And :** *O Lord! you are infinite. You are the knower of the world. You ought to be known by the world. O Master! you have designed this world.*

।। 11.39 ।।

वायुर्यमोऽग्निर्वरुणः शशाङ्कः प्रजापतिस्त्वं प्रपितामहश्च ।
नमो नमस्तेऽस्तु सहस्रकृत्वः पुनश्च भूयोऽपि नमो नमस्ते ।।

पवनो वरुणो वह्निः–भवानेव प्रजापतिः ।

भवान्रविर्यमः सोमः कोटि कोटि नमोस्तुते ।। **825**/1447

◎ **And :** *You are the rain, fire and the wind. You are the forefather. You are the Sun, Yama (God of death) and the Moon. Thousands up on thousands of salutes to you.*

।। 11.40 ।।

नमः पुरस्तादथ पृष्ठतस्ते नमोऽस्तु ते सर्वत एव सर्व ।
अनन्तवीर्यामितविक्रमस्त्वं सर्वं समाप्नोषि ततोऽसि सर्वः ।।

अनंतविक्रमी त्वञ्च बलशाली च सर्वगः ।

नमामि शतवारं त्वां पृष्ठतः सम्मुखात्तथा ।। **826**/1447

◎ **And :** *O Lord! you are infinitely powerful. You are omnipresent. I salute you from the front, back and all sides, again and again.*

।। 11.41 ।।

सखेति मत्वा प्रसभं यदुक्तं हे कृष्ण हे यादव हे सखेति ।
अजानता महिमानं तवेदं मया प्रमादात्प्रणयेन वापि ।।

(अर्जुनः क्षमां याचति)

आहूतवानहं प्रेम्णा प्रमादात्कृष्ण यादव ।

ज्ञात्वा त्वां स्नेहिनं बन्धुं लीलामजानता तव ।। **827**/1447

◎ **And :** *O Lord! please forgive me, if I have unknowingly dishonoured you, while eating, talking, walking or sleeping, thinking you as a friend and well wisher.*

|| 11.42 || यच्चावहासार्थमसत्कृतोऽसि विहारशय्यासनभोजनेषु ।
एकोऽथवाप्यच्युत तत्समक्षं तत्क्षामये त्वामहमप्रमेयम् ।।

मित्रवर्गे विनोदेन स्वपञ्श्वसंश्च क्रीडने ।
असत्कृतोऽसि त्वं यद्वा सर्वमेव क्षमस्व तत् ।। **828**/1447

◎ **And :** *Among the friends, while laughing, joking and playing if I have disrespected you, please forgive me.*

|| 11.43 || पितासि लोकस्य चराचरस्य त्वमस्य पूज्यश्च गुरुर्गरीयान् ।
न त्वत्समोऽस्त्यभ्यधिकः कुतोऽन्यो लोकत्रयेऽप्यप्रतिमप्रभाव ।।

चराचरस्य सर्वस्य जगतश्च पिता भवान् ।
त्वया समस्त्रिलोकेषु नास्ति कोऽप्यधिकः कथम् ।। **829**/1447

◎ **And :** *O Lord! you are the father of the world. There is none equal to you, then how can there be anyone greater than you.*

|| 11.44 || तस्मात्प्रणम्य प्रणिधाय कायं प्रसादये त्वामहमीशमीड्यम् ।
पितेव पुत्रस्य सखेव सख्युः प्रियः प्रियायार्हसि देव सोढुम् ।।

दासश्चरणयोस्तेऽहं भगवञ्शरणागतः ।
स्वीकुरुतात्प्रभो त्वं मां स्नेहेन शरणागतम् ।। **830**/1447

◎ **And :** *O Lord! I am your disciple at your feet surrendered to you, please accept me lovingly.*

मित्रं मित्रं पिता पुत्रं सखायं सहते सखा ।
प्रेम्णा तथा च देवेश सख्यायं सोढुमर्हसि ।। **831**/1447

◎ **And :** *As a friend forgives a friend, a father to a son and lover forgives to a beloved, please excuse me kindly.*

|| 11.45 || अदृष्टपूर्वं हृषितोऽस्मि दृष्ट्वा भयेन च प्रव्यथितं मनो मे ।
तदेव मे दर्शय देव रूपं प्रसीद देवेश जगन्निवास ।।

(सौम्यरूपमिच्छति)

रूपमुग्रं तु दृष्ट्वा तद्-भीतोऽहं सान्त्वनं कुरु ।

प्रसीद देवदेवेश पूर्वरूपः पुनर्भव ।। **832**/1447

◎ **Then :** *Arjun then said, O Lord! I am terrified having seen your Universal form, please be normal as before.*

|| 11.46 ||

किरीटिनं गदिनं चक्रहस्तमिच्छामि त्वां द्रष्टुमहं तथैव ।
तेनैव रूपेण चतुर्भुजेन सहस्रबाहो भव विश्वमूर्ते ।।

चतुर्भुजो गदायुक्तः-चक्रधारी सुदर्शनः ।
किरीटी विष्णुमूर्तिस्त्वं भूयः सौम्यवपुर्भव ।। **833**/1447

◎ **And :** *Please assume Vishnu's form wearing the crown, with four arms, holding the mace and the Sudarshan wheel.*

श्रीभगवानुवाच ।

|| 11.47 ||

मया प्रसन्नेन तवार्जुनेदं रूपं परं दर्शितमात्मयोगात् ।
तेजोमयं विश्वमनन्तमाद्यं यन्मे त्वदन्येन न दृष्टपूर्वम् ।।

(श्रीभगवानुवाच)

हृष्ट्वा त्वयि प्रसन्नेन स्नेहभावेन भारत ।
दर्शितमात्मयोगेन विश्वरूपं मया तदा ।। **834**/1447

◎ **Shrī Krishna :** *O Arjun! being pleased with you, with utmost love, I exhibited you my Universal form with my yogic power.*

रूपं तेजोमयं पूर्वं विराटं परमं मम ।
केनापि न त्वदन्येन दृष्टं कदाऽपि पाण्डव ।। **835**/1447

◎ **And :** *My splendid Universal form has not been seen by anyone before you, O Arjun!*

|| 11.48 ||

न वेदयज्ञाध्ययनैर्न दानैर्न च क्रियाभिर्न तपोभिरुग्रैः ।
एवंरूपः शक्य अहं नृलोके द्रष्टुं त्वदन्येन कुरुप्रवीर ।।

न वेदज्ञानमात्रेण न दानेन धनस्य च ।
न यज्ञेन न ध्यानेन घोरेण तपसा तथा ।। **836**/1447

◎ **And :** *Neither only by studying Vedas, nor by charities of wealth, nor by austerities, nor by severe meditation;*

न भवेद्दर्शनं जातु विश्वरूपस्य मे सखे ।
कस्मै तु सम्भवं भूमौ अन्यस्मै श्रद्धया विना ।। 837/1447

◎ **And :** *O Dear friend! this Universal form is not seen by anyone without one pointed faith in me.*

108. हिंदी भजन : राग रत्नाकर, कहरवा ताल 8 मात्रा

भगत

स्थायी

तू स्वामी त्रिभुवन का – – – – – ।

♪ ग– म–गरे गगरेसा रे– – गरे– ।

अंतरा–1

मिलेगा न तू वेदार्जन से, दानार्पण से, पूजार्चन से ।

तू प्यासा चिंतन का – – – – ।।

♪ ग–म–ग– रे ग– म–प–मम ग–, रे–ग–मम प–, प–मगमग रे– ।

ग– म–गरे ग–रेसा रे– – गरे– ।।

अंतरा–2

करे पार तू भवसागर से, सब संकट से, हर मुश्किल से ।

अरदासा जीवन का – – – – ।।

अंतरा–3

हमें ध्येय तू तनसा मनसा, ईश्वर प्यारा मन मंदिर का ।

तू प्यासा सुमिरन का – – – – ।।

◎ **Lord of the Universe :** *Sthāyī* : *O Lord! you are the Master of the three worlds.* **Antarā :** *1. You are not attainable by the studies of the Vedas, nor by charity, nor by worships. You are admiror of devotion. 2. You take us to the other side of the worldly ocean. You remove all our difficulties and obstacles. We request you to make our lives successful. 3. With mind and body, you are our aim. You are the idol in the temple of our hearts. You are our life support. You are admiror of meditation.*

|| 11.49 || मा ते व्यथा मा च विमूढभावो दृष्ट्वा रूपं घोरमीदृङ्ममेदम् ।
व्यपेतभी: प्रीतमना: पुनस्त्वं तदेव मे रूपमिदं प्रपश्य ।।

(सौम्यरूपदर्शनम्)

आलोक्य घोररूपं तद्–मा भी: कुरुनन्दन ।

अनुग्रं पश्य मे रूपं विगतभीर्भवार्जुन ।। **838**/1447

◎ **Normal appearance :** *Having said so, Shrī Krishna said, O Arjun! behold my normal divine appearance again.*

सञ्जय उवाच ।

।। 11.50 ।।

इत्यर्जुनं वासुदेवस्तथोक्त्वा स्वकं रूपं दर्शयामास भूयः ।
आश्वासयामास च भीतमेनं भूत्वा पुनः सौम्यवपुर्महात्मा ।।

(सञ्जय उवाच)

एवमुक्त्वा च पार्थं तं सौम्यं रूपमदर्शयत् ।
धैर्यं दत्त्वा हृषीकेशो गुडाकेशमसान्त्वयत् ।। **839**/1447

◎ **Sanjay :** *Sanjaya said, O Dhritarashtra! having said so to Arjun! Shrī Krishna showed him his normal divine form and gave him courage.*

अर्जुन उवाच ।

।। 11.51 ।।

दृष्ट्वेदं मानुषं रूपं तव सौम्यं जनार्दन ।
इदानीमस्मि संवृत्तः सचेताः प्रकृतिं गतः ।।

दृष्ट्वा चतुर्भुजं सौम्यं रूपं ते सुखदायकम् ।
प्रशान्तं मे मनो जातं पूर्ववद्धैर्यवानहम् ।। **840**/1447

◎ **Arjun :** *Arjun said, O Lord! your normal divine form is pleasant. I am now in my normal state as before. My fear is gone.*

श्रीभगवानुवाच ।

।। 11.52 ।।

सुदुर्दर्शमिदं रूपं दृष्टवानसि यन्मम ।
देवा अप्यस्य रूपस्य नित्यं दर्शनकाङ्क्षिणः ।।

(श्रीभगवानुवाच)

(भगवद्दर्शनम्)

दुर्लभं विश्वरूपं मे दृष्टं पूर्वं त्वया सखे ।
द्रष्टुं तदेव काङ्क्षन्ति देवदेवास्तथा नराः ।। **841**/1447

◎ **Shrī Krishna :** *Krishna said, O Dear Arjun! the sages and Gods wish to see the Universal form you just witnessed.*

|| 11.53 || नाहं वेदैर्न तपसा न दानेन न चेज्यया ।
शक्य एवंविधो द्रष्टुं दृष्टवानसि मां यथा ॥

न तेऽपि चाधिगच्छन्ति विश्वरूपस्य दर्शनम् ।
वेदमात्र न यज्ञेन ज्ञानेन न तपस्यया ॥ 842/1447

◉ **And :** *But, even they can not see it only with their studies of the Vedas or gifts of charity and austerities.*

|| 11.54 || भक्त्या त्वनन्यया शक्य अहमेवंविधोऽर्जुन ।
ज्ञातुं द्रष्टुं च तत्त्वेन प्रवेष्टुं च परन्तप ॥

अनन्ययैव भक्त्या स भक्तो भवति सक्षम: ।
योक्तुं द्रष्टुं प्रवेष्टुं च यथार्थं कुरुनन्दन ॥ 843/1447

◉ **And :** *And Shrī Krishna said, O Arjun! with one pointed and unshaken faith in me, a person is able to see me and be one with me.*

|| 11.55 || मत्कर्मकृन्मत्परमो मद्भक्त: सङ्गवर्जित: ।
निर्वैर: सर्वभूतेषु य: स मामेति पाण्डव ॥

सत्परो वैरहीन: स नित्यं यो मयि मत्पर: ।
मामेति सत्वरं पार्थ सर्वदा कर्मतत्पर: ॥ 844/1447

◉ **And :** *He who is truthful, without any feeling of enmity, ever devoted to me, O Arjun! doing his duty, he attains me.*

109. हिंदी कीर्तन : कहरवा ताल 8 मात्रा
हरि हरि बोल

हरि हरि बोल, हरि हरि बोल ।
राधे मुकुंऽद माऽधव हरि हरि बोल ॥

♪ सांसां सांसां सां – – सां, निध निसां सां– ।
मग मध–नि सां–निध मध मग   म– ।

अंतरा-1

गोऽपाल गोऽपाल हरि हरि बोल । गोऽविंद गोऽविंद हरि हरि बोल ।
आऽनंद आऽनंद जय जय बोल । गोपाल गोविंद आनंद बोल ॥

राधे मुकुंऽद माऽधव हरि हरि बोल ।।

♫ ध-धध ध-धध पम पनि ध- । नि-निनि नि-निनि धम धनि नि - - -।

सां-सांसां सां-सांसां निध निसां सां - - - । रें-रें-रें रें-रें-रें सांनिसांरें सां- ।

मग मध-नि सां-निध मध मग म- ।।

अंतरा-2

गिरिधारी गिरिधारी हरि हरि बोल, वनमाली वनमाली हरि हरि बोल ।

बनवारी बनवारी जय जय बोल, गोपाल गोविंद आनंद बोल ।

राधे मुकुंऽद माऽधव हरि हरि बोल ।।

अंतरा-3

कान्हा तेरी अचंभे की लीला हो, कान्हा तेरी अनूठी ही माया, हो ।

सखे! कान्हा की राधे की जय जय बोल, गोपाल गोविंद आनंद बोल ।

राधे मुकुंऽद माऽधव हरि हरि बोल ।।

◎ **Chant Hari Hari! :** ***Sthāyī :*** *Chant, Radhe Mukunda Madhava! Hari! Hari!* ***Antarā : 1.*** *Chant, Gopala Gopala! Hari Hari! Govind Govind! Hari Hari! victory to Gopal Govind!* ***2.*** *Vanamali! Hari Hari, victory to Gopal Govind!* ***3.*** *O Kanha! your magic is surprising, your maya is unique. Victory to the Radha.*

श्रीमद्-भगवद्-गीताया द्वादशोऽध्यायः ।

भक्तियोगः ।

110. हिंदी खयाल : राग शंकरा, झपताल

शिव शंभो!

स्थायी

शिव शंभो उमापति, जय भोले भंडारी ।

भव तारी भय हारी, सुख दायी त्रिपुरारि ।।

♪ पनिसां नि-प गपसांनि-, प ग ग-प रेगरेसा-सा ।

साप सा-सा गग प-प, पनिसां नि-प गपरेग-सा ।।[10]

अंतरा-1

गौरी नाथ गंगेश भालचंद्र हित कारी ।

बहुरूपी भैरवी डमरूधर दुख हारी ।।

♪ पगप सां-सां सां-सांनिरेंसां, सांगंगं-पं गरें सांरेंसां- ।

निधनिसांरेंनिसां निधनिप-, सांनिपगप रेगरे ग-सा ।।

◎ **O Shiva! : *Sthāyī :*** *O Shiva Shambho! O Umapati (Husband of Parvati)! victory to you, O Bhole Bhandari! You are our protector and remover of the fears. You are the Giver of happiness, O Tripurari (Slayer of the Demon Tripura)!* ***Antarā : 1.*** *O Gauri Nath (Husband of Parvati)! O Bhalachandra (who has the moon on his forehead)! O Benefactor! O Bahurupi (who has many forms)! Bhairavi (Shiva), Damrudhara (who holds the Damru drum), O Remover of the miseries!*

---

[10] **स्थायी तान** : 1. शिव शंभो उमापति सासा गग पप निसां रेंसां । निध पप गप गरे सासा 2. पग पप निसां रेंसां निसां । निध पप गप गरे सासा 3. सासा गग पप निसां गरें । सानिं पध पप गरे सासा । **अंतरा तान** : 1. गौरी नाथ गंगेश पप गप निसां गरें सांनि । पध पप गप गरे सासा 2. पध पप गप निसां रेंसां । निध पध पप गरे सासा 3. पप गप गरे सारे सासा । निध पध पप गरे सासा ।

111. हिंदी भजन : राग रत्नाकर, कहरवा ताल 8 मात्रा

हरि भजन

स्थायी

हरि के बिना बिरथा जनम रे, निज बल भव जल कौन तरे ।

♫ सानि़ सा रेरे- - गगरे- गमग रे- -, मम पप धप मम प-म गरे- - - ।

अंतरा-1

काम क्रोध मद काम न आवे, जौबन रौनक साथ न जावे ।

नौका अध बिच टूट पड़े ।।

♫ सा-रे ग-ग गग ध-प म ग-रे-, नि-धप ध-पम प-म ग रे-ग- ।

म-म- पप धध प-म गरे- - - ।।

अंतरा-2

राम नाम बिन जीवन सूना, नास्तिक भाव लगावे चूना ।

भाग करम सब रूठ खड़े ।।

◎ **Hari Bhajan : *Sthāyī* :** *Without worshipping Hari, this life is a waste. Who can trade the water of the worldly ocean on his own, without his help?* ***Antarā* : *1.*** *Your desires, passions and anger are all useless. Your youth and wealth will not go with you when you die. Your boat will break down half way.* ***2.*** *Without chanting Ram! Ram! your life is empty. Your atheistic behavior will take you down. Your karmas and destiny is awaiting you to do righteous deeds.*

सूक्तिः

यस्मात्प्रमोदते लोको लोकात्प्रमोदते च यः ।

प्रीतिशान्तिर्धृतिर्युक्तो स हि हरेः प्रियो नरः ।। 845/1447

◎ **An aphorism :** *From whom the world receives joy and he who receives joy from the world, that peace loving and courageous person is dear to Hari.*

गीतोपनिषद्
त्रयोविंशस्तरंगः
Gitopanishad
Fascicule 23

28. The Bhakti Yoga
भक्तियोगनिरूपणम्

शार्दूलविक्रीडित-छन्दः

ऽ ऽ ऽ, । । ऽ, । ऽ ।, । । ऽ, ऽ ऽ ।, ऽ ऽ ।, ऽ

♫ सा-रे- ग-मगरे- गम- पमगरे- ग-प-मग-म-गरे-

श्रीकृष्णवन्दना

वन्दे चक्रधरं हरिं गुरुवरं श्रीकृष्णदामोदरम् ।
योगेशो मम मार्गदर्शकवरो रक्षाकरो ज्ञानदः ।। 1
कृष्णान्नास्ति कृपाकरः प्रियतरः कृष्णैव मे पालकः ।
तस्माद्विघ्नहराय नम्रमनसा कृष्णाय तस्मै नमः ।। 2

◎ **A Prayer to Shrī Krishna :** *Obeisance to Hari, the Chakradhara (who holds the Sudarshan wheel), Guruvar (the Supreme teacher), Shri-Krishna-Damodara. May the Yogesha (the Lord of Yoga) and Giver of knowledge show me the righteous path and protect me. There is no one as merciful and dear as Shrī Krishna. May he protect me. Therefore, for removing the obstacles, I salute Krishna with my humble heart.*

ॐ अनुष्टुप्-श्लोक-छन्दसि गीतोपनिषद् ।

रत्नाकर उवाच

(निर्गुणब्रह्म च सगुणब्रह्म च)

ब्रह्मैव निर्गुणं ज्ञातं जीवात्मा जीवकारणम् ।

मूलं तद्विश्वबीजं च; सगुणात्मक ईश्वरः ।। **846**/1447

◎ **Ratnakar :** *Only Brahma (the Supreme) is without the three attributes, it is also called the Parameshvara (the Supreme). Atma is life of the living beings. The Ishvara (the God) is with attributes.*

112. हिंदी भजन : राग रत्नाकर, कहरवा ताल 8 मात्रा

ओ कन्हैया!

स्थायी

मोहे, आवाज देके बूलाना, मेरी नैया कन्हैया चलाना ।

♫ सानि़, सा–सा–सा ग–रे– गम–प–, गम प–प– मध–प– मग–रे– ।

अंतरा–1

रथ अर्जुन का तूने चलाया, पार रेड़ा वो तूने कराया ।

मेरा बेड़ा फँसा है भँवर में, साथ मेरा है तूने निभाना ।।

♫ मप ध–ध– ध नि–सां– निध–प–, प–ध नि–नि– नि सां–नि– धप–ध– ।

रेग म–म– धप– म– गरेरे ग–, रेग म–म– म ध–प– मग–रे– ।।

अंतरा–2

पथ में तूफान आये या आँधी, द्रौपदी शाटिका तूने बाँधी ।

मेरी लोगों में उड़ती हँसी है, लाज मेरी है तूने बचाना ।।

अंतरा–3

काम दीनों के तूने कराये, गर्व हीनों के तूने गिराये ।

साँस मेरी गले में अड़ी है, नाथ! मुझको गले से लगाना ।।

◎ **O Kanhaiya! : *Sthāyī* :** *O Kanhaiya (Krishna)! please call me. O Lord! please row the boat of my life.* ***Antarā :*** *You drove the chariot of Arjun. You took it across to the success. The boat of my life is stuck in the midst of the worldly ocean, please give me a hand.* **2.** *May there be storms or thunders, you protected your devotees. You have saved Draupadi from shame. People laugh at me, please save me from disgrace.* **3.** *You have helped the helpless. You have subdued the ego of the proud people. I am short of breath, O Lord! please save my life.*

श्रीमद्भगवद्गीता द्वादशोऽध्यायः ।

अर्जुन उवाच ।

।। 12.1 ।।

एवं सततयुक्ता ये भक्तास्त्वां पर्युपासते ।

ये चाप्यक्षरमव्यक्तं तेषां के योगवित्तमाः ।।

इत्थं भक्ताः सदा युक्ताः सगुणं त्वामुपासते ।
अक्षरं च निराकारं निर्गुणं ये, तु के वराः ।। **847**/1447

◎ **Arjun :** *Arjun said, O Lord! in this manner, those who are devoted to you and those who worship the formless deity without attributes, O Lord! who are superior devotees in these two?*

श्रीभगवानुवाच ।

।। 12.2 ।। मय्यावेश्य मनो ये मां नित्ययुक्ता उपासते ।
श्रद्धया परयोपेतास्ते मे युक्ततमा मताः ।।

(श्रीभगवानुवाच)
भक्ताञ्श्रेष्ठानहं मन्ये नित्यं ये मत्परा मयि ।
एकचित्ता भजन्ते मां सन्तुष्टा ये सदाऽऽत्मनि ।। **848**/1447

◎ **Krishna :** *Krishna said, O Arjun! I consider those devotees to be superior who are devoted to me without any diversion of faith. Those happy devotees with one pointed focus dwell in me.*

भजन्तः सगुणं रूपं भक्तास्ते खलु मे प्रियाः ।
अभीप्सिता मया ते ये योगिनो मत्परायणाः ।। **849**/1447

◎ **And :** *Those one pointed devotees who worship my form with attributes, they are dear to me.*

तेषां नयामि नौकां तां तारयित्वाऽपरे तटे ।
कृपाश्रयञ्च भक्तेभ्यो ददे जन्मनिजन्मनि ।। **850**/1447

◎ **And :** *I carry their boat of life across the worldly ocean and I am merciful to them life after life.*

113. हिंदी भजन

हरि सुमिरन

स्थायी

हरि सुमिरन दे, मन को धीर ।

♫ सारे सानि̣सासा रे–, मम गरे सा–सा ।

अंतरा–1

कार्य भार जब, तन को सतावे, मन उलझन की भीर ।

♪ म-म प-प पप, मप ध पम-ग-, धध पमपप मग रे-रे ।

अंतरा-2
हाथ में बेड़ी, भाग रुलावे, पाँव पड़े जंजीर ।

अंतरा-3
कपट जगत का, समझ न आवे, रोये मन का कीर ।

अंतरा-4
राम नाम की, नाव तरावे, भव सागर का तीर ।

◎ **Hari's chant : Sthāyī :** Hari's chant gives solace to my mind. **Antarā :** 1. When the load of work bothers me and when the mind is bewildered. 2. When the hands are tied and fate is unfavourable and the mind cries out. 3. The chant of Rama's name takes my boat of difficulties across to the other side of the worldly ocean.

|| 12.3 ||

ये त्वक्षरमनिर्देश्यमव्यक्तं पर्युपासते ।
सर्वत्रगमचिन्त्यं च कूटस्थमचलं ध्रुवम् ॥

(परन्तु)
भजन्ति तु निराकारम्-अव्यक्तमचलं ध्रुवम् ।
अचिन्त्यमक्षरं ब्रह्म भक्ता ये सर्वगामिनम् ॥ 851/1447

◎ **And :** However, those who worship the formless, attributeless, eternal, un-contemplatable, omnipresent Brahma;

|| 12.4 ||

सन्नियम्येन्द्रियग्रामं सर्वत्र समबुद्धयः ।
ते प्राप्नुवन्ति मामेव सर्वभूतहिते रताः ॥

(तर्हि)
सर्वेन्द्रियमनोबुद्धीः सन्नियम्य समानतः ।
तयाप्नुवन्ति मां पार्थ भूतहिते रताः सदा ॥ 852/1447

◎ **Therefore :** He who has his organs under control, mind and thinking under control and he who is in service of all beings with equanimity, he attains me.

|| 12.5 ||

क्लेशोऽधिकतरस्तेषामव्यक्तासक्तचेतसाम् ।
अव्यक्ता हि गतिर्दुःखं देहवद्भिरवाप्यते ॥

(स्मरत)

निर्गुणस्य मता क्लिष्टा निराकारस्य साधना ।

नरः कष्टेन प्राप्नोति गतिं निर्गुणब्रह्मणः ।। 853/1447

◎ **Remember! :** *Worship of the formless and attribuleless Brahma is not easy.*

।। 12.6 ।। **ये तु सर्वाणि कर्माणि मयि संन्यस्य मत्पराः ।**
अनन्येनैव योगेन मां ध्यायन्त उपासते ।।

भक्ताः सर्वाणि कर्माणि परित्यज्य तु ये मयि ।

एकचित्तेन मामेव ध्यायन्ति मत्परायणाः ।। 854/1447

◎ **However :** *However, the devotees who do their karmas (duties) in my name and worship me with undivided attention;*

।। 12.7 ।। **तेषामहं समुद्धर्ता मृत्युसंसारसागरात् ।**
भवामि नचिरात्पार्थ मय्यावेशितचेतसाम् ।।

(योगसिद्धेः चत्वारः मार्गाः)

इत्थं निरन्तरं धृत्वा हृदये चिन्तनं मम ।

तरन्ति कृपया मे ते मृत्युसंसारसागरम् ।। 855/1447

◎ **And :** *In this manner, holding me in their hearts, the devotees cross over the worldly ocean.*

114. हिंदी भजन : कहरवा ताल 8 मात्रा

शिव ओम् हरि ओम्!

स्थायी

शिव ओम् हरि ओम् शिव बोलो सदा, शिव ओम् हरि ओम् गाओ सदा ।

♫ सागु म– मम म– मम प–ग– मप– –, सांसां निप निनि पम ग–म पम– – ।

अंतरा–1

नमो नमो नमो नमो गजानना, जग जन तारो महेश्वरा ।

नमो नमो नमो नमो नारायणा, शिव० ।।

♫ मम पसां सांसां सांसां निसांगनिसां–निप, मम पसां सांसांसांसां निसांगनिसां–निप ।
सांसां निप निनि पम ग–मपम–, साग ।।

अंतरा–2

शिव शिव शंकर दिगंबरा, हमको वर दो सदाशिवा ।
शिव शिव मंगल निरंजना ।।

अंतरा–3

जय जय जय जय जटाधरा, तुम जग सुंदर सुदर्शना ।
जय जय जय जय जनार्दना ।।

◎ **Shiva Om! Hari Om!** : **Sthāyī** : Always recite Hari Om Hari Om Hari Om! recite Hari Om Hari Om Hari Om Narayan! **Antarā : 1.** Recite Namo Namo Namo Namo Gajanana (Ganesha)! recite Namo Namo Namo Namo Narayan! Please protect my world, O Maheshvar! **2.** Recite Shiva Shiva Shankar Digambar (Shiva)! recite Shiva Shiva Shiva Shiva Niranjan (Shiva)! Please give me a boon, O Sadashiva (Shiva)! **3.** Recite Jai Jai Jai Jai Jatadhar (Shiva)! Recite Jai Jai Jai Jai Janardan (Remover of the evil people)! You are the most beautiful in the world, O Sudarshan (whose glimpse is auspicious)!

|| 12.8 || मय्येव मन आधत्स्व मयि बुद्धिं निवेशय ।
             निवसिष्यसि मय्येव अत ऊर्ध्वं न संशय: ।।

मय्यादाय मनो पार्थ बुद्धिं च मयि त्वं सदा ।
अधिगच्छसि मद्भावं कुरुनन्दन निश्चितम् ।। 856/1447

◎ **And** : O Arjun! fixing your mind on me and thinking of me all the time, you will attain me, most certainly.

115. हिंदी भजन : राग रत्नाकर, कहरवा ताल 8 मात्रा

हरि कृपा

स्थायी

कृपा कृष्ण की चाही जिसने, जीवन हरि के सहारे है ।
नैया उसकी भवसागर में, लगती पार किनारे है ।।

♪ रे–सा रे–रे– रे– ग–रे– गगम–, प–पप धध नि धप–ध– नि– ।
सां–नि– धपध– निनिध–पप म–, गगम– ध–प मग–मग रे– ।।

अंतरा–1

छोड़े जिसने क्रोध खेद सब, सुख दुख एक बनाये हैं ।
भोग लोभ रज सब कुछ त्यागे, आता हरि के दुआरे है ।।

♪ म–म– पपप– ध–प म–म मम, गग मम प–प सांनिध– प– ।

सां- नि ध-प धध निनि धप ध-म-, ग-म- धध प मग-मग रे- ॥

अंतरा–2
जोड़ले मन में भाव भक्ति का, हरि नयनन के तारे हैं ।
पाप ताप सब उसके भागे, हरिहर कष्ट उबारे हैं ॥

अंतरा–3
हाथ हरि के जिसकी डोरी, हरि उसके रखवारे हैं ।
ऋद्धि सिद्धि नित चमर डुलावे, उस पर साँझ सकारे हैं ॥

◎ **Krishna's mercy : Sthāyī** : *He who desires mercy from Shrī Krishna and whose life depends on him, his boat safely touches the shore of the worldly ocean with Krishna's help.* **Antarā : 1.** *He who has removed his anger, anguish, passions and greed, he reaches at the door step of Hari.* **2.** *He who has fixed his faith on Hari and Hari is his apple of the eyes, his worries and difficulties melt away. Hari rescues him from his problems.* **3.** *He who has given the leash of his life in the hands of Krishna, Hari is his protector. Success and progress are at his service day and night.*

‖ 12.9 ‖   अथ चित्तं समाधातुं न शक्नोषि मयि स्थिरम् ।
             अभ्यासयोगेन ततो मामिच्छाप्तुं धनञ्जय ॥

एवं चित्तं समाधातुं स्थिरं त्वं चेन्न न शक्ष्यसि ।
योगाभ्यासेन मां प्राप्तुं कुरु यत्नं धनञ्जय ॥ 857/1447

◎ **And** : *O Arjun! if you are unable to focus your mind this way, then make efforts to attain the Abhyasa yoga (yoga of practice) to attain me.*

‖ 12.10 ‖   अभ्यासेऽप्यसमर्थोऽसि मत्कर्मपरमो भव ।
             मदर्थमपि कर्माणि कुर्वन्सिद्धिमवाप्स्यसि ॥

अक्षम: साधनायै चेत्-मदर्थं कुरु कर्म त्वम् ।
कार्यं मयि परित्यज्य सिद्धिमापय पाण्डव ॥ 858/1447

◎ **And** : *If you are unable to do such practice also, O Arjun! then do all your karmas (duties) in my name and attain success.*

‖ 12.11 ‖   अथैतदप्यशक्तोऽसि कर्तुं मद्योगमाश्रित: ।
             सर्वकर्मफलत्यागं तत: कुरु यतात्मवान् ॥

(फलेच्छत्यागः सर्वश्रेष्ठः)

एतदप्यसमर्थोसि मद्योगमाश्रितो भव ।

लिप्सां फलेषु त्यक्त्वा त्वं भुङ्क्ष्वादर्जुन तत्फलम् ।। 859/1447

◎ **And :** *O Arjun! if you are unable to do the Abhyasa yoga (practice), then take me for shelter and do your duties without a desire for their fruit (Karma yoga). Then, if you earn nishkam success, enjoy that fruit.*

।। 12.12 ।। श्रेयो हि ज्ञानमभ्यासाज्ज्ञानाद्ध्यानं विशिष्यते ।

ध्यानात्कर्मफलत्यागस्त्यागाच्छान्तिरनन्तरम् ।।

अभ्यासाद्धि वरं ज्ञानं ध्यानं ज्ञानाद्वरं सदा ।

ध्यानात्कमफलेच्छायाः–त्यागो दत्ते चिरं सुखम् ।। 860/1447

◎ **And :** *Knowledge is better than practice, contemplation is better than knowledge. Selfless duty is better than contemplation. The selflessness gives lasting peace.*

116. हिंदी गीत : राग रत्नाकर, कहरवा ताल 8 मात्रा

निष्कामना

स्थायी

फल की आशा तज कर करना, कर्म वही निष्काम सही ।

♫ मम म म–म– पप पप पपप–, नि–ध पध– नि–ध–प मग– ।

अंतरा–1

मीन धरन बक ध्यान जतावे, स्वाँग वो जाना योग नहीं ।

♫ ग–ग गगग गग रे–रे रेरे–रे–, ग–ग ग म–म– ध–प मग– ।

अंतरा–2

लहू चूसन धुन गीत सुनावे, झिंगुर झिन्नी राग नहीं ।

अंतरा–3

प्यास बुझावन आस लगावे, पपीहे का तप त्याग नहीं ।

अंतरा–4

मीत लभन को ज्योत जगावे, जुगनु चमक सच आग नहीं ।

अंतरा–5

दूध दुहन को दाना देवे, ग्वाले का वो दान नहीं ।

◎ **Nishkamana, Selfless duty :** ***Sthāyī :*** *Doing your duty without desire for its fruit is Nishkamana. It is righteousness.* ***Antarā : 1.*** *The stork stands still like a yogi, to catch a fish, such selfish act is not a yoga.* ***2.*** *The mosquito plays a music tune, but only to suck the blood from its victim. Such tune of music is not a Raaga.* ***3.*** *The Papiha bird sits for days with his mouth open, but only to catch the rain drops. Such motivated patience is not an austerity. The glow worm shines his glow, only to attract a female glow worm, such display of light is not a real fire. The cowherd feeds grains to his cows, only to squeeze more milk. Such self serving offering is not a charity.*

।। 12.13 ।।

अद्वेष्टा सर्वभूतानां मैत्रः करुण एव च ।
निर्ममो निरहङ्कारः समदुःखसुखः क्षमी ।।

प्रीतिदयाक्षमायुक्तः समो दुःखसुखेषु यः ।
स्नेही च सर्वभूतानां दम्भी मानी न यो नरः ।। **861**/1447

◎ **And :** *He who is equipped with love, kindness and forgiveness. He who is indifferent to pleasure and pains. He who is friendly to all beings. He who is not deceitful and proud;*

।। 12.14 ।।

सन्तुष्टः सततं योगी यतात्मा दृढनिश्चयः ।
मय्यर्पितमनोबुद्धिर्यो मद्भक्तः स मे प्रियः ।।

(श्रीभगवतः प्रीयः कः)

तटस्थः संयमी तुष्टो निरन्तरदृढव्रती ।
मत्परश्च मनोबुद्ध्या मद्भक्तो यः स मे प्रियः ।। **862**/1447

◎ **And :** *He who is impartial, self-controlled and unwavering, he who is devoted to me, that devotee is dear to me.*

।। 12.15 ।।

यस्मान्नोद्विजते लोको लोकान्नोद्विजते च यः ।
हर्षामर्षभयोद्वेगैर्मुक्तो यः स च मे प्रियः ।।

यस्मान्नोद्विजते कोऽपि किञ्चिन्नोद्विजते च यम् ।
मोदः क्रोधश्च लोभश्च येन त्यक्ताः स मे प्रियः ।। **863**/1447

◎ **And :** *From whom no one gets agitated and who does not get agitated from others. He who has relinquished anger, passions and greed. He is dear to me.*

।। 12.16 ।।

अनपेक्षः शुचिर्दक्ष उदासीनो गतव्यथः ।
सर्वारम्भपरित्यागी यो मद्भक्तः स मे प्रियः ।।

निःस्पृहो निर्ममो युक्तो निर्विषादो निरामयः ।

विहीनः कर्तृभावस्य भक्तः सोऽतीव मे प्रियः ।। **864**/1447

◎ **And :** *He who is non covetous, unattached, clean and free from anguish. He who does not take credit for his deeds. That devotee of mine is very dear to me.*

117. हिंदी भजन : राग खमाज, कहरवा ताल 8 मात्रा

भक्ति भाव

स्थायी

भक्ति भाव की जीवन कुंजी, भगत जन जिन पाई है ।

♫ मपनि सां-सां सां- रें-सांनि ध-प-, गमम पप धसां नि-ध प- ।

अंतरा–1

हरि दरशन की पावन पूँजी, उन भगतन ने कमाई है ।

♫ गम पपपप प- सांनिध प-प-, गग ममपप प पधसांनिध प- - - ।

अंतरा–2

दुख देता वो नहीं किसी को, उद्विग्न किसी से नाही है ।

अंतरा–3

भगत प्रभु का वही है प्यारा, हरि किरपा तिन पाई है ।

◎ **Faith :** ***Sthāyī :*** *He who has acquired the key to faith and devotion in his life.* ***Antarā : 1.*** *That devotee has earned the holy wealth of Hari's grace.* ***2.*** *He who does not hurt others and he who is not turned off from anyone.* ***3.*** *He is dear to Shrī Krishna and he has earned mercy of the Lord.*

।। 12.17 ।। योो न हृष्यति न द्वेष्टि न शोचति न काङ्क्षति ।

शुभाशुभपरित्यागी भक्तिमान्यः स मे प्रियः ।।

निर्मलो निरहङ्कारः शोकदोषविवर्जितः ।

शुभाशुभे समे यस्य भक्तिनिष्ठः स मे प्रियः ।। **865**/1447

◎ **And :** *He who is pure. He who does not have ego. He who is free from anguish and sorrow. He who is indifferent to good and bad. He who is faithful. He is dear to me.*

118. हिंदी भजन : राग रत्नाकर, कहरवा ताल 8 मात्रा

प्रभु प्रेम

स्थायी

प्रभु से प्रेम पाने का, तरीका ये सुहाना है ।
हरि से प्रीत का सलीका, विनय से सिर झुकाना है ।।

♫ रेगम रे- गमरे ग-म- प-, धप-म- ग- पमगमग रे- ।
धप- म- सां-नि ध- पपध-, पमम ग- प- मगमग- रे- ।।

अंतरा-1

दुखे ना जिससे नर कोई, सुखी हो जिससे हर कोई ।
सभी को यार करना ही, हरि से प्यार करना है ।।

♫ रेधप म- गगरे गग म-प-, धप- म- गमरे मग प-म- ।
रेगम रे- ग-म रेगम- प-, धप- म- ग-प मगमग रे- ।।

अंतरा-2

अगर चंगा कहे कोई, बहुत निंदा करे कोई ।
सदा उपकार करना ही, हरि से प्यार करना है ।।

अंतरा-3

न जिसमें बैर है कोई, न जिसको गैर है कोई ।
सदा सुविचार करना ही, हरि से प्यार करना है ।।

◎ **Love for the Lord :** ***Sthāyī :*** *The way to love the Lord is beautiful. To earn Hari's love you have to bow your head with humility.* **Antarā : 1.** *From whom no one gets hurt and from whom everyone is happy. Making friendship with everyone is to love Hari.* **2.** *If someone calls you good or even if he calls you bad, helping him in his difficulty is like loving Hari.* **3.** *He who does not have enmity with anyone and he who has no one stranger. Always thinking righteously is like loving Hari.*

।। 12.18 ।।

समः शत्रौ च मित्रे च तथा मानापमानयोः ।
शीतोष्णसुखदुःखेषु समः सङ्गविवर्जितः ।।

यस्य शत्रुर्न कोऽप्यस्ति सर्वेऽपि मित्रवज्जनाः ।
जीवनसुखदुःखेषु शीतोष्णेषु न बाधितः ।। 866/1447

◎ **And :** *He who does not consider anyone his enemy or friend, all are his brothers. He who is indifferent to the ups and downs of the life;*

यस्य नास्ति रिपुः कोऽपि सर्वैः सह च मित्रवत् ।
नारिं तमपि जानाति यस्तं जानाति शत्रुवत् ।। **867**/1447

◎ **And :** *The one who considers him as a friend and the one who thinks him of an enemy, he considers both of them his friends.*

तत्स करोति सर्वेभ्यो यद्रोचते तमात्मने ।
एवं शत्रौ च मित्रे यः सद्भक्तः स च मे प्रियः ।। **868**/1447

◎ **And :** *He who does only that to other people which please him when others do it to him. He who has such equanimity, he is dear to me.*

119. हिंदी गीत

भूत दया

स्थायी

सबसे मेरा रहे प्रेम नाता, दृष्टि, ऐसी मुझे देना दाता ।

♫ सा-रे ग-म- पम- ग-रे ग-म-, धध, प-म- गम- प-म ग-रे- ।

अंतरा-1

चाहे जाने वो हमको पराया, द्वेष उसके हो मन में समाया ।
जानूँ उसको भी मैं बंधु भ्राता, बुद्धि, ऐसी मुझे देना दाता ।।

♫ प-ध नि-नि- नि सां-नि- धप-ध-, प-ध नि-नि- नि सां- नि- धप-ध- ।
रेग- म-म- म प- म-ग रे-ग-, गम, प-म- गम- प-म ग-रे- ।।

अंतरा-2

कोई कमजोर हो दीन दुखिया, जिसकी सुनसान बीरान दुनिया ।
उसके कँधे से कँधा लगाना, शक्ति, इतनी मुझे देना दाता ।।

अंतरा-3

हर प्राणी से हो मेरी माया, हर भाई बने मेरा भाया ।
हर माता लगे मेरी माता, प्रीति, ऐसी मुझे देना दाता ।।

अंतरा-4

तेरी किरपा की हो मुझ पे छाया, तेरी सेवा में हो मेरी काया ।

मैं रहूँ तेरे गुन गुनगुनाता, भक्ति, ऐसी मुझे देना दाता ।।

◎ **Kindness for all** : *Sthāyī* : *O Lord! please give us such vision that, we may have friendship with everyone.* **Antarā** : **1.** *May he think us to be strangers, may he have hate for us, may we think him to be our friend or brother. O Lord! please give us such thinking.* **2.** *May someone be weak, sad or helpless. May someone's world be empty. May we walk with him shoulder to shoulder. O Lord! please give us such strength of mind.* **3.** *May I have love for all beings. May all brothers be my brothers. May all mothers be my mothers. O Lord! please give me such loving heart.* **4.** *O Lord! may I have your mercy. May my body fall in your service. May I keep chanting your virtues. O Lord! please give me such faith.*

120. हिंदी गीत
वेद वाणी

स्थायी

जो काम सबका तुम्हें पियारा, जहाँ को वापस वो प्यार दो ।

♪ रे ध-प ममप- गप- धप-म-, रेग- म प-म- प म-ग रे- ।

अंतरा–1

विचार वाणी में हो अहिंसा, प्रयोग में हो कभी न हिंसा ।
जो दोष उनका तुम्हें चुभाता, वही न तुझमें दीदार हो ।।

♪ रेग-म प-म- प ध- निध-प-, धनि-सां नि- ध पध- नि ध-प- ।
म प-ध पमग- मप- धपमग-, गम- प मगरे- पम-ग रे- ।।

अंतरा–2

न हो जियारा कभी उदासा, रहो प्रभु के चरण में दासा ।
जो कर्म उनका तुम्हें गिराता, जगत में प्यारे! वो ना करो ।।

अंतरा–3

सदाचार की सदा हो भासा, भगत जनन को तुम्ही से आसा ।
जो बोल उनका तुम्हें दुखारा, किसी को प्यारे! वो ना कहो ।।

अंतरा–4

अधर्म का जो करे विनासा, वो कार्य तेरा बने विलासा ।
जो धर्म शांति दया सिखाता, वो राह सत् की स्वीकार हो ।।

अंतरा–5

धरती अंबर तेरा निबासा, दिशाएँ चारों तेरा लिबासा ।

जो जाप मुख में तुम्हें सुहाता, वो नाम हरि का सदा जपो ।।

◎ **The Words of Vedas : Sthāyī** : The deeds of others that please you, do such deeds in the world in return. **Antarā : 1.** May there be non-violence in your thoughts and words. May you never use violence. The faults of other people that bother you, may those never exist in you. **2.** May you be never sad. may you always remain at the feet of the Lord. The deeds of the people that let you down, may you never do them yourself. **3.** May your words always be righteous. May the righteous people have hope in you. The words of other people that hurt you, may you not speak them to anyone ever. **4.** The deeds that remove unrighteousness, may that be your pastime. The path that shows peace and righteousness, may that right path always be yours. **5.** May your abode be the sky and earth. May all directions be your garments. May the name of Hari that pleases your heart, be your chant.

।। 12.19 ।।

तुल्यनिन्दास्तुतिर्मौनी सन्तुष्टो येन केनचित् ।
अनिकेत: स्थिरमतिर्भक्तिमान्मे प्रियो नर: ।।

श्रुत्वाऽपि यो स्तुतिं निन्दां समो मानापमानयो: ।
आत्मयुक्तो घृणामुक्त: स्थिरमति: स मे प्रिय: ।। 869/1447

◎ **And** : Having heard praises or criticism, he who is indifferent to both, that self possessed devotee of stable mind is dear to me.

।। 12.20 ।।

ये तु धर्म्यामृतमिदं यथोक्तं पर्युपासते ।
श्रद्दधाना मत्परमा भक्तास्तेऽतीव मे प्रिया: ।।

धर्म्यामृतमिदं पार्थ भक्तो य: पर्युपासते ।
श्रद्धालुर्मत्परो भक्तो निरासक्त: स मे प्रिय: ।। 870/1447

◎ **And** : O Arjun! he who follows these words of righteousness, that faithful and unattached devotee is dear to me.

121. हिंदी भजन : राग रत्नाकर

हरि भगत

स्थायी

हर दम जो नाम जपता, प्यारा वो है हरि का ।
निष्काम काम करता, उसका हरि पियारा, पियारा ।।

♪ सा- रे- ग प-म गगरे-, प-म- ग म- धप- म- ।
नि-ध-प ध-प ममग-, रे-ग- मप- मग-रे, गरे-सा- ।।

अंतरा-1

मन में विरक्ति जागी, सब वासनाएँ त्यागी,
जिसको न दुख है जग से, न किसी को दुख है उससे ।
ऐसा भगत निराला, प्यारा हरि को सबसे,
निश दिन जो याद रखता, उसका हरि किनारा, किनारा ।।

♪ म- प- धनि-ध प-ध-, मम प-धनि-ध प-ध-,
ग-म- प ध- प मम ग-, रे गम- प धप म गगम- ।
ध-प- ममम गम-प-, ध-प- मग- रे गगम-,
निनि धध प ध-प ममग-, रे-ग- मप- मग-रे, गरे-सा ।।

अंतरा-2

हरि ओम्-ओम् माला, दर्शनकी दिल में ज्वाला,
जिसने वहम भगाया, विश्वास है जगाया ।
ऐसा भला पुजारी, पावन खरा है सबसे,
जिसको भजन सुखाता, उसका हरि जियारा, जियारा ।।

अंतरा-3

सुंदर स्वभाव जिसका, निर्मल हृदय है गहरा,
जिसको न क्रोध कोई, ईर्ष्या है जिसने खोई ।
ऐसा मनुष महाना, मंगल वही है सबसे,
दूसरों का दुख दुखाता, उसका सही विचारा, विचारा ।।

अंतरा-4

तन मन से तम हटाया, दूसरों से गम बँटाया,
सद्भाव है तरीका, आधार है हरि का ।
ऐसा भगत सयाना, न्यारा जगत में सबसे,
दुनिया का जो दुलारा, उसका हरि सहारा, सहारा ।।

◎ **Lord's Devotee : Sthāyī :** *He who chants Hari's name all the time, he is unique in the world. He who is loved in the world, for him Hari is the helper.* **Antarā : 1.** *He who is unattached, he who is not covetous, he who is not perturbed by the world, he who does not agitate anyone, such an uncommon devotee is most dear to Hari. He who remembers Hari day and night, Hari is his help.* **2.** *He who chants Hari Om Om! He who is eager to see Hari. He who is not deluded. He who is faithful. Such a good worshipper, is more sacred than anyone else. He who enjoys Hari's Bhajans, Hari is at his heart.* **3.** *He who has good nature. He who has pure heart. He who does not have anger and jealousy. Such a great* person is auspicious. He whom others' pain hurts. He has right thinking. **4.** He who has removed delusion from his mind. He who shares other's sorrow. He who is righteous, he has help from Hari. Such a wise devotee is unique in the world. He who is loved by the world, for him Hari is the support.

122. हिंदी भजन
प्रिय भगत
छन्द दोहा

स्थायी

भगत सदा संतुष्ट जो, जिसका निश्चय ढीठ ।
तन मन से मुझमें लगा, वो है मेरा मीत ।।

♪ रेरेरे रेग– म–प–म प–, धधध– प–मग म–म ।
रेरे गग म– पपध– पध–, प– म– प–मग रे–रे ।।

अंतरा–1

किसी को न जिससे व्यथा, न जो किसी से व्यथित ।
हर्ष दुखों से जो परे, उससे मुझको प्रीत ।।

♪ रेरे– ग– ग ममप– मप–, ध ध– पम– ग मग–ग ।
रे–रे गम– प– ध– पध–, पपम– पपमग रे–रे ।।

अंतरा–2

जिसे न धन की चाह है, जिसे स्पृहा न तनिक ।
शुद्ध उदासी भक्त वो, करता मुझसे प्रीत ।।

अंतरा–3

जो न सुखों का लालची, राग क्रोध अतीत ।
सम सुख दुख में भक्त जो, उसकी सच्ची प्रीत ।।

अंतरा–4

शत्रु मित्र कोई कहे, अपमान किया अगणीत ।
रंज न कोई जिसे, न्यारी उसकी रीत ।।

अंतरा–5

शत्रु किसी का जो नहीं, सबको कहता मीत ।
जो उसको बैरी कहे, उसका भी न अहित ।।

अंतरा-6

दुख देते जों काम हैं, उनसे रहे अतीत ।
लाभ हानि सब एक हों, सदा उसी की जीत ।।

अंतरा-7

हर दम जपता नाम जो, गाता मेरे गीत ।
गान भजन मेरे जिसे, कर्ण मधुर संगीत ।।

अंतरा-8

अमृत मय इस धर्म की, जिसके मन में आस ।
श्रद्धा वाला भक्त वो, मेरा है प्रिय मीत ।।

◎ **Dear devotee :** *Sthāyī* : Lord Krishna said, he who is always contented. He who is resolute. He who is devoted to me. He is my friend. **Antarā :** 1. From whom no one has botheration and he who is not bothered by anyone, he who is indifferent to joy and sadness, I have love for him. 2. He who is not greedy. He who is not covetous. He who is unattached and indifferent. That pure devotee loves me. 3. He who does not wait for happiness. He who is beyond anger and attachment. He who is indifferent in pain and pleasures. His is true love. 4. Weather people call him a friend or a foe or whether they insult him, he who is not perturbed, his way is unique. 5. He who is not enemy to anyone, he calls everyone his friend, even if someone calls him a foe, he calls him a friend. 6. He who does not do the deeds that hurt people. He who is indifferent to profit or gain, he is always a winner. 7. He who chants my name all the time and sings my songs, his speech is a beautiful music to my ears. 8. He who follows this path filled with divine nectar, he who has a desire to follow me, that faithful devotee is dear to me.

श्रीमद्-भगवद्-गीतायास्त्रयोदशोऽध्यायः ।
क्षेत्र-क्षेत्रज्ञ-विभागयोगः ।

123. हिंदी भजन : राग काफी, कहरवा ताल 8 मात्रा

शिव पार्वती गणेश

स्थायी

शिव पार्वती गणेश, जय जय, शिव पार्वती गणेश ।
जय जय, शिव पार्वती गणेश ।
ध्याऊँ तुमको पाऊँ तुम को, वंदन करूँ महेश ।
शिव पार्वती गणेश ।।

♪ -निनि नि-निसांप पपध-प मग सानि़, -नि़सा रेपमरेसा नि़सा - - सा ।
मरे सानि़- नि़सा रेपमरेसा नि़सा- - - - - - सा ।
-मपनि- निनिनि- -सां-सां रेंनिसां-, -नि-निनि धमप धप- - -मधपमगरेसानि़ ।
नि़सा रेपमरेसा नि़सा- - - - - - सा ।।

अंतरा-1

ज्यों हि तुमरे सुमिरण कीने, सपनन तुमने दर्शन दीने ।
भवसागर से सुखसागर में, दूर-हुए क्लेश ।
शिव पार्वती गणेश ।।

♪ -निध म पपप- -नि धमम प-प-, -निधम- पपपसां- निधमम प-प- ।
-मप निनिसां सां- -सांगं रेंसांरेंनि सां-,
-नि-निनिधमप धप- - -मधपमगरेसानि़ ।
नि़सा रेपमरेसा नि़सा- - - - - - सा ।।

अंतरा-2

जो भी तुमरे दर पर आवे, पल में उसके घर भर जावे ।
दुःख जगत के वो तर जावे, तेरी कृपा उमेश ।
शिव पार्वती गणेश ।।

अंतरा–3

कोई तुमसे अलख नहीं है, सारी तुमसे व्याप्त मही है ।

तेरी कृपा से हसरत मेरी, पूर्ण हुई अशेष ।

शिव पार्वती गणेश ।।

◎ **Shiva, Parvati, Ganesh : *Sthāyī* :** *O Shiva, Parvati, Ganesh! victory to you. May I pray to you to come in my dreams.* ***Antarā* : 1.** *As soon as I remembered you, you came in my dreams. From the worldly ocean, I came in the ocean of happiness and all my pains went away.* **2.** *One who comes to you, gets all his wishes. His worldly sufferings end. Such is your grace, O Lord!* **3.** *No one is hidden from you. The world is pervaded by you. With your grace, my wishes are fulfilled.*

124. हिंदी खयाल : राग तोड़ी, तीन ताल

जगन्माता

स्थायी

वर दे माँ, जगत माता, वर दे माँ ।

♫ मंध सां–निधमंग रेसा, रेगरे सा–सा, मंध सां–निधमंग रेसा ।

अंतरा–1

आन भगत तोरा नाचत गावत, मनवा मोरा तड़पे, माँ ।

♫ प–प पमंग मंध सां–सांसां निरेंसांसां, धधधगं रें–सां–धनिसां निधमंग रेसा ।

◎ **Mother Goddess : *Sthāyī* :** *O Mother of the world! please give me an auspicious boon.* ***Antarā* : 1.** *This devotee of your's is at your door, singing and dancing. My mind is restless, O Mother!*

125. हिंदी भजन : राग रत्नाकर, कहरवा ताल 8 मात्रा

नारायण नारायण

स्थायी

बोलो नारायण श्री, कृष्ण प्रभु को, हरि हरि! ।

प्रसाद खा लो, तीरथ पी लो, आरती गा लो घड़ी घड़ी ।।

♫ रे–ग– म–म–पप प–, ध–प मग– म–, पध– पध–! ।

सांनि–ध प–ध–, नि–धप म– प–, म–गरे ग– म– पध– पम– ।।

अंतरा–1

पूजा पाठ को ध्यान से करना, रीत प्रभु की बड़ी कड़ी ।

बंधु भाई सत् जन सारे, साथ स्नेह की लड़ी लड़ी ।।

♪ रे–ग म–म म– प–म ग रेगम–, ध–प मग– म– पध– पध– ।
ध–प म–प– धध पम ग–रे–, म–ग रे–ग म– पध– पम– ।।

अंतरा–2

व्रत पूजा का फल है मीठा, किस्मत करता हरी भरी ।
निश दिन बोलो लक्ष्मी नारायण, गाँठ खुलेगी अड़ी अड़ी ।।

अंतरा–3

पाप जला लो, पुण्य कमा लो, जप में जादू खरी खरी ।
यज्ञ मना लो, भाग्य जगा लो, बरसे अमृत झड़ी झड़ी ।।

अंतरा–4

नारायण का नाम सिमर ले, आवन जावन खड़ी खड़ी ।
कृष्ण प्रभु का नाम ले रसना, मुख में निठल्ली पड़ी पड़ी ।।

◎ **Narayan (Vishnu)** : ***Sthāyī*** : Chant Narayan! Narayan! and say, victory to Shrī Krishna Hari! Take the Prasad and Tirath and sing Hari's Bhajans again and again. **Antarā** : **1.** Do the worship from your heart. The rules of the Lord are strict. Come together all brothers and friends and let's enjoy the loving moment. **2.** The worship and austerity will give you sweet fruits and shine your luck. Chant Lakshmi-Narayan! day and night. Your obstacles will disappear. **3.** Burn your sins, earn the merits, the name has such a magic. Do austerities, shine your luck, amrit (divine nectar) will shower on you. **4.** Remember Narayan's (Vishnu's) name, while coming and going every moment. O My tongue! say Krishna! Krishna! while lying there idle in the mouth.

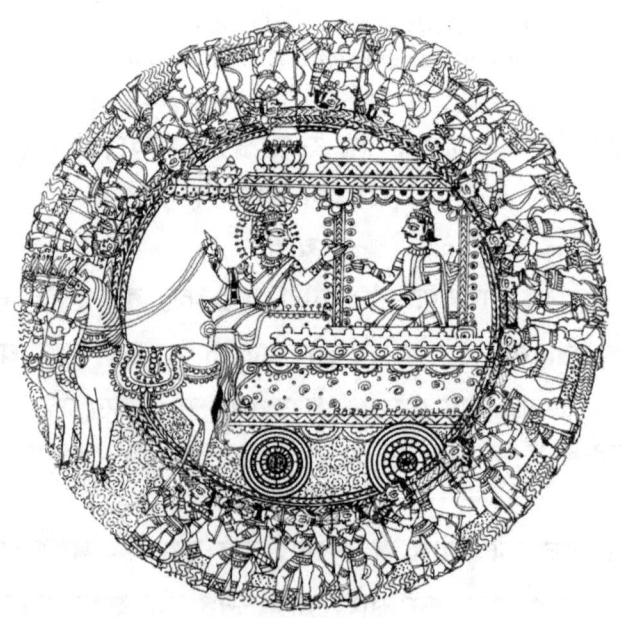

गीतोपनिषद्
चतुर्विंशस्तरंगः
Gitopanishad
Fascicule 24

29. The Kshetra and Kshetrajna
क्षेत्रक्षेत्रज्ञनिरूपणम्

श्रीमद्भगवद्गीता त्रयोदशोऽध्यायः ।

अर्जुन उवाच ।

।। 13.1 ।।

प्रकृतिं पुरुषं चैव क्षेत्रं क्षेत्रज्ञमेव च ।
एतद्वेदितुमिच्छामि ज्ञानं ज्ञेयं च केशव ।।

ॐ अनुष्टुप्-श्लोक-छन्दसि गीतोपनिषद् ।

(अर्जुनस्य प्रश्नाः)

क्षेत्रं किं कश्च क्षेत्रज्ञो ज्ञानं ज्ञेयं च किं प्रभो ।
प्रकृतिपुरुषौ कौ च तत्त्वं तेषां च किं हरे ।। 871/1447

◎ **Arjun's questions :** *Arjun said, O Hari! what is Kshetra and what is Kshetrajna? What is Jnana and what is Jneya? What is Prakriti and what is Purusha?*

लक्षणं किं च क्षेत्रस्य स्वरूपं च गुणास्तथा ।
क्षेत्रं तत्कुत आयाति विकारास्तस्य कृष्ण के ।। 872/1447

◎ **And :** *What are the signs, forms and attributes of Kshetra? Where does that Kshetra come from and what are its variations*

श्रीभगवानुवाच ।

।। 13.2 ।।

इदं शरीरं कौन्तेय क्षेत्रमित्यभिधीयते ।
एतद्यो वेत्ति तं प्राहुः क्षेत्रज्ञ इति तद्विदः ।।

क्षेत्रज्ञं कं जना आहुः प्रभावास्तस्य के तथा ।
शृणु वदामि त्वां पार्थ सर्वं स्वल्पेन साम्प्रतम् ।। 873/1447

◎ **And :** *Who is called Kshetrajna? What is its influence? O Lord! I wish to hear it in brief from you.*

(श्रीभगवत उत्तराणि)

शृणु पार्थ समासेन शरीरं क्षेत्रमुच्यते ।
सर्वक्षेत्राणि जानाति क्षेत्रज्ञः स मतो बुधैः ।। 874/1447

◎ **Answers :** *O Arjun! hear it all from me. The body of a being is called a Kshetra. He who understands the Kshetra is called Kshetrajna.*

।। 13.3 ।।

क्षेत्रज्ञं चापि मां विद्धि सर्वक्षेत्रेषु भारत ।
क्षेत्रक्षेत्रज्ञयोर्ज्ञानं यत्तज्ज्ञानं मतं मम ।।

(ज्ञानं च अज्ञानं च)

क्षेत्रज्ञं सर्वक्षेत्रेषु मां यो वेत्ति स पण्डितः ।
क्षेत्रक्षेत्रज्ञयोरेनं ज्ञानं ज्ञानं मतं मया ।। 875/1447

(ज्ञान और अज्ञान)

◎ **Wisdom and ignorance :** *He who know that I am the Kshetrajna (the knower of all beings) is a wise man. For me, knowing what is Kshetra and what is Kshetrajna is knowledge.*

।। 13.4 ।।

तत्क्षेत्रं यच्च यादृक्च यद्विकारि यतश्च यत् ।
स च यो यत्प्रभावश्च तत्समासेन मे शृणु ।।

(श्रीभगवानुवाच)

किं क्षेत्रं कश्च क्षेत्रज्ञो मत्तस्त्वं शृणु भारत।
विकाराश्च तयोः के के समासेन वदामि त्वाम् ।। 876/1447

◎ **Krishna :** *O Arjun! now hear from me what are the attributes and variations of Kshetra and Kshetrajna.*

|| 13.5 ||

ऋषिभिर्बहुधा गीतं छन्दोभिर्विविधैः पृथक् ।
ब्रह्मसूत्रपदैश्चैव हेतुमद्भिर्विनिश्चितैः ।।

ज्ञानं सर्वमिदं पार्थ सानन्दमृषिभिः पुरा ।
गीतं विविधछन्दोभिः-ब्रह्मसूत्रपदेषु तैः ।। **877**/1447

◎ **And :** *This knowledge has been known and sung happily in various meters, along with the Brahma-sutras (the Vedant treatise on Brahma, written by Badrayan), by the sages since ancient times.*

|| 13.6 ||

महाभूतान्यहङ्कारो बुद्धिरव्यक्तमेव च ।
इन्द्रियाणि दशैकं च पञ्च चेन्द्रियगोचराः ।।

(त्रिंशत् क्षेत्रगुणविकाराः)

अहङ्कारो मनो बुद्धिः-आत्मा भूतानि पञ्च च ।
इन्द्रियाणि शरीरस्य विषयाः पञ्च तेषु च ।। **878**/1447

◎ **The 30 attributes :** *The self, the mind, thinking, five elemental beings, ten organs and their five objects;*

|| 13.7 ||

इच्छा द्वेषः सुखं दुःखं सङ्घातश्चेतना धृतिः ।
एतत्क्षेत्रं समासेन सविकारमुदाहृतम् ।।

इच्छा द्वेषः सुखं दुःखं धृतिश्च चेतना तथा ।
त्रिंशत्सहविकारैर्हि संघशः क्षेत्रमुच्यते ।। **879**/1447

◎ **And :** *the desire, aversion, happiness, sorrow, courage and consciousness are the thirty attributes collectively called as Kshetra.*

शौन्यं सौक्ष्म्यं घनत्वं च द्राव्यं चौष्म्यं तथाऽपि हि ।।
पञ्चभूतानि मूलानि प्रकृतेस्त्रिगुणैः सह ।। **880**/1447

◎ **And :** *space (sky), subtlety (air), solidity (earth), fluidity (water) and warmth (fire) are the five basic elements along with the three gunas of Sat (righteousness), Rajas (ego) and Tamas (ignorance).*

एकादश च गात्राणि विषयाः पञ्च कर्मणाम् ।
शब्दो रूपं रसो गन्धो स्पर्शो ज्ञानस्य हेतवः ।। **881**/1447

◎ **And :** *and, the organs (gatra) are eleven. The sense objects (vishaya) are five. The five senses are sound, form, taste, smell and touch. The five sense organs are ears, eyes, mouth, nose and skin.*

|| 13.8 ||

अमानित्वमदम्भित्वमहिंसा क्षान्तिरार्जवम् ।
आचार्योपासनं शौचं स्थैर्यमात्मविनिग्रहः ।।

अहिंसा परमो धर्मः परमा च सुशीलता ।
गुरुसेवा च पावित्र्यं मनसि यस्य निग्रहः ।। 882/1447

|| 13.9 ||

इन्द्रियार्थेषु वैराग्यमनहङ्कार एव च ।
जन्ममृत्युजराव्याधिदुःखदोषानुदर्शनम् ।।

निर्वासना च निर्दम्भो योगक्षेमः शमो दमः ।
जन्ममृत्युजरारोगदुःखेषु दोषदर्शनम् ।। 883/1447

◎ **Self control :** *He who is not covetous and deceitful. He who is dedicated and persistent, he who is peaceful and self controlled, he who has appreciation for the anguish and faults in birth, ageing and death.*

126. हिंदी भजन

अहिंसा परमो धर्मः

अहिंसा परमो धर्मो हिंसा हीना कृतिर्मता ।
अहिंसा कर्म भद्राणां हिंसा कर्म तु पापिनाम् ।।

♫ गम–म– पपप– म–प–, ध–प म–ग– रेग–पम– ।
रेग–म– प–म ग–म–प–, नि–ध– प–प प ध–पम– ।।

स्थायी

अहिंसा, विधि का विधान है ।

♫ साग–रे–, ऩिसा ऩिध़ ऩिसागरे सा– ।

अंतरा–1

दया क्षमा शम, किरपा शान्ति, घन तन मन वाणी में प्रीति ।
श्रद्धा निष्ठा भक्ति नीति, जानो, ये ज्ञान है ।।

♫ ऩिसा– रेसा– ऩिध़, ऩिऩिसा– ग–रे–, गग मम पप ध–प– म– ग–म– ।
गमपम गमगरे गमपम गरेसा–, ऩिसाऩिध़, ऩि सागरे सा– ।।

अंतरा–2

ईर्ष्या हठ शठ, कलि मल भ्राँति, दंभ दर्प मद छल बल भीति ।

जोर जबर अवमान अनीति, हिंसा, अज्ञान है ।।

अंतरा–3

अपना पराया जहाँ न कोई, राम कृष्ण सबको सुखदायी ।
वसुधा ये एक कुटुंब भाँति, सारे, समान हैं ।।

अंतरा–4

निश दिन मुख में जप ले हरि हरि! याद प्रभु की आवे घड़ी घड़ी ।
समाधान नित सरबस तृप्ति, सुख का, निधान है ।।

◎ **Non-violence : Shloka** : Non-violence is utmost righteousness. Violence is a wretched act. Non-violence is the work of righteous people, violence is the work of evil people. **Sthāyī** : Non-violence is the commandment from God. **Antarā** : 1. Kindness, forgiveness, self-control, mercy and peace, love in words and action, faith, dedication; devotion and ethics are collectively called wisdom. 2. Jealousy, stubbornness, deceit, impurity, delusion, force, disrespect, unethical act and violence are collectively called ignorance. 3. Where no one is favoured or a forgitten, where Rama and Krishna are the symbols of peace and happiness, there the whole world is regarded as one family. 4. Therefore, chant Hari! Hari! day and night. Remember the Lord all the time. Always be satisfied. This is the vehicle of happiness.

|| 13.10 ||

असक्तिरनभिष्वङ्ग: पुत्रदारगृहादिषु ।
नित्यं च समचित्तत्वमिष्टानिष्टोपपत्तिषु ।।

निर्ममश्च निरासक्त: पुत्रदारधनादिषु ।
प्रियाप्रियौ समौ यस्य तटस्थ: सर्ववस्तुषु ।। 884/1447

◎ **Wisdom (right knowledge)** : Not having a feeling of My-ness (possession) for children, wife and wealth. Being indifferent to whatever may come to you, is wisdom;

|| 13.11 ||

मयि चानन्ययोगेन भक्तिरव्यभिचारिणी ।
विविक्तदेशसेवित्वमरतिर्जनसंसदि ।।

गर्वेण न प्रमत्तो यो मयि यो मत्परायण: ।
असक्तो जनसम्मर्दे मौनभावे सदा सुखी ।। 885/1447

◎ **Wisdom** : He who is not intoxicated with arrogance. He who is devoted to me. He who doese not enjoy crowds. He who likes quietness;

|| 13.12 ||

अध्यात्मज्ञाननित्यत्वं तत्त्वज्ञानार्थदर्शनम् ।
एतज्ज्ञानमिति प्रोक्तमज्ञानं यदतोऽन्यथा ।।

ईक्षणं तत्त्वज्ञानेनात्मज्ञानेन च दर्शनम् ।
प्रोक्तमिति हि यज्ज्ञानं सर्वमज्ञानमन्यथा ।। 886/1447

◎ **And :** He who thinks logically. He who has done self examination. He has wisdom. Without this, it is ignorance.

127. हिंदी भजन : राग रत्नाकर कहरवा ताल 8 मात्रा

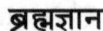

ब्रह्मज्ञान

स्थायी दोहा, अंतरा फटका

स्थायी

ब्रह्म ज्ञान की है जहाँ, अंतरंग में चाव ।
वही ज्ञान की प्यास है, अज्ञान से बचाव ।।

♪ सां-नि ध-प ध- नि- सांरें-, सां-निध-प ध- नि-नि ।
निध- प-म ग- रे-ग म-, नि-ध-प म- गम-म ।।

अंतरा-1

जिसे अहिंसा परम धर्म है, सुशीलता का लगाव है ।
गुरु सेवा है, पवित्रता है, तन मन पर भी दबाव है ।।

♪ सारे- गम-ग- धपम ग-रे ग-, धप-मग- म- गम-प म- ।
सारे ग-म- प-, धप-मग- रे-, सासा रेरे मग म- पम-ग म- ।।

अंतरा-2

विषय वासना जिसे परे हैं, दंभ दर्प का न घाव है ।
जन्म मृत्यु में, जरा रोग में, दुःख दोष का सुझाव है ।।

अंतरा-3

पुत्र पत्नी में, धन दौलत में, ममत्वता का न भाव है ।
पाया प्रिय हो या अप्रिय हो, समत्वता का ही ठाँव है ।।

अंतरा-4

अनम्रता का नशा न जिसमें, अनन्य हरि में सुभाव है ।
भीड़ भाड़ में अनासक्ति है, असंगति में खिंचाव है ।।

अंतरा-5

तत्त्वज्ञान से अर्थ देख कर, आत्मज्ञान का प्रभाव है ।

ज्ञान यही है, जिसके होते, अज्ञान का फिर अभाव है ।।

◎ **Knowledge of Self and the Supreme :** *Where there is desire in the heart to know Brahma (the Supreme), there is the real thirst of knowledge and that is the safeguard from ignorance.* **Antarā : 1.** *He, for whom non-violence is supreme righteousness, he who has liking for good character, service and purity and he who has control over his mind;* **2.** *He who is aloof from passions, deceit and pride. He who is aware about the shortcomings in birth, aging, ailments and death;* **3.** *He who is not attached with feelings of My-ness for children wife, wealth and possessions. He who is indifferent to loss and gain;* **4.** *He who does not have intoxication of arrogance. He who has undivided love for Hari. He who likes solace and dislikes noise;* **5.** *He who sees things logically and he who has done self-examination, he has wisdom. Without these things, it is ignorance.*

|| 13.13 ||

ज्ञेयं यत्तत्प्रवक्ष्यामि यज्ज्ञात्वामृतमश्नुते ।
अनादिमत्परं ब्रह्म न सत्तन्नासदुच्यते ।।

(ज्ञेयस्वरूपम्)

ज्ञेयं किं त्वां समासेन वदामि शृणु तत्सखे ।
तदेव ब्रह्म सत्यं च तदेव परमव्ययम् ।। 887/1447

◎ **Jneya :** *O Arjun! now hear from me what is Jneya (to be known). The Jneya is Brahma (the Supreme), that is truth and that is eternal principle.*

न तत्सदुच्यते पार्थ न च तदसदुच्यते ।
तत्त्वं श्रेष्ठमिदं ज्ञात्वा मनुष्योऽमृतमश्नुते ।। 888/1447

◎ **And :** *That Jneya is neither existence nor non-existence. Knowing that supreme principle, man enjoys divine nectar of wisdom.*

|| 13.14 ||

सर्वतःपाणिपादं तत्सर्वतोऽक्षिशिरोमुखम् ।
सर्वतःश्रुतिमल्लोके सर्वमावृत्य तिष्ठति ।।

सर्वज्ञं सर्वगं ज्ञेयं सर्वकरं च सर्वदम् ।
सर्वं ततमनेनेदं सर्वविधं समाहितम् ।। 889/1447

◎ **And :** *That Jneya is omniscient and omnipresent. It ie everywhere and it gives everything. From that, this everything evolves and into that everything dissolves. It encompasses everything.*

|| 13.15 ||

सर्वेन्द्रियगुणाभासं सर्वेन्द्रियविवर्जितम् ।
असक्तं सर्वभृच्चैव निर्गुणं गुणभोक्तृ च ।।

गुणभोक्तृ च मायावि निर्गुणं च निरिन्द्रियम् ।
ज्ञेयमेतद्गुणाभासं सर्वभूतेषु भारत ।। **890**/1447

◎ **And :** *It is relisher of the three gunas. It is magical. It is without attributes. It is without apandages. It is in all beings. It appears as if with (gunas) attributes.*

।। 13.16 ।।

बहिरन्तश्च भूतानामचरं चरमेव च ।
सूक्ष्मत्वात्तदविज्ञेयं दूरस्थं चान्तिके च तत् ।।

चराचरेषु भूतेषु बाह्यान्तरेष्ववस्थितम् ।
सूक्ष्मं शून्यमगम्यं च दूरं च निकटं तथा ।। **891**/1447

◎ **And :** *In all moving and non-moving beings, it is internal as well as external. It is subtle, minute and impersonal. It is closer as well far away.*

।। 13.17 ।।

अविभक्तं च भूतेषु विभक्तमिव च स्थितम् ।
भूतभर्तृ च तज्ज्ञेयं ग्रसिष्णु प्रभविष्णु च ।।

भूतेषु दृश्यते भिन्नं सर्वेष्वखण्डमेव तु ।
विद्धीदं सर्वभूतानां कर्तृ भर्तृ च हर्तृ त्वम् ।। **892**/1447

◎ **And :** *It appears as if it is different in different beings. It appears as if it is divided into beings. But, O Arjun! know that it is one, uniform, undivided, that gives life, sustains it, as well as it takes it away.*

।। 13.18 ।।

ज्योतिषामपि तज्ज्योतिस्तमसः परमुच्यते ।
ज्ञानं ज्ञेयं ज्ञानगम्यं हृदि सर्वस्य विष्ठितम् ।।

ज्योतिश्च ज्योतिषां पार्थ भासातीतं महाप्रभम् ।
ज्ञानमिदं च ज्ञेयं च ज्ञानगम्यमिदं तथा ।। **893**/1447

◎ **And :** *O Arjun! it is the illumination of the illuminated. It is supreme illumination, beyond all illuminations. It is wisdom and it is to be known and knowable.*

।। 13.19 ।।

इति क्षेत्रं तथा ज्ञानं ज्ञेयं चोक्तं समासतः ।
मद्भक्त एतद्विज्ञाय मद्भावायोपपद्यते ।।

क्षेत्रं ज्ञानं च ज्ञेयं च संक्षेपेनोक्तवानहम् ।
तत्त्वान्येतानि जानाति यः स मामधिगच्छति ।। **894**/1447

◎ **And :** *O Arjun! I have told you what is Kshetra, Kshetrajna, Jnana and Jneya in short. He who understands these clearly, he attains me.*

।। 13.20 ।।

प्रकृतिं पुरुषं चैव विद्ध्यनादी उभावपि ।
विकारांश्च गुणांश्चैव विद्धि प्रकृतिसम्भवान् ।।

(प्रकृतिः च पुरुषः च)

माया मे त्रिगुणी पार्थ प्रकृतिरिति बोधिता ।
पुरुषः स हि क्षेत्रज्ञो जीवात्मा च प्रकीर्तितः ।। 895/1447

◎ **Purusha and Prakriti :** *O Arjun! my illusory power of three gunas (attributes of sat, rajas and tamas) is called the Prikriti (nature).*

।। 13.21 ।।

कार्यकरणकर्तृत्वे हेतुः प्रकृतिरुच्यते ।
पुरुषः सुखदुःखानां भोक्तृत्वे हेतुरुच्यते ।।

प्रकृतिपुरुषौ पार्थ जानीहि तौ सनातनौ ।
प्रकृतिजान्गुणान्विद्धि सविकारान्परन्तप ।। 896/1447

◎ **And :** *O Arjun! know the Prakriti (nature) and Purusha (atma, the life of living beings) to be beginningless and endless.*

128. हिंदी गीत

तीन गुणों की माया

स्थायी

तीन गुणों की माया सारी, नाम उसीका प्रकृति है– – – ।

♫ नि–सां निध– प– नि–धप मं–प–, ग–प मंग– रे– सा–रेरे ग– – – ।

अंतरा–1

चाँद सा मुखड़ा, मृग सी आँखें, इन्द्रियाँ दस, सुंदर हैं ।
पाँच भूतों का खेल ये सारा, नाम उसीका विकृति है– – – ।।

♫ ऩि–रे ग मंमंप–, मंध पमं प–ग–, रे–गमं– मंमं, ध–पमं ग– ।
नि–सां निध– प– नि–ध प मं–प–, ग–प मं–ग रे– सा–रेरे ग– – – ।।

अंतरा–2

कृष्ण है काला, गोरी राधा, प्रेम की मूर्ति, मंगल है ।

दो द्वंद्वों का मेल है न्यारा, मुरली मनोहर आकृति है ।।

अंतरा–3

आदि ब्रह्म है, मध्य विष्णु है, अंत करैया, शंकर है ।

सृष्टिचक्र का शाश्वत फेरा, ब्रह्म–विष्णु–शिव प्रभृति है ।।

◎ **Three magic of the Gunas :** ***Sthāyī :*** *This is the magical power of the three attributes, which is called Prakriti.* ***Antarā : 1.*** *A face like the moon, eyes like a doe, ten organs are all beautiful. It is all a play of the five bhutas (elemental beings) and three gunas (the three attributes), which is called the Vikriti (transformation) of the Prakriti.* ***2.*** *Krishna has darker complexion, Radha is fair, the love between them has a holy image. It is the union of the duality and together they are Murli-Manohar (the flute player and the one who is charmed with it).* ***3.*** *Brahma is the beginning, Vishnu is the middle and Shiva is the end. This wheel of nature is eternal, it is called Brahma-Vishnu-Shiva trinity.*

(कार्यं करणं परमपुरुषः च)

भूतानि, विषयाः पञ्च, कार्याणि दश विद्धि तान् ।

अहं बुद्धिर्मनो युक्त्वा करणानि त्रयोदश ।। 897/1447

◎ **And :** *The five elemental beings and the five sense objects are called ten "Karyas." Consciousness, mind and thinking are called three "Karans."*

।। 13.22 ।।

पुरुषः प्रकृतिस्थो हि भुङ्क्ते प्रकृतिजान्गुणान् ।

कारणं गुणसङ्गोऽस्य सदसद्योनिजन्मसु ।।

(पुरुषप्रकृरिसंबंधः)

भुङ्क्ते प्रकृतिजान्भोगान्–पुरुषः प्रकृतिस्थितः ।

ददाति गुणसङ्गस्तु योनियोनिषु जन्म सः ।। 898/1447

◎ **Prakriti :** *The Purusha (dehi, atma), dwelling along with the Prakriti, experiences the influences of the three gunas (in the deha, body). The preponderance and their influence of the three gunas (the three attributes) on the nature of a person determine his high or low birth.*

अन्तस्थः स मतेः स्वामी भर्ता च पुरुषो मतः ।

सुखदुःखादि द्वन्द्वानां भोक्ता देही महेश्वरः ।। 899/1447

◎ **Purusha :** *Dwelling within the deha (body), the Purusha (dehi, atma) is the Lord. He witnesses the influences of the three gunas (the three attributes) and the resulting pain and pleasure in the deha.*

करणदशकार्याणां माता सा प्रकृति: परा ।
द्वन्द्वभावस्य भोगाय गुणसङ्गो हि कारणम् ।। 900/1447

◉ **Karya and Karan :** *The Prakriti (nature) bares the ten Karyas (the five elemental beings and the five sense objects) and the Karan (consciousness, mind and thinking) in the body. But, only the mind is influenced by the delusion caused by duality. Purusha is not influenced. Only the mind is responsible for delusion, not the Purusha (atma).*

|| 13.23 ||

उपद्रष्टानुमन्ता च भर्ता भोक्ता महेश्वर: ।
परमात्मेति चाप्युक्तो देहेऽस्मिन्पुरुष: पर: ।।

देहे साक्षी च द्रष्टा च भर्ता भोक्ता महेश्वर: ।
धाताऽऽत्मा परमात्मा च परम: पुरुषस्तथा ।। 901/1447

◉ **Purusha :** *The Purusha is only a witness dwelling in the body. He is the Lord and the Observer. Purusha is also called as Dhata (Bearer), Atma and Parmatma.*

|| 13.24 ||

य एवं वेत्ति पुरुषं प्रकृतिं च गुणै: सह ।
सर्वथा वर्तमानोऽपि न स भूयोऽभिजायते ।।

नरो यो वेत्ति सम्बन्धं प्रकृते: पुरुषस्य च ।
स कृत्स्नं कर्म कृत्वाऽपि पुनर्जन्म न भोक्ष्यते ।। 902/1447

◉ **Purusha and Prakriti :** *He who understands this relationship between Prakriti (nature) and Purusha (atma) along with the Gunas (the three attributes), that person does not have cycle of rebirth, after carrying on his present life.*

129. हिंदी गीत
प्रकृति पुरुष
स्थायी

चला चली का ये जग मेला, पुरुष प्रकृति का है खेला ।
यथा भाग्य हो झेला ।।

♪ सांध– पग– रे– सा– रेरे ग–म–, सांधप ग–रेसा– ध– प– गरेसा– ।
धप– ग–म ग– रे–सा– ।।

अंतरा–1

नौ द्वारों का देह रचाया, प्रकृति की ये है सब माया ।

चालक उसका भूत चेतना, पुरुष बना है अकेला ।।

♪ ग- रे-ग- प- ध-सां धप-ध-, सां-रेंगं रें- सां- रें- सांसां रें-सां- ।

ध-पप गगम- ध-प ग-मग-, धधध मग- म गरे-सा- ।।

अंतरा-2

पाँच तत्त्व में तीन गुणों से, हाड माँस का खड़ा है पुतला ।

रंग रूप ऊपर से सुंदर, जीवन उसमें डाला ।।

अंतरा-3

चार दिनों का समय जहाँ में, बाद बुलावा मिले वहाँ से ।

पुरुष नगर को छोड़ेगा जब, आये अंतिम बेला ।।

अंतरा-4

क्या तू लाया साथ वहाँ से, जावेगा क्या साथ यहाँ से ।

आया वैसा जावेगा जब, होगा अंत झमेला ।।

◎ **Prakriti and Purusha :** ***Sthāyī :*** *The world is a fair of the moving and non-moving beings and the play of Purusha (atma) and Prakriti (nature).* ***Antarā : 1.*** *The magic of the Prakriti has created this body of nine input/output gates. Its driver is the life (atma) alone.* ***2.*** *Prakriti made the statues of the beings out of five elements (bhutas) and three attributes (gunas) to give it a beautiful form and colourful appearance. The atma gives it the life to make it living.* ***3.*** *It has the life span of four days, but then the life (atma) has to depart when it receives a recall order from Brahma (the Supreme). When this a call back order comes, at that last moment, the Purusha leaves the town of nine gates.* ***4.*** *What have you brought with you and what will you take back with you? You will depart as you came, with nothing and the game will end.*

।। 13.25 ।।

ध्यानेनात्मनि पश्यन्ति केचिदात्मानमात्मना ।

अन्ये साङ्ख्येन योगेन कर्मयोगेन चापरे ।।

(परमपुरुषप्राप्तिः)

केचिदात्मनि विन्दन्ति परमात्मानमात्मना ।

ध्यानेन कर्मयोगेन साङ्ख्यज्ञानेन चापरे ।। **903**/1447

◎ **Attainment of Purusha :** *Some people perceive Purusha (atma) within themselves by meditation while some people by the Karma yoga and some people with the Jnana yoga.*

|| 13.26 ||

अन्ये त्वेवमजानन्तः श्रुत्वान्येभ्य उपासते ।
तेऽपि चातितरन्त्येव मृत्युं श्रुतिपरायणाः ॥

श्रुत्वैतज्ज्ञानमन्ये च योगिनः पर्युपासते ।
श्रुतिपरायणास्तेऽपि तरन्ति भवसागरात् ॥ 904/1447

◎ **Veda knowers :** *Other Veda knowers worship with the knowledge of the Vedas, they also cross over the worldly ocean.*

|| 13.27 ||

यावत्सञ्जायते किञ्चित्सत्त्वं स्थावरजङ्गमम् ।
क्षेत्रक्षेत्रज्ञसंयोगात्तद्विद्धि भरतर्षभ ॥

(क्षेत्रक्षेत्रज्ञयोः क्षराक्षरयोश्च सम्बन्धः)

प्राणी चरोऽचरं वस्तु यत्रकुत्रापि जायते ।
क्षेत्रक्षेत्रज्ञयोर्योगो नैसर्गिकः स भारत ॥ 905/1447

◎ **Kshetra-Kshetrajna :** *Wherever a living or non-living being takes birth, it is the natural union between the Kshetra (Prakriti) and the Kshetrajna (Purusha).*

|| 13.28 ||

समं सर्वेषु भूतेषु तिष्ठन्तं परमेश्वरम् ।
विनश्यत्स्वविनश्यन्तं यः पश्यति स पश्यति ॥

स्थितः क्षरेषु भूतेषु समत्वेन स ईश्वरः ।
क्षेत्रक्षेत्रज्ञसम्बन्धो येन दृष्टः स पश्यति ॥ 906/1447

◎ **Equanimity :** *The immutable Lord dwells in the mutable beings with equanimity. He who sees this, he understands the truth.*

|| 13.29 ||

समं पश्यन्हि सर्वत्र समवस्थितमीश्वरम् ।
न हिनस्त्यात्मनात्मानं ततो याति परां गतिम् ॥

जानाति समबुद्ध्या यो यस्मत्सर्वमिदं ततम् ।
स न हि हन्ति कञ्श्चिद्धि स च याति परां गतिम् ॥ 907/1447

◎ **And :** *He who knows that the entire Universe is evolved from that Brahma (the Supreme), he does not let himself fall. He attains the supreme state.*

13.30

प्रकृत्यैव च कर्माणि क्रियमाणानि सर्वशः ।
यः पश्यति तथात्मानमकर्तारं स पश्यति ॥

आत्मानं वेत्यकर्तारं कर्त्रीं यः प्रकृतिं तथा ।
ज्ञानी स एव योगी च दिव्यदृष्टिस्तथैव सः ॥ 908/1447

◎ **Right vision :** He who considers atma (dehi) to be the non-doer (of karmas) and Prakriti (the three gunas) to be the doer, he is wise, he is yogi and he has the right vision (understanding).

13.31

यदा भूतपृथग्भावमेकस्थमनुपश्यति ।
तत एव च विस्तारं ब्रह्म सम्पद्यते तदा ॥

एकमूलानि भूतानि किन्तु भिन्नानि बाह्यतः ।
बीजं सर्वस्य ब्रह्मैव यः पश्यति स पश्यति ॥ 909/1447

◎ **And :** He who understands that all beings originate from one and the same seed (Brahma, the Supreme) and that they are internally same, even though they may appear different from outside, he understands the reality.

13.32

अनादित्वान्निर्गुणत्वात्परमात्मायमव्ययः ।
शरीरस्थोऽपि कौन्तेय न करोति न लिप्यते ॥

अनादिः स गुणातीतः स चाकर्ता प्रभुस्तथा ।
स नित्यश्च स सत्यश्च स एकश्च विभुस्तथा ॥ 910/1447

◎ **And :** Even if the people, birds, animals and plants look different externally, their root is the same beginningless Brahma (the Supreme). He is the beginning of all beings. He is eternal, He is the truth. He is impersonal. He is beyond contemplation, He is beyond the gunas (the three attributes), He is formless. He is the cause of evolution. But the worldly beings are mutable.

13.33

यथा सर्वगतं सौक्ष्म्यादाकाशं नोपलिप्यते ।
सर्वत्रावस्थितो देहे तथात्मा नोपलिप्यते ॥

सर्वव्यापि नभः पार्थ सौक्ष्म्यान्न लिप्यते यथा ।
देहे नित्यं स्थितो देही देहे न लिप्यते तथा ॥ 911/1447

◎ **Deha and Dehi :** As the sky is all encompassing but un attached, so is the dehi (atma) all encompassing in the body, but unattached to the deha (body).

|| 13.34 || यथा प्रकाशयत्येकः कृत्स्नं लोकमिमं रविः ।
क्षेत्रं क्षेत्री तथा कृत्स्नं प्रकाशयति भारत ॥

एकः सूर्यो यथा विश्वं प्रकाशयति तेजसा ।
तथा ज्ञानेन क्षेत्रज्ञो दीप्तं क्षेत्रं करोति सः ॥ 912/1447

◎ **Kshetra-Kshetrajna :** As the single Sun enlightens the whole Universe, so does the single atma enlightens the beings with the life force.

(प्रकृतिपुरुषयोः तुलना)
एषा हि प्रकृतिर्व्यक्ता क्षणिका नश्वरा तथा ।
एषा विकारयुक्ता च; पुरुषोऽव्यक्त एव सः ॥ 913/1447

◎ **Prakriti :** This is Prakriti (nature). It is mutable and temporary. It is transformable. This is Kshetra. That is Purusha.

सोऽव्यक्तो निर्विकारश्च स एव भूतचेतना ।
इति यो वेत्ति भेदं स ज्ञाता क्षेत्रज्ञक्षेत्रयोः ॥ 914/1447

◎ **Purusha :** That is Purusha (atma). That is impersonal. That is not transformable. That is the life of the living beings. That is Kshetrajna. He who understands this relationship between the Purusha and the Prakriti, he knows the relationship between the Kshetra and the Kshetrajna.

|| 13.35 || क्षेत्रक्षेत्रज्ञयोरेवमन्तरं ज्ञानचक्षुषा ।
भूतप्रकृतिमोक्षं च ये विदुर्यान्ति ते परम् ॥

क्षेत्रक्षेत्रज्ञयोर्भेदं जानाति यो यथार्थतः ।
मार्गं जानाति मोक्षस्य प्राप्नोति ब्रह्मणो गतिम् ॥ 915/1447

◎ **And :** He who knows this secret relationship between the Kshetra and the Kshetrajna, he knows the path to liberation and attainment of the Brahma (the Supreme).

श्रीमद्-भगवद्-गीतायाश्चतुर्दशोऽध्यायः ।
गुण-त्रय-विभागयोगः ।

130. हिंदी भजन

अंबे माँ!

स्थायी

अंबे माँ वरदान दो मैं, तेरे दुआरे ।
बिंती सुनो मैं आज, ओ मैया तेरे चरन में ।।

♫ -ग-ग गरे गपम- -रे गरे सानि़, सा-रे मगरेसा- ।
-गग गगरे गप म- -रे गरे सानि़ सा-रे मगरे सा- ।।

अंतरा-1

शंभु नंदिनी सिंह विराजे, शंख दुंदुभी डंका बाजे ।
तेरा हि जय जय कार, ओ मैया! तीनों भुवन में ।।

♫ -ग-म प-पम- धध निधपप-, -ग-म प-पपम- धधनि ध-प- ।
-गग ग गरे गप म- -रे, ग- सानि़! सा-रे मगरे सा- - ।।

अंतरा-2

गंध पुष्प फल तुलसी दल से, पूजा तेरी मन निर्मल से ।
माता पिता का प्यार, ओ मैया! तेरे नयन में ।।

अंतरा-3

हाथ चक्र अरु वज्र विराजे, खड्ग पद्म और त्रिशूल साजे ।
असुरन का संघार, ओ मैया! तेरे वतन में ।।

अंतरा-4

भक्तन के तू काज सँवारे, आर्त जनन के कष्ट उबारे ।
दीनन पर उपकार, ओ मैया! तेरी शरण में ।।

◎ **O Mother Amba!** : ***Sthāyī :*** *O Mother Amba! please give me a boon. Listen to my request today. O Mother! I am at your door.* ***Antarā : 1.*** *O Shambhu Nandini (Joy of Shiva)! you are riding a lion. Devotees are blowing Shankh (conch shell), Dundubhi and Danka (drums). They are saying, victory to you, O Mother of the three worlds!* ***2.*** *They are worshipping you with Sandlewood paste, flowers and*

Tulsi (Basil) leaves. They worship you with clean heart. O Mother! in your eyes is the love of mother and father. **3.** *There are Chakra (Sudarshan wheel), Vajra (thunderbolt), Khadg (sword), Padma (lotus) and Trishul (trident) in your hands. O Mother! in your land there is destruction of the asura (demons).* **4.** *You assist your devotees in their works. You remove troubles of the people in difficulty. O Mother! you have kindness for people who surrender to you.*

गीतोपनिषद्
पञ्चविंशस्तरंगः
Gitopanishad
Fascicule 25

30. The Three Attributes
गुणत्रयनिरूपणम्

रत्नाकर उवाच ।

सूक्तिः

अग्नेः सूक्ष्मः कणश्चापि वह्नेः सर्वैर्गुणान्विता ।
यतो वह्निः कणेभ्यश्च जायते खलु मूलतः ।। **916**/1447

जलं साक्षादशेषेण जलबिन्दुस्तथैवच ।
यत्पिण्डे तद्धि ब्रह्माण्डे लीला गुणत्रयस्य सा ।। **917**/1447

◎ **Aphorism :** *Even the tiniest spark has all the attributes of a fire, because the fire is basically an aggregation of the individual tiny sparks coming together. Similarly, a fine drop of water has all attributes of a body of water. What exists in an atom exists in the Universe. It is the magic of the three gunas.*

श्रीमद्भगवद्गीता चतुर्दशोऽध्यायः ।
श्रीभगवानुवाच ।

|| 14.1 ||
परं भूयः प्रवक्ष्यामि ज्ञानानां ज्ञानमुत्तमम् ।
यज्ज्ञात्वा मुनयः सर्वे परां सिद्धिमितो गताः ॥

🕉 अनुष्टुप्-श्लोक-छन्दसि गीतोपनिषद्
(श्रीभगवानुवाच)

पुनर्ब्रवीमि गुह्यं ते सर्वज्ञानेषु सत्तमम् ।
यज्ज्ञात्वा मुनयो विश्वे संसिद्धिं परमां गताः ॥ 918/1447

◎ **Shrī Krishna**: Lord Krishna said, O Arjun! I shall again tell you the wisdom that is the supreme knowledge. Knowing it, the sages have attained supreme success in the world.

|| 14.2 ||
इदं ज्ञानमुपाश्रित्य मम साधर्म्यमागताः ।
सर्गेऽपि नोपजायन्ते प्रलये न व्यथन्ति च ॥

आश्रयं मे च ये लब्ध्वा निवसितश्च ये मयि ।
अबद्धा मृत्युचक्रे ते निर्व्यथाः प्रलये तथा ॥ 919/1447

◎ **And**: Having taken shelter of this knowledge, those who depend on me, they are not bound by the cycle of birth and death. They are painless at their last moment.

|| 14.3 ||
मम योनिर्महद्ब्रह्म तस्मिन्गर्भं दधाम्यहम् ।
सम्भवः सर्वभूतानां ततो भवति भारत ॥

|| 14.4 ||
सर्वयोनिषु कौन्तेय मूर्तयः सम्भवन्ति याः ।
तासां ब्रह्म महद्योनिरहं बीजप्रदः पिता ॥

परमं ब्रह्म योनिर्मे बीजं तस्यां दधाम्यहम् ।
विकसति ततः कृत्स्नं पार्थ विश्वं चराचरम् ॥ 920/1447

◎ **And**: The Supreme Brahma is my womb in which I lay the seed, from it the moving and non-moving Universe evolves.

|| 14.5 ||
सत्त्वं रजस्तम इति गुणाः प्रकृतिसम्भवाः ।
निबध्नन्ति महाबाहो देहे देहिनमव्ययम् ॥

(गुणलक्षणाः)

सद्रजश्च तमः सर्वे प्रकृतिजा मता गुणाः ।

निर्गुणं नित्यमात्मानं देहे बध्नन्ति देहिनम् ।। 921/1447

◎ **And :** *Sat, Rajas and Tamas are the three attributes of the Prakriti (nature). They bind the attributeless and eternal Dehi (atma) to the body.*

।। 14.6 ।। **तत्र सत्त्वं निर्मलत्वात्प्रकाशकमनामयम् ।**

सुखसङ्गेन बध्नाति ज्ञानसङ्गेन चानघ ।।

शुद्धः शुभः शुचिः शुभ्रः-त्रिषु गुणेषु सद्गुणः ।

जीवं बध्नाति सौख्येन ज्ञानतत्त्वेन भारत ।। 922/1447

◎ **And :** *The Sat guna (attribute) is pure, auspicious, clean, colourless among the three gunas. It binds the being with happiness, O Arjun!*

131. हिंदी भजन

सद्‌गुण

स्थायी

सद्‌गुरु, सद्‌गुण से मिल जावे ।

♫ सासानि़ध़, रेरेसानि़ ध़- नि़ध़ नि़-सा- ।

अंतरा-1

शुद्ध शुभ्र शुचि सुंदर सद्‌गुण, सुख साधन कहलावे ।

शाश्वत शीतल शांत शुगुन शुभ, सत्य शिवं दिखलावे ।

अरे सुनो, सद्‌गुण तन को सुहावे ।।

♫ सा-सा रे-रे गग प-मग रे-सासा, सासा रे-गग पधग-म- ।

ध-पम ग-मम प-म गमम पप, ध-प मग- मगरे-सा- ।

रेसा नि़ध़, रे-सानि़ सासा नि़ ध़नि़-सा- ।।

अंतरा-2

संत समागम स्वर्ग समाना, सावन के सम जाना ।

सदाचार सत्‌धर्म सनातन, सुंदर सुख सोपाना ।

सद्‌गुण, सत्त्व शील दरसावे ।।

अंतरा–3

सद्गुण जन गण मन को भावे, भव के पाप छुड़ावे ।
आओ सद्गुणी के गुण गाएँ, सद्गुण के ऋण ध्याएँ ।
सद्गुण, जनम जनम को सुखावे ।।

अंतरा–4

राम नाम सत्नाम कहावे, नेह लगावे सुभागा ।
राधे के संग श्यामा आवे, सोने में है सुहागा ।
निश दिन, राम कृष्ण मन गावे ।।

◎ **Sad Guna : Sthāyī** : The Lord is attainable by righteousness. **Antarā : 1.** The pure, fair, beautiful Sat guna is the means of achieving happiness. The eternal, peaceful, auspicious, truthful Sat guna reveals Shiva. The jewel of sat guna looks good on body. **2.** Sat guna pleases everyone's mind. It is pleasant like the Spring season. It is the path of righteousness. Let us meditate on the virtues of the Sat guna. **3.** Rama's name is Sat guna. It creates feeling of love. It is like Radha with Krishna or the glitter on the gold. Chant Rama Krishna! day and night.

|| 14.7 ||
रजो रागात्मकं विद्धि तृष्णासङ्गसमुद्भवम् ।
तन्निबध्नाति कौन्तेय कर्मसङ्गेन देहिनम् ।।

रजो मूलं हि रागस्य तृष्णासङ्गात्समुद्भुतम् ।
कर्मसङ्गेन बध्नाति देहिनं भरतर्षभ ।। 923/1447

◎ **And** : O Arjun! Rajas guna is the root of ego. It arises out of desire. It binds the being with attachment to karma.

|| 14.8 ||
तमस्त्वज्ञानजं विद्धि मोहनं सर्वदेहिनाम् ।
प्रमादालस्यनिद्राभिस्तन्निबध्नाति भारत ।।

तमो गुणस्तु मायावी मोहकोऽज्ञानजस्तथा ।
निद्राऽऽलस्यप्रमादै: स बध्नाति देहिनं सदा ।। 924/1447

◎ **And** : The Tamas guna causes delusion. It is ignorance. It is hypnotic. It binds the mind with slumber and laziness.

|| 14.9 ||
सत्त्वं सुखे सञ्जयति रज: कर्मणि भारत ।
ज्ञानमावृत्य तु तम: प्रमादे सञ्जयत्युत ।।

(गुणानां संबंधः)

सत्त्वं सुखेन बध्नाति रजो युनक्ति कर्मणा ।

तमस्तु ज्ञानमावृत्य निमज्जयति विभ्रमे ।। 925/1447

◎ **And :** *Sat guna unites you with happiness, Rajas guna with karma and the Tamas guna puts you in delusion by overpowering your thinking.*

।। 14.10 ।।

रजस्तमश्चाभिभूय सत्त्वं भवति भारत ।
रजः सत्त्वं तमश्चैव तमः सत्त्वं रजस्तथा ।।

रजस्तमो दमित्वा च सत्त्वं मनसि वर्धते ।

सत्त्वं तमो रजश्चैव सत्त्वं रजस्तमस्तथा ।। 926/1447

◎ **And :** *Sat guna becomes preponderant in mind by subduing Rajas and Tamas gunas. Rajas guna becomes active by subduing Sat and Tamas gunas. Tamas guna becomes overpowering by subduing Sat and Rajas gunas.*

।। 14.11 ।।

सर्वद्वारेषु देहेऽस्मिन्प्रकाश उपजायते ।
ज्ञानं यदा तदा विद्याद्विवृद्धं सत्त्वमित्युत ।।

प्रकाशो देहद्वारेभ्यो ज्ञानस्य जायते यदा ।

ततो मनसि ज्ञातव्यो विवृद्धः सद्गुणः खलु ।। 927/1447

◎ **And :** *When the light of wisdom shines in the body through the nine gates, then it is the indication of rise in the activity of Sat guna in the body.*

।। 14.12 ।।

लोभः प्रवृत्तिरारम्भः कर्मणामशमः स्पृहा ।
रजस्येतानि जायन्ते विवृद्धे भरतर्षभ ।।

यदा देहे रजो वृद्धा घटते लोभकामना ।

सकामकर्मणो देहे विवृद्धिर्विद्यते तदा ।। 928/1447

◎ **And :** *When Rajas guna becomes active in the body, greed and desire rises in the mind.*

।। 14.13 ।।

अप्रकाशोऽप्रवृत्तिश्च प्रमादो मोह एव च ।
तमस्येतानि जायन्ते विवृद्धे कुरुनन्दन ।।

यदा प्राप्नोति प्राधान्यं शरीरे तु तमोगुणः ।

प्रमादालस्यनिद्राणां वृद्धिर्भवति भारत ।। 929/1447

◎ **And :** *When the Tamas guna becomes overpowering in the body, slumber, intoxication, delusion and laziness rises in the body.*

|| 14.14 ||

यदा सत्त्वे प्रवृद्धे तु प्रलयं याति देहभृत् ।
तदोत्तमविदां लोकानमलान्प्रतिपद्यते ।।

यदा सद्गुणवृद्धौ हि पञ्चत्वं लभते नरः ।
ज्ञानिनां स्वर्गद्वारं स प्राप्नोति सहजं तदा ।। **930**/1447

◎ **And :** *When death comes during the rise of Sat guna in one's body, that wise person attains the door of heaven.*

132. हिंदी भजन : राग रत्नाकर. कहरवा ताल 8 मात्रा

याद करले

स्थायी

कभी तो याद कर ले तू, अरे! शुभ काम कर ले तू ।
मिला है जिससे सब तुझको, प्रभु का नाम लेले तू ।।

♫ सामग रे- ध-प मग रेग म-, पम-! गरे प-म गरे ग- म- ।
पमग प- निनिध पप धधनि-, धप- म- प-म गरेग- म- ।।

अंतरा-1

रे बंदे, पाप धो ले तू, ए गंदे साफ हो ले तू ।
कभी तो राम कह ले तू, कभी तो श्याम कह ले तू ।।

♫ रे सानि़सा-, म-ग रे- ग- म-, प मगम- ध-प मग म- प- ।
पमग प- नि-ध पपध- नि-, धपम प- ध-प गरेग- म- ।।

अंतरा-2

कभी तो सिर झुका ले तू, कभी तो ऋण चुका ले तू ।
कभी तो, मन मिला ले तू, प्रभु को धन बना ले तू ।।

अंतरा-3

कभी तो गुनगुना ले तू, प्रभु की धुन बना ले तू ।
कभी तो, दर्द पा ले तू, कभी तो डर भगा ले तू ।।

◎ **Remember Him :** ***Sthāyī :*** *At least sometimes remember the Lord and do this good deeds. He who has given you so much, chant his name sometimes.* **Antarā : 1.** *Chant Rama's name sometimes, chant Krishna's name sometimes. It will cleanse your mind and wash away your sins.* **2.** *Bow your head with* humility and pay back your obligations. Unite your mind with him. Make the Lord your wealth. **3.** Chant his name. Sing his name. Have feeling in your heart. Remove your fears.

|| 14.15 ||

रजसि प्रलयं गत्वा कर्मसङ्गिषु जायते ।
तथा प्रलीनस्तमसि मूढयोनिषु जायते ॥

यदा च रजसो वृद्धौ प्रयाणं याति देहभृत् ।
निश्चितं हि स प्राप्नोति भवनं कर्मसङ्गिनाम् ॥ 931/1447

◎ **And :** *If the death occurs during the upsurge of Rajas guna (attribute), the person takes birth in the house of egoistic people who are attached to karma.*

|| 14.16 ||

कर्मण: सुकृतस्याहु: सात्त्विकं निर्मलं फलम् ।
रजसस्तु फलं दु:खमज्ञानं तमस: फलम् ॥

यदा तु तमसो वृद्धौ मृत्युं गच्छति मानव: ।
तमसि च प्रलीन: स मूढयोन्यां हि जायते ॥ 932/1447

◎ **And :** *If the death takes place during the preponderance of Tamas guna (attribute), the person takes birth in the hellish house of deluded and ignorant people.*

|| 14.17 ||

सत्त्वात्सञ्जायते ज्ञानं रजसो लोभ एव च ।
प्रमादमोहौ तमसो भवतोऽज्ञानमेव च ॥

सत्कर्मण: फलं ज्ञानं पवित्रं निर्मलं शुभम् ।
रजसश्च फलं तृष्णा चाज्ञानं तमसस्तथा ॥ 933/1447

◎ **And :** *The result of Sat guna is taintless and pious wisdom. The result of Rajas guna is pain and the result of Tamas guna is ignorance and delusion.*

सत्त्वं ददाति ज्ञानं तु रजो लोभं च लालसाम् ।
तमो ददाति मोहञ्च प्रमादं कुरुनन्दन ॥ 934/1447

◎ **And :** *O Arjun! Sat guna gives wisdom, Rajas guna gives greed and the Tamas guna gives delusion and intoxication.*

|| 14.18 ||

ऊर्ध्वं गच्छन्ति सत्त्वस्था मध्ये तिष्ठन्ति राजसा: ।
जघन्यगुणवृत्तिस्था अधो गच्छन्ति तामसा: ॥

सात्त्विका ऊर्ध्वगच्छन्ति मध्ये प्रेङ्खन्ति राजसा: ।
जघन्ये नरके हीने चाध:पतन्ति तामसा: ॥ 935/1447

◎ **And :** The people with Sat guna progress upwards. The people with Tamas guna regress downwards and the people with Rajas guna hang in limbo.

॥ 14.19 ॥
नान्यं गुणेभ्य: कर्तारं यदा द्रष्टानुपश्यति ।
गुणेभ्यश्च परं वेत्ति मद्भावं सोऽधिगच्छति ॥

गुणेभ्योऽन्यो न कर्ताऽस्ति कोऽपि कुत्रापि पाण्डव ।
न च कुर्वन्ति भूतानि न पुरुष: करोति स: ॥ 936/1447

◎ **And :** There is no doer of karmas other than the gunas (three attributes). O Arjun! neither the beings do karmas, nor the Purusha (atma) does karmas.

॥ 14.20 ॥
गुणानेतानतीत्य त्रीन्देही देहसमुद्भवान् ।
जन्ममृत्युजरादु:खैर्विमुक्तोऽमृतमश्नुते ॥

(गुणातीत:)
यो मां वेत्ति गुणातीतं ब्रह्मवेत्ता स एव हि ।
मुच्यते स नरो ज्ञानी मृत्युसंसारसागरात् ॥ 937/1447

◎ **Indifference to the Gunas :** He who is indifferent to the gunas (the three attributes), he is the knower of the Brahma (the Supreme). That Brahma-knower is free from the worldly cycle.

जन्मजेभ्यो गुणेभ्यो य:-तटस्थो निग्रही नर: ।
जन्ममृत्युजरातीत: सोऽमृतसागरं तरेत् ॥ 938/1447

◎ **And :** The self controlled person who is indifferent to the inborn gunas (the three attributes), he is not bound by the worldly cycle of birth and death.

133. हिंदी भजन

हरि

स्थायी

हरि पुरुष है, हरि प्रकृति, हरि परमेश्वर, हरि की जै – – – ।

हरि ब्रह्म है, हरि आत्म है, धर्म सनातन, हरि ही है – – – ।।

♬ नि़ध़– नि़सासा सा–, गरे– सा–नि़सा–, गप मगम–गरे, गम– ग रे– – – ।

गरे– ग–म प–, धप– म–ग म–, प–म गरे–गग, रेसा– नि़ सा– – – ।।

अंतरा–1

राम हरि है, धाम परम है, राधे श्यामा, हरि की जै – – – ।

हरि है सावन, हरि मन भावन, कर्म जो पावन, हरि ही है – – – ।।

♬ सा–नि़ सारे– रे–, म–ग रेगग म–, ध–प म–म मम, पम– ग प– – – ।

रेरे रे– ग–गग, पम गग म–मम, प–म ग रे–गग, रेसा– नि़ सा– – – ।।

अंतरा–2

अमृत धारा, हरि पियारा, हरि जियारा, हरि की जै – – – ।

हरि सहारा, हरि किनारा, स्वर्ग महत्तम, हरि ही है – – – ।।

अंतरा–3

हरि है नैया, हरि खेवैया, हरि कन्हैया, हरि की जै – – – ।

हरि है मैया, हरि रमैया, सत् चित आनंद, हरि ही है – – – ।।

◎ **Hari : *Sthāyī* :** *Hari is Purusha. Hari is Prakriti. Hari is Supreme God. Victory to Hari!* ***Antarā* : 1.** *Rama is Hari. He is the supreme abode. So is Radhye-shyama. Victory to Hari!* **2.** *Hari is the divine nectar. Hari is dear to us. Hari is our heart. Victory to Hari!* **3.** *Hari is the boat. Hari is the boatman. Hari is the mother. He is enjoyment. Hari is peace and joy of heart. Victory to Hari!*

अर्जुन उवाच ।

।। 14.21 ।।

कैर्लिङ्गैस्त्रीन्गुणानेतानतीतो भवति प्रभो ।

किमाचारः कथं चैतांस्त्रीन्गुणानतिवर्तते ।।

(अर्जुन उवाच)

यो नरस्त्रिगुणातीतो सामर्थ्यं तस्य किं प्रभो ।

लक्षणं ब्रूहि मां तस्य कथं च तस्य रक्षणम् ।। 939/1447

◎ **Arjun's questions :** *Arjun said, O Lord! what are the signs of a person who is indifferent to the three gunas (the three attributes). How is his behavior, what is his strength and how is his protection?*

श्रीभगवानुवाच ।

|| 14.22 ||

प्रकाशं च प्रवृत्तिं च मोहमेव च पाण्डव ।
न द्वेष्टि सम्प्रवृत्तानि न निवृत्तानि काङ्क्षति ॥

(श्रीभगवानुवाच)

सद्गुणस्य प्रभावेन प्रकाशो जायते हृदि ।
रजसि कर्मणां वृत्तिः-तमसि मोहवासना ॥ **940**/1447

◎ **Answers :** *Lord Shrī Krishna said, O Arjun! enlightenment arises in the heart with the preponderance of the Sat guna. With the rise of Rajas guna rises ego and with the rise of Tamas guna rises delusion.*

सत्प्रकाशस्तमो मोहः प्रवृत्तिर्रजसात्मिका ।
प्रवृत्तिश्च प्रकाशश्च स्पष्टो मोहश्च स्यात्सदा ॥ **941**/1447

◎ **And :** *Sat guna is enlightenment. Rajas guna is egoistic behavior and Tamas guna is delusion. One must know these powers of the gunas clearly.*

|| 14.23 ||

उदासीनवदासीनो गुणैर्यो न विचाल्यते ।
गुणा वर्तन्त इत्येव योऽवतिष्ठति नेङ्गते ॥

तटस्थोऽविचलो यो हि त्रिषु गुणेषु सर्वदा ।
गुणा एव हि कर्तारो मत्वैति न विचाल्यते ॥ **942**/1447

◎ **And :** *He who is indifferent to the powers and the influences of the three gunas (the three attributes), he knows that it is the gunas that make you do the karmas. Knowing thus, he is not deluded.*

यतो वेत्ति स कर्माणि कुर्वन्ति सर्वदा गुणाः ।
उदासीनः स साक्षी च धैर्यशीलो निरापदः ॥ **943**/1447

◎ **And :** *Because he knows that the gunas are the doers of karma and we are just the instruments by whom the karmas are being done, he is an indifferent witness of the karmas. He is courageous and he is a harmless instrument.*

|| 14.24 ||

समदुःखसुखः स्वस्थः समलोष्टाश्मकाञ्चनः ।
तुल्यप्रियाप्रियो धीरस्तुल्यनिन्दात्मसंस्तुतिः ॥

न काङ्क्षति न यो द्वेष्टि समः स सर्ववस्तुषु ।

तुल्या निन्दा स्तुतिस्तस्मै मानामानौ समौ तथा ॥ 944/1447

◉ **And :** *He who does not covet, he who is not jealous, he who is equanimous to all things, he who is indifferent to praise and criticism, respect and disrespect;*

आत्मतृप्तः सुखे दुःखे प्रियाप्रियेषु यः समः ।
वीतरागः स्थिरो मौनी नरो 'धीरः' स उच्यते ॥ 945/1447

◉ **And :** *He who is self satisfied. he who is same in pain and pleasure, he who is not attached to physical things and he who is quiet, that person of stable mind is called a "Dhira (stable person)."*

॥ 14.25 ॥ मानापमानयोस्तुल्यस्तुल्यो मित्रारिपक्षयोः ।
सर्वारम्भपरित्यागी गुणातीतः स उच्यते ॥

(गुणातीतः)
तुल्यनिन्दास्तुती मानोऽवमानश्च समस्तथा ।
कर्तृत्वस्य च त्यागी यो 'गुणातीतः' स उच्यते ॥ 946/1447

◉ **And :** *A Dhira (person of stable mind), who is indifferent to praise and criticism, respect and disrespect; he who does not claim credit to his dutiful deeds, that stable person is called a "Gunatit (indifferent to the gunas)."*

॥ 14.26 ॥ मां च योऽव्यभिचारेण भक्तियोगेन सेवते ।
स गुणान्समतीत्यैतान्ब्रह्मभूयाय कल्पते ॥

मत्परो भक्तियोगेन चैकचित्तेन सेवते ।
ईदृशः स गुणातीतो ब्रह्मभूयाय कल्पते ॥ 947/1447

◉ **And :** *He who is dedicated to me with the yoga of devotion. He who worships me with undivided attention. Such person who is indifferent to the gunas, he attains the supreme state.*

॥ 14.27 ॥ ब्रह्मणो हि प्रतिष्ठाहममृतस्याव्ययस्य च ।
शाश्वतस्य च धर्मस्य सुखस्यैकान्तिकस्य च ॥

ब्रह्मणोऽहमधिष्ठानं स्थानं महासुखस्य च ।
शाश्वतस्य च धर्मस्यामृतस्य परमं पदम् ॥ 948/1447

◉ **And :** *I am the Supreme abode, I am the Supreme bliss. I am the source of eternal divine nectar.*

श्रीमद्-भगवद्-गीताया: पञ्चदशोऽध्याय: ।
पुरुषोत्तमयोग: ।

134. हिंदी भजन
गणपति बाप्पा

स्थायी

गणपति बाप्पा गजानना, सिद्धि विनायक गज वदना ।

♪ सारेमग म-म- मगसारेग - - -, सारेमग मं-म- मगसारेग - - - ।

अंतरा-1

शंकर सुवना वरानना, गौरी मनोहर प्रभंजना ।

दुख हर ले तू निकंदना ।।

♪ ग-मप पपप- पपधनिधप-मग, प-म मग-रेरे गपगरेसासा- - - ।

पप मम ग- रे- गपगरेसासा- - - ।।

अंतरा-2

शुभ वर दे दे शुभानना, लंबोदर शिव सुनंदना ।

सब कुछ तू ही सनातना ।।

अंतरा-3

कीर्तन तेरा सुहावना, एक दंती श्री निरंजना ।

जन गण करते हैं वंदना ।।

◎ **Ganesha Bappa :** *Sthāyī* : O Ganapati Bappa! O Gajanana (with elephent head)! O Siddhi Vinayaka (Giver of success)! O Shubhanana (Auspicious face)! **Antarā : 1.** O Son of Shiva! O Great Lord! O Son of Gauri! O Elephant Headed Lord! please remove our pains. **2.** O Lord of the Mankind! O Lord of the Yogis! O Lambodara (of big belly)! O Sunanadana (Good son)! O Sanatana (ancient)! you are all. **3.** O One toothed Lord! O Remover of the obstacles! O Elephant Lord! O Joy of Shiva! we bow to you.

गीतोपनिषद्
षड्विंशस्तरंगः
Gitopanishad
Fascicule 26

31. The Worldly Tree
संसारवृक्षनिरूपणम्

135. हिंदी गीत : राग कल्याण, कहरवा ताल 8 मात्रा

विश्ववृक्ष

स्थायी

विश्ववृक्ष ये ब्रह्मरूप है, मायावी अवतारी ।
मोह जाल सी जड़ में उसकी, अटके जन संसारी ।।

♫ नि़-रेग-ग ग- म॑-धप-म॑ ग-, रे-ग-म॑- गरेग-म॑- ।
ध-प म॑-प ध- निध प- म॑म॑प-, धपम॑- गग रे-सा-नि़- ।।

अंतरा-1

जड़ ऊपर है, डारें नीचे, पत्ते वेद की वाणी ।
अविनाशी इस विश्वतरु का, भेद जानते ज्ञानी ।।
गुह्य वृक्ष का तुम ये जानो, कहते गहन विचारी ।
इस बरगद के अंग अंग में, विषय विविध अविकारी ।।

♫ सारे ग-गग ग-, ध-पम॑ ग-म॑-, नि-ध- प-म॑ प ध-नि- ।
सांनिध-प- म॑म॑ ध-पम॑ग- म॑-, ध-प म॑-धप- म॑-ग- ।।
नि़-रे ग-ग ग- म॑म॑ ध- पम॑ग-, रेगम॑- गगग रेग-म॑- ।
धध पम॑पप ध- नि-ध प-म॑ प-, धपम॑ धपम॑ गरेसा-नि़- ।।

अंतरा–2

मूल में इसके आदि पुरुष है, पुरुषोत्तम गिरिधारी ।
शाखाओं के योनि रूप से, जनी है जनता सारी ।।
तीन गुणों के माया जल से, बढ़ती दल फुलवारी ।
सांसारिक ये पेड़ अव्ययी, देता फल भवकारी ।।

अंतरा–3

कर्म के लिये कारण जानो, द्रुम है बिखरा भारी ।
फल मोहक में मन ललचाता, रस मादक भ्रमकारी ।।
"काटो बंधन मन में ले कर, अनासक्ति की आरी ।
असंग से भव पार करोगे," बोले कृष्ण मुरारी ।।

◉ **The Divine Worldly tree : Sthāyī :** *This worldly tree is Brahma's illusory personification. In the roots of which men are entangled with delusion.* **Antarā :** *1. The roots of this eternal tree grow from top to down and the branches from down to up. The leaves are the words of the Vedas. The wise men know the secret of this tree. The wise men say, different objects dwell in the different parts of this tree. 2. Supreme Purusha, the Giridhari (bearer of the mountain) dwells at the root of this tree. The branches are the wombs in which the beings take birth. The three gunas (the three attributes) are the water by which this tree grows its leaves and flowers and yields the worldly fruits of the karmas. 3. The intoxicating fruits of this worldly tree delude men by which they form attachment to the karmas. "The attachment with the worldly enticements should be cut with the sharp weapon of sacrifice and self-control," says Krishna Murari (the slayer of demon Mura).*

श्रीमद्भगवद्गीता पञ्चदशोऽध्यायः ।
श्रीभगवानुवाच ।

|| 15.1 ||
ऊर्ध्वमूलमधःशाखमश्वत्थं प्राहुरव्ययम् ।
छन्दांसि यस्य पर्णानि यस्तं वेद स वेदवित् ।।

ॐ अनुष्टुप्-श्लोक-छन्दसि गीतोपनिषद्

(श्रीभगवानुवाच)

(संसारवृक्षः)

संसारवृक्षमश्वत्थं वेदपर्णमनश्वरम् ।
ऊर्ध्वमूलमधःशाखं गूढं जानन्ति ज्ञानिनः ।। 949/1447

◉ **Worldly tree :** *The wise men say, the secret of the worldly tree is that the roots of this tree grow from top to bottom and the branches from down to up. The leaves are the words of the Vedas.*

गुह्यमेतस्य ज्ञातव्यं तरोर्वदन्ति पण्डिताः ।
एतस्य विविधाङ्गानां विविधान्विषयांश्शृणु ।। **950**/1447

◎ **And :** *The secret of this worldly tree ought to be known. The wise men say, various things exist in various parts of this tree.*

।। 15.2 ।। अधश्चोर्ध्वं प्रसृतास्तस्य शाखा गुणप्रवृद्धा विषयप्रवालाः ।
अधश्च मूलान्यनुसन्ततानि कर्मानुबन्धीनि मनुष्यलोके ।।

एतस्य विद्यते मूले पुरुषः पुरुषोत्तमः ।
शाखाश्च योनिरूपिण्यो जनयन्ति सचेतनान् ।। **951**/1447

◎ **And :** *At the bottom of this tree dwells Supreme Purusha. The branches are the wombs that give birth to the living beings.*

गुणजलेन वर्धन्ते कोमलाः पल्लवा दलाः ।
एष सांसारिको वृक्षो ब्रह्मरूपः सनातनः ।। **952**/1447

◎ **And :** *The gunas are the water that nourishes the leaves of this tree. This worldly tree is in the form of eternal ancient Brahma (the Supreme).*

136. हिंदी गीत

सीता प्रकृति है

स्थायी

सीता है प्रकृति माँ, ताता है पुरुष रामा ।
दोनों मिलाके, पूर्ण सृष्टि है ।।

♫ नि़-ध़- नि़ सा-सारे- ग-, रे-ग- ग मंधप मं-ग-।
ग-मं- पध-प, मं-ग रे-सा नि़- ।।

अंतरा-1

पाँचों भूतों की माया, गुण तीन को मिलाया ।
समझे उसी की, दिव्य दृष्टि है ।।

♫ ग-मं- पध- प मं-ग-, मंप ध-नि सां- निध-प- ।
गगमं- पध- प, मं-ग रे-सा नि़- ।।

अंतरा-2
जाने गुणों को कर्ता, बाकी जो सब अकर्ता ।
जाने उसी पर, पुण्य वृष्टि है ।।

अंतरा-3
ये प्रकृति है काया, देही है पुरुष माया ।
बूझे उसी की, तीक्ष्ण बुद्धि है ।।

◎ **Sita is Prakriti** : *Sthāyī* : Sita is the Prakriti (nature) and Rama is the Purusha (atma), together is the whole evolution. **Antarā** : *1*. It is the magic of the five elemental beings with the three gunas (the three attributes). He who sees it, he has a divine vision. **Antarā** : *1*. Know that the gunas are the doers of the karma. The rest are non-doers. He who knows this, the divine nectar showers over him. 3. The Prakriti (nature, the five beings plus three gunas) is the body (deha), the Purusha (atma) is the dehi (life of the living being). He who understands this, his mind is sharp.

|| 15.3 || न रूपमस्येह तथोपलभ्यते नान्तो न चादिर्न च सम्प्रतिष्ठा ।
अश्वत्थमेनं सुविरूढमूलमसङ्गशस्त्रेण दृढेन छित्त्वा ।।

ऊर्ध्वमधश्च विस्तीर्णाः शाखा भूमण्डले गुणैः ।
मूलं च प्रसृतं भूत्वा जगति कर्मकारणम् ।। 953/1447

◎ **And** : With the nourishment of the gunas (the three attributes), the branches of the worldly tree are spread up and down in the Universe. The roots are covering the beings on the earth and are the cause for attachment to karmas.

अग्रमगोचरं तस्य मध्यं मूलं तथा यदि ।
छेत्तव्यं बन्धनं तस्मात्-त्यागास्त्रेण दृढेन तत् ।। 954/1447

◎ **And** : The roots and stem of the worldly tree are not visible and thus the attachment to the karmas must be cut with the weapon of renunciation and self control.

|| 15.4 || ततः पदं तत्परिमार्गितव्यं यस्मिन्गता न निवर्तन्ति भूयः ।
तमेव चाद्यं पुरुषं प्रपद्ये यतः प्रवृत्तिः प्रसृता पुराणी ।।

|| 15.5 || निर्मानमोहा जितसङ्गदोषा अध्यात्मनित्या विनिवृत्तकामाः ।
द्वन्द्वैर्विमुक्ताः सुखदुःखसंज्ञैर्गच्छन्त्यमूढाः पदमव्ययं तत् ।।

(परमधाम)

मुक्त्वैवं बन्धनाद्याच्यम्–ईशात्तत्पदमव्ययम् ।

निवर्तते न सत्कर्मी यत्र गत्वा नरः पुनः ।। 955/1447

◎ **Supreme abode :** *Having cut the bondages and being free from attachment to karmas, one should pray the Lord to attain the Supreme state from which there is no return to the cycle of life and death.*

।। 15.6 ।। न तद्भासयते सूर्यो न शशाङ्को न पावकः ।
यद्गत्वा न निवर्तन्ते तद्धाम परमं मम ।।

दिनमणेः प्रकाशो वा रजनीशस्य सा प्रभा ।

काशयते न स्थानं यत्–न ज्योतिर्ज्योतिषां तथा ।। 956/1447

◎ **And :** *The place which is not lit by the Sun, Moon or any other flame;*

यतः प्रत्यागमो नास्ति मृत्युचक्रे हि पार्थिवे ।

स्वयम्प्रकाशितं पार्थ धाम तत्परमं मम ।। 957/1447

◎ **And :** *O Arjun! that self-illuminated place, from where there is no return to the worldly cycle of life and death, is my Supreme abode.*

।। 15.7 ।। ममैवांशो जीवलोके जीवभूतः सनातनः ।
मनःषष्ठानीन्द्रियाणि प्रकृतिस्थानि कर्षति ।।

(आत्मा च परमात्मा च)

अनादिर्मे कणोऽव्यक्तो देहे भवति चेतना ।

कृषति प्रकृतिस्थानि मनःषष्ठानि पार्थ सः ।। 958/1447

◎ **Atma and Parmatma :** *A tiny fraction of my divinity becomes the life of the living beings and it brings with it the six essences of the senses with it, into the body.*

।। 15.8 ।। शरीरं यदवाप्नोति यच्चाप्युत्क्रामतीश्वरः ।
गृहीत्वैतानि संयाति वायुर्गन्धानिवाशयात् ।।

सुमनेभ्यो यथा वायुः–विष्वङ्वहति सौरभम् ।

देहाद्देहं तथा देही षष्ठानि नयते सदा ।। 959/1447

◎ **And :** *As the wind carries fragrance of a flower from place to place, so the atma takes the six essences (essence genes) from body to body.*

|| 15.9 ||

श्रोत्रं चक्षुः स्पर्शनं च रसनं घ्राणमेव च ।
अधिष्ठाय मनश्चायं विषयानुपसेवते ।।

रसनं श्रवणं स्पर्शं दृष्टिं च श्वसनं मनः ।
एतान्स इन्द्रियाधारान्-देही देहेषु सेवते ।। 960/1447

◎ **Essences :** *Taste, hearing, touch, vision, breathing and thinking are the six essences (essence genes) the atma carries with it, from body to body.*

|| 15.10 ||

उत्क्रामन्तं स्थितं वापि भुञ्जानं वा गुणान्वितम् ।
विमूढा नानुपश्यन्ति पश्यन्ति ज्ञानचक्षुषः ।।

निवासी स च भोगी च भोक्ता गुणत्रयस्य च ।
एनं मूढा न जानन्ति जानन्ति पार्थ पण्डिताः ।। 961/1447

◎ **And :** *The atma is a witness and atma is the one who experiences the influence of the three gunas (the three attributes) in the body. Only the wise men understand it, not the deluded people.*

|| 15.11 ||

यतन्तो योगिनश्चैनं पश्यन्त्यात्मन्यवस्थितम् ।
यतन्तोऽप्यकृतात्मानो नैनं पश्यन्त्यचेतसः ।।

आत्मानमात्मनीक्षन्ते पार्थ यत्नेन ज्ञानिनः ।
यत्नेनापि न जानन्ति विमूढा हतबुद्धयः ।। 962/1447

◎ **And :** *The atma is seen by themselves in themselves by the wise people. The deluded people do not see it even after struggling to see it.*

137. हिंदी गीत : राग रत्नाकर, कहरवा ताल 8 मात्रा

अहंकार

स्थायी

अहंकार का यह पाप मेरा, मेरी, साँस साँस से, झरने दे ।
प्रभु! मेरी सभ्यता, खोगयी है, अभिमान को मेरे, गिरने दे ।।

♬ सारे-ग-ग ग- गग ध-प मग-, मप, ध-ध ध-ध ध-, सांनिधप ध- ।
मप! ध-ध ध-धध-, नि-सांरें सां-, रेगम-म म प-म-, गरेनि़- सा- ।।

अंतरा–1

भगत प्रलाद ने, तोहे पुकारा, भागा भागा तू आया ।

दंभ असुर का तूने गिराया, हिरनकशप का घात कराया ।

गुमान मेरा जो है, क्रोध भरा, उसे, अंदर घुटकर, मरने दे ।।

♫ ममम मप–प प–, धनि– धप–म–, पध– प–ध– सां– निध– ।

सांनि धपप म– नि–ध पम–ग–, गगगगगग म– ध–प मग–रे– ।

रेग–ग गग– ग ग–, ध–प मग–, सारे, ग–गग गगमप, गरेनि़– सा– ।।

अंतरा–2

पतिव्रता ने, नाम तिहारा, रो रो कर प्रभु, तोहे बुलाया ।

लंकेसर संहार कराया, सीता को बंदी से छुड़ाया ।

नस नस में भरा ये, गर्व मेरा, हर, स्वेद बिंदु से ढहने दे ।।

अंतरा–3

मथुरा व्रज का, वो हत्यारा, पापी कंस भी, तूने हराया ।

रात आधी में, गोकुल आया, व्रज के जनन को, तूने उबारा ।

हरि! आज मेरा दुख, कहने दे, हर, आँसु आँसु में, बहने दे ।।

◎ **Ego : *Sthāyī* :** *O Lord! please let my sin and ego drain away from my body, through my every breath. O Lord! I have lost my humility, please let my pride tumble down and erode.* **Antarā : 1.** *When the devotee Prahlada called you for help, you came running for his rescue. You destroyed the pride of demon Hiranyakashap. O Lord! let the arrogance and anger of mine suffocate and die inside of me and never let it come out.* **2.** *When Sita cried and called you for help, you defeated Ravana and liberated Sita from his captivity. O Lord! this intoxication of mine which flows through my veins, please let it dissipate out through each drop of my sweat.* **3.** *You came in that dark night and defeated the cruel Kamsa of Mathura. You saved the helpless people of the Vraj village. O Lord! let this pain of unrighteousness of mine trickle down through my tears.*

।। 15.12 ।।

यदादित्यगतं तेजो जगद्भासयतेऽखिलम् ।
यच्चन्द्रमसि यच्चाग्नौ तत्तेजो विद्धि मामकम् ।।

(श्रीभगवतः विभूतयः)

अग्नेर्ज्योतिर्विभासं रजनीशस्य कौमुदीम् ।
विश्वं भासयते सर्वं तेजस्तद्विद्धि मामकम् ।। 963/1447

◎ **Krishna's Divinities :** *O Arjun! the brightness of the Sun, Moon and the fire, that shines this world, know it to be mine*

|| 15.13 || गामाविश्य च भूतानि धारयाम्यहमोजसा ।
              पुष्णामि चौषधी: सर्वा: सोमो भूत्वा रसात्मक: ॥

अहं भूमौ च भूतानां कौन्तेय चित्तचेतना ।
सोमो भूत्वा च पुष्णामि पादपाञ्च वनस्पतिम् ॥ 964/1447

◎ **And :** *I am life of the living beings on the earth. I nourish vegetation through the divine nectar of the moon-light.*

|| 15.14 || अहं वैश्वानरो भूत्वा प्राणिनां देहमाश्रित: ।
              प्राणापानसमायुक्त: पचाम्यन्नं चतुर्विधम् ॥

जठराग्निरहं भूत्वा प्राणापानसमायुत: ।
उदरे सर्वभूतानां पचाम्यन्नं चतुर्विधम् ॥ 965/1447

◎ **And :** *I become the fire in the intestine and regulate the in breaths and out breaths to digest the four kinds of foods in the stomach of every living being.*

|| 15.15 || सर्वस्य चाहं हृदि सन्निविष्टो मत्त: स्मृतिर्ज्ञानमपोहनं च ।
              वेदैश्च सर्वैरहमेव वेद्यो वेदान्तकृद्वेदविदेव चाहम् ॥

अहं हृदि समाविष्टो ज्ञानं तर्क: स्मृतिस्तथा ।
वेद्यो वेत्ता विधाता च वेदान्तकृच्च वेदविद् ॥ 966/1447

◎ **And :** *I dwell in the hearts. I am the logic in the debate. I am the remembrance. I am the creator, knower and the Lord of the Vedas.*

138. हिंदी भजन : राग रत्नाकर, कहरवा ताल 8 मात्रा
देहि मां शरणम्

स्थायी

केशव माधव देहि शरणं, निरन्तरं मे हृदि तव स्मरणम् ।

♪ म–धप म–गरे गधप– गगम–, निधप–म– प– सांनि धप रेगम– ।

अंतरा–1

अमलं विमलं ते मुखकमलं, याचयामि ते स्पर्ष्टुं चरणम् ।

♪ सासारे– गगम– ध– पमगगम–, सा–रेग–प म– निधप रेगम– ।

अंतरा–2

त्वत्तो कोऽपि नह्युपकरणम्, अस्माकं भवसागरतरणम् ।

अंतरा–3

त्वमेव मे खलु भवभयहरणं, प्रभो सुखं मे भवतु मरणम् ।

◎ **O Lord! please take me in your shelter :** *Sthāyī* : *O Lord Keshava! O Madhava! O Shrī Krishna! please take me in your shelter. Please keep your remembrance in my mind every moment.* **Antarā : 1.** *O Pure and auspicious Lord! your face is like a lotus. I beg you to let me touch your feet.* **2.** *There is no better means than you for us to cross over the worldly ocean.* **3.** *You are indeed the remover of my worldly fears. O Lord! please give me a peaceful death.*

|| 15.16 ||

द्वाविमौ पुरुषौ लोके क्षरश्चाक्षर एव च ।
क्षर: सर्वाणि भूतानि कूटस्थोऽक्षर उच्यते ॥

(क्षरम् अक्षरम् आत्मा च)

लोके स्तो द्विगुणौ पार्थ पुरुषौ द्वौ क्षराक्षरौ ।
भूतं मर्त्यं क्षरं विद्धि चात्मानमक्षरं स्थिरम् ॥ 967/1447

◎ **Four entities :** *In the world there are moving and non-moving beings. Both these entities are mutable. The third entity is atma, which is immutable.*

|| 15.17 ||

उत्तम: पुरुषस्त्वन्य: परमात्मेत्युदाहृत: ।
यो लोकत्रयमाविश्य बिभर्त्यव्यय ईश्वर: ॥

(परमेश्वर:)

उत्तम एतयोरन्य: पुरुष: पुरुषोत्तम: ।
त्रिभुवनस्य धाता य: परमात्मा प्रकीर्तित: ॥ 968/1447

◎ **And :** *The third entity, beyond these two entities, is the Parameshvara (Supreme Lord), through whom the entire Universe evolves.*

|| 15.18 ||

यस्मात्क्षरमतीतोऽहमक्षरादपि चोत्तम: ।
अतोऽस्मि लोके वेदे च प्रथित: पुरुषोत्तम: ॥

अतीत: क्षरभूतेभ्य: परतरोऽहमात्मन: ।
वेदवाक्येषु लोके य: सोऽहमोम्-पुरुषोत्तम: ॥ 969/1447

◎ **And :** *O Arjun! the Supreme Lord that is beyond the living and non-living beings as well as beyond the atma, that third Purushottama (Supreme Lord) I am.*

|| 15.19 ||

योो मामेवमसम्मूढो जानाति पुरुषोत्तमम् ।
स सर्वविद्भजति मां सर्वभावेन भारत ।।

यो यथार्थेन जानाति मामेवं पुरुषोत्तमम् ।
सर्वशः परमेशं माम्-अहं तस्मै न दुर्लभः ।। 970/1447

◎ **And :** *He who knows me, the Purushottama (Supreme Lord), for him I am attainable.*

|| 15.20 ||

इति गुह्यतमं शास्त्रमिदमुक्तं मयानघ ।
एतद्बुद्ध्वा बुद्धिमान्स्यात्कृतकृत्यश्च भारत ।।

एनं गुह्यमयं शास्त्रं यदहमवदं हि त्वाम् ।
विदुषा येन ज्ञातं तत्-कृतकृत्यः स भारत ।। 971/1447

◎ **And :** *This secret which I disclosed to you, O Arjun! knowing it, the person becomes wise and his knowledge becomes fruitful.*

139. हिंदी भजन : राग रत्नाकर, कहरवा ताल 8 मात्रा

विष्णु

स्थायी

विष्णु स्वाहा है, विष्णु स्वधा है, वषट् विष्णु ही स्वस्ति है ।
विष्णु यज्ञ है, विष्णु हवि है, विष्णु ब्रह्म की हस्ती है ।।

♫ म–ग रेसा– रे–, म–ग रेसा– रे–, सासासा रे–ग म– ध–प म– ।
सां–नि ध–प ध–, नि–ध पम– प–, म–ग रे–ग म– ग–रे सा– ।।

अंतरा–1

विष्णु होम है, विष्णु सोम है, ॐ ॐ का स्तोम है ।
विष्णु व्योम है, विष्णु भौम है, रोम रोम का जोम है ।।

♫ सा–नि़ ध़–नि़ सा–, ग–रे सा–नि़ सा–, प–म ग–रे ग– प–ग म– ।
म–ग रे–सा रे–, म–ग रे–सा रे–, म–ग रे–ग म– ग–रे सा– ।।

अंतरा–2

विष्णु फूल हैं, विष्णु फल हैं, विष्णु जल की आहुति है ।

विष्णु मनन है, विष्णु नमन है, विष्णु भजन और आरती है ।।

अंतरा-3

विष्णु गुरु है, विष्णु मनु है, विष्णु पुरुष और प्रकृति है ।
विष्णु जिष्णु है, विष्णु सत्य है, विष्णु कृष्ण शिव प्रभृति है ।।

◎ **Vishnu : *Sthāyī* :** *Lord Vishnu is Svaha (a holy utterance during yajna), Vishnu is Svadha (a holy offering to the forefathers), Vishnu is Vashat (a holy utterance while giving oblation during yajna), Vishnu is Svasti (a holy blessing), Vishnu is yajna (austerity), Vishnu is Havi (offering of yajna), Vishnu is incarnation of the Brahma (the Supreme).* **Antarā : 1.** *Vishnu is Homa (a holy offering of clarified butter during yajna), Vishnu is Soma (divine nectar), Vishnu is Stom (praise) of Om (the holy utterance), Vishnu is Vyom (the sky), Vishnu is Bhaum (the earth), Vishnu is Jom (the energy) in each Rom (muscle).* **2.** *Vishnu is flower, Vishnu is fruit and Vishnu is the offering of water during the yajna. Vishnu is meditation, Vishnu is obeisance, Vishnu is the devotional songs and prayers.* **3.** *Vishnu is guru, Vishnu is Manu (the first progenitor), Vishnu is Purusha (atma) and Vishnu is Prakriti (nature). Vishnu is Jishnu (the life), Vishnu is truth, Vishnu is Krishna, Vishnu is Shiva and all.*

श्रीमद्-भगवद्-गीतायाः षोडशोऽध्यायः ।
दैवासुसम्पद्विभागयोगः ।

140. हिंदी भजन
जय अंबे!
स्थायी

जै जै जै माँ, जय अंबे, जय जय जय माँ जगदंबे ।
जै जै जै माँ, जय गंगे, जय जय जय माँ जगवंदे ।।

♫ सा– सा– सा– रे–, मम रे–सा–, रेरे रेरे ररे म– पपम–रे– ।
म– म– म– प–, धध प–म–, पप पप मम रे– ममरे–सा– ।।

अंतरा–1

जै जै जै माँ नमोऽस्तु ते, जै जै जै माँ शुभोऽस्तु ते,
जै जै जै माँ जयोऽस्तु ते ।
कृपाऽस्तु ते, दयाऽस्तु ते, जै जै जै माँ वरोऽस्तु ते ।।

♫ सा– सा– रे– म– पम–रे म–, रे– रे– म– प– धप–म प–,
म– म– प– ध– सांध–प ध– ।
सांध–प ध–, पम–रे म–, रे– रे– रे– म– पम–रे सा– ।।

अंतरा–2

जै जै जै माँ चतुर्भुजा, जै जै जै माँ सुनंदिनी,
जै जै जै माँ माँ सुहासिनी ।
शुभंकरी, शिवंकरी, जै जै जै माँ महेश्वरी ।।

अंतरा–3

जै जै जै माँ भला करो, जै जै जै माँ क्षमा करो,
जै जै जै माँ व्यथा हरो ।
उबारियो, बचाइयो, जै जै जै माँ रक्षा करो ।।

◎ **O Amba! :** ***Sthāyī :*** *Victory to you, O Mother Amba! victory to you, O Jagadamba (Mother of the world)! victory to you, O Ganga! victory to you, O Jagvande (worshipped by the world)!* **Antarā : 1.**

Obeisance to you! May all good be yours. May victory be yours. May your mercy be up on us. May your kindness be up on us. May your blessings be up on us. **2.** *O Chaturbhuja (with four arms)! O Sunandini (Joy giver)! O Bhuvaneshvari (Goddess of the Universe)! O Shubhankari (Giver of good tidings)! O Shivankari (Parvati)! O Mother Maheshvari (Parvati)!* **3.** *Please be good to us. Please forgive our faults. O Mother! please remove our troubles. Please save us, please protect us, please guard us.*

गीतोपनिषद्
सप्तविंशस्तरंगः
Gitopanishad
Fascicule 27

32. The Divine Wealth
दैवीसम्पन्निरूपणम्

श्रीमद्भगवद्गीता षोडशोऽध्यायः ।

श्रीभगवानुवाच ।

।। 16.1 ।।

अभयं सत्त्वसंशुद्धिर्ज्ञानयोगव्यवस्थितिः ।
दानं दमश्च यज्ञश्च स्वाध्यायस्तप आर्जवम् ।।

ॐ अनुष्टुप्-श्लोक-छन्दसि गीतोपनिषद् ।

(श्रीभगवानुवाच)

(दैविनी संपद्)

निर्भयः शुद्धचित्तश्च ज्ञानयोगे सदा रतः ।
निग्रही दानशीलश्च यज्ञसिद्धश्च सद्गुणी ।। 972/1447

◎ **Shrī Krishna :** *Fearlessness, purity of heart, being equipped with Jnana yoga, self-control, charity, accomplishment of yajna (austerity) and righteousness;*

|| 16.2 ||

अहिंसा सत्यमक्रोधस्त्यागः शान्तिरपैशुनम् ।
दया भूतेष्वलोलुप्त्वं मार्दवं ह्रीरचापलम् ।।

क्रोधहीनश्च निर्लोभः शान्तिलीनः स्थिरश्च यः ।
भूतदया तथाऽहिंसा मुखे मनसि कर्मणि ।। **973**/1447

◎ **And :** *absence of anger and greed, devotion to peace, stable mind, kindness towards all beings, non-violence in action, words and thoughts;*

|| 16.3 ||

तेजः क्षमा धृतिः शौचमद्रोहो नातिमानिता ।
भवन्ति सम्पदं दैवीमभिजातस्य भारत ।।

दिव्यदेही सदा धीरो नम्रस्त्यागी त्रपायुतः ।
सम्माननिरपेक्षश्च सम्पत्तस्यैव दैविकी ।। **974**/1447

◎ **And :** *and he who has blissful body and forbearance; who is courageous, humble, austere and who is not hungry for respect, he is endowed with divine wealth.*

141. संस्कृतभजनम्

नामजपः

स्थायी

नाम जपो भवतु, हृदि च मुखे ।

♫ सां-ध पम- गमरे-, पम ग मरे- ।

अंतरा–1

पदारविन्दं, सच्चिदानन्दं, आनन्दकन्दं, भज गोविन्दम् ।
नाम हरेरवतु, दुःखसुखे ।।

♫ सारे-गरे-ग-, रेगम-ग-रे-, गप-धप-ग-, धप मगम-रे- ।
सां-ध पम-गमरे-, पमगमरे- ।।

अंतरा–2

गिरिधरकृष्णं, देवकीनन्दं, राधारमणं, भज हि मुकुन्दम् ।
नाम सदा स्मरणे, भवतु सखे ।।

अंतरा–3

शेषशायिनं, सकलमङ्गलं, असुरमर्दनं, भज हरि कृष्णम् ।

नाथहरिर्हरतु, क्लेशदुःखे ।।

◎ **Chant the Name :** ***Sthāyī :*** *May there be chant of Hari's name in your mouth and heart.* ***Antarā :*** ***1.*** *May you worship the Padaravind (whose feet are like lotus), Sachidanand (Giver of peace and joy to mind), Anand-kand (Bundle of joy), Govind (Protector of the cows). May the name of Hari be in your mouth at the happy and sad moments.* ***2.*** *Worship Giridhara (Bearer of mountain), Krishna, Devaki-nanda (Joy of Devaki), Radha-ramana (Joy of Radha), Mukunda (Jewel). May you remember his name always.* ***3.*** *May you worship the Shesha-shayi (whose bed is Shesha snake), Sakala-mangal (all auspicious), Asura-mardan (Slayer of the demons), Hari Krishna. May Lord Hari remove your sorrows and difficulties.*

|| 16.4 ||

दम्भो दर्पोऽभिमानश्च क्रोधः पारुष्यमेव च ।

अज्ञानं चाभिजातस्य पार्थ सम्पदमासुरीम् ।।

(आसुरी संपद्)

अहङ्कारो मदो लोभो वाणी कठोरकर्कशा ।

क्रोधः क्रौर्यमबोधश्च सम्पत्–सा तु मताऽऽसुरी ।। **975**/1447

◎ **Demonic wealth :** *Ego, intoxication, greed, harsh speech, anger, cruelty and ignorance collectively make up the demonic wealth.*

|| 16.5 ||

दैवी सम्पद्विमोक्षाय निबन्धायासुरी मता ।

मा शुचः सम्पदं दैवीमभिजातोऽसि पाण्डव ।।

आसुरी बन्धनं दत्ते दैवी मुक्तिं ददाति तु ।

निरर्थं मा शुचः पार्थ दैवीसम्पद्वरो हि त्वम् ।। **976**/1447

◎ **So :** *The demonic wealth attaches you with karma and the divine wealth gives you non-attachment. O Arjun! do not lament meaninglessly. Know that you are endowed with divine wealth.*

धनिनोऽपि यदिच्छन्ति तत्त्वयाऽधिगतं धनम् ।

दैवीधनस्य स्वामी त्वं छायाऽस्ति पार्थ मे त्वयि ।। **977**/1447

◎ **And :** *You possess the wealth that even the opulent people desire to possess. You are the possessor of the divine wealth, as I am your shelter.*

।। 16.6 ।।	द्वौ भूतसर्गौ लोकेऽस्मिन्दैव आसुर एव च । दैवो विस्तरशः प्रोक्त आसुरं पार्थ मे शृणु ।।

लोके पार्थ स्वभावौ द्वौ दैवी तथाऽऽसुरी परः ।
उक्तवान्दैविनं कृत्स्नम्-आसुरीमधुना शृणु ।। **978**/1447

◎ **And :** *O Arjun! Demonic and Divine are the two types of dispositions in the world. I have told you the divine disposition in details. Now listen from me the demonic disposition.*

।। 16.7 ।।	प्रवृत्तिं च निवृत्तिं च जना न विदुरासुराः । न शौचं नापि चाचारो न सत्यं तेषु विद्यते ।।

किं कार्यं किमकार्यं च न जानन्त्यसुरा जना ।
किं सत्यं किमसत्यञ्च को धर्मः किमधार्मिकम् ।। **979**/1447

◎ **Demonic disposition :** *People with demonic disposition do not know what ought to be done and what ought not to be done. They do not know what is truth and what is false, what is righteous and what is unrighteous.*

।। 16.8 ।।	असत्यमप्रतिष्ठं ते जगदाहुरनीश्वरम् । अपरस्परसम्भूतं किमन्यत्कामहैतुकम् ।।

वदन्ति ते जगन्मिथ्या विलासस्य हि साधनम् ।
अत्र सर्वं निराधारम्-अकारणं निरीश्वरम् ।। **980**/1447

◎ **And :** *They think the world is unreal and a place for enjoyment, everything here is baseless, meaningless and Godless.*

।। 16.9 ।।	एतां दृष्टिमवष्टभ्य नष्टात्मानोऽल्पबुद्धयः । प्रभवन्त्युग्रकर्माणः क्षयाय जगतोऽहिताः ।।

नष्टधर्मा बुद्धिहीनाः क्रूराश्च दुष्टबुद्धयः ।
आसुरा विश्वनाशाय निमित्तास्तेऽपकारिणः ।। **981**/1447

◎ **And :** *These demonic, cruel and unrighteous people of distorted mind and evil thinking take birth for the destruction of the right order.*

।। 16.10 ।।	काममाश्रित्य दुष्पूरं दम्भमानमदान्विताः । मोहाद्गृहीत्वासद्ग्राहान्प्रवर्तन्तेऽशुचिव्रताः ।।

अतृप्या अन्तहीनाश्च कुर्वन्ति कामनाः सदा ।

भ्रष्टा दुष्टाश्च मूढास्ते गर्वं कुर्वन्ति दम्भिनः ।। **982**/1447

◎ **And :** *They have insatiable and everlasting desires. These corrupted and deluded fools are full of deceit and pride.*

।। 16.11 ।।

चिन्तामपरिमेयां च प्रलयान्तामुपाश्रिताः ।
कामोपभोगपरमा एतावदिति निश्चिताः ।।

आमरणं मदासक्ताः–चिन्ताक्रोधसमायुताः ।

भोगमोदे रुचिस्तेषां विषयेषु रताः सदा ।। **983**/1447

◎ **And :** *They are intoxicated with worries and anger for ever and they are always engrossed in enjoyment and passions.*

।। 16.12 ।।

आशापाशशतैर्बद्धाः कामक्रोधपरायणाः ।
ईहन्ते कामभोगार्थमन्यायेनार्थसञ्चयान् ।।

आशापाशेषु बद्धास्ते कामक्रोधौ त्यजन्ति न ।

अवैधं धनमर्जन्ति विषयभोगहेतवे ।। **984**/1447

◎ **And :** *Fettered with the chains of desires, they do not depart from passions and anger. They amass illegal wealth for the purpose of enjoyment.*

।। 16.13 ।।

इदमद्य मया लब्धमिमं प्राप्स्ये मनोरथम् ।
इदमस्तीदमपि मे भविष्यति पुनर्धनम् ।।

(आसुरि मनोरथम्)

इदमद्य मया प्राप्तं प्राप्स्ये तदपि श्वो पदम् ।

सञ्चितं धनमेतावद्–ग्रहिष्याम्यधिकं धनम् ।। **985**/1447

◎ **And :** *They say, I have attained this objective today and I will attain other objective tomorrow. I have earned this much wealth today, I shall earn more tomorrow.*

।। 16.14 ।।

असौ मया हतः शत्रुर्हनिष्ये चापरानपि ।
ईश्वरोऽहमहं भोगी सिद्धोऽहं बलवान्सुखी ।।

अहमहनमेनं च हनिष्याम्यपरानहम् ।

बली सुखी च सिद्धोऽहं भविष्याम्यहमीश्वरः ।। **986**/1447

◎ **And :** *I have killed this person today, I shall kill others tomorrow. I am powerful. I am successful. I will become a God.*

|| 16.15 ||
आढ्योऽभिजनवानस्मि कोऽन्योऽस्ति सदृशो मया ।
यक्ष्ये दास्यामि मोदिष्य इत्यज्ञानविमोहिताः ॥

कुलीनोऽहं सुसम्पन्नो नान्योऽस्ति सदृशो मया ।
यज्ञं करोम्यहं दानम्-आहुः प्रदर्शनाय ते ॥ 987/1447

◎ **And :** *I am noble. I am rich. No one is like me. I shall do austerities and I will do charities for showing off myself.*

|| 16.16 ||
अनेकचित्तविभ्रान्ता मोहजालसमावृताः ।
प्रसक्ताः कामभोगेषु पतन्ति नरकेऽशुचौ ॥

बद्धास्ते भोगपाशेषु सदा मोहेन संवृताः ।
पतन्ति नरके मूढाः कामभोगपरायणाः ॥ 988/1447

◎ **And :** *These evil people, devoted to passions and attached to enjoyments, deluded in their mind, they fall in the hell.*

|| 16.17 ||
आत्मसम्भाविताः स्तब्धा धनमानमदान्विताः ।
यजन्ते नामयज्ञैस्ते दम्भेनाविधिपूर्वकम् ॥

यज्ञेन नाममात्रेण गर्वान्विताश्च स्वैरिणः ।
मूढभावेन निन्दन्ति मां सर्वेषां हृदि स्थितम् ॥ 989/1447

◎ **And :** *These losers, puffed up with spurious austerities, they criticize me who dwells in everyone's heart.*

|| 16.18 ||
अहङ्कारं बलं दर्पं कामं क्रोधं च संश्रिताः ।
मामात्मपरदेहेषु प्रद्विषन्तोऽभ्यसूयकाः ॥

कामक्रोधाभिमानांश्च बलं मत्वा च कामुकाः ।
मदान्धा गर्विणो दुष्टा आत्मश्लाघे रताः सदा ॥ 990/1447

◎ **And :** *These people are taken over by desires. They think passions, anger and pride are their strengths. They stay engrossed in intoxication and vanity.*

|| 16.19 ||

तानहं द्विषतः क्रूरान्संसारेषु नराधमान् ।
क्षिपाम्यजस्त्रमशुभानासुरीष्वेव योनिषु ।।

एतान्नराधमान्पापान्-मूढान्क्रूरानसूयकान् ।
योनिषु चासुरीष्वेव वारंवारं क्षिपाम्यहम् ।। 991/1447

◎ **And :** *To these cruel, evil and sinful people, I throw in hell life after life.*

|| 16.20 ||

आसुरीं योनिमापन्ना मूढा जन्मनि जन्मनि ।
मामप्राप्यैव कौन्तेय ततो यान्त्यधमां गतिम् ।।

अधमां प्राप्य ते योनिम्-अतो जन्मनि जन्मनि ।
अधोगतिं च गच्छन्ति न मां प्राप्यासुरा जनाः ।। 992/1447

◎ **And :** *These demonic people, not having attained me, get hellish births.*

|| 16.21 ||

त्रिविधं नरकस्येदं द्वारं नाशनमात्मनः ।
कामः क्रोधस्तथा लोभस्तस्मादेतत्त्रयं त्यजेत् ।।

(कृत्यं च अकृत्यं च कर्म)

त्रिविधान्यात्मघाताय द्वाराणि नरकस्य वै ।
कामः क्रोधश्च लोभश्च त्यागस्तेषां सदा भवेत् ।। 993/1447

◎ **Thus :** *Desire, anger and greed are the three gates to hell and self destruction. One should always stay away from these three vices.*

|| 16.22 ||

एतैर्विमुक्तः कौन्तेय तमोद्वारैस्त्रिभिर्नरः ।
आचरत्यात्मनः श्रेयस्ततो याति परां गतिम् ।।

तेभ्यस्त्रिभ्यो हि द्वारेभ्यो मुच्यते मानवो यदा ।
स्वस्य हितञ्च कृत्वा स मोक्षो हि लभते तदा ।। 994/1447

◎ **And :** *He who stays away from these three vices, that wise person attains liberation.*

142. हिंदी भजन : राग रत्नाकर, कहरवा ताल 8 मात्रा

भद्रता

श्लोक

भद्रं श्रुणोमि कर्णाभ्यां भद्रं वाक्यं मुखेन च ।
भद्रं पश्यामि चक्षुर्भ्यां भद्रेच्छां मनसा सदा ।।

♪ सा-रे- गम-ग रे-सा-रे-, रे-ग- म-प- मग-रे ग- ।
ग-म- प-ध-प म-ग-म-, नि-ध-प- गमग- रेसा- ।।

स्थायी

भद्र सुनूँ मैं, भद्र देखूँ मैं, भद्र गहूँ मैं, भद्र कहूँ ।

♪ नि़-सा रेग- रे-, प-म ग-रे ग-, ध-प मग- रे-, प-म गम- ।

अंतरा-1

संत जनन का, दुखी दीनन का, अकिंचनों का, हाथ धरूँ, मैं ।
धरती माँ का, जन्म दाती का, ज्ञान देवी! आभारी रहूँ ।।

♪ सा-रे गमम म-, रेग म-पप प-, धप-मग- रे-, ध-प मग-, म- ।
गरेसा- रे- ग-, म-ग रे-सा रे-, ग-ग म-प! ध-प-म गम- ।।

अंतरा-2

प्रभु चरणन में, शुभ सुमिरण में, सदा शरण में, दास रहूँ, मैं ।
नित्य करम से, सत्य धरम से, नम्र हृदय से, क्लेश सहूँ ।।

अंतरा-3

तन निर्मल से, मन निर्मम से, धन निर्धन को, दान करूँ, मैं ।
नाम प्रभु के, काम प्रभु के, अर्पण मम मैं, प्राण करूँ ।।

◎ **Virtue : *Shloka*** : *I shall hear good words, I shall speak good words, I shall see good things, I shall always think of good things in my mind.* ***Sthāyī*** : *I Shall hear, see, receive and speak good things.* ***Antarā* : *1.*** *I shall keep company with saints, helpless and poor people. I shall be thankful to the mother who gave me birth, knowledge and support.* ***2.*** *I shall stay at the feet of the Lord, chanting his name. I shall always do good and righteous things from my humble heart. I shall bare all pain.* ***3.*** *I shall help the helpless with humble mind. I shall lay down my life in the service and in the name of God.*

|| 16.23 ||

यः शास्त्रविधिमुत्सृज्य वर्तते कामकारतः ।
न स सिद्धिमवाप्नोति न सुखं न परां गतिम् ।।

(शास्त्रं प्रमाणम्)

त्यक्त्वा विधिविधानं यः स्वैरमाचरते नरः ।
सुखं सिद्धिं च हित्वा हि गच्छति सोऽधमां गतिम् ।। 995/1447

◎ **Scriptures :** *He who acts according to his own whim, ignoring the words of the scriptures, he is deprived of good results, success and happiness and he downgrades himself.*

|| 16.24 || तस्माच्छास्त्रं प्रमाणं ते कार्याकार्यव्यवस्थितौ ।
           ज्ञात्वा शास्त्रविधानोक्तं कर्म कर्तुमिहार्हसि ।।

किमकृत्यं च किं कृत्यं निर्णयाय यथोचितम् ।
प्रमाणाय विधिं मत्वा शास्त्रविधानमाचरेत् ।। 996/1447

◎ **Therefore :** *Therefore, in order to decide what is right and what is wrong, one must take help of the words of the scriptures.*

143. हिंदी आरती : राग रत्नाकर, कहरवा ताल 8 मात्रा

सुंदराष्टक

स्थायी

आरती सुंदर, कथा है सुंदर, भजन है सुंदर, पूजन सुंदर ।
प्रसाद सुंदर, स्मरण है सुंदर, लक्ष्मीपति का व्रत है सुंदर ।।

♪ सा–रेग म–मम, पम– ग म–मम, धपम ग रे–रेरे, रे–गप म–मम ।
सारे–ग म–मम, पमग रे ग–गग, सा–रेमप– म– धप मग म–मम ।

अंतरा–1

सूरत सुंदर, मूरत सुंदर, वदन है सुंदर, बदन है सुंदर ।
कान हैं सुंदर, नाक है सुंदर, लक्ष्मीपति का तन मन सुंदर ।।

♪ सां–निध प–धध, नि–धप ध–धध, धपम ग म–मम, पमग रे प–मम ।
सा–रे ग म–मम, रे–ग प म–मम, सा–रेमप– म– धप मग म–मम ।।

अंतरा–2

कुण्डल सुंदर, कुन्तल सुंदर, मुकुट है सुंदर, भृकुटी है सुंदर ।
केश हैं सुंदर, वेश है सुंदर, लक्ष्मीपति का रूप है सुंदर ।।

अंतरा–3

चक्र है सुंदर, गदा है सुंदर, पद्म है सुंदर, शंख है सुंदर ।

वस्त्र हैं सुंदर, शस्त्र हैं सुंदर, लक्ष्मीपति के भूषण सुंदर ।।

अंतरा–4

प्रभाव सुंदर, स्वभाव सुंदर, दर्श है सुंदर, स्पर्श है सुंदर ।
गेह है सुंदर, नेह है सुंदर, लक्ष्मीपति का देह है सुंदर ।।

अंतरा–5

अंबर सुंदर, धरती सुंदर, चन्द्र है सुंदर, सूर्य है सुंदर ।
नदियाँ सुंदर, पर्बत सुंदर, लक्ष्मीपति का जगत है सुंदर ।।

अंतरा–6

नारद सुंदर, किन्नर सुंदर, तुंबर सुंदर, गरुड़ है सुंदर ।
गोप हैं सुंदर, दास हैं सुंदर, लक्ष्मीपति के भगत हैं सुंदर ।।

अंतरा–7

विष्णु है सुंदर, विभु है सुंदर, हरि है सुंदर, प्रभु है सुंदर ।
राम है सुंदर, श्याम है सुंदर, लक्ष्मीपति के नाम हैं सुंदर ।।

◎ **Sundarashtak** : *Sthāyī : This song of Lakshmipati (Husband of Lakshmi) is beautiful, his story is beautiful, his Bhajan is beautiful, his worship is beautiful, his blessing is beautiful, his remembrance is beautiful, Lakshmi-pati's (Vishnu's) austerity is beautiful.* **Antarā : 1.** *His face is beautiful, his image is beautiful, his form is beautiful, his body is beautiful, his ears are beautiful, his nose is beautiful, Lakshmi-pati's mind is beautiful.* **2.** *His ear-rings are beautiful, his hair are beautiful, his crown is beautiful, his eye-brows are beautiful, his garments are beautiful, Vishnu's form is beautiful.* **3.** *His Sudarshan wheel is beautiful, his mace is beautiful, his lotus is beautiful, his conch shell is beautiful, his cloths are beautiful, his weapons are beautiful, Vishnu's ornaments are beautiful.* **4.** *His power is beautiful, his nature is beautiful, his image is beautiful, his touch is beautiful, his abode is beautiful, his love is beautiful, Vishnu's body is beautiful.* **5.** *His sky is beautiful, his earth is beautiful, his moon is beautiful, his sun is beautiful, his rivers are beautiful, his mountains are beautiful, Vishnu's world is beautiful.* **6.** *Narad muni is beautiful, Kinnara is beautiful, Tumbara is beautiful, Garuda is beautiful, Gop (cowherds) are beautiful, his servants are beautiful, Vishnu's devotees are beautiful.* **7.** *Vishnu is beautiful, the Lord is beautiful, Hari is beautiful, the Master is beautiful, Rama is beautiful, Krishna is beautiful, Vishnu's names are beautiful.*

144. हिंदी गीत : भैरवी, कहरवा ताल 8 मात्रा

दैवी धन का निरूपण

स्थायी

सुनो शारद मंजुल गाया है, मुनि नारद बीन बजाया है ।
रत्नाकर गीत रचाया है ।।

♫ सानि़ सा–गरे सा–नि़नि़ सा–रेम ग–, गम मगपम ग–रे सासा–रेम ग– ।
गगरेसासासा रे–ग मगरेसानि़ सा– ।।

अंतरा–1

तन निर्भयता चित शुद्धिऽ हो, दिल दानशील सम बुद्धिऽ हो ।
मन संयत हो गुण मुनि मन हो, गत क्रोध लोभ नर स्याना हो ।
यह दैवी गुण कहलाया है ।।

♫ पप मरेममप– पम पनिधप प–, पप मगगसा–गग मप गरेसानि सा– ।
सानि़ सा–गरे सा– नि़नि़ सासा रेम ग–, सानि़ सा–ग रे–सा सानि़ सा–रेम ग– ।
गग रेसासा– रेरे गमगरेसानि़ सा– ।।

अंतरा–2

जिस नर को योग की सिद्धिऽ हो, वच मीठे, ज्ञान की बुद्धिऽ हो ।
जब दंभ गया अरु नम्र भया, हो पूर्ण अहिंसा भूत दया ।
वह दैवी धन बतलाया है ।

अंतरा–3

नर दृढ़ हो धीरज वाला हो, गत मान दंभ दिलवाला हो ।
मन वैर रहित हृद सभ्य सदा, नत शांत क्षमा का दाता जो ।
दैवी वैभव कहलाया है ।।

◎ **Divine wealth :** ***Sthāyī :*** *Ratnakar composed the melody, Sarasvati sang it beautifully, while Narad muni played the Veena.* ***Antarā : 1.*** *Fearlessness, purity of mind, charity, equanimity, self-control, quiet personality, peace of mind and wisdom are called divine virtues.* ***2.*** *Ascetic nature, success in austerity, sweet speech, knowledge, humility, non-violence, is collectively the divine wealth.* ***3.*** *Courage, stable mind, upright frankness, friendliness and honesty, is collectively called the divine wealth.*

श्रीमद्-भगवद्-गीतायाः सप्तदशोऽध्यायः त्रहवाँ ।
श्रद्धात्रय-विभागयोगः ।

145. हिंदी भजन : राग रत्नाकर, कहरवा ताल 8 मात्रा
बाल गणेश

स्थायी

बाल गणेशा, पायो गज का शीश ।
सखी री मोहे, भायो गजानन ईश ।।

♪ ध-प मग-म-, धपम गग म- प-प,
ध-प म गरे-, ध-प मग-रेग म-म ।

अंतरा–1

नारद शारद गात हैं कीर्ति, प्यारो मेरो जगदीश ।

♪ सा-रेग म-मम प-म ग रे-ग-, ध-प मग- रेगम-म ।

अंतरा–2

आदि देवता भाग्य विधाता, ज्ञान बुद्धि वागीश ।

अंतरा–3

पिता महादेवा माता पार्वती, भगत भजत अहोनीश ।

◎ **Baby Ganesh : Sthāyī :** Baby Ganesh got the head of an elephant. O Dear! I like the Gajanana (God with elephant head). **Antarā : 1.** Narad muni and Sarasvati are singing his praises. My Jagdish (Lord of the world) is adorable. **2.** He is the foremost God, he is the Giver of good fortune. He is the Lord of knowledge, thinking and speech. **3.** His father is Shiva and Mother is Parvati. His devotees worship him day and night.

146. हिंदी कीर्तन : कहरवा ताल 8 मात्रा

हरि नारायण

स्थायी

हरि नारायण शिव ओम्, शिव नारायण जय ओम् ।

हरि नारायण सत् ओम्, शिव नारायण हरि ओम्, हरि[।।

♫ धध -पधपमरेग - पमम- - - -म, धध -पधपमरेग- पम म- - - -म ।

सासा - ऩिसा-रेरे गरे सा- - - -सा, सासा -ऩि-सा-रेरे गरे सा- - - -सा, धध ।।

अंतरा–1

अंतर्यामी दिगंत स्वामी, रिषीकेश हरि ओम् ।

शेषशायी सत् ओम्, स्वामी नारायण जय ओम् ।

हरि नारायण हरि ओम् ।।

♫ -ध-पमम-म- मपनिनि नि-निप, परें-रें-रें गरें सां- - - - -धम ।

मरेंरें रें-रें गरें सां- - - -सां, धनि रें-रें-रेंरें गरें सां- - - -सां ।

धध -पधपमरेग- पम म- - - - - -म ।।

अंतरा–2

दामोदर श्री अनंत साँई, मनोहारी हरि ओम् ।

राधेश्याम सत् ओम्, स्वामी नारायण जय ओम् ।

हरि नारायण हरि ओम् ।।

अंतरा–3

कमल नयन श्री मुकुंद माधो, गदाधारी हरि ओम् ।

राधेकृष्ण सत् ओम्, स्वामी नारायण जय ओम् ।

हरि नारायण हरि ओम् ।।

◎ **Lord Narayan, Vishnu :** ***Sthāyī :*** *Victory to Narayan! O Nārāyana! Sat Om! Jai Om!* ***Antarā : 1.*** *Victory to Narayan (Vishnu), who Dwells in us and has conquered all directions, to that Sheshashayi (whose bed is the Shesha snake) Hari Om! Victory to Narayan! Hari Om!* ***2.*** *O Damodar Krishna! O Manohari, O Radhe-Shyam! victory to you, O Lord Narayan!* ***3.*** *O Lotus Eyed Shrī Krishna! O Mukund (the jewel)! O Madhav (Husband of Lakshmi)! O Gadadhar (Bearer of the mace)! O Radhe-Krishna! victory to you.*

147. संस्कृतभजनम् : श्लोकछन्दः

श्रीकृष्णस्मरणाष्टकम्

पठेद्यः प्रातरुत्थाय स्तोत्रं कृष्णाष्टकं शुभम् ।
धौतः स सर्वपापेभ्यो विष्णुलोको हि धाम तम् ।।

♫ रेग–ग– ग–गमं–प–मं–, ग–मं– प–ध–पमं– गमं– ।
ग–मं– प– मं–गरे–ग–मं–, ग–मंप–मं– ग रे–नि़ सा– ।।

स्तोत्रं–1

प्रभाते चिन्तयेत्कृष्णं मोहनं स्नानमार्जने ।
प्रार्थनायां च गोविन्दं पावनं करुणाकरम् ।।

स्तोत्रं–2

अध्ययने स्मरेन्नित्यं योगेश्वरं जगद्गुरुम् ।
क्रीडने बालगोपालं कार्यकाले जनार्दनम् ।।

स्तोत्रं–3

विश्रामे द्वारिकानाथं चिन्तनं वन्दनं हरिम् ।
शयने श्रीधरं ध्यायेत्–निर्विकारं निरञ्जनम् ।।

स्तोत्रं–4

प्रवासे सर्वज्ञातारं नृसिंहं सर्वव्यापिनम् ।
पार्थसारथिनं युद्धे रक्षकं चतुराननम् ।।

स्तोत्रं–5

उपनयनकाले च पीताम्बरं मनोहरम् ।
विवाहे भाग्यदातारं श्रीपतिं पुरुषोत्तमम् ।।

स्तोत्रं–6

मोदे दामोदरं ध्यायेद्–विष्णुं सकलमङ्गलम् ।
दुःखे च परमानन्दं मुरारिं परमेश्वरम् ।।

स्तोत्रं–7

सङ्कटे च चतुर्बाहुं नारायणं गदाधरम् ।
चक्रपाणिं हृषीकेशं सर्वकाले सुदर्शनम् ।।

स्तोत्रं–8

जन्मदिने स्मरेत्पूज्यं पूजयेद्विश्ववन्दितम् ।
अन्तकाले स्मरेद्देवं देवदेवं सनातनम् ॥

स्मरणाष्टकमेतद्धि पठेद्रत्नाकरस्य यः ।
सर्वकाले शुभं तस्य भवेत्कृष्णानुकम्पया ॥

◉ **Shri-Krishn-ashtakam** : *Shloka* : He who reads this holy hymn of Shrī Krishna when he gets up in the morning, he washes away all his sins and goes to the supreme abode of Lord Vishnu. **Stotra : 1.** One should chant Krishna's name in the morning and at the time of taking bath. While doing the morning prayers, one must sing merciful Govind Krishna's prayers. **2.** While doing studies, one should remember Krishna, the Yogeshvara (Lord of yogas) and Jagadguru (the Guru of the World). While playing one should remember the Gopal (cowherd) Krishna and at the time of work one should remember Janardan (remover of the evil people) Krishna. **3.** At the time of rest, one should remember Hari. At bed time one should remember Sridhar (Husband of Lakshmi), the pure and formless. **4.** At the time of travel, one should remember the Omniscient, Nrisimha (lion-man), Sarva-vyapi (Omnipresent) Shrī Krishna. At the time of war, remember Partha sarathi Shri krishna, the four headed protector **5.** At the time of Sacred thread ceremony, one should remember Pitambar (wearing yellow garment) beautiful Krishna. At the time of wedding, one should remember Bhagya-data (giver of good luck), Shri-pati (Husband of Lakshmi), Purushottama (Supreme among men) Shrī Krishna. **6.** While having a happy time, one should remember Damodar (who was tied to with a rope by his mother) Shrī Krishna. At sad moment, one should remember Paramanand (Supreme joy), Murari (slayer of demon Mura), Parameshvara (the Supreme God) Shrī Krishna. **7.** At the difficult moments, one should remember Chaturbahu (four armed), Gadadhar (Bearer of mace), Nārāyana. At all times, one should remember Chakrapani (bearer of Sudarshan wheel), Hrishikesh (Lore of the body organs) Shrī Krishna. **8.** At birthdays, one should remember the sacred Vishva-vandita (worshipped by the world) Shrī Krishna. At the time of death, one should remember Devadeva (Lord of the Gods) Shrī Krishna. **Shloka** : He who reads this Krishnashtak all the time, he receives Krishna's blessings, good luck and good tidings.

गीतोपनिषद्
अष्टाविंशस्तरंग:

Gitopanishad

Fascicule 28

33. The Faith
श्रद्धानिरूपणम्

श्रीमद्भगवद्गीता <u>सप्तदशोऽध्याय:</u> ।

अर्जुन उवाच ।

।। 17.1 ।।
ये शास्त्रविधिमुत्सृज्य यजन्ते श्रद्धयान्विता: ।
तेषां निष्ठा तु का कृष्ण सत्त्वमाहो रजस्तम: ।।

ॐ अनुष्टुप्-श्लोक-छन्दसि गीतोपनिषद् ।

शास्त्रं त्यक्त्वा जना ये त्वां ध्यायन्ति श्रद्धया प्रभो ।
तामसी राजसी श्रद्धा सात्त्विकी वा मुकुन्द सा ।। **997**/1447

◎ **Arjun's question :** *O Lord! those who act without regard for what the scriptures say, what type of faith do they possess, sattvic, tamasic or rajasic?*

श्रीभगवानुवाच ।

।। 17.2 ।।
त्रिविधा भवति श्रद्धा देहिनां सा स्वभावजा ।
सात्त्विकी राजसी चैव तामसी चेति तां शृणु ।।

(श्रीभगवानुवाच)

(श्रद्धास्वरूपम्)

श्रद्धा स्वाभाविका पार्थ गुणोऽस्ति देहधारिणाम् ।

त्रिविधां सात्त्विकीं चैव राजसीं तामसीं शृणु ।। **998**/1447

◎ **Krishna's answer :** *O Arjun! a man is faithful by nature. However, his faith may be sattvic (sat guna preponderant), rajasic (dominance of rajas guna ruling) or tamasic (tamas guna dominating).*

।। 17.3 ।। सत्त्वानुरूपा सर्वस्य श्रद्धा भवति भारत ।
श्रद्धामयोऽयं पुरुषो यो यच्छ्रद्धः स एव सः ।।

आत्मचित्तानुसारेण निष्ठा नैसर्गिकी सदा ।
अतो यस्य यथा श्रद्धा स्वरूपं तस्य तादृशम् ।। **999**/1447

◎ **And :** *A man's faith is according to his gunas (the three attributes). As are his gunas, so is his faith.*

148. हिंदी भजन : राग बिलावल, कहरवा ताल 8 मात्रा

हरि बोल

स्थायी

सुख दुख में हरि बोल, रे! तोहे हरि उबारे ।

♫ रेरे रेरे ग- मप म-ग, रे-! रेग- धप मग-रे- ।

अंतरा–1

बी–च भँवर में, नैया तोरी, जल कारो है, नदिया गहरी ।
मत कर डाँवाडोल, रे! तोहे हरि सँभारे ।।

♫ ध़-नि़ सारेरे रे-, प-मग रे-ग-, सारे ग-म- म-, धपमग ममम- ।
रेरे रेरे ग-मपम-ग, रे-! रेग- धप मग-रे- ।।

अंतरा–2

चार दिनों की, जीवन फेरी, दिन डरावत, रात अँधेरी ।
निश दिन हरि हरि बोल, रे! तोहे हरि सहारे ।।

अंतरा–3

चंचल गुण की, काया तेरी, विषय वासना, माया फेरी ।
तन मन से हरि बोल, रे! तोहे हरि उधारे ।।

◎ **Chant Hari! :** ***Sthāyī :*** *In pain and pleasure, chant Hari's name. He will protect you.* **Antarā : 1.** *Your boat is in the midst of the worldly ocean. The water is deep and dangerous. Don't rock your boat, Hari will protect you.* **2.** *Your stay on this earth is only for four days. The days are scary and the nights are dark. Chant Hari! day and night, he will protect you.* **3.** *Your body is made up of the three gunas* which influence your mind. In addition, your passions and possessions delude you. Chant Hari! with mind and body, he will protect you.

|| 17.4 ||

यजन्ते सात्त्विका देवान्यक्षरक्षांसि राजसा: ।
प्रेतान्भूतगणांश्चान्ये यजन्ते तामसा जना: ।।

(श्रद्धात्रयम्)

ध्यायति सात्त्विको देवान्–असुरान्राजसस्तथा ।
तामसो भूतप्रेतांश्च, "यथा गुणास्तथा हि ते" ।। 1000/1447

◎ **Three faiths** : The sattvic person worships Gods. The rajasic person worships demons and the tamasic person worships ghosts. As their worship, so is their nature.

|| 17.5 ||

अशास्त्रविहितं घोरं तप्यन्ते ये तपो जना: ।
दम्भाहङ्कारसंयुक्ता: कामरागबलान्विता: ।।

(आसुर:)

मां च देहस्थभूतानि कष्टं ददति ये सदा ।
अज्ञानिनश्च दुष्टा ये विद्धि तानासुराञ्जनान् ।। 1001/1447

◎ **Demonic people** : Those who show disrespect to me and to the five elements, O Arjun! know those ignorant evil people to be the Asuric people.

|| 17.6 ||

कर्षयन्त: शरीरस्थं भूतग्राममचेतस: ।
मां चैवान्त:शरीरस्थं तान्विद्ध्यासुरनिश्चयान् ।।

शास्त्रं त्यक्त्वा च कुर्वन्ति दम्भयुक्तं हि ते तप: ।
अहङ्कारेण कुर्वन्ति रागयुक्तं जपं तथा ।। 1002/1447

◎ **And** : Those deceitful people pretend do be doing austerities and chants, without any regard for the scriptures.

|| 17.7 ||

आहारस्त्वपि सर्वस्य त्रिविधो भवति प्रिय: ।
यज्ञस्तपस्तथा दानं तेषां भेदमिमं शृणु ।।

(आहरत्रय:)

प्रियाहारानुसारेण स्वभावास्त्रिविधा मता: ।
त्रयो दानस्य भेदाश्च यज्ञस्य तपसस्तथा ।। 1003/1447

◎ **Diet** : The diets of the people are of three types, according to their gunas. Similarly, the charities are also of three types.

|| 17.8 || आयु:सत्त्वबलारोग्यसुखप्रीतिविवर्धना: ।
             रस्या: स्निग्धा: स्थिरा हृद्या आहारा: सात्त्विकप्रिया: ॥

मनोभावानुसारेण खाद्यानि त्रिविधानि च ।
गुणप्रमाणतस्तेषु सद्रजश्च तमस्तथा ॥ 1004/1447

◎ **And** : According to the temperament of mind, the diets are divided into three types namely, the Sattvic, Rajasic and Tamasic.

(सात्त्विकानाम् आहार:)
आयु: स्वास्थ्यं सुखं प्रीतिं सत्त्वं बलं ददाति यत् ।
स्वादु च रसयुक्तञ्च स्निग्धं तत्सात्त्विकं प्रियम् ॥ 1005/1447

◎ **Sattvic food** : The foods that augment longevity, health, happiness, righteousness, strength and which are tasty, juicy and affectionate are dear to the Sattvic people.

|| 17.9 || कट्वम्ललवणात्युष्णतीक्ष्णरूक्षविदाहिन: ।
             आहारा राजसस्येष्टा दु:खशोकामयप्रदा: ॥

(राजसानाम् आहार:)
कट्वाम्लं लवणं तिक्तं रूक्षं शुष्कं च पारुषम् ।
अत्युष्णं कष्टकारि च शोककारि च दाहकम् ॥ 1006/1447

◎ **Rajasic** : The foods that are bitter, salty, sharp, juiceless, dry, harsh, hot, intoxicating and hallucinating are dear to the Rajasic people.

|| 17.10 || यातयामं गतरसं पूति पर्युषितं च यत् ।
              उच्छिष्टमपि चामेध्यं भोजनं तामसप्रियम् ॥

(तामसानाम् आहार:)
रोगदायि व्यथाकारि यन्मन:सक्तिकारकम् ।
स्पर्शसञ्चारिणं तीक्ष्णम्-अन्नं तत्तामसप्रियम् ॥ 1007/1447

◎ **Tamasic** : The foods that give disease, pain, addiction, harmful and that are stinging;

उच्छिष्टं पूतियुक्तं च दूषितं नीरसं तथा ।
पर्युषितं पुराणं च यदन्नं तामसप्रियम् ।। **1008**/1447

◎ **And :** *also the foods which are leftover, smelly, stale, contaminated and fermented are dear to the Tamasic people.*

।। 17.11 ।।

अफलाकाङ्क्षिभिर्यज्ञो विधिदृष्टो य इज्यते ।
यष्टव्यमेवेति मनः समाधाय स सात्त्विकः ।।

(यज्ञत्रयम्)

(सात्त्विकयज्ञ:)

पूज्यं शास्त्रानुसारेण मन:सन्तोषदायकम् ।
आशां फलस्य त्यक्त्वा स यज्ञं करोति सात्त्विकम् ।। **1009**/1447

◎ **Sattvic yajna :** *The austerity performed without a desire of its fruit, but because it is sacred, according to the tenets of the scriptures, that gives happiness to the heart, such yajna is called Sattvic.*

149. हिंदी गीत : राग रत्नाकर, कहरवा ताल 8 मात्रा

आर्यमति

स्थायी

जो करना है काम हमें वो, तेरे नाम से करना है ।
साथ हमारे नाथ सदा हैं, मन में धीरज धरना है ।।
यत् करणीयम् तत् करणीयम्, कार्यपथे जागरणीयम् ।
यत् करणीयम् सत् करणीयम्, इति आर्यमते! आदरणीयम् ।।

♫ सा- ऩिसारे- रे- ग-रे साऩि- सा-, रे-ग म-म म- धपमग म- ।
ध-प मग-म- प-म गरे- सा-, सासा रे ग-गग पमगरे सा- ।।
सा- रेगम-म- ध- पमग-म-, नि-धपध- नि धपम-प- ।
सा- रेगम-म- ध- पमग-म-, गरे सा-सासारे-! म-गगरेऩिसा- ।।

अंतरा-1

जब से तेरा नाम साथ है, न सूनी कोई रात है ।
जब से डोरी तेरे हाथ है, न डर की कोई बात है ।।

♫ सासा सा रे-ग- प-म ग-रे ग-, म प-ध प-म- ध-प म- ।
पप प प-प- ध-प म-ग म-, सा रेरे ग प-मग रे-ऩि सा- ।।

अंतरा–2
आज न कल का भी गम सताये, न कल की चिन्ता कोई है ।
चिंतामणी सब कहते जिसको, प्रभु की माया सो ही है ।।

अंतरा–3
भवसागर के दुख आगर से, हँस मुख हमको तरना है ।
परमादर से नेहा करके, जीवन में सुख भरना है ।।

अंतरा–4
नूतन दम से कदम कदम से, आगे आगे बढ़ना है ।
बिना वहम से धरम करम से, जागे जागे चलना है ।।

अंतरा–5
घर आँगन से हर साजन से, आज हमें ये कहना है ।
सखे! कसम से, प्रेम परम से, कुटुंब वसुधा करना है ।।

◎ **Nobility : Sthāyī :** *Whatever we have to do, we have to do it in your name, O Lord! you are always with us, we have to be patient. What ought to be done must be done, O My noble mind! be vigilant about it. Whatever ought to be done, we have to do it as our duty, O My noble mind! respect this fact.* **Antarā :** *1. O Lord! as your name is in our mind, there is no lonely night. As you hold our strings, we have nothing to worry about. 2. Neither today's nor yesterday's pain bothers us, nor we are worried about the future. The thing that the world calls magic stone, O Lord! that thing is your divine grace. 3. We have to swim across the painful worldly ocean with a smiling face, respect and love. We have to fill our life with joy. 4. With new vigor we have to march forward without any doubt or hesitation. 5. In the house or outside, with our dear ones, today we have to say that, O Dear! struggle to make this world one family.*

|| 17.12 || अभिसन्धाय तु फलं दम्भार्थमपि चैव यत् ।
इज्यते भरतश्रेष्ठ तं यज्ञं विद्धि राजसम् ।।

(राजसयज्ञः)

फलाशां हृदये धृत्वा दम्भयुक्तेन हेतुना ।
प्रदर्शनाय कुर्वन्ति यज्ञः स राजसो मतः ।। 1010/1447

◎ **Rajasic yajna :** *Keeping the objective of fruit in mind, the austerity that is ostentatiously performed for a show, is called a Rajasic yajna.*

|| 17.13 || विधिहीनमसृष्टान्नं मन्त्रहीनमदक्षिणम् ।
श्रद्धाविरहितं यज्ञं तामसं परिचक्षते ।।

(तामसयज्ञ:)

मन्त्रं शास्त्रविधानं च त्यक्त्वा प्रसाददक्षिणे ।
भक्तिहीन: कृतो व्यर्थो यज्ञ: स तामस: स्मृत: ॥ 1011/1447

◎ **Tamasic yajna:** *The austerity that is performed without faith, without following the tenets of the scriptures, without offering a gratuity, propitiation or charity, is called a Tamasic yajna.*

॥ 17.14 ॥ देवद्विजगुरुप्राज्ञपूजनं शौचमार्जवम् ।
ब्रह्मचर्यमहिंसा च शारीरं तप उच्यते ॥

(तपस्त्रयम्)
(शारीरिकतप:)

येनार्चितो द्विजो ज्ञानी गुरुर्देवश्च पूजित: ।
मनसा वचसाऽहिंसा ब्रह्मचर्यव्रतं तथा ॥ 1012/1447

◎ **Penance yajna:** *The penance by which the priest, guru and wise men are worshipped with mind, action and words and the penance that is done without any violence, with asceticism and chastity;*

अन्तर्बाह्यं च पावित्र्यं येन पूर्णं सुरक्षितम् ।
स्वीकृतं नम्रभावेन तप: शारीरमुच्यते ॥ 1013/1447

◎ **Bodily penance :** *and, with external and internal purity of body and mind and with humility, is called bodily penance.*

॥ 17.15 ॥ अनुद्वेगकरं वाक्यं सत्यं प्रियहितं च यत् ।
स्वाध्यायाभ्यसनं चैव वाङ्मयं तप उच्यते ॥

(वाणीतप:)

नित्यं सत्यं हितं प्रीतं स्वाध्यायवचनं च यत् ।
यस्मान्नोद्विजते कोऽपि वाणीतपस्तदुच्यते ॥ 1014/1447

◎ **Penance of speech :** *The speech that is always true, beneficial, loving and within the limits of the scriptures and by which no one gets hurt directly or indirectly, is called the penance of speech.*

॥ 17.16 ॥ मन:प्रसाद: सौम्यत्वं मौनमात्मविनिग्रह: ।
भावसंशुद्धिरित्येतत्तपो मानसमुच्यते ॥

(मनोतप:)

शान्ता धीः सौम्यदृष्टिश्च मौनवृत्तिर्यमस्त्रपा ।
भावशुद्धिर्मनःशक्तिः–उच्यते मानसस्तपः ।। **1015**/1447

◎ **Penance of mind :** *The austerity that makes the mind tranquil, controlled, peaceful, courageous and honorable is called penance of mind.*

।। 17.17 ।।

श्रद्धया परया तप्तं तपस्तत्त्रिविधं नरैः ।
अफलाकाङ्क्षिभिर्युक्तैः सात्त्विकं परिचक्षते ।।

(सात्त्विकतपः)

वाणीकायमनोयुक्तं त्यक्त्वा वाञ्छां फलस्य यत् ।
तपस्त्रिविधभावस्य तत्सात्त्विकमुदाहृतम् ।। **1016**/1447

◎ **Sattvic penance :** *The three penances of body, mind and speech as mentioned above, when they are observed without the desire of fruit, such a triple penance is called the a Sattvic penance.*

।। 17.18 ।।

सत्कारमानपूजार्थं तपो दम्भेन चैव यत् ।
क्रियते तदिह प्रोक्तं राजसं चलमध्रुवम् ।।

(राजसतपः)

मनसि मानमिष्ट्वा हि लोकेषु प्राप्तुमादरम् ।
अप्रामाणिकमस्थायि तद्राजसं तपो मतम् ।। **1017**/1447

◎ **Rajasic penance :** *The penance that is undertaken with the objective of earning name and fame and respect from people, such act of dishonest motive is called a Rajasic penance.*

।। 17.19 ।।

मूढग्राहेणात्मनो यत्पीडया क्रियते तपः ।
परस्योत्सादनार्थं वा तत्तामसमुदाहृतम् ।।

(तामसतपः)

मनसा मोहयुक्तेन देहेन पीडितेन च ।
कृतं शठेन ध्येयेन तपस्तत्ततामसं मतम् ।। **1018**/1447

◎ **Tamasic penance :** *The exhibition of penance that is carried out with deluded mind, torturing one's own body, with deceitful intention is called a Tamasic penance.*

।। 17.20 ।।

दातव्यमिति यद्दानं दीयतेऽनुपकारिणे ।
देशे काले च पात्रे च तद्दानं सात्त्विकं स्मृतम् ।।

(दानत्रयम्)

(सात्त्विकदानम्)

यद्दीयते सुपात्राय योग्ये स्थाने क्षणे तथा ।

अनुपकारिणे कार्यं दानं तत्सात्त्विकं स्मृतम् ।। 1019/1447

◎ **Sattvic charity :** *The charity that is given to a deserving person, at right time and right place, without any obligation but as a duty, is called a Sattvic charity.*

।। 17.21 ।।

यत्तु प्रत्युपकारार्थं फलमुद्दिश्य वा पुनः ।

दीयते च परिक्लिष्टं तद्दानं राजसं स्मृतम् ।।

(राजसदानम्)

ऋणं निवर्तितुं दत्तं हृद्देशे च फलाशया ।

यत्क्लेशपूर्वकं व्यर्थं दानं राजसमुच्यते ।। 1020/1447

◎ **Rajasic charity :** *The charity that is given with hesitation, for paying off a debt and with the objective of earning a benefit from it, such meaningless donation is called a Rajasic charity.*

।। 17.22 ।।

अदेशकाले यद्दानमपात्रेभ्यश्च दीयते ।

असत्कृतमवज्ञातं तत्तामसमुदाहृतम् ।।

(तामसदानम्)

स्थलेऽयोग्ये च कालेचापात्राय दीयते तु यत् ।

हेतोर्हृद्यपमानस्य तद्दानं तामसं स्मृतम् ।। 1021/1447

◎ **Tamasic charity :** *The charity that is given to an un-deserving person, at wrong time or at wrong place, with an evil objective of insulting or binding a person, is called Tamasic charity.*

150. हिंदी भजन : राग विलावल, कहरवा ताल 8 मात्रा

तस्मै नमः

स्थायी

हर सुख लमहा, हर दुख लमहा, नाम प्रभु का लीजिये ।

तस्मै नमः, तस्मै नमः, गान हरि का गाइये ।।

♫ धध धध पमग–, पप पप मगरे–, सा–सा सारे– ग– प–मग– ।

ध–प– ममग–, प–म– गगरे–, सा–सा सारे– ग– प–मग– ।।

अंतरा–1

निस दिन तनहा, पल छिन तनहा, ध्यान प्रभु का कीजिये ।
तस्मै नमः, तस्मै नमः, गान हरि का गाइये ।।

♪ सासा सासा रेगम–, पप मम गगरे–, ध–प मप– म– ग–रेसा– ।
ध–प– ममग–, प–म– गगरे–, सा–सा सारे– ग– प–मग– ।।

अंतरा–2

हर पल पनहा, जोड़ के मनवा, याद प्रभु को कीजिये ।
तस्मै नमः, तस्मै नमः, गान हरि का गाइये ।।

अंतरा–3

सुबहा सुबहा, पुनः पुनः, गुण प्रभु के गाइये ।
तस्मै नमः, तस्मै नमः, गान हरि का गाइये ।।

◎ **Obeisance to the Lord : Sthāyī :** *At each moment, in happiness and sad time, chant Lord's name. Say, "Obeisance to him!" and sing this song.* **Antarā : 1.** *At every quite moment at day time and at night time, meditate up on the Lord. Say, "Obeisance to him!" and sing this song.* **2.** *Remember Hari at every delicate moment, with dedicated heart. Say, "Obeisance to him!" and sing this song.* **3.** *At early morning over and over, contemplate on Hari's virtues. Say, "Obeisance to him!" and sing this song.*

।। 17.23 ।।   ॐ तत्सदिति निर्देशो ब्रह्मणस्त्रिविधः स्मृतः ।
ब्राह्मणास्तेन वेदाश्च यज्ञाश्च विहिताः पुरा ।।

(ॐ तत् सत् इति)

ओम्तत्सदिति नामानि ब्रह्मणो लक्षणानि हि ।
उद्भूताश्च ततो वेदा यज्ञाश्च ब्राह्मणानि च ।। 1022/1447

◎ **Om tat sat :** *Om, tat and sat are the symbols of Brahma (the Supreme). The Vedas, Brahmanas and other scriptures begin with these signs of Brahma.*

।। 17.24 ।।   तस्मादोमित्युदाहृत्य यज्ञदानतपःक्रियाः ।
प्रवर्तन्ते विधानोक्ताः सततं ब्रह्मवादिनाम् ।।

(ॐ)

तस्मादोङ्कारशब्देन यज्ञं दानं जपं तपः ।
यथा शास्त्रविधानं हि कुर्वन्ति ब्रह्मचारिणः ।। 1023/1447

◎ **Om :** *Therefore, as the scriptures say, the austere people begin their austerity, charity, chant or penance with the sacred sound of "Om."*

।। 17.25 ।। तदित्यनभिसन्धाय फलं यज्ञतपःक्रियाः ।
दानक्रियाश्च विविधाः क्रियन्ते मोक्षकाङ्क्षिभिः ।।

(तत्)

फलाशां यत्परित्यज्य, दानं स्तोमं तपः कृतम् ।
ज्ञानिभिर्मोक्षप्राप्तिश्च तदुक्त्वा क्रियते सदा ।। 1024/1447

◎ **Tat :** *Leaving aside the desire for fruit of karma, the charity, austerity, penance or any other sacred act of attaining liberation is done with utterance of "tat."*

151. हिंदी भजन

सद्गुण

स्थायी

काहे रिझावत नाहक तन मन, जहाँ सद् गुण नहीं ।

♫ सानि़ सारे–रेरे ग रेसा नि़नि़ सासा, गप– मग रेग रेसा– ।

अंतरा–1

काम न आवे दौलत शौकत, रजस् तमस् गुण तोहे सतावत ।
काहे भटकत निश दिन इत उत, जहाँ सत् जन नहीं ।।

♫ नि़–रे ग म–म– ध–पम ग–मम, रेरेरे गगग मम ध–प मग–रेरे ।
नि़–सा– रेरेरेरे गरे सानि़ सासा रेरे, गप– मग रेग रेसा– ।।

अंतरा–2

तेरा कछु नहीं जो तू समझत, साथ न जावे जो भी कमावत ।
काहे वहाँ पर धन की चाहत, जहाँ सद् धन नहीं ।।

अंतरा–3

नाम प्रभु के कभी न लीने, काम हरि के नाम न कीने ।
काहे जीवन व्यर्थ बितावत, जहाँ सत् चित् नहीं ।।

◎ **Righteousness :** ***Sthāyī :*** *Why are you unnecessarily tormenting your body, for any purpose, where there is no righteousness.* **Antarā : 1.** *Your wealth and pomp are of no use, if the rajas and tamas gunas (the three attributes) are dominant in you. Why are you wandering in the places where there is no sat guna?* **2.** *Whatever you think you possess is actually not your. Nothing will come with you when you* leave the world. Then, why are you amassing wealth, when righteousness is not your wealth. **3.** You never chanted the Lord's name. You never did your karmas in the name of Hari. Why are you wasting your life, when you don't have peace at your heart.

|| 17.26 ||

सद्भावे साधुभावे च सदित्येतत्प्रयुज्यते ।
प्रशस्ते कर्मणि तथा सच्छब्दः पार्थ युज्यते ॥

(सत्)
(अनुप्रासः)

सदाचारे च सद्भावे सत्त्वे साधौ च सज्जने ।
सत्कर्मणि च सद्धर्मे सदा सत्यं समावृतम् ॥ 1025/1447

◎ **Sat :** Sat is in righteousness, virtue, truth, sainthood, humility, good deed and duty.

|| 17.27 ||

यज्ञे तपसि दाने च स्थितिः सदिति चोच्यते ।
कर्म चैव तदर्थीयं सदित्येवाभिधीयते ॥

दाने तपसि यज्ञे च वर्तते या दृढा स्थितिः ।
तस्यां स्थित्वा कृतं कर्म सदित्येवोच्यते सदा ॥ 1026/1447

◎ **Sat :** The stable state that exists in charity, austerity, penance and righteous deeds is called Sat.

|| 17.28 ||

अश्रद्धया हुतं दत्तं तपस्तप्तं कृतं च यत् ।
असदित्युच्यते पार्थ न च तत्प्रेत्य नो इह ॥

(असत्)

अश्रद्धया कृतो यज्ञः-तपो दानं च यत्कृतम् ।
असदित्युच्यते पार्थ मर्त्यलोके परत्र च ॥ 1027/1447

◎ **Asat :** O Arjun! whatever austerity, penance or charity is done without faith, it is called Asat in this world and in the next world.

श्रीमद्-भगवद्-गीताया अष्टादशोऽध्यायः ।

मोक्ष-संन्यासयोगः ।

152. हिंदी भजन : राग रत्नाकर, कहरवा ताल 8 मात्रा

गोविंद नारायण वासुदेव!

स्थायी

गोविंद नारायण वासुदेव, श्रीकृष्ण श्रीराम श्रीसत्य साँई ।
किसी को पुकारो सब नाम एक, भजलो या गाओ, ओ मेरे भाई! ।।

♬ सा-सा-सा सा-सा-ऩिऩि रे-साऩि-ध़-, रे-रे-रे ग-म-म ग-प-म ग-रे- ।
सासा- रे- गरे-सा- रेग प-म ग-रे-, ममम- ग रे-ग-, ध- प-म ग-रे! ।।

अंतरा-1

आनंद दाता जग के विधाता, तू भाग्य देता, सुदर्शन कन्हाई ।
किसी को पुकारो सब नाम एक, भजलो या गालो, ओ मेरे भाई! ।।

♬ नि-ध-प ध-नि- धध प- मग-प-, ध- प-म ग-रे, सारे-गग मग-रे- ।
सासा- रे- गरे-सा- रेग प-म ग-रे-, ममम- ग रे-ग-, ध- प-म ग-रे! ।।

अंतरा-2

हे विघ्न हारी, हे चक्रधारी, हे ब्रह्म विष्णु शंकर गोसाई ।
प्रभुऽ रूप दरसाता है अनेक, भजलो या गा लो, ओ मेरे भाई! ।।

अंतरा-3

लक्ष्मी माता सीता राधा, काली भवानी गायत्री माई ।
जपलो या तपलो सब काम नेक, भजलो या गालो, ओ मेरे भाई! ।।

◎ **Govind Narayan Vasudeva! :** ***Sthāyī :*** *You may call Govind, Narayan, Vasudeva, Shri-Krishna, Shri-Rama, Vishnu or Saai, they all are one and the same. You may chant or sing those names, it's the same Lord.* ***Antarā : 1.*** *He is the Giver of Joy, the Lord of the world, Giver of the good fortune, he is Krishna. Call him by any name, he is the only Lord.* ***2.*** *Call him Remover of obstacles, Bearer of Sudarshan-wheel, Brahma, Vishnu or Shiva. He shows many forms. Call him by any name, he is the only Lord.* ***3.*** *You may call Goddess Lakshmi, Sita, Radha, Kali, Bhavani, or just Mother. You may chant or you may sing their names. It is all holy work. Call him by any name, he is the only Lord.*

गीतोपनिषद्
नवविंशस्तरंगः
Gitopanishad
Fascicule 29

34. The Final Liberation
मोक्षनिरूपणम्

श्रीमद्भगवद्गीता अष्टादशोऽध्यायः ।
अर्जुन उवाच ।

|| 18.1 ||
संन्यासस्य महाबाहो तत्त्वमिच्छामि वेदितुम् ।
त्यागस्य च हृषीकेश पृथक्केशिनिषूदन ॥

अनुष्टुप्-श्लोक-छन्दसि गीतोपनिषद्
ततः पार्थोऽवदत्कृष्णं तत्त्वं ज्ञानस्य किं प्रभो ।
वदतान्मां समासेन श्रोतुमिच्छामि केशव ॥ **1028**/1447

◎ **Sanyasa**: Arjun said, O Shrī Krishna! I would like to know the principle of knowledge. Please tell it to me in detail.

श्रीभगवानुवाच ।

|| 18.2 ||
काम्यानां कर्मणां न्यासं संन्यासं कवयो विदुः ।
सर्वकर्मफलत्यागं प्राहुस्त्यागं विचक्षणाः ॥

(श्रीभगवानुवाच)
त्यागं कार्यस्य संन्यासं कश्चिदाहुरयोगिनः ।
त्यागः कर्मफलेच्छायाः-त्यागं वदन्ति योगिनः ॥ **1029**/1447

◎ **Krishna :** *Some yogis say abandonment of karma is Sanyasa or Tyaga (renunciation). While others say, renunciation of the desire for the fruit of karma is Tyaga.*

।। 18.3 ।।

त्याज्यं दोषवदित्येके कर्म प्राहुर्मनीषिणः ।
यज्ञदानतपःकर्म न त्याज्यमिति चापरे ।।

(त्याज्यम् अत्याज्यं च)

मत्वा कर्म सदोषं हि त्याज्यमन्ये वदन्ति तत् ।
कर्म दानं तपोऽत्याज्यम्–आहुः केचन ज्ञानिनः ।। 1030/1447

◎ **And :** *Some yogis say, the karma is imperfect and thus it should be renounced. Others say, the karmas of austerity, charity and penance are the karmas that ought never to be renounced.*

।। 18.4 ।।

निश्चयं शृणु मे तत्र त्यागे भरतसत्तम ।
त्यागो हि पुरुषव्याघ्र त्रिविधः सम्प्रकीर्तितः ।।

(त्यागत्रयम्)

सात्त्विका राजसास्त्यागाः–तामसास्त्रिविधा मताः ।।
गुणभेदविकारैस्तान्–स्पष्टं वदामि त्वां शृणु ।। 1031/1447

◎ **Renunciation :** *According to the gunas (the three attributes), renunciation is of three types : Sattvic, Rajasic and Tamasic. Please listen to me carefully.*

।। 18.5 ।।

यज्ञदानतपःकर्म न त्याज्यं कार्यमेव तत् ।
यज्ञो दानं तपश्चैव पावनानि मनीषिणाम् ।।

(अत्याज्यकर्माणि)

दानं यज्ञं स्तपः कर्म करणीयं न वर्जयेत् ।
एतैर्भवन्ति विद्वांसः कृतकृत्याश्च पावनाः ।। 1032/1447

◎ **And :** *Charity, austerity and penance are the karmas to be done as your duty. They should never be abandoned. With these karmas men become wise, successful and holy.*

।। 18.6 ।।

एतान्यपि तु कर्माणि सङ्गं त्यक्त्वा फलानि च ।
कर्तव्यानीति मे पार्थ निश्चितं मतमुत्तमम् ।।

सङ्गं त्यक्त्वा हि कार्याणि कर्माण्येतानि सर्वदा ।
आशां फलस्य त्यक्त्वा च सदाचारः सदा हि सः ।। 1033/1447

◉ **But :** However, these karmas should always be performed while renouncing the desire for their fruits. It is righteousness.

|| 18.7 ||
नियतस्य तु संन्यास: कर्मणो नोपपद्यते ।
मोहात्तस्य परित्यागस्तामस: परिकीर्तित: ॥

(राजसत्याग:)
नियतकर्मणस्त्यागो न कर्तव्य: कदाऽपि स: ।
यदि कोऽपि भ्रमात्कुर्यात्-त्याग: स राजसो मत: ॥ 1034/1447

◉ **Rajasic :** If someone performs karma without renouncing the desire for the fruit, then the renunciation of such karma is Rajasic Tyaga.

|| 18.8 ||
दु:खमित्येव यत्कर्म कायक्लेशभयात्त्यजेत् ।
स कृत्वा राजसं त्यागं नैव त्यागफलं लभेत् ॥

(तामसत्याग:)
त्यक्तानि क्लिष्टकर्माणि क्लेशस्य भयकारणात् ।
एवं तं निष्फलं त्यागं वदन्ति तामसं बुधा: ॥ 1035/1447

◉ **Tamasic :** If someone renounces the karma simply because he does not want to go through the troubles, then such renunciation is Tamasic Tyaga.

|| 18.9 ||
कार्यमित्येव यत्कर्म नियतं क्रियतेऽर्जुन ।
सङ्गं त्यक्त्वा फलं चैव स त्याग: सात्त्विको मत: ॥

(सात्त्विकत्याग:)
नियतं कर्म कर्तव्यं मत्वा कार्यं निरन्तरम् ।
फलेच्छायाश्च सङ्गस्य त्याग: स सात्त्विको मत: ॥ 1036/1447

◉ **Sattvic :** Prescribed karma should always be performed. It must never be renounced. But desire for the fruit of the karma and its attachment must be renounced. Such renunciation is Sattvic Tyaga

फलत्यागो न सम्भाव्य आशां फलस्य वर्जयेत् ।
फलमपरिहार्यं हि वाञ्छा वैकल्पिकी ननु ॥ 1037/1447

◉ **And :** Renunciation of the desire for the fruit of the karma is optional, but <u>renunciation of the **fruit** of the karma is not possible</u>. The fruit depends up on the action and one must bare the fruit of his own actions, good as well as bad. It is the law of karma.

153. हिंदी भजन
सोऽहं सोऽहम्

स्थायी

सोऽहं सोऽहं सांब शिवोऽहम्, सचिदानन्द घन ब्रह्म अहम् ।
♪ सा–सा सा–सा रे–रे रेरे-रे, गगग–मम धप– प–म गरे– ।

अंतरा–1

एक मुझे बस हरि मिल जाये, तन मन धन कछु, मम न इदम् ।
♪ ग–ग गम– मम धप मग म–प–, गग मम पप मम, गप म गरे– ।

अंतरा–2

प्रकृति पुरुष हैं जगत पसारा, हरि इक मेरा, मम न इदम् ।

अंतरा–3

पँच भूत अरु तीन गुणों का, खेल है सारा, मम न इदम् ।

अंतरा–4

माता पिता सुत भाई दारा, छोड़ के जाना, मम न इदम् ।

अंतरा–5

निस दिन भजले "हरि" मन मेरे, "इदं न मम!" भज, मम न इदम् ।

◎ **I am Shiva** : **Sthāyī** : I am Shiva, I am Shiva. I am Samb-Shiva. I am the Supreme truth, peace and joy giver Brahma (the Supreme). **Antarā** : **1.** If I attain Hari, then this body, mind and wealth is not mine, only Hari is mine. **2.** This Purusha (atma) and the Prakriti (nature) are all just the worldly things. Only Hari is my possession, nothing else is mine. **3.** The five elemental beings and the three attributes are playing the worldly game. It is not mine. **4.** I have to go, leaving behind my mother, father, wife, children, friends and my body, only Hari will be with me. **5.** Chant Hari! Hari! day and night. O My mind! chant "Hari is mine, nothing else is mine."

|| 18.10 ||

न द्वेष्ट्यकुशलं कर्म कुशले नानुषज्जते ।
त्यागी सत्त्वसमाविष्टो मेधावी छिन्नसंशय: ।।

(त्यागी)

न क्लिष्टकर्मण: क्लेशो यस्य रागो न निष्कृतौ ।
सत्त्वनिष्ठ: स मेधावी नरस्त्यागी मतो बुधै: ।। 1038/1447

◎ **Ascetic :** *He who is not afraid of difficult tasks and he who has no attachment to the easy tasks, he who is dedicated to righteousness, that intelligent person is called an Ascetic by the wise men.*

।। 18.11 ।।

न हि देहभृता शक्यं त्यक्तुं कर्माण्यशेषतः ।
यस्तु कर्मफलत्यागी स त्यागीत्यभिधीयते ।।

त्यक्त्वा सर्वाणि कर्माणि प्राणयात्रा न सम्भवा ।
त्यजेत्फलस्य वाञ्छां यः-त्यागी सत्यः स एव हि ।। **1039**/1447

◎ **And :** *Renouncing all karmas, even the journey of life is not possible, therefore, renunciation of the desire of the fruit of karma makes a person an Ascetic*

।। 18.12 ।।

अनिष्टमिष्टं मिश्रं च त्रिविधं कर्मणः फलम् ।
भवत्यत्यागिनां प्रेत्य न तु संन्यासिनां क्वचित् ।।

(फलानि)

सकामाः कामुका भुञ्ज्युः-त्रिविधानि फलानि ते ।
मिश्रमिष्टमनिष्टं च, तानि प्रेत्य न त्यागिनः ।। **1040**/1447

◎ **Fruit :** *Desired, undesired and mixed are the three kinds of results for a person who acts with the desire of fruit for his action. but not for an ascetic person, after his death.*

।। 18.13 ।।

पञ्चैतानि महाबाहो कारणानि निबोध मे ।
साङ्ख्ये कृतान्ते प्रोक्तानि सिद्धये सर्वकर्मणाम् ।।

(साङ्ख्योक्तानि पञ्चकारणानि)

सर्वेषां कर्मणां सिद्धौ प्रसिद्धाः पञ्च हेतवः ।
साङ्ख्यशास्त्रे निरुक्ता ये शृणु वदामि सिद्धये ।। **1041**/1447

◎ **Reason :** *In the Sankhya yoga system, five karans (reasons) for the successes of a karma. I shall explain them to you now.*

।। 18.14 ।।

अधिष्ठानं तथा कर्ता करणं च पृथग्विधम् ।
विविधाश्च पृथक्चेष्टा दैवं चैवात्र पञ्चमम् ।।

(चेष्टा च)

अधिष्ठानं च कर्ता च हेतुस्त्रितीयकारणम् ।
भिन्ना भिन्नाश्च चेष्टाश्च दैवं पञ्चमकारणम् ।। **1042**/1447

◎ **Reasons :** *The first reason is the Adhishthan (seat, sustenance), the second is karta (subject, doer), the third is hetu (cause), the fourth is cheshta (effort) and the fifth is daiva (destiny). These are the five karanas (reasons).*

।। 18.15 ।।

शरीरवाङ्मनोभिर्यत्कर्म प्रारभते नरः ।
न्याय्यं वा विपरीतं वा पञ्चैते तस्य हेतवः ।।

यस्मिन्हि घटते कर्म तदधिष्ठानमुच्यते ।
इन्द्रियाणि च कर्माणि सङ्घशः करणं स्मृतम् ।। **1043**/1447

◎ **Adhishthan :** *The sustenance with which karma takes place, is called Adhishthan. The agents and organs of the karma are called the karans.*

(दैवम्)

सुकृतदुष्कृतानां च फलानि पूर्वकर्मणाम् ।
भोक्तव्यानि सदा यानि जगति दैवमुच्यते ।। **1044**/1447

◎ **Destiny :** *The fruit of the previous good and bad deed that is to be borne in this life, is called daiva (destiny).*

(कर्म कः कारयते)

क्रियन्ते यैश्च कर्माणि मनसा वचसा तथा ।
यथा नीत्याऽथवाऽनीत्या कारणानि च पञ्च वै ।। **1045**/1447

◎ **Inspiration :** *Whatever deed, ethical or unethical, a person does with his body, mind or speech, these are the five reasons.*

।। 18.16 ।।

तत्रैवं सति कर्तारमात्मानं केवलं तु यः ।
पश्यत्यकृतबुद्धित्वान्न स पश्यति दुर्मतिः ।।

एवं सति स्थितौ यो हि कर्ताऽहमिति मन्यते ।
मूढमतिर्नरोऽज्ञानी सत्यं द्रष्टुं न स क्षमः ।। **1046**/1447

◎ **Deluded :** *This being the situation, he who thinks he is the doer and the gunas are not the doers. That ignorant person is deluded. He does not see the reality.*

।। 18.17 ।।

यस्य नाहङ्कृतो भावो बुद्धिर्यस्य न लिप्यते ।
हत्वापि स इमाँल्लोकान्न हन्ति न निबध्यते ।।

(कर्मण: प्रेरक: च धारक: च)

अनृतं कर्तृभावं यो नहि धारयते हृदि ।

नारीन्हन्ति स हत्वाऽपि न पाममधिगच्छति ।। 1047/1447

◎ **And :** *He who does not think himself to be the doer, but only an agent, neither he kills his enemies nor he incurs sin being killed by an enemy.*

।। 18.18 ।। **ज्ञानं ज्ञेयं परिज्ञाता त्रिविधा कर्मचोदना ।**
करणं कर्म कर्तेति त्रिविधः कर्मसङ्ग्रहः ।।

(ज्ञानकर्मकर्तात्रयम्)

ज्ञानं ज्ञेयं च ज्ञाता च कर्मणः प्रेरकत्रयम् ।

करणं कर्म कर्ता च कर्मणो धारकत्रयम् ।। 1048/1447

◎ **Inspirators :** *Knowledge, knowable and knower are the three inspirators of karma. Karan (agent), karma and karta (the doer) are the three bearers of karma.*

।। 18.19 ।। **ज्ञानं कर्म च कर्ता च त्रिधैव गुणभेदतः ।**
प्रोच्यते गुणसङ्ख्याने यथावच्छृणु तान्यपि ।।

भिन्नभूतेष्वभिन्नं यत्-तत्त्वमेकं हि वर्तते ।

साङ्ख्यशास्त्रे समुद्दिष्टं ध्यानेन शृणु पाण्डव ।। 1049/1447

◎ **And :** *O Arjun! now listen from me the single and uniform principle that exists in every being, as mentioned in the Sankhya yoga system.*

।। 18.20 ।। **सर्वभूतेषु येनैकं भावमव्ययमीक्षते ।**
अविभक्तं विभक्तेषु तज्ज्ञानं विद्धि सात्त्विकम् ।।

(ज्ञानत्रयम्)

(सात्त्विकं ज्ञानम्)

अभिन्नं भिन्नभूतेषु तत्त्वमेकं हि विद्यते ।

यद्दर्शयति सुस्पष्टं तज्ज्ञानं सात्त्विकं मतम् ।। 1050/1447

◎ **Sattvic knowledge :** *The comprehension that clearly exhibits the fact that a single indifferent principle exists in outwardly different looking beings, that wisdom is Sattvic knowledge.*

154. हिंदी गीत : राग रत्नाकर, दादरा ताल 6 मात्रा

वसुधैव कुटुम्बकम्

स्थायी

इस दुनिया में सारे हैं भाई, वसुधैव कुटुंबऽ की नाई ।
ये वसुधा सभी की है माई, एक कुल के सभी हैं सगाई ।।

♫ रेग ममम- म प-म- ग रे-ग-, सारेग-ग- गप-म- ग रे-सा- ।
ग मप-प- पनि- ध- प म-प-, निध पप प- मग- प- मग-रे- ।।

अंतरा-1

सब वेदों की अमृत की वाणी, शुभ वचनों की जानी है राणी ।
सारी भूमि का है एक स्वामी, सारी दुनिया का है एक साईं।।

♫ रेग म-म- म ध-पप म ग-प-, गम पपप- प ध-प- म ग-रे- ।
सा-रे ग-ग- ग ध- प-म रे-ग-, म-प धधध- नि ध- प-म ग-रे- ।।

अंतरा-2

एक सबका हमारा है दाता, एक सबका हमारा विधाता ।
इस संसार का एक ज्ञाता, एक जानो सभी का सहाई ।।

अंतरा-3

ऋषि मुनियों की ये है बखानी, सबसे पावन यही है कहानी ।
रीत दुनिया की जिसने बनाई, प्रीत भव में उसी ने बसाई ।।

◎ **The world is one family : *Sthāyī :*** *All people in the world are brothers. The world is one family. This earth is everyone's mother, everyone is related to one another.* **Antarā : 1.** *This is divine declaration of all the Vedas. This is the queen of all righteous sayings. There is only one Lord of the whole world. There is only one God.* ***2.*** *There is only one Giver for all people. There is only one Master. There is only one Knower of the world, only one Supporter.* ***3.*** *This has been said by the saints and sages. This is the Supreme story. He who understands this fact of the world, he understands the loving way of the world.*

।। 18.21 ।।

पृथक्त्वेन तु यज्ज्ञानं नानाभावान्पृथग्विधान् ।
वेत्ति सर्वेषु भूतेषु तज्ज्ञानं विद्धि राजसम् ।।

(राजसं ज्ञानम्)

सर्वभूतानि भिन्नानि भिन्नतत्त्वानि तेषु च ।

एवं ददाति बोधं यद्-ज्ञानं तद्राजसं स्मृतम् ॥ 1051/1447

◉ **Rajasic knowledge :** *The thinking that believes that a different principle exists in different beings, such un-real understanding is Rajasic knowledge.*

|| 18.22 ||

यत्तु कृत्स्नवदेकस्मिन्कार्ये सक्तमहैतुकम् ।
अतत्त्वार्थवदल्पं च तत्तामसमुदाहृतम् ॥

(तामसं ज्ञानम्)

आत्मनो यः पृथग्देहान्-मूढभावेन मन्यते ।
तत्त्वहीनं तथा मूढं ज्ञानं तत्तामसं मतम् ॥ 1052/1447

◉ **Tamasic knowledge :** *The delusion that makes you believe that each being is a different soul, that baseless ignorance is Tamasic knowledge.*

|| 18.23 ||

नियतं सङ्गरहितमरागद्वेषतः कृतम् ।
अफलप्रेप्सुना कर्म यत्तत्सात्त्विकमुच्यते ॥

(कर्मत्रयम्)
(सात्त्विकं कर्म)

निःसङ्गं नियतं कार्यं फलेच्छया विना च यत् ।
निरासक्तं विरक्तञ्च कर्म तत्सात्त्विकं सखे ॥ 1053/1447

◉ **Sattvic karma :** *The karma that is done without any attachment and desire for its fruit, greed and force, is a Sattvic karma.*

|| 18.24 ||

यत्तु कामेप्सुना कर्म साहङ्कारेण वा पुनः ।
क्रियते बहुलायासं तद्राजसमुदाहृतम् ॥

(राजसं कर्म)

सकामं वासनायुक्तम्-अहम्भावेन यत्कृतम् ।
कृतं च बहुलायासं कर्म तद्राजसं जडम् ॥ 1054/1447

◉ **Rajasic karma :** *The karma that is done with ego and desire for a fruit and that is done with unnecessary efforts, is a Rajasic karma.*

|| 18.25 ||

अनुबन्धं क्षयं हिंसामनवेक्ष्य च पौरुषम् ।
मोहादारभ्यते कर्म यत्तत्तामसमुच्यते ॥

(तामसं कर्म)

अनवेक्ष्य स्वसामर्थ्यं परिणामं क्षतिं गतिम् ।

क्रियते मूढभावेन कर्म तत्तामसं खलु ।। 1055/1447

◎ **Tamasic karma :** *The karma that is done with delusion, without knowing one's own capacity and its harmful effect, is a Tamasic karma.*

।। 18.26 ।।

मुक्तसङ्गोऽनहंवादी धृत्युत्साहसमन्वितः ।

सिद्ध्यसिद्ध्योर्निर्विकारः कर्ता सात्त्विक उच्यते ।।

(कर्तात्रयम्)

(सात्त्विककर्ता)

सुधीरो निरहङ्कारो निरासक्तो विचारवान् ।

शुभाशुभौ समौ यस्य कर्ता स सात्त्विको मतः ।। 1056/1447

◎ **Sattvic Karta :** *The doer of a karma who is courageous, selfless, unattached, thoughtful and equanimous to loss and gain, he is a Sattvic Karta (doer).*

।। 18.27 ।।

रागी कर्मफलप्रेप्सुर्लुब्धो हिंसात्मकोऽशुचिः ।

हर्षशोकान्वितः कर्ता राजसः परिकीर्तितः ।।

(राजसकर्ता)

आसक्तो हर्षमोदाभ्याम्-अयुक्तो हिंसकस्तथा ।

कर्मफलेषु लोलुप्तः कर्ता स राजसः स्मृतः ।। 1057/1447

◎ **Rajasic Karta :** *The doer of karma who is unfit, attached to the fruit, worried about loss and gain and who is greedy, is a Rajasic Karta.*

।। 18.28 ।।

अयुक्तः प्राकृतः स्तब्धः शठो नैष्कृतिकोऽलसः ।

विषादी दीर्घसूत्री च कर्ता तामस उच्यते ।।

(तामसिकः कर्ता)

दम्भी दर्पी जडो खिन्नो दुराचारश्च घातकः ।

अयुक्तो दीर्घसूत्री च कर्ता स तामसो मतः ।। 1058/1447

◎ **Tamasic Karta :** *The doer of karma who is full of ego, proud, lazy, dejected, harmful, violent, unfit and procrastinator, is a Tamasic Karta.*

|| 18.29 ||

बुद्धेर्भेदं धृतेश्चैव गुणतस्त्रिविधं शृणु ।
प्रोच्यमानमशेषेण पृथक्त्वेन धनञ्जय ॥

(बुद्धित्रयं च धृतित्रयम्)

बुद्धीनां च धृतीनां च प्रकारा ये त्रयस्त्रयः ।
गुणस्वभावतो ज्ञाताः पृथक्पृथग्वदामि त्वाम् ॥ 1059/1447

◎ **Thinking and Courage :** *Buddhi (thinking) and Dhriti (courage) are of three types according to their gunas (the three attributes). I shall tell them separately.*

|| 18.30 ||

प्रवृत्तिं च निवृत्तिं च कार्याकार्ये भयाभये ।
बन्धं मोक्षं च या वेत्ति बुद्धिः सा पार्थ सात्त्विकी ॥

(सात्त्विकी बुद्धिः)

योगं च कर्मन्यासं च कार्याकार्ये हिताहिते ।
बन्धं मुक्तिं भयं धैर्यं बुद्धिर्या वेत्ति, सात्त्विकी ॥ 1060/1447

◎ **Sattvic thinking :** *The thinking that understands what is righteous deed and what is righteous renunciation, what is beneficial and what is harmful, what is attachment and what is freedom, O Arjun! that thinking is Sattvic buddhi.*

|| 18.31 ||

यया धर्ममधर्मं च कार्यं चाकार्यमेव च ।
अयथावत्प्रजानाति बुद्धिः सा पार्थ राजसी ॥

(राजसी बुद्धिः)

धर्माधर्मौ न जानाति कार्याकार्ये न वेत्ति या ।
मूढा हीना निराधारा बुद्धिः सा राजसी मता ॥ 1061/1447

◎ **Rajasic thinking :** *The thinking that does not understand the difference between right and wrong, righteous and unrighteous, ought to be done and ought not to be done, such baseless thinking is Rajasic buddhi.*

|| 18.32 ||

अधर्मं धर्ममिति या मन्यते तमसावृता ।
सर्वार्थान्विपरीतांश्च बुद्धिः सा पार्थ तामसी ॥

(तामसी बुद्धिः)

अधर्मं मन्यते धर्मम्-अकार्यं वेत्ति कार्यवत् ।
अनर्थं या यथार्थञ्च बुद्धिः सा तामसी स्मृता ॥ 1062/1447

◎ **Tamasic thinking :** *The deluded thinking that interprets righteous as unrighteous and what ought to be done as what ought not to be done and misunderstands the meaningful words, such thinking is Tamasic buddhi.*

॥ 18.33 ॥

धृत्या यया धारयते मनःप्राणेन्द्रियक्रियाः ।
योगेनाव्यभिचारिण्या धृतिः सा पार्थ सात्त्विकी ॥

(सात्त्विकी धृतिः)

क्रियाः प्राणेन्द्रियाणां या करोति केन्द्रिताः सदा ।
योगबलं च दत्ते या धृतिः सा सात्त्विकी खलु ॥ 1063/1447

◎ **Sattvic courage :** *The courage that upholds the functions of living being and life of the living being and that gives yogic power, is a Sattvic dhriti.*

155. हिंदी भजन : राग भूपाली, कहरवा ताल 8 मात्रा

नाम जप

स्थायी

नाम जपन करले, तन मन से ।
सुख दुख घड़ी हरि हरि मन भज ले ॥

♫ सां–ध पगरे सारे प–, गरे गप ध–, गग गरे गप धसां धप गरे सा– ।

अंतरा–1

मन में भर ले पूजन कर ले, अंदर राम का सुमिरन धर ले ।

♫ गग ग– पप ध– सां–सांसां सांरे सां–, ध–धध सां–रें रें सांरेंगरें सांध प– ।

अंतरा–2

जिसके मुखमें राम बसा है, जीवन मानो वही भला है ।

अंतरा–3

जिसने सुखमें नाम लिया है, दीपक जानो वहीं जला है ।

अंतरा–4

दुनिया में हैं लोग लुटेरे, राम तेरा रखवारा ।

◎ **Chant the Name:** ***Sthāyī :*** *Chant the name of Rama, with your body, mind and soul. In the good as well as bad moments, keep chanting Hari, Hari.* ***Antarā : 1.*** *Store Hari's name in your heart and worship it. Keep remembering Rama in your mind.* ***2.*** *He who has Rama's name fixed in his mouth, has fulfilled his life.* ***3.*** *He who remembers Rama even in good moments, the lamp of wisdom is lit for him.* ***4.*** *In this poisonous world, where the people are vicious, Rama is your only protector.*

|| 18.34 ||

यया तु धर्मकामार्थान्धृत्या धारयतेऽर्जुन ।
प्रसङ्गेन फलाकाङ्क्षी धृतिः सा पार्थ राजसी ।।

(राजसी धृतिः)

अर्थं कामं च धर्मं च निर्वैराग्येण कामुकः ।
यया स धरते पार्थ धृतिः सा राजसी सखे ।। 1064/1447

◉ **Rajasic courage** : *The courage that attaches a covetous person to his possessions and passions, is Rajasic dhriti.*

|| 18.35 ||

यया स्वप्नं भयं शोकं विषादं मदमेव च ।
न विमुञ्चति दुर्मेधा धृतिः सा पार्थ तामसी ।।

(तामसी धृतिः)

दुर्मतिर्मानवो दुःखं निद्रां सङ्गं भयं मदम् ।
यया स धरते चिन्तां धृतिः सा तामसी मता ।। 1065/1447

◉ **Tamasic courage** : *The courage with which a wicked person attaches himself to sorrow, slumber, worry, fear and intoxication, is Tamasic dhriti.*

|| 18.36 ||

सुखं त्विदानीं त्रिविधं शृणु मे भरतर्षभ ।
अभ्यासाद्रमते यत्र दुःखान्तं च निगच्छति ।।

(सुखत्रयम्)

प्राप्य यस्मान्मनोह्लादं भवेत् दुःखञ्च विस्मृतम् ।
त्रिविधं पार्थ भूतेषु सुखं तच्छृणु प्रस्तुतम् ।। 1066/1447

◉ **Happiness** : *O Arjun! now listen to the three types of happiness of mind, according to their gunas (the three attributes), with which the sorrow disappears.*

|| 18.37 ||

यत्तदग्रे विषमिव परिणामेऽमृतोपमम् ।
तत्सुखं सात्त्विकं प्रोक्तमात्मबुद्धिप्रसादजम् ।।

(सात्त्विकं सुखम्)

आरम्भे कालकूटं यत्-परिणामेऽमृतं भवेत् ।
यदात्मज्ञानजं पार्थ सुखं तत्सात्त्विकं मतम् ।। 1067/1447

◉ **Sattvic happiness :** *The feeling that appears bitter like poison in the beginning but which at the end turns out to be sweet like the divine nectar, the happiness arising out of self awareness is Sattvic sukha (happiness).*

|| 18.38 ||

विषयेन्द्रियसंयोगाद्यत्तदग्रेऽमृतोपमम् ।
परिणामे विषमिव तत्सुखं राजसं स्मृतम् ॥

(राजसं सुखम्)

अमृतं भोगकाले यत्-निष्कर्षे तु विषं भवेत् ।
विषयेभ्य: समुत्पन्नं सुखं तद्राजसं मतम् ॥ 1068/1447

◉ **Rajasic happiness :** *The happiness arising from passions, that appears like nectar in the beginning but at the end it turns out to be a poison, is Rajasic sukha.*

|| 18.39 ||

यदग्रे चानुबन्धे च सुखं मोहनमात्मन: ।
निद्रालस्यप्रमादोत्थं तत्तामसमुदाहृतम् ॥

(तामसं सुखम्)

प्रारम्भे परिणामे च मूढां बुद्धिं ददाति यत् ।
निद्राप्रमादजं व्यर्थं सुखं तत्तामसं मतम् ॥ 1069/1447

◉ **Tamasic happiness :** *The happiness arising out of slumber and intoxication and which is like a poison from beginning to the end, is Tamasic sukha.*

|| 18.40 ||

न तदस्ति पृथिव्यां वा दिवि देवेषु वा पुन: ।
सत्त्वं प्रकृतिजैर्मुक्तं यदेभि: स्यात्त्रिभिर्गुणै: ॥

(गुणा: सर्वत्रगा:)

न भूमौ न च स्वर्गेऽपि न देवेषु च वर्तते ।
प्रकृतिज: पदार्थो यो गुणविरहितो भवेत् ॥ 1070/1447

◉ **Guna :** *The gunas (the three attributes) are omnipresent. There is not a thing on the earth nor in the heavens nor in the Gods, that is devoid of the three gunas arising out of nature (Prakriti).*

|| 18.41 ||

ब्राह्मणक्षत्रियविशां शूद्राणां च परन्तप ।
कर्माणि प्रविभक्तानि स्वभावप्रभवैर्गुणै: ॥

(वर्णरचना)

ब्रह्मक्षात्रवणिक्शूद्राः–चतुर्वर्णाः कृता मया ।
विभाजितानि कार्याणि गुणकर्मानुसारतः ।। **1071**/1447

◎ **Varna :** *O Arjun! I have designed the four Varnas of Brahmana, Kshatriya, Vaishya and Shudra, according to the natural inborn gunas (three attributes) and ability to perform the duties.*

गुणावलम्बिता मात्रं भूतानां वर्णपद्धतिः ।
जात्याः कुलस्य रङ्गस्य नात्र स्थानं न भावना ।। **1072**/1447

◎ **And :** *The system of Varnas depends only on the inborn gunas and the abilities of the beings to do the duties. In this system, one's birth, family and colour has no consideration and place.*

।। 18.42 ।।

शमो दमस्तपः शौचं क्षान्तिरार्जवमेव च ।
ज्ञानं विज्ञानमास्तिक्यं ब्रह्मकर्म स्वभावजम् ।।

(ब्रह्मकर्म)

तपः शान्तिः कृपा शुद्धिः–आर्जवं च क्षमा दमः ।
श्रद्धाऽऽस्तिक्यं च सत्यञ्च विप्रधर्मस्य लक्षणाः ।। **1073**/1447

◎ **Brahmana :** *Penance, austerity, peace, kindness, purity, simplicity, forgiveness, self-control, faith, ascetic nature and truth are the signs of the Brahmana Varna.*

रक्षणायान्यवर्णानां यस्य ज्ञानं रतं सदा ।
द्विजो गुरुर्नरो नारी वर्णभेदेन ब्राह्मणः ।। **1074**/1447

◎ **And :** *He or she whose mind is working for the protection of the other three Varnas, is a Brahmana by Varna.*

।। 18.43 ।।

शौर्यं तेजो धृतिर्दाक्ष्यं युद्धे चाप्यपलायनम् ।
दानमीश्वरभावश्च क्षात्रं कर्म स्वभावजम् ।।

(क्षात्रकर्म)

रणे शौर्यं च वीर्यं च चातुर्यमभयं तथा ।
स्वाभाविकं बलं दानं लक्षणं क्षात्रकर्मणः ।। **1075**/1447

◎ **Kshatriya :** *Valor on the battlefield, bravery, skill, fearlessness, charity and power, is the natural nature of a Kshatriya.*

रक्षणमन्यवर्णानां कृत्वा प्राणसमर्पणम् ।

वर्णभेदानुसारेण क्षात्रधर्मस्य लक्षणम् ॥ 1076/1447

◎ **And :** *Laying down his/her life for the protection of other three Varnas, is the sign of a Kshatriya, according to his/her inborn nature and duty.*

॥ 18.44 ॥ कृषिगौरक्ष्यवाणिज्यं वैश्यकर्म स्वभावजम् ।
परिचर्यात्मकं कर्म शूद्रस्यापि स्वभावजम् ॥

(वैश्यकर्म च शूद्रकर्म च)

वाणिज्यं च कृषे: कर्म वैश्यधर्मस्य लक्षणम् ।
सेवाभावस्य पावित्र्यं शूद्रधर्मस्य सद्गुण: ॥ 1077/1447

◎ **Vaishya and Shudra :** *Skills of trade and farming are the signs of a Vaishya. The purity of service to others is the sign of a Shudra, by Varna system.*

वर्ण: कोऽपि न नीचस्थ: सर्वेषु च महानरा: ।
अविचारोऽनृतो जाते: सर्ववर्णा: सदा समा: ॥ 1078/1447

◎ **And :** *No Varna is of higher or lower status. There are great people in all four Varnas. The system of Jati is self serving injustice and inequality. All Varnas are equal.*

सर्वे भवन्तु सम्मान्या: सर्वे सन्तु समानत: ।
अपमानोऽस्ति वैषम्यं वर्णाश्रमे समानता ॥ 1079/1447

◎ **Jati :** *May everyone be respected equally. May all have equal status. Inequality of Jati is insulting. The system of Varna is equality.*

जाति: प्रदूषणं हीनं, धर्मनाशाय कारणम् ।
जातिर्निर्मूलनीयैव जातिर्दुरासदं विषम् ॥ 1080/1447

◎ **And :** *Jati is a degrading pollution, a means of destroying righteousness. Jati must be eradicated. Jati is a terrible poison.*

यथा रथस्य रश्मिश्च हयाश्चक्राणि सारथि: ।
तथा देहस्य चत्वारि गात्राणि सदृशानि च ॥ 1081/1447

◎ **Four Varna :** *As a chariot has four equally important components of the horses, the leash, the charioteer and the wheels, so are the four Varnas like four parts of one human body. No one is higher or lower in importance.*

विप्रः शीर्षं करौ क्षात्रः वैश्यो रुण्डं तनोस्तथा ।

शूद्रः पादौ चतुर्थांशो विनैकं निक्रियाः पराः ।। **1082**/1447

◎ **And :** *Brahmana is the head, Kshatriya is the hands, Vaishya is the trunk and Shudra is the legs of the body. Without any one, the other three are functionless.*

156. हिंदी गीत : राग रत्नाकर, कहरवा ताल 8 मात्रा

वर्ण व्यवस्था

स्थायी

व्यवस्था गुण पर, की करतार, बिना कछु ऊँच नीच विचार ।

♫ धनि़साध़- नि़नि़ सासा, रे- सारेग-ग, धप- मग- ध-प म-ग मरे-रे ।

अंतरा-1

गुण कर्मों से वर्ण चार हैं, हेतु जाति का है बेकार ।

स्वभाव पर ही सब निर्भर है, यहाँ पर कोई नहीं लाचार ।।

♫ नि़ध़ नि़सा- सा- म-ग रे-सा रे-, प-म ग-रे ग- म- ध-प ।

रेरे-रे गग म- धप म-गग म-, निध- पप- निध पम- गमरे-रे ।।

अंतरा-2

रथ के रश्मि अश्व सारथी, चक्र अंग हैं अभिन्न चार ।

एक देह के अंग चार हैं, एक को तीन का आधार ।।

अंतरा-3

जाति पाती में नर भरमाया, वर्ण जनम का फल फरमाया ।

जाति है स्वार्थ्य का आविष्कार, वर्ण पर गुण का हि अधिकार ।।

अंतरा-4

वर्ण चार से जग उजियारा, भूत प्राणी में भाईचारा ।

मिटाय जाति का अंधकार, करिये आपस में अब प्यार ।।

◎ **Varna System :** ***Sthāyī :*** *The Lord has designed the Varnas based only on the natural abilities, without lower or higher status for any one.* ***Antarā : 1.*** *Depending on the gunas (the three attributes), there are four Varnas. Jati's aim is destructive. Everything depends on nature, no one is helpless.* ***2.*** *As the horse, leash, driver and the wheels are four equally important components of a chariot and as the four parts make up one body, so the four Varnas make up one Varna system.* ***3.*** *Man who is deluded with the system of Jati, he thinks Varna is the fruit of Jati (birth). But, jati is the selfish invention. Varna depends only on natural gunas.* ***4.*** *With four Varnas, there is enlightenment in the world. It gives brotherhood to the mankind. It removes the darkness of Jati. Let us love everyone as they are.*

|| 18.45 ||
स्वे स्वे कर्मण्यभिरत: संसिद्धिं लभते नर: ।
स्वकर्मनिरत: सिद्धिं यथा विन्दति तच्छृणु ॥

(स्वकर्माचरणम्)

स्वकर्मणि स्थिरो भूत्वा तत्र सिद्धि: कथं भवेत् ।
वदाम्यहं विधानं तद्-ध्यानेन पार्थ मे शृणु ॥ 1083/1447

◎ **Duty :** O Arjun! now listen to how staying within the limits of one's own duty gives success.

|| 18.46 ||
यत: प्रवृत्तिर्भूतानां येन सर्वमिदं ततम् ।
स्वकर्मणा तमभ्यर्च्य सिद्धिं विन्दति मानव: ॥

(आत्मा च परमात्मा च)

कर्ता धाता स सर्वेषां भूतानां यश्च पालक: ।
परमाणुषु विश्वस्य पूर्णरूपेण व्यापक: ॥ 1084/1447

◎ **Atma and Parmatma :** The Parmatma (the Supreme) is the birth giver, nourisher and protector. He exists wholly in every atom of the world.

(स्वधर्म:)

आत्मना परमेशस्य तस्य ज्ञेया गति: परा ।
पूजयित्वा स्वधर्मेण सिद्धिं गच्छति साधक: ॥ 1085/1447

◎ **Duty :** One should understand the Supreme, by himself, for himself. Worshipping the Lord by performing your own duty, one attains success.

|| 18.47 ||
श्रेयान्स्वधर्मो विगुण: परधर्मात्स्वनुष्ठितात् ।
स्वभावनियतं कर्म कुर्वन्नाप्नोति किल्बिषम् ॥

धर्मस्तु स्वस्य न्यूनोऽपि सर्वश्रेष्ठो हि वर्तते ।
परधर्म: प्रशस्तोऽपि स्वधर्मादवर: सदा ॥ 1086/1447

◎ **And :** Your own righteous duty may appear to have shortcomings, but is it the best for you. Other's duties may appear to be better, but they also have shortcomings. Our own duty is superior.

|| 18.48 ||
सहजं कर्म कौन्तेय सदोषमपि न त्यजेत् ।

सर्वारम्भा हि दोषेण धूमेनाग्निरिवावृताः ।।

(स्वकर्म परकर्म च)

कर्म स्वाभाविकं नो यत्-तस्मिन्किञ्चिन्न पातकम् ।

स्वस्य त्यक्त्वा कृतं यद्वा परकर्म भयावहम् ।। 1087/1447

◎ **And :** *Whatever comes to you naturally is superior. There is no sin in it. Leaving your own, to run after other's, is dangerous.*

(सुभाषिते)

स्वकर्म दोषयुक्तञ्च न त्यक्तव्यं कदाऽपि तत् ।

विनादोषं न धर्मोऽस्ति विनाधूमं न पावकः ।। 1088/1447

◎ **Good sayings :** *You should not leave your own duty, even if it appears to be defective. There is nothing without a defect, as there is no fire without smoke;*

सुखैः सह यथा दुःखं शुभैः सह यथाऽशुभम् ।

दीपैः सह यथा ध्वान्तं तथा छायाऽऽतपेन च ।। 1089/1447

◎ **And :** *As the sadness accompanies the happiness, bad with good, darkness with light, shadow with sunlight.*

।। 18.49 ।।

असक्तबुद्धिः सर्वत्र जितात्मा विगतस्पृहः ।

नैष्कर्म्यसिद्धिं परमां संन्यासेनाधिगच्छति ।।

(सिद्धिः)

वीतरागो निरासक्तो यस्य बुद्धिश्च निःस्पृहा ।

कर्मयोगेन ज्ञानेन सिद्धिं याति कथं, शृणु ।। 1090/1447

◎ **Success :** *O Arjun! now listen to how the success comes to him who is not attached to possessions and passions and he who is not covetous.*

।। 18.50 ।।

सिद्धिं प्राप्तो यथा ब्रह्म तथाप्नोति निबोध मे ।

समासेनैव कौन्तेय निष्ठा ज्ञानस्य या परा ।।

(परमसिद्धिः)

सिद्धिमेवं परां प्राप्य ब्रह्म च प्राप्यते कथम् ।

पार्थ वदामि निष्ठां त्वां शृणु ध्यानेन त्वं सखे ।। 1091/1447

◎ **Also :** *Having attained supreme success in this manner, now listen to the faith by which one attains Brahma (the Supreme).*

।। 18.51 ।।

बुद्ध्या विशुद्धया युक्तो धृत्यात्मानं नियम्य च ।
शब्दादीन्विषयांस्त्यक्त्वा रागद्वेषौ व्युदस्य च ।।

मतिं कृत्वा पवित्रां च धैर्यं च हृदये धरेत् ।
शब्दादिविषयांस्त्यक्त्वा रागद्वेषौ निवारयेत् ।। **1092**/1447

◎ **Brahma :** *Keeping the thoughts pure, keeping courage at the heart, one should leave aside the passions and attachment.*

।। 18.52 ।।

विविक्तसेवी लघ्वाशी यतवाक्कायमानसः ।
ध्यानयोगपरो नित्यं वैराग्यं समुपाश्रितः ।।

मिताहारी विरक्तश्च यतवाक्च जितेन्द्रियः ।
ध्यानयोगे स्थिरं चित्तं वैराग्ये यस्य भावना ।। **1093**/1447

◎ **And :** *He who is moderate eater, he who is not attached, he who has controlled his organs, he who is steady in meditation, he whose mind is steady;*

।। 18.53 ।।

अहङ्कारं बलं दर्पं कामं क्रोधं परिग्रहम् ।
विमुच्य निर्ममः शान्तो ब्रह्मभूयाय कल्पते ।।

त्यक्त्वा कामं च क्रोधं च मत्सरं च मदं तथा ।
ब्रह्मपात्रः प्रसन्नात्मा शान्तिं प्राप्नोति निर्ममः ।। **1094**/1447

◎ **And :** *He who is away from passions, anger, jealousy, possessions and intoxication. He is fit for unison with Brahma (the Supreme).*

।। 18.54 ।।

ब्रह्मभूतः प्रसन्नात्मा न शोचति न काङ्क्षति ।
समः सर्वेषु भूतेषु मद्भक्तिं लभते पराम् ।।

समः सर्वेषु भूतेषु निर्विषादो निरामयः ।
ब्रह्मरूपो निराकाङ्क्षी मद्भक्तिं लभते नरः ।। **1095**/1447

◎ **And :** *He who is equanimous to all beings, he who is not despondent, he who is pure, he who does not have ego, he is in unison with Brahma (the Supreme), he attains my favor.*

|| 18.55 ||

भक्त्या मामभिजानाति यावान्यश्चास्मि तत्त्वतः ।
ततो मां तत्त्वतो ज्ञात्वा विशते तदनन्तरम् ॥

यो मां जानाति भक्तो मे कर्माणि च यथार्थतः ।
मद्भक्तायैकनिष्ठाय तस्मै मे धाम सर्वदा ॥ **1096**/1447

◎ **And :** *The devotee who knows me and my deeds in principle, he whose faith is one pointed, he attains my abode.*

|| 18.56 ||

सर्वकर्माण्यपि सदा कुर्वाणो मद्व्यपाश्रयः ।
मत्प्रसादादवाप्नोति शाश्वतं पदमव्ययम् ॥

कुर्वन्नपि स्वकर्माणि कृत्वाऽपि यदि स मत्परायणः ।
मद्भक्तो मत्प्रसादात्स प्राप्नोति परमं पदम् ॥ **1097**/1447

◎ **And :** *While doing his all duties, if he is devoted to me, he receives my blessings and he comes to me.*

|| 18.57 ||

चेतसा सर्वकर्माणि मयि संन्यस्य मत्परः ।
बुद्धियोगमुपाश्रित्य मच्चित्तः सततं भव ॥

सर्वमनेन योगेन कृत्वा त्वं पार्थ मत्परः ।
योगे च तत्परो भूत्वा बुद्धिं मयि निवेशय ॥ **1098**/1447

◎ **Devotion :** *Doing everything according to this yoga, devote yourself to me. Being equipped with yoga, always think of me.*

|| 18.58 ||

मच्चित्तः सर्वदुर्गाणि मत्प्रसादात्तरिष्यसि ।
अथ चेत्त्वमहङ्कारान्न श्रोष्यसि विनङ्क्ष्यसि ॥

कौन्तेय मत्प्रसादात्त्वं सर्वदुःखं तरिष्यसि ।
अश्रुत्वा मामहङ्कारात्-निश्चितं त्वं विनङ्क्ष्यसि ॥ **1099**/1447

◎ **And :** *O Arjun! with my blessings, your despondency will go away. But if you do not listen to me out of pride, you will for sure go down.*

|| 18.59 ||

यदहङ्कारमाश्रित्य न योत्स्य इति मन्यसे ।
मिथ्यैष व्यवसायस्ते प्रकृतिस्त्वां नियोक्ष्यति ॥

(क्षात्रधर्मपालनम्)

यदि त्वं भ्रममाश्रित्य "न योत्स्ये" वदसीति वै ।
अङ्गज: क्षात्रधर्मस्ते योद्धुं स त्वां नियोक्ष्यति ।। 1100/1447

◎ **And :** Being deluded, if you decide not fight, your inborn nature will compel you to stand up on the battlefield.

|| 18.60 ||

स्वभावजेन कौन्तेय निबद्ध: स्वेन कर्मणा ।
कर्तुं नेच्छसि यन्मोहात्करिष्यस्यवशोऽपि तत् ।।

योद्धुं नेच्छसि त्वं मोहाद्-अवशस्तत्करिष्यसि ।
नैसर्गिकेण भावेन बद्धोऽसि स्वेन कर्मणा ।। 1101/1447

◎ **And :** Taken over by confusion, even if you say I shall not fight, your Kshatriya nature will make you fight.

|| 18.61 ||

ईश्वर: सर्वभूतानां हृद्देशेऽर्जुन तिष्ठति ।
भ्रामयन्सर्वभूतानि यन्त्रारूढानि मायया ।।

(रहस्यमय उपदेश:)

ईश्वरो हृदि सर्वस्य नित्यं तिष्ठति भारत ।
भ्रामयन्विश्वभूतानि चक्रारूढानि मायया ।। 1102/1447

◎ **And :** O Arjun! the Supreme Lord dwelling in everyone's heart, revolves the beings in the life cycle like a wheel, with his magic.

157. हिंदी भजन : राग रत्नाकर, कहरवा ताल 8 मात्रा
हरि धाम

स्थायी

हरि, जिसमें रहता है, वो तेरे दिल का कोना है ।

♪ रेसा, रेरेरे- गरेगप म-, ध पमग- पप म गमगम रे- ।

अंतरा-1

मंदिर मंदिर बसी है मूर्ति, धाम तीरथ की बनी है कीर्ति ।
फिरता क्यों मारा, मारा दुनिया में ।
हरि, मिलता है जिसमें, ये वो, एक ठिकाना है ।।

♪ म-गम प-मग मप- ध प-म-, ध-प मगग म- पध- नि ध-प- ।

पधनि- सां- निधप-, ध-प- मगमग रे- ।

रेसा, रेरेरे- ग- पमग-, ध- प-, मगप मगमगम रे- ।।

अंतरा-2

वेद पुराण में लिखी है माया, रात दिन पढ़ी कुछ नहीं पाया ।

फिर भी क्यों भागा, भागा फिरता दुनिया में ।

अरे, समय बिताने का, ये तो, एक बहाना है ।।

अंतरा-3

साधु संतन दिखा गये हैं, मार्ग मुक्ति का सिखा गये हैं ।

तू! अंदर झाँक जरा, बैठा बैठा चिंतन में ।

जीवन जीने का, ये ही, नेक निशाना है ।।

◎ **Hari's abode : Sthāyī :** Where Hari lives, is a corner of your heart. **Antarā : 1.** His idol is in every temple. His places for pilgrimage are famous. But, why do you go to those places, when he is dwelling right in your own self. This is where you will find him any time. **2.** His divinity is written in the Vedas and Puranas. People read it day and night, but do not understand him. Then why do you run around listening to the lectures? It is just an excuse to waste your time, just listen to your own heart. **3.** The sages and saints have shown us the path of liberation. Meditate and look within your self. This is the way to live your life within yourself.

|| 18.62 || तमेव शरणं गच्छ सर्वभावेन भारत ।
तत्प्रसादात्परां शान्तिं स्थानं प्राप्स्यसि शाश्वतम् ।।

शरणं यच्छ कौन्तेय तस्मात्त्वमीश्वरात्सखे ।

शान्तिं परां प्रसादात्त्वं प्राप्स्यसि परमं पदम् ।। 1103/1447

◎ **And :** *O Arjun! surrender yourself to the Lord. Then with his kind blessings you will attain the Supreme state.*

158. हिंदी भजन : राग रत्नाकर, कहरवा ताल 8 मात्रा

प्रभु जी तुम

स्थायी

प्रभु जी तुम, दीनन पर किरपाल ।

♪ रेग म पम-, ध-पम गप मगरे- ।

अंतरा-1

भवसागर जल गहन घनेरो, बेड़ा पार निकाल ।

♫ सासारे–गप मग निधप धनि–ध–, प–म– ग–म गरे– ।

अंतरा–2

शबरी द्रुपदी ध्रुव परलादा, अर्जुन जब बेहाल ।

अंतरा–3

जहँ जहँ संकट तहँ अवतारो, हिरदय परम विशाल ।

◎ **O Lord! : *Sthāyī* :** *O Lord! you are kind to the helpless people.* ***Antarā* : 1.** *The water of the worldly ocean is deep. O Lord! please help the boat of my life to the other shore.* **2.** *When Shabri, Draupadi, Prahlada and Arjun were in distress, you helped them.* **3.** *Whenever the difficulties come, you appear there. O Lord! your heart is kind.*

।। 18.63 ।।

इति ते ज्ञानमाख्यातं गुह्याद्गुह्यतरं मया ।
विमृश्यैतदशेषेण यथेच्छसि तथा कुरु ।।

परमं सर्वगुह्येषु ज्ञानमुक्तमिदं मया ।
यथेच्छसि तथा पार्थ कुरु योग्यमतः परम् ।। **1104**/1447

◎ **And :** *O Arjun! I have told you the supreme secret. Now do as you wish.*

।। 18.64 ।।

सर्वगुह्यतमं भूयः शृणु मे परमं वचः ।
इष्टोऽसि मे दृढमिति ततो वक्ष्यामि ते हितम् ।।

पुनः शृणु सखे पार्थ भूयो वदामि ते हितम् ।
प्रियोऽसि त्वं च मित्रं मे तस्माद्गुह्यं वदामि त्वाम् ।। **1105**/1447

◎ **And :** *Listen to me again, I am telling you for your good. You are my dear friend therefore, I am telling you this.*

।। 18.65 ।।

मन्मना भव मद्भक्तो मद्याजी मां नमस्कुरु ।
मामेवैष्यसि सत्यं ते प्रतिजाने प्रियोऽसि मे ।।

एकाग्रेण प्रणम्य मां सर्वभावेन त्वं सखे ।
मद्भक्तो मन्मना भूत्वा कौन्तेय मत्परायणः ।। **1106**/1447

मत्पर होकर भक्ति जोड़ कर, नमन करो तुम मन को मोड़ कर ।
आओगे मम पार्थ! दुआरे, प्रण है मेरा सुनो पियारे! ।। **1759**/5200

◎ **And :** *With one pointed mind, with focused thinking, be devoted to me in every which way.*

|| 18.66 ||

सर्वधर्मान्परित्यज्य मामेकं शरणं व्रज ।
अहं त्वां सर्वपापेभ्यो मोक्षयिष्यामि मा शुचः ।।

कार्यं मयि परित्यज्य मामेव शरणं व्रज ।
मोचयिष्यामि पापेभ्यो मा शुचः कुरुनन्दन ।। 1107/1447

◎ **And :** *Doing your duties in my name, dedicate yourself to me. O Arjun! I will free you from all your sins.*

|| 18.67 ||

इदं ते नातपस्काय नाभक्ताय कदाचन ।
न चाशुश्रूषवे वाच्यं न च मां योऽभ्यसूयति ।।

(भगवतः प्रतिबोधः)

हृदि नास्ति तपो यस्य नास्ति यस्य मनोबलम् ।
नास्ति मनसि भावश्च नास्ति भक्तिस्तथा मयि ।। 1108/1447

◎ **Warning :** *He who does not have faith in me, he who does not have strength of mind, he who does not have faith and he who does not have trust;*

मां च निन्दति यो दुष्टः प्रज्वलतीर्षया च यः ।
गुह्यमेतन्न वक्तव्यं प्रमादादपि तं नरम् ।। 1109/1447

◎ **And :** *He who is jealous of me, he who criticizes me, he who is wicked, do not tell him this secret knowledge even by mistake.*

|| 18.68 ||

य इदं परमं गुह्यं मद्भक्तेष्वभिधास्यति ।
भक्तिं मयि परां कृत्वा मामेवैष्यत्यसंशयः ।।

मे परमोपदेशं यो भद्रजनेषु वक्ष्यति ।
भक्तिं मे प्राप्य तस्मात्स मामेष्यति न संशयः ।। 1110/1447

◎ **However :** *However, he who listens to my righteous sayings, he who tells it to righteous people, he having earned my favor attains me, no doubt.*

|| 18.69 ||

न च तस्मान्मनुष्येषु कश्चिन्मे प्रियकृत्तमः ।
भविता न च मे तस्मादन्यः प्रियतरः भुवि ।।

विश्वे सुकर्म कर्ता तु नास्ति तस्मादनुत्तमः ।
लब्धपुण्यः सखे पार्थ भक्तः सोऽतीव मे प्रियः ।। 1111/1447

◎ **And :** *There is no righteous person than the person who tells or sings my teachings. He is very dear to me.*

|| 18.70 ||

अध्येष्यते च य इमं धर्म्यं संवादमावयो: ।
ज्ञानयज्ञेन तेनाहमिष्ट: स्यामिति मे मति: ॥

संवादमावयोर्गुह्यं धर्म्यं ध्यानेन यो पठेत् ।
प्राप्य मे परमां भक्तिं मामेवैष्यति निश्चितम् ॥ 1112/1447

◎ **And :** *He who reads and studies this divine dialogue of ours with faith, he certainly attains me.*

|| 18.71 ||

श्रद्धावाननसूयश्च शृणुयादपि यो नर: ।
सोऽपि मुक्त: शुभाँल्लोकान्प्राप्नुयात्पुण्यकर्मणाम् ॥

नास्ति सुकर्म कर्ता तु तस्मात्कुत्रापि चोत्तम: ।
उत्तम: सोऽपि भक्तेषु भक्त: प्रियतमो मम ॥ 1113/1447

◎ **And :** *There is no better work than this work. There is no better devotee than such devotee.*

|| 18.72 ||

कच्चिदेतच्छ्रुतं पार्थ त्वयैकाग्रेण चेतसा ।
कच्चिदज्ञानसम्मोह: प्रणष्टस्ते धनञ्जय ॥

(श्रीभगवान्पृष्टवान्)

श्रुतं ध्यानेन किं पार्थ पूर्णं मे वचनं त्वया ।
अज्ञानजो भ्रमस्तस्मात्-प्रणष्टो वा धनञ्जय ॥ 1114/1447

◎ **And :** *O Arjun! have you heard carefully what I said? Has your delusion that arose out of ignorance, gone away?*

अर्जुन उवाच ।

|| 18.73 ||

नष्टो मोह: स्मृतिर्लब्धा त्वत्प्रसादान्मयाच्युत ।
स्थितोऽस्मि गतसन्देह: करिष्ये वचनं तव ॥

(अर्जुनो वदति)

भ्रमो मे निर्गत: पूर्णो भवत: कृपया प्रभो ।
स्थिरा मम स्थितिर्भूय:, करिष्येऽहं वचस्तव ॥ 1115/1447

◎ **Arjun :** *O Lord! my delusion and confusion have gone away with your kindness. My mind is now steady. I shall do as instructed by you.*

|| 18.74 ||

सञ्जय उवाच ।
इत्यहं वासुदेवस्य पार्थस्य च महात्मन: ।
संवादमिममश्रौषमद्भुतं रोमहर्षणम् ॥

(सञ्जय उवाच)

संवादं गुह्ययुक्तं च रोमहर्षदमित्यहम् ।
केशवस्य च पार्थस्याश्रौषं पूर्णं परन्तप ॥ 1116/1447

◉ **Sanjaya** : *Sanjaya said, O King! I heard this inspiring dialogue between Shrī Krishna and Arjun.*

|| 18.75 ||

व्यासप्रसादाच्छ्रुतवानेतद्गुह्यमहं परम् ।
योगं योगेश्वरात्कृष्णात्साक्षात्कथयत: स्वयम् ॥

योगेश्वरस्य वक्तव्यं ज्ञानयुक्तमलौकिकम् ।
व्यासकृपाप्रसादाच्च श्रीकृष्णकृपया श्रुतम् ॥ 1117/1447

◉ **And** : *O King! I heard Yogeshvara Krishna's unique teachings with the kind mercy of Vyasa and kind blessing of Shrī Krishna.*

159. हिंदी गीत : राग रत्नाकर, कहरवा ताल 8 मात्रा

चल अकेला

स्थायी

दूर डगर, पग चलना है, भव पार करन नहीं बेड़ा रे ।

♪ नि–ध पधध, पम गगम– प–, सारे ग–ग गगग मप मगमग रे– ।

अंतरा–1

आया अकेला, राही अकेला, बाद अकेला जाना है ।
आर अकेला, पार अकेला, चल अकेला फेरा रे ॥

♪ ग–रे सारे–ग–, ध–प मग–म–, नि–ध पध–नि– धपमग म– ।
ग–रे सारे–ग–, ध–प मग– म–, धप मग–प– मगमग रे– ॥

अंतरा–2

पथ में अंधेरा, डर बहुतेरा, मोह माय से घेरा है ।
नश्वर जग में जब डेरा है, हरि सहारा तेरा रे ॥

◉ **Walk alone!** : ***Sthāyī*** : *The distance is long to walk, there is no vehicle to ride.* ***Antarā*** : *1. You came alone, you are a lonely traveler, you have to go alone. On this side you are alone and on that side* *you are alone. You have to walk alone.* **2.** *On the path there is darkness, lots of fears, lots of delusions. In this perishable world, only Hari is your eternal support.*

|| 18.76 ||

राजन्संस्मृत्य संस्मृत्य संवादमिममद्भुतम् ।
केशवार्जुनयोः पुण्यं हृष्यामि च मुहुर्मुहुः ।।

स्मृत्वा पुनः पुनः राजन्–संलापं कृष्णपार्थयोः ।
भूयो भूयश्च हृष्यामि रोमहर्षो मुहुर्मुहुः ।। **1118**/1447

◎ **And :** *O King! having remembered the divine dialogue between Shrī Krishna and Arjun again and again, I become ecstatic over and over.*

|| 18.77 ||

तच्च संस्मृत्य संस्मृत्य रूपमत्यद्भुतं हरेः ।
विस्मयो मे महान्राजन्हृष्यामि च पुनः पुनः ।।

अद्भुतं पावनं रूपं संस्मृत्य च हरेस्तथा ।
वारं वारं महाहृष्टो भूतोऽहं विस्मयावृतः ।। **1119**/1447

◎ **And :** *Also, recollecting Krishna's divine form, I become very joyful and astonished again and again.*

|| 18.78 ||

यत्र योगेश्वरः कृष्णो यत्र पार्थो धनुर्धरः ।
तत्र श्रीर्विजयो भूतिर्ध्रुवा नीतिर्मतिर्मम ।।

कृष्णो योगेश्वरो यत्र धनुर्धरोऽर्जुनस्तथा ।
श्रीर्विभूतिर्जयस्तत्र दृढा नीतिश्च, मे मतिः ।। **1120**/1120

◎ **Warning :** *O King! it is my firm conviction that the prosperity, victory and fortune are there where Yogeshvara Shrī Krishna and the Great archer Arjun are.*

160. हिंदी भजन

हे गिरिधारी

स्थायी

हे गिरिधारी! कुंज विहारी! हरि बनवारी! तारो हमें ।

♬ नि़- रेगम॑-म॑-! ध-प म॑ग-म॑-! गग म॑म॑प-प-! नि-ध पम॑- ।

अंतरा–1

कृपा से प्यारे, पाहि मुरारे! शरण तिहारी, लीजो हमें ।

♬ सारे- रे ग-ग-, प-म॑ गरे-ग-! धधप म॑ग-म॑-, नि-ध पम॑- ।

अंतरा–2

नैन के तारे! हिया पुकारे, चरण तिहारे, दीजो हमें ।

अंतरा–3

दरस तुम्हारे, परम सुखारे! पार किनारे, कीजो हमें ।

◎ **O Giridhari! :** ***Sthāyī :*** *O Giridhari (Bearer of the mountain Govardhan)! O Hari! O Banvari (who wears garland of wild flowers)! Kunj Bihari (who plays in the village)! please protect us.* ***Antarā : 1.*** *O Murari (Slayer of the Demon Mura)! we surrender to you. Please take us in your shelter.* ***2.*** *O Apple of our eyes! our heart is calling you. Please let us touch your feet.* ***3.*** *O Lord! your grace is supreme. Please cross us over to the other side of the worldly ocean.*

161. हिंदी गीत : भैरवी, कहरवा ताल 8 मात्रा

मोक्ष का निरूपण

स्थायी

सुनो शारद मंजुल गाया है, मुनि नारद बीन बजाया है ।

रत्नाकर गीत रचाया है ।।

♬ सानि़ सा-गरे सा-नि़नि़ सा-रेम ग-, गम मगपम ग-रे सासा-रेम ग- ।

गगरेसासासा रे-ग मगरेसानि़ सा- ।।

अंतरा–1

जो वीतराग सम बुऽद्धिऽ है, जिन कर्मयोग की सिऽद्धिऽ है ।

जो काम क्रोध तज मत्पर है, सब छोड़ा जिसने मत्सर है ।

वह मोक्ष पात्र कहलाया है ।।

♬ प- मरेम प-प पम पनिधप प-, पप म-गसागग मप गरेसानि़ सा- ।

सानि़ सा–ग रे–सा नि़नि़ सा–रेम ग–, सानि़ सा–गरे सासानि़– सा–रेम ग– ।
गग रेसासा रे–रे गमगरेसानि़ सा– ।।

अंतरा–2

जो निर्मम निरहंऽकारी है, जो मौन मुनि मितभाषी है ।
जो एक निष्ठ है भक्त मेरा, जो निरासक्त है अनघ खरा ।
वह ब्रह्म गात्र कहलाया है ।।

अंतरा–3

जो सर्वभूत का प्रेमी है, जो मेरा मत अनुगामी है ।
जो पूर्ण चित्त से तत्पर है, जो सर्वधर्म तज मत्पर है ।
वह मुक्ति पात्र कहलाया है ।।

◎ **Moksha : *Sthāyī :*** *Ratnakar composed the melody, Sarasvati sang it beautifully, while Narad muni played the Veena.* ***Antarā : 1.*** *He who does not have attachment to possessions, he who has equanimity of thinking, he who has attained success in Karma yoga, he who is away from anger and passions, he who is dedicated to me, he is fit for attaining liberation.* ***2.*** *He who has no ego, he who is tranquil and moderate talker, he whose faith is one pointed, he who is dedicated to me, he who is not a sinner, he is in unison with Brahma (the Supreme).* ***3.*** *He who loves all beings, he who follows my teachings, he who is ever ready, he who worships me leaving aside all others, he is fit for liberation.*

35. Krishna's 301 Names

301–हरिनामनिरूपणम्

(**1. कृष्णः** गीता–1.28)

पाञ्चालिश्छन्दः

ऽ ऽ ।

कृष्णः

कृष्णश्च, कृष्णञ्च, कृष्णेन ।
कृष्णाय, कृष्णाच्च, कृष्णस्य ।। 1
कृष्णे च, कृष्णेति, रूपाणि ।
कृष्णस्य, सर्वाणि, जानीहि ।। 2

◎ **Krishna :** *Krishna, to Krishna, with Krishna, for Krishna, from Krishna, of Krishna, in Krishna, O Krishna! are all derivatives of Krishna's name that you should know.*

कृष्णवर्णः स श्रीकृष्णः कृष्णरात्रावजायत ।
कृष्णसर्पोऽभवच्छत्रं कृष्णाजले स वासुकिः ।। **1121**/1120

गायामः कृष्णनामानि सुन्दराणि वयं प्रभोः ।
विकसितानि गीतायां पुष्परूपेण यानि हि ।। **1122**/1447

◎ **And :** *Shrī Krishna is of dark complexion. He came in a dark night. The dark snake Vasuki became an umbrella over him while crossing the Yamuna river. Let's sing the songs of on the beautiful 301 names of Lord Krishna that appear in the Gita.*

162. संस्कृतभजनम् : राग भैरवी, कहरवा ताल

कृष्णः

स्थायी

कमलनयन! सरसिजमुख! त्वम्, रविशशिकुण्डल! परमसुखम् ।

♫ सासासारेगग! रेसारेगरेग! म–, धपमगम–पप! धपमगरे– ।

अंतरा–1

योगेश्वर! त्वं ब्रह्म परं, त्राहि प्रभो! मे विश्वमिदम् ।

♫ सा–रे–गग! म– रे–ग मप–, ध–प मग–! प– ग–मगरे– ।

अंतरा–2

कृताञ्जलिस्त्वां वन्देऽहं, नाशय मे त्वं सर्वदुःखम् ।

अंतरा–3

नाम कृष्ण! ते मनोहरं, विन्दामि हृदि तव स्मरणम् ।

◎ **Krishna :** ***Sthāyī :*** *O Lotus eyed Shrī Krishna! your face is like a lotus flower. The sun and moon are your ear-rings. You are the supreme joy giver.* ***Antarā : 1.*** *O Yogeshvara (the Lord of yoga)! you are the Supreme Lord. O Lord! please protect my world.* ***2.*** *I pray to you with my folded hands, please remove my pains.* ***3.*** *I salute you, O Lovely Krishna! please keep your name in my heart.*

(2. **माधवः** गीता–1.14)

लक्ष्म्या माया धवो यः स माधव इति कथ्यते ।
लक्ष्मीनारायणौ तस्मात्–माधवः खलु सङ्घशः ।। 1123/1447

◎ **Madhava :** *He who is husband of Mother Lakshmi, is called Madhava. Therefore, Lakshmi-Nārāyana is collectively indeed Madhava (Ma = Lakshmi; Dhava = Husband).*

(3. **हृषीकेशः** गीता–1.15)

ज्ञानेन्द्रियाणि ज्ञायन्ते हृषीकाणि च विग्रहे ।
हृषीकाणां य ईशः स हृषीकेशो मतो बुधैः ।। 1124/1447

◎ **Hrishikesh :** *The sense organs in the body are called Hrishik and the Lord (Ish) of the sense organs is called Hrishikesh, by the wise people.*

(4. अच्युत: गीता-1.21)

करपल्लवोद्गता-छन्द:
। ऽ ऽ, । ऽ ऽ, । । ऽ, । ऽ ।, ऽ

अच्युत:

च्युतो यो न केनापि मत: स ह्यच्युत: ।
स रामश्च कृष्णश्च हरिस्तथा च स: ॥ 1
अहन्सोऽच्युत: कंसनृपञ्च रावणम् ।
नमो विष्णुरूपं परमं जनार्दनम् ॥ 2

◉ **Achyuta** : He who can not ("a") be defeated ("chyuta") by anyone is Achyuta (Vishnu). That Achyuta is Rama and Krishna avatars. They killed Ravana and Kamsa. Salute to that Janardan Vishnu Nārāyana.

च्युतो यो नहि केनापि श्रीकृष्णोऽच्युत उच्यते ।
नीतिरीतिमतिभिर्य:, सदा धीरो दृढश्च स: ॥ **1125**/1447

◉ **Achyuta** : Shrī Krishna, who can not be defeated by anyone is Achyuta. He is always resolute in his ethics, behavior, thinking and courage.

(5. केशव: गीता-1.31)

दृष्ट्वा लीलां जनास्तस्य कृष्णस्य विस्मयाकुला: ।
ब्रुवन्ति "स क ईशो वा," तस्माज्ज्ञात: स केशव: ॥ **1126**/1447

◉ **Keshava** : Witnessing the divine deeds of the young Krishna, people wondered who is he, is he a God (kah sa + isho va) ? Therefore, he is called Keshava.

(6. गोविन्द: गीता-1.32)

गा विन्दति स गोविन्द:, केशी गा हर्तुमागत: ।
गावो वेण्वा प्रचोदिता:, केशी गोभिर्हत: खल: ॥ **1127**/1447

◉ **Govind** : He who protected the cows is called Govind. His magical flute (murli) gave joy to the village, so he is called Murlidhar.

163. हिंदी भजन : दादरा ताल

कृष्ण का नाम

स्थायी

कृष्ण का नाम मन का लुभाना, बड़ा मंगल है सुंदर सुहाना ।

♫ सा–सा रे– रे–रे ग– रे– सारे–ग–, गम ध–पप म ग–पप मग–रे– ।

अंतरा–1

कृष्ण गोविंद गोपाल काला, विष्णु स्वानंद आनंद कान्हा ।
नंद का नंद बाँसुरी वाला, देवकी और यशोदा का लाला ।।

♫ ध–ध प–ध–ध म–प–म ग–रे–, रे–ग म–म–म प–म–ग रे–ग– ।
सा–नि़ सा– रे–रे ग–म–ग रे–ग–, नि–धप– म– गम–प– म ग–रे– ।।

अंतरा–2

श्रीहरि श्याम राधा का प्यारा, बलदाऊ सुदामा दुलारा ।
गोप गोपी के नैनों का तारा, ब्रजवासी जनों का जियारा ।।

अंतरा–3

कंस चाणूर मर्दन मुरारी, कालिया धेनुका पूतनारि ।
दीन बंधु पिता मित्र माता, पार्थ का सारथी योग दाता ।।

◎ **Govind :** ***Sthāyī :*** *Shrī Krishna's name is fascinating. It is beautiful and charming.* ***Antarā : 1.*** *He is called Gopal Kala (the dark cowherd), Vishnu, Svanand (joy), Anand (joy), Kanha, Nand-Nand (Joy of Nanda), Bansuri-wala (the flute bearer), Devaki-Yashoda-Nand Lala (son of Devaki and Yashoda).* ***2.*** *He is Shrī Hari, Radha-pyara (beloved of Radha), Baladau-Sudama-dulara (dear to Balrama and Sudama). He is the apple of the eyes of the cow maids and life of the village dwellers.* ***3.*** *He is slayer of Kamsa, Chanura, Mura, Kaliya, Dhenuka and Putna. He is the helper of the helpless. He is a brother, mother, father and friend. He is charioteer of Arjun and the Giver of the yogas.*

(7. **मधुसूदनः** गीता–1.35)

मधुवने मधुर्नाम्नो भूत एको नु राक्षसः ।
तमहन्बालकृष्णः स मध्वरिर्मधुसूदनः ।। 1128/1447

◎ **Madhusudan :** *Krishna, the slayer (sudana) of the terrible demon called Madhu, is Madhusudan.* **2060**

(8. **जनार्दनः** गीता–1.36)

दुष्टानामर्दनो देवः कृष्णो ज्ञातो जनार्दनः ।
रक्षकश्च स भद्राणां लोकनाथः स एव हि ॥ 1129/1447

◎ **Janardana** : Lord Krishna, who destroyed (ardana) the evil people (jana) to protect righteous people, is called Janardana.

164. हिंदी भजन : राग जंगला : तीन ताल
जनार्दन चरण में

स्थायी

बरज किये तू सब विषयन को, बैठ जनार्दन कृष्ण चरण में ।

♪ सारेग मग– रे– गम पमगग रे–, प–म गम–मम ध–प मगरे सा– ।

अंतरा–1

इधर उधर ना चित्त लगाना, एक महामन कृष्ण परम है ।

♪ निनिनि सांसांसां सां– नि–ध पम–प–, म–ग रेग–मम ग–ग मगरे सा– ।

अंतरा–2

जनम जनम के पाप मिटावे, नित्य सनातन सत्य धरम है ।

अंतरा–3

सफल सकल तू खा फल मीठे, आस बिना निष्काम करम है ।

◎ **Janardan** : **Sthāyī** : Relinquish your passions and sit at the feet of Lord Krishna, the Janardan. **Antarā** : 1. Don't let your mind wander here and there, focus on Shrī Krishna. He is a great soul. 2. He will remove your sins of all past lives. He is ancient Sanatan Dharma. 3. Do your duty without desire for the fruit and then enjoy the sweet fruits of it.

(9. **वार्ष्णेयः** गीता–1.41)

कृष्णो वृष्णिकुले जातो वार्ष्णेयः स प्रकीर्तितः ।
वृष्णिर्यदुकुले जातः कार्तवीर्यार्जुनस्य यत् ॥ 1130/1447

◎ **Varshneya** : Shrī Krishna, born in the lineage of the Great King Vrishni, is called Varshneya. King Vrishni was born in the Yadu dynasty of Karta-viryArjun.

(10. **अरिसूदनः** गीता–2.4)

अरिर्विषयरूपः स गात्रेभ्यो येन सूदितः ।
तेनैव कंसचाणूरौ पूतनाकेशिनौ हताः ।। 1131/1447

◎ **Arisudana** : Shrī Krishna, the destroyer (sudana) of the enemies (ari), such as passions, greed, anger, desire, etc. in the body, is called Arisudana. He is also the destroyer of evil people like Kamsa, Chanura, Putana and Keshi.

(11. अविनाशि गीता-2.17)

विद्ध्यविनाशिनं कृष्णं येन सर्वमिदं कृतम् ।
सदा सर्वेषु भूतेषु नाना रूपैः स विष्ठितः ।। 1132/1447

◎ **Avinashi** : Shrī Krishna is called Avinashi, who can not ("a") be destroyed ("vinashi"). He has occupied the whole Universe and he dwells in all beings in various forms.

(12. अक्षर गीता-3.15)

यथा आत्मा स देहेषु कृष्णो विश्वे चराचरे ।
अक्षरः शाश्वतो नित्यः सर्वगश्च सनातनः ।। 1133/1447

◎ **Akshar** : Shrī Krishna is the immutable (Akshar) atma that exists in all beings, moving and non-moving. He is Omniscient and Omnipresent.

(13. अजः गीता-4.6)

जानीहि ब्रह्म त्वं कृष्णम्-अजमव्ययमक्षरम् ।
भवति प्राणिवद्यन्न जन्म तदजमुच्यते ।। 1134/1447

◎ **Aja** : Know that Krishna is Brahma (the Supreme). He appears on the earth (avatar) not ("a") by normal birth process ("ja") of living beings, but with his divine magic (maya). Therefore, he is called Aja (one who appears without a normal human birth).

(14. अव्ययात्मा गीता-4.6)

हरिरव्यय आत्माऽस्ति भूतानामीश्वरोऽपि सः ।
आविर्भवति श्रीकृष्णो युगे युगे स्वमायया ।। 1135/1447

◎ **Avyayatma :** *Shrī Hari Krishna is an immutable soul, therefore, he is an Avyayatma. He is the Lord of all beings. He appears on the earth from time to time with his own divine power.*

(15. ईश्वर: गीता-4.6)

ईश: कृष्णो हि देवेश ईश्वर: परमेश्वर: ।
योगेश्वरो हृषीकेशो व्रजेशो जगदीश्वर: ॥ 1136/1447

◎ **And :** *Shrī Krishna is the Supreme Lord (Ishvara). Therefore, he is called Isha, Devesha, Ishvara, Parameshvara, Yogeshvara, Hrishikesha, Vrajesha, Jagadishvara.*

(16. ब्रह्मसनातन: गीता-4.31)

अनन्त: स मत: कृष्णो ब्रह्मरूप: सनातन: ।
तर्हि कृष्णं दिवानक्तं भज ब्रह्मसनातनम् ॥ 1137/1447

◎ **Brahmasanatana :** *Shrī Krishna is Brahma-sanatana, thus he is the eternal Supreme Lord. Worship that Shrī Krishna day and night.*

(17. ज्ञेय: गीता-4.6)

ज्ञेय: स कृष्णयोगेश: मोहन: मुरलीधर: ।
सर्वज्ञ: सर्वभूतानां सर्वगो भक्तवत्सल: ॥ 1138/1447

◎ **Jneya :** *Shrī Krishna ought to be known. He is the Lord of Yoga. He knows all beings. He is Mohana (charmer), Murlidhara (bearer of flute), Sarvajna (Omniscient), Sarvaga (Omnipresent), he is merciful to his devotees.*

(18. ब्रह्म गीता-5.10)

पुरुषप्रकृती ब्रह्म जीवश्च पुरुषोत्तम: ।
बीजं स सर्वभूतानां कृष्णो विश्वस्य कारणम् ॥ 1139/1447

◎ **Brahma :** *Shrī Krishna is the seed of all beings. He is the cause of evolution of this Universe. He is Brahma, which is Purusha and Prakriti together. He is Purushottama, the Supreme Person.*

(19. **प्रभुः** गीता-5.16)

प्रभावो यस्य दैवी स श्रीकृष्णः प्रभुरुच्यते ।
दाता माता विधाता च धाता भ्राता सखा तथा ।। 1140/1447

◉ **Prabhu** : Shrī Krishna's Prabhava (power) is divine and therefore, he is Prabhu (the Lord). He is the Giver, Mother, God, Protector, Brother and Friend of all.

(20. **विभुः** गीता-5.15)

विभुर्ब्रह्मा विभुर्विष्णुः-विभुरिन्द्रो विभुः शिवः ।
विभुर्रामो विभुः कृष्णो देवाय विभवे नमः ।। 1141/1447

◉ **Vibhu** : Shrī Krishna is Vibhu (the Lord). He is Brahma, Vishnu, Indra, Shiva, Rama. Thus, salute to Lord Krishna.

(21. **परः** गीता-5.16)

कृष्णः परात्परो देवः परमः परमेश्वरः ।
परब्रह्म स कृष्णश्च कृष्णो भक्त्या हि लभ्यते ।। 1142/1447

◉ **Para** : Shrī Krishna is Para, the Supreme. He is the Supreme Lord, and Supreme Brahma. He can be attained by unshaken faith in Him.

(22. **यज्ञतपसां भोक्ता** गीता-5.29)

स यज्ञतपसां भोक्ता साक्षी कृष्णो महेश्वरः ।
प्राप्यः स ज्ञानयज्ञेन कर्मभक्तिगुणैस्तथा ।। 1443/1447

◉ **Yagya-tapasam bhokta** : Shrī Krishna is the witness and enjoyer of austerity and penance. He is the Great Lord (Maheshvara). He can be attained through Jnana yoga, Karma yoga and Bhakti yoga.

(23. **सर्वलोकमहेश्वरः** गीता-5.29)

ॐ चित्रकाव्यश्लोकः

श्रीकृष्णः सर्वगः साक्षी सर्वव्यापी सनातनः ।

सर्वबीजः स सर्वेशः सर्वलोकमहेश्वरः ।। **1144**/1447

◎ **Sarva-loka-Maheshvara :** *Shrī Krishna is the Great Lord of all beings. He is Omnipresent, witness, Omniscient and eternal seed of all beings.*

(**24. सुहृत्सर्वभूतानाम्** गीता-5.29)

ॐ चित्रकाव्यश्लोकः

सुहृत्स सर्वभूतानां समश्च सर्वप्राणिषु ।
विद्यते सर्वहृद्देशे सर्वत्र समवस्थितः ।। **1145**/1447

◎ **Suhrid-sarva-bhutanam :** *Shrī Krishna is well wisher of all beings. He is equanimous to all beings. He dwells in all hearts and everywhere equally.*

(**25. महाबाहुः** गीता-6.38)

गिरिधरो महाबाहुः कृष्णचन्द्रो धनुर्धरः ।
शङ्खचक्रगदाधारी वेणुधारी सुदर्शनः ।। **1146**/1447

मुरारिः पूतनारिश्च कृष्णः केशिनिषूदनः ।
मध्वरिः कालियारिश्च कंसचाणूरमर्दनः ।। **1147**/1447

◎ **Mahabahu :** *Shrī Krishna is Mahabahu (all powerful). He picked up the mountain on his little finger. He is a great archer. He bears conch shell, Sudarshan wheel, mace, flute and bow.*

(**26. रसोऽप्सु** गीता-7.8)

अप्सु रसः स श्रीकृष्णः पावनो निर्मलो द्रवः ।
हरेर्दैवी विभूतिर्या पञ्चभूतेषु सा मता ।। **1148**/1447

◎ **Raso-apsu :** *Shrī Krishna is the liquidity of the water. He is sacred and pure fluid water. It is also called life, which is most divine among the five elemental beings.*

(**27. प्रभा शशिसूर्ययोः** गीता-7.8)

तेजश्च प्राप्नुतो यस्मात्-सूर्यश्च चन्द्रमा तथा ।

ओजो यदि हि कस्मिंश्चिद्-विद्धि कृष्णाद्धि सर्वशः ।। 1149/1447

◎ **Prabha :** *Shrī Krishna is the source of the light that the Sun and the Moon reflect in the Universe. Know that he is the glitter of anything that shines.*

(**28. प्रणवः** गीता-7.8)

ओङ्कारः प्रणवो ज्ञातो वेदेषु शब्दपावनः ।
प्रणवो हि परब्रह्म श्रीकृष्णः प्रणवस्तथा ।। 1150/1447

◎ **Pranava :** *Shrī Krishna is the sound of Om. Om is Pranava, the sacred syllable of the Vedas. He is Para-Brahma (the Supreme Brahma). Shrī Krishna is Pranava*

(**29. शब्दः खे** गीता-7.8)

अन्तरिक्षरवः कृष्ण ॐशब्दस्य खमण्डले ।
पवित्रो ब्रह्मनादः स सुश्राव्यश्च सुमङ्गलः ।। 1151/1447

◎ **Shabdah-khe :** *Shrī Krishna is the sound of Om that wanders in the sky. He is the sacred Brahma-nada (divine vibration), which is auspicious and joy giving.*

(**30. पौरुषं नृषु** गीता-7.8)

ज्ञानिनः शूरवीरस्य धीरस्य पौरुषं नृणाम् ।
ऊर्जस्तेजो बलं तेषां कृष्णरूपेण विद्यते ।। 1152/1447

◎ **Paurusham :** *Shrī Krishna is the manliness (Paurusham) of the men who are wise, brave, courageous and righteous. He is in the form of their power.*

(**31. पुण्यो गन्धः पृथिव्याम्** गीता-7.9)

सुगन्धो मृत्तिकायाञ्च पुष्पेषु सौरभो हरेः ।
सुवासश्चन्दने पुण्यः कस्तुरिका मृगेषु च ।। 1153/1447

◎ **Punyo-gandha :** *Shrī Krishna is the sacred fragrance that sanctifies the soil, flowers, sandalwood, musk and everything else that is fragrent in the nature.*

(32. **तेजो विभावसौ** गीता–7.9)

तेजो विभावसौ कृष्णः कृशानुश्शुचिकारकः ।
पवित्रः पावनो वह्निः–आभा कृष्णस्य निर्मला ।। 1154/1447

◎ **Tejas :** *Shrī Krishna is the brilliance in the sun and the fire that is purifier. The sacred fire is the aura of Shrī Krishna.*

(33. **जीवनं सर्वभूतेषु** गीता–7.8)

कृष्णो मध्यश्च भूतानाम्–आदिरन्तस्तथा हि सः ।
जीवनं सर्वभूतानां त्रिभुवने स प्राणिनाम् ।। 1155/1447

◎ **Jivan :** *Shrī Krishna is the life of the living beings. He is the beginning, middle and the end of the life of the living beings in the three worlds.*

164. हिंदी भजन : राग बंजारा, तीन ताल
अर्जुन बोला
स्थायी

बोला अर्जुन, हे गिरिधारी! नहीं समझे हम बात तिहारी ।
कहे पार्थ को श्री बनवारी, सुनो पार्थ तुम कही हमारी ।।

♫ सा–रे म–मम, ध– पमप–ध–! सांरें सांधप– धध सां–ध पम–प– ।
सारे– म–म म– ध– पमरे–म–, पम– प–प पप मरे– मरे–सा– ।।

अंतरा–1

मनु को कैसे योग कहा था? आदि युग में मनु वहाँ था ।
कथन लगे मुझको अविचारी, नवे नवेले तुम अवतारी ।।

♫ सासा रे– म–म– प–म रेम– प–? प–म– रेरे म– पध– पम– रे– ।
सासासा सारे– ममप– रेमप–ध–, सांनि– पध–म– पप ममरे–सा– ।।

अंतरा–2

जनम बहुत है हुए तिहारे, जनम अनेकों हुए हमारे ।
हम जाने सब कथा तुमारी, तुम ना जानो एक हमारी ।।

अंतरा–3

कैसे गुरु जन पर शर मारूँ, बांधव मरण के घाट उतारूँ ।
लगे न मुझको यह हितकारी, होता है मुझको दुख भारी ।।

अंतरा–4

देह नशे देही अबिनासी, करता फेरी लख चौरासी ।
नर ज्यों वस्त्र पुराण उतारी, कहे पार्थ को विश्वनिहारी ।।

अंतरा–5

मोती सीप में, नभ में बिजुरी, शीत चाँद में, सूरज में नूरी ।
रंग मोर में, कोयल कारी, कौन करत है, रचना सारी ।।

अंतरा–6

जग ये जो भी है मनहारी, सुंदर चमक लगे सुखकारी ।
कण कण में है बिभूति मेरी, कहे पार्थ को कृष्ण मुरारी ।।

◎ **Arjun Said : *Sthāyī* :** *Arjun said, O Giridhari Krishna! I did not understand what you said to me. Krishna said, O Arjun! then again listen to what I explain you.* ***Antarā*** *:* **1.** *Arjun said, O Krishna! you said you had told the yoga to Vaivasvat, but Vaivasvat was born long time ago and you are contemporary. Then how may I believe that you told the yoga to him anciently?* **2.** *Krishna said, O Arjun! you have taken many births, so did I. I know everything about all your births, but you don't know anything about me.* **3.** *Then Arjun said, O Krishna! how may I shoot arrows on the gurus and my relatives to kill them? I do not see any benefit in it. I am perplexed with this thought.* **4.** *Krishna said, O Arjun! the body is mutable but the atma is immutable, who transmigrates eighty-four-hundred-thousand life cycles over and over. As a person discards discardable clothes, so does the atma discards the discardable bodies to take up the new ones.* **5.** *Then Arjun said, O Krishna! please tell me who keeps the pearls in the shells, the thunderbolt in the sky, cool light in the moon, brilliance in the sun, colours in the peacock and the sweet voice in the black cuckoo (Koyal)?* **6.** *Krishna said, whatever in the nature that looks beautiful and attractive arises from a tiny fraction of my divinity.*

(34. तपस्तपस्विषु गीता–7.9)

ज्ञानं स ज्ञानिनः कृष्णः कृष्णो योगश्च योगिनाम् ।
ध्यानञ्च ध्यानिनः कृष्णः कृष्णस्तपस्तपस्विषु ।। 1156/1447

◎ **Tapas :** *Shrī Krishna is the penance of the ascetics, wisdom of the wise, yoga of the yogi and the meditation of the mendicant.*

(35. बीजं सर्वभूतानां सनातनम् गीता–7.10)

कृष्णेन मायया व्याप्तं कृत्स्नं विश्वं चराचरम् ।
बीजं स सर्वभूतानां ब्रह्मभूतं सनातनम् ॥ 1157/1447

◉ **Bija** : *Shrī Krishna is eternal and ancient seed of all beings. The Universe is pervaded by the divinity of Shrī Krishna.*

(36. **बुद्धिर्बुद्धिमताम्** गीता-7.10)

बुद्धिर्बुद्धिमतां कृष्णो ज्ञानञ्च ज्ञानिनां तथा ।
सद्विवेक: सदाचार: शुभ: स सद्विवेकिनाम् ॥ 1158/1447

◉ **Buddhi** : *Shrī Krishna is the wisdom of the wise, he is the knowledge of the knowledgeable, he is the righteousness of the righteous and right thinking of the thoughtful.*

(37. **तेजस्तेजस्विनाम्** गीता-7.10)

ज्योति: स ज्योतिषां कृष्ण:-तमोऽज्ञानविनाशक: ।
प्रभा प्रभवतां कृष्ण:-तेजस्तेजस्विनां तथा ॥ 1159/1447

◉ **Brilliance** : *Shrī Krishna is the brilliance of the brilliant. He is the destroyer of ignorance in the ignorant. He is also the destroyer of the evil people. He is the protector of the righteousness.*

(38. **बलं बलवतां कामरागविवर्जितम्** गीता-7.11)

बलं बलवतां कृष्ण: साधूनाञ्च स रक्षणम् ।
सद्धर्मस्य हि रक्षायै कामरागविवर्जितम् ॥ 1460/1447

◉ **Bal** : *Shrī Krishna is the selfless strength of the strong. He protects the righteous and the selfless people.*

(39. **धर्माविरुद्धो भूतेषु काम:** गीता-7.11)

कृष्ण: स धार्मिका बुद्धि: सद्विचारपरायणा ।
अधर्मिणाञ्च हन्ता स कृष्णो हि धर्मरक्षक: ॥ 1161/1447

◉ **And** : *Shrī Krishna is the righteous thinking. He is the protector of the righteous people and the destroyer of the evil.*

(40. परमव्ययः गीता-7.13)

ॐ चित्रकाव्यलोकः

अच्युतः श्रीधरः कृष्णः शाश्वतः परमव्ययः ।
जनार्दनः सदानन्दः माधवः केशवः प्रभुः ।। 1162/1447

◉ **Parama-avyaya :** *Shrī Krishna is Supreme and eternal. Therefore, he is called Achyuta (undefeated), Shridhara (Husband of Lakshmi), Shashvata (immutable), Janardan (Destroyer of the evil people), Sadananda (Supreme joy), Madhava (Husband of Lakshmi), Keshava (God), Prabhu (God).*

(41. वासुदेवः गीता-7.9)

वसुदेवसुतं देवं वासुदेवं नमाम्यहम् ।
देवकीपरमानन्दं यशोदानन्दनन्दनम् ।। 1163/1447

◉ **Vaasudeva :** *Shrī Krishna is a son of Vasudeva, therefore, he is called Vaasudeva. I salute Vaasudeva. He is the supreme joy of Devaki, Yashoda and Nanda.*

(42. अव्यक्तः गीता-7.24)

वन्देऽहं मस्तकं नत्वा सुन्दरं तमगोचरम् ।
अव्यक्तञ्च निराकारं श्रीकृष्णं तं महाप्रभुम् ।। 1164/1447

अव्यक्तं कृष्ण ते रूपं नृणां नेत्रैर्न दृश्यते ।
रूपं व्यक्तं मनोहारि मानुषं रोचते वरम् ।। 1165/1447

◉ **Avyakta :** *I bow my head and salute the beautiful and unpersonified, impersonal and formless great Lord Shrī Krishna. O Krishna! your unpersonified form is not visible to all, but the personified form is lovely and pleasing*

(43. अव्यक्तोत्तमः गीता-7.24)

निराकारञ्च साकारम्-अगोचरञ्च गोचरम् ।
वन्देऽहं परमानन्दं कृष्णमव्ययमुत्तमम् ।। 1166/1447

◉ **Avyakta :** *Shrī Krishna is the unpersonified Lord who personifies on the earth. I salute that formless as well as personified, invisible as well as visible supreme joy Shrī Krishna.*

(44. न प्रकाश: सर्वस्य गीता-7.25)

न प्रकाश: स सर्वस्य दानेन तपसा तथा ।
लभ्यते किन्तु भक्तेन श्रद्धायुक्तेन चेतसा ।। 1167/1447

◉ **Na-prakasha :** *Shrī Krishna is not visible to everyone even by giving charities and doing austerities. He is, however, visible to those devotees who have pure faith at their hearts.*

(45. योगमायासमावृत: गीता-7.25)

लीलाभिर्विस्मितं विश्वम्-अपूर्वाभिस्तु विस्तृतम् ।
अतो मत: स योगेशो योगमायासमावृत: ।। 1168/1447

जना: कृष्णं न जानन्ति न च देवा न दानवा: ।
दुर्वेद्यो हि मत: कृष्ण: सदाचारोपदेशक: ।। 1169/1447

◉ **Yoga-Maya :** *Shrī Krishna is the Lord of yoga. He is surrounded with the yogic divinity. The world is amazed with his divine deeds. Therefore, he is called the Lord of yoga.*

(46. अव्यय: गीता-7.25)

अव्ययं कृष्ण ते रूपं शाश्वतमजमव्ययम् ।
अक्षरमक्षयं नित्यम्-अविनाशि च दैवि च ।। 1170/1447

◉ **Avyaya :** *O Lord Krishna! your unpersonified form is eternal, immutable, birthless, imperishable, indestructible, everlasting and divine.*

(47. पुरुषोत्तम: गीता-8.1)

दिव्यस्त्वमेव देवेश: पुरुष: पुरुषोत्तम: ।
त्वमेव ब्रह्म ब्रह्माण्डम्-ईश्वर: परमेश्वर: ।। 1171/1447

◎ **Purushottama :** *O Lord Shrī Krishna! you are divine Lord of the Lords, Purusha, Supreme Purusha, Brahma and the Supreme God.*

(**48. अक्षरः परमः** गीता–8.3)

सर्वज्ञः सर्वगः कृष्णः सर्वव्यापी सुलक्षणः ।
अक्षरः परमः कृष्णो ब्रह्मरूपः परात्परः ।। 1172/1447

◎ **Akshara Parama :** *Shrī Krishna is All-knowing, Ever-present and All-encompassing with auspicious omens. He is immutable, Supreme, Brahma and Supreme Brahma.*

165. हिंदी गीत : राग प्रमाती, दादरा ताल

अविनाशी

स्थायी

अजर अमर अविनाशी, अक्षर हरि व्रजवासी ।

♫ ममम गमम पमगमप–, ध–पम गग मगरेगरेसा ।

अंतरा–1

अचरज सेती निहारत, सुंदर जग नर नारी ।
भव भग चक्र चलावत, हरिहर घट घट वासी ।।

♫ रेरेरेरे गरेग मपमगरे, ध–पप मम गरे गमप– ।
धध पप मगरे गमधपम, धधपम गग मग रेगरेसा ।।

अंतरा–2

भगतन भीड़ लगावत, दरसन के अभिलासी ।
गिरिधर पावन कीने, गोकुल मथुरा कासी ।।

अंतरा–3

छम् छम् पायल बाजत, ग्वालिन रधिया दासी ।
छर छर मंथन लावत, माखन दधि घट रासी ।।

अंतरा–4

घूम फिर कर जग आये, जनम लाख चौरासी ।
कहीं न ऐसा मीत मिला, भव चक्कर जो नासी ।।

◎ **The Indestructible : Sthāyī :** *Shrī Krishna Hari, the dweller of the Vraj village, is birthless, immortal, indestructible and immutable.* **Antarā : 1.** *The men and women of the world behold the beautiful Shrī Krishna with surprise. He is dwelling in every body and he is driving the cycle of the Universe,* **2.** *The devotees, desirous to see him, are crowding at his door. Giridhar (bearer of mountain) Shrī Krishna sanctified the cities of Mathura and Kashi.* **3.** *The ankle bracelets of cow maid Radha are jingling and she is churning curd to take out butter.* **4.** *The world revolves eighty-four-hundred-thousand times at his command. There is no better friend anywhere than Shrī Krishna.*

(49. अधियज्ञ: गीता-8.4)

योगो जीवनमेतद्धि पुरोहितो जनार्दन: ।
अधियज्ञ: स तस्माद्धि कृष्णो देहेषु प्राणिनाम् ।। 1173/1447

◎ **Adhiyajna :** *This life is an austerity (yajna) of yoga. The host is Janardan Shrī Krishna. Therefore, he is the Adhiyajna in the bodies of the living beings.*

(50. कवि: गीता-8.9)

सर्वज्ञानी कवि: कृष्ण: सर्वग: सर्वतोमुख: ।
सर्वशास्ता स सर्वेषां सर्वेश: श्यामसुन्दर: ।। 1174/1447

◎ **Kavi :** *The Omniscient Shrī Krishna is Kavi (knowledgeable). He is present everywhere and sees everything. The Shyama sundara (beautiful) Krishna is the ruler over everyone.*

(51. पुराण: गीता-8.9)

आदिदेव: पुराण: स देवदेवो महेश्वर: ।
अस्य कृत्स्नस्य विश्वस्य कृष्णो मूलं सनातनम् ।। 1175/1447

◎ **Parana :** *Shrī Krishna is the primordial ancient God. He is Lord of the Lords. He is the Great God. He is the root of this Universe.*

(52. अनुशासिता गीता-8.9)

अस्य विश्वस्य पूर्णस्य कृष्ण त्वमनुशासिता ।
आज्ञया तव दैविन्या जगद्विपरिवर्तते ।। 1176/1447

◎ **Anushasita :** O Lord Shrī Krishna! you are the ruler of this entire Universe. With your divine order this world cycle goes round and round.

(53. अणोरणीयान् गीता-8.9)

हरिरणोरणीयान्स गुरूणां स गुरुस्तथा ।
कृष्णो दीर्घेषु द्राधिष्ठो बहुरूप: स माधव: ॥ 1177/1447

◎ **Anu :** Shrī Krishna is finer than the fine atom and he is greater than the greatest mountain. Madhava (Husband of Lakshmi) assumes many forms.

(54. सर्वस्य धाता गीता-8.9)

ब्रह्मा सृजति भूतानि करोति प्रलयं शिव: ।
कृष्णो धाता स सर्वस्य मात्रा समश्च पालक: ॥ 1178/1447

◎ **Dhata :** Brahma evolves the beings and Shiva dissolves them. Krishna is their sustainer with equanimity.

(55. अचिन्त्यरूप: गीता-8.9)

अचिन्त्यो वर्णनातीत: कृष्णोऽगम्यो महाप्रभु: ।
सर्वे यद्यपि स्निह्यन्ति वेत्ति कोऽपि न तं परम् ॥ 1179/1447

◎ **Achintya :** Shrī Krishna is beyond imagination and beyond description. Even though everyone loves him, no one really knows him.

(56. आदित्यवर्ण: गीता-8.9)

मयूरमुकुटं माला पीताम्बरञ्च कुण्डले ।
आदित्यवर्णक: कृष्णो मोहन: स मनोहर: ॥ 1180/1447

◎ **Aditya :** Shrī Krishna is glorious like the sun. He is wearing a peacock tiara, yellow garment, ear-rings and garlands. He is charming and pleasing to mind

(57. तमस: पर: गीता-8.9)

माया कृष्णस्य लीलाया दैविनी तमसः परा ।
आभा कृष्णस्य वर्णस्य पूर्णे जगति प्रसृता ।। 1181/1447

◉ **Tamasah-para :** *The divinity of Shrī Krishna is beyond the darkness of Tamas guna. The glory of Krishna's aura has spread all over the world.*

(58. परः पुरुषः गीता-8.10)

आत्मा च पुरुषो देही श्रीकृष्णः पुरुषः परः ।
प्रकृतेर्गुणभूतानि वशे कृष्णस्य सर्वशः ।। 1182/1447

◉ **Para-Purusha :** *Shrī Krishna is atma, Purusha and beyond the Purusha. The Gunas (three attributes) and the Bhutas (five elemental beings) are under the control of Shrī Krishna.*

(59. ओम् गीता-8.13)

ओमेवैकाक्षरं ब्रह्म तदेव कृष्णसंज्ञकम् ।
ॐशब्दः पावनः पूज्यः पवित्रः पुण्यदायकः ।। 1183/1447

भवेदोमिति शब्देन प्रारम्भः शुभकर्मणाम् ।
ओमोमिति हि व्याहृत्य तरसि भवसागरात् ।। 1184/1447

◉ **Om :** *Om is the sacred syllable. It is Brahma. It is Shrī Krishna. It is the holy word of the Vedas.*

(60. परमा गतिः गीता-8.21)

सर्वेषां भवभूतानां श्रीकृष्णः परमा गतिः ।
जन्मदः पालकः कृष्णो विसर्गश्च स एव हि ।। 1185/1447

◉ **Gati :** *Shrī Krishna is the Supreme state of all beings. He is the birth giver, protector and the dissolver.*

(61. पुरुषः परः गीता-8.22)

ईशश्च पुरुषः कृष्ण आत्मा च स बुधैर्मतः ।
परमपुरुषः कृष्ण ईश्वरः परमेश्वरः ।। 1186/1447

◎ **Purusha :** *The wise men say, Shrī Krishna is the God, Purusha, atma, Supreme Person and the Supreme God.*

(**62. अव्यक्तमूर्तिः** गीता–9.4)

अव्यक्ता मूर्तिरीशस्य व्यक्तरूपेण श्रीहरिः ।
अव्यक्तस्य गतिर्दुःखं कायवद्भिरवाप्यते ।। 1187/1447

◎ **Avyakta :** *Shrī Krishna is Brahma in this invisible unpersonified form. In visible and personified form, he is Shrī Krishna. Therefore, he is the King of the Gods.*

(**63. भूतभावनः** गीता–9.5)

जन्मदाता स कृष्णश्च स एव भूतभावनः ।
तस्मात्स पूज्यते कृष्णो भक्तिभावेन ज्ञानिभिः ।। 1188/1447

◎ **Bhut-bhavan :** *Shrī Krishna is the life giver. He is the protector of the beings. Therefore, the wise men worship Krishna with faith.*

(**64. उदासीनवदासीनोऽसक्तः** गीता–9.9)

उदासीनो निरासक्तः कृष्णः सर्वेषु कर्मसु ।
वीतरागस्तटस्थश्च समः सर्वेषु प्राणिषु ।। 1189/1447

◎ **Asakta :** *Shrī Krishna is indifferent and unattached to everyone and every deed. He is equanimous to all.*

(**65. भूतमहेश्वरः** गीता–9.11)

सर्वाधारः प्रभुः कृष्णः सर्वभूतमहेश्वरः ।
सर्वदेवनमस्कारः–तमेव प्रति गच्छति ।। 1190/1447

◎ **Maheshvara :** *Shrī Krishna is the support for all beings. He is their Great Lord. Therefoer, worship Shrī Krishna.*

(66. भूतादि: गीता-9.13)

आदि: स सर्वभूतानां पिता धाता च रक्षक: ।
सर्वनाथाय कृष्णाय नमस्तस्मै नमो नम: ॥ 1191/1447

◎ **Bhutadi** : Shrī Krishna is the beginning of all beings. He is their father, mother, nourisher and protector. Therefore, obeisance to Lord Krishna.

(67. विश्वतोमुख: गीता-9.15)

ॐ चित्रकाव्यश्लोक:
सर्वं स्मरति सर्वस्य सर्वकालेषु सर्वदा ।
सर्वत्र सर्वव्यापी स श्रीकृष्ण: सर्वतोमुख: ॥ 1192/1447

◎ **Vishvatomukha** : Shrī Krishna beholds and knows everything everywhere all the time. He is omniscient and omnipresent. He pervades all.

(68. क्रतु: गीता-9.16)

ज्ञानयज्ञेन बुद्ध्या च सर्वं समर्पणं भवेत् ।
तपो ध्यानं मत: कृष्णो यतीनां तपसां क्रतु: ॥ 1193/1447

◎ **Kratu** : Shrī Krishna is the yajna. He ought to be known by Jnana yoga and everything ought to be offered to him by Jnana-yajna. He is the yoga of the yogis and austerity of the austere.

(69. यज्ञ: गीता-9.16)

ज्ञानं ध्यानं तपो योग: श्रीकृष्णो यज्ञ एव च ।
पूजयन्ति च यं देवा: कृष्णो यज्ञस्य देवता ॥ 1194/1447

◎ **Yajna** : Shrī Krishna is the knowledge, meditation, penance, austerity and yoga, therefore, all Gods worship him. He is the deity of the yajna.

(70. स्वधा गीता-9.16)

ॐ भूर्भुवः स्वधा कृष्णं यज्ञदेवं जनार्दनम् ।
सर्वदेववरेण्यं तं सर्वकर्म समर्पणम् ॥ **1195**/1447

◉ **Svadha** : *Janardan Shrī Krishna is the one whom the offering of Om and the Gayatri mantra are to be given. All karmas are to be done in the name of Shrī Krishna, the Lord of the Lords.*

(71. औषधम् गीता–9.16)

औषधानां वने वासः कृष्णो ज्ञातो वनस्पतिः ।
तस्मात्पतिं वनानां तं वृणोति वनदेवता ॥ **1196**/1447

◉ **Aushadh** : *The vegetation grows in the forest. Shrī Krishna is the Lord of the forests. Therefore, the Goddess of the forest chooses Shrī Krishna, the Lord of the forests.*

(72. मन्त्रः गीता–9.16)

यज्ञमन्त्रो मतः कृष्णो मन्त्रो मन्त्रयते मखम् ।
भृशं करोति कल्याणं मन्त्रस्य पावना ध्वनिः ॥ **1197**/1447

◉ **Mantra** : *Shrī Krishna is the chant of the yajnas. The chant makes the yajna sacred. That holy sound of the chant is a purifier.*

(73. आज्यम् गीता–9.16)

कृष्ण आज्यञ्च यज्ञस्य मङ्गलं पावनं घृतम् ।
सुरभेः शुचिदुग्धञ्च कृष्णस्य दयितं प्रियम् ॥ **1198**/1447

◉ **Ajya** : *Shrī Krishna is the oblation of the yajna. He is the holy offering of the clarified butter made from the pure milk of the cows. Shrī Krishna loves the butter made from cow milk.*

(74. अग्निः गीता–9.16)

पावनः पावकः कृष्णो यज्ञस्य चाग्निदेवता ।
तस्मादग्निरथी कृष्णो नित्यं यज्ञे प्रतिष्ठितः ॥ **1199**/1447

◉ **Agni** : *Shrī Krishna is the pure and sacred fire of the yajna. He is the Goddess of the yajna. Therefore, Krishna, riding on the chariot of the fire, presides over yajna.*

(**75. हुतम्** गीता–9.16)

यद्यदपि हुतं यज्ञे मतं तत्तत्स केशवः ।
स्वाहा च यज्ञसाकल्यं क्षौद्रं समिद्धृतं तथा ।। 1200/1447

◎ **Huta :** *Whatever is offered in the yajna, is regarded as Krishna. The recitation of Svaha, the chant of mantra, the holy water and the sacred firewood that is offered in yajna is Shrī Krishna.*

(**76. पिताऽस्य जगतः** गीता–9.17)

माया सर्वेषु कृष्णस्य वात्सल्यं पोषणं तथा ।
कृष्णो मतो जगन्माता श्रीकृष्णो हि जगत्पिता ।। 1201/1447

◎ **Father :** *Shrī Krishna is regarded as the father of the world. He is their loving mother.*

(**77. माता** गीता–9.17)

सुहृन्माता मतः कृष्णो जगतश्चास्य पालकः ।
वन्देऽहं तं प्रियं प्राणं यशोदानन्दनन्दनम् ।। 1202/1447

◎ **Mother :** *Shrī Krishna is the mother, well wisher and nourisher of the world. Salute to that dear son of Yashoda and Nanda Baba.*

(**78. धाता** गीता–9.17)

कृष्णो धाता विधाता च विश्वस्य स जनार्दनः ।
पालकश्चालको विष्णुः–विश्वाधारो महामना ।। 1203/1447

◎ **Dhata :** *Janardan Shrī Krishna is the nourisher and Lord of the world. As Vishnu, he is the support of the world.*

(**79. पितामहः** गीता–9.17)

अस्य विश्वस्य श्रीकृष्णः पिता वन्द्यः पितामहः ।

जनकः स प्रजानाथः सदानन्दो रमापतिः ॥ 1204/1447

◎ **Pitamaha** : *Shrī Krishna is the Pitamaha (Grand-father) and support of all. Let's take the boat of Krishna's name and cross over to the other side of the worldly ocean.*

(80. वेद्यः गीता-9.17)

वेदनीयः प्रभुः कृष्णो माया तस्य महत्तमा ।
वेत्ति सर्वस्य सर्वं स कोऽपि वेत्ति न तं ननु ॥ 1205/1447

◎ **Vedya** : *Shrī Krishna's divinity is supreme. His real nature ought to be known. He knows everything of everyone, but no one knows him in reality.*

(81. पवित्र ओङ्कारः गीता-9.17)

कृष्णः पवित्र ओङ्कारः शब्दः खे पावनः खलु ।
मतः स ब्रह्मरूपश्च ब्रह्मनादोऽपि कथ्यते ॥ 1206/1447

◎ **Om** : *Shrī Krishna is the sacred syllable of Om which is the auspicious sound that reverberates in the sky. He is also known as Brahma and the Brahmanada (the celestial sound).*

(82. ऋक् गीता-9.17)

ऋग्वेदः कृष्णरूपः स आदिवेदो मतस्त्रिषु ।
सर्वज्ञानामृतं यस्मात्-सृष्टः स ब्रह्मणो मुखात् ॥ 1207/1447

◎ **Rik** : *Shrī Krishna is in the form of the Rig-Veda, the first among the three Vedas. The Veda has all knowledge and it comes directly from the mouth of Brahma.*

(83. साम गीता-9.17)

सामवेदस्य सङ्गीतं शिवं कृष्णात्मकं शुभम् ।
तस्मात्सङ्गीतशास्त्रञ्च नाट्यशास्त्रञ्च निर्गतम् ॥ 1208/1447

◎ **Sama** : *Shrī Krishna is also the Sama-Veda. The sacred music comes out of Sama-Veda. From Sam-Veda arises the prosody and the art of dance.*

(**84. यजुः** गीता–9.17)

यजुर्वेदो मतः कृष्णः कर्मश्रेणीप्रवर्तकः ।
गद्यपद्यात्मको वेदो मन्त्रनियमसंग्रहः ।। 1209/1447

◎ **Yajus :** *Shrī Krishna is the Yajurveda. It promotes righteous karma. This prose and poetic Veda is the collection of verses on the rules of life.*

(**85. गतिः** गीता–9.18)

जन्ममृत्व्योर्गतिः कृष्णो भूतानां भवसागरे ।
भज कृष्णं प्रजानाथं सन्तरितुं भवं सुखम् ।। 1210/1447

◎ **Gati :** *Shrī Krishna is the life and death of the beings in the world. Therefore, in order to cross over the worldly ocean happily, worship Shrī Krishna.*

(**86. भर्ता** गीता–9.18)

त्रिभुवनस्य स्वामी स श्रीकृष्णः परमेश्वरः ।
वन्दे तं सर्वभर्तारं लक्ष्मीनारायणप्रभुम् ।। 1211/1447

◎ **Bharta :** *Shrī Krishna is the Master of the three worlds. He is the Supreme Lord. Obeisance to that Great Lord, Lakshmi-Nārāyana.*

(**87. साक्षी** गीता–9.18)

आत्मा स सर्वभूतानां श्रीकृष्णो हृदयस्थितः ।
गुणैस्तु कार्यते कर्म साक्षी स सर्वकर्मणाम् ।। 1212/1447

◎ **Witness :** *Shrī Krishna is the witness in the body of all beings. He is the atma residing in the heart. Karmas are done by the gunas (the three attributes), but Krishna in the form of atma is the observer of all karmas.*

(**88. निवासः** गीता–9.18)

अन्तिमं परमं धाम कृष्णो हि देहधारिणाम् ।

गत्वा यतः प्रयाताय निर्गन्तव्यं न वै पुनः ।। **1213**/1447

◎ **Abode :** *Shrī Krishna is the final peaceful abode for the body bearers. Having gone to this Supreme abode, one does not return back to the worldly cycle.*

(**89. शरणम्** गीता-9.18)

परमं शरणं कृष्णो भक्तानामाश्रयः शुभः ।
नित्यं चरणयोस्तस्य सुस्थो नः संश्रयो भवेत् ।। **1214**/1447

◎ **Shelter :** *Shrī Krishna is the Supreme shelter for the devotees. May our shelter be at the feet of Lord Shrī Krishna.*

(**90. सुहृद्** गीता-9.18)

श्रीकृष्णः सर्वभूतानां सुहृद्बन्धुः सखा तथा ।
दयालु हृदयं तस्य कृष्णः स भक्तवत्सलः ।। **1215**/1447

◎ **Well wisher :** *Shrī Krishna is the well wisher for all beings. He is their friend and brother. He is kind and compassionate. He is merciful to his devotees.*

166. हिंदी गीत : राग बरहंस

तू ही हमारा

स्थायी

तू ही हमारा परम सहारा, माता गुरवर तात पियारा ।
♫ रे- ग मग-रे- सासासा रेग-म-, प-म- गगरेरे म-ग रेग-सा- ।

अंतरा-1

एक आतमा कण कण घेरा, तू ही हमरा कृष्ण! जियारा ।
♫ सा-रे ग-गग- मम पम ग-रे-, प- म गरे-रे- म-ग! रेग-सा- ।

अंतरा-2

पाँच भूत की धरती सारी, तीन गुणन में है नर नारी ।

अंतरा-3

चंद्र सूर्य तारे सब तू ही, तू ही भव जल तूहि किनारा ।

अंतरा–4

पर्बत सरिता वन तरु तूही, सब विध तेरा तंत्र बिखेरा ।

◎ **You are our Lord : *Sthāyī* :** *O Krishna! you are our Supreme support. You are our mother, father, dear friend and guru.* **Antarā : 1.** *The men and women of the world are made of five elemental beings and the three gunas.* **2.** *His existence is in our every particle. O Krishna! you are our dear soul.* **3.** *The Sun and the Moon and everything else is you. You are the worldly ocean, its water and the shore.* **4.** *You are the rivers, mountains, forests and the plants. Your magic is everywhere.*

(**91. प्रभवः** गीता–9.18)

श्रीकृष्णः प्रभवः सृष्टेः–बीजं चराचरस्य हि ।
तस्माद्धि जायते सर्वं सर्वाकारं मनोहरम् ।। 1216/1447

◎ **Origin :** *Shrī Krishna is the origin of the Universe. He is the seed of evolution. From him originates everything that pleases our mind.*

(**92. प्रलयः** गीता–9.18)

सृष्टेः स प्रलयः कृष्णो जन्मदाता यथा हि सः ।
सृष्टिचक्रं विनाखण्डं कृतं तेन निरन्तरम् ।। 1217/1447

◎ **Dissolution :** *Shrī Krishna is the dissolution and the evolution. He made the cycle of nature eternal.*

(**93. स्थानम्** गीता–9.18)

निवासः परमं स्थानं कृष्णो विश्वस्य मातृवत् ।
सर्वेषां पितृवत्कृष्णः सर्वे तस्यैव बालकाः ।। 1218/1447

◎ **Abode :** *Shrī Krishna is the Supreme abode for the devotees in the world. He is like a loving father and mother. They are his dear children.*

(**94. निधानम्** गीता–9.18)

निधानमन्तिमं कृष्णः सर्वेषां परमा गतिः ।
वन्दे तं सच्चिदानन्दं विश्वाधारं निरञ्जनम् ।। 1219/1447

◎ **Treasure :** Shrī Krishna is the final dwelling for all. Salute to that treasure of joy, peace and happiness. He is the kind hearted support of the world.

(95. बीजमव्ययम् गीता-9.18)

चराचरस्य विश्वस्य दिव्यञ्च परमात्मकम् ।
कृष्णो हि भवभूतानां सर्वेषां बीजमव्ययम् ।। 1220/1447

◎ **Seed :** Shrī Krishna is the eternal divine seed of the moving and non-moving beings of the world.

(96. अमृतम् गीता-9.19)

श्रीकृष्ण एव गीताया उपदेशामृतं शुभम् ।
सदाचारस्य रूपेण कृष्णो मार्गोपदेशकः ।। 1221/1447

◎ **Nectar :** Shrī Krishna is the divine nectar in the form of the Bhagavad Gita. He is the guide to righteousness.

(97. मृत्युः गीता-9.19)

मृत्युः सर्वहरः कृष्णः पृथिव्यां जीवधारिणाम् ।
यथा कर्माणि भूतानां भवेत्तेषां तथा गतिः ।। 1222/1447

◎ **Death :** Shrī Krishna is the death and dissolution of the beings on the earth. As one's karmas are in this life, so he gets the next birth.

(98. सदसत् गीता-9.19)

भूमेर्येये येऽपि गच्छन्ति कृष्णो हि सदसद्गती ।
भद्राणां सद्गतिस्तस्माद्-अभद्राणां च दुर्गतिः ।। 1223/1447

◎ **Sat-asat :** Shrī Krishna is the existence and non-existence of every being that appears on the earth. He gives good fate to the righteous people and bad fate to the unrighteous.

(99. सर्वयज्ञानां भोक्ता गीता-9.24)

कृष्णो हि सर्वयज्ञानां भोक्ता साक्षी तथा प्रभुः ।
आहुतिर्यजमानश्च यज्ञश्च कृष्ण एव हि ।। 1224/1447

◉ **Bhokta** : *Shrī Krishna is the witness, enjoyer and the Lord of all yajnas. He is the offering and oblation of the yajna.*

(100. समः सर्वभूतेषु गीता-9.29)

समः स सर्वभूतेषु यथा तुला सदा समा ।
न भेदः शत्रुमित्रेषु प्रियाप्रियेषु विद्यते ।। 1225/1447

◉ **Equanimous** : *Shrī Krishna is equanimous to all beings like a weighing scale. No one is nearer or farther for him. He does not differentiate his devotees into friends and foes.*

(101. अनादिः गीता-10.3)

आदिर्न यस्य कोऽप्यस्ति कृष्णोऽनादिः सनातनः ।
अन्तोऽपि यस्य नास्ति स मतोऽनन्तश्च ज्ञानिभिः ।। 1226/1447

◉ **Anadi** : *Shrī Krishna is eternal and without a beginning and without an end, the wise men know this truth.*

(102. सर्वस्य प्रभवः गीता-10.8)

सर्वस्य प्रभवः कृष्णो येन सर्वं कृतञ्जगत् ।
मूलं सर्वस्य विश्वस्य प्रभुः कृष्णः सनातनः ।। 1227/1447

◉ **Prabhu** : *Shrī Krishna is the origin of all beings. He made the existence of this world real. He is the eternal and ancient root of all.*

(103. आत्मभावस्थः गीता-10.11)

श्रीकृष्ण आत्मभावस्थः सर्वस्य हृदि तिष्ठति ।
अन्तर्ज्ञानी मतो देही देहे सर्वस्य माधवः ।। 1228/1447

◉ **Atmabhava-stha** : *Shrī Krishna dwells within us all. He dwells in our hearts. Therefore, he knows our thoughts and feelings from within. He is Madhava (Husband of Lakshmi).*

(104. परं ब्रह्म गीता-10.12)

ब्रह्म स च परं ब्रह्म तेन सर्वमिदं ततम् ।
तस्माद्धि जायते सर्वं तस्मिन्सर्वं विलीयते ।। 1229/1447

◎ **Parama Brahma :** *Shrī Krishna is the Supreme Brahma, from which everything evolve., Everything comes from him and everything dissolves in him.*

(105. परं धाम गीता-10.12)

कृष्णो गतिर्हि सर्वेषां परं धाम परत्र स: ।
सूर्येण न च चन्द्रेण स्वयं भृशं प्रकाशितम् ।। 1230/1447

◎ **Supreme abode :** *Shrī Krishna is the Supreme abode beyond this world. That abode is neither enlightened by the Sun nor by the Moon, but it is self-illuminated.*

(106. पवित्र: परम: गीता-10.12)

पवित्रं परमं नाम स्मरणं पावनं तथा ।
कृष्ण कृष्णेति गोविन्दं केशवं भज माधवम् ।। 1231/1447

◎ **Sacred :** *Shrī Krishna's names are sacred. Therefore, one should chant Krishna! Govind! Keshava! Madhava! etc.*

(107. पुरुष: शाश्वत: गीता-10.12)

पुरुष: शाश्वत: कृष्ण: प्रकृते: पूरको मत: ।
कृष्ण: स देहिनां देही प्राण: स प्राणिनां तथा ।। 1232/1447

◎ **Purusha :** *Shrī Krishna is the Supreme Purusha. He is complimentary to the Prakriti (nature). He is the life of the living beings.*

(108. दिव्य: गीता-10.12)

कृष्णस्तेजोमयो दिव्य: प्रदीप्तो रविरंशुमान् ।

आभा कृष्णस्य योगस्य तस्मादपि हि भासुरा ।। 1233/1447

◉ **Divine** : *Shrī Krishna is glorious and divine. O Krishna! your brilliance is like the Sun. And, the enlightenment of your yoga is even brighter than that brilliance.*

(109. आदिदेव: गीता-10.12)

आदिदेवो महादेवो देवदेव: स यादव: ।
ईश्वर: सर्वदेवानां श्रीकृष्ण: परमेश्वर: ।। 1234/1447

◉ **Adi-deva** : *Shrī Krishna is the primordial God. He is Mahadeva (Great God), Devadeva (God of the Gods). He is Yadava (of the Yadu dynasty), Ishvara (God) and Parameshvara (Supreme God).*

(110. भगवान् गीता-10.14)

अनाद्यन्तं दयावन्तं वन्दे नारायणं प्रभुम् ।
भगवन्तं सदाशान्तं लक्ष्मीकान्तं नमाम्यहम् ।। 1235/1447

◉ **God** : *Shrī Krishna is Lord Nārāyana. Let's worship that merciful Lord, who has no beginning and no end. He is ever peaceful. He is the Husband of Lakshmi.*

(111. भूतेश: गीता-10.15)

ईशो य: सर्वभूतानां भक्तानाञ्च महेश्वर: ।
सम: सर्वेषु भूतेषु भूतेश: समवस्थित: ।। 1236/1447

◉ **Bhutesha** : *Shrī Krishna is the Lord of all beings. He is the Supreme Lord of all devotees. He dwells in all devotees with equanimity.*

(112. देवदेव: गीता-10.12)

देवदेवश्चिरञ्जीवो माधव: करुणार्णव: ।
ईश्वर: सर्वदेवानां श्रीकृष्ण ईश्वरेश्वर: ।। 1237/1447

◉ **Dev-deva** : *Shrī Krishna is the God of the Gods. He is eternal. He is Madhava (Husband of Lakshmi). The Lord of all Lords, he is the Supreme Lord.*

(**113. जगत्पतिः** गीता–10.15)

विश्वदेवो जगन्नाथो देवदेवो जगत्पतिः ।
स्वामी स सर्वलोकस्य श्रीकृष्णो गरुडध्वजः ।। 1238/1447

◎ **Jagat-pati :** *Shrī Krishna is the Master of this world. He is the Lord of the Universe. Krishna rides on Garuda (the eagle).*

(**114. आत्मा सर्वभूताशयस्थितः** गीता–10.20)

स प्राणधारिणामात्मा सर्वभूताशयस्थितः ।
अंशः स ब्रह्मणः कृष्णः–तस्मात्प्राणः स प्राणिनाम् ।। 1239/1447

◎ **Atma :** *Shrī Krishna is the atma of all beings. He dwells in all beings. He is the Brahma. He is atma. Thus, he is the life of the living beings.*

(**115. योगी** गीता–10.17)

सान्दीपनिर्गुरुः कृष्णम्–अकरोद्बालयोगिनम् ।
योगेशो दत्तवान्पार्थं पुनर्योगं सनातनम् ।। **1240**/1447

◎ **Yogi :** *Shrī Krishna is the yogi. Sage Sandipani told the same ancient yoga to young Krishna at his gurukul. Krishna is the Lord of the yoga, thus he is Yogesha. He gave the ancient and eternal yoga to Arjun.*

(**116. विष्णुः** गीता–10.21)

जाता यदा यदा हानिः सतो धर्मस्य भूतले ।
तदा रामश्च कृष्णश्च भूत्वा विष्णुरजायत ।। **1241**/1447

अवतारोऽष्टमो विष्णोः कृष्णरूपेण माधवः ।
कृपाकारी मनोहारी सदाचारी सुदर्शनः ।। **1242**/1447

◎ **Vishnu :** *Shrī Krishna is Vishnu. Whenever there is unrighteousness on the earth, Vishnu appears in a human form. Vishnu is Rama and Vishnu is Krishna.*

(**117. रविरंशुमान्** गीता–10.20)

कृष्णेन काशितं विश्वं कृष्णः स रविरंशुमान् ।
रविः कृष्णः शशी कृष्णः कृष्णो ज्योतिश्च ज्योतिषाम् ।। 1243/1447

◎ **Sun :** *Shrī Krishna has illuminated this world. He is brilliant like the Sun. He is the light of the Sun, Moon and the stars.*

(**118. मरीचिः** गीता–10.21)

ज्ञाता दितेर्मरुत्पुत्राः–चत्वारिंशन्नवाधिकाः ।
मरीचिस्तेषु श्रीकृष्णः पावनः पवनः शुभः ।। 1244/1447

◎ **Marichi :** *Shrī Krishna is the Marichi among the forty-nine Marut sons of Diti. He is holy, pure and auspicious like wind.*

(**119. शशी** गीता–10.21)

नक्षात्राणां शशी कृष्णः प्रकाशो यस्य शीतलः ।
गगनं शोभितं येन कृष्णरूपः स चन्द्रमा ।। 1245/1447

◎ **Moon :** *Shrī Krishna is the cool light of the Moon among the planets. With him the sky looks beautiful at night.*

(**120. वासवः** गीता–10.22)

देवानामधिपः स्वर्गे कृष्णः सुरेन्द्रवासवः ।
इन्द्रः स इन्द्रियाणाञ्च सर्वभूतेष्ववस्थितः ।। 1246/1447

◎ **Indra :** *Shrī Krishna is Indra, the king of the Gods. He is mind, the king of the organs in the body.*

(**121. इन्द्रियाणां मनः** गीता–10.22)

इन्द्रियाणां मनः कृष्णः षष्ठं यदिन्द्रियं मतम् ।
एकादशेन्द्रियग्रामे ज्ञानेन्द्रियमगोचरम् ।। 1247/1447

◉ **Mind :** *Shrī Krishna is the eleventh organ called mind, the king of the organs in the body. He is also called the sixth sense organ.*

(122. भूतानां चेतना गीता-10.22)

भूतानाञ्चेतना कृष्णः-चेतनानां स देहिनाम् ।
आत्मा प्राणश्च जीवश्च जीवनं स तथा मतः ।। 1248/1447

◉ **Life :** *Shrī Krishna is the life of the living beings. He is also called atma.*

(123. शङ्करः गीता-10.23)

कृष्णो ब्रह्मा च विष्णुश्च कृष्णो हि शिवशङ्करः ।
जन्मदाता विधाता च कृष्णो हि लयकारकः ।। 1249/1447

◉ **Shiva :** *Shrī Krishna is Shiva. He is also Brahma and Vishnu. Thus, he is the life giver, sustainer and the dissolver.*

(124. वित्तेशः गीता-10.23)

कृष्णो नृपः कुबेरश्च वित्तेशो यक्षरक्षसाम् ।
लक्ष्म्याः पतिश्च वित्तेशः श्रीलक्ष्मीर्वित्तदेवता ।। 1250/1447

◉ **Kubera :** *Shrī Krishna is Kubera, the Lord of wealth. Therefore, he is present at the court of Goddess Lakshmi. Lakshmi is Vitta. Lakshmi's Husband (Isha), Vishnu is called Vittesha.*

(125. पावकः गीता-10.23)

पावकः पावनः कृष्णो दहति पातकानि यः ।
अग्निदेवः स यज्ञानां ज्ञानयज्ञेन शोभते ।। 1251/1447

◉ **Fire :** *Shrī Krishna is the purifying fire. He burns all evil things including the sins. As the Lord of fire, Krishna is always present in the yajna.*

(126. मेरुः गीता-10.23)

विश्वमध्यो मतो मेरुः-गिरीशो पर्वतेश्वरः ।
गिरिधरः स श्रीकृष्णो मेरुरूपो हि कथ्यते ।। **1252**/1447

◎ **Meru :** *Shrī Krishna is Meru, the Lord of the mountains. Krishna is also Giridhara, the one who picked up Govardhan mountain on his little finger.*

(**127. बृहस्पतिः** गीता-10.24)

पुरोधसां मतो मुख्यः श्रीकृष्णः स बृहस्पतिः ।
अधिष्ठाता च देवानां धार्मिकाणां सुकर्मणाम् ।। **1253**/1447

◎ **Brihaspati :** *Shrī Krishna is Brihaspati, the physician of the Gods. He presides over the sacred deeds of the Gods.*

(**128. स्कन्दः** गीता-10.24)

स्कन्दः सेनानिनां कृष्णः सुरसेनापतिर्मतः ।
शिवपुत्रो महावीरः-तारकासुरभञ्जकः ।। **1254**/1447

◎ **Skanda :** *Shrī Krishna is Skanda, the son of Shiva, who is the commander-in-chief of the Gods. Skanda killed the demon Tarkasura.*

(**129. सागरः** गीता-10.24)

रत्नाकरः स श्रीकृष्णो रत्नभाण्डारसागरः ।
यस्माद्रत्नानि प्राप्तानि समुद्रमन्थनात्सुरैः ।। **1255**/1447

◎ **Ocean :** *Shrī Krishna, who is the storehouse of the virtues, is an ocean from which the Gods obtained fourteen jewels by churning the ocean. Therefore, Shri krishna is called "Ratnakar."*

(**130. भृगुः** गीता-10.25)

सूक्तद्रष्टा भृगुः कृष्णो यज्ञस्य स प्रचारकः ।
अथर्ववेदनिर्माता सोऽग्निपूजाप्रवर्तकः ।। **1256**/1447

◎ **Bhrigu :** *Shrī Krishna is the sage Bhrigu who is the promoter of the yajnas and fire worship. He is the compiler of the Atharva Veda.*

(**131. गिरामेकमक्षरम्** गीता–10.25)

ओमिति संज्ञितः कृष्ण ओङ्गिरामेकमक्षरम् ।
तेन शब्देन दिव्येन दिव्या गीर्वाणभारती ।। 1257/1447

◎ **Om :** *Shrī Krishna is the mono syllable of Om. From this syllable, the divine Sanskrit language originated.*

(**132. यज्ञानां जपयज्ञः** गीता–10.25)

द्रव्ययज्ञस्तपोयज्ञः–ज्ञानयज्ञादयः श्रुतौ ।
जपयज्ञो मतः कृष्णः सर्वेषु यो विशिष्यते ।। 1258/1447

◎ **Japa-yagna :** *Shrī Krishna is the Japa-yagna among the yajnas. He is superior to the dravya-yagna, tapo-yajna and jnana-yajna.*

(**133. स्थावराणां हिमालयः** गीता–10.25)

गिरिवरेषु मुख्यो यः स्थावरेषु महत्तमः ।
किरीटो हिन्दुमातुः स कृष्णरूपो हिमालयः ।। 1259/1447

◎ **Himalaya :** *Shrī Krishna is Himalaya, the king of the mountains. He is the crown of the Mother India.*

(**134. अश्वत्थः सर्ववृक्षाणाम्** गीता–10.26)

अश्वत्थो विश्ववृक्षः स कृष्णरूपः सनातनः ।
नृपः स सर्ववृक्षाणां शाश्वतः पावनः परः ।। 1260/1447

◎ **Ashvattaha :** *Shrī Krishna is the Ashvattha (Bargad or Vat), the king of the trees. He is in the form of the eternal worldly tree.*

(**135. नारदः** गीता–10.26)

सर्वर्षिणाञ्च देवर्षिः कृष्णरूपः स नारदः ।

मनसोऽतीतगत्या स त्रिषु लोकेषु भ्राम्यति ॥ 1261/1447

◉ **Narad muni** : *Shrī Krishna is the great divine sage Narad muni. He moves around the three worlds faster than the speed of mind.*

(136. चित्ररथ: गीता-10.26)

हाहाहूहूश्च गोमायु:-चित्ररथश्च तुम्बर: ।
नन्दीर्विश्ववसुर्हंसो गन्धर्वा गायका मता: ॥ 1262/1447

गन्धर्व: स मत: कृष्ण:-चित्ररथ: सुदर्शन: ।
सौन्दर्यं यस्य स्वर्गीयं गायनं सुन्दरं तथा ॥ 1263/1447

◉ **Chitraratha** : *Shrī Krishna is Chitraratha, the celestial musician of the Gods. He is as charming as his magnetizing music.*

(137. कपिल: गीता-10.26)

कपिल: सांख्यतत्त्वज्ञ: कृष्णरूपो महामुनि: ।
कर्दमस्य सुतो ज्ञानी सर्वसिद्धी: स प्राप्तवान् ॥ 1264/1447

◉ **Kapila** : *Shrī Krishna is the great sage Kapila, who put forth the doctrine of Sankhya Darshan philosophy. He is the all accomplished son of sage Kardama.*

(138. उच्चै:श्रवा गीता-10.27)

चतुर्दशेषु रत्नेषु सर्वेषु तुरगेषु च ।
उच्चै:श्रवा हय: कृष्ण: शुभ्रमिन्द्रस्य वाहनम् ॥ 1265/1447

◉ **Uchhaishrava** : *Shrī Krishna is the spotless Uchhaishrava, the divine white horse who is one of the fourteen jewels that came out from the churning of the ocean by Gods. He is the vehicle of Indra.*

(139. ऐरावत: गीता-10.27)

ऐरावतो गजो दिव्यो जात: सागरमन्थनात् ।

कृष्णरूपश्चतुर्दन्तो गजेन्द्र इन्द्रवाहनम् ।। 1266/1447

◎ **Airavat :** Shrī Krishna is the divine Airavat, the elephant with four trunks. He came out from the churning of the ocean by the Gods. He is also a vehicle of India, the king of Gods.

(140. नराधिप: गीता-10.27)

कृष्णो नरावतारेण भूमौ नृणां नराधिप: ।
कृष्णो नृपो नरेन्द्राणां देवानामपि देवता ।। 1267/1447

◎ **King :** Shrī Krishna is the king of the human beings. He is also the king of the Gods.

(141. आयुधानां वज्रम् गीता-10.28)

इन्द्रवज्रं मतं तीव्रं ब्रह्मास्त्रादपि भीषणम् ।
धृष्टञ्च दुर्जयं तीक्ष्णम्-अदम्यञ्च भयङ्करम् ।। 1268/1447

सर्वायुधेषु घोरं यत्-शस्त्रास्त्रेषु भयानकम् ।
वज्रमेवायुधं चण्डं कृष्णरूपं दुरासदम् ।। 1269/1447

◎ **Thunderbolt :** Shrī Krishna is the terrible weapon in the form of thunderbolt. If the thunderbolt strikes, nothing survives.

(142. कामधुक् गीता-10.28)

समुद्रमन्थनाज्जाता सुरभि: कामधुग्मता ।
ददाति वाञ्छितं सर्वं पूर्यते च मनोरथान् ।। 1270/1447

◎ **Kamdhenu :** Shrī Krishna is the wish granting cow, Kamdhenu. The divine Kamdhenu came out of the ocean when the Gods churned the ocean.

(143. कन्दर्प: गीता-10.28)

यो भ्रामयति स्नेहेन क्षिप्त्वा प्रेमशरं हृदि ।

कृष्णरूपः स कन्दर्पः कामदेवो मतः खलु ।। **1271**/1447

अनङ्गो मदनः प्रीतिः–मन्मथश्च मनोहरः ।
कामदेवः स प्रद्युम्नः पञ्चबाणो मतस्तथा ।। **1272**/1447

◎ **Cupid :** *Shrī Krishna is Kandarpa, the Cupid. He is also called Ananga, Madana, Priti, Manmatha, Manohara, Kāmadeva, Pradyumna and Panchabana. He captivates the lovers with his arrows of love.*

(**144. वासुकिः** गीता–10.28)

कृष्णवर्णो महासर्पः कृष्णरूपः स वासुकिः ।
मित्रं स देवसङ्घस्य शिवभक्तो महामना ।। **1273**/1447

वर्षायामभवच्छत्रं वासुदेवस्य वासुकिः ।
समुद्रमन्थने रज्जुः–ग्रीवायाञ्च शिवस्य सः ।। **1274**/1447

◎ **Vasuki :** *Shrī Krishna is the divine snake Vasuki. Vasuki is around the neck of Shiva. He became an umbrella when Krishna was travelling from Mathura to Gokul and crossing the Yamuna river. He became the rope during the churning of the ocean by the Gods.*

(**145. अनन्तः** गीता–10.29)

नवनागेषु विस्तीर्णः शेषनागः फणीश्वरः ।
सहस्त्रशीर्षवान्सर्पः शिरसि पृथिवीधरः ।। **1275**/1447

अनन्तः शेषशय्या स लक्ष्मीनारायणस्य हि ।
कृष्णरूपो महाकायः कृष्णवर्णः सरीसृपः ।। **1276**/1447

◎ **Anant :** *Shrī Krishna is the divine snake Ananta, the supreme among the great nine snakes. He assumes a thousand heads and bares the load of the Universe. With his coil, he becomes a bed for Vishnu and Lakshmi.*

(**146. वरुणः** गीता–10.29)

वरुणो मकरारूढो वैदिकी जलदेवता ।
श्रीकृष्णस्य विभूतिः स शङ्खपद्मविभूषितः ।। **1277**/1447

◎ **Varuna :** *Shrī Krishna is Varuna, the God of waters. His vehicle is an alligator. Chaturbhuja (four armed) Krishna bares conch shell, lotus flower and the Sudarshan wheel in his hands.*

(**147. पितॄणामर्यमा** गीता–10.29)

पितॄणामर्यमा मुख्यः कश्यपस्य मुनेः सुतः ।
श्रीकृष्णः पद्मनाभः स पितॄणामर्यमा मतः ।। **1278**/1447

◎ **Aryama :** *Padmanabha Shrī Krishna is Aryama among the fore-fathers. Aryama was the son of sage Kashyap.*

(**148. यमः** गीता–10.29)

अहिंसा परमो धर्मः–चास्तेयमपरिग्रहः ।
सत्यञ्च ब्रह्मचर्यञ्च यमश्च संयमा मताः ।। **1279**/1447

षडेते[11] संयमा ज्ञाता योग इति विवेकिभिः ।
यमः संयमतां कृष्णो यमो मृत्योश्च देवता ।। **1280**/1447

◎ **Yama :** *Shrī Krishna is the Yama. Yams is self control. True speech, non-violence, righteousness, chastity, non-stealing and non-hoarding are the six self-controls. Yama is also the God of death.*

(**149. प्रह्लादः** गीता–10.30)

विष्णुभक्तः स प्रह्लादो मतो भक्तशिरोमणिः ।
विभूतिः पद्मनाभस्य सुहृदो वत्सलप्रभोः ।। **1281**/1447

◎ **Prahlada :** *Shrī Krishna is Prahlada. Boy Prahlada was the supreme devotee of Padmanabha Shrī Vishnu.*

---

[11] **षडेते संयमाः** = गितायाम् आत्मसंयमहेतवे षड्संयामा निरूपिताः सन्ति, पातञ्जलयोगसूत्रे तु समाधये अष्टाङ्गानि वर्णितानि सन्ति।

167. हिंदी भजन : राग रासडा, कहरवा ताल

भगत परलाद

स्थायी

हरि हरि! रटिया भगत परलादा, नरसिंघ बना, जग रखवारा ।

♫ रेग रेग! सारेग– ममम गमप–ध–, निधप–ध पम–, मम गपम–म– ।

अंतरा–1

हिरणकशप ने खंबा रचाया, बाल प्रलाद कु उसमें दबाया ।

बोला, दिखा दे मोहे अब, को है सहारा ।।

♫ ममममगमम प– नि–ध पध–नि–, सां–नि धप–ध ध निधप धप–प– ।

सा–रे, गरे– रे– सारे गग, म– ग पम–म– ।।

अंतरा–2

कर जोड़ खड़ा बाल भगत था, हरिहर व्यापा तीन जगत था ।

छन मा प्रकट भया सुन कर, आरत पुकारा ।।

अंतरा–3

हरिहर नरसिंह रूप धराया, हिरणकशप कु अंक लिटाया ।

चीरा नख से उदर असुर का, हरि सुर पियारा ।।

◎ **Prahlada : *Sthāyī* :** *Prahlada, the devotee of Vishnu, chanted Hari! Hari! Lord Vishnu became Narhimha (Lion-man) and saved him. Vishnu is the protector of the world.* ***Antarā* : 1.** *Demon Hiranyakashyap erected a pillar to immure boy Prahlada in the pillar. The demon said, now show me the power of your devotion. Tell me who can save you now?* **2.** *Prahlada was standing with he hands folded and chanting Hari! Hari! Hearing the chant of Prahlada, Vishnu appeared as a Lion-man.* **3.** *Narsimha grabbed Hiranyakashyap and put him in his lap. With his sharp claws, the lion tore demon's belly.*

(**150. कालः कलयताम्** गीता–10.30)

कालः कलयतां कृष्णो विभूतिः शाश्वता हि सः ।
सर्वभूतानि नश्यन्ति त्वक्षयः काल एव सः ।। 1282/1447

यमो देवोऽपि कालश्च सर्वे जीवा नमन्ति तम् ।

जायन्ते ते निवर्तन्ते यमस्य नियमो हि सः ।। **1283**/1447

◎ **Time :** *Shrī Krishna is the infinite time. He is the beginning of everything. He is eternal. He causes the end of every being. Lord Yama, the God of death, is therefore, called Kala. Those who take birth must die, is the rule of nature. Everyone worships Kala.*

(151. मृगाणां मृगेन्द्रः गीता–10.30)

मृगाणां केसरी कृष्णो मृगाधिपो वनेषु सः ।
सर्वे शंसन्ति तं सिंहं दुर्गादेव्या हि वाहनम् ।। **1284**/1447

◎ **Lion :** *Shrī Krishna is the lion among the beasts in the forest. He is the vehicle for Goddess Durga. Everyone worships them.*

(152. वैनतेयः पक्षिणाम् गीता–10.30)

खगेन्द्रः कृष्णरूपः स वैनतेयो हि पक्षिणाम् ।
विनतातनयो धन्यो गरुडो विष्णुवाहनम् ।। **1285**/1447

कश्यपस्य सुपुत्राय गरुडाय नमो नमः ।
विष्णुदासं महापक्षं वक्रवक्त्रं नमाम्यहाम् ।। **1286**/1447

◎ **Vainateya :** *Shrī Krishna is Vainateya, the celestial eagle. Vainateya is the son of sage Kashyap. Vainateya is the vehicle for Lord Vishnu.*

(153. पवनः पवताम् गीता–**10.31**)

पवनः पवतां कृष्णः पुष्पसौरभवाहकः ।
वायुरूपो जगद्गामी सर्वलोकस्य जीवनम् ।। **1287**/1447

◎ **Wind :** *Shrī Krishna is the wind that carries the fragrance of the flowers from place to place. He moves in the three worlds. He is life of the living beings.*

(**154. रामः** गीता–10.31)

श्रीकृष्णस्य हि रूपः स मतो रामो धनुर्धरः ।
श्रीविष्णोरवतारौ द्वौ रामकृष्णौ महाबलौ ।। 1288/1447

◎ **Shrī Rama :** *Shrī Krishna is Rama, the supreme archer. Rama and Krishna are Vishnu's most important incarnations.*

(**155. झषाणां मकरः** गीता–10.31)

झषाणां मकरः कृष्णो मुख्यो जलचरेषु यः ।
मीना जलचरा नक्राः कच्छपा दर्दुरा झषाः ।। 1289/1447

◎ **Alligator :** *Shrī Krishna is the alligator among the aquatic animals. The other common aquatic animals are fish, turtles and frogs.*

(**156. जाह्नवी** गीता–10.31)

नदीनां जाह्नवी कृष्णः पवित्रा पावना शुभा ।
चरणैर्रामसीतयोः स्पृष्टं तस्या यतो जलम्[12] **।। 1290**/1447

देवी भागीरथी गङ्गा मन्दाकिनी त्रिमार्गगा ।
जाह्नव्यलकनन्दा च सुरतरङ्गिणी मता ।। 1291/1447

◎ **Ganga :** *Shrī Krishna is the Ganga among the sacred rivers. Its water is divine nectar. It comes on the earth from Shiva's head. She became more holy with the touch of the feet of the Rama and Sita. Ganga river is also called Jahnavi, Bhagirathi, Mandakini, Trimarga and Sura-tarangini.*

(**157. अध्यात्मविद्या विद्यानाम्** गीता–10.32)

अध्यात्मज्ञानमाहुस्ते ज्ञानानां कृष्णमेव हि ।
अध्यात्मादतिरिक्तं यत्–तदज्ञानं मतं मया[13] **।। 1292**/1447

---

[12] तस्याः स्पृष्टं यतो जलम् ।

◎ **Knowledge of self :** *Shrī Krishna is the knowledge of self. Other than the knowledge of self, everything else is just information.*

(158. वादः प्रवदताम् गीता–10.32)

तर्कः प्रवदतां कृष्णो वदन्ति तर्कज्ञानिनः ।
तर्को हि सर्व वादानां मतो मूलञ्च सर्वदा ।। **1293**/1447

◎ **Logic :** *Shrī Krishna is logic of the debate, say the logicians. Logic is the root of the debates.*

(159. अक्षराणामकारः गीता–10.33)

गिरो मूलमकारोऽस्ति वदति शारदा गिरा ।
अकारः कृष्ण ओङ्कारो यस्माद्वर्णाः समुद्भुताः ।। **1294**/1447

अकारः सर्ववर्णानां मूलमित्युच्यते बुधैः ।
यथा कृष्णञ्च देवानां मूलमिति वदन्ति ते ।। **1295**/1447

◎ **Letter-A :** *Shrī Krishna is letter-A in the alphabet. Goddess Sarasvati says, letter-A is the root of the language, as Shrī Krishna is the root of all Gods. Letter-A is the syllable of Om.*

(160. द्वन्द्वः सामासिकस्य गीता–10.33)

सर्वं हि प्रकृतौ द्वन्द्वं सर्वं द्वन्द्वात्मकं खलु ।
कृष्णरूपं हि द्वन्द्वं तत्–किञ्चित् द्वन्द्वं विना नहि ।। **1296**/1447

◎ **Dual :** *Shrī Krishna is the Dvandva (Dual) among the compound words. Everything other than Brahma, stands as duality in the nature. There is nothing without duality.*

(161. अक्षयः कालः गीता–10.33)

कृष्णरूपोऽक्षयः कालः शाश्वतः सततश्चिरः ।

---

[13] **अज्ञानम् =** स्वीकृतानि तत्त्वानि । Information, Data. See Gita 13.21 ।

न कालेन समः कश्चिद्-अनाद्यन्तो नु विद्यते ।। 1297/1447

◉ **Akshaya** : *Shrī Krishna is Akshaya (never ending) time (Kala). It is eternal, non-stop. There is nothing as ancient and as everlasting as time.*

(162. मृत्युः सर्वहरः गीता-10.34)

मृत्युः सर्वहरः कृष्णो लयकारी शिवात्मकः ।
ध्रुवं जन्म च मर्त्यस्य मृत्युर्जातस्य वै ध्रुवः ।। 1298/1447

◉ **Death** : *Shrī Krishna is the death of every being. As Shiva, he causes dissolution of everything in due course of time. As death of the born is certain, so is the birth of the dead.*

(163. उद्भवो भविष्यताम् गीता-10.34)

सर्वेषामुद्भवः कृष्णो योनिरन्या न काऽपि हि ।
भविष्यतां च भूतानां भविष्यं कृष्ण एव सः ।। 1299/1447

◉ **Birth** : *Shrī Krishna is the birth of a being. There is no womb other than Krishna. Krishna is the future of the beings that will be born.*

(164. कीर्तिः गीता-10.34)

कीर्तिः स्त्रैणो गुणो नार्याः कृष्णरूपो बहूत्तमः ।
दत्तः कृष्णेन नारिभ्यो विश्वकल्याणकारणात् ।। 1300/1447

◉ **Fame** : *Shrī Krishna is the feminine attribute of fame. It is given to the women by Krishna.*

(165. श्रीः गीता-10.34)

श्रीः स्त्रीगुणो महामूल्यः कृष्णरूपेण वर्तते ।
लक्ष्म्या हि वरदानं स विश्वे गौरवकारकः ।। 1301/1447

◉ **Shrī** : *Shrī Krishna is the Shrī (nobility), the feminine attribute that is bestowed upon the women by Krishna. Shrī is Goddess Lakshmi's boon to the Universe.*

(166. वाक् गीता-10.34)

स्त्रीगुणः कृष्णरूपो वाग्-यस्मादोजश्च मार्दवम् ।
सरस्वती गिरा वाणी ज्ञानदा शारदा तथा ॥ 1302/1447

◎ **Speech :** *Shrī Krishna is the delicate feminine attribute of speech, that is sweetly given to the women by Krishna. This virtue is also called Sarasvati, Gira, Vani, Jnanada and Sharada.*

(167. स्मृतिः गीता-10.34)

स्मृतिश्च कृष्णरूपेण गणेशस्य वरो मतः ।
विशालो ज्ञानभाण्डारः सम्पन्नः स्त्रीगुणो मतः ॥ 1303/1447

◎ **Recollection :** *Shrī Krishna is the feminine attribute of recollection. It is the boon given to the women by Lord Ganesh. The vast knowledge and memory is the rich attribute of the women.*

(168. मेधा गीता-10.34)

धीः स्त्रीगुणः सरस्वत्याः कृष्णरूपो वरो वरः ।
मेधा बुद्धिश्च सद्बुद्धिः-धनधान्यं हि धीमताम् ॥ 1304/1447

◎ **Intelligence :** *Shrī Krishna is the feminine attribute of intelligence. It is the boon given to women by Goddess Sarasvati. It is the righteousness, wisdom and wealth of the wise.*

(169. धृतिः गीता-10.34)

धृतिर्वीरेषु धीरेषु कृष्णरूपेण स्त्रीगुणः ।
भीमार्जुनाभिमन्युश्च रामसीते धृतिग्रहाः ॥ 1305/1447

◎ **Courage :** *Shrī Krishna is the feminine attribute of courage. In men and women it exists in the form of Shrī Krishna. Bhīma, Arjun, Abhimanyu, Rama and Sita possessed courage.*

(170. क्षमा गीता-10.34)

क्षमा च स्त्रीगुणः कृष्णो गौर्या दत्तो वरो मतः ।
यत्र दया क्षमा शान्तिः-तत्र धर्मो दृढः सदा ॥ 1306/1447

◎ **Forgiveness :** *Shrī Krishna is the feminine attribute of forgiveness. It is given by Parvati to the women. Where there is forgiveness, kindness and peace, there stays righteousness.*

(**171. बृहत्साम साम्नाम्** गीता–10.35)

कृष्णः साम्नां बृहत्साम साममन्त्रो बृहत्तमः ।
तुष्टिमन्त्रः पुष्टिमन्त्रः शान्तिमन्त्रः स उच्यते ।। 1307/1447

◎ **Brihat-sama :** *Shrī Krishna is the Brihat-sama of the Sama-Veda. It is the formula for peace, satisfaction and strength.*

(**172. गायत्री छन्दसाम्** गीता–10.35)

गायन्तं त्रायते मन्त्रः कृष्णरूपः सनातनः ।
ऋग्वेदे च यजुर्वेदे सर्वपूज्यतमो मतः ।। 1308/1447

◎ **Gayatri :** *Shrī Krishna is the Gayatri Mantra. The chant that protects him who sings it, is the Gayatri mantra. It comes from Rig Veda and Yajur Veda. It is the holiest among all mantras.*

(**173. मासानां मार्गशीर्षः** गीता–10.35)

मासानां मार्गशीर्षः स कृष्णो गीतोपदेशकः ।
शीतलो मङ्गलो मास एषोऽग्रहायणो मतः ।। 1309/1447

मतः पुण्यतमो मासो मार्गशीर्षो महाजनाः! ।
अस्मिन्मासेऽभवत्पूज्यः संवादः कृष्णपार्थयोः ।। 1310/1447

◎ **Margshirsh :** *Shrī Krishna is the Margashirsh (November-December) among the months of the year.* ***Shrī Krishna gave the holy discourse of the Gita to Arjun in this month****. This month is also called Agrahayana.*

(**174. ऋतूनां कुसुमाकरः** गीता–10.35)

सुन्दरश्च मनोहारी मासः स कुसुमाकरः ।
कृष्णरूपः प्रियो मासो वसन्त इति कथ्यते ।। 1311/1447

◉ **Kusumakar :** *Shrī Krishna is the season of Kusumakar (Spring) among the seasons of the year. This pleasant month is also called Vasant.*

(175. द्यूतं छलयताम् गीता-10.36)

द्यूतं छलयतां कृष्णो रहस्यं कैतवस्य च ।
अक्षक्रीडाविलासश्च देवित्रे भाग्यदेवनम्[14] ॥ 1312/1447

◉ **Chance :** *Shrī Krishna is the chance of the gamblers. It is the seed of the secrets. For the gamblers, it is the lucky dice.*

(176. जय: गीता-10.36)

कृष्णो जयो विजेतॄणां द्वन्द्वे जयपराजयो: ।
यत्र योगेश्वर: कृष्ण:-तत्रैव विजयो ध्रुव: ॥ 1313/1447

◉ **Victory :** *In the duality of victory and defeat, Shrī Krishna is the victory of the victorious. Where Yogeshvara Krishna is, there the victory is, says Sanjaya.*

(177. व्यवसाय: गीता-10.36)

व्यवसायो मत: कृष्णो निश्चितो व्यवसायिनाम् ।
निश्चयो नित्यसङ्कल्पो निग्रहो निर्णयस्तथा ॥ 1314/1447

◉ **Industry :** *Shrī Krishna is the industry of the industrious. He is the determination of the resolute.*

(178. सत्त्वं सत्त्ववताम् गीता-10.36)

सत्त्वं सत्त्ववतां कृष्ण: सद्गुणस्य च रक्षक: ।
तस्मात्सर्वेषु कालेषु जयते सत्यमेव हि ॥ 1315/1447

◉ **Truth :** *Shrī Krishna is the truth of the truthful. He is the protector of the righteous. Therefore, truth always wins.*

---

[14] देवितृ = द्यूतकार: । देवनम् = द्यूतम् ।

(179. धनञ्जय: गीता-10.37)

सद्धर्मी धर्मवीराणां योगी निष्कामकर्मणाम् ।
कृष्णो हि पार्थरूपेण पाण्डवानां धनञ्जय: ।। 1316/1447

◎ **Dhanajjaya**: Shrī Krishna is the Dhananjaya (Winner of the wealth, Arjun) among the Pandavas. He is the symbol of righteousness, selflessness and valor.

(180. व्यास: गीता-10.37)

कृष्णद्वैपायनो व्यास: कृष्णरूपो महाकवि: ।
कालीपुत्रो महाज्ञानी वेदव्यासो महामुनि: ।। 1317/1447

◎ **Vyasa**: Shrī Krishna is the great poet sage Vyasa among the sages. He is also called the Son of Kali, Mahajnani, Ved-vyasa and Maha-muni.

(181. कवीनामुशना कवि: गीता-10.37)

कवीनामुशना कृष्णो ज्ञानितम: स ज्ञानिषु ।
धर्मज्ञ: स्मृतिकर्ता च शुक्राचार्यश्च संज्ञित: ।। 1318/1447

◎ **Ushana**: Shrī Krishna is the Ushana among the knowledgeable poet laureates. He is also called Dharmajna, Smriti-karta and Shukracharya.

(182. दण्डो दमयताम् गीता-10.38)

दण्डो दमयतां कृष्णो मनुस्मृतौ निरूपित: ।
यथा दोषस्तथा दण्डो राज्ञे च दोषिणे तथा ।। 1319/1447

◎ **Rule**: Shrī Krishna is the rule of the ruler, that is mentioned in the Manu-smriti. As the crime is, so should be the punishment, it is the rule of Manu.

(183. नीतिर्जिगीषताम् गीता-10.38)

नीतिर्मनुस्मृते: कृष्ण: कृष्णो नीतिर्जिगीषताम् ।

नीतिधर्मः सदाचारः सत्यधर्मस्य साधनम् ॥ 1320/1447

◎ **Morality** : Shrī Krishna is the morality of the moral. It is the tenet of the Manu-smriti. Morality is judgment, fairness, righteousness and truthfulness.

(184. **मौनं गुह्यानाम्** गीता–10.38)

मौनं कृष्णः स गुह्यानां संयमिनां च लक्षणम् ।
मौनं मतं मुनेर्भावो रहस्यं मितभाषिणाम् ॥ 1321/1447

रसनानिग्रहो मौनं मौनं तटस्थता तथा ।
मौनं व्रतं मतं दुर्गं मौनं हि सात्त्विकं तपः ॥ 1322/1447

◎ **Silence** : Shrī Krishna is silence of the secret. It is the sign of self control. It is the nature of the sages. Control over tongue is the quality of the Munis. It is a difficult austerity.

(185. **ज्ञानं ज्ञानवताम्** गीता–10.38)

ज्ञानं ज्ञानवतां कृष्णो विदुषां ज्ञानयोगिनाम् ।
आत्मज्ञानं मतं ज्ञानं शिवञ्च परमात्मकम् ॥ 1323/1447

◎ **Knowledge** : Shrī Krishna is the knowledge of the knowledgeable and the Jnana-yogis. Knowledge of self is regarded as true knowledge, the rest is all information, data or non-knowledge. Knowledge is as holy as Shiva.

(186. **कमलपत्राक्षः** गीता–11.2)

कृष्णः कमलपत्राक्षो नीलवर्णः सुदर्शनः ।
कर्माणि तं न लिम्पन्ति पद्मपत्रमिवाम्भसा ॥ 1324/1447

◎ **Lotus-eyed** : Shrī Krishna is lotus-eyed, blue coloured and auspicious to behold. Karmas do not stick to him as the water to a lotus leaf.

(187. **परमेश्वरः** गीता–11.3)

श्रीविष्णोरवतारः स रामस्य प्रतिरूपकः ।

अस्मान्रक्षति देवेशः श्रीकृष्णः परमेश्वरः ।। **1325**/1447

◎ **Supreme God :** *Shrī Krishna is the Supreme God. He is also Rama, the incarnation of Vishnu. Lord of the Lords, Shrī Krishna protects us all.*

(**188. योगेश्वरः** गीता–11.4)

सांख्ययोगं च ज्ञानं च, बुद्धियोगसनातनम् ।
कर्मयोगस्य निष्कामं, भक्तियोगस्य साधनम् ।। **1326**/1447

यज्ञयोगस्य संसिद्धिम्, अभ्यासयोगपद्धतिम् ।
गीताऽमृतस्य रूपेण योगेश्वरः स दत्तवान् ।। **1327**/1447

◎ **Yogeshvara :** *Shrī Krishna is Yogeshvara, the Lord of yogas. The ancient Sankhya-yoga, Jnana-yoga, Buddhi-yoga and Bhakti-yoga are the means of attaining Krishna. Krishna gave us this divine knowledge in the form of the discourse of the Bhagavad Gita.*

(**189. महायोगेश्वरः** गीता–11.9)

कृष्णो योगी महायोगी राजयोगी स योगदः ।
योगेश्वरश्च योगेशः महायोगेश्वरस्तथा ।। **1328**/1447

◎ **Maha-yogeshvara :** *Shrī Krishna is also called Maha-yogeshvara, as he is the great Lord of the yoga. He is also called Yogada, Mahayogi, Yogi, Raj-yogi, Yogeshvara and Yogesha.*

(**190. हरिः** गीता–11.9)

हरिः कृष्णो हरिर्रामो हरिर्विष्णुर्हरिर्रविः ।
हरिरिन्द्रो हरिर्ब्रह्म हरिश्चन्द्रो हरिश्शिखी ।। **1329**/1447

हरिर्वायुर्हरिः सिंहो हरिरश्वो हरिः कपि ।
हरिर्हंसो हरिस्सर्पो हरिर्यमो हरिश्शुकः ।। **1330**/1447

हरिर्हरति पापानि भक्तानां यानि कानि हि ।

हरिभक्तः सदा सुस्थो नमोस्तुते हरे हरे ।। **1331**/1447

◎ **Hari :** *Shrī Krishna is popularly known as Hari. Rama is also called Hari. Hari is Vishnu, Sun, Indra, Brahma, Moon, Peacock, wind, lion, horse, monkey, swan, snake, Yama and parrot. Hari removes all sins of the devotees. Thus, Hari's devotees are safe. Salute to that Hari.*

168. हिंदी गज़ल

काम निष्काम

स्थायी

करले, काम सखे! निष्काम । बोले, राधावर घनश्याम ।।

♫ ऩिसागरे, म-ग रेसा-! ऩि-सा-सा । रे-ग-, ध-प-मम गप-म-म ।।

अंतरा-1

दान धरम तू नाना कीने, कीने यज्ञ तमाम ।

आस फलों की तजी न तूने, कारज सकल सकाम ।।

♫ ऩि-सा रेगग म- पधनिध पधम-, ग-म नि-ध पम-म ।

सा-रे गम- म- धप- म ग-रे-, ध-पप ममग पम-म ।।

अंतरा-2

वस्त्र गेरुए तन पर डारे, मन कोयले समान ।

माथे चंदन, जटा पसारी, मस्तक में अज्ञान ।।

अंतरा-3

कृष्ण बतायो सदाचार का, मार्ग योग महान ।

आस छोड़ कर, रहे सदा तू, परमार्थ सत्यकाम ।।

◎ **Selfless work : *Sthāyī* :** *Please do the work selflessly, says Shrī Krishna, the beloved of Radha.* ***Antarā : 1.*** *You have done many charities and austerities, but only with the desire of their fruits. That work is not a selfless work. It amounts to a selfish work.* ***2.*** *You wear orange robe on your body, but your mind is black like a charcoal. You smear sandalwood paste on your forehead, but your head is filled with ignorance.* ***3.*** *Krishna has told the path of righteousness. It is the yoga of righteousness. Always follow it.*

(**191. अनेकवक्त्रनयनः** गीता-11.10)

हरेर्विराटरूपं तद्-अद्भुतं विस्मयावहम् ।

यस्मिन्ननेकवक्त्राणि बहूनि नयनानि च ।। **1332**/1447

◎ **Many eyes and mouths :** *Shrī Krishna's divine Universal form has many eyes and mouths. It is wondrous.*

(**192. अनेकाद्भुतदर्शनः** गीता–11.10)

कृष्ण विराटरूपं ते विस्मयकारकं बहु ।
अद्भुतं दर्शनं तस्य कृष्णं वदति पाण्डवः ।। **1333**/1447

◎ **Wonderful display :** *Shrī Krishna's Universal form is a wondrous display. It has many surprises, says Arjun.*

(**193. अनेकदिव्याभरणः** गीता–11.10)

आभरणानि दिव्यानि भूषयन्ति कलेवरम् ।
सुगन्धितानि पुष्पाणि माला वस्त्राणि ते प्रभो ।। **1334**/1447

◎ **Divine garments :** *Shrī Krishna is wearing many divine garments. He is also wearing garlands of fragrant flowers.*

(**194. दिव्यानेकोद्यतायुधः** गीता–11.10)

उद्यतानि च दिव्यानि शस्त्रास्त्राणि त्वया सखे ।
गदा चक्रञ्च खड्गश्च प्रहरणानि पाणिषु ।। **1335**/1447

◎ **Many weapons :** *Shrī Krishna is holding many divine weapons in his various hands. They include mace, Sudarshan wheel, conch shell, etc.*

(**195. दिव्यमाल्याम्बरधरः** गीता–11.11)

दिव्या मालाः शरीरे ते सुन्दरा विविधास्तथा ।
पुष्पसौरभयुक्ताश्च स्वर्णयुक्ताश्चकाशिताः ।। **1336**/1447

◎ **Many garlands :** *Shrī Krishna is wearing many divine garlands of many colours. They are all beautiful and fragrant. They are shining like gold.*

(196. दिव्यगन्धानुलेपन: गीता-11.11)

सुवासितं शरीरे ते दिव्यगन्धानुलेपनम् ।
स्नेह: सौरभयुक्तश्च परिमलश्च चन्दनम् ।। 1337/1447

◎ **Scents** : Shrī Krishna's body is perfumed with scents. It has a smear of sandalwood paste and flower nectars.

(197. सर्वाश्चर्यमय: गीता-11.11)

सर्वाश्चर्यमयं कृष्ण रूपं ते सर्वमङ्गलम् ।
अद्भुतं भासुरं दिव्यं प्रदीप्तं परमं प्रभो ।। 1338/1447

◎ **All wonderful** : Shrī Krishna's Universal form is all wonderful and auspicious. Arjun says, I have never seen such display ever before. It is radiant.

(198. देव: गीता-11.11)

सर्वं द्यु व्यावृतं येन सर्वं विश्वं चराचरम् ।
देवो दिव्य: स श्रीकृष्ण: सर्वभूतैश्च वन्दित: ।। 1339/1447

◎ **God** : Shrī Krishna is a great God. He is occupying all sky, earth and the whole moving and non-moving Universe. He is worshipped by all beings.

(199. विश्वतोमुख: गीता-11.11)

सर्वज्ञं सर्वगं कृष्णं पश्यामि विश्वतोमुखम् ।
उवाच पाण्डवो देवं हृषीकेशं कृताञ्जलि: ।। 1340/1447

◎ **Omniscient** : Arjun is saying with his hands folded, O Hrishikesha! O God! O Shrī Krishna! you are beholding everything everywhere. You are Omniscient.

(200. महात्मा गीता-11.12)

आत्मा कृष्णो महात्मा च परमात्मा मतस्तथा ।

धर्मात्मा सर्वभूतात्मा पुण्यात्मा मननात्परः ॥ 1341/1447

◉ **Great Soul :** *Shrī Krishna is a Great soul. He is the Supreme soul. He is a righteous soul. He is a sacred soul. He is the soul of all beings. He is beyond contemplation.*

(201. अनेकबाहूदरवक्त्रनेत्रः गीता-11.16)

देहे मुखानि नेत्राणि पिचिण्डा बहवो भुजाः ।
विश्वरूपं विराटञ्च कृष्ण तव भयानकम् ॥ 1342/1447

◉ **Many appendages :** *Shrī Krishna's Universal form has many appendages. He has many hands, mouths, eyes and bellies. It is fearsome.*

(202. सर्वतोऽनन्तरूपः गीता-11.16)

सर्वतोऽनन्तरूपस्त्वं नादिमध्यं च लभ्यते ।
अपर्याप्तं हि रूपं ते कृष्णमुवाच पाण्डवः ॥ 1343/1447

◉ **Ananta :** *O Lord Shrī Krishna! your form is infinite in every way. It's neither the beginning nor the end is visible, said Arjun.*

(203. विश्वेश्वरः गीता-11.16)

विश्वेश्वरो मतः कृष्णो विश्वदेवो मतस्तथा ।
विश्वाधारो जगत्पालो विश्वमूर्तिस्तथा च सः ॥ 1344/1447

◉ **Lord of the Universe :** *Shrī Krishna is the Lord of the Universe. He is the God of the Universe. He is the support of the Universe. He is the protector of the Universe. He is the image of the Universe.*

(204. विश्वरूपः गीता-11.16)

सर्वगतो हि श्रीकृष्णो येन व्याप्तमिदं जगत् ।
विराटरूपधारी स विश्वरूपः स एव हि ॥ 1345/1447

◉ **Universal form :** *Shrī Krishna is Omnipresent. He has occupied everything. He has assumed an Universal form. He is the image of the Universe.*

(205. किरीटी गीता-11.17)

मयूरमुकुटं शीर्षे बालकृष्णस्य शोभते ।
वनमाला च ग्रीवायां कृष्णस्य मुरली करे ॥ 1346/1447

किरीटं नृपकृष्णस्य स्वर्णमयञ्च सुन्दरम् ।
रत्नानि बहुरङ्गाणां मयूराकारपङ्क्तिषु ॥ 1347/1447

◎ **Crown bearer :** Shrī Krishna is called Kiriti, the crown bearer. As a child, he wears a peacock tiara and a garland of wild flowers. As a king, he wears a beautiful golden crown studded with diamonds and jewels in the shape of a peacock.

(206. गदी गीता-11.17)

कृष्णरूपं गदाधारि मोहकं सुन्दरं शुभम् ।
आसीनं कमलारूढं कान्तियुक्तं चतुर्भुजम् ॥ 1348/1447

◎ **mace bearer :** Shrī Krishna is called Gadī, the mace bearer. He is seated on the throne of lotus flower. He has four arms. His form is glowing, attractive and beautiful.

(207. चक्री गीता-11.17)

सर्वमङ्गलमाङ्गल्यं हस्ते चक्रं सुदर्शनम् ।
रूपञ्च मोहनं यस्य चक्रपाणि: स उच्यते ॥ 1349/1447

◎ **Wheel bearer :** Shrī Krishna is called the Sudarshan wheel bearer. He is all auspicious and pleasing. He is also called Chakra-pani.

(208. तेजोराशि: गीता-11.17)

तेजोराशिर्भवान्कृष्ण तेज:पुञ्जश्च काशित: ।
भासते वै जगत्सर्वं श्रीकृष्ण तव तेजसा ॥ 1350/1447

◎ **Splendid :** O Shrī Krishna! you are a glowing heap of splendor. O Lord! with your aura, the world is enlightened.

(**209. दुर्निरीक्ष्यः** गीता–11.17)

दुर्निरीक्ष्यो महातेजो दीप्तिमांश्च हरे भवान् ।
मूर्तिमांश्च रविः कृष्णः–तेजस्वी त्वं रवेरपि ।। 1351/1447

◎ **Difficult to be seen :** *Shrī Krishna is splendorous like the Sun and thus difficult to be seen with bare human eyes. The sky is illuminated with the glow.*

(**210. दीप्तानलार्कद्युतिः** गीता–11.17)

कृष्ण तव द्युतिर्दीप्ता रविवच्चाग्निवत्प्रभो ।
औज्ज्वल्यं खलु सर्वत्र समन्ततः प्रविस्तृतम् ।। 1352/1447

◎ **Glow :** *O Lord Shrī Krishna! your glow is bright like the Sun. The brightness has filled the entire Universe.*

(**211. अप्रमेयः** गीता–11.17)

असीमश्चाप्रमेयस्त्वम्–अगम्यो मधुसूदन ।
श्रीकृष्ण त्वं गुणातीतो वन्देऽहं करुणाकर ।। 1353/1447

◎ **Infinite :** *O Madhusudan Shrī Krishna! your are infinite, unfathomable and unimaginable. O Karunakara (Merciful)! you are beyond the gunas (the three attributes). We worship you.*

(**212. वेदितव्यः** गीता–11.18)

ॐ चित्रकाव्यश्लोकः

वार्ष्णेयो वेदितव्यश्च वेदविद्वेददेवता ।
वेद्यश्च वेदस्तुत्यश्च वेदाङ्गो वेदवन्दितः ।। 1354/1447

◎ **Ought to be known :** *Varshneya Shrī Krishna ought to be understood in reality. He is the knower of the Veda. He is praised by the Vedas and the sacred scriptures. He is saluted by the Vedas.*

(**213. अनन्तवीर्यः** गीता–11.19)

ॐ चित्रकाव्यश्लोकः

मुकुन्दोऽनन्तवीर्यच महाबाहुर्महाबलः ।
महावीरो महादेवो महायोगेश्वरस्तथा ।। 1355/1447

◎ **Brave :** *Mukund Shrī Krishna is infinitely brave. He is greatly powerful. He is valorous. He is a Great God and the Great Lord of Yoga.*

169. हिंदी भजन : कहरवा ताल 8 मात्रा

वीर कन्हैया

स्थायी

वीर हमारा कृष्ण कन्हैया, बोले नंद यशोदा मैया ।

♫ ध–प मग–रे– प–म गरे–सा–, रे–ग– ध–प मग–प– मगरे– ।

अंतरा–1

तूने वीर तृणाव्रत मारा, तुझसे वीर बकासुर हारा ।
दुष्ट अघासुर तूने फाड़ा, सर्प कालिया तूने ताड़ा ।
तारी तूने बिरज की गैया, केशी से, दैया ओ दैया! ।।

♫ सा–रे– ग–ग मप–मग रे–रे–, गगम– प–ध पम–गग रे–रे– ।
म–म मप–पप ध–पम ग–म–, प–प प–पप– ध–पम ग–म– ।
ध–पम ग–म– पपप म ग–म–, ग–म– ध–, प–म ग– मगरे–! ।।

अंतरा–2

गोवर्धन तू मेरु उठाया, इन्द्र देव का गर्व मिटाया ।
चाणूर मुष्टिक मल्ल हराया, मार कुवलयापीड़ गिराया ।
साथ तेरे बलदाऊ भैया, कंस से मथुरा मुक्त करैया ।।

अंतरा–3

अर्जुन को तू योग सिखाया, कर्म धर्म का मार्ग दिखाया ।
भगत के लिये भागा आता, पाप ताप सब दुःख भगाता ।
तू ही भव का खेल रचैया, तू ही भवसागर की नैया ।।

◎ **Brave Kanhaiya:** ***Sthāyī*** *: Krishna Kanhaiya is brave, say Nand Baba and Mother Yashoda.* ***Antarā : 1.*** *You killed Trinavart and you defeated Bakasura. You ripped apart Aghasura and you chastised Kaliya. You saved the cows of the village from Keshi, O my God!* ***2.*** *You picked up Govardhan mountain on your little finger. You subdued the ego of Lord Indra. You defeated the wrestlers Chanur and Mushtik. You killed the Kuvalayapid elephant. Balrama was with you. You freed Mathura from the* sinful Kamsa. **3.** You taught yoga to Arjun. You showed him the path of righteousness. You removed his despondency. You have created this worldly game. You are the boat to cross over the worldly ocean.

(214. अनन्तबाहुः गीता-11.19)

विष्णुरनन्तबाहुः स विश्वरूपश्च केशवः ।
अमितविक्रमी कृष्णः-तेजस्वी धर्मरक्षकः ।। 1356/1447

◎ **Many arms** : Shrī Krishna is Vishnu. He has many arms. He is Keshava. He has assumed an Universal form. Krishna has infinite velour. He is the protector of righteousness.

(215. शशिसूर्यनेत्रः गीता-11.19)

श्रीकृष्णस्य विराटस्य नेत्रे शशी रविस्तथा ।
चन्द्रमा शीतलो भावो मार्तण्डो भासुरस्तथा ।। 1357/1447

◎ **Eyes like Sun and Moon** : In his Universal form, Shrī Krishna's eyes are like the Sun and the Moon. The Moon represents his quiet nature and the Sun represents his severe nature.

(216. दीप्तहुताशवक्त्रः गीता-11.19)

मुखं विराटकृष्णस्य प्रज्वलितं कृशानुवत् ।
ज्वालामुख्या समा ज्वाला भासयन्ति त्रिलोकिनः ।। 1358/1447

◎ **Fire** : In the Universal form, Shrī Krishna's mouth is spewing fire. It is burning everything like a volcano. It is heating up the three worlds.

(217. रूपं महत् गीता-11.23)

दृष्ट्वा हरेर्महद्रूपं विराटं विघ्नहारकम् ।
भयभीतोऽभवत्पार्थो नतशीर्षः कृताञ्जलिः ।। 1359/1447

◎ **The Great** : Seeing the fearsome Universal form of Shrī Krishna, Arjun is terrified. He has folded his hands and bowed his head.

(218. बहुवक्त्रनेत्रः गीता-11.23)

कृष्णस्य विश्वरूपस्य दर्शनं परमद्भुतम् ।
तस्यानेकानि वक्त्राणि बहूनि लोचनानि च ।। **1360**/1447

◎ **Many mouths and eyes :** *The display of the Universal form of Shrī Krishna is unique and supreme. It has many mouths and eyes.*

(**219. बहुबाहूरुपादः** गीता–11.23)

बहुबाहूरुपादस्य कृष्णस्य रूपमद्भुतम् ।
कान्तियुक्तं महाचण्डम्–उग्ररूपं भयानकम् ।। **1361**/1447

◎ **Many arms and legs :** *Shrī Krishna has many arms and legs. The form is wonderful. It is severe, brilliant, terrible and fearful.*

(**220. नभःस्पृशः** गीता–11.24)

विशालकायकृष्णः स मेरुरूपो नभस्स्पृशः ।
विश्वरूपो विराटश्च श्रीकृष्णो विश्ववन्दितः ।। **1362**/1447

◎ **Touching the sky :** *The immense Universal form of Shrī Krishna is touching the sky, like a mountain. Shrī Krishna is worshipped by the world.*

(**221. अनेकवर्णः** गीता–11.24)

ज्वाला विविधरङ्गाणां मुखेभ्यो गगनस्पृशाः ।
कृष्णो विविधवर्णः स विराटरूप ईश्वरः ।। **1363**/1447

◎ **Many colours :** *Many colourful flames are coming out from the mouths of Shrī Krishna. They are touching the sky.*

(**222. दीप्तविशालनेत्रः** गीता–11.24)

दीप्तविशालनेत्रः स तेजःपूर्णो भयावहः ।
नेत्राणि रक्तवर्णानि भयानकानि श्रीहरेः ।। **1364**/1447

◎ **Large eyes** : Shrī Krishna has large and fiery red eyes. They are scary. His form is effulgent and fearsome.

(223. देवेश: गीता-11.25)

कृष्णो देवो महादेवो देवेश: परमेश्वर: ।
ईश: स ईश्वर: कृष्ण: परमेश: परात्पर: ।। 1365/1447

◎ **God of the Gods** : Shrī Krishna is the God of the Gods. He is the Great God. He is the Supreme God. He is beyond the Supreme.

(224. जगन्निवास: गीता-11.25)

कृष्णो जगन्निवास: स भूतचराचरस्य हि ।
परमं धाम भूतानां सर्वभूतमहेश्वर: ।। 1366/1447

◎ **Abode** : Shrī Krishna is the abode for all moving and non-moving beings of the Universe. He is the Lord of all beings.

(225. उग्ररूप: गीता-11.31)

उग्ररूपो महाकायो विश्वरूपो महेश्वर: ।
अर्दनो दुष्टलोकानां श्रीकृष्णो हि जनार्दन: ।। 1367/1447

◎ **Severe form** : The Universal form of Shrī Krishna is severe and huge. He is the Great Lord of the world. He is the slayer of the evil people, therefore, he is called Janardan.

(226. देववर: गीता-11.31)

कृष्णो देववरो ज्ञात: पुरुष: पुरुषोत्तम: ।
ईश्वरश्च स देवेषु नरेषु च नरोत्तम: ।। 1368/1447

◎ **Superior God** : Shrī Krishna is a Superior God. He is Purusha. He is Purushottama. He is the God of the Gods. In his human form, he is superior to all men.

(227. आद्य: गीता-11.31)

मूलं स जगतः कृष्णो मतः स ब्रह्मणः परः ।
आद्य आदीश्वरः कृष्ण आदिदेवो मतस्तथा ।। **1369**/1447

◎ **Primordial :** *Shrī Krishna is the root of the Universe. He is the Supreme Brahma. He is the Primordial God. He is the origin of the nature. Therefore, he is called Jagdish (Lord of the Universe).*

(**228. कालो लोकक्षयकृत्प्रवृद्धः** गीता–11.32)

प्रवृद्धः सोऽर्दनं कर्तुं कालो भूत्वा जनार्दनः ।
कुरुवीरा हतास्तेन विना युद्धं क्षतिं विना ।। **1370**/1447

◎ **Kala :** *Shrī Krishna assumed the Universal form to remove evil people. He is Janardan. He has annihilated the Kauravas without a war or any blood shed.*

(**229. गरीयान्ब्रह्मणोऽपि** गीता–11.37)

ईश्वरश्च सुरेन्द्रश्च गरीयान्ब्रह्मणोऽपि सः ।
देवदेवः स श्रीकृष्णः सर्वदेवा नमन्ति यम् ।। **1371**/1447

◎ **Beyond Brahma :** *Shrī Krishna is God. King of the Gods. Supreme Brahma. Lord of the Gods. All Gods worship him.*

(**230. आदिकर्ता** गीता–11.37)

आदिकर्ता भवान्कृष्ण सृष्टेरादिर्मतो भवान् ।
मूलबीजञ्च सर्गाणां ब्रह्मणश्च गतिर्भवान् ।। **1372**/1447

◎ **Original creator :** *Shrī Krishna is the original creator of the Universe. He is its root. He is the seed of the creation. He is the personified state of Brahma.*

(**231. सदसत्परः** गीता–11.37)

न कृष्णः सन्न चासच्च श्रीकृष्णः सदसत्परः ।
कृष्ण एव सतो भावो नाभावो विद्यतेऽसतः ।। **1373**/1447

◎ **Existence :** *Shrī Krishna is existence and non-existence and beyond existence and non-existence. Other than Krishna, non-existence has no existence.*

(**232. पुरुषः पुराणः** गीता–11.38)

अनादिः पुरुषः कृष्णः पुराणो ब्रह्मणोऽपि सः ।
कृष्णाद्धि सर्वमुद्भूतं कृष्णे सर्वं विलीयते ।। 1374/1447

◎ **Ancient Purusha :** *Shrī Krishna is the ancient Purusha. He has no beginning. He is ancient than Brahma. From Krishna evolves everything and everything dissolves in Krishna.*

(**233. अनन्तरूपः** गीता–11.38)

श्रीकृष्णोऽनन्तरूपः स विश्ववृक्षः सनातनः ।
न तस्यादिर्न मध्यञ्च दृश्यते सकलैर्जनैः ।। 1375/1447

◎ **Many forms :** *Shrī Krishna has many forms. He is the eternal worldly tree. Neither its beginning nor the middle nor the end is visible to all people.*

(**234. वायुः** गीता–11.39)

पवनः पवतां कृष्णो गन्धानां वाहकश्च सः ।
पञ्चभूतेषु वायुश्च भूमिरग्निर्जलं नभः ।। 1376/1447

◎ **Wind :** *Shrī Krishna is the wind among the things that flow. The wind carries fragrance of the flowers from place to place. Wind, fire, earth, water and sky are the five elemental beings.*

(**235. शशाङ्कः** गीता–11.39)

भास्करश्च शशाङ्कश्च मतौ कृष्णस्य चक्षुषी ।
कृष्णः सूर्यः शशाङ्कश्च सर्वञ्च विश्वमण्डलम् ।। 1377/1447

◎ **Moon :** *Shrī Krishna is the Moon. He is the Sun. The sky is Krishna. Sun and Moon are like Krishna's eyes.*

(**236. प्रजापतिः** गीता–11.39)

कृष्णः प्रजापतिर्ब्रह्मा भूतचराचरस्य हि ।
कृष्णस्तेषां पिता माता जन्मदाता जगत्पतिः ।। **1378**/1447

◎ **Progenitor :** *Shrī Krishna is the originator Brahma. There are twenty one progenitors of the living beings. Krishna is their mother, father and the Lord. Krishna is the Master of the world.*

(237. प्रपितामहः गीता–11.39)

श्रीकृष्णो जन्मदाता स माता पिता पितामहः ।
पितॄणां हि पिता कृष्णः–तस्मात्स प्रपितामहः ।। **1379**/1447

◎ **Great-grand-father :** *Shrī Krishna is the Great grandfather of the world. He is the life giver. He is the father of the forefathers. Therefore, he is the Great-grand-father.*

(238. अमितविक्रमः गीता–11.40)

विघ्नविनाशकः कृष्णः स चासुरनिकन्दनः ।
अमितविक्रमः कृष्णः कृष्णः सकलशक्तिमान् ।। **1380**/1447

◎ **Valorous :** *Shrī Krishna is infinitely valorous. He is the remover of obstacles. He is slayer of the evil. He is all powerful.*

(239. सर्वः गीता–11.40)

कृष्णः सर्वो हि सर्वस्य सर्वञ्च कृष्ण एव हि ।
सर्वस्मात्सृज्यते सर्वं सर्वं सर्वेषु लीयते ।। **1381**/1447

◎ **All :** *Shrī Krishna is everything of everyone. He is all. Everything comes from this all and everything dissolves into this all.*

(240. सखा गीता–11.41)

ॐ चित्रश्लोकः

सर्वभूतसखा कृष्णः सुखदुःखेषु सर्वदा ।
सुहृच्च सदयः कृष्णः सच्चिदानन्द ईश्वरः ।। **1382**/1447

◎ **Friend :** *Shrī Krishna is a dear friend of all beings in their pains and pleasures. He is the peace and joy at heart. He is the merciful Lord.*

(**241. यादवः** गीता–11.41)

ॐ चित्रकाव्यश्लोकः

यशोदो यदुवीरः स यादवो यदुनन्दनः ।
यदाऽऽहूतस्तदाऽऽयाति स यदुकुलभूषणः ।। 1383/1447

◎ **Yadava :** *Shrī Krishna is a son of King Yadu. He is son of Yashoda. He is son of Nanda. He is the glory of Yadu dynasty. He comes whenever you call him.*

(**242. पिता लोकस्य चराचरस्य** गीता–11.43)

भूतानां स हि सर्वेषां कृष्णः पिता त्रिलोकिनाम् ।
पिता तथा च माता स परमो वत्सलः प्रभुः ।। 1384/1447

◎ **Father :** *Shrī Krishna is the father of the moving and non-moving beings of the three worlds. He is the father, mother, friend as well as supremely kind Lord.*

(**243. पूज्यः** गीता–11.43)

ॐ चित्रकाव्यश्लोकः

पवित्रः पावनः पूज्यः प्रद्युम्नः परमेश्वरः ।
पातु मां सर्वपापेभ्यः पापहा प्रियदर्शनः ।। 1385/1447

◎ **Venerable :** *Pradyumna Shrī Krishna is a Venerable Great God. He is the remover of sins. May he protect me from all sins.*

(**244. गरुर्गरीयान्** गीता–11.43)

कृष्णो गुरुर्गरीयान्स गुरूणाञ्च गुरुस्तथा ।
पूज्यते गुरुभिः कृष्णः कृष्णस्तस्माज्जगद्गुरुः ।। 1386/1447

◎ **Guru :** *Shrī Krishna is the Guru of the Gurus, he is Jagad-guru (Guru of the World). Krishna is worshipped by all gurus.*

(**245. अप्रतिमप्रभावः** गीता–11.43)

सर्वेशः सर्वदेवश्च देवदेवो महेश्वरः ।
अप्रतिमप्रभावश्च श्रीकृष्णः सर्वशक्तिमान् ।। 1387/1447

◎ **Infinite power :** *Shrī Krishna has infinite power. He is almighty God, God of the Gods, Supreme God of infinite power. He is all-powerful.*

(**246. ईश इड्यः** गीता–11.44)

श्रीकृष्णमीशमीड्यञ्च पूजार्हं तं प्रभुं विभुम् ।
मुरारिं वन्दनीयञ्च गोविन्दं तं नमाम्यहम् ।। 1388/1447

◎ **Worship worthy :** *Shrī Krishna is the God to be worshipped. I salute Govind Murari Shrī Krishna.*

(**247. चतुर्भुजः** गीता–11.46)

सौम्यरूपः स श्रीकृष्णः शान्तमूर्तिश्चतुर्भुजः ।
नीलसरसिजारूढः–चक्रपाणिः सुदर्शनः ।। 1389/1447

◎ **Four armed :** *Shrī Krishna, in his normal pleasing delightful form, has four arms. He is seated on blue lotus and holds Sudarshan wheel in his hand.*

(**248. सहस्त्रबाहुः** गीता–11.46)

कृष्ण सहस्त्रबाहो त्वं विश्वरूपो महाबलः ।
नेत्राणि ते सहस्त्राणि वक्त्राणि चरणास्तथा ।। 1390/1447

◎ **Thousand arms :** *In his Universal almighty form, Shrī Krishna has a thousand arms, heads, legs and eyes.*

(**249. विश्वमूर्तिः** गीता–11.46)

विश्वमूर्तिः स श्रीकृष्णो यस्मिन्विश्वं समाहितम् ।
कृष्णः सर्वस्य विश्वस्य प्रतिमा सुमनोहरा ।। 1391/1447

◎ **Universal form :** *Shrī Krishna is Universal. In him the Universe is contained. Krishna is the beautiful image of the Universe.*

(250. तेजोमय: गीता-11.47)

तेजोमयो भवान्कृष्ण दीप्तियुक्तश्च सूर्यवत् ।
तेजसा तव हे कृष्ण विश्वं सर्वं प्रकाशितम् ।। 1392/1447

◎ **Brilliant :** *Shrī Krishna is brilliant like the Sun. With his radiance the world is illuminated.*

(251. विश्वम् गीता-11.47)

ॐ लोका:

कृष्णो ब्रह्मा च विष्णुश्च शिवो देवाश्च देवता: ।
प्रकृति: पुरुष: कृष्ण: परमात्मा तथा च स: ।। 1393/1447

पृथिव्यां पादपा नद्यो गिरिवराश्च सागरा: ।
प्राणिन: पक्षिण: कीटा: कृष्ण त्वं सर्वमानवा: ।। 1394/1447

विश्वमेतद्भवानेव तत्त्वमसि हरे खलु ।
त्वया सर्वमिदं व्याप्तं त्वयि सर्वं समाहितम् ।। 1395/1447

◎ **Universe :** *Shrī Krishna is Brahma, Vishnu and Shiva. He is the Gods and he is the Goddesses. He is the Prakriti (nature) and the Purusha (atma). He is the Parmatma (the Supreme Person). O Krishna! you are the rivers, mountains, oceans, animals, men, birds, plants and the worms on the earth. You are the entire Universe. It is pervaded by you. It is contained in you.*

(252. अनिर्देश्य: गीता-12.3)

कृष्ण त्वं वर्णनातीतो ध्यानगम्यस्तु योगिभि: ।
अनिर्देश्यो गुणातीत: कृपाशीलश्च केशव ।। 1396/1447

◎ **Beyond description :** *O Shrī Krishna! you are beyond description. You are attainable through meditation by the yogis. You are beyond the gunas (the three attributes). O Keshava! you are merciful.*

(253. सर्वत्रगः गीता-12.3)

चित्रकाव्यश्लोकः
श्रीकृष्णः सर्वगामी स सर्वथा समवस्थितः ।
सर्वस्य सर्वदा साक्षी सद्भावः सुहृदः सखा ॥ 1397/1447

◎ **Omnipresent :** Shrī Krishna is Omnipresent. He is present everywhere, in every which way he is equanimous. He is witness for all. He is well wisher of the righteous people.

(254. अचिन्त्यः गीता-12.3)

यदि हि वर्णितः सर्वैः सर्वैश्च वन्दितस्तथा ।
श्रीकृष्णो मननातीतः शब्दातीतश्च सर्वथा ॥ 1398/1447

मतोऽचिन्त्यः स श्रीकृष्णः स्वप्नगम्यो हि यद्यपि ।
तथापि चिन्तनं कार्यं कृष्णस्य सर्वदा सदा ॥ 1399/1447

◎ **Difficult to contemplate :** Shrī Krishna is difficult to contemplate on. He is beyond words and thoughts. Even then, we should always meditate on him.

(255. कूटस्थः गीता-12.3)

श्रीकृष्णो ब्रह्मरूपेण कूटस्थः स्थावरो ध्रुवः ।
अगोचरो निराकारो निर्गुणो दुर्गमस्तथा ॥ 1400/1447

◎ **Highest :** When Shrī Krishna is seated at the summit in the form of Brahma, he is eternal and immutable. In this form, he is invisible, formless and without attributes. He is then difficult to attain.

170. संस्कृतभजनम् : राग रत्नाकर, कहरवा ताल 8 मात्रा

भज गोविन्दम्

स्थायी

ब्रह्मा त्वमेव, विष्णुस्त्वमेव, शम्भुस्त्वमेव, कृष्ण सखे! ।
सर्गस्त्वमेव, स्वर्गस्त्वमेव, सर्वं त्वमेव, कृष्ण हरे! ॥

♪ रे-रे- रेरे-रे, ग-ग-गग-ग, म-म-मम-म, प-म गरे-!
प-प-पप-प, ध-ध-धध-ध, प-प- पम-म प-म गरे-!

अंतरा–1

ब्रह्मस्वरूपम्, अव्यक्तरूपम्, अचिन्तनीयं, क्लिष्टतरम् ।

कथनातीतं, स्मरणातीतं, सुगमं सुलभं कृष्ण! न ते ।।

♪ नि–धपध–नि–, ध–पमप–ध–, पम–गम–प–, म–गरेसा– ।

सासारे–ग–ग, रेरेग–म–म–, पमग– रेगम– प–म! ग रे– ।

अंतरा–2

विष्णुस्वरूपं, मानवरूपं, दृष्टिगोचरं, हर्षकरम् ।

लोचनकमलं, निर्मलविमलं, सर्वसुन्दरं, लक्ष्मीपते ।।

अंतरा–3

देवकीनन्दं, नन्दनन्दनं, राधारमणं, करुणपरम् ।

तिलकचन्दनं, जगद्वन्दनम्, भज गोविन्दं, मूढमते ।।

◎ **Worship Govind :** ***Sthāyī :*** *O Dear Krishna! you are Brahma. You are Vishnu. You are Shiva. You are the evolution. You are the heaven. You are everything in the Universe, O Hari!* **Antarā : 1.** *In the form of Brahma, you are impersonal, unfathomable, difficult to be described, difficult to contemplate, difficult to attain.* **2.** *In the form of Vishnu, you are personified, easy to behold, joy giving, beautiful like a lotus flower, pure, all adorable, O Lakshmi-pati (Husband of Lakshmi)!* **3.** *O My dumb mind! Chant the name of Shrī Krishna! Devaki-nand! Nand-nand! Radha-ramana! Karuna-para! Tilak-chandana! Govind!*

(**256. अचलः** गीता–12.3)

ब्रह्मरूपोऽचलः कृष्णो यथा गिरिर्हिमाचलः ।

दर्शनं ब्रह्मरूपस्य विनाऽऽयासं न लभ्यते ।। 1401/1447

◎ **Steady :** *In the form of Brahma, Shrī Krishna is steady like the Himalaya mountain. It can not be seen without efforts.*

(**257. ध्रुवः** गीता–12.3)

ब्रह्मरूपो ध्रुवः कृष्णः–चिरः स्थिरश्च शाश्वतः ।

अविनाशी च नित्यश्च दृढोऽमरश्च स्थावरः ।। 1402/1447

◎ **Stationary :** *In the form of Brahma, Shrī Krishna is stationary, eternal, everlasting, indestructible, immortal and fixed.*

(258. समुद्धर्ता मृत्युसंसारसागरात् गीता-12.7)

श्रीकृष्णो हि समुद्धर्ता मृत्युसंसारसागरात् ।
नौका भवति भक्ताय श्रीकृष्णो भवसागरे ॥ 1803/1447

◎ **Up lifter :** *Shrī Krishna uplifts us from the worldly ocean. He becomes the boat and the boatman to rescue his devotees.*

(259. क्षेत्रज्ञ गीता-13.3)

कलेवरमिदं क्षेत्रं कीर्तितं ब्रह्मज्ञानिभिः ।
ज्ञाता क्षेत्रस्य क्षेत्रज्ञः श्रीकृष्ण एक एव सः ॥ 1404/1447

◎ **Kshetrajna :** *This body is a Kshetra and the knower of the body is Kshetrajna Shrī Krishna.*

(260. सर्वतः पाणिपादः गीता-13.14)

विराटं परमं रूपं कृष्णः पार्थमदर्शयत् ।
सर्वतः पाणिपादं तद्-विश्वरूपं महाजनाः! ॥ 1405/1447

◎ **Many hands and legs :** *In the Universal form, Shrī Krishna has many hands and legs, says Arjun.*

(261. सर्वतोऽक्षिशिरोमुखः गीता-13.14)

दिव्यरूपः स श्रीकृष्णः सर्वतोऽक्षिशिरोमुखः ।
सर्वं पश्यति सर्वेषां सर्वं जानाति सर्वदा ॥ 1406/1447

◎ **Many heads and mouths :** *In the Universal form, Shrī Krishna has many heads, mouths and eyes. He observes everyone.*

(262. सर्वतः श्रुतिमल्लोके गीता-13.14)

सर्वतः श्रुतिमल्लोके श्रीकृष्णो जगदीश्वरः ।
मतो विश्वे स लोकेशः शास्त्रेषु परमेश्वरः ॥ 1407/1447

◎ **Well known :** *Shrī Krishna is well known in the three worlds. He is the Lord of the Universe. In the world he is called Lokesha. In the scriptures, he is called the Supreme Lord.*

(263. सर्वमावृत्य तिष्ठितः गीता-13.14)

श्रीकृष्णः सर्वव्यापी स सर्वमावृत्य तिष्ठितः ।
भूतानि तस्य छायायां सकलाश्चाश्रिता जनाः ।। 1408/1447

◎ **Encompassing** : *Shrī Krishna is encompassing everything. He is pervading everything. Everything is within him. All beings are under his shelter.*

(264. सर्वेन्द्रियगुणाभासः गीता-13.15)

सर्वेन्द्रियगुणाभास आत्मा भूत्वा तनौ स्थितः ।
श्रीकृष्णः सर्वगात्रेषु सौक्ष्म्येन हि समावृतः ।। 1409/1447

◎ **Gunas** : *In the form of Brahma, Shrī Krishna is atma in the body of the beings in minute form. He appears to be attributed but he is without the gunas.*

(265. सर्वेन्द्रियविवर्जितः गीता-13.15)

स्थितो यद्यपि गात्रेषु सर्वेन्द्रियविवर्जितः ।
देहेषु सर्वभूतानां कृष्णश्चरति आत्मवत् ।। 1410/1447

◎ **Without appendages** : *In the form of Brahma, Shrī Krishna is dwelling in the body of the beings, but as the atma he is without appendages.*

(266. असक्तः गीता-13.15)

कृत्वाऽपि सर्वकर्माणि तैरलिप्तस्तथाऽपि सः ।
लिप्तो न कर्मभिः कृष्णः पद्मपत्रमिवाम्भसा ।। 1411/1447

◎ **Unattached** : *Shrī Krishna dwells in the body and observes the karmas being performed by the gunas, but he is unattached to all the karmas, as a drop of oil is unattached to the water or the water is unattached to the lotus leaf.*

(267. सर्वभृत् गीता-13.15)

कर्ता स सर्वभूतानां भर्ता च परमेश्वरः ।
माता पिता च श्रीकृष्णः सर्वेषां पालकस्तथा ।। 1412/1447

◉ **Guardian :** Shrī Krishna is the guardian for all beings. He is their Supreme Lord. Krishna is the mother, father and the guardian.

(268. निर्गुणः गीता-13.15)

निर्गुणब्रह्मरूपः स श्रीकृष्णः सगुणो भुवि ।
ब्रह्मैव निर्गुणं तत्त्वं नान्यत्किञ्चिद्विना गुणम् ।। 1413/1447

◉ **Without attributes :** In the form of Brahma, Shrī Krishna is without attributes. On the earth, in his personified form, he is attributed. In the Universe, in the three worlds, only Brahma is without attributes, nothing else in the three worlds is without attributes. Everything else is with the three attributes.

171. हिंदी भजन : राग धुनी, तीन ताल

निर्गुण दर्शन

स्थायी

निर्गुण का दर्शन मुश्किल है, सगुण श्रीकृष्ण को मन से भज ले ।

♪ म-गरे ग- प-मग रे-निसा- रे-, ममम प-मग म- गग रे- सानि सा- ।

अंतरा-1

ब्रह्म है निर्गुण निराकार है, अजर अचल है, निर्विकार है ।
कृष्ण सगुण सही साकार है, सदय सुखद सुमन है, समझ ले ।।

♪ नि-नि नि सा-सासा रेग-म-ग रे-, ममम गगग म-, प-मग-रे सा- ।
सा-सा निसासा रेरे- ग-ग-ग म-, ममम गगग मगरे ग-, रेगरे सा- ।।

अंतरा-2

माधव से तू प्रीत जगा ले, मद मत्सर राग तन से भगा ।
ध्यान तू हरि सुमिरन में लगा, काम कोह विषय आस तज दे ।।

◉ **Attributes : Sthāyī :** It is difficult to behold Brahma which is without attributes. Therefore, worship Shrī Krishna who is with attributes. **Antarā :** 1. Brahma is formless, without attributes, non-moving, immutable. Shrī Krishna is attributed, merciful, joy giver, well wisher. Worship him. 2. In your mind keep love for Madhava (Husband of Lakshmi). Remove the intoxication, jealousy, attachment, passion, anger and desires away from your body. Meditate on Hari Shrī Krishna.

(**269. गुणभोक्ता** गीता–13.15)

निर्गुणः सगुणे देहे गुणभोक्ता स केशवः ।
साक्षी भूत्वा हि लीलां स पश्यति गुणकर्मणाम् ।। 1414/1447

◎ **Experience the Formless:** *Becoming atma in the body, Shrī Keshava Krishna experiences the influence of the gunas. He becomes a witness and observes the magic of the gunas.*

(**270. अचरश्च चरः** गीता–13.16)

यद्यद्धि जायते भूमौ सर्वं कृष्णस्य मायया ।
भूत्वा चरोऽचरः कृष्णः प्रादुर्भवति भूतले ।। 1415/1447

◎ **Charachar :** *Shrī Krishna is the moving as well as the non-moving beings. Everything takes birth on the earth with the kind grace of Shrī Krishna. They are his images.*

(**271. सूक्ष्मत्वादविज्ञेयः** गीता–13.16)

अणुरूपमविज्ञेयं सूक्ष्मत्वाद्गगनं यथा ।
तथा ह्यणोरणीयान्स कृष्णः सर्वैर्न ज्ञायते ।। 1416/1447

◎ **Minute :** *In the form of Brahma, Shrī Krishna is minute. He is difficult to be seen and understood. He is finer than an atom. He is not known by all.*

(**272. दूरस्थः** गीता–13.16)

दूरस्थो मननातीतः श्रीकृष्णो दुर्गमस्तथा ।
विना श्रद्धां विना भक्तिं दृश्यते न स लोचनैः ।। 1417/1447

◎ **Far :** *In the form of Brahma, Shrī Krishna is far away, beyond imagination in the mind. In any form, he is not visible by eyes without having firm faith.*

(**273. अन्तिकः** गीता–13.16)

सर्वगामी स श्रीकृष्णो दूरस्थश्चान्तिकस्तथा ।

अभक्ताय स दूरस्थो भक्ताय त्वन्तिक: सदा ।। 1418/1447

◉ **Close** : Shrī Krishna is far away for those who are not his devotees. He is very close to his devotees.

(274. अविभक्त: गीता-13.17)

अविभक्त: स श्रीकृष्ण: सर्वभूतेषु विष्ठित: ।
एको भिन्नेषु भूतेषु सर्वभूतेषु संतत: ।। 1419/1447

◉ **Undivided** : As atma, Shrī Krishna is undividedly seated in all bodies. Even if the beings are different, he is situated uniformly.

(275. विभक्त इव गीता-13.17)

विभक्त इव भूतेषु भिन्नेषु भिन्नरूपक: ।
अविभक्त: स श्रीकृष्ण: सर्वभूतेषु संस्थित: ।। 1420/1447

◉ **As if divided** : Shrī Krishna appears to be dwelling in each being separately. But as atma, he is only one, seating in all beings simultaneously undivided.

(276. ग्रसिष्णु: गीता-13.17)

प्रभो विराटरूपस्त्वं ग्रसिष्णुरघनाशक: ।
खादसि योधवीरांस्त्वं श्रीकृष्ण विविधैर्मुखै: ।। 1421/1447

◉ **Devouring** : In his Universal form, Shrī Krishna is gulping the evil people with his blazing mouths.

(277. प्रभविष्णु: गीता-13.17)

श्रीकृष्ण प्रभविष्णुस्त्वं सृष्टे: कर्ता पितामह: ।
तेजस्वी च प्रभावी त्वं विष्णुरूपो गणाधिप: ।। 1422/1447

◉ **Prabha-Vishnu** : O Shrī Krishna! you are Prabha-Vishnu. You are the cause of the nature. You are the Grandfather. You are the Master of the beings. You are glorious.

(278. ज्योतिषामपि ज्योतिस्तमस: पर: गीता-13.18)

ज्योतिषामपि ज्योतिस्त्वं श्रीकृष्ण तमस: पर: ।
अज्ञानं निर्गतं सर्वं तेजसा तव केशव ।। 1423/1447

◉ **Beyond darkness** : *O Shrī Krishna! you are the brightness of the brilliant. You are beyond darkness. O Keshava! with the light of knowledge, our ignorance has gone away.*

(279. ज्ञानगम्य: गीता–13.18)

अचिन्त्यो वर्णनातीतो गम्यस्त्वं ज्ञानयोगिभि: ।
न तपसा न ध्यानेन न च दानेन कृष्ण त्वम् ।। 1424/1447

◉ **Knowable** : *Shrī Krishna is beyond thought and words, but he is knowable by the yogis by meditation. He can not be attained merely by charities or austerities.*

(280. हृदि सर्वस्य विष्ठित: गीता–13.18)

श्रीकृष्ण: सर्वगामी स हृदि सर्वस्य विष्ठित: ।
सकलभूतभूतात्मा सर्वस्य परमेश्वर: ।। 1425/1447

◉ **In the hearts** : *Shrī Krishna is seated in the hearts of all beings. He is omnipresent. He is the Lord of all beings.*

(281. प्रकृति: गीता–13.20)

प्रकृति: पुरुष: कृष्ण: श्रीकृष्णो विश्वव्यापक: ।
श्रीकृष्णो ब्रह्म ब्रह्माण्डं निर्गुण: सगुणस्तथा ।। 1426/1447

◉ **Nature** : *Shrī Krishna is the Prakriti (nature) and the Purusha. He occupies the world. Krishna is the attributed Universe and he is the Brahma (the Supreme) without attributes.*

(282. उपद्रष्टा गीता–13.23)

आत्मा भूत्वा हृषीकेशो भूतदेहे समावृत: ।
उपद्रष्टा हि साक्षी स न करोति न कार्यते ।। 1427/1447

◉ **Observer** : *As atma, Shrī Krishna is an observer in the body, seated in the heart. He is just a witness, not doing anything nor causing anything to be done.*

(**283. अनुमन्ता** गीता–13.23)

हृद्देशे सर्व भूतानां स्थितः कृष्णो जनार्दनः ।
अनुमन्ता च साक्षी स श्रीकृष्णः पुरुषः परः ।। 1428/1447

◎ **Commander :** *Janardan Shrī Krishna, seated in the heart, is the observer in the body. He is observing as a witness. He is atma, the Purusha.*

(**284. महेश्वरः** गीता–13.23)

ईश्वर ईश्वराणां स कृष्णो मतो महेश्वरः ।
भूतेशः सर्वभूतानां कृष्णो भूतमहेश्वरः ।। 1429/1447

◎ **Great Lord :** *Lord Shrī Krishna is the God and the Great Lord of all beings and all Gods.*

(**285. परमात्मा पुरुषः परः** गीता–13.18)

आत्मा च परमात्मा स श्रीकृष्णः पुरुषः परः ।
ईशः स ईश्वरः कृष्णो देवेशः परमेश्वरः ।। 1430/1447

◎ **Parmatma :** *Shrī Krishna is the Supreme soul. He is God of the Gods.*

(**286. समः सर्वेषु भूतेषु** गीता–13.28)

समः सर्वेषु भूतेषु श्रीकृष्णः सर्वदा हि सः ।
तस्य नारिर्न मित्रञ्च तटस्थः सर्वप्राणिषु ।। 1431/1447

◎ **Equanimous :** *Shrī Krishna is equanimous to all beings all the time. He is indifferent to all. He has no enemies or friends.*

(**287. विनश्यत्स्वविनश्यः** गीता–13.28)

अविनश्यो विनश्यत्सु श्रीकृष्णः शाश्वतश्चिरः ।

सर्वभूतानि नश्यन्ति देही तेषां न नश्यति ।। 1432/1447

◉ **Indestructible** : *As atma in the perishable body, Shrī Krishna is non-perishable. The beings are mutable but Krishna is immutable.* **x.x**

(288. समवस्थित: गीता–13.29)

देहिरूपेण श्रीकृष्णो देहेषु समवस्थित: ।
सदा सर्वेषु भूतेषु सम: सङ्गविवर्जित: ।। 1433/1447

◉ **Equanimous** : *Shrī Krishna is equanimous to all beings. As atma, he dwells in all beings without attachment.*

(289. परमात्मा शरीरस्थ: गीता–13.32)

सर्वभूतशरीरस्थ: श्रीकृष्ण: परमेश्वर: ।
देही भूत्वा स देहेषु तिष्ठति भूतभावन: ।। 1434/1447

◉ **Supreme soul** : *Shrī Krishna is soul. He is the Supreme soul. He is the Supreme Lord.*

(290. महद्योनि: गीता–14.4)

श्रीकृष्ण: सर्वभूतानां महद्योनिर्हि प्राणिनाम् ।
बीजदाता पिता कृष्ण:–तथा माता मतश्च स: ।। 1435/1447

महद्योनिर्मत: कृष्णो ब्रह्मयोनिस्तथा च स: ।
यस्मात्सर्वाणि जायन्ते भूतानि भवसागरे ।। 1436/1447

◉ **Womb** : *Shrī Krishna is the great womb in which everyone takes birth. He is the mother and the father for the worldly beings.*

(291. बीजप्रद: पिता गीता–14.4)

बीजं कृष्णो हि सर्वेषां भूतानां जन्मदायकम् ।
बीजप्रदो मत: कृष्णो ब्रह्मयोनिस्तथा च स: ।। 1437/1447

◉ **Father** : *Shrī Krishna is the father. He is the seed of all beings. He is the great womb as well.*

(**292. यतः प्रवृत्तिः प्रसृता पुराणी** गीता–15.4)

कृष्णः पुरातना योनिः सृष्टिः सा प्रसृता यतः ।
प्रवृत्तिः स हि सर्वेषां निवृत्तिश्च गतिस्तथा ।। 1438/1447

◎ **Origin :** *Shrī Krishna is the origin of everything. From him the evolution starts. He is ancient. He is the resting place as well.*

(**293. आद्यः पुरुषः** गीता–15.4)

अनादिः पुरुषः कृष्णो बीजमाद्यञ्च निर्मितेः ।
संयोगात्प्रकृतेस्तेन ब्रह्माण्डं सकलं कृतम् ।। 1439/1447

◎ **Purusha :** *Shrī Krishna is the first Purusha. He is the seed of all. With the union of Purusha and Prakriti, the evolution takes place.*

(**294. पदमव्ययम्** गीता–15.5)

पावनं मुक्तिस्थानं यत्–सुन्दरं शांतिदायकम् ।
स्वर्गादपि गरीयान्यत्–कृष्णस्तत्पदमव्ययम् ।। 1440/1447

◎ **Eternal place :** *Shrī Krishna is the eternal Supreme place for the departed beings. For his devotees, he is the peaceful dwelling, superior to the heaven.*

(**295. वैश्वानरः** गीता–15.14)

कृष्णो वैश्वानरो भूत्वा देहे सर्वस्य सर्वदा ।
पचत्यन्नानि सर्वाणि चतुर्विधानि देहिनाम् ।। 1441/1447

◎ **Vaishvanar :** *Shrī Krishna is the Vaishvanar, the fire in the stomach that helps digesting the four kinds of food.*

(**296. वेदान्तकृत्** गीता–15.15)

भवानुपनिषत्कर्ता गीतोपनिषतः प्रभो ।

वन्दे वेदान्तकृत्कृष्णं योगदं पार्थसारथिम् ।। 1442/1447

◎ **Upanishad :** Shrī Krishna is the maker of the Vedas and the Vedant (Upanishads). O Lord Krishna! you are the giver of the Upanishads of the Gita.

(297. वेदविद्देव: गीता–15.15)

ज्ञातव्यो वेदविद्देवो वेदज्ञाता च त्वं प्रभो ।
वेदेषु स्तवनं येषां सर्वदेवा भवान्हरे ।। 1443/1447

◎ **Veda :** Shrī Krishna is the God who knows the Veda and who is known by the Veda. O Lord! all Gods praise you.

(298. अक्षर: गीता–15.16)

त्वमक्षरो हृषीकेश रत्नाकर: परात्पर: ।
ईश्वरस्त्वं गदाधारी सुन्दर: परमेश्वर: ।। 1444/1447

◎ **Imperishable :** Shrī Krishna is imperishable atma in the perishable body. He is the ocean of mercy which never dries. O Lord! your form holding the mace looks beautiful

(299. उत्तम: पुरुष: गीता–15.17)

उत्तम: पुरुषाणां त्वं श्रीकृष्ण पुरुषोत्तम: ।
त्वमेव वन्दित: सर्वै: परमानन्दमाधव ।। 1445/1447

◎ **Purusha :** Shrī Krishna is Purusha. He is Supreme Purusha. He is Purushottama. O Paramamand Madhava! your are worshipped by all.

(300. क्षरादतीतोऽक्षरादुत्तम: गीता–15.18)

भूते द्वे नु मते विश्वे स्वर्गेऽपि च क्षराक्षरे ।
अक्षरादुत्तम: कृष्ण: क्षरादतीत ईश्वर: ।। 1446/1447

◎ **Imperishable :** Shrī Krishna is imperishable. He is superior to the perishable. He is superior to the imperishable. There are two kinds of beings in Universe, the perishable and imperishable. He is superior to both.

(301. केशिनिषूदन: गीता-18.1)

मुख्य: कंसस्य मन्त्री स केशी कंसेन प्रेषित: ।
अघ्नन्दुष्टं तु गावस्तं कृष्ण: केशिनिषूदन: ।। 1447/1447

◎ **Keshinishudana :** *Shrī Krishna is Keshinishudana, the slayer of the demon Keshi. He slain Keshi, the minister of Kamsa and protected the cows.*

172. हिंदी भजन : राग कसूरी, कहरवा ताल

केशिनिषूदन

स्थायी

धेनु को बचाओ रे, भैया! आयो, असुर चुराने गैया ।

♪ मपध- ध धध-प म, ग-प-! सारेग-, गगग गम-प- मगरे- ।

अंतरा-1

देखो असुर है गाय चुरावत, सब गौअन पर दंड लगावत ।
केशिनिषूदन धाया ।।

♪ म-म- गगग ग म-म मप-पप, धध प-मम गग प-म गरे-रेरे ।
सा-रे-गम-पप मगरे- ।।

अंतरा-2

हरण करत है धेनु कसैया, बंसी बजावत मधुर कन्हैया ।
मुरली कीन्ही माया ।।

अंतरा-3

केशी को गौअन ने मारा, ब्रज सब बृंदाबन हरसाया ।
हरि "गोविंद" कहाया ।।

◎ **Keshinishudana : Sthāyī :** *O Krishna! save the cows. The demon has come to steal our cows.* **Antarā : 1.** *Look! Keshi is abducting the cows by force and hitting them with sticks.* **2.** *He is taking them to Mathura. Krishna is playing his divine flute to signal the cows.* **3.** *Hearing the secret signal, the cows turned around and killed Keshi. The village is happy. They called Govind, the cow saver, to Shrī Krishna.*

www.ingramcontent.com/pod-product-compliance
Lightning Source LLC
Chambersburg PA
CBHW080020110526
44587CB00021BA/3421
* 9 7 8 1 8 9 7 4 1 6 8 5 3 *